人民日报70年
要论选

人民日报社评论部 / 编

人民日报出版社

图书在版编目（CIP）数据

人民日报 70 年要论选 / 人民日报社评论部编 . -- 北京：人民日报出版社，2018.6
ISBN 978-7-5115-5457-4

Ⅰ.①人… Ⅱ.①人… Ⅲ.①《人民日报》－时事评论－1948-2018－文集 Ⅳ.① D609

中国版本图书馆 CIP 数据核字（2018）第 094052 号

书　　名：人民日报 70 年要论选
编　　者：人民日报社评论部
出 版 人：刘华新
责任编辑：曹　腾　蒋菊平　高　亮　钱慧春
封面设计：主语设计
出版发行：人民日报出版社
社　　址：北京金台西路 2 号
邮政编码：100733
发行热线：（010）65369527　65369509　65369512　65369846
邮购热线：（010）65369530　65363527
编辑热线：（010）65369523　65369528
网　　址：www.peopledailypress.com
经　　销：新华书店
印　　刷：北京中科印刷有限公司

开　　本：710mm×1000mm　1/16
字　　数：650 千字
印　　张：38.5
版　　次：2018 年 6 月第 1 版　2022 年 11 月第 6 次印刷
书　　号：ISBN 978-7-5115-5457-4
定　　价：98.00 元

总　序

人民日报社社长　李宝善

"人民日报 70 年作品精选"和读者见面了。

今天的新闻就是明天的历史。人民日报 70 年来的作品，记录的是我们国家和民族从站起来、富起来到强起来的辉煌历程。诞生于战争烽烟中的人民日报，始终以积极宣传党的主张、呈现社会的变化、报道中国正在发生的变革为己任。这套作品精选集，就是从《人民日报》创刊以来的无数优秀作品中遴选出来的代表作。

铁肩担道义，妙手著文章。70 年来，无论是顺境还是逆境，一代代人民日报人担当使命、秉笔直书，为党的新闻工作奉献了青春和热血；一篇篇脍炙人口的精品力作，见证了我们党初心不改、矢志不渝，团结带领人民实现中华民族伟大复兴的历史担当。捧读这套精选集，就是在回顾我们党和国家走过的复兴之路。在这条艰辛而光荣的道路上，每一个重大节点，都能听到人民日报的声音。这其中，有要论、理论、评论文章的黄钟大吕，有消息、通讯等作品的时代足音，有散文、报告文学等文章的清雅之声。这些作品汇集起来，共同组成了 70 年国史报史的恢宏交响。

党的十八大以来的人民日报，站在了新的历史起点。2016 年 2 月 19 日，习近平总书记到人民日报社考察，并在党的新闻舆论工作座谈会上发表重要讲话，强调要高举旗帜、引领导向，围绕中心、服务大局，团结人民、鼓舞士气、成风化人、凝心聚力、澄清谬误、明辨是非、联接中外、沟通世界。这一要求，正是党的十八大以来人民日报各类作品的创作方向。

近年来，人民日报进一步优化整体布局、集中优势资源，更好履行政治家办报的时代使命。面对新时代的要求，人民日报努力提升观点生产能力、议题设置能力、集成报道能力、话语创新能力，力争做到报道流程平台化、报道内容定制化、报道方式故事化、报道数据可视化；着力在思想内涵上做加法、在文章篇幅上做减法、在传播效果上做乘法、在思维定式上做除法，使新闻报道快起来、活起来、亮起来，让评论理论新起来、精起来、实起来。

翻开今天的《人民日报》，从评论到理论，从通讯到消息，从散文到报告文学，编辑记者们努力转作风改文风，采写编辑了大量有思想、有温度、有品质的作品，"沾泥土""带露珠""冒热气"的文章。大家于微末中寻真章、在朴素处见真情，贴近广阔的社会生活，让改变悄然发生，使温暖自然传递。而现实生活所发生的积极变化，正是对这个职业最崇高的奖赏。

70年风雷激荡一纸书，人民日报走过了不平凡的历程。70年来的每一寸光阴，都被记录在每天出版的报纸中，体现在每一篇新闻作品里。从河北平山县里庄村简陋的印刷排字架，到现代化的电子阅报栏，再到移动终端上收放自如的最新应用软件，时代在变，技术在变，传播形态也在不断改变，不变的是在党言党、为党立言的历史使命，是围绕大局、服务人民的党报精神。这一精神和追求，已经并将继续通过题材各异的优秀作品呈现给广大读者。

前　言

思想的压舱石，舆论的定盘星

人民日报社副总编辑　卢新宁

在人民日报社，我们经常讲的一句话就是：《人民日报》不仅是一张新闻纸，还是一张政治纸。

人民日报要论，是人民日报社论和评论员文章等重要评论的合称。这些用楷体字印刷、通常刊发在要闻版的评论，向来被视为党中央机关报的旗帜和灵魂，是最能体现这张报纸政治性的。

打开《新闻联播》，我们常常会听到这样的预告：明天出版的《人民日报》将发表某某文章。通常说的就是要论。民间有种说法，每逢大事，必看《人民日报》。大家看党报，最重视的也往往是要论。《人民日报》说什么、怎么说，被广大群众视为了解党和国家政治立场、主张和观点的最有效渠道。作为党中央机关报，人民日报是党的喉舌，是舆论场上的中流砥柱、定海神针，要论便是这些作用最集中的体现。

一

人民日报 70 年来的社论和评论员文章，凝结着一个政党、国家和民族不平凡的岁月。这本《人民日报 70 年要论选》，用楷体字串起了党史与国史。从 1948 年 6 月 15 日的代创刊词《华北解放区的当前任务》，到 1949

年10月1日的社论《中华人民共和国万岁》；从1978年12月25日划时代的社论《把全党工作的着重点转移到现代化建设上来》，到1991年10月1日社论《实干兴邦》明确以经济建设为中心的发展思路，再到2018年3月18日的社论《国家的掌舵者　人民的领路人》……人民日报要论见证并记录着我们国家发展的每一个重要节点。

2004年我到评论部工作后，曾从报社内网数据库中调出所有社论，打印出厚厚一本，仔细琢磨，获益良多。"中国人民将要在伟大的解放战争中获得最后胜利，这一点，现在甚至我们的敌人也不怀疑了。"1949年1月1日，毛泽东为新华社亲自撰写的《将革命进行到底》新年献词，文气纵横，让人叹为观止。人民日报老社长邓拓说过，"报纸的评论特别是社论决定着报纸的政治面貌，一篇社论是一期报纸的气质"。回望一篇篇人民日报的社论评论员文章，触摸那些带着强烈时代气息的文字，能够真切地感受到这种"气质"。

人民日报是我们党治国理政的重要资源和重要手段。人民日报的社论和评论，代表中国共产党的主张，发挥的作用关乎治国理政、定国安邦。这让这张报纸的"气质"异乎寻常。党中央对人民日报要论始终十分重视。毛泽东、周恩来、刘少奇、邓小平等党和国家领导同志，都曾指导或亲笔修改过人民日报要论，有时甚至代为撰写。走进人民日报社史馆，能查找到这些珍贵的手迹。时至今日，许多人民日报要论的写作，仍然得到中央领导同志的直接指导。

人们至今还记得近40年前的一段往事。1979年，我们党开始平反历次政治运动中的冤假错案，很多群众来京上访。就此，《人民日报》先后发了《切实解决上访问题》和《正确对待上访问题》两篇评论员文章，效果却不一样。当年11月2日，邓小平在作报告时讲到这个例子："《人民日报》对上访问题发表过两篇文章，时间相隔不久。第一篇是9月17日，文章一出去，上访人员呼噜呼噜地都上来了；第二篇是10月22日，文章把道理讲清楚了，上访人员很快就减少了。这说明什么呢？说明单单是报纸的舆论就可以发生这样大的影响。"

党报评论，字字千钧。这就是为什么我们党一直强调"政治家办报"，而这个要求首先是针对社论提出来的。1957年6月7日，毛泽东提出："写文章尤其是社论，一定要从政治上总揽全局，紧密结合政治形势。这叫做政治家办报。"2016年习近平总书记在党的新闻舆论工作座谈会上再次强调"政治家办报"，提出党的新闻舆论工作者要"善于从政治上看问题"，并明确阐述了政治家办报的五方面要求。这提醒我们，党报评论的权威和生命力，就在于它能否以政治家的头脑用好党的"金话筒"，成为广大人民群众心中的"定海神针"。

可以说，《人民日报》上的每一篇评论，都是一个价值出口。党中央机关报独特位势，决定了我们的评论不是一批"聪明"的媒体同仁在观察时事或自行议政，也不是一群有"情怀"的知识分子随意抒发个体价值观。从延安《解放日报》到进北京城后的《人民日报》，中共中央机关报的价值，始终在于为党立言，准确阐释中央精神，宣传党的大政方针，回应人民群众的关切，指导实际工作的落实和改进。从热情欢呼新中国的诞生，到一锤定音否定"文革"；从邓小平南方谈话后诠释"改革的胆子再大一点"，到北京申奥失败后宣示"坚定不移地走向世界"；从第一次全面、系统地阐释"四个全面"战略布局，到鼓舞全国"办好建设雄安新区这件大事"……在很多重大事件、重要关头，人民日报要论及时准确传递党的声音，引领舆论先声，凝聚社会共识，成为时代的"风向标"。

二

人民日报以评论见长，在中国新闻界有口皆碑，要论更是其中的突出标志。中国古代"文以载道"的人文情怀，近代梁启超先生"笔锋常带感情"的政论风格,老一辈中国共产党人"激扬文字"的红色基因,在党报评论事业中薪火相传。新的时代条件下,如何贯彻习近平总书记的要求,"勇于改进创新,不断自我提高、自我完善",进一步提升人民日报要论的吸引力、影响力和感染力?

这些年来,人民日报编委会要求评论部坚持"政治家办报"原则,把握"时度效"要求,努力求实、求新、求快。

与过去动辄两三千字的要论相比,近年来的人民日报要论,绝大多数都是千字文,有的甚至只有七八百字。党的十九大前夕,总结五年来的历史性变革和历史性成就,《人民日报》刊发了一组系列评论员文章"五年变革标注历史新起点"。每篇文章,光参考的资料就有十几万字乃至数十万字。这样的题材,放在以往一般至少都在两千字上下。但经过反复推敲凝练打磨,最后篇幅都在1200~1300字上下。

评论的力量在于针对性。2014年6月,党的群众路线教育实践活动正在展开,我们刊发了一篇评论,《听一听来自群众的呼声》,全文短短1100多字,却用了近六成篇幅直接引用群众来信的内容:

"上级一直强调治理文山会海,可是我们这里没有看到什么效果。领导用会议落实会议,大会小会上高谈阔论,一讲就是几个小时,有用的就那么几句。大领导坐在上面讲,小领导坐在台下听,我们这些基层干部,一壶一壶提水,一杯一杯倒茶。几个月下来,光纸杯就糟蹋了不少……"

"服务性窗口单位,到底应该怎样搞教育实践活动?我们这种基层单位有很多事务性、业务性工作,尤其是很多服务窗口,每天都是人满为患,这种情况下却被要求放下工作去学习教育,还要检查活动人数,人数不足就通报批评,于是出现了顶人头,或者暂停工作搞学习的现象,群众意见很大……"

"教育实践活动的主体到底是谁?我们学校是领导干部生病、普通群众吃药,开展活动根本不直接涉及领导干部,却让普通教师甚至学生充当主角,征求意见和阶段报告也是形式化地上交,根本没有按照群众意见解决。"

……

对此,评论员文章一针见血地指出:

正如群众来信所言,"老百姓要的是踏踏实实提高办实事的效率,解决亟待解决的矛盾和问题,而不是台上的豪言壮语、纸上的天花乱坠、表上的数字飞奔"。这些花拳绣腿、表面功夫,连自己都不信、都觉得烦,怎么能取信于民?

文章一经刊发,群众反响如潮,更得到中央领导同志的称赞。

作为人民日报评论阵营最讲政治的要论,准确当然是第一位的。但准确性与生动性是否可以兼得?政治性和创造性是否只能对立?政治术语与大众表达是否能统一?这方面,习近平总书记为我们树立了标杆。每一次总书记讲话中的金句,都得到广大群众的大量转发和点赞,"撸起袖子加油干""要幸福就要奋斗""我们的各级干部也是蛮拼的""绿水青山就是金山银山""房子是用来住的,不是用来炒的"等屡屡在网上热传。事实证明,最高端的政治表达也可以如此生动鲜活、如此接地气得人心,我们的要论有什么不能创新的?

2018年的元旦社论《我们的新时代 历史的新光荣》,以"你好,2018!你好,我们的新时代!"开篇,以"时间的脚步永不停歇,奋斗的脚步永不停歇"收尾,充分体现了这种奋力求新的精神。这些年来,这样的语态创新也如评论员的笔一样未曾停歇。2008年纪念改革开放30周年的评论员文章,引入北京首都国际机场一小时起降飞机从两架到124架的细节,曾让很多人眼前一亮;2008年汶川地震7天后的国家哀悼日,社论《悲痛中凝聚不屈的力量》催人泪下更催人奋进,入选中华经典散文名篇;2013年党的群众路线教育实践活动中,大量评论员文章鲜活生动,直指问题关键,中央领导表扬说是"活动搞得好不好,评论言论最重要";2017年党的十九大后,一组10篇评论员文章解读习近平总书记中外记者见面会上的讲话,细节、金句、观点兼具,成为新时代评论员文章新文风的代表作……表达上陈言务去,力戒"要"字牌;形式上开拓创新,不仅有文字版,还经常有图解版、有声版、微视频,传统的人民日报要论,也有了朝气蓬勃的"青春面孔"。

在战争年代,《晋察冀日报》的绝大多数社论、评论,都出自邓拓的手笔。他常常是在马背上构思,完成腹稿,一到驻地就赶写出来,可谓"上马击狂胡,下马草军书"。互联网时代,党报的评论依然需要倚马千言,很多时候评论不只是当日新闻次日见报,甚至是新闻直播正在发生,这边的要论就上了网。2010年4月,青海玉树地震,中央的会议一直开到深夜,会议结束,要求当日上版本报评论员文章,评论员迅速投入战斗,贯彻中央精神的《不惜代价 抢救生命 救治伤员》不到一小时迅速成文。2013年6月,新疆鄯善发生严重暴力恐怖犯罪事件,24人遇害。中央领导同志凌晨两点多电告人民日报,要刊发一篇评论员文章。评论员梦中翻身而起,赶在报纸付印前完成任务。除了这些突发性事件,很多其他要论也都是当日事当日评,十分考验功力。

三

说到快,时常有人猜测:"你们是不是有什么内部消息?"事实是,评论员大多数时候都是靠平时的积累,领会深、把握稳,才有了"下笔如有神"的出色表现。

翻阅这本要论集,虽然没有署名,却能看见它们背后一张张生动的面孔。人民日报评论员以"政治坚定、引领时代、业务精湛、作风优良"为目标,有着光荣的传统。他们在"文旗随战鼓"的时代洪流中书写过中国新闻史上的传奇，在改革开放大幕将启之际发出了正义的呐喊，在新时代矢志激荡中华民族伟大复兴的磅礴力量，雄辞伟论，振聋发聩，当真是"平生赢得豪情在"。70年来，不只是胡乔木、邓拓、范敬宜、张研农、杨振武、李宝善等报社主要领导同志亲力亲为，更有大量评论业务高手默默无闻地无私奉献，成就了这张报纸名闻中外的要论声誉。

"评论人才难得，培养一个评论员起码要十年。"胡乔木同志曾如此感慨。新时代评论员队伍建设最大的挑战之一，是队伍的迅速年轻化。好的评论员不仅是一支思考的笔杆子，还应是一位有责任感的价值践行者。"政治强、业务精、纪律严、作风正"，习近平总书记关于新闻舆论的系列重要讲话，对年轻的人民日报要论写作队伍，提出了明确的标准。不负党和人民期待，是新生代人民日报评论员的庄严使命。以现实逻辑对接理论逻辑，以情感的沟通、理性的说服、价值的共鸣达到传播效果的最大化，大家常常是"头一抬天就黑了"，付出了超乎寻常的努力。他们的追求和奉献，在这本要论选中同样有忠实的记录。

范长江曾说："一个记者，如果能为一个伟大的理想工作，那是很值得鞠躬尽瘁、死而后已的。"全面深化改革披荆斩棘、传媒生态日新月异的新时代，为手握"金话筒"的党报评论，打开了更广阔的可能性。履行好政治家办报的时代使命，始终胸怀伟大理想，始终砥砺担当精神，始终保持奋斗姿态，党报楷体字的分量一定能更深刻地镌入时代、写在人心。

目 录

Contents

总序 ······ 李宝善 001
前言：思想的压舱石，舆论的定盘星 ······ 卢新宁 003

一 社论

华北解放区的当前任务（代创刊词） ······ 003
中华人民共和国万岁 ······ 007
为什么要统一国家财政经济工作 ······ 010
正确地使用祖国的语言，为语言的纯洁和健康而斗争！ ······ 014
中国人民民主制度的新阶段
　　——庆祝中华人民共和国第一届全国人民代表大会第一次会议开幕 ······ 018
中华人民共和国宪法
　　——中国人民建设社会主义社会的有力武器 ······ 021
要反对保守主义，也要反对急躁情绪 ······ 025
我国伟大社会主义事业的里程碑 ······ 029
怎样对待人民内部的矛盾 ······ 032
必须坚持多快好省的建设方针 ······ 037
大兴调查研究之风 ······ 043

向毛泽东同志的好学生——焦裕禄同志学习 047
把全党工作的着重点转移到现代化建设上来 050
解放思想　实事求是 055
发扬天安门的革命精神 058
解放思想，走自己的道路
　　——纪念五四运动六十周年 063
迎接大有作为的年代 067
再也不要干"西水东调"式的蠢事了 071
一切经济工作都要注意经济效果 074
用好的党风带出好的社会风气 077
庄严的决定 080
在安定团结的基础上，实现国民经济调整的巨大任务 082
坚定不移地继续执行三中全会的方针政策 087
伟大前程与实干精神
　　——论建设社会主义的主人翁态度 091
为台湾回归祖国，完成统一大业共同奋斗 096
把保护环境与发展生产紧密结合起来 098
历史性的转变　历史性的会议 100
十个方面的根据
　　——为什么说现在是建国以来最好的历史时期之一 103
不能再吃"大锅饭" 108
一切权力属于人民 110
搞好高等学校招生制度的改革 113
有领导有步骤地推行农村政社分开的改革 115
积极发展乡镇企业 118
利改税是城市改革的"钥匙" 120
具有历史意义的大事 122
计划体制改革的重要步骤 125
满怀信心夺取改革的全面胜利 127
尊重价值规律是经济改革的重要一着 129

| 历史的昭示 | 131 |

在改革中前进
　　——庆祝中国共产党成立六十五周年　135

复兴中国文明的伟大先驱
　　——纪念孙中山先生诞辰一百二十周年　138

以史为鉴
　　——纪念"七七"事变五十周年　141

为进一步稳定发展而奋斗
　　——元旦献词　144

坚定地走自己的路
　　——庆祝中国共产党成立70周年　147

要进一步改革开放　151

实干兴邦
　　——庆祝建国四十二周年　153

在改革开放中稳步发展
　　——元旦献词　155

改革的胆子再大一点　158

中国改革开放的新阶段　160

论解放思想　164

坚持伟大理论　夺取更大胜利
　　——热烈祝贺党的十四大胜利闭幕　168

团结奋进
　　——一九九三年新年献词　171

发扬伟大的创业精神　174

走向更光辉的未来
　　——国庆献词　177

坚持和发展毛泽东思想
　　——纪念毛泽东同志一百周年诞辰　179

艰苦奋斗再创辉煌
　　——元旦献词　181

打好扶贫攻坚战 ··· 184
为胜利跨入二十一世纪而奋斗
　　——国庆献词 ··· 187
总揽全局乘势前进
　　——元旦献词 ··· 190
向孔繁森同志学习 ··· 193
科教兴国 ··· 196
和平与正义是不可战胜的
　　——纪念中国人民抗日战争胜利五十周年 ············ 198
走向新世纪的中国
　　——国庆献词 ··· 201
满怀信心夺取新胜利
　　——元旦献词 ··· 204
跨世纪大业与中国共产党
　　——"七一"献词 ··· 207
把祖国建设得更美好
　　——国庆献词 ··· 210
把握大局再接再厉　同心同德开拓前进
　　——元旦献词 ··· 212
深切悼念敬爱的邓小平同志　缅怀功绩继承遗志共创伟业 ········· 215
统一祖国振兴中华的核心力量
　　——庆祝中国共产党成立七十六周年 ················· 219
中华民族的百年盛事
　　——热烈庆祝香港回归祖国 ···························· 222
高举邓小平理论伟大旗帜阔步前进
　　——热烈祝贺党的十五大胜利闭幕 ···················· 224
满怀信心开拓前进
　　——国庆献词 ··· 227
从社会主义初级阶段的实际出发 ···························· 229
在十五大精神指引下胜利前进
　　——元旦献词 ··· 232

强大的凝聚力 ... 234
伟大的丰碑　辉煌的岁月
　　——纪念党的十一届三中全会二十年 ... 236
团结奋斗创造新业绩
　　——元旦献词 ... 239
承前启后　继往开来
　　——纪念五四运动八十周年 ... 241
把我们的党建设得更加强大
　　——庆祝中国共产党成立78周年 ... 243
风雨同舟向未来
　　——纪念人民政协成立五十周年 ... 246
祖国万岁
　　——热烈庆祝中华人民共和国成立50周年 ... 248
中华民族的光辉史篇
　　——热烈庆祝澳门回归祖国 ... 251
迎接新世纪的曙光
　　——元旦献词 ... 254
全面加强党的建设的伟大纲领 ... 257
为实现中华民族伟大复兴而奋斗
　　——国庆献词 ... 260
爱国主义和革命英雄主义的不朽丰碑
　　——纪念中国人民志愿军抗美援朝出国作战50周年 ... 263
迈进光辉灿烂的新世纪
　　——元旦献词 ... 265
光荣属于中国共产党和中国人民
　　——庆祝中国共产党成立80周年 ... 269
谱写奥运史上最壮丽的篇章 ... 272
发扬辛亥革命精神实现中华民族复兴
　　——纪念辛亥革命九十周年 ... 274
中国改革开放进程中具有历史意义的一件大事
　　——祝贺我国加入世界贸易组织 ... 276

在"三个代表"重要思想指引下阔步前进	279
沿着党的十六大指引的方向奋勇前进	
——热烈祝贺中国共产党第十六次全国代表大会胜利闭幕	281
迎接更加光辉灿烂的未来	
——元旦献词	285
迈出全面建设小康社会的新步伐	
——元旦献词	287
牢记历史 不忘过去 珍爱和平 开创未来	
——纪念中国人民抗日战争暨世界反法西斯战争胜利六十周年	289
伟大的开局之年	
——元旦献词	291
肩负起新世纪新阶段历史使命	
——庆祝中国人民解放军建军80周年	294
喜迎伟大的二〇〇八年	
——元旦献词	296
悲痛中凝聚不屈的力量	298
让党放心，让人民满意	300
同一个世界 同一个梦想	
——热烈祝贺第二十九届夏季奥林匹克运动会开幕	302
迎着中华民族伟大复兴的曙光	
——热烈庆祝中华人民共和国成立六十周年	304
"一国两制"实践的又一成功范例	
——祝贺澳门回归祖国10周年	307
让世界更加美好	
——热烈庆祝上海世博会开幕	309
我国社会主义民主法制建设史上的重要里程碑	311
为中华民族伟大复兴而共同奋斗	
——纪念辛亥革命一百周年	314
探索太空的中国丰碑	
——热烈祝贺首次载人交会对接圆满成功	316

夺取中国特色社会主义新胜利
　　——热烈祝贺中国共产党第十八次全国代表大会开幕 ············ 318
担当历史使命的坚强领导集体 ·· 320
始终保持与人民的血肉联系 ·· 322
让改革旗帜在中国道路上飘扬 ·· 324
塑造共同的宪法信仰 ··· 327
主动适应新常态　奋力开创新局面 ·· 329
依法特赦彰显国家治理理念 ·· 331
凝聚和平与正义的磅礴力量 ·· 333
永葆党的生机活力
　　——热烈庆祝中国共产党成立九十五周年 ························· 335
走好我们这一代人的长征路
　　——纪念中国工农红军长征胜利80周年 ··························· 338
唱响新时代的青春之歌
　　——纪念中国共产主义青年团成立九十五周年 ·················· 340
铸就新的钢铁长城
　　——庆祝中国人民解放军建军九十周年 ··························· 342
开辟中国特色社会主义新境界
　　——热烈祝贺中国共产党第十九次全国代表大会开幕 ········ 344
引领新时代的坚强领导核心 ·· 346
我们的新时代　历史的新光荣
　　——元旦献词 ·· 348
国家的掌舵者　人民的领路人 ·· 350
让中华儿女共享幸福和荣光 ·· 352

二　评论员文章

落实干部政策的一个重要问题 ·· 357
坚持贯彻按劳分配政策 ·· 362
要从实际出发 ·· 364

端正对马克思主义的态度	367
切实解决上访问题	373
要勇于跨出体制改革的第一步	376
正确对待上访问题	379
搞经济建设一定要尊重科学	383
充分相信和依靠我们自己的知识分子	387
必须坚持选拔干部的德才兼备原则	389
大包干是一种很优越的生产责任制	392
评"我们打天下,知识分子坐天下"	394
重视知识是改革的重要内容	396
把联产承包制引向更广阔的领域	397
再评"我们打天下,知识分子坐天下"	399
切实解决知识分子入党难的问题	401

四根擎天柱
　　——论坚持四项基本原则的重大意义 ……… 404

发展专业户是项大政策	408
我们的政策是富民政策	410
就是要彻底否定"文革"	413

突破口是政企分开
　　——城市商业体制的一项根本性改革 ……… 415

改革是压倒一切的任务	417
报纸批评是一种促进	419
有部分先富才有共同富裕	421
要从严治党	424
关键要按照价值规律办事	426
发挥舆论监督作用　与腐败现象作斗争	429
大力提倡艰苦奋斗精神	431
多办实事	434
要善于从政治上观察和处理问题	436
看准了就大胆地试	438

重视社会主义市场体系建设 …… 440
大胆吸收和借鉴一切文明成果 …… 442
坚定不移地走向世界 …… 445
社会主义市场经济体制的纲领 …… 447
讲学习 讲政治 讲正气 …… 449
了不起的"软着陆" …… 451
在伟大的实践中开拓前进
　　——纪念"真理标准讨论"二十周年 …… 453
崇尚科学 破除迷信 …… 455
党内绝不许腐败分子藏身 …… 457
千方百计扩大再就业 …… 459
弘扬与时俱进的精神 …… 461
在新形势下坚持做到"两个务必" …… 463
宣传思想工作要进一步贴近实际贴近群众贴近生活 …… 465
当前的一项重大任务 …… 468
一手抓防治"非典" 一手抓经济建设 …… 470
树立和落实科学发展观 …… 472
大力弘扬载人航天精神 …… 474
深刻认识构建和谐社会的重大意义 …… 476
站在新的历史起点上 …… 478
节约是全社会的共同责任 …… 480
坚决打好抗灾救灾这场硬仗 …… 482
历史期待这一代人的回答
　　——认真学习贯彻胡锦涛总书记在北京大学的讲话 …… 484
奥林匹克光荣属于全世界 …… 486
履行对世界的庄严承诺 …… 488
在废墟上托起生命的方舟 …… 490
灾难铸就伟大的中国 …… 492
一手抓抗震救灾工作 一手抓经济社会发展 …… 494
严厉打击暴力犯罪 坚决维护社会稳定 …… 496

历史坐标下的伟大使命	497
紧抓机遇，承担应尽的历史使命	499
书写救援生命的伟大奇迹	501
谋发展必须把安全放在首位	503
走基层　转作风　改文风	505
领导干部要有历史担当	507
坚决拥护党中央的正确决定	509
用实干托起"中国梦"	511
以作风正党风　以党风赢民心	513
党要管党　从严治党	515
满怀信心走好中国道路	517
牢牢抓住党的生命线	519
把宣传思想工作做得更好	521
不要再为 GDP 排位纠结了	523
为现代中国锻造坚强领导核心	525
铭记历史开创未来	527
听一听来自群众的呼声	529
人民民主是中国共产党始终高举的旗帜	531
党领导人民政协创造辉煌历史	533
珍惜良好发展局面　维护香港繁荣稳定	535
用法治中国凝聚复兴力量	537
引领民族复兴的战略布局	539
以"三严三实"推进全面从严治党	542
任何人都没有超越宪法法律的特权	544
两岸关系翻开历史性的一页	546
从全局出发把握新闻舆论工作	548
中国维护南海领土主权和海洋权益的决心坚定不移	550
壮哉，女排精神！	552
勇做世界经济弄潮儿	554
增强"四个意识"　维护党中央权威	556

文风改进永远在路上 ... 558
构建权威高效的国家监察体系 ... 560
世界经济不能从大海退回到湖泊 ... 562
办好建设雄安新区这件大事 ... 564
构建开放共赢的新世界
　　——祝贺"一带一路"国际合作高峰论坛开幕 ... 566
标注中国制造新高度 ... 568
相信自己　相信香港　相信国家 ... 570
坚实脚步引领复兴之路 ... 572
党的领导更加坚强有力 ... 574
重要时间节点是我们工作的坐标 ... 576
以造福人民为最大政绩 ... 578
我国现行宪法是一部好宪法 ... 580
奋斗是幸福的 ... 582
推进国家治理现代化的一场深刻变革 ... 584
尊崇宪法的庄严宣示 ... 586
改革开放深刻改变中国深刻影响世界 ... 588
坚定不移走改革开放之路 ... 590

后记 ... 592

一　社论

华北解放区的当前任务

(代创刊词)

晋冀鲁豫与晋察冀两大解放区现已合并为一个统一的华北解放区。这两大解放区，山川毗连，政治、经济、文化、历史及人民的风俗习惯，均大体相同。在抗日期间，遭受日伪的军事分割；日本投降后，又遭受蒋介石匪帮的军事分割，曾不得不分为两个独立的解放区及许多更小的独立单位。这种分割，对于人民的政治、经济、文化的生活和建设，都是十分不利的。现在，由于人民解放战争的不断胜利，华北形势已经发生了根本变化，两大解放区已完全连成一片。两区的统一合并，不但需要，而且是完全可能的了。因此，中共晋冀鲁豫中央局和晋察冀中央局及两个军区，在中共中央及革命军事委员会的指示下，已合并为中共华北中央局与中国人民解放军华北军区。同时，两个边区政府亦实行联合办公，并准备迅速召集两区人民代表机关，商讨完全合并的步骤和方法。从此，两个解放区的一切工作，均将在一个完全统一的领导和计划之下进行。这不独对于华北人民今后的政治、经济、文化生活有极大利益，而且对于动员与组织华北四千四百万人民成为统一的力量，更有效地去支援全国人民的解放战争，亦将有极大的利益。

华北解放区的成立，还只是晋察冀与晋冀鲁豫两大解放区的合并，它与东北、西北、华东、中原各大解放区处于兄弟的地位，但它在地位上是联系其他各兄弟解放区而成为各解放区的中心。故它的地位，在战略上就特别显得重要。所以两个解放区的合并，对其他各兄弟解放区，无疑地亦将发生有利的影响。但是，在今天，它和各兄弟解放区暂时还受到蒋介石匪帮的军事分割，还不能实行全国各解放区的完全统一。然而，我们坚信，在最近的将来，在人民解放军进一步胜利的条件之下，蒋介石匪帮的军事分割是要不断地迅速地被粉碎的，全国各解放区的完全统一，亦将为期不远了。我们热烈地盼望，并将尽一切努力促进这个时期的早日到来。

华北解放区，幅员广大，物产丰富，今天已有四千四百万被解放了的人民，在它的辖境内有一万六千五百万亩可耕土地，有二百七十九个县，十二个市，有一百万以上经过锻炼的共产党员与几十万勇敢善战的华北人民解放军；它的基本地区，乃是经过八年抗战又经过将近两年内战锻炼的老根据地，人民曾经实行过减租减息、合理负担和民主的政治训练。在日本投降后，又普遍地进行过土地改革，实现了耕者有其田，因此，人民就有了相当高的政治觉悟。人民反帝、反封建、反官僚资本主义及彻底消灭蒋介石匪帮的意志是坚定不移的。这就是说：华北解放区的内部条件，是十分优越的。而外部的，即周围的条件，也十分好。它处于各个解放区的中心，四面都有强大的兄弟解放军正在东北、西北、中原与华东各个战场上，向蒋介石匪军实行进攻，他们不但粉碎了蒋介石企图把战争深入解放区内部，以便破坏解放区的阴谋，而且把解放战争发展到了蒋管区，把蒋管区变为新的解放区。这就使得华北解放区的基本地区，获得了相对安定的环境和条件。因此，在这里，也就可能比较有计划地、有步骤地去进行各种建设工作。显然，这种环境与条件的获得，是不容易的，是十分值得宝贵的，是经过了长期流血斗争的结果。直接的自然是依靠华北解放区内部党政军民十年来的长期艰苦奋斗，但从总的方面来说，主要的乃是全体解放军和全国各解放区人民共同奋斗的结果。试想，如果没有其他各兄弟解放区和解放军，特别是野战军的英勇作战，华北解放区这种环境的取得与保持，乃是不可能的。因此，我华北人民应该向其他各兄弟解放区的人民及其解放军表示深深的感谢和敬意，并准备毫不放松地十分有效地利用这种比较安定的环境和条件，迅速恢复和发展生产，进行各种可能的与必要的建设，以便继续给各兄弟解放区的人民和军队以最大可能的支援。华北的人民会懂得：支援他们就是支持我们华北人民自己。

在这样比较巩固、比较安定的条件下，华北解放区的任务与工作方针，应该是什么呢？除开在接敌区游击区继续动员人民向国民党匪帮进行坚决的军事斗争，并配合人民解放军坚决消灭国民党匪军，扩大解放区以至完全解放华北的乡村和城市而外，在一切基本地区，则是要迅速地进行恢复和建设，以便更有力地支援全国的解放战争和改善华北人民生活。而各种恢复与建设工作，又须以恢复与发展农业和工业生产为中心，以便争取华北人民的生产能够在现有的水平上迅速提高一寸。一切基本区的土改与整党工作及关于民主政府与人民团体的建设工作，均应以此为唯一的中心目标。这就是华北基本解放区的基本任务与工作方针。为了实现这一个基本任务，就必须进行下列各项具体工作：

（一）必须用极大的努力去恢复与发展农业生产。目前，华北解放区内部的大部地区，封建与半封建制度已经彻底消灭，无地少地农民已分得应有的一份土地。在这些地区，农村工作的基本方向，应该从土地改革方面转到团结各阶层人民全力恢复与发展生产方面去。在土地改革尚未最后完成的地区，当然还有必要在适当时机实行局部的土地调剂，但同样也要把工作中心放在生产上面去，领导各阶层人民在现有土地上，积极生产，保证谁种谁收。为了使农村各阶层人民安定地并且是有信心地去提高生产，就应毫不迟疑地确定地权，颁发土地证，并用法律切实保障各阶层人民在土地改革中所分得的土地财产，以及今后生产所得的财产，不受侵犯；就应废除已经不适用了的过去的农业累进税则，迅速制定并公布新的农业税则及其他负担标准；就应在后方实行适当的精兵简政，并改善战勤办法，以调整与适当地减轻人民的人力物力与财力负担；除此以外，还必须用极大的努力在自愿与等价交换这两项必须遵守而不可违反的基本原则上，去大量发展农民的生产互助组织，并组织广大妇女群众去参加生产。同时要尽可能地发放农业生产贷款并切实改善贷款方法，以增加农业生产工具、牲畜和肥料及兴修水利等。

（二）必须用极大的努力去恢复与发展基本区的工业生产。县以上的民主政府和党委，应将提高工业生产的任务与提高农业生产的任务摆在同等重要的地位，而不仅是以提高农业生产为重心。所有一切可以和能够恢复与建设，又为人民生活与战争所需要的机器工业、手工工业、家庭副业及各种运输事业，均必须尽一切努力去恢复和建设，而将重点放在那些最重要的企业上。为此，就必须迅速改善公营企业的经营管理方法，端正职工运动的政策，规定公私兼顾及劳资两利能够刺激生产发展的进步的工资制度和等级，整理工商业税，有计划地分配原料，推销成品，并保障职工生活必需品的供给，废除一切不必要的统制，稳定金融，实行正确的出进口计划，并尽可能发放一切必要的工商业贷款。

（三）为了保障各阶级人民安定地进行生产和各种营业，建立与保障安定的社会秩序和建立民主政府的、党的、人民团体的及经济文化机关的经常的一定的工作制度，乃是十分必要的。为此，就必须建立作为各级权力机关的各级人民代表会议，首先是县、区、村（乡）人民代表会议，并由各级人民代表会议选举各级政府委员会；在各级政府委员会内部又建立适当的分工制度，建立能够防止与反对公务人员中官僚主义化的人民监察机关，建立能够保障社会秩序安定及人民公私财产的人民司法机关及公安机关。为此，就必须制定各级人民代表会议及各级民主政府的组织法及其他各种法律及条例。为此就必须筹备选举和召集华北解放区的全区人民代表大会。为此，就必须适当地缩小地方权力，肃清存在于我们工作中的某些严重的无纪律状态或无政府状态，克服某些干部中的地方主义与经验主义，使我们各方面的政策及一切重要问题的决定权，完全集中于统一的领导机关。为此，就必须进一步改善我们党，各级党的领导机关及干部和党员与人民，特别是与劳动人民的联系，就必须继续完成整党工作，继续克服党内成分不纯，特别是作风不纯的严重现象。这种整党工作从去年开始以来，已有极大的成效，党内不纯的严重现象，已有很大的克服，但因为在某些地方的整党工作中发生了若干偏差，并且时间还很短，所以还有许多在整党中所必须进行的工作，特别是整理农村支部及机关与工厂支部的工作，还没有做完。今后必须纠正过去整党中的偏差，完全正确地去完成这些工作，以便在党内分清是非善恶之后，团结全党全军像一个人一样，全心全意地去为人民服务，并领导着全体人民胜利地前进。

（四）为了保障上述各项工作的顺利进行，并促进革命战争在华北及在全中国的迅速胜利，必须加强华北的军事斗争，并在人力、物力、财力上加强支援其他战线的野战军和人民。为了这个目的，华北野战军的战斗力必须继续提高，以便不只是能够进行运动战，继续歼灭蒋介石、傅作义、阎锡山的军事力量，收复华北广大的乡村，而且能够进行阵地战，配合各兄弟解放区的力量，解放华北的一切大小城市，然后，再进而去解放全国各地的乡村和城市。为了这个目的，就必须有计划地征集华北的人力、物力和财力，并且有计划地有效率地使用这些人力、物力、财力到华北的、中原的及西北的前线上去。这就是我们华北的党，华北的民主政府，华北的人民解放军和华北的人民最光荣最伟大的历史任务。全中国人民和将来必然幸福生活的我们的后代，对今天华北人民的巨大努力与重大牺牲，均将寄以深深的感谢和永远的纪念。

这就是两大解放区在合并以后的，即华北解放区的基本方针和具体任务。相信我们经过了八年抗战和两年内战锻炼的，在我们伟大领袖毛泽东同志和党中央领导下的华北的共产党员和干部，必将谦虚谨慎、戒骄戒躁并且是克勤克俭地和华北四千四百万人民一起，去百分之百地完成这些任务的。虽然我们还处在中国革命战争的最紧张的关头，但是伟大的新民主主义的国家建设工作，就已经在我们这里部分地开始了。庆祝两大解放区的合并及华北解放区的成立！新民主主义的国家建设工作万岁！

（1948年6月15日）

中华人民共和国万岁

前程无限光辉的中华人民共和国已经诞生，四万万七千五百万中国人民开始自己当权管理国家，我们这个古老的东方民族揭开了历史的新的巨册。

中国人民政治协商会议，代表全国人民，执行全国人民代表大会的职权，在今天已经闭幕。这个会议的主要工作有三类：一是通过了人民政协组织法，中央人民政府组织法和人民政协共同纲领；二是选举了中央人民政府委员会的主席、副主席和委员，选举了人民政协全国委员会；三是决定了国都、国歌和纪年方法，制定了国旗。这个会议的伟大成就，会上各位代表的发言中已经说得很多。这里我们对会议所通过的三个文件说一些意见。

中国人民政治协商会议所通过的共同纲领，是全国人民意志和利益的集中表现，是革命斗争经验的总结，也是中华人民共和国在相当长的时期内的施政准则。这个共同纲领规定我们中华人民共和国是新民主主义即人民民主主义的国家；政权是中国工人阶级、农民阶级、小资产阶级、民族资产阶级及其他爱国民主分子的人民民主统一战线政权，而以工农联盟为基础，以工人阶级为领导；目标是反对帝国主义、封建主义和官僚资本主义，为中国的独立、民主、和平、统一和富强而奋斗。它给我们新生的中国，订定了政权机构、军事制度以及经济政策、文化教育政策、民族政策、外交政策的总原则。它保障了全中国人民广大范围的民主权利，也规定了人人必须遵守的若干义务。这原本是中国共产党的最低纲领，即新民主主义纲领，现在已被各民主党派、各人民团体、各民主阶级、各少数民族、海外华侨及其他爱国民主分子所一致接受，成为新中国的建设蓝图。这个蓝图，完全切合中国的国情和人民的理想。事实上它已经不只是一个理想，因为中国人民很久以来，特别是从抗日战争以来，就已在按照它的基本轮廓动手从事建筑，而且已经获得胜利的成果和丰富的经验了。有了这个历史的基础，有了全国各级人民政府的统一领导，有了全国各民主党派各人民团体的一致支持，和强大的人民解放军的忠贞保障,我们相信这个纲领一定能在最近数年内完满地实现。

《中华人民共和国中央人民政府组织法》,其基本特点是规定:"中华人民共和国是工人阶级领导的,以工农联盟为基础的,团结各民主阶级及中国境内各民族的人民民主专政的国家。""中华人民共和国政府是基于民主集中原则的人民代表大会制的政府。"(见该法总纲第一、二两章)这是新民主主义的政权。它不同于资产阶级的旧民主主义政权。因为旧民主主义政权是资产阶级一个阶级的专政,是压迫广大人民的工具。资产阶级的议会制度和三权分立办法,其目的只是为了便利于统治阶级内部不同的派别之间争权夺利、分赃肥私;同时也是为了便利于统治阶级玩弄政治手腕,欺骗和压榨劳动人民。我们的新民主主义政权也不完全相同于苏联的社会主义政权和东欧各国的人民民主政权。苏联是一个已经消灭了阶级的社会主义国家,它的政权是工人、农民和知识分子的联盟。东欧各国正在实现社会主义。而中国的新民主主义政权则有工人阶级、农民阶级、小资产阶级和民族资产阶级四个阶级参加。但是,在属于世界反帝国主义阵营,以工人阶级的革命政党为领导力量和实行民主集中制这几点上,中国现在的新民主主义政权,却是与苏联的社会主义政权和东欧各国人民民主政权相同的。在中国新民主主义的民主集中制中,"人民行使国家政权的机关为各级人民代表大会和各级人民政府。各级人民代表大会由人民用普选方法产生之。各级人民代表大会选举各级人民政府。各级人民代表大会闭会期间,各级人民政府为行使各级政权的机关。国家最高政权机关为全国人民代表大会。全国人民代表大会闭会期间,中央人民政府为行使国家政权的最高权力机关"。"人民代表大会向人民负责并报告工作。人民政府委员会向人民代表大会负责并报告工作。在人民代表大会和人民政府委员会内,实行少数服从多数的制度。各下级人民政府均由上级人民政府加委并服从上级人民政府。全国各级人民政府均服从中央政府。"(见共同纲领第十二条和第十五条)这是高度民主基础上的高度集中,最真正的人民民主,是资产阶级虚伪的民主所绝对不可比拟的。

《中国人民政治协商会议组织法》的通过,标志着中国人民民主统一战线在组织上的完成。这个统一战线具有广大的代表性,其组织成分包括工人阶级、农民阶级、革命军人、知识分子、小资产阶级、民族资产阶级、少数民族、国外华侨及其他爱国民主分子的代表;但又具有高度的严肃性,一切反动分子不被允许参加。结成这个统一战线的宗旨,已在该法的总则表明,就是经过各民主党派和人民团体的团结去团结全中国各民主阶级、各民族,共同努力，实行人民政协的共同纲领。这个统一战线内部实行高度民主，凡参加单位对中国人民政协全体会议及全国委员会所通过的决议，如有不同意见，得保留至下届会议提出讨论，而对重要决议根本不同意时，且有声请退出的自由；但另一方面，又具有严格纪律，凡参加单位及代表对中国人民政协全体会议及全国委员会所通过的决议，均有信守及实行的义务，如有违反中国人民政协组织法、共同纲领或重要决议而情节严重者，得分别予以处分。这个中国人民民主统一战线组织——中国人民政治协商会议，在普选的全国人民代表大会召开以前，代行了全国人民代表大会的职权，而在人民代表大会召开以后，仍将长期地存在，成为各民主党派、各人民团体团结的形式和协商的机关。它将由全体会议产生全国委员会，并在中心城市、重要地区及省会，设立地方委员会，继续进行活动。中国共产党和中国人民二十八年来一向主张建立民族统一战线。第一次大革命时，中国共产党即曾与孙中山先生建立这种合作关系，因而能够推动中国人民革命，并在此基础上举行胜利的北伐战争。在蒋介石叛变以后，中国共产党仍然坚持革命统一战线的方针。经过土地革命战争时期和抗日战争时期的曲折发展，现在才在新的形势下，结成新的空前强大的人民民主统一战线。这个新的统一战线，有着中国共产党的被众所公认的领导地位，有着中国人民的空前的觉悟程度和组织力量的监督，而又有着共同纲领和人民政协的组织法作为共同信守遵行的章则，这就足以充分地保证它的巩固和健全了。

中国人民政治协商会议已经完成了很好的工作。它为全国人民制定了国家的根本大法，选举了以毛泽东主席为首的中央人民政府。现在，放在我们全国人民面前的任务是什么呢？是在中国共产党领导之下，紧紧地团结在中央人民政府周围，不折不扣地执行共同纲领和大会其他决议，使它们变成群众的实际行动。是监督各级人民政府和一切民主党派、人民团结忠实地履行这些国家的根本大法，使人民的意志得以迅速地而又有步骤地成为国家的现实。是协助政府，把革命进行到底，肃清公开的和隐藏的反革命残余力量，治愈战争的创伤，恢复和发展人民的经济事业和文化教育事业，巩固国防，使我们新中国富强起来。是爱护我们新生的祖国，加强人民民主政府的力量，和以苏联为首的爱好和平民主的国家和人民团结在一起，以保障中国人民革命胜利的果实，并促进世界的和平与自由。中华人民共和国万岁！

（1949年10月1日）

为什么要统一国家财政经济工作

中央人民政府政务院在三月三日作了关于统一国家财政经济工作的决定。这个决定,对改进财政经济的管理是一个极其重要的措施。不早不迟,作出这个决定是有原因的。

我们的战时财经工作从抗日战争开始直至一九四九年的十二年间都是分散经营的。其中又分两个段落:一九三七年至一九四八年的十一年是一个段落,一九四九年又是一个段落。目前正开始新的时期。头十一年各解放区间的财经工作,完全分散经营,各有货币,各管收支,统一的方面只有一项,即政策统一。仅仅最后一二年在解放区之间才有可能作少数军用品和物资的调拨。这种完全分散经营的政策,是适应当时解放区被分割的情况的,因此获得了极大成绩。去年一年,解放战争的胜利迅速扩大,一年之间,除西藏外,全国大陆全部解放,全国都成了解放区。适应这种情况,财经工作上统一的范围和程度也随之增加。首先,除东北外,人民币已成为全国的通货,因此支出的机关统一了。在上海、武汉解放之后,像第一段落那样仅限于政策上的统一,已经不够。全国各地财经机关一致要求对下列各项问题作出统一的规定、计划和管理。这些项目是:税则、税目、税率;国营工厂的生产计划、原料来源,产品推销;外销物资的采购,外汇使用的分配,内地贸易物资的调拨,物价管理;铁道、轮船的合理使用,邮电的收费管理;等等。所有这些,都需要统一,而且都陆续地统一了。但就财经工作的全部说来,基本上仍是分散经营的,因为财政的收入并未规定统一管理的办法,只统一支出,未统一收入。这种情况在当时是不可避免的:一方面,因为解放区扩大的过程极其迅速,新解放地区的财政收支,又只能由各地接管机关自行处理;另一方面,作为国家财政收入主要部分的秋征公粮,大部新区只在今年一二月才收起,不少地方尚未收齐,新解放区的税收整理也不是很快的。所以去年一年的情况是:继续分散经营，但分散经营中的统一的程度，迅速大量地增加。目前到了新的时期。公粮大部已征收起；统一的税则、税目、税率已经公布；因为大陆已解放，税收也比去年多。放在面前的问题是：继续停留在去年那个阶段上呢？还是前进呢？全国财政会议讨论的结果，中央人民政府政务院的决定和中共中央的决议答复说：是前进，不是停留。就是说，财经工作要从基本上分散经营前进到基本上统一管理。也就是说，虽然分散经营的成分仍然有，但主要的将是统一管理。这种改变是适应目前在地域、交通、物资交流、关内币制等方面已经统一的情况的。

究竟统一管理哪几件事？这在政务院决定中已经具体规定。主要内容是统一财政收支，重点在财政收入。即国家的主要收入，如公粮、税收及仓库物资的全部，公营企业的利润和折旧金的一部分，统归国库。不经中央人民政府财政部的支付命令，不能动支。这样，就保证了国家收入的统一使用。在财政支出方面，则规定：军队供给统一于人民解放军总司令部的后勤部，政府机关、学校、团体则制定编制，规定供给标准，编外和编余人员由全国编制委员会统一调配；不经调配批准，不得自招新的人员。机关、学校与工厂企业，按照工作和生产情况，均须规定工作人员数量和每个人员的工作额，一切可省和应该缓办者，统统节省和缓办，反对百废俱举。集中财力于军事上消灭残敌，经济上重点恢复。此外，全国国营贸易机关资金物资的运用调拨，集中于中央人民政府贸易部，一切军政机关、学校、团体和公营企业的现金，除留若干近期使用者外，一律存入国家银行。所有这些，是统一管理的主要内容。这些统一在今天已经必不可少。如果国家收入不作统一使用，如果国家支出不按统一制度并在节省原则下支付，如果现有资金不加集中使用，则后果必然是浪费财力，通货膨胀。这就不但有害于战争和军政人员的供应，而且有害于国家经济和人民生活。

毫无疑问，上述内容的统一管理，比之去年的基本上分散经营有根本的区别。如果问：在统一管理之后，哪些是仍然存在的分散经营？回答是：还很不少。例如，人民的农业生产，在中央人民政府农业部规定了总的方针之后，必须由地方政府担任具体的组织和领导；国家工厂的一部分完全划归地方和军事机关管理，另一部分属于中央人民政府所有的，也暂时委托地方政府或军事机关管理；财政收入上，地方附加粮和纯属地方税，仍归地方支配；依据税则、税目、税率，国家规定了征收公粮、税收数字后，地方政府在严遵法令之下努力工作，从严查漏税中得来的税收，则以分成办法，大部归地方。同时，最重要的，所谓国家财政经济工作的统一管理，绝不是说，因为公粮、税收归了国库，因此，关于征收、保管、运输工作以及散在各地的中央人民政府各部所属的企业，地方政府不必或不应过问。相反地，地方政府对粮、税的征收、保管、运输，负有全部责任。对当地的中央所属各企业，完成中央人民政府主管各部所给业务计划，则负有指导、协助、监督的责任。没有地方政府这方面的工作，中央所属各地企业机关的完成业务计划将是不可能的。此外，为使东北行政区能更好地在财政经济上支援全国起见，中央人民政府决定东北的货币也暂时维持现状，在财政上对东北也暂时只采取抽调物资的办法。

像我们这样地区广大，许多地方又解放不久的国家，实行这样统一管理，是否太早？是否困难？比之过去各解放区被分割时期，一个解放区内部财经工作由分散进到统一的那种进度来看，在目前实行财经工作的统一管理，确是在进度上提早了。但是由此而来的困难并不算大。因为除边疆上交通十分不便的省份，如新疆和将来的西藏，仍应例外处理外，全国各地有线无线电报电话，已经畅通，几小时内，可以电报往复，几分钟内可以电话问答。铁路已经全部恢复，空航也将开始。现在中央人民政府各部，已经可能做到逐日收到各地业务情况和收支数字的报告。这就是说，现在不是被分割的农村解放区，全国已经统一了，一切进步的交通、通讯工具已由人民掌握，过去那样的困难，今天已经不存在了。因此，提早统一，已有可能。我们不应偏顾统一管理上工作方面的小困难，而造成国家经济和人民生活的大困难。应该克服小困难，以避免大困难。

这样程度的统一，地方机动性是否太少？是的，地方机动性比之前大大减少了。但是我们知道目前国家的财政收支非但不富裕，而且有赤字，可以机动使用的现金物资本来很少。这微小的机动力量，如果不放在中央人民政府手里，而分散给全国各级地方政府，其后果必然是把这微小的机动力量，丧失无余。这正像作战一样，把机动兵力分散了，不是大吃败仗，就是难获全胜。允许层层级级机动，必然是全局不机动，大家不机动。

统一管理了，是否会降低下级组织的积极性？可能的，但是应该避免。财经工作统一管理之后，下级工作人员降低积极性的原因，大体由于一种误解，即以为上面统一管理了，下级可以不必负责。因此，领导机关的责任，就是应该告诉这些同志，统一管理中下级同志仍负有极大的责任。国家任何事情，办得好、办得坏，都与自己有密切关系。"事不关己，高高挂起"是完全错误的。

把公粮提走，每个月发的经费是现金人民币，货币跌了价，下级经费怎样维持？不必担心！第一，统一国家财政经济工作的直接效用之一，就在防止通货膨胀。第二，对于若干地方，今后仍发一部分公粮作为经费。第三，即令货币跌了价，政务院决定中也规定了国家银行对一切军政部门及公营企业举办折实存款，这就基本上保证了各种经费的币值。

下级的经费总是要发的，何必将税收先归国库再发经费？如果先让下面在税款中把经费支用了，多余的上缴不一样吗？经验回答我们：这两种办法的结果是不一样的。在实行"多余的上缴"的办法时，地方财政机关常常要首先照顾"当地需要"，近水楼台，便于挪用，结果是"上缴"无几，甚至不缴。"当地需要"的许多项目，在当地看来，是首要，但从全局看来，常是次要的，可以缓办的。全国如果都按各个局部需要来开支经费，那么，哪有钱来办全国性的大事？一个家庭收入的支配，还要分清轻重缓急，何况国家？在人民政府中，公务人员在处理财经问题上合格与否的标准，不单是贪污或廉洁；贪污是犯罪，廉洁是必需的。主要的标准，还在于是否浪费。这种浪费，也不单指铺张滥用的那种浪费，而特别是指办事用钱不分轻重缓急全体局部的那种浪费，即是说，不是把经费最适当地使用在一些最重要的事情上，而是不适当地使用在一些不重要的事情上。地方把粮税收入交出之后，中央对地方经费是必须保证的。但应该说，偶然迟发十天半月的情况，难于完全避免。目前仍在战时，先前方，后后方，先军队，后地方，仍旧是我们财政支付的基本原则。即使经费迟发了十天半月，难道下级政府人员就会饿死？日夜作战的游击战争时期熬过了，敌人统治下衣食无着的秘密工作时期熬过了，现在全国解放，保证了吃粮，偶然迟发十天半月的经费，难道就能饿死人？

统一管理的初期，下级是有困难的。但是，同志们！这种困难比之因全国财经管理继续不统一而致金融物价大乱所产生的困难，其程度要小得多，其后果要轻得多。我们必须忍受小困难，避免大困难。我们必须遵守这样的原则：部分服从全体，地方服从中央。

只要我们严格实行政务院关于统一国家财政经济工作的决定，熬过几个月的困难，我们很有理由，希望财政情况达到好转。财政情况的好坏，直接关联到国家经济和人民生活。统一国家财经工作，将不仅克服今天的财政困难，也为战后的经济建设不失时机地创造必要的前提。如果财政收入不作统一管理，绝不能集中国家的资金，因此也就说不上集中使用。这在现时有害，将来也有害。

（1950年3月10日）

正确地使用祖国的语言，
为语言的纯洁和健康而斗争！

语言的使用是社会经济政治文化生活的重要条件，是每人每天所离不了的。学习把语言用得正确，对于我们的思想的精确程度和工作效率的提高，都有极重要的意义。很可惜，我们还有许多同志不注意这个问题，在他们所用的语言中有很多含糊和混乱的地方，这是必须纠正的。为了帮助同志们纠正语言文字中的缺点，我们决定从今天起连载吕叔湘、朱德熙两先生的关于语法修辞的长篇讲话，希望读者注意。

我们的语言经历过多少千年的演变和考验，一般地说来，是丰富的，精练的。我国历史上的文化和思想界的领导人物一贯地重视语言的选择和使用，并且产生过许多善于使用语言的巨匠，如散文家孟子、庄子、荀子、司马迁、韩愈等，诗人屈原、李白、杜甫、白居易、关汉卿、王实甫等，小说家《水浒传》作者施耐庵、《三国演义》作者罗贯中、《西游记》作者吴承恩、《儒林外史》作者吴敬梓、《红楼梦》作者曹雪芹等。他们的著作是保存我国历代语言（严格地说，是汉语）的宝库，特别是白话小说，现在仍旧在人民群众中保持着深刻的影响。我国现代语言保存了我国语言所固有的优点，又从国外吸收了必要的新的语汇成分和语法成分。因此我国现代语言是比古代语言更为严密，更富于表现力了。毛泽东同志和鲁迅先生，是使用这种活泼、丰富、优美的语言的模范。在他们的著作中，表现了我国现代语的最熟练和最精确的用法，并给了我们在语言方面许多重要的指示。我们应当努力学习毛泽东同志和鲁迅先生，继续发扬我国语言的光辉传统。

但是，如果根据毛泽东同志和鲁迅先生关于语言问题的指示来检查目前的报纸、杂志、书籍上的文字以及党和政府机关的文件，就可以发现我们在语言方面存在着许多不能容忍的混乱状况。

先拿词汇来说。毛泽东同志告诉我们："语言这东西，不是随便可以学好的，非下苦工不可。第一、要学人民的语言。人民的语言是很丰富的，生动活泼的，表现实际生活的。这种语言，我们很多人没有学到，所以我们在写文章做演说时没有几句生动活泼切实有力的话，只有死板板的几条筋，像瘪三一样，瘦得难看，不像一个健康的人。第二、要学外国语言，外国人民的语言并不是洋八股，中国人抄来的时候，把它的样子硬搬过来，就变成要死不活的洋八股了。我们不是硬搬外国语言，是要吸收外国语言中的好东西，于我们的工作适用的东西。……第三、我们还要学习古人的语言。现在民间的语言，大批地是由古人传下来的。古人的语言宝库还可以掘发，只要是还有生气的东西我们就应该吸收，用以丰富我们的文章、演说和讲话。当然我们坚决反对去用已经死了的古典，这是确定了的，但是好的合理的东西还应该吸收。"（见《反对党八股》一文）鲁迅先生的文字，正是实现了毛泽东同志这些原则的模范。鲁迅先生曾经特别指出要反对"生造除自己之外，谁也不懂的形容词之类"。对于毛泽东同志和鲁迅先生的这些指示，很多人没有认真执行，甚至根本没有记在心上。他们不但不重视和不肯好好研究祖国的语言，相反地，他们不但不加选择地滥用文言、土语和外来语，而且故意"创造"一些仅仅一个小圈子里面的人才能懂得的各种词。他们对于任何两个字以上的名称都任意加以不适当的省略。直到最近，我们还可以从地方机关的文件中看到"保反委员会"（中国人民保卫世界和平反对美国侵略委员会）、"抗援运动"（抗美援朝运动）、"建网工作"（建立宣传网工作）等新造的略语，以及"美帝"（美帝国主义）、"双减"（减租减息）、"生救"（生产自救）、"匪特"（土匪特务）等老牌的略语。这种混乱现象大部分发生在报纸杂志的文章和党组织及政府机关的文件上，并且被这些文章和文件所推广，以致滥用省略成为通病。

  更严重的是文理不通。毛泽东同志和鲁迅先生都是精于造句的大师。他们所写下的每一句话都有千锤百炼、一字不易的特点。毛泽东同志痛恨文理不通的现象，因为文法或语法，正如斯大林所说，"是人类思维长期抽象化工作的成果，是人类思维所得巨大成功的指标"，修辞和逻辑，也有同样的性质。只有学会语法、修辞和逻辑，才能使思想成为有条理的和可以理解的东西。但是我们还只有很少的人注意到这个方面。我们的学校无论小学、中学或大学都没有正式的内容完备的语法课程。我们的干部无论从学校出身的或从工农出身的，都很少受过严格的语文训练。他们常常在正式的文字里，省略了不能省略的主语、谓语、宾语，使句子的意思不明确。他们常常使用组织错误的和不合理的句子。有着这种错误的句子甚至还出现在大量发行的报纸和杂志上。下面的例子是随便从报纸上摘引来的：

"我们非要加紧抗美援朝才能保家卫国不可"（五月五日重庆《新华日报》第二版）；

"青年团东北委员会、东北学生联合会联合发表演说"（二月二十二日沈阳《劳动日报》第一版）；

"取得了某些收效"（二月二十四日《东北日报》第二版）；

"这五万万人，自古以来就是勤劳勇敢的"（五月二十五日《新青年报》第三版）。

以上四个例子的前一个有语法错误，后三个不合理。既然报纸上不时地出现这种情形，那就应当当作一种问题，采取严肃的办法加以解决，而不应当诿之于一般作者和编辑文化程度太低。让我们再一次引用苏联航空工程师、科学院通讯院士雅可夫列夫所转述的斯大林的话吧：

"斯大林不能容忍文理不通的现象。当他接到字句不通的文件时，他就气愤起来。

——真是文理不通的人！但若责备他一下，他马上就会说他是工农出身，借以解释自己文盲的原因。这种解释是不正确的。这是不爱文化和粗心大意的原因。特别在国防事业中更不允许拿工农出身来解释自己教育程度的不足，来解释自己没有技术准备、粗鲁或不通事理。因为敌人绝不会因我们的社会出身而向我们让步。正因为我们是工农，我们更应当在一切问题上都有周详完备的准备，毫不亚于敌人才对。"（见《论伟大而质朴的人》一文）

在整个的篇章结构上，我们许多同志的主要毛病是空话连篇，缺乏条理。毛泽东同志把空话连篇当作党八股八大罪状中的第一条，他说："我们有些同志欢喜写长文章，但是没有东西，真是'懒婆娘的裹脚又长又臭'。为什么一定要写得那么长，又那么空空洞洞的呢？只有一种解释，就是下决心不要群众看。因为长而且空，群众见了就摇头，哪里还肯看下去呢？只好去欺负幼稚的人，在他们中间散布坏影响，造成坏习惯。去年（按指一九四一年）六月二十二日，苏联进行那么大的战争，斯大林在七月三日发表了一篇演说，还只有我们《解放日报》一篇社论那样长。要是我们的老爷写起来，那就不得了，起码得有十万字。现在是全世界大战争时代，我们应该研究一下文章怎么写得短些，写得精粹些。延安虽然还没有战争，但军队天天在前方打仗，后方也唤工作忙，文章太长了，有谁来看呢？有些同志在前方也喜欢写长报告，他们辛辛苦苦地写了，送来了，其目的是要我们看的，可是怎么敢看呢？

长而空不好，短而空就好么？也不好。我们应当禁绝一切空话。"鲁迅先生说："写完后至少看两遍，竭力将可有可无的字、句、段删去，毫不可惜。"对于毛泽东同志和鲁迅先生的这些指示，我们同样有很多人没有执行。仍然有许多文章和文件是空话连篇、篇幅冗长的。有些文章和文件不但冗长，而且因为说了许多不必要的话，反而没有把事情说得明白。交代不明，眉目不清，也是常见的缺点。从这些文章和文件可以看出，有很多人没有用过功夫来研究毛泽东同志的著作和各种权威的文学和科学的著作，没有用研究这些著作来训练自己的思想，使自己的头脑趋于精密和有条理，所以就不能把存在于事物内部的条理正确地在文字上表现出来了。

这种语言混乱现象的继续存在，在政治上是对于人民利益的损害，对于祖国的语言也是一种不可容忍的破坏。每一个人都有责任纠正这种现象，以建立正确地运用语言的严肃的文风。

应当指出：正确地运用语言来表现思想，在今天，在共产党所领导的各项工作中具有重大的政治意义。在国民党及其以前的时代，那些官僚政客们使用文字的范围和作用有限，所以他们文理不通，作出又长又臭的文章来，对于国计民生的影响也有限。而在共产党领导下的中国就完全不同了。党的组织和政府机关的每一个文件，每一个报告，每一种报纸，每一种出版物，都是为了向群众宣传真理、指示任务和方法而存在的。它们在群众中影响极大，因此必须使任何文件、报告、报纸和出版物都能用正确的语言来表现思想，使思想为群众所正确地掌握，才能产生正确的物质的力量。

我们是完全能够做到这一步的。我们的同志中，我们的党政军组织和人民团体的工作人员中，我们的文学家教育家和新闻记者中，有许多是精通语法、会写文章、会写报告的人。这些人既然能够做到这一步，为什么我们大家不能做到呢？当然是能够的。中国语言的规律并不难学。帝国主义国家的某些所谓学者和中国的买办，在过去几十年来一贯地污蔑中国语言"没有规律"，"不科学"，事实上是他们没有学通中国语言。我们应当坚决地反对这种污蔑。我们应当坚决地学好祖国的语言，为祖国语言的纯洁和健康而斗争！

（1951年6月6日）

中国人民民主制度的新阶段

——庆祝中华人民共和国第一届全国人民代表大会第一次会议开幕

中华人民共和国第一届全国人民代表大会的第一次会议今天在首都北京庄严地开幕了。这个会议的一千二百二十六名代表，代表着六万万人民的伟大意志。他们将要通过中华人民共和国宪法，并根据宪法选举中华人民共和国主席和全国人民代表大会常务委员会，组织国务院，选举最高人民法院院长和最高人民检察院检察长。

我国的一切国家权力开始由全国人民普选产生的全国人民代表大会集中行使了。这是我国政治进一步民主化的伟大成就。我国政治的这种进一步的民主化，是在五年来人民民主建设不断发展的基础上实现的。一九四九年建国之初，在中国共产党领导之下，我国国内各民族、各民主阶级、各民主党派、各人民团体和其他爱国人士的代表人物举行了中国人民政治协商会议，代行了全国人民代表大会的职权，通过了临时宪法性质的共同纲领，选举了中央人民政府。由人民政治协商会议所选举的中央人民政府，五年来有效地领导全国人民执行了共同纲领，在政治上、经济上和文化上取得了巨大的胜利。全国各地普遍建立了人民代表会议，逐渐向人民代表大会制度过渡，逐步代行了人民代表大会的职权，为今天所实行的普选的人民代表大会制度准备了良好的条件。

在第一届全国人民代表大会的代表中，包括了我国所有的民主阶级和民主党派的代表人物，包括了工农业劳动模范，武装部队的英雄人物，著名的文学、艺术、科学、教育工作者，工商界、宗教界的代表人物，包括了我国各民族各阶层人民的代表。这个会议有一百七十七名少数民族的代表出席。这是表示我国历史上几千年来空前未有的团结统一的一次大会。

出席这个代表大会会议的代表中，包括了戊戌变法时期、辛亥革命时期、五四运动时期、第一次国内革命战争时期、第二次国内革命战争时期、抗日战争时期、第三次国内革命战争时期和中华人民共和国成立以后这许多历史时期的政治的社会的活动家。他们的年龄从十八岁到九十岁以上的都有。旧时代中被压迫在社会最底层的妇女，在这个会议中有一百四十七名代表。

有了这样广泛的代表性，这个代表大会会议所讨论和决定的一切，就将完满地表达全国人民的意志，恰当地照顾到不同地区和不同民族的历史特点，照顾到不同阶级和不同阶层的特殊利益和要求。这就使得我们的全国人民代表大会和其他一切国家机关能够更广泛更巩固地团结全国人民，胜利地完成建设社会主义社会的伟大事业。

这个代表大会的这次会议代表我国逐步过渡到社会主义的新时期。它所要通过的宪法是进行社会主义改造、建立社会主义社会的宪法；这个宪法规定了国家的确定不移的社会主义路线，规定了国家发展社会主义经济和合作社经济、改造个体劳动者的小生产经济和资本主义经济的根本方针。这就是这次会议的最伟大的历史意义。

在这次会议上将要听取和讨论中央人民政府政务院关于五年来的工作报告。可以预料，来自全国各地区的人民代表将对政府的工作提出许多有意义的批评和建议；代表们提出这些批评和建议，乃是他们认真对待国家事业和本身责任的重要表现。

中国人民热爱我们自己的人民代表大会制度，而不喜欢资产阶级那种伪装民主的议会制度。那种制度在中国也曾有人倡导过和试用过，但是被人民群众毫不留恋地抛弃了。我国人民所以热爱人民代表大会制度，是因为我们的人民代表大会真正能够反映人民群众的意志，真正能够实现人民群众的意志。

人民代表大会所以能够真正反映人民的意志，就因为它是真正由人民群众实行普遍平等的选举所产生出来的，不是像资本主义国家的议会那样，由垄断资本集团定出有财产、教育程度、民族和居住条件等限制的选举法，并且由警察宪兵来操纵控制，以金钱贿赂来进行选举而产生出来的。我们的人民代表大会的代表真正是人民群众认为最满意的人或者是必要的人物。人民对于自己所选出的代表有权实行严格的监督，并且有权随时撤换他们，这就保证这些代表必须忠实地反映人民的意志。

人民代表大会所以能够真正实现人民的意志，是因为它真正行使着人民所付托给它的至高无上的权力。我们的全国人民代表大会有权决定国家一切大事，它所通过的法律、法令和一切决议，任何国家机关和工作人员都必须在它的监督下严格执行。

我们全国人民积极参加基层选举,选出了地方各级人民代表大会和全国人民代表大会的代表,并且加倍努力提前完成和超额完成国家的计划,来迎接全国人民代表大会会议,这就是我国人民对于人民代表大会制度具有无限热爱的最好的证明。全国人民代表大会的一切代表必须尊重人民群众的热情的付托,努力工作,使这次会议完满地完成它的光荣的重大的任务。

(1954年9月15日)

中华人民共和国宪法
—— 中国人民建设社会主义社会的有力武器

中华人民共和国第一届全国人民代表大会第一次会议，代表着我国六万万人民的意志，于一九五四年九月二十日，庄严地通过了中华人民共和国宪法。这个宪法是中国人民一百多年来革命斗争胜利的产物，是中国人民从一九四九年建国以来的新胜利和新发展的产物。这个宪法确定了我国过渡时期的社会经济制度和政治制度，保证了我国的社会主义建设一定能够达到完全的胜利。

毛泽东同志在第一届全国人民代表大会第一次会议的开幕词中说："这次会议是标志着我国人民从一九四九年建国以来的新胜利和新发展的里程碑。这次会议所制定的宪法将大大地促进我国的社会主义事业。"有了这个宪法，我国人民就有了一个有力的武器，将更加充满信心地为建设社会主义社会而奋斗，将要以更大的规模去推进我国的社会主义事业。

中国人民渴望要有这样的宪法，今天终于有了。这样的宪法在我们的国家刚刚成立的时候不可能产生，只有在建国五年的今天才能够产生。按照中国社会历史发展的规律，中国共产党早已指出经过新民主主义到社会主义是中国革命的必然的道路。这个宪法就是这条道路的具体标志。

共同纲领在过去五年间起了临时宪法的作用，但是在共同纲领中还没有把建设社会主义社会这一个目标规定下来。五年以前，由中国人民政治协商会议制定共同纲领的时候，中华人民共和国刚刚成立，人民革命战争还在大片的国土上继续进行，土地制度的改革在广大的新解放区还没有进行，革命的社会秩序还没有完全巩固，为战争所破坏的国民经济还没有恢复，国营经济即社会主义经济还不强大，它的领导地位和领导作用还没有巩固和发展起来。那时候，从我国历史发展的阶段上说，已经由新民主主义即人民民主主义革命的阶段进入了社会主义革命即社会主义改造的阶段。但是，当时我国人民民主革命的任务还有许多没有完成，我们还必须在广大的农村中解决封建主义和民主主义即地主和农民之间的矛盾，还不能着手解决资本主义和社会主义的矛盾；当时我们也还必须在城市和工商企业中进行民主改革，广大人民对于社会主义的认识和觉悟程度还很不够，我们领导国家建设事业的经验也还十分缺乏。因此，人民政治协商会议的共同纲领没有把建设社会主义这个目标用明文规定下来，这是符合于当时的历史情况的。

今天，中华人民共和国已经成立五年了，我国大陆上的反革命残余势力已经肃清，土地制度的改革已经基本完成，革命的社会秩序已经巩固起来，国民经济已经恢复和发展了，强大的国营经济即社会主义经济已经建立起来，并且确立了自己在整个国民经济中的领导地位。在国营经济领导下，个体的农业和手工业经济已经逐步走上合作化的道路，资本主义工商业已经逐步走上国家资本主义的道路，合作社经济和国家资本主义经济都已经有了相当的发展。这就是说，我们的国家在过去几年中，已经在实际上开始逐步地进行了社会主义的改造，开始逐步地按照社会主义的方向改变了社会经济的面貌。广大的人民群众通过几年来的切身经验，逐渐认识了社会主义的优越性，大大提高了觉悟程度，他们已经不再满足于土地改革和一般民主改革所带给他们的利益，而要求以大规模的社会主义经济来为他们创造像苏联人民那样的幸福生活，要求逐步建立没有阶级剥削的社会主义社会。社会主义的目标已经成为我国人民所公认和努力追求的目标，已经成为我国人民的共同愿望了。过渡时期中仍然存在的资产阶级，也因为工人阶级和国营经济的领导地位的确立，承认社会主义是大势所趋；并且由于在思想上和生活上有了许多进步和改变，他们也已经能够接受社会主义改造的方针。在这种新的社会情况和由此所产生的新的社会要求之下，中华人民共和国宪法现在用明文规定在我国建设社会主义社会的伟大目标就是完全必要的了。

中华人民共和国宪法完全切合我国的国家生活发展的需要；在宪法草案的全民讨论中已经充分证明，它是为全国广大人民所拥护的。刘少奇同志在全国人民代表大会会议上所作的关于中华人民共和国宪法草案的报告中说："这个宪法既然是表达了人民群众的亲身经验和长期心愿，它就一定能够在我国的国家生活中起巨大的积极的作用，一定会鼓舞人民群众为保卫和发展我们的胜利成果而斗争，为粉碎一切企图破坏我国社会制度和国家制度的敌人而斗争，为促进我国建设事业的健全发展和加速我国建设的进度而斗争。"

中华人民共和国宪法把实现国家在过渡时期总任务的具体步骤用法律形式固定了下来，这就为我们国家摆好了走到社会主义社会的前进轨道。中华人民共和国宪法规定了我们国家的基本政治制度，这就是既便利于发扬人民群众的社会主义热情和积极性创造性，又便利于国家实行高度统一和集中领导来克服社会主义道路上一切障碍的人民代表大会制度。我们国家的这种政治制度将有力地保证我国顺利地从新民主主义过渡到社会主义。我们的宪法宣布"中华人民共和国的一切权力属于人民"，并且明确地规定，在我们国家里国民经济的发展和改造，生产力的提高，目的都是"改进人民的物质生活和文化生活，巩固国家的独立和安全"。宪法中关于公民的基本权利和义务的规定充分表明了人民在国家中的主人地位。我们用宪法这样的国家根本法的形式把这一切事实固定了下来，毫无疑问，这就一定能够进一步地不断地提高广大人民为建成社会主义社会而斗争的积极性。

马克思列宁主义教导我们：社会的上层建筑是由经济基础所产生；但它在产生以后，就会反过来为自己的经济基础服务，推动这一基础向前发展。国家的宪法是一种重要的上层建筑，它将积极保护和发展已经建立了的经济基础。因此，我国的宪法今后将成为我国人民为建设社会主义而斗争、为创造自己的幸福生活而斗争的最有力的武器，这也是毫无疑问的。

为了实现伟大的建设社会主义的目标，我国人民应该正确地掌握和充分地运用宪法这个有力的武器，努力遵守和维护宪法，如同保护自己的生命财产和幸福前途一样。每一个公民都应该按照宪法来检查自己的思想行为，正确地行使宪法所规定的公民权利，积极参加国家的管理和建设工作，对国家机关和国家机关工作人员的缺点和错误进行严肃的批评，对一切应兴应革的事情提出积极的建议。同时，人人都应该自觉地严格遵守和履行宪法所规定的各项公民义务。积极履行义务，就是充分享受既得权利和不断地扩充这些权利的保证，也是建成社会主义社会、使自己享受更大幸福的保证。中华人民共和国宪法规定的公民的权利和义务是统一不可分的。没有权利的义务是不可想象的；同样，不尽义务的权利也是不可想象的。公民的权利固然是人人都愿意享受的，而公民的义务也是每一个以主人的态度对待国家的公民所乐尽的责任。如果有人希望只享权利而不尽义务，或者少尽义务而多享权利，那么，他就不是好的公民。那些自私自利、损人利己的思想行为是剥削阶级的可鄙的劣根性，我们必须用教育和自我教育即批评和自我批评的方法去克服它。

为了实现伟大的建设社会主义的目标，我国人民还应该运用宪法这个有力的武器去和一切反革命分子的破坏活动作斗争，和利用私有财产来破坏国家经济秩序、阻挠社会主义改造的行为作斗争，和一切犯罪行为作斗争。我国的宪法丝毫不容许一切反革命的破坏和一切犯罪的行为。一切国家机关和每一个公民都应该按照宪法和其他法律的规定，积极保卫国家和人民的利益。检举和惩治各式各样的反革命的破坏行为和犯罪行为。

为了使这个宪法能够为全体人民所熟悉、遵守和掌握，我们必须在过去全民讨论宪法草案的基础上，把系统的经常的关于宪法的教育，当作今后的公民教育的一个重要内容，使宪法的各项规定深入人心，家喻户晓。一切国家机关和全体人民一定要切实遵守宪法中的各项规定，用我们的努力工作，来使我国的宪法在国家生活的各方面，显示出无可比拟的巨大力量，推动我国社会主义的伟大建设事业不断前进。

（1954 年 9 月 21 日）

要反对保守主义，也要反对急躁情绪

自从去年下半年以来，我们进行了反对保守主义的斗争，这个斗争已经收到重大的效果。经过了这场斗争，右倾保守思想已受到深刻的批判，大家都已认识到右倾保守思想的危害。

现在我们国家工作总的情况是好的，健康的，是在不断进步中的。现在全国已有90%以上的农户加入了农业生产合作社，其中加入高级合作社的已占全国总农户的61%。截至3月底，全国已有88%的手工业从业人员加入了手工业生产合作社。全国私营工业，以产值计算，已有92%转成了公私合营。全国私营商业，以资本额计算，已有75%左右实行了公私合营。这些改造工作的进展都是正常的。在社会主义革命高潮的鼓舞下，广大工农群众的生产热情空前高涨。今年如无其他重大灾害，农业的良好收成是肯定了的。如果我们能在增加生产的基础上使90%以上的社员都增加收入，那就可以使一百多万个农业生产合作社巩固下来，并且为初级农业生产合作社转入高级社准备下有利的条件。在工业方面，由于广大职工群众生产积极性的空前高涨和先进生产者运动的广泛开展，我们已有可能迅速地提高工业生产和提前完成第一个五年计划。这些都是值得我们高兴的。

但这并不是说现在我们的工作中便没有缺点了，缺点现在是表现在两个方面，一方面是在一些工作中仍然有右倾保守思想在作怪，另一方面是在最近一个时期中在有些工作中又发生了急躁冒进的偏向，有些事情做得太急了，有些计划订得太高了，没有充分考虑到实际的可能性。这是在反保守主义之后所发生的一种新情况。这种情况是值得我们严重注意的。

毛主席说："人们的思想必须适应已经变化了的情况。当然，任何人不可以无根据地胡思乱想，不可以超越客观情况所许可的条件去计划自己的行动，不要勉强地去做那些实在做不到的事情。"（《中国农村的社会主义高潮》序言）。现在的情况正是有些同志违背了毛主席的这一指示，超越了客观情况所允许的条件去计划自己的行动,去硬办一些一时还办不到的事情。

　　这种情况在许多方面的工作中都或多或少地存在着。就农村工作来说,全国农业发展纲要四十条本来是要在五年、七年和十二年内分别加以实现的,但有些同志因为心急图快,企图在两三年内即把这些事情全部做好。在制订增产计划方面,在农业基本建设方面,在文化福利设施方面,都已表现出这样一种偏向。由于片面地强调了粮、棉的增产,缩小了农村的副业生产,又由于生产性和非生产性的投资过多,这样就影响了农民收入的增加。农村的扫盲工作也是急躁冒进的一个突出的例子。中央的要求本来是要在五年至七年内基本上扫除城市和农村居民中的文盲,但到某些省里就成了四年和五年,到某些县里成了三年,愈到下面时间定得愈短。现在正值农忙时期,但有少数农村扫盲积极分子不管这一情况,占用农民的休息时间来扫盲,使农民只好在课堂上打瞌睡。个别的地方甚至设立识字岗、拦路识字站,强迫群众认字。这些积极分子的热情是好的,但是他们用错了方法。他们这样做的结果,除了造成农村紧张,妨碍农民生产,招致农民埋怨之外,并收不到好的效果。在1952年的时候,我们已有过一次扫盲的经验,那次就扫得急了一些,以后又收缩得急了,以致大部分地方干脆完全停止了。停止是不对的,扫盲工作是应当积极地进行的,但我们这次在很多地方又做得急了。正确的办法应当是按照"不忙多学,小忙少学,大忙停学"的原则,积极而又稳妥地推进这一工作,既要纠正冒进的偏向,又要防止和反对取消主义。

　　工业的生产和建设方面也有不少类似的情况。有些工业生产计划在制订的时候,没有充分考虑材料的来源和供产销的平衡问题,计划订得不切实际,使计划的执行发生很大困难。双轮双铧犁的生产计划订得过高,没有考虑到南方水田的条件,以致在南方许多地方大量积压,就是一个例子。许多基本建设计划的制订,也没有切实研究建筑材料和机器设备的供应,没有对设计力量安装力量作充分的准备,以致发生某些停工窝工的现象。有些厂矿和基本建设工地在开展先进生产者运动中,不恰当地强调了一切"打破常规",结果使事故增加,影响到工人的安全,也影响到生产和建设工程的正常进行。有些生产单位的定额定得过高,使大多数工人无法达到,影响了工人的生产情绪。有些地方在基本建设的节约问题上做得过火,结果厂房和宿舍建筑起来,质量太坏,并且不合用。

　　急躁情绪所以成为严重的问题,是因为它不但是存在在下面的干部中,而且首先存在在上面各系统的领导干部中,下面的急躁冒进有很多就是上面逼出来的。全国农业发展纲要四十条一出来，各个系统都不愿别人说自己右倾保守，都争先恐后地用过高的标准向下布置工作，条条下达，而且都要求得很急，各部门都希望自己的工作很快做出成绩来。中央几十个部，每个部一条，层层下达，甚至层层加重，下面就必然受不了。现在中央已经在采取一系列的措施，纠正这种不分轻重缓急、不顾具体情况的急躁情绪。各个部门和各个地方的工作中的冒进倾向，有些已经纠正，有些还未纠正，或纠正得不彻底，但作为一种思想倾向，则不是一下子所能彻底克服的，需要我们在今后经常注意。

为什么在反对了右倾保守之后，在有些工作中又发生了盲目冒进的偏向呢？这主要是我们思想方法上的片面性造成的。由于没有运用辩证的方法，没有从事物的复杂的矛盾和联系中去全面地观察问题，只从一个方面、一个角度去看问题，就把许多问题看得太死，太绝对化。又由于缺少深入的调查研究工作，对实际情况了解得不够，心中无数，有盲目性，在这种情况下，处理事情当然就容易偏于一面，发生片面性。在反保守主义之后，特别是中央提出"又多、又快、又好、又省"的方针和发布《全国农业发展纲要（草案）》之后，在许多同志的头脑中就产生了一种片面性，他们以为既然要反对保守主义，既然方针是"又多、又快、又好、又省"，既然要执行四十条，于是一切工作，不分缓急轻重，也不问客观条件是否可能，一律求多求快，百废俱兴，齐头并进，企图在一个早晨即把一切事情办好。这样由一个极端到另一个极端，当然免不了要犯错误。

右倾保守思想对我们的事业是有害的，急躁冒进思想对我们的事业也是有害的，所以两种倾向都要加以反对。今后我们当然还要继续注意批判和克服右倾保守思想的各种表现，以保证社会主义建设事业不受阻碍地向前发展。但是在反对右倾保守思想的时候，我们也不应当忽略或放松了对急躁冒进倾向的反对。只有既反对了右倾保守思想，又反对了急躁冒进思想，我们才能正确地前进。

在反对保守主义和急躁冒进的问题上，要采取实事求是的态度。什么是右倾保守，什么是急躁冒进，这里是有一个客观标准的，这个标准就是客观实际的可能性。正确的工作方法，就是要使我们的计划、步骤符合于客观实际的可能性。凡是落后于客观实际的可能性的，就是右倾保守；凡是超过了实际的可能性的，就是急躁冒进。在你们这个地区、这个部门中，有没有右倾保守，有没有急躁冒进，哪些是右倾保守，哪些是急躁冒进，右倾保守是主要的，还是急躁冒进是主要的，右倾保守严重到什么程度，急躁冒进严重到什么程度，这些都要具体加以分析，不能凭空想象。也可能在同一个部门、同一个地区的工作中，在这件事上是右倾保守，在另外一件事上又是急躁冒进。我们应当根据事实下判断，有什么偏向就反对什么偏向，有多大错误，就纠正多大错误，万不可一股风，扩大化，把什么都反成保守主义，或者都反成急躁冒进。如果反得过火，就会反了一面，又造成另一方面的偏向，于工作反而有害。

我们对中央提出的"又多、又快、又好、又省"的方针要有一个正确的了解，不要把它片面化、绝对化，这样才不会走到急躁冒进。总的方针是要又多、又快、又好、又省，但在具体的工作中，哪些能又多又快，哪些不能又多又快，哪些是现在就可以又多又快的，哪些是将来才能又多又快的，怎样才算省得恰当，怎样既多、既快、既省，而又能达到好的目的，这些都要根据具体情况仔细地、实事求是地去加以考虑，不能把问题看得太死、太简单。在执行中央的这条方针的时候，不能只注意多和快，而不注意好和省，既不能因贪多图快而造成浪费，也不能因求多求快求省而忽视工作的质量和安全。如果多了，快了，省了，但是不好，不安全，那就是违背了我们的目的。执行四十条的问题也是这样。四十条，各个地区、各个部门当然都是要坚决地加以执行的，但执行的方法和步骤，则是可以因各地客观条件的不同而有所不同的，用不着强求一致。总之，做任何工作，都要善于把上面的方针、要求与本地区、本单位的实际情况结合起来，从实际情况出发去考虑和确定自己的工作步骤。只有这样，才不致犯右倾保守或急躁冒进的错误。

（1956 年 6 月 20 日）

我国伟大社会主义事业的里程碑

中国共产党第八次全国代表大会定在今天开始举行。从 1945 年第七次全国代表大会以来的十一年间,我们的党领导中国人民完成了资产阶级民主性质的革命,建立了人民民主专政的中华人民共和国,并且紧接着又采取了和平的方式,实行了无产阶级社会主义性质的革命转变,使我们的祖国出现了自己历史上空前未有的新面貌。现在,当我们党的第八次全国代表大会开幕的时候,我国的农业、手工业和资本主义工商业的社会主义改造已经取得了全面的决定性的胜利;第一个五年计划在实施中已经得到巨大的成就,并且根据现在的情况来估计,这个计划有可能在明年超额完成。

我们的党在领导两个革命和国家的建设事业中积累了丰富的经验。现在开幕的第八次代表大会,将系统地总结这些经验,用以指导我们今后的工作。我们将更有效地动员和团结党内外一切积极的因素,促进我国伟大的社会主义事业。这次大会将听取党的第七届中央委员会的政治报告,讨论和决定我国在社会主义建设时期各方面的政策方针,讨论和通过我们的党关于我国发展国民经济的第二个五年计划的建议,讨论和通过修改以后的党的章程,并且选举党的第八届中央委员会。

如果说,十一年以前党的第七次全国代表大会曾经在思想上、政治上、组织上准备了中国革命的胜利,那么,现在开幕的第八次全国代表大会就将在思想上、政治上、组织上准备我国社会主义建设的胜利。这次大会无疑地将成为我们在建设社会主义的伟大历史道路上的一个光辉的里程碑。

中国革命的实践证明,以毛泽东同志为首的我们党中央的政治路线是以马克思列宁主义的普遍真理同中国革命的实际相结合的正确路线。我们的党根据中国社会的特点和革命发展的特殊规律,不但在资产阶级民主革命阶段中,对于武装斗争、革命根据地和农民土地问题等采取了一系列正确的政策;而且在无产阶级社会主义革命阶段开始以后,同样采取了适合于我国过渡时期基本特点的一系列正确的政策。我们首先发展社会主义的经济，确立了它在整个国民经济中的领导地位。在巩固工农联盟的前提之下，我们逐步地引导个体农民走上了农业合作化的道路。我们对民族资产阶级继续采取了广泛的统一战线政策，吸收他们的代表人物参加全国的政权；对资本主义工商业采取利用、限制、逐步地和平改造，最后使它们改变为社会主义企业的逐步赎买的政策；对资产阶级的知识分子也采取说服教育和思想改造的政策，使他们自愿地为伟大的社会主义事业服务；对于各个民主党派，采取长期共存、互相监督的方针。所有这些都是我们的党把马克思列宁主义的一般原理同中国革命的实际相结合的结果。在今后我国的社会主义事业的各个方面，我们还必须继续坚持马克思列宁主义的一般原理同我国的实际相结合的这个正确路线。

正确的党的路线是服务于工人阶级和全体劳动人民的最高利益的。在实现党的正确路线的过程中，各级党的组织和党的工作人员必须耐心地向人民群众进行宣传解释和说服教育的工作，而不应该自作聪明，主观武断。可是，我们有许多同志在工作中却往往犯了主观主义的毛病。他们有时凭了自己从书本子上看到的一两句话，就牵强附会，提出主张，其实牛头不对马嘴，根本行不通。他们有时凭了自己以前工作中碰到的一点成功经验，就东搬西套，强迫推广，结果到处碰壁，使工作受到许多损失。这种主观主义的思想作风是我们前进道路上的一种障碍，必须坚决加以扫除。

目前在我们的许多机关和企业中，脱离群众、脱离实际的官僚主义作风是严重的。许多上级领导人员往往不了解下级和群众的意见，甚至对于来自下面的意见横加压制，以致广大群众的积极性受到严重的伤害。这对于社会主义事业非常不利。但是，我们党和国家的制度毕竟是便利于人民群众反对官僚主义的斗争的；官僚主义者在这里终究是找不到便宜的。今后各级党的组织应该进一步鼓励反官僚主义的斗争，应该提倡每一个共产党员以身作则，遇事同群众商量，认真地倾听群众的意见，认真地处理群众在工作上和生活上提出的迫切问题。这样不但可以提高广大群众对社会主义事业的积极性，而且可以进一步活跃我们国家的民主生活。

为了动员一切积极因素服务于社会主义事业，我们还要坚决向一切宗派主义的倾向作斗争。我们共产党员绝不能把党当成是在几万万人之外的特殊的狭小的宗派。过去，为了进行艰苦的革命斗争，我们的党曾必须团结我国各阶层的一切进步力量；现在和今后，为了进行巨大的社会主义建设工作，我们的党更必须动员我国六万万人民群众中的一切积极因素。在这个问题上，我们共产党员同党外民主人士的合作是有相当重大意义的。我们的党把统一战线和党的建设同样看作在革命中战胜敌人的法宝，也把统一战线和党的建设同样看作在社会主义建设的伟大事业中取得胜利的法宝。早在1941年，毛泽东同志就曾经宣告："共产党的这个同党外人士实行民主合作的原则，是固定不移的，是永远不变的。"最近，党中央一再说明共产党一定要实行同其他民主党派长期共存、互相监督的方针；只要共产党存在，其他民主党派也就同时存在。这对整个社会主义建设事业有好处。一方面，这样可以加强全国人民的团结，加强建设祖国的力量；另一方面，这样也有防止主观主义、官僚主义的作用。

要在中国这样一个经济和文化落后的大国中建成社会主义社会，我们不但要动员全国六万万人民群众中的一切积极因素，而且要更进一步团结世界各国工人阶级和进步人民。今天，有世界各国兄弟党派来的四十多个代表团、代表和观察员参加我们党的全国代表大会。我们热烈地欢迎他们，并且衷心地感谢他们对我们事业的关心。事实早已证明，没有国际的支援，我们要使革命胜利和建设成功是不可能的。我们的党一再教导全体党员：要充分发挥工人阶级的国际主义精神，加强国际团结，坚决反对大国主义和资产阶级的民族主义倾向。我们坚决相信，只有"全世界无产者，联合起来"才是战无不胜的伟大力量。世界各国共产党和劳动人民的智慧和经验是我们应该虚心学习的。我们要坚定不移地学习以苏联为首的各个兄弟国家、兄弟党的革命斗争和建设的宝贵经验。世界上一切好的、先进的事物，我们都要学习，以便我们有更多更好的条件来建设社会主义。

（1956年9月15日）

怎样对待人民内部的矛盾

从2月27日到3月1日,有一千八百多人出席的最高国务会议听了毛泽东主席关于正确地处理人民内部矛盾的报告,并且进行了热烈的讨论。随后,在3月5日到20日举行的中国人民政治协商会议全国委员会的会议,和在3月6日到3月13日举行的、由中国共产党中央宣传部召集而有党内外思想工作者八百多人参加的全国宣传工作会议,都着重讨论了这个报告。3月12日,毛泽东同志在全国宣传工作会议上讲了话,讲话的内容除了关于思想战线的其他方面的问题以外,也同正确地认识和处理人民内部矛盾的问题有关。随后,在各民主党派的中央机构相继召集的会议上,在中国共产党的许多地方组织所召集的会议上,也都讨论到这一个题目。因此,怎样正确地对待人民内部的矛盾,已经成为全国各界人士当前普遍关心的问题之一。关于这个问题的广泛讨论,无疑将促进我国目前人民内部的某些矛盾得到比较顺利的解决,使我国人民的伟大团结更加巩固,从而使我国的社会主义事业更快地向前发展。

我们应该怎样来认识和对待人民内部的矛盾呢?

我们认为,矛盾是一切事物发展和进步的动力。从马克思主义的观点看来,事物内部存在着矛盾,这是一种普遍的、永恒的现象,相反,如果说,事物内部没有矛盾,倒是绝大的奇谈。

在阶级社会中,互相敌对的阶级之间经常地存在着矛盾和斗争。当某一种生产关系严重地妨碍着生产力的发展的时候,代表旧生产关系的反动阶级和要求新生产关系的革命阶级之间的矛盾和斗争就要变得特别尖锐,直到反动阶级推翻了,新的生产关系建立起来了,这种矛盾和斗争才会基本上结束。而在新的社会制度之下,新的矛盾和斗争又会发生。在人类社会的发展中,由于社会制度的不同,社会内部矛盾的情况和矛盾的性质虽然有所不同,但是矛盾的存在这一点却是永远不变的。

我国人民经过英勇的斗争，在1949年，推翻了帝国主义、封建主义和官僚资本主义的反动统治，建立了强有力的人民民主专政。接着，经过一系列的巨大的努力，在1956年基本上完成了对农业、手工业和资本主义工商业的社会主义改造。因此，就全国范围来说，敌我之间的大规模的阶级斗争的历史已经基本上结束，也就是说，曾经长期是国内主要矛盾的敌我之间的矛盾，已经基本上解决。我国生产力在新的社会主义的生产关系下将得到迅速的发展。在我国人民内部，例如在工人阶级内部，农民阶级内部，在工人和农民之间，在各民族人民之间，都形成了伟大的团结。人民群众根据自己切身的经验，认识到共产党和人民政府是为人民的利益而努力工作的，认识到在人民群众和自己的领导者之间存在着根本上的一致。这种一致是阶级社会中所梦想不到的。

但是，这并不是说，在社会主义社会中，人民内部就不再有矛盾了。相反，在社会主义社会的发展过程中，在生产力和生产关系之间，在上层建筑和经济基础之间，在经济制度和政治制度的各个环节上，仍然会产生不完全相适应的情况，也就是说，仍然会产生矛盾。在人民内部，在先进分子和落后分子之间，在抱着正确意见正确态度的人们和抱着错误意见错误态度的人们之间，在这一部分群众和那一部分群众之间，在人民群众和他们的领导者之间，也都存在着这样那样的矛盾。

我们打算在这里着重地谈一下人民群众和他们的领导者之间的矛盾问题。这是因为，我们党和国家建设社会主义的各项方针、政策和具体措施必须通过各级领导者到人民群众中去贯彻执行，人民群众在生产中和生活中的很多方面是受着这些领导者管理的，而且他们的很多要求和需要也要通过这些领导者才能得到满足。因此，我们社会中的许多矛盾，往往通过人民群众和领导者之间的矛盾而集中地表现出来。

人民群众和领导者之间为什么会发生矛盾？这是由于他们在国家生活中所处的不同的地位决定的。人民群众直接参加生产劳动，主要是体力劳动，而一般地难于直接行使管理权力。他们所处的这种地位，使他们比较容易从当时当地的局部情况去观察问题，比较容易重视目前利益和局部利益，而比较难于了解整个社会主义建设中的全部情况和全部困难。而在另一方面，领导者是直接行使管理权力而一般地难于参加体力劳动的。他们比较能够看到长远利益和整体利益，而比较容易疏忽人民群众的具体情况和切身要求。

但是，人民群众和领导者之间的矛盾，跟人民内部的其他矛盾一样，是在根本利益相一致的基础上发生的非对抗性的矛盾，完全不像敌我之间的矛盾那样，是在根本利益相冲突的基础上发生的对抗性的矛盾。处理人民内部的矛盾的方法，必须从原则上跟处理敌我矛盾的方法区别开来。为了正确地处理这类矛盾，必须是从团结的愿望出发，经过批评或者斗争，在新的基础上达到新的团结。在这里，从团结的愿望出发是有决定意义的，因为如果没有这个愿望，批评和斗争就难于达到新的团结。关于这个问题，我们将在另外的机会再作比较详细的讨论。

目前我国人民群众和领导者之间的矛盾，主要是由于领导者在工作中的官僚主义作风。某些领导工作人员自己既不了解下情，又不听取群众意见；许多该办而又能办的事拖着不办，该解决能解决的问题放着不解决；甚至粗暴地压制群众的意见和要求，粗暴地损害群众的权利和利益。这种严重地官僚化的领导工作人员虽然在我们党和人民政府中只占少数，但是只要他们的官僚主义作风没有被发现，被纠正，他们就必然引起广大群众的正当的不满。因此，为了解决人民群众和领导者之间的矛盾，必须首先严肃地认真地克服领导工作人员中的这种官僚主义现象。

为了有效地克服官僚主义，必须依靠群众，扩大人民民主生活，以便加强群众对领导者的监督。由于社会主义改造的胜利，全国绝大多数群众已经组织起来，他们要求参与管理国家工作和集体事业的积极性也增长了。这是实现国家进一步民主化和扩大人民民主生活的有利条件。在这种情况下，不论是农业合作社、手工业合作社、国营企业、公私合营企业、机关和学校，都必须积极扩大民主生活，健全各种民主制度，发扬高度民主的作风。比如合作社中的社员大会和社员代表大会，企业中的职工代表大会，机关工作人员和学校教职员学生的定期会议，都应该经常化起来，充分发挥这些会议的作用。在所有这些会议中，都要造成一种让群众真正自由发表意见的空气和愿意发表意见的兴趣，广开言路，真正实现"知无不言，言无不尽，言者无罪，闻者足戒"的要求。领导者对群众的意见不仅要倾听，更要认真处理。不管群众的意见是否正确，能否办到，领导者都必须加以研究，作出答复。凡是正确可行的，应该接受执行；凡是不可行的或者暂时不可行的，也应该公开解释。对群众的意见既不允许置之不理，或者敷衍搪塞，也不能胡乱许愿，哗众取宠。在这里，尤其重要的是群众提出批评的问题如果确是由于领导者的错误，那么，领导者应该坚决地勇敢地向群众承认自己的错误，而不应该向上下左右去推诿。经验证明，向群众实事求是地承认错误，并不会丧失自己的威信；相反，回避自己责任的人，用欺骗和高压办法保护自己"威信"的人，即令成功于一时，最后仍然不可避免地要在群众面前"破产"。在任何一个单位中，只要群众有正常的民主生活，而领导者又能积极接近群众，跟群众同甘共苦，那么，哪怕客观的条件再困难些，群众和领导者之间的矛盾也能够顺利地解决。

  为了完满地解决人民群众和领导者之间的矛盾，还需要不断地加强在群众中的思想政治工作，不断地提高人民群众的政治觉悟。对于社会主义社会中的公民来说，没有正确的思想政治观点，就不会正确地理解生活和劳动的意义，就不会正确地理解个人同集体、同国家的关系，就不会正确地理解局部利益和整体利益、目前利益和长远利益之间的关系。对于群众的思想政治教育工作，近年来在很多地方显然是削弱了。我们有不少的领导者，沾染了一种"一朝权在手，便把令来行"的旧习气，用单纯依靠行政命令的办法来代替对群众的思想政治工作。这种命令主义倾向正是官僚主义作风的一种表现。他们往往只是要群众这样干或那样干，并不告诉群众为什么要这样干或那样干。他们往往只把上级布置下来的任务简单地交群众去完成，而不教育群众去了解完成这些任务对国家和对群众自己有什么意义。他们长了嘴巴，却不到群众中去作宣传。有些时候，作起宣传来，也是片面地夸大事情的有利方面，而隐瞒事情的困难方面，使群众最后觉得是受了骗；或者夸大事情的困难方面，而不指出事情的光明方面，使群众陷入悲观。无论在工人中间、农民中间和知识分子中间，许多思想上的混乱都是由于领导者忽视了思想政治工作，而这种思想上的混乱必然使人民群众和领导者之间的矛盾复杂化起来。

  我们前面已经说过，群众在国家生活中所处的地位，本来难于了解整个社会主义建设中的情况和困难。因此，当领导上放松了对群众的思想政治教育的时候，群众中产生一些不良的思想倾向原是极自然的，这个责任不在群众，而在领导。领导者之所以被称为"领导者"，当然不只是因为他们可以在行动上指挥群众，更重要的还是因为他们有责任给群众透彻地指明前进的方向和道路，使群众了解为什么要向这个方向前进，为什么要沿这条道路前进。要加强对群众的思想政治教育，就要求各单位的领导人经常向群众作报告，跟群众谈话，要正确地讲解世界大事和国家大事，尤其要正确地讲解群众关心的一切切身问题。

  为了加强对群众思想政治教育工作的领导，各级党委，特别是党委的第一书记，必须把这一工作抓起来，经常了解群众中的思想情况，解决群众中的思想问题。要推动党和国家机关各个部门的领导人都这样做，而不要把这一工作仅仅委托给党委的宣传部门和政府的教育部门。

　　事实证明，领导者愈是注意克服官僚主义，愈是注意对群众的思想政治教育，人民内部的矛盾就愈小，愈容易解决；相反，领导者的官僚主义愈严重，或者群众中的思想政治教育愈薄弱，内部矛盾就愈大，愈尖锐。只要我们既努力克服官僚主义，又努力加强对群众的思想政治教育，人民群众和领导者之间的矛盾就会及时地解决，而人民的团结（首先是人民群众和领导者之间的团结）就会不断地巩固。

　　我们的党同广大人民群众有血肉一般的联系。这种联系是党在长期同群众在一起进行艰苦斗争的过程中建立和巩固起来的。同时，我们党已经积累了不少正确处理人民内部矛盾的宝贵经验。在过去，党已经领导群众推翻了一切压迫者，胜利地解决了各种敌我矛盾。在今后，只要我们党能够继续戒骄戒躁，密切联系群众，坚决地同官僚主义和其他错误的思想作风作斗争，我们也一定能够领导群众共同克服建设社会主义道路上的一切困难和障碍，并且采取正确的方法，顺利地解决各种人民内部的矛盾。

（1957 年 4 月 13 日）

必须坚持多快好省的建设方针

在执行第一个五年计划的过程中,党中央提出了又多、又快、又好、又省的发展国民经济的方针。这个方针对于我国的社会主义建设事业起了巨大的积极作用。1956年我国国民经济的跃进的发展,证明这个方针是完全正确的、必需的和行之有效的。

多快好省方针的提出并不是出于偶然。首先,我们共产党人对于一切前进的事业历来就是促进派,历来就要求一切前进事业按照需要和可能多多地发展,快快地发展。我们促进了人民民主革命,促进了社会主义革命,从而给我国生产力的发展开辟了广阔的道路。从第一个五年计划开始,我们又集中力量来促进我国的社会主义建设事业,使我国尽可能迅速地完成国家工业化和农业现代化的任务,把我国建成为一个社会主义强国。很明显,这不但对于我国本身有极大的意义,而且对于加强整个社会主义阵营,对于维护全世界的和平,都有极大的意义。其次,还因为我国是一个人口多、耕地少、经济文化落后、底子很薄的国家。要在这样一个国家里建立起强大的社会主义物质基础,使我国的经济水平在几十年内赶上世界上的先进国家,使人民生活得到很大的改善,建设的步子就必须迈得比较快、比较大,就必须采取勤俭建国的方针,采取又多又快又好又省的建设方针。除此以外的道路是走不通的。

实现多快好省的方针,有没有可能呢?回答是完全肯定的。前面所说我国人口多、耕地少、经济文化落后、底子很薄,只是我国情况的一个方面,是我们建设的困难的一面。我们还必须看到另一面,即有利的一面,看到我们的国家是一个劳动力多、人民勤劳勇敢、幅员广大、自然条件良好、资源丰富的国家。根据第一个五年计划期间估算的资料,我国单是水力资源,就有五亿瓩以上的蕴藏量。铁的远景储量约有一百二十亿吨,煤的远景储量达一万亿吨。因为幅员广大,我们还可以垦荒植林、开发山区,做很多很多的事情。特别是我们有一个具有伟大生命力的社会主义政治制度和经济制度，广大的劳动群众在共产党的领导下不断地提高自己的觉悟性和积极性，提高自己的劳动生产率；同时，我们还有以苏联为首的社会主义各国的支援。这就完全能够保证我们在不太长的时间内把我国建设成为一个有现代工业、现代农业和现代科学文化的富裕、强大的国家。而且，就是困难的那一面，也可以转化成为刺激我们前进的力量。正如毛泽东同志所说，在一定的条件下，坏事可以转变成为好事。我国所以能够在1955年冬天到1956年春天这个短短的时间内在全国范围内基本上实现了农业合作化，原因之一就是绝大多数的农民穷，农民看清了只有坚决走社会主义道路，才能摆脱穷困的境遇。这些都说明，我们采取多快好省的方针有很多有利条件，对此我们必须有足够的估计。

第一个五年计划的实践结果，证明了多快好省的方针是切实可行的。按照1957年的预计完成数字，同1952年比较，我国的工农业总产值增长62%，其中工业增长132%，手工业增长66%，农业和副业增长24%。以主要产品的年产量说，预计到1957年年底，发电量达到一百九十亿度以上，等于解放前最高年产量的三点二倍；原煤产量达到一亿二千八百三十七万吨，接近解放前最高年产量的二点一倍；钢产量达到五百二十四万多吨，差不多等于解放前最高年产量的五点七倍；粮食达到三千七百亿斤，超过解放前的最高年产量九百多亿斤；棉花达到三千二百八十万担，差不多等于解放前最高年产量的二倍。在这五年当中，许多产品的产量超过了解放前几十年的总和。同原订的第一个五年计划相比，在工业、农业、交通运输、基本建设、教育事业等方面都超额完成了。

但是，这并不是说在我们的建设事业中就没有问题了。总的说来，我们基本上是按照多快好省的方针进行建设的。但是，是不是已经动员了一切积极因素，利用了一切有利条件，发挥了一切潜在力量，想尽了一切办法来贯彻执行多快好省、勤俭建国的方针呢？应当说，我们的努力还是很不够的，而且在广大群众和干部的积极性的掩盖下，还有少数有保守思想的人实际上在反对这个方针。

在去年秋天以后的一段时间里，在某些部门、某些单位、某些干部中间刮起了一股风，居然把多快好省的方针刮掉了。有的人说，农业发展纲要四十条定得冒进了，行不通；有的人说，1956年的国民经济发展计划全部冒进了，甚至第一个五年计划也冒进了，搞错了；有的人竟说，宁可犯保守的错误,也不要犯冒进的错误,等等。于是,本来应该和可以多办、快办的事情,也少办、慢办甚至不办了。这种做法,对社会主义建设事业当然不能起积极的促进的作用,相反地起了消极的"促退"的作用。

为什么去年秋天以后,在部分干部中间产生了这种保守的倾向呢?这是因为,他们对1956年的成绩和缺点作了错误的估计。1956年,我国的工农业生产和基本建设有一个很大的跃进。从一方面说,这是当时社会主义改造高潮中广大群众和干部的积极性空前高涨的必然产物。从另一方面说,这又是在生产和基本建设上有了前三年的经验积累,有了各方面的大量准备工作之后的一个合乎逻辑的发展。1956年是第一个五年计划的第四年,为了保证完成第一个五年计划,在这一年来个跃进也是必要的。事实上,1956年经济战线上的大跃进,确实有力地保证了第一个五年计划的完成和超额完成。在1956年的跃进当中,也发生了某些偏差:基本建设投资多了些,企业、机关的人员和高等学校、中等技术学校的学生招收得多了些,一部分职工的工资增加得多了些,因此引起了生产资料和消费资料供应的某些紧张。加以1956年的农业遭受了比较严重的灾荒,而国家的储备物资又有了减少,对下一年度的经济安排造成了一定的困难。但是,总的说来,1956年的主流是经济上的大跃进,是群众的积极性和创造性的高潮。然而,有些人却不这样看。他们只看到1956年跃进中的次要的偏差的一方面,而没有看到主流,因而以为今后再不能讲多和快,只要保守一些,就是"充分可靠",就好过日子了。他们曲解了"充分可靠"的要求,忘记了它的前提应该是调动一切积极因素,加速我国的社会主义建设,而且也只有从积极方面调动群众的力量,发挥生产和建设中的一切潜力,才能克服我们前进道路上的各种困难。他们的思想仍然停留在三大改造高潮以前的阶段,而没有认识三大改造基本完成后的新形势,没有充分估计在新条件下大大增长了的生产潜力,结果就背离了多快好省的方针,变成了经济战线上的懒汉。

当然,在某种情况下,局部地、暂时地放慢步子,甚至作适当的后退,是必要的和容许的。拿最近的例子来说,在1957年,我们就接受1956年的教训,适当减少了一些基本建设投资,削减和削除了一部分基本建设项目,调整了某些部门的发展速度,在劳动工资方面进行了严格的控制。这样做,正是为了更好地积聚力量,不仅保证第一个五年计划的完成,而且为第二个五年计划首先是1958年的计划作好准备,使今后能够更多更快更好更省地前进。1957年国家计划执行的结果,证明了这样作是完全必要的,正确的。

主张促进，提倡多快好省，是不是就一定会盲目冒进呢？不论做什么工作，我们历来反对主观主义的做法；既反对因循旧规的保守主义，也反对急躁盲目的冒险主义。我们所要求的多和快，是实事求是的、合乎实际情况的多和快。盲目的、主观主义的多和快，并不能真正达到多和快的目的。那种做法，不但不能有效地促进建设事业，反而会给它带来损害。例如去年，由于对南方北方、山地水地的不同需要没有作具体的分析，在中央和地方的布置下一下子制造了一百八十万部双轮双铧犁和双轮单铧犁，以致积压了差不多一半。像这样的多和快，就带有主观主义成分。那些超过了需要的双轮双铧犁和双轮单铧犁没有起促进农业生产的作用，反而积压了资金和钢材，浪费了人工和设备能力。当然，由于经验不足，对情况不能一下子摸得很清楚，要求在任何具体工作中完全避免盲目冒进或者盲目保守的错误，也是不可能的。正确的态度应当是从这些错误中吸取教训，更好地前进，而不应当借口多和快而冒进，或者借口反对冒进而保守甚至冒退。

毛泽东同志在1955年12月写的《中国农村的社会主义高潮》序言中曾经这样说："人们的思想必须适应已经变化了的情况。当然，任何人不可以无根据地胡思乱想，不可以超越客观情况所许可的条件去计划自己的行动，不要勉强地去做那些实在做不到的事情。但是现在的问题，还是右倾保守思想在许多方面作怪，使许多方面的工作不能适应客观情况的发展。现在的问题是经过努力本来可以做到的事情，却有很多人认为做不到。因此，不断地批判那些确实存在的右倾保守思想，就有完全的必要了。"这一段话，值得我们再读几遍。

多、快、好、省，这是一个不可分割的完整的勤俭建国的方针。建设必须贯彻勤俭建国、勤俭办企业、勤俭办合作社、勤俭办一切事业的方针，必须按照需要和可能力求增产，并且在一切方面力求节约资金。为了多、快、好，这就需要勤；为了省，这就需要俭。多和快是对数量和时间的要求，好和省是对质量（包括品种、规格）和成本的要求。有了好和省，就限制了片面的盲目的多和快，限制了粗制滥造和浪费资金，同时也就使我们有可能用同样的资源和资金，进行更多的生产和建设，使生产和建设发展得更快。只顾追数量，只顾赶时间而不顾质量、品种和成本，是错误的；只顾质量，不顾数量不顾成本，不注意按时完成，也是错误的。我们在建设中，既要有按量按时的增长，也要有质量的提高、品种的适合需要和资金的节约。这两个方面，互相制约，互相推进。因此，我们必须经常坚持完整的多快好省的方针，坚决反对忽视其中任何一个方面的错误倾向。当然，只顾多、快和省，而不顾生产和建设的安全，造成工伤事故和人力物力的损失，同样是错误的，同样也必须坚决反对。

多快好省这四个要求，是相对的。怎样算作多快好省，要根据整个国家的具体情况统一考虑，才能作出正确的判断。例如，有时新建或扩建一个工厂，从一个地区一个部门来看是发展了生产；但是可能因此不合理地影响了其他地区其他部门原有企业的设备能力的充分利用以及原料供应和产品销售，或者影响了更重要的建设工程，从全国来看，反而造成了浪费。因此，我们对每一项生产建设事业，都必须从全局出发，周密考虑需要和可能、原料和市场、各部门各地区的协作配合，以及上一年度和下一年度的衔接，以保证国民经济的各个部分在国家统一的计划下按比例地协调地全面地发展。在建设当中，任何脱离整体的本位主义思想，是同实事求是的、合乎实际的多快好省的方针相违背的。

建设要有重点，要分清轻重缓急，区别对待，不能在同一时期内百废俱兴。孟子说得好："人有不为也，而后可以有为。"意思是说，只有不做那些不该做的事，少做那些可以不做的事，才有力量去做那主要的、必须做的事。同时百废俱兴，结果会俱不能兴。例如水利要着重中小型，只办若干极可能又极必需的大型水利工程。钢铁业第一个五年重点在扩建鞍钢，第二个五年就有可能建设包钢、武钢，同时还要办一些中型的和小型的钢铁厂。各项工作要分期分批办。不分期不分批，就是无重点，就会办坏，也就不符合实事求是的、合乎实际的多快好省的方针。

人的思想要符合实际是不容易的。我国有六亿几千万人，特别是分成不同的阶级和阶层，各种不同的观点不可避免地会反映在我们的工作人员的思想中。就是高级领导干部也是以成万计，他们虽然一般是站在无产阶级的立场上，但是也各有不同的经历和岗位，各有不同的想法。而且社会主义的经济建设，对于我们大家都还是一件新事，还缺少必要的经验。在这种情况下，要求一个统一的符合实际的计划，当然不容易。但是不容易并不等于不能够，这是能够办到的。我们的伟大的革命事业和建设事业不是都在一个统一意志和统一计划之下取得了伟大的成功吗？由分歧到统一，是经过调查，经过研究，经过辩论，最重要的是经过实践的考验来达到的。反复研究和反复实践，这就是我们的方法。

现在，第一个五年计划时期快要结束。第二个五年计划就要开始了。我们在第一个五年计划期内,已经建立起国家工业化的初步基础,已经有条件促进工业、农业和其他各种经济事业的进一步发展。广大群众和干部在各项建设工作中取得了许多经验,国民经济计划水平和管理水平也有了提高,这就使我们有可能在今后的建设中能够依靠群众的经验把工作做得更好一些,避免犯大的错误。根据国务院最近公布的规定,国家的管理体制已有适当的改变,各地方、各企业和广大群众的积极性,将得到进一步的发挥。特别是经过全党整风和全民的社会主义教育,广大干部和群众提高了政治觉悟,克服了工作中的错误和缺点,主观主义将大为减少,就更将直接促进社会主义事业的发展。目前,在《全国农业发展纲要(修正草案)》的推动下,农村中已经掀起了一个兴修农田水利和积肥的高潮,工业方面也正在走向新的高涨,经济战线上的各级领导干部,要注意这个时机,在经济工作的各个方面加紧进行准备。当前的重要任务,就是要在充分可靠的基础上,把1958年的各项计划指标定得尽可能先进些,并且相应地做好原料、市场等各个方面的平衡调度工作。为了更好地发掘企业的潜力和加强企业之间的配合协作,各个地方的党组织要积极领导所在地区各个企业(包括中央各部所管的企业)编好计划。如果我们努力的结果,在经济工作的各个方面都能够跟上全国规模的工农业生产高潮,贯彻执行勤俭建国的方针,那么,我们就可以为第二个五年计划打下良好的基础,从而把我国的社会主义建设事业更多、更快、更好、更省地大大向前推进一步。

(1957年12月12日)

大兴调查研究之风

"没有调查就没有发言权",这是毛泽东同志的一句名言。二十年前,1941年,毛泽东同志在《农村调查》的序言中重申这句话的时候,十分强调调查研究的重要性。他说:"现在我们很多同志,还保存着一种粗枝大叶、不求甚解的作风,甚至全然不了解下情,却在那里担负指导工作,这是异常危险的现象。对于中国各个社会阶级的实际情况,没有真正具体的了解,真正好的领导是不会有的。"这些话,当时对我们党的许多干部敲起了警钟,现在我们仍然感到十分亲切。

对待调查研究的态度,是关系到马克思列宁主义者的世界观的根本问题。马克思列宁主义者是辩证唯物主义者。辩证唯物主义认为,物质是第一性的,是意识的来源;意识是第二性的,是物质的反映,是存在的反映。尊重客观事实,依照客观世界的本来面目来认识世界并进而改造世界,这是一个辩证唯物主义和历史唯物主义者的最起码的态度。恩格斯说过,唯物主义的世界观不过是对世界的本来面目作如实的了解。不调查研究,不尊重客观事实,这是违反辩证唯物主义的世界观的。从这个世界观出发,马克思列宁主义者的最基本的作风,就是理论和实践统一的作风。对实际事物进行系统的周密的调查,详细地占有材料,在马克思列宁主义一般原理的指导下,对已有的材料加以科学的分析和综合的研究,从这些材料中引出正确的结论,这是理论和实践统一的作风,也就是马克思列宁主义的作风。与此相反,对实际事物不愿作系统的周密的调查和研究,仅仅根据一知半解,根据想当然,就在那里发号施令,这是主观主义的作风,也是反马克思列宁主义的作风。列宁说过,马克思主义的最本质的东西,马克思主义的活的灵魂,就在于具体地分析具体的情况。他还说过,我们马克思主义者,应该竭力企图以科学的方法,研究作为我们政策基础的那些事实。

对待调查研究的态度,是一个关系革命事业的成败的大问题。我国人民大革命的胜利，固然有许多因素，但是其中最主要的是我们党把马克思列宁主义的普遍真理同中国革命的具体实际结合起来，制定了党在各个革命时期的正确的战略和策略，给全国人民指出了正确的方向和正确的方法。要把马克思列宁主义的普遍真理同中国革命的具体实际结合起来，就必须熟悉中国革命的具体实际。怎样才能熟悉中国革命的具体实际呢？这就需要调查研究，需要对中国国内外的情况、对中国各社会阶级的情况、对敌我友三方面的情况进行调查研究。列宁说："只有客观地考察某个社会中一切阶级的所有相互关系，因而也考察该社会发展的客观阶段，考察该社会和其他社会之间的相互关系，先进阶级才能以此为根据制定出正确的策略。"（《卡尔·马克思》）在这方面，毛泽东同志给我们作出了杰出的榜样。毛泽东同志一贯地十分重视调查研究。他自己曾经做了许多调查研究工作。他正确地运用马克思主义，分析中国革命的每个阶段的具体情况，提出正确的路线和一整套的政策方针，引导全党和全国人民一步一步地前进，取得了民主革命和社会主义革命的伟大胜利。同毛泽东同志的做法相反，在我们党的历史上，一切右倾机会主义者和"左"倾机会主义者都有一个共同的特点，他们都不重视调查研究，都没有正确地了解中国的实际情况，都没有正确地把马克思列宁主义的普遍真理同中国革命的具体实际结合起来，因而犯了路线的错误，曾经给革命事业造成了严重的损失。

制定正确的路线、政策、方针，需要以经过调查研究的基本事实作为依据。同样，在执行党的路线、政策、方针的时候，在日常的领导工作中，在办一切事情的时候，也要以经过调查研究的实际情况作为立脚点。毛泽东同志说过："共产党领导机关的基本任务，就在于了解情况和掌握政策两件大事，前一件事就是所谓认识世界，后一件事就是所谓改造世界。"（《改造我们的学习》）只有认识世界才能改造世界。认识世界的方法就是进行调查研究，改造世界也要从实际情况出发正确地执行党的政策。对领导机关来说，认真地进行调查研究，是实行正确领导的前提。

情况要明，决心要大，方法要对——这是做好任何工作的基本条件。这里先决的条件是情况要明。只有情况明，才能决心大，才能方法对。做任何一件工作，都要有正确的部署。正确的部署来源于正确的决心，正确的决心来源于正确的判断，正确的判断来源于周密的调查研究。情况不明，不是下错了决心，就是办起事来决心不大，不是方法错误，就是方法不完全对头，其结果必然会给我们的事业带来这样或那样的损害。因此，重视实际情况，认真地进行调查研究，不仅是党的领导机关的责任，而且是党的所有工作人员、所有党员和所有革命干部的责任。毛泽东同志说，"按照实际情况决定工作方针，这是一切共产党员所必须牢牢记住的最基本的工作方法。我们所犯的错误，研究其发生的原因，都是由于我们离开了当时当地的实际情况，主观地决定自己的工作方针。"（《在晋绥干部会议上的讲话》）

目前，我们正在从事伟大的社会主义建设，要把我们这样一个有六亿多人口的大国，从经济上和文化上落后的国家，改造为具有现代工业、现代农业和现代科学文化的强大的社会主义国家。这是十分光荣也十分艰巨的事业。我们感到庆幸的是，党中央和毛泽东同志根据马克思列宁主义的普遍真理与中国革命和建设的具体实际相结合的原则，提出了社会主义建设的总路线、大跃进和人民公社三大法宝，给全国人民指出了正确的方向，保证了我国社会主义建设事业胜利前进。但是，我们懂得，对于我们来说，社会主义建设事业毕竟是一桩新的事业。要熟识、掌握和运用社会主义建设的客观规律，包括阶级斗争和生产斗争的规律，还需要有一个过程，还需要时间。正如同学会革命斗争一样，建设工作也只能在实践的过程中逐步学会。这是因为人们对客观事物的认识只能逐步深入，主观只能逐步接近客观；而且客观事物又是不断变化的，人们必须不断地了解它、认识它。特别是三年来我国的社会主义建设事业获得了巨大的发展，我国的面貌发生了巨大的变化，出现了许多新的情况和新的问题。怎样掌握这些新的情况，怎样解决这些新的问题，怎样把我们的社会主义事业进一步推向前进呢？首先就需要大兴调查研究之风。

大兴调查研究之风，这首先就是说，党的各级领导机关和领导干部以身作则地加强调查研究工作，中央各部门，各省、市、自治区党委，各地委、县委，各部队党委，分别到基层中去，到公社、生产队、工厂、学校、商店、连队去，进行系统的周密的调查研究工作。调查的典型不必太多。可以选择一两个或两三个有代表性的基层单位，用解剖麻雀的方法，进行全面的、系统的、详细的调查。调查的方法，最好是同那里的党支部书记、生产队的干部、老工人、老农和各种有代表性的人物开调查会，从他们那里取得最基本的情况和最起码的知识。毛泽东同志在《农村调查》的序言中说："要做这件事，第一是眼睛向下，不要只是昂首望天。没有眼睛向下的兴趣和决心，是一辈子也不会真正懂得中国的事情的。"这就是说，要把基层工作的同志，普通工人和农民、店员、教员、学生、士兵看作是如同毛泽东同志所说的"可敬爱的先生",在他们面前甘当小学生。这是做好调查研究工作的一个起码的条件。

我们相信,在全党大兴调查研究之风,把我们党这种一贯的优良作风永远保持下去和发扬光大,我们的社会主义建设事业一定会取得更加伟大的胜利。记得在抗日战争时期,当时陕甘宁边区的延安县的同志们曾经因为注意调查研究和坚持实事求是的作风,受到了毛泽东同志的赞扬。毛泽东同志是这样说的:"延安同志们没有一件事不是实事求是的。他们对于他们所领导的延安全县人民群众的情绪、要求及各种具体情况是充分了解的,他们完全和群众打成一片,他们有很好的调查研究工作,因而他们就学会了马克思主义的领导群众的艺术,他们完全没有主观主义、宗派主义与党八股。这种情形,对于那些处理问题不根据群众要求而根据主观想象的主观主义者,对于那些完全不作调查研究,工作三年五载,下情一点不知的官僚主义者,又是怎么样呢?岂不又是一个在天上,一个在地下么!我们希望全边区的同志都有延安同志这样的精神,这样的工作态度,这样的和群众打成一片,这样的调查研究工作,因而也学会领导群众克服困难的马克思主义的艺术,使我们的工作无往而不胜利。"毛泽东同志的这些话,今天仍然有着极其重要的现实意义。

让我们高举毛泽东思想旗帜,大兴调查研究之风!

(1961年1月29日)

向毛泽东同志的好学生——焦裕禄同志学习

作为党的县委书记，焦裕禄同志是一个出色的代表。他用自己不朽的事迹，又一次证明了一条真理：只有用毛泽东思想武装起来，才能够完全地彻底地为人民服务，才能够正确地领导人民群众，克服种种困难，争取伟大的胜利。

焦裕禄同志是河南兰考县前县委书记。当他踏上这个岗位的时候，正是兰考县遭受内涝、风沙、盐碱三害，粮食产量下降到历史上最低水平的年头，也正是他本人患着严重疾病的时候。焦裕禄同志怀着大无畏的革命精神，运用正确的领导方法，同全县的干部群众一起，对深重的自然灾害进行了顽强的斗争，终于改变了兰考县的面貌。

是什么力量使这位雇工出身的县委书记有这样大的勇气、这样大的决心，能够踏踏实实、兢兢业业地领导解决一个县几十万群众的迫切问题？是毛泽东思想。焦裕禄同志活学活用毛泽东思想的立场、观点和方法，是永远值得我们学习的榜样。

毛泽东同志教导我们，共产党人要具有无产阶级的彻底革命精神，不为名，不为利，不怕苦，不怕死，一心为革命，一心为人民，完全、彻底地为中国人民和世界人民服务，对革命无限忠诚，为人民鞠躬尽瘁。学习毛泽东思想，首先要学习这一点。

焦裕禄同志是毛泽东同志的好学生，他是带着无比深厚的阶级感情，带着彻底革命的精神到兰考县去工作的。尽管严重的疾病折磨着他，他还是奋不顾身地坚持工作。当风沙最大的时候，他带头去查风口，探流沙；当大雨瓢泼的时候，他带头察看洪水的流势；当风雪铺天盖地而来的时候，他率领干部访贫问苦，为贫下中农送救济粮款。他以身作则，保持着劳动人民的本色，艰苦朴素，反对特殊化。他诚恳待人，善于团结同志，当好了"班长"。他充满了革命的乐观主义，从兰考县的严重困难当中，看到大有希望，大有可为，鼓起全县干部和群众的斗争意志。他对自己越来越严重的肝癌置之度外，忍受剧痛，坚持工作。焦裕禄同志表现了一个共产党人的高贵品德。他不愧为毛泽东同志所说的"一个高尚的人，一个纯粹的人，一个有道德的人，一个脱离了低级趣味的人，一个有益于人民的人"。

我们共产党人，除了无产阶级和劳动人民的利益以外，没有别的利益。共产党人想到的只是工人阶级，只是绝大多数人民群众。焦裕禄同志说得好："共产党员应该在群众最困难的时候，出现在群众的面前。"他是这样说的，也是这样做的。他的所作所为，是共产党人的忘我精神的榜样。只有具有这样的品质的革命者，才能真正活学活用毛泽东思想。一个满脑子个人主义、事事处处为个人打算的人，他可以念毛泽东同志的书，甚至可以背诵其中的词句，但是他绝不可能真正按照毛泽东思想办事。毛泽东思想的立场、观点、方法是一致的。只有具备了彻底革命立场的同志，才比较容易学到毛泽东思想，学到正确的领导方法和工作方法。焦裕禄同志的言行，最清楚不过地证明了这一点。

为了改变兰考县的面貌，焦裕禄同志第一项工作就是抓人的思想革命化，首先是抓领导干部的思想革命化，特别是领导核心的思想革命化。他清楚地看到，"眼前关键在于县委领导核心的思想改变"。他用抓领导核心革命化的办法，把全体干部带动起来，紧紧依靠全县人民，同自然灾害展开一场艰巨的斗争。

为了改变兰考县的面貌，焦裕禄同志进行了一系列的调查研究工作。焦裕禄同志完全懂得，只有认识了兰考县的客观条件和自然规律，才有可能找到改造它的正确道路。他奋不顾身地投入调查研究工作中。他有这样的雄图：要把兰考县一千八百平方公里土地上的自然情况摸透，亲自掂一掂兰考"三害"究竟有多大的分量。在这项工作当中，他有一句名言："吃别人嚼过的馍没味道。"他亲自冒着风沙雨雪作调查，掌握第一手材料。这是毛泽东同志历来提倡的工作态度和工作方法。他在一年多的时间里，在全县一百四十九个大队中，跑遍了一百二十多个。正是这样艰苦的系统的全面的调查研究，使焦裕禄同志能够提出改变兰考面貌的切合实际的规划。

为了改变兰考县的面貌，焦裕禄同志发动群众，依靠群众，向群众学习，同群众一起作斗争。他把群众同自然灾害斗争的宝贵经验，一点一滴地集中起来，成为全县人民的共同财富，成为全县人民战胜灾害的有力武器。在抗灾斗争当中，他发现了韩村人民在遭受毁灭性的涝灾之后，仍然不要国家的救济粮、救济款，而靠自己的双手生产自救。他发现了秦寨大队决心像蚕吃桑叶那样一锨一锨地改造全部盐碱地。他发现了赵垛楼战胜七季基本绝收的困难，坚持苦干，夺得丰收。他发现了双杨树的贫下中农，在农作物基本绝收的情况下，坚持走集体化的道路，"雷打不散"。他总结了这些典型经验，把群众的这些创造概括为四句话，这就是："韩村的精神，秦寨的决心，赵垛楼的干劲，双杨树的道路。"焦裕禄同志就是这样认真地运用了毛泽东同志一贯提倡的群众路线的领导方法：从群众中来、到群众中去的方法，集中起来、坚持下去的方法。

焦裕禄同志把毛泽东思想的立场、观点和方法统一地运用到实际工作中，这就建立起县委的强有力的领导。有了这样的领导，同广大人民群众结合在一起，就可以干出翻天覆地的可歌可泣的事业。

焦裕禄同志的事迹，对于全国各地的县委书记同志和各行各业的领导干部，是一个巨大的启发。从焦裕禄同志身上，可以得到为谁服务的鲜明的答案，他为我们树立了一个完全、彻底地为人民服务的典范；从焦裕禄同志身上，也可以得到怎样为群众服务的生动的答案，他为我们树立了一个活学活用毛泽东思想，解决本地区、本部门的实际问题的典范。

焦裕禄同志是我们党的好党员，是中国人民的好儿子。学习焦裕禄同志的工作精神和工作方法，一定会有更多的焦裕禄出现，一定会有更多的用毛泽东思想武装起来的领导干部出现。

（1966年2月7日）

把全党工作的着重点转移到现代化建设上来

中国共产党第十一届中央委员会第三次全体会议闭幕了。

三中全会决定从明年起,把全党工作的着重点转移到社会主义现代化建设上来。这是我们党在进行新长征中的一个重大战略决策。三中全会和在这以前召开的中央工作会议,发扬民主,开展批评和自我批评,解放思想,实事求是,认真讨论和解决了全党全军全国人民共同关心的一系列关系党和国家前途命运的政治问题、经济问题、组织问题和理论问题,包括"文化大革命"中的一些重大政治事件和"文化大革命"前遗留下来的某些历史问题。会议开得很好,很成功。我们党多年以来没有开过这样的会了。这是在我们党历史上具有重大意义的会议,是党内民主生活的一个伟大进步。它必将对健全全党的民主生活,促进全国的安定团结,调动一切积极因素,加快实现新时期的总任务,产生深远的影响。

把全党工作的着重点转移到现代化建设上来,是我国历史发展进程的客观要求,反映了全国八亿人民和全党三千六百万党员的迫切愿望,对于实现农业、工业、国防和科学技术现代化,在生产发展的基础上显著地改善人民生活,进一步发展和巩固我国社会主义的经济制度和政治制度,做好反侵略战争的准备,都具有重大的意义。

无产阶级夺取政权以后,党的工作着重点应该放在哪里?十月革命胜利后,列宁明确提出:"在任何社会主义革命中,当无产阶级夺取政权的任务解决以后,随着剥夺剥夺者及镇压他们反抗的任务大体上和基本上解决,必然要把创造高于资本主义社会的社会经济制度的根本任务,提到首要地位;这个根本任务就是提高劳动生产率。"在我国新民主主义革命取得全国胜利的前夕,毛泽东同志也曾指出:"党的工作重心由乡村移到了城市","从我们接管城市的第一天起,我们的眼睛就要向着这个城市的生产事业的恢复和发展",城市中其他的工作"都是围绕着生产建设这一个中心工作并为这个中心工作服务的"。在完成了土地改革，特别是在生产资料所有制的社会主义改造基本完成以后，毛泽东同志再三指示全党要把工作中心转到经济建设和技术革命方面来。在很长的时间里，毛泽东同志亲自领导我们实行工作中心的转移，发表了《论十大关系》等重要著作，指引我们正确处理政治斗争和经济建设的关系以及经济建设内部的各种关系，保持了社会政治的安定，我国国民经济发展的速度曾经是很快的。但是，由于对社会主义建设还缺乏系统的经验，工作中发生过"左"的和右的错误；特别是后来，由于林彪、"四人帮"推行一条假"左"真右的反革命修正主义路线，进行了十分严重的干扰和破坏，我们没有完成把工作中心放在经济建设上的转移，国民经济发展缓慢，甚至到了崩溃的边缘。这是一个必须认真汲取的历史教训。

　　这两年来，全党工作的中心放在揭批林彪、"四人帮"的群众运动上，是完全正确的。不把同"四人帮"篡党夺权阴谋活动有牵连的人和事查清楚，摧垮"四人帮"的资产阶级帮派体系，不批判林彪、"四人帮"反革命的修正主义路线和他们的反动思想体系，从根本上分清路线是非，不把那些参与"四人帮"篡党夺权阴谋活动的一小撮骨干分子从领导班子中清除出去，我们就不可能集中力量搞现代化建设。现在，经过了三大战役，从根本上扭转了林彪、"四人帮"造成的严重局面，扫除了阻挡我们前进的最大障碍，就全国来说，揭批林彪、"四人帮"的群众运动已经基本上完成自己的历史性任务，可以胜利结束了，全党工作的着重点可以转移到现代化建设上来了。从国际形势来看，也要求我们抓紧时机，大大加快社会主义建设的步伐。我们以毛泽东同志关于三个世界的理论为指针，广泛开展外交工作，成绩显著。今年以来，我国领导人对朝鲜、罗马尼亚、南斯拉夫、柬埔寨、日本和亚洲、非洲、拉丁美洲、欧洲一系列国家的访问，中日和平友好条约的签订，以及最近中美建交联合公报的发表，我国在国际上的声望大大提高。像这样有利的国际条件，是建国以来所没有的。我们要善于充分利用这种形势，大大加快我们的建设速度，迎头赶上世界先进水平。此外，还必须看到，新的世界大战的危险依然存在，苏修亡我之心不死，最近苏越加紧勾结，就是苏联霸权主义全球战略布局中的一个新动向。究竟国际形势还会给我们多少时间搞四个现代化，是我们不能不随时考虑的重大问题。国内国际的形势充分说明，现在是把全党工作的中心转移到现代化建设上来的时候了。

　　把中心转移到现代化建设上来，动员全党全军全国各族人民同心同德，鼓足干劲，全力以赴，为把我国建设成现代化的社会主义强国而奋斗，这是当前和今后一个长时期内最大的政治。粉碎"四人帮"以来，国民经济的发展虽然很快，但这种发展毕竟带有恢复的性质，一些重大的比例失调状况还没有完全改变过来，生产、建设、流通、分配中的混乱现象还没有完全消除，城乡人民生活中还有多年积累下来的许多问题亟待解决。只有把工作重点转移过来，加快四个现代化的步伐，才能逐步解决这些问题，做到国强民富。早在抗日战争时期，毛泽东同志就讲过这样的话：老百姓拥护共产党，是因为我们代表了民族与人民的要求，但是，如果我们不能解决经济问题，如果我们不能建立新式工业，如果我们不能发展生产力，老百姓就不一定拥护我们。在全国胜利前夕，毛泽东同志又说："如果我们在生产工作上无知，不能很快地学会生产工作，不能使生产事业尽可能迅速地恢复和发展，获得确实的成绩，首先使工人生活有所改善，并使一般人民的生活有所改善，那我们就不能维持政权，我们就会站不住脚，我们就会要失败。"毛泽东同志是把生产建设作为关系到无产阶级政权能不能巩固、中国革命会不会失败的政治问题来看待的。今天，问题同样尖锐地摆在我们面前。如果我们不把工作的重点转移到现代化建设上来，不能加快四个现代化的步伐，国家的实力得不到加强，群众的生活得不到改善，我国的无产阶级专政也不可能巩固，在新的侵略战争面前，挨打还是不可避免的，我们就会成为历史的罪人。因而，为建设现代化社会主义强国而奋斗，就是我国今后相当长时期的一场伟大的阶级斗争。

　　从今以后，只要不发生大规模的外敌入侵，现代化建设就是全党的中心工作。其他工作包括党的政治工作，都是围绕着这个中心工作，并为这个中心工作服务的；不能再搞任何离开这个中心工作，损害现代化建设的"政治运动"和"阶级斗争"了。现代化建设，要求大幅度地提高生产力，也就必然要求多方面地改变同生产力发展不适应的生产关系和上层建筑，改变一切不适应的管理方式、活动方式和思想方式，因而它本身就是一场广泛、深刻的革命。毛泽东同志说过："在建设社会主义的时期，一切赞成、拥护和参加社会主义建设事业的阶级、阶层和社会集团，都属于人民的范围；一切反抗社会主义革命和敌视、破坏社会主义建设的社会势力和社会集团，都是人民的敌人。"今天，这仍然是我们区分敌我的客观标准。我们国内现在还存在着极少数敌视和破坏社会主义现代化建设的反革命分子和刑事犯罪分子，我们决不能放松同他们的阶级斗争，决不能削弱无产阶级专政。但是，革命时期的大规模的急风暴雨式的群众阶级斗争已经基本结束，摆在我们面前大量的、经常的，是人民内部矛盾。对一小撮阶级敌人，他们在什么范围跳出来，我们就在什么范围内解决他们的问题，不能搞扩大化。对党内的路线斗争，更不用说对人民内部先进思想和落后思想的斗争，只能采用"团结——批评——团结"的方针去解决。林彪、"四人帮"为了篡党夺权，颠倒敌我，打着"抓阶级斗争"的幌子，把什么都说成是"阶级斗争"，到处都是"阶级敌人"，是极其荒谬的。马克思主义告诉我们，并不是任何阶级斗争都是进步的，其是否进步的客观标准就是看它能不能解放生产力，是不是促进生产力的发展。无产阶级搞阶级斗争从来就不是为斗争而斗争，而是为了打破束缚生产力发展的旧的生产关系。无产阶级流血牺牲，打下了江山，只能促进生产力的发展，不能阻碍生产力的发展。在无产阶级专政的条件下，任何离开了生产力的发展，甚至破坏生产力发展的阶级斗争，都是错误的、反动的。林彪、"四人帮"十年捣乱，国家遭难，人民受苦。这样的历史不能重演了。人心思定，人心思治，人心思现代化的社会主义强国。我们完全有信心，按照毛泽东同志关于严格区别和正确处理两类不同性质矛盾的理论，按照宪法和法律规定的程序，妥善解决包括敌我矛盾和人民内部矛盾在内的各种社会矛盾，不使这种矛盾破坏现代化建设的发展，相反地，能够促进现代化建设的发展。

转移工作的中心，是一件大事，一定要根据各地不同情况妥善部署，一定要把结束揭批运动的工作搞好。有的地方和单位揭批林彪、"四人帮"运动开展比较晚，甚至刚刚揭开盖子，不能"一刀切"。这些后进的地方和单位，在今后一段时间里仍然要把主要的力量用来搞好揭批运动。但时间不能拖得太长，要用尽可能短的时间，取得这场斗争的全胜。对"四人帮"的资产阶级帮派体系，一定要彻底清查，决不能草率收兵。这是把工作重点转移到现代化建设上来的先决条件。即便是工作重点转移了的地区，对于揭批运动遗留下来的问题，也要当作一项很重要的工作，抓紧抓好，善始善终，决不能虎头蛇尾。从思想上、理论上深入系统地批判林彪、"四人帮"的反革命修正主义路线和反动思想体系，是一个长期的工作，也不能有丝毫的松懈。

为了把工作重点转移到现代化建设上来，要继续发扬党内外民主，解放思想，发展安定团结的政治局面。搞现代化建设，必须有一个安定团结的政治局面。乱扣帽子，乱打棍子，政治上不安定，不团结，就会影响工作重点的转移，影响现代化建设的进展。要有安定团结的政治局面，就要发扬民主，解放思想，让人讲话。两年来，随着揭批运动的发展，随着实践是检验真理唯一标准讨论的深入，随着党内外民主生活的恢复和发扬，人民敢提意见了，有话敢说了，形成了一个生动活泼、安定团结的局面。我们要十分珍惜这种局面。有些同志一看见有人贴大字报，给领导提了意见，或者看到有些大字报，问题提得不大妥当，就说成是妨碍安定团结。这是完全错误的。群众贴大字报，是宪法保障的民主权利，不能压制。一个革命政党，就怕听不到人民的声音，最可怕的是鸦雀无声。安定团结，不是不要民主。只有发扬民主，才能造成生动活泼的政治局面，才能安定团结。群众的意见有对的，有错的，这毫不奇怪。我们各级党委对于充分发扬党内外的民主，要加强领导。要虚心听取群众的意见，妥善解决群众提出的问题；对于一些确属一时难于解决的问题，应当向群众解释清楚；对于一些不正确的意见，则要善于去做工作，把它引导到正确轨道上来。这样，我们就能不断地发展安定团结、生动活泼的政治局面，集思广益，群策群力，加快现代化的建设。

实现四个现代化必然会遇到许多新情况、新问题。随着全党工作重点的转移，研究和解决这些新情况、新问题的任务，就越来越紧迫地提到我们的议事日程上来了。我们熟悉的东西有些快要闲起来了，我们不熟悉的东西正在强迫我们去做。毛泽东同志早就批评过，如果我们共产党员不关心工业，不关心经济，也不懂别的什么有益的工作，对这些一无所知，一无所能，只会做一种抽象的"革命工作"，这种革命家是毫无价值的。我们决不能做对四个现代化一无所知、一无所能的空头革命家。我们不但必须学政治，而且必须学经济、学科学、学技术、学管理，学会自己不熟悉的东西，也一定能学会。

明年是伟大的中华人民共和国的三十周年。实现全党工作重点的转移，从一月份开始，就抓紧做好各项生产建设工作，按月按季完成和超额完成国家计划，是向三十大庆的最好献礼。全党全军全国各族人民，让我们团结在以华国锋同志为首的党中央周围，高举毛泽东思想的伟大旗帜，朝着四个现代化的宏伟目标前进！

（1978年12月25日）

解放思想　实事求是

三中全会和在这以前召开的中央工作会议开得很好，很成功。到会的同志解放思想，畅所欲言。敢于讲心里话，讲实在话，讨论和解决了许多有关党和国家命运的重大问题。三中全会决定，一定要把这种风气扩大到全党全军和全国各族人民中去。这对于健全党内外的民主生活，发展生动活泼、安定团结的政治局面，加快四个现代化的步伐，是极为重要的。

所谓解放思想，就是开动机器，实事求是，按照事物的本来面目及其发展的规律去认识问题，思考问题，解决问题，是就是是，非就是非，该怎么办，就怎么办。这种态度，就是毛泽东同志所说的党性的表现，就是理论和实践统一的马克思列宁主义的作风，也是一个共产党员起码应该具备的品德。马克思、恩格斯、列宁和毛泽东同志都是思想解放的人。他们只尊重事实，只服从真理，决不迷信盲从，决不让任何违反科学的、缺乏客观根据的条条框框禁锢自己的头脑，束缚自己的手脚。这才有马克思主义的诞生和一百多年来的不断发展，才有俄国十月革命和中国革命的胜利。三中全会和中央工作会议的功绩，就在于打破了林彪、"四人帮"的精神枷锁，冲破了禁区，恢复了我们党实事求是的优良传统。全党和全国人民都看到，我们的党有了蓬蓬勃勃的生机，我们的国家有了宏伟壮阔的希望。

但是，在我们的干部特别是领导干部中间，解放思想这个问题并没有完全解决。不少同志思想还很不解放，甚至还处在僵化或半僵化的状态。思想一僵化，条条框框就多起来了。明明是不对的、有害的、不利于工作的一些做法，因为习以为常，历来如此，就沿袭下来，视为不成文法，不思改进，不求变革，不讲效果。思想一僵化，随风倒的现象就多起来了。说话做事看"来头"，看风向，至于符不符合事实，符不符合党的原则，却不大动脑筋。思想一僵化，不从实际出发的本本主义也就严重起来了。书里没有的，文件上没有的，领导人没有讲过的，就不敢多说一句话，多做一件事，一切照抄照搬照转。别人多说了一句话，多做了一件事，则视为"越轨"，横加指责。这种极不正常的现象，在我们党的生活和社会生活中不是经常可以看到吗？

为什么在共产党的干部，特别是领导干部中间，会有这种思想僵化或半僵化的状态呢？这并不是因为他们不是好同志。这种状态是在一定的历史条件下形成的。一是因为十多年来林彪、"四人帮"大搞禁区、禁令，制造迷信，把人们的思想封闭在他们假马克思主义的禁锢圈内，不准越雷池一步。否则，就要追查，就要扣帽子、打棍子。在这种情况下，一些人就只好不去开动机器，不去想问题了。二是因为民主集中制受到破坏，党内确实存在权力过分集中的官僚主义。这种官僚主义常常以"党的化身"出现，许多重大问题往往是一两个人说了算，别人只能奉命行事。这样，什么问题都用不着思考了。三是因为是非功过不清，赏罚不明，干和不干一个样。甚至干得好的反而受打击，什么事都不干，四平八稳，反而成了不倒翁。在这种颠倒的局面下，一些人就不愿意去动脑筋了。四是因为小生产的习惯势力还在影响着人们。这种习惯势力的一个显著特点，就是因循守旧，安于现状，不求发展，不求进步，不愿接受新事物。凡此种种，都说明解放思想还是一个很艰巨的任务，还有待于全党同志，特别是党的领导干部去努力，去带头。

孟子说："心之官则思。"他对脑筋的作用下了正确的定义。脑筋这个机器的作用，是专门思想的。古人又说："哀莫大于心死。"心死了，不去思想了，那是最可悲的。领导干部思想僵化，不动脑筋，就很有可能发展成为死官僚主义，这是最可悲的。毛泽东同志经常教导我们要开动机器，就是说，要善于使用思想器官。他多次批评那些不肯使用脑筋，不善于思索，不愿用脑筋多想苦想的同志，提倡凡事应该用脑筋好好想一想，去掉党内浓厚的盲目性，学会分析事物的方法，养成分析的习惯。在经历了林彪、"四人帮"这场浩劫以后，在当前这个拨乱反正、继往开来的重要时刻，重温毛泽东同志的这些教导，是很有现实意义的。

前一个时期，全国报刊上开展的关于实践是检验真理的唯一标准的讨论，实际上也是要不要解放思想的讨论。这个讨论，很有必要，意义很大，对于全党和全国人民解放思想、开动机器，砸碎林彪、"四人帮"的精神枷锁，坚持实事求是、一切从实际出发、理论联系实际的马克思主义原则，起了十分积极的作用，为三中全会和中央工作会议解决全党全国人民共同关心的一系列重大的历史问题和现实问题，作了很好的思想准备。现在可以看得越来越清楚了：一个党，一个国家，一个民族，如果一切从本本出发，思想僵化，迷信盛行，它就不能前进，它的生机就停止了，就要亡党亡国。只有解放思想，实事求是，才能正确地总结历史的经验教训，我们的社会主义现代化建设才能顺利发展，我们党的马列主义、毛泽东思想的理论也才能顺利发展。

从这个意义上说，关于真理标准的讨论，的确是个思想路线问题，是个政治问题，是个关系到党和国家的前途和命运的问题。关于这个问题的讨论，还要深入进行下去。

从明年开始，全党工作的着重点就转移到现代化建设上来了。什么是现代化？怎样实现现代化？对我们大多数同志来说，还是非常陌生的，既缺乏知识，又很少经验。怎么解决这个矛盾？华国锋同志指出："我看办法就是两条：一叫学习，二叫实践。边学边干，边干边学，在实践中增加才智。"这就更需要解放思想，开动机器，坚持实事求是，经过反复地实践、认识、再实践、再认识，使我们对于现代化建设能够"从感性认识而能动地发展到理性认识，又从理性认识而能动地指导革命实践，改造主观世界和客观世界"。只要坚持这条马克思主义的思想路线，我们在新长征的道路上，就能尽量避免盲目性，减少挫折和失败，不断实现由物质到精神、由精神到物质的伟大飞跃，逐步地从必然王国进入自由王国。

为了坚持马克思主义的思想路线，顺利地实现党的工作着重点的转移，不但中央、省委、地委、县委、公社党委，就是一个工厂、一个机关、一个学校、一个商店、一个生产队，也都要实事求是，都要解放思想，开动脑筋想问题、办事情。在党内和人民群众中，肯动脑筋、肯想问题的人愈多，对我们的事业就愈有利。干革命、搞建设，都要有一批勇于思考、勇于探索、勇于创新的闯将。没有这样一大批闯将，我们就无法打开新的局面，无法赶上更谈不到超过国际先进水平。我们希望各级党委和每个支部，都来鼓励、支持党员和群众勇于思考、勇于探索、勇于创新，都来做促进群众解放思想、开动机器的工作。这样，我们建设社会主义现代化强国的宏伟目标就一定能实现！

（1978年12月29日）

发扬天安门的革命精神

去年，在具有重大历史意义的中央工作会议和三中全会期间，华国锋同志为首的党中央为天安门事件彻底平反，肯定她是一场伟大的革命群众运动。四月五日，是一个战斗的、光辉的节日。

在实现四个现代化的征途中，喜看今日大好形势，回顾当年峥嵘岁月，我们对社会主义祖国的前途更加充满了信心。三年前，我们祖国正处于危亡关头：国民经济到了崩溃的边缘，毛泽东同志重病在身，周恩来同志不幸离世，邓小平同志横遭迫害，"四人帮"飞扬跋扈，加快了篡党夺权的步伐，亡党亡国已经不是耸人听闻的危言。人们在忧虑中度日，在沉默中思索，在悲愤中秣厉。当"四人帮"公开发出反对周总理的反革命叫嚣时，早已积怒在胸的中国人民愤然而起。从首都的天安门广场到南京的雨花台，从太原的五一广场到西安的钟楼，从郑州的二七广场到杭州的西子湖畔，祖国大地到处燃起了保卫周总理、反对"四人帮"的烈火。这场人民保卫社会主义的爱国运动，虽然被"四人帮"镇压了，但人民群众的血和泪没有白流。她，揭露了国贼，教育了群众，检阅了人民的力量，显示了人民群众高度的政治觉悟，为我党胜利粉碎"四人帮"准备了最重要的条件——亿万人民进一步地觉醒。

天安门革命群众运动也称四五运动，她的主要目标——打倒"四人帮"，维护周总理，结束全国的动乱，着手建设四个现代化的社会主义强国，今天都已经胜利实现，变成了我们生活中的现实。在纪念天安门革命群众运动三周年的时候，我们一定要继承和发扬四五运动的革命精神，团结一致，同心同德，努力实现毛泽东同志、周恩来同志的遗愿，发展粉碎"四人帮"以后出现的安定团结的大好局面，把我们国家建设成为现代化的社会主义强国。

天安门革命群众运动是一场维护周总理、反对"四人帮"的政治运动。周恩来同志忠于党、忠于人民，把毕生的精力献给了祖国的社会主义事业，鞠躬尽瘁，死而后已。丙辰清明，神州凭吊，不尽人流朝天安门广场滚滚而来，深切悼念周总理，表达亿万人民的决心：决不允许"四人帮"把我们马列主义的党变为法西斯党，把社会主义中国变为封建专制主义中国。曾记得当时有一首《满江红》，下阕是这样几句："寒流滚，妖雾浓，群情愤，怒潮涌。有主席思想，八亿民众。赤县岂让群小舞，神州那容鬼横冲。承马列，战旗有人展，宇宙红。"这种誓言，在那难忘的四五运动中，不是到处可以听见吗！当时，正是"四人帮"最猖狂的时候，也是我国无产阶级专政历史上受挫折的时期。但是，人民群众并没有因为"四人帮"的倒行逆施，对马列主义、毛泽东思想，对党，对无产阶级专政，对社会主义产生动摇。相反，尽管"四人帮"把社会主义糟蹋得不像样子，人们仍然坚信只有社会主义才能救中国，挺身而出保卫社会主义。尽管"四人帮"破坏社会主义民主，把无产阶级专政变成对无产阶级的专政，人们仍然坚信无产阶级专政是我们安身立命的根本，挺身而出保卫无产阶级专政。尽管"四人帮"把我们党搞得乌烟瘴气，人们仍然坚信我们党是伟大、光荣、正确的党，挺身而出保卫中国共产党。尽管"四人帮"肆意歪曲和篡改马列主义、毛泽东思想，人们仍然坚信马列主义、毛泽东思想是指引我们从胜利走向胜利的伟大旗帜，挺身而出保卫马列主义、毛泽东思想。反对"四人帮"的斗争，就是坚持社会主义道路，坚持无产阶级专政，坚持党的领导，坚持马列主义、毛泽东思想的斗争。是坚持还是背离这四个基本原则，决定着中国向何处去，决定着我们这一代和子孙后代的命运。天安门事件之所以完全是革命行动，能够永放光彩，正是由于坚持了这四个基本原则。今天，继承和发扬天安门精神，最重要的，就是要坚持社会主义道路，坚持无产阶级专政，坚持党的领导，坚持马列主义、毛泽东思想。离开了这四个坚持，也就离开了天安门精神。

"总理的遗志我们继承，四个现代化日，我们一定设酒重祭。"这是四五运动提出的响亮口号。四个现代化的宏伟蓝图，是周恩来同志根据毛泽东同志的指示为我们制定的。她是中华民族希望之所在，是中华儿女幸福之所系。不搞四化，没有雄厚的物质基础，就不可能国强民富，不可能使我国无产阶级专政真正巩固，我们还要被动挨打。"四人帮"诬蔑四个现代化实现之日，就是"资本主义复辟之时"，充分暴露了他们是一小撮颠覆无产阶级专政、破坏民族利益、置人民于水火的社会公敌。为什么丙辰清明，有那么多同志冲破禁令，涌向天安门广场？就是因为他们有着强烈的爱国爱民之心，想到的是如何使我们的国家富强起来，使人民的生活一天天好起来。一位普通工人说得好:"我热爱我们社会主义的祖国,希望我们的祖国强大,强大到足以抗御苏修霸权主义的侵略;我热爱我们的人民,希望我们的人民能够过上真正幸福的生活;我热爱我们的民族,希望我们中华民族真正为人类作出巨大的贡献。"这是多么宽阔的胸怀!当年,"四害"横行,多少人家破人亡,多少人含冤受屈,但是没有一个人在天安门广场诉述个人的不幸。他们共同担心的是党和国家的命运,要求的是铲除国贼,实现四化。现在某些人背离天安门的革命精神,沿用天安门事件时的某些活动方式,向国家提出只顾自己不顾整体利益的不合理的要求,这是对天安门革命群众运动的歪曲。继承和发扬天安门的革命精神,就要胸怀全局,处处以国家利益为重,以实现四化为己任,把精力、心思用在四化上。我们要有这样的决心,一定要在本世纪末全面实现四化,到那时再捧出美酒告慰毛主席、周总理,告慰先烈,我们才能问心无愧,倍感自豪。

　　四五运动是广泛的民主运动。在"四人帮"的高压下,群众没有议政的自由,就用花圈、诗词、誓言来表达;没有倾诉的地方,就汇集在悼念周总理的场所。没有谁去组织,却是那样井井有条。没有统一的口径,却是那样的异口同声。人们正是在这样的地方,用这种特殊的斗争方式,行使民主权利,宣传真理,伸张正义,打击敌人,真是扬眉吐气啊!人们从反抗"四人帮"的镇压、捍卫社会主义民主的斗争中,更加清醒地认识到:如果没有人民民主,不能集中群众的意见,不能实行群众的监督,党会变质,国会变色。在"四人帮"横行的时刻,四五运动不是哪一个人发动的,也不是党直接领导的,而且遭到"四人帮"的阻挠和镇压,从这个意义上讲,它是自发的革命群众运动。但是,参加四五运动的同志,都受过我们党多年的教育,其中很多骨干力量是共产党员和党的干部,是共青团员和优秀青年,而且许多党组织支持和直接组织了群众的斗争,从这个意义上讲,四五运动如果离开了党的领导就不可能发挥那样巨大的威力。党的领导,主要靠党的路线、方针、政策的正确,靠党员的模范作用。在当时,"四人帮"的极"左"路线虽然严重干扰着我们的革命路线,但是广大干部和群众,还是坚决拥护党的革命路线,我们优秀的党团员还是模范地为捍卫和贯彻党的革命路线而英勇奋斗。我们评价四五运动,不能只看到它自发性的一面,而忽略党的领导作用。现在,有的人不要党的领导,崇拜自发性的活动,认为想干什么就干什么才是民主,其实,这不是什么民主,而是极端民主化!我们提倡的是社会主义民主,是绝大多数人的民主,是集中指导下的民主。如果允许个人想干什么就干什么，剥夺了大多数人的民主权利，也就妨碍了大多数人的利益。在"四人帮"横行时期，他们煽动"踢开党委闹革命"，结果闹出一个什么"革命"，大家都很清楚。今天，如果什么人想要"踢开党委闹民主"，将会闹出一个什么"民主"，难道还不同样清楚吗？继承和发扬天安门的革命精神，就要继续发扬民主，这是坚定不移的，但是我们所要追求的是社会主义的民主，只能在共产党的领导下才能实现。我们不少同志至今还缺乏真正民主知识和民主的习惯。有些同志总怕民主多了会带来麻烦，甚至把现在社会上的某些不良现象，归罪于宣传民主太多。有的同志一说要发扬民主，就放弃领导，撒手不管，不敢引导，任其自流。因而，对干部和群众正确地进行民主教育，是当前一项必须抓紧的任务。

在四五运动中十分可喜的是，青年一代奋勇崛起。他们有较高的政治觉悟，能够在复杂的历史环境下，敏锐地看到"四人帮"的狼子野心，能够分清真假马列主义。他们有着"天下兴亡，匹夫有责"的抱负，关心国家大事，抓住真理，所向披靡，英勇战斗，成为四五运动的先锋力量。粉碎"四人帮"以后，青年一代在拨乱反正的斗争中，也是思想解放，敢于冲决禁区的。这充分显示了毛泽东同志、周恩来同志等老一辈无产阶级革命家开创的革命事业兴旺发达，后继有人。现在，我们要教育、鼓励青年，继承和发扬天安门革命精神，为四化建设献身。要看到，我们这一代青年，是在极其复杂的政治斗争中长大成人的。他们受到革命斗争的洗礼，也受过"四人帮"的毒害。我们要特别关心青年一代，正确看待青年一代。要看到他们的优点，这是主要的；也要看到他们的弱点和他们的不足之处，善于加以教育、引导、帮助和爱护。要充分发挥青年们富有理想、勤于思考、敢想敢干的优点，使他们大有作为。要教育他们继续和保持艰苦朴素、勤勤恳恳、公而忘私的高贵品德。当国家、集体利益与个人利益发生矛盾又一时难以解决时，我们应该教育青年们顾全大局，个人利益服从国家、集体利益，眼前利益服从长远利益，局部利益服从整体利益，体谅国家的苦衷，不要搞个人主义和极端民主化。各级共青团组织，要经常研究青年的思想动向，抓好思想政治工作，调动广大青年的社会主义积极性，使青年成为新长征的突击队。

怎样继承和发扬四五精神，是一个很重要的问题。毛泽东同志在回顾五四运动时曾经指出："五四运动的发展，分成了两个潮流。一部分人继承了五四运动的科学和民主的精神，并在马克思主义的基础上加以改造，这就是共产党人和若干党外马克思主义者所做的工作。另一部分人则走到资产阶级的道路上去,是形式主义向右的发展。"这个历史的经验,值得我们借鉴。

粉碎"四人帮"两年多的事实说明,广大群众继承发扬了四五运动的精神,对揭批"四人帮"的斗争,对破除现代迷信,解放思想以适应四个现代化的需要,都起了积极作用,这是主流。但是,也有极少数人打着继承四五运动的旗号,散布不要信奉马列主义、毛泽东思想,不要共产党领导,不要无产阶级专政,不要社会主义。这种苗头,尽管刚刚出现,但很值得注意。

在四五运动三周年来到之际,我们向参加这场斗争的同志们致意,希望你们在新的长征中,再立新功。我们深信,全国人民在党中央的领导下,一定会以优异的劳动成绩、工作成绩、战斗成绩和学习成绩,为建设社会主义和保卫社会主义作出贡献,迎接中华人民共和国建国三十周年。

(1979年4月5日)

解放思想，走自己的道路
——纪念五四运动六十周年

正当我们把工作重点转移到四个现代化上来，提倡解放思想，发扬民主精神和科学精神的时候，纪念五四运动六十周年，具有特殊的意义。

五四运动是伟大的爱国运动，也是伟大的新文化运动，它是一次思想大解放。从五四运动前几十年的鸦片战争开始，帝国主义的枪炮，打开了老大帝国的门户。严重的民族危机和阶级矛盾，威胁着"天朝"的统治。闭关自守的政策无法继续下去了，欧风美雨的袭来，又加速了封建制度的瓦解。中国究竟向何处去？这是每一个关心国家命运的中国人不能不考虑的问题。一部分顽固派死抱住封建主义不放，大喊大叫要保存"国粹"，维护孔孟之道的正统地位，顽固地拒绝一切新事物、新思想，拒绝一切外国的文化。一部分知识分子则向西方寻找真理，学来了进化论、天赋人权论和资产阶级民主主义。然而，旧的封建主义文化固然破产了，西方的资产阶级文化也证明此路不通。人们在怀疑和彷徨中。正在这时，在五四运动前两年，十月革命震撼了全世界，于是，先进的中国人才把眼光投向俄国，并且经过俄国学到了马克思主义。五四运动促进了马克思主义在中国的传播，从此，中国人民找到了出路，那就是：以俄为师，走十月革命的道路。

发现这条道路，是解放思想，破除迷信的结果。当然，不是所有五四时期的新人物都走上了这条道路。其中一部分人把五四精神发展到了反面，他们反对了老教条，引来了洋教条；破除了旧迷信，产生了新迷信。资产阶级学者胡适就是这样的代表。他认为中国一切都不好，西方一切都好，公然提出中国要"全盘西化"。以毛泽东同志为代表的中国共产党人继承了五四运动的科学和民主精神，并在马克思主义的基础上加以改造，既反对了封建主义的老教条，又反对了资产阶级的洋教条，坚持了十月革命的道路。但是，在这条道路上，又发生了新的偏向。在以王明为代表的"左"倾机会主义者看来，走俄国人的路就意味着盲目照搬马列的书本和苏联的经验，迷信斯大林和共产国际所说的一切,根本不需要结合中国的实际,也不需要实践的检验。这样,他们就使马克思主义变成了它的反面,变成了教条主义。教条主义在党内的统治,曾经给革命事业带来极大的危害。这种错误思想,在延安整风运动中被克服了。延安整风运动是又一次思想解放运动,是五四精神的继承和发展。

中国革命,从根本上说,是走十月革命的道路。但是,历史证明,简单照搬俄国的经验也是不行的,我们需要把马克思主义的普遍原理和中国革命的实际相结合,这个结合的产物,就是毛泽东思想。农村包围城市,对民族资产阶级又团结又斗争,这些都是新创造,是俄国革命经验所没有的。从这个意义上说,我们的革命又是走自己的道路。这条道路在一九四九年取得了胜利,恰好是五四运动的三十年以后。从那时到现在,又是三十年的时间过去了。这后三十年的经验又进一步告诉我们:搞社会主义建设,搞四个现代化,同样要走自己的路。

在建国初期,我们对社会主义建设没有经验。我们唯一的榜样是苏联,要学习苏联,这是肯定的。但是怎样学?是盲目照搬,还是有分析有批判地学?这个问题,又是毛泽东同志最早提出来的。一九五六年,我们党发表了《论无产阶级专政的历史经验》。同年,毛泽东同志写了《论十大关系》,其中指出:"最近苏联方面暴露了他们在建设社会主义过程中的一些缺点和错误,他们走过的弯路,你还想走?过去我们就是鉴于他们的经验教训,少走了一些弯路,现在当然更要引以为戒。"毛泽东同志在这篇文章中还专门写了"中国和外国的关系"这一节,全面地论述了学习外国的问题。一九五七年,毛泽东同志又发表了《关于正确处理人民内部矛盾的问题》,这篇著作和《论十大关系》一起,都是吸收了苏联的经验教训,为我们自己的社会主义道路指明了方向。

可以说,从一九五六年起,我们就开始探索中国式的现代化道路。这个探索经历了一个曲折的过程。一方面,苏联的经验哪些是正确的,适合我国情况的,哪些是不正确的,不适合我国情况的,这需要比较长时间的实践检验才能辨别。另一方面,当时我们国家还处在被封锁的地位,我们还没有机会广泛接触外国的实际,多方面寻求知识。因此,有许多事情,我们只能强调自己去创造经验,加上一些工作中的缺点错误,这就免不了走一些弯路。在"文化大革命"当中,林彪、"四人帮"大搞文化专制主义,大搞愚民政策和现代迷信。他们一面把马列主义、毛泽东思想的片言只语当作宗教教条,一面盲目排斥一切外国的东西,"崇洋媚外""洋奴哲学"的帽子满天飞,闭眼不看世界的变化,关起门来自吹自擂。他们的倒行逆施,使得我们国家和世界先进国家的差距拉大了,国民经济濒于崩溃边缘。以华国锋同志为首的党中央执行了人民的意志,粉碎了"四人帮",从此开始了一个新时期。现在,我们党正在实现工作重点的转移,正在开始新的长征。与此相适应,我们需要继续破除迷信,解放思想,继续发扬五四运动的爱国主义精神、科学和民主精神。

我们现在有条件向各国学习,我们必须有正确的学习态度,既不迷信自己,也不迷信外国。迷信自己和迷信外国,都是思想不解放的表现。夜郎自大和盲目崇洋,都是错误的。毛泽东同志说过:"一切民族、一切国家的长处都要学,政治、经济、科学、技术、文学、艺术的一切真正好的东西都要学。但是,必须有分析有批判地学,不能盲目地学,不能一切照抄,机械搬运。他们的短处、缺点,当然不要学。"不仅如此,即使是外国的好东西,在学习的时候也要考虑如何适应中国的情况。这才是洋为中用。

五四运动的爱国主义精神,对我们具有巨大的现实意义。爱国主义在不同的历史时期有不同的内容。今天,爱国主义应该表现为热爱社会主义,坚持社会主义道路。现在有一股小小的怀疑社会主义的思潮,这除了阶级敌人的煽动以外,主要是由于林彪、"四人帮"长期搞普遍贫穷的假社会主义,败坏了社会主义的名誉,搞乱了人们的思想。许多人分不清什么是社会主义,什么是资本主义。要解决这个问题,我们必须继续肃清林彪、"四人帮"的流毒,大力宣传科学社会主义的思想。另一方面,我们还要加强对科学社会主义的理论研究。社会主义的原则,社会主义的道路,这是不能动摇的,但是社会主义的具体形式,这是需要研究的。我们要认真总结建国三十年来的实践,虚心学习别的社会主义国家的经验,使马列主义的普遍真理同中国社会主义建设的具体实践密切结合起来。我们也要虚心学习一切先进国家发展科学技术的经验,走出一条中国式的现代化道路。这是我们的历史任务。

五四时期科学和民主的口号,对我们仍有巨大的现实意义。我们需要科学,我们也需要民主。没有民主就没有社会主义,没有民主也没有四个现代化。搞社会主义建设,向四个现代化进军,必须依靠广大群众,必须调动亿万人民的积极性,这就必须发扬民主。人民群众处在生产建设的第一线,他们最有实践经验,最了解情况。党必须倾听群众的意见,研究群众的经验,据以制定路线、方针和政策,再反过来把路线、方针、政策变成群众的自觉行动，并在群众的实践中加以检验。历史是人民创造的，中国式的社会主义的现代化，也要人民群众在党的领导下来建设和创造。我们讲发扬民主，当然是指社会主义民主，不是资产阶级民主。社会主义民主是绝大多数人的民主，是比资产阶级民主更民主千万倍的民主。应当承认，我们今天的社会主义民主制度还不完备。民主化也和现代化一样，是一个过程，要一步一步来，但我们一定要坚定不移地朝这个方向前进。

要实现把我国建设成现代化的社会主义强国这个历史任务，必须坚持马列主义、毛泽东思想的指导。毛泽东思想是马列主义同中国革命实践相结合的结晶，它指导我们党取得一个又一个伟大的胜利。在新的长征中，我们要把马列主义、毛泽东思想同我国四个现代化的实践相结合，在它的指导下研究新问题，解决新问题。这就需要我们有勇气去打破一些陈旧的框框，改变一些陈旧的观念。解放思想是为了寻求真理，真理的标准是实践，因此，解放思想应当和实事求是一致的。马克思主义认为一切理论都来自实践，并接受实践的检验，包括马克思主义理论本身在内。凡是实践证明正确的，我们都要坚持；凡是实践证明错误的，我们都要修正。这是最彻底的科学态度。五四运动到现在的六十年，就是马克思主义的普遍真理同中国的具体实践不断结合的过程。

五四运动时期，我国青年发挥了先锋作用。六十年来，在党的领导下，我国青年在长期斗争中继承了五四运动的光荣传统，对革命作出了重大的贡献。今天，我们面临着建设社会主义、实现四个现代化的伟大的历史任务，我们有充分的根据，期待青年同志在新的斗争中贡献出自己的全部聪明才智，发挥突击队的作用。让我们继承和发扬"五四"的精神，奋勇前进！

（1979年5月5日）

迎接大有作为的年代

一九八〇年来到了,二十世纪的八十年代开始了。回顾过去,展望未来,我们欢欣鼓舞,满怀着向四化目标前进的坚强信念和决心跨入八十年代。

在七十年代,中国共产党和中国人民扭转乾坤,粉碎了"四人帮",从深重的灾难中挽救了我们的国家。一个伟大的历史转折时期开始了。一九七八年年底的十一届三中全会,宣布了工作重点转移到四个现代化建设上来的重大决定。去年一年间,我们在各条战线都取得了重大的胜利。我们初步总结了建国以来的历史,在社会主义革命和社会主义建设的一系列重大问题上,统一了认识。我们解决了历史上遗留下来的一些原则性的是非问题,平反了大批冤假错案,落实了各项政策,有力地促进了安定团结、生动活泼的政治局面的形成和发展。我们认真总结了经济建设的经验教训,研究了国民经济中存在的问题,实行了调整、改革、整顿、提高的方针,把它作为工作重点转移以后实现四个现代化的第一个战役。实行调整方针第一年的成果是令人鼓舞的。中共中央关于农业问题的两个文件的执行,使农村形势发展很快很好,大部分地区做到增产增收。由于提高农副产品收购价格,减免部分税收,农民收入增加,也就是说,全国大部分人口的收入有了增加。原来过长的基本建设战线已有所缩短。工业内部,轻纺工业的增长速度,到下半年已经超过了重工业的增长速度,支农工业进一步加强。国内市场情况良好,许多城市副食品的供应有明显改善;进出口贸易也有较大增长。党和政府经过艰巨努力,采取各种措施,安排了七百多万城镇待业人员就业,并且提高了相当一部分职工的工资。这不但使城镇人民生活得到改善,而且使城镇社会秩序得到安定。科学战线取得了一批新的研究成果。文化艺术出现了繁荣的景象。教育、卫生、体育事业也取得了新的进展。我们胜利地进行了对越南侵略者的自卫还击作战,巩固了边境的安全。我们在扩大国际交往,坚持反霸斗争,争取有利的国际条件方面,也打开了新的局面,取得了新的成就。

这一切说明，我们在实现四化建设的第一个战役中已经取得良好的开端。社会主义中国这条巨轮，已经向着现代化的目标胜利地航行了！

八十年代是光明的，充满希望的，也是严峻的，充满考验的。这是我们向四个现代化乘风破浪前进的年代，大有作为的年代。我们既要充分看到我们已取得的胜利，也要足够估计到我们面临的重重困难和问题。在我们祖国这条巨轮的伟大航程中，水面会遇到风浪，水下会出现暗礁，而我们的船身和机器也还有许多创伤需要修补。我们必须兢兢业业，扎扎实实，把我们的工作比以往做得更好。一九八〇年，是国民经济调整的第二年，这一年工作好坏，对调整目标的实现具有重大影响。我们必须从今年一开始，就振奋精神，鼓足干劲，去夺取新的胜利。经过三年的努力，特别是去年已取得初战胜利，我们相信，今年完全有条件把工作做得比去年更好，一九八〇年将为整个八十年代揭开灿烂辉煌的第一页。

实现四个现代化，这是我们今后相当长时期的中心工作。其他工作都要围绕这个中心并为这个中心服务。国家的巩固，社会的安定，人民物质文化生活的提高，归根结底，都取决于生产的发展，取决于现代化建设的成功。如果抓不住这个中心，一切美好的设想、计划、许诺都会落空，我们就要严重地脱离群众，就要犯极大的错误。为了把经济搞上去，我们要继续坚定不移地贯彻八字方针。调整、改革、整顿、提高这四个方面，调整是关键，这是因为国民经济比例严重失调是当前经济发展的主要障碍。在调整过程中，国民经济要有一个扎扎实实的发展。今年要在去年农业丰收的基础上，争取农、林、牧、副、渔五业有一个新的全面的增长。要争取轻纺工业和其他消费品的生产有一个较大的增长。要经过努力增产和厉行节约，使燃料动力和交通运输的紧张状况逐步有所缓和，使工业交通生产的经济效果有一个显著的提高。要继续压缩基本建设投资，加强基本建设管理，使战线长、效果差的状况有一个决定性的改变。要努力扩大出口，充分利用并善于利用国外资金和技术设备，促进经济的发展。要在发展生产的基础上使城乡劳动人民的收入继续有所提高。为了实现一九八〇年的国民经济计划，我们要特别注意抓好厉行增产节约和广开生产门路这两个环节。必须在一切企业中，依靠广大群众人人献计献策，千方百计地增加生产，降低消耗，降低生产成本，大大提高劳动生产率，加速国民经济的发展。同时，继续解决几百万城镇人口就业问题仍然是今年的一项重要任务。只要我们进一步解放思想，开动机器，充分发挥生产单位和劳动者的积极性和主动性，就可以打开许多大大小小的生产门路。

要加快国民经济的发展,加快四化建设的速度,就一定要继续保持和发展安定团结、生动活泼的政治局面。我们要大力加强工农团结、干群团结、军民团结、各民族团结、新老干部团结、工农干部和知识分子团结、党和非党团结,同心同德搞四化。我们国家过去折腾得够多了,好不容易现在稳定下来,我们必须十分珍惜这个局面。我们已经处理了并正在继续处理历史上特别是"文化大革命"期间遗留下来的问题,从而消除了和正在消除大量不安定的因素。但是我们的困难和问题是长期积累下来的,不是一下子可以完全解决的。在调整国民经济和实现四化的过程中,还会遇到许多新的矛盾和问题。在处理这些困难和矛盾时,一定要有利于安定团结。这就必须首先坚持四项基本原则,防止和克服一切背离四项基本原则的"左"的和右的干扰。要坚持解放思想,实事求是。要坚持正确处理国家、集体和个人三者之间的关系。同志之间、部门之间、上下之间,要互相学习,互相支持,取长补短,共同提高。人民内部的不同意见,一定要用民主的方法来解决,用"团结——批评——团结"的方法来解决,用百花齐放、百家争鸣的方法来解决。安定团结和坚持民主集中制是一致的。发扬民主才能正确处理各种矛盾,才能调动群众积极性,才能实现在民主基础上的集中,才能有真正的安定团结。发扬民主和健全法制也是一致的。民主必须法制化,必须加强法律的权威,而我们的法律是保护人民,保护人民的民主权利的。五届人大二次会议通过的刑法等法律,从今天起生效。我们每一个公民,不论干部和群众,都要遵纪守法,干部和共产党员更要做遵纪守法的模范。在法律面前人人平等,不允许任何人有超越法律以外的特权。要坚决反对无政府主义、极端个人主义,对于一小撮聚众闹事,破坏社会秩序,严重犯罪分子,一定要予以法律制裁。总之,我们要求全党学会用正确的方法来处理各种矛盾,使全国人民又有集中,又有民主,又有纪律,又有自由,又有统一意志,又有个人心情舒畅、生动活泼。这样的政治局面,也就是真正安定团结的政治局面,是最有利于发展经济的政治局面。

一九八〇年,我们要努力提高科学教育文化水平。没有科学技术和文化知识的发展,就不可能实现四个现代化。我们要尊重科学,尊重知识。我国的知识分子是工人阶级的一部分,要十分重视这支不可缺少的宝贵力量。我们要努力改善科研工作的物质条件和知识分子的待遇。要认真贯彻执行双百方针,造成有利于发展学术、繁荣文化的气氛。

当我们跨入一九八〇年的时候，国际紧张局势正在继续加剧。苏联军队大举入侵阿富汗，粗暴地干涉阿富汗的内政，和侵略柬埔寨的越南军队大举向泰国边境推进，构成了国际形势的新的严重危机，引起了全世界爱好和平独立的人民和国家的密切注意。这再一次提醒各国人民：八十年代的世界将呈现更加紧张复杂的动荡局面，各国人民必须作好准备。我们是在战争威胁的条件下进行四化建设的。我们一定要坚持党的三个世界的战略思想和外交政策，加强同社会主义国家、世界工人阶级和进步力量的团结，加强同第三世界各国的团结，联合世界上一切可以联合的力量，反对霸权主义，努力推迟世界大战，维护世界和平。我们要进一步发展和各国的科学技术交流和贸易往来，认真向外国一切先进的东西学习。我们要在发扬自力更生、艰苦奋斗的革命精神的同时，继续认真做好先进技术的引进工作，积极利用国外资金，以加速四化建设。光荣的人民解放军和全国各族人民应该提高警惕，努力加强国防，严守边疆，保卫四化，促进祖国统一大业的实现，把我国建设得更加伟大坚强，为全人类的和平进步事业作出更多贡献。

中国共产党是领导我们事业的核心力量。没有党，就没有今天的新中国。党的发展，像一切事物的发展一样，是曲折的。我们有在正确道路上顺利前进的时候，也有犯错误遭到挫折的时候。粉碎"四人帮"和三年来取得的成就，再一次充分证明了我们的党不愧是伟大的、光荣的、正确的党。现在我们的党正领导着全国人民为在本世纪末实现四个现代化这个宏伟的目标而奋斗，我们一定要加强党的建设，进一步用马列主义、毛泽东思想武装我们的党，使我们的党能领导全国人民顺利前进。党的领导靠党的路线、政策的正确，还靠党员的模范带头作用。每一个党员，包括领导干部，都要意识到自己肩负的历史重任，振奋革命的献身精神，全心全意为人民服务，以自己的行动影响和带动广大群众为实现四化贡献自己的力量。广大工人、农民和知识分子也要在党的领导下，积极投入这个宏伟的事业，为全国人民的共同利益而奋斗。

让我们团结一致，紧张努力，以光辉的成就来迎接八十年代的到来！

（1980年1月1日）

再也不要干"西水东调"式的蠢事了

山西省昔阳县的"西水东调"工程，搞了四五年，投工近五百万个，耗资达几千万元，最近终于下马了。这是农田水利建设工程中一个极为沉痛的教训，很值得我们深思。

所谓"西水东调"，就是从昔阳县境西部截住流入黄河水系的潇河水，通过人工开凿的隧洞穿过太行山，从地下引向东流，经过昔阳的五个公社，改入海河水系。这真是一项"改天换地"的大工程！近两年，它每年占用山西省水利经费十分之一，征用的劳力包括昔阳县各社队的民工、机关厂矿企业事业单位的干部、工人和教师，还有阳泉矿务局的煤矿工人，解放军工程兵的指战员，真可谓不惜工本、不惜民力。据估算，全部工程完工后，每亩水浇地成本将高达一千多元。

这就向我们提出了一个问题：发展农业究竟靠什么？多少年来，我们搞农业，一靠运动，二靠"大干"。现在看得很清楚，没完没了的政治运动，极大地伤害了广大农民和农村基层干部的积极性，结果是"你整我，我整你，整来整去，大都挨过整；你上台，我下台，台上台下，大都下过台"。这种蠢事，我们不能再干了。至于"大干"，作为一种革命精神，当然很可贵，很需要发扬，不仅现在需要发扬，将来也需要发扬；问题是"大干"干什么？近十几年来，在农业战线的所谓大干，就是"大搞农田基本建设"，"大搞人造小平原"，"大搞水利"，"大搞围湖造田"，等等。这些工程里边，当然有很多是搞得对、搞得好的。所谓搞得对，搞得好，就是说这些工程是切合实际，投资少、收益大的。但是，其中也确有很大一部分工程，是搞得很不好，甚至根本不该搞的。昔阳县的"西水东调"工程，就是其中的一例。这种工程，耗资巨大，劳民伤财，得益很少，甚至根本就是无效劳动、无效投资。如果我们把农业生产的发展寄托在这种"大干"上，我国的农业是永远没有指望的。

毛泽东同志常说："我们应该是老老实实地办事；在世界上要办成几件事，没有老实态度是根本不行的。"老老实实地办事，就是从实际出发，实事求是。搞农业，也靠实事求是。大干，必须量力而行，实事求是地干。我国幅员辽阔，地形、气候、土壤、植被、水利等自然条件千差万别，各不相同。从这个实际情况出发，发展农业生产应该鼓励各个地区因地制宜，发挥自己的优势，做到农林牧副渔五业并举。搞农业基本建设，也应该从各个地区的特点出发，扬长避短，把人力、物力、财力用在最能发挥效益的地方。可是，在过去很长的一段时间里，由于不问土质、地势、生产习惯、技术条件等具体情况，统统强调抓粮食，弄得宜林不林，宜牧不牧，宜果不果，宜渔不渔，不但不能扬其所长，反而强人所难，趋其所短，结果是"以粮为纲，全面砍光"。这种"一刀切"的错误方针，表现在农业基本建设上，突出的就是到处硬搞整齐划一的"旱地改水田"，硬搞"人造平原""水平田""海绵田"，硬搞"连成片，一条线"的园林化。大量的人力，大捆大捆的人民币，耗费在收益很小的黄土大搬家上，甚至不但没有收益，反而破坏了生态平衡，贻害了子孙后代。

我们国家还很穷，在一个相当长的时期内，我们不可能拿出很多钱向农业投资。无效投资我们花不起，有效投资我们也要精打细算。像昔阳"西水东调"工程，且不说它本身是不合理的，它实际上是抢占别人的水来浇昔阳的地；就算它有一点合理成分，但是花一千元建设一亩水浇地，也是我们花不起的。即便减去一半，用五百元建设一亩水浇地，我们也建不起。用这种办法来搞农业，只能愈搞愈穷。我们国家人力资源丰富，是不是可以无限度地使用民力呢？也是不行的。中国农民历来能够吃大苦，耐大劳，愿意为了自己和子孙后代的幸福，为了家乡的建设，为了祖国的富强流血流汗。但是，中国农民也是讲实际的，懂得算账的。劳而无效，疲于奔命的事情，让他们干一回两回还可以，让他们长久地干下去，是不可能的。

粉碎"四人帮"以后，农业战线拨乱反正，革除积弊，是有很大成绩的。特别是党的三中全会以后，传达了中央两个农业文件的精神和规定，社队的自主权开始受到尊重，各种生产责任制和按劳分配的原则开始得到贯彻，社员的家庭副业、自留地和农村集市贸易受到保护，广大农民和农村基层干部的积极性调动起来了，党对农村工作和农业生产的领导实事求是了，整个农业经济活了。这是农业生产大有希望之所在。我们要坚定不移地沿着这条路子走下去，再也不能搞林彪、"四人帮"那套极"左"的东西，再也不能用一个模式来套所有的社队，再也不能搞"西水东调"这种劳民伤财的农田水利工程了。

昔阳"西水东调"工程弊端丛生，工程技术人员意见很大，为什么能够说干就干，并且一搞就是几年，直到粉碎"四人帮"三年以后才停下来呢？这里，另一个很重要的教训就是某些领导同志的封建家长式统治。我们有些做领导工作的同志，官做大了，自己不懂科学，不懂技术，又不听取专家的意见，偏要号令一切，指挥一切，甚至用个人的喜恶来左右一切。而上上下下，又有那样一些同志捧着他，护着他。明明他的主张荒谬，却要连声称赞，执行不误。于是，设计改来改去，坝址忽上忽下；真理被谬误取代，科学为献媚遮蔽。你要坚持不同意见，那就是"立场问题""态度问题"，甚至是"搞阴谋出难题"。不幸，这样的事情，前些年在我们国家还是不少的。

家长式统治是一种封建思想。我国经历了漫长的封建社会的历史，虽然封建制度早就被打倒了，但是封建传统根深蒂固，封建思想依然存在，它对我们的党造成的危害很深，对社会主义事业带来的损失很大。在我们党的生活中，仍有很多带着封建色彩的东西。它反映在我们的政治生活中，也反映在我们的经济建设上。我们要把反对封建思想作为思想战线上的一项重要任务。什么时候我们真正吸取了教训，不再搞容不得不同意见的"一言堂"，不再搞违反客观规律的瞎指挥，也就再不会干"西水东调"这类蠢事了，我们的事业就会办得好得多。

（1980 年 6 月 15 日）

一切经济工作都要注意经济效果

一切经济工作都要十分注意经济效果。无论做计划，搞设计，安排生产，组织商品流通，进行基本建设，都要把经济效果放在首位，实行严格的经济核算，进行经济效果的比较。不注意经济效果，实质上也就是生产目的不明确。每个厂矿企业都应该明白：我们搞生产是为了满足社会的需要，不能为生产而生产，不能为了生产报表上的红字而生产。否则，生产的东西再多，结果是增加了库存，那有什么意义呢？

各项经济工作都要进行经济效果的比较，从中选出花钱少、收效大的最优方案，要普遍实行这种优选法。马克思曾经指出，真正的财富就在于用尽量少的价值创造尽量多的使用价值，换句话说，就是在尽量少的劳动时间里创造出尽量丰富的物质财富。30年来，我们在经济建设中存在着不讲经济效果的毛病，付出了巨大代价。花了大量的人力、物力、财力，搞出来的不少东西，不能吃、不能穿、不能用，是一些废品，或者质量很差，或者不适合社会的需要，只好堆在仓库里，搞了无效劳动。消耗高，质量差，周期长，成本大，劳动生产率低，是多年来生产建设中普遍存在的严重问题。大量的财富，在生产过程中浪费了，在流通领域中积压、损坏了，或者工程建成后收不到效益。表面上产值不少，速度看起来也不低，但是水分很大，实际形成的财富同速度并不相称。不顾经济效果的速度，不是真正的速度。

以较少的消耗取得最好的经济效果，是社会经济发展的客观要求。在资本主义社会，资本主义生产的始终不变的目的，是用最小限度的预付资本生产最大限度的剩余价值或剩余产品。我们社会主义生产的目的，则是最大限度地满足人们经常增长的物质和文化需要。社会主义制度的优越性，最终表现在它比资本主义有更高的劳动生产率。只有在经济建设中十分注意经济效果，才能使社会主义具有高度劳动生产率这个可能变成现实，才能使社会主义制度的优越性充分发挥出来。

我们常说的经济原则，就是用最小限度的劳动消耗，取得最大限度的使用价值，即同样多的劳动消耗所取得的使用价值越多，经济效果就越大；等量的使用价值支出的劳动消耗越大，经济效果也就越小。经济效果也就是我们习惯说的"经济不经济"。显而易见，投资少，见效快，效果大，就是"经济"；反之，就是"不经济"。生产出来的产品，适合社会需要，价廉物美，就是最大的节约，经济上划算；生产出来的产品，不适合社会需要，就是最大的浪费，经济上就不划算。对外贸易也是这样，出口的东西应该是我们自己生产划算、卖出去又盈利多的，进口的东西应该是我们自己生产不划算、买进来又花钱少的，这也是个经济效果问题。总之，在经济建设成为全党全国中心任务的今天，各条战线、各项事业的一切经济活动，都有一个讲求经济效果的问题。

我们不注意经济效果由来已久，林彪、"四人帮"横行时期更加严重。搞钢铁、煤炭首先要考虑自然资源条件，不能每个省、区甚至地、县都搞小钢铁厂，不能那样不讲经济效果。搞小化肥厂也要根据原料和运输条件，不能每个县都建一个小化肥厂，结果是背上了包袱。过去每个省都要建立独立的、完整的工业体系，甚至一些县也搞自己的工业体系，既不可能也无必要。所有这些，都是不讲经济效果造成的。过去那种不顾经济效果的"供给制"思想、"大少爷"作风，一定要坚决改变过来。

改善经营，提高管理水平。经营的好坏，管理水平的高低，直接关系着经济效果的大小。因为管理差，尤其是不会经营，我们现有企业的生产能力远远没有发挥出来。有人提出，我们的厂矿企业，其他条件不变，只要改善经营，提高管理水平，生产就可以大大提高，这不是没有道理的。许多工矿企业劳动生产率低，产品质量差，能源、原材料消耗大，成本高，利润少，主要原因就在于经营管理不善。在一个工厂内，行政工作、党的工作与工会工作，必须统一于共同目标之下，这个共同目标就是以尽可能节省的成本（原料、资金及其他开支），制造尽可能多、尽可能好的产品，并在尽可能快、尽可能有利的条件下推销出去。经营管理的作用就是合理地组织生产和销售，争取最好的经济效果。一个工厂是这样，一个行业、一个地区也是这样。所有厂矿企业都是经济组织，一切经济组织都必须算经济账，过去那种"只算政治账，不算经济账"的说法和做法是错误的。做经济工作不算经济账，是个天大的笑话，不算经济账还谈什么经济效果呢？

近来，我们采取了一系列的经济措施，不注意经济效果的情况已经有所改变。现在正在开始试点，把基本建设投资由财政拨款改为银行贷款，实行有偿使用后，建设单位开始注意精打细算，尽量节省资金，力争缩短建设周期，以期少付银行利息。扩大企业自主权的试点正在逐步开展，效果显著。扩大企业自主权以后，改变统购包销，部分产品实行选购自销以后，厂矿企业就得注意减产停产市场上积压的产品，增产畅销产品，试制市场需要的新产品，也就是说，要讲究经济效果。

  我国商品经济很不发达，没有经过资本主义阶段，过去小农经济是汪洋大海，这在经济上以及意识形态上都会有所反映。"大而全""小而全"，就是在商品经济不发达的条件下，自给自足的小农经济思想的反映。另外，在很多地方，我们把农村根据地的经验搬到城市的经济建设中，有的甚至把它扩大了。这是我们长期不注意经济效果的原因之一，随着经济管理体制的逐步改革，我们要自觉地克服小农经济思想对经济工作各个方面的影响。

（1980年7月3日）

用好的党风带出好的社会风气

本报七一社论曾经指出，一个好的党风，是我们最可贵的优势。只要全党同志奋发图强，恢复这种优势是会比较快的。党风搞好了，整个社会风气都会被带动起来。这里，关键的一点，是共产党员，特别是党的领导干部起带头作用。

现在的社会风气不如过去，这是大家都很忧虑的，也是平常议论很多的。怎样才能把社会风气整顿好呢？从党的作用来说，一个是"讲"，就是加强政治思想教育；一个是"带"，就是共产党员，特别是党的领导干部要起模范带头作用。一讲二带，而且要强调以带为主。

加强政治思想工作是很重要的。在十年浩劫中，林彪、江青一伙反革命阴谋家以其反动理论和反革命行径，把社会主义的行为准则和道德规范完全颠倒了，造成了剥削阶级思想大泛滥。资产阶级的极端个人主义、小资产阶级的疯狂性，特别是种种封建意识，披着"革命"的外衣风靡一时。于是，真理变成谬误，谬误变成真理；善变成恶，恶变成善；美变成丑，丑变成美。这场浩劫虽然已经成为过去，但是它的流毒远远没有肃清，至今还继续污染我们的社会空气，毒害人们的心灵。现在不少人特别是一些青少年，缺乏起码的法纪观念和道德观念，分不清是非、善恶、荣辱的界限，甚至不懂得最起码的礼貌。这就要求我们进行广泛的政治思想教育，继续拨乱反正，使人们懂得作为一个社会主义新中国的公民，应该遵循什么样的行为准则和道德规范，具备什么样的精神面貌和道德品质。目前我们的思想政治工作还比较薄弱。有些单位确实有放松思想政治工作的倾向；有一部分做政治工作的同志、教政治课的教师，还不善于根据新的情况，针对人们的思想实际，进行生动有力的政治思想教育；宣传工作有时也有一般化和片面性的缺陷。这些问题都应当引起注意，加以解决。

但是，转变社会风气，光靠讲，无论如何是不够的。现在有些青年对"大道理"不感兴趣,因为他们感到那些大道理同实际生活有很大距离。一位大学生来信写道:"说的那些大道理,从理论上讲都是站得住脚的,但近十几年来,站得住脚的理论却往往同实际生活对不上号。""群众注重的不是精彩动人的文章,而是身边事物的变化。"有的政治课教师说,学生身边发生的一些败坏党风的事情,可以使老师长年累月政治思想教育的成果化为乌有。这些意见难道不值得我们深思吗?事实是最有力的宣传,宣传也只有以大量的事实为基础才有说服力。如果讲归讲,做归做,言行不一,那么,不管讲得如何头头是道,群众也是不爱听的,不但不爱听,而且会起反感。所以解决社会上的一些思想问题,移风易俗,鼓舞人们干四化的热情,最重要的是从加强和改善党的领导,搞好党风这一方面下功夫。

我们党是执政的党,党风如何,党员能不能起模范带头作用,对社会风气有决定性的影响。不妨回顾一下历史。全国解放以前,一个国民党统治区,一个解放区,社会风气迥然不同。为什么不同?就因为国民党和共产党这两个党的党风有着天渊之别。建国初期,为什么我们能够迅速地荡涤旧社会的污泥浊水,树立起崭新的社会风尚?也是因为党风好。我们党领导的军队在苹果产地行军,不拿老百姓一个苹果;半夜打进一座城市,宁愿露宿街头,也不住进民房;军代表接管一个工厂、商店,从不往自己腰包里塞一文钱、一件物……广大群众从这一个一个具体行动中懂得了什么叫为人民服务,什么是艰苦奋斗、廉洁奉公,受到教育和感染,于是整个社会风气就改变了。就像被称为十里洋场的上海,解放后没有几年时间,风气也有了根本的转变。五十年代末六十年代初,我们的国民经济遇到极大的困难,但是全国人民忍受了这种困难,并且团结一致,战胜了这种困难,人们的组织性纪律性很好,整个社会风气很好,并没有多少人搞不正之风。后来社会风气为什么坏了呢?首先是由于林彪、江青一伙把党风搞坏了。现在整顿社会风气,还是要靠搞好党风,靠广大党员,特别是领导干部起模范带头作用。共产党员特别是领导干部,要求别人做到的,首先自己做到;要求别人不做的,自己首先不做。拿艰苦奋斗来说,如果离开对领导干部的要求而单纯在群众中作号召,是不会有多大效果的,因为现在的主要问题并不是群众不艰苦。现在首先应该要求各级领导干部带头恢复和发扬艰苦创业的革命精神。上面带了头,讲话就灵了,思想工作也就好做了。

我们党的优良传统、优良作风,具体说来内容很多。毛泽东同志曾经概括地讲过三条,就是大家都很熟悉的理论和实践相结合的作风,和人民群众紧密地联系在一起的作风以及自我批评的作风。《关于党内政治生活的若干准则》和《关于高级干部生活待遇的若干规定》，把这些作风用具体的条文规定下来了。《准则》是我们党在长期革命斗争中正确处理党内关系的经验总结，很多领导干部都有过这方面的亲身体验；《规定》基本上是重申十年动乱前的有关章程，也是很多领导干部过去都做到了的。既然过去能够做到，现在只要决心去做，也是不难做到的。但对于那些喜欢搞一言堂、搞特殊化的同志来说，难免有这样那样的抵触。这里，重要的是政治觉悟，是把自己置身于人民之中，视自己为人民的公仆。把自己置于特殊的地位，"一朝权在手，便把利来谋""夫荣妻贵""父功子荫"，都是封建主义的东西。我们党的传统是"冲锋在前，退却在后"，"吃苦在前，享乐在后"，是全心全意为人民服务。事实上，从中央到地方，都有大批领导干部始终保持了革命者的这种艰苦朴素的本色。尽管这些同志不愿宣传他们个人，但是他们的事迹还是在群众中广泛流传，成为人们学习的榜样。

整顿党风，主要靠学习，靠教育，靠党内的自我批评，不搞政治运动，这一点是确定了的。但另一方面，也要靠党的各级纪律检查组织的督促检查，靠广大人民群众的监督和批评，此外还要发挥宣传工具的作用。各地党委应该重视和利用报纸、广播、电视，好好地报道和表扬一些好典型、好事迹，同时揭露和批评党内的丑恶现象。要形成一种风气，该表扬的要表扬，该批评的要批评，该处分的要处分。有了制度上的明文规定，又有党和群众的监督，我们的三千八百多万党员是能够带好这个头，搞好党风，进而把整个社会风气带好起来的。

（1980年7月23日）

庄严的决定

五届人大常委会第十六次会议作出决定,成立最高人民检察院特别检察厅和最高人民法院特别法庭,对林彪、江青反革命集团案主犯进行检察起诉和公开审判。全党、全军、全国各族人民早就盼望这一天了!这个庄严的决定,体现了全国人民的共同意愿,必将受到广大群众的衷心拥护。

林彪反革命集团和江青反革命集团,在"文化大革命"中相互勾结,狼狈为奸。整整十年时间,他们凭借手中掌握的权力,施展种种阴谋诡计,采取公开的和秘密的、文的和武的各种手段,篡党篡国,祸国殃民。他们的反革命罪行,概括起来,一是煽动、策划推翻无产阶级专政的政权;二是诬陷迫害党和国家领导人,篡党夺权;三是迫害镇压广大干部和群众,实行法西斯专政;四是谋害毛主席,策动反革命武装叛乱。粉碎"四人帮"以后,全国深入开展的揭批查运动,把他们的罪行越来越充分地揭露出来。党的十一届三中全会以后,中央纪律检查委员会又组织力量对林彪、江青一伙的问题进行了全面审查,大量事实证明他们严重触犯了刑律。他们犯下的罪行,真是罄竹难书。他们的罪行给我们国家、我们民族、我们人民造成的灾难难以估计。广大群众早就强烈要求对林彪、江青反革命集团的主要成员依法治罪,这是完全正当、完全合理的。现在人大常委会决定对他们进行公开审判,实在大得人心。对这样恶贯满盈的反革命集团的主犯如果不依法惩处,公理何在?国法何在?何以伸张正义,平民愤?

在"文化大革命"中,我们党确实犯了令人痛心的严重错误。但是对于林彪、江青一伙来说,根本不是什么犯错误的问题,而是有组织有预谋地进行反革命活动。他们的问题同我们党所犯的错误,性质截然不同;同任何一个同志犯的工作上的错误,包括路线错误,性质也截然不同。他们是一伙篡党窃国大盗,明目张胆地触犯了刑律,理所当然地要追究刑事责任。这次审理林彪、江青反革命集团案,只审判他们的反革命罪行,不涉及工作中的错误包括路线错误,这样做,十分正确。因为反革命罪行是敌我问题,工作中的错误是人民内部问题,必须严格区分,不容许把两种性质不同的问题搅在一起。只审判林彪、江青一伙的罪行,不涉及工作中的错误,更可以充分揭露他们的反革命面目,使他们无法逃脱自己的罪责。把犯罪和犯错误区别开来,我们党历来都是这样做的,即使对于犯严重路线错误、给革命事业造成重大损失的人,也是采取"惩前毖后,治病救人""既要弄清思想又要团结同志"的方针。实践证明,这是一个正确的方针。"文化大革命"中,林彪、江青一伙蓄意混淆犯罪和犯错误的界限,把干部在工作中的错误,甚至他们捏造的"错误",诬陷为反革命,搞成敌我矛盾,造成了严重危害。现在我们恢复党的传统,严格区分犯罪和犯错误的问题,具有重大的原则意义和现实意义。

粉碎"四人帮"以后,特别是党的十一届三中全会以后,我们党十分注意加强民主和法制。我们努力使社会主义民主制度化、法律化,努力健全社会主义法制,不断加强立法和司法工作。这次审理林彪、江青反革命集团案件,就严格依法办事。党的纪律检查机关进行了长时间的准备,做了大量的工作。移交给司法机关后,在侦查预审和检察的过程中,有关部门又进行了充分的调查研究。坚持以事实为依据,以法律为准绳,重证据,不轻信口供。对林彪、江青一伙的诉罪,依据的都是经过检验的原始书证材料和原始物证,如档案、信件、日记、笔记、讲话记录和录音等。刑事诉讼法规定:"只有被告人供述,没有其他证据的,不能认定被告人有罪和处以刑罚;没有被告人供述,证据充分确实的,可以认定被告人有罪和处以刑罚。"司法部门正是根据这个原则行事的。这一重大案件的公开审判,对于加强我国社会主义法制将起巨大的推动作用。

公开审判林彪、江青反革命集团的十名主犯,是我们国家政治生活中的一件大事。全国人民关注这件事情,全世界关注这件事情。通过审判,林彪、江青一伙的反革命罪行大白于天下,将更加激起亿万人民对他们的仇恨,激发人们作出更大的努力挽回这一伙反革命对我国社会主义事业造成的严重损失,加快四化建设的步伐。这次审判将向全国和全世界宣告:我们国家将更加安定团结,我们的社会主义事业一定会沿着民主和法制的轨道健康发展。

(1980年9月30日)

在安定团结的基础上，实现国民经济调整的巨大任务

1981年到来了。这是中国人民在粉碎"四人帮"以后迎来的第五个新年。从1976年10月的胜利以来，特别是党的十一届三中全会以来，中国共产党领导全国各族人民拨乱反正，在端正思想路线、政治路线和组织路线，在加强社会主义民主和法制，以及在恢复和发展国民经济等方面，做了大量艰苦的工作，取得了很大成绩。我国各方面的面貌起了显著的变化。多难的祖国终于一步一步走上了中兴之路。

现在，摆在我们面前的政治形势和经济形势都是很好的。去年一年里，党的五中全会产生了中央书记处，又通过了为刘少奇同志平反的决议。党中央政治局在8月召开的扩大会议，和随后举行的五届人大第三次会议，分别决定了并开始执行了党的和国家的领导制度的民主化改革，着手废除实际存在的干部领导职务终身制。最高人民法院特别法庭庄严审讯了林彪、江青反革命集团的主犯，即将依法给他们以罪有应得的制裁。在经济方面，农业生产有了比较快的发展，绝大部分农民的生活有了较大的改善。工业生产在能源几乎没有增长的情况下，仍然保持了一定的增长速度，特别是轻工业生产增长的幅度更大。由于轻工业增长幅度大，农副产品增多，市场供应是二十年来比较好的。城市大多数职工由于调整工资，实行奖励制度，增加就业人数，生活有所改善。这些成绩，都是有目共睹的。

但是，在开始前进的道路上，事情并不是也不可能在一切方面都一帆风顺。全国的经济形势很好，这是事情的一个方面。另一方面，在这种很好的经济形势下却潜伏着一种危险，这就是财政大量赤字，货币发行过多，物价相继上涨。如果不对此采取断然措施，三中全会以来农民和职工在经济上得到的好处就会失掉，正在日益好转的局势就会再次遭受挫折。

为什么在粉碎"四人帮"四年以后，还会潜伏着严重的财政经济危机呢？问题要从历史来看。我国建国以前，经济生活早就存在着多方面严重的

不平衡。大家记得，在解放前夕，国民党统治下的长期恶性通货膨胀曾经威胁着全体居民的生存，这种灾难曾经继续到建国初期。党和人民政府依靠社会主义制度的巨大优越性，用极大的努力迅速扭转了局势，恢复了国民经济，并且接着转入了有计划的经济建设。第一个五年计划期间，即1953年至1957年期间，我国的经济发展是稳定而迅速的。但是在这以后，由于党和政府的领导一心想加快经济发展，以便早日把中国建成为现代化的富强国家，而在着手实现这个良好愿望的时候，没有严格地从客观的经济情况和经济规律出发，以致在经济工作中长期存在着"左"的错误。当然，必须着重指出，过去二十多年中的经济工作，绝不是只有错误的一面，没有正确的一面。我们取得的成就仍然是巨大的，我们的经济发展，包括人民生活的改善，比之其他条件相近的发展中的大国仍然快得多。要不是由于这些错误，社会主义制度一定会使我们取得更大的成就。过去的错误在各个阶段也有程度轻重的不同，表现形式的不同。突出的错误是50年代后期"左"的错误，这个错误虽然在1962年至1966年期间得到了纠正，但是并没有从思想上正本清源，没有从根本上批评凭主观愿望规定发展速度这个错误的指导思想。粉碎"四人帮"以后的头两年，我们没有足够估计十年破坏所造成的严重后果，也没有清理经济工作中指导思想上"左"的错误，还是急于求成，又提出了一些过高的不切实际的口号和目标，把已经超过国家财力可能的基本建设规模又大为扩大了。我们打破闭关自守的局面，利用外资，引进技术，这个决策无疑是正确的；但是由于缺乏经验，进口成套设备的规模过于庞大了，超过了实际的需要和可能。这种在新的历史条件下重复出现的旧错误，加剧了比例关系的失调，加重了财政经济的困难。三中全会以后，中央确定对国民经济实行调整、改革、整顿、提高的方针，这本来应当成为经济建设工作的一个根本转折。但是，近两年来，从中央到基层的许多同志，包括一些经济战线的各级领导同志，对经济调整方针的认识既不充分，执行也不得力。一方面提高了城乡人民的消费水平，另一方面却没有使基本建设的总规模退下来，有些地方和企业又盲目地上了一批重复建设项目；一部分生产企业没有按照经济条件进行必要的调整；行政管理费用的增加也超出了财政的负担能力。这样，在分配上，积累和消费的总和就超过了国民收入，国家安排的基本建设开支和其他各项开支也超过了财政收入。这个基本情况，在去年9月五届三次全国人民代表大会上所作的国民经济计划报告和国家预决算报告中已经向全国人民说明了，但是当时所采取的对策仍然很不彻底。因此，虽然经过近两年的调整，整个经济的被动局面并没有从根本上扭转过来。财政收支既然不平衡，货币的发行量就要不适当地增加，加上企业管理、商业管理等方面的原因，这就造成了过去一年中的物价上涨。

现在，为了使整个国民经济从被动转入主动，使财政收支和信贷收支从不平衡转入平衡，使四个现代化的建设得以在稳定的基础上健康前进，党中央和国务院决定实行进一步的认真的调整。主要是基本建设要退够，行政费用要紧缩，生产建设、行政设施、人民生活的改善，都要量力而行，量入为出。某些方面坚决退够，才能使整个国民经济摆脱潜在的危险。其他方面，主要是农业、轻工业和有关人民生活的日用品生产、能源、交通的建设，以及教育科学文化卫生事业，还要尽可能地继续发展。因此，实行进一步调整不是消极的，而是积极的方针，有退有进，暂时的局部的后退是为了将来更好的长期的稳定的前进。实行这样的调整当然要修改去年全国人民代表大会所通过的国民经济年度计划和今年的预算。这方面的问题，国务院将向人大常委会作正式报告。

实行这样的调整，不但从当前来说是完全必要的，从更深刻的意义上来说，也是要使我们的经济工作从根本上摆脱"左"的一套的束缚，真正从中国的实际出发。我们是十亿人口、八亿农民的发展中国家，我们是在这样一个国家中进行建设的。我们必须对这个基本的国情有清醒的认识。过去在社会主义建设中老是犯"左"的错误，问题就出在没有认真研究中国的国情，犯了急性病，以致欲速而不达。现在实现四个现代化，我们的指导思想，必须统一到从中国的实际出发、按经济规律和其他客观规律办事这一点上来。在我们这样一个人口多、底子薄、水平低的大国搞建设，不能急于求成，不能指望一下就出现什么奇迹，只能量力而行，脚踏实地，循序前进。我们仍然要坚持"愚公移山，改造中国"的精神，进行长期的、艰苦的努力。

实事求是地把国情讲清楚，可以使人民理解我们的方针，体谅国家的困难，增强前进的信心。过去，我们对自己的国情认识得不够，考虑得不够，也宣传得不够。如果对于经济发展的前途随便说话，随便许愿，提出一些不切实际的计划，虽然是出于对国家富强、人民幸福的热望，但是不能兑现，就必然要引起群众埋怨和失望的情绪。今后，要把国家的实际情况、实际能力、实际困难以及经过努力所能达到的目标向干部、群众说清楚，办一切事情，提一切要求，都不能脱离现实的可能。这样，大家的认识比较一致了，很多误解和矛盾就比较容易消除，实际工作中的曲折也会减少，我们的事情也就会容易办一些，我们的日子不但不会更难过，而且可以好过一些。

这次调整，牵动全局，影响到各个方面，必然会有很多实际问题和思想问题。其中有些是我们已经能预见到的，也有些是现在还预料不到的。妥善地解决这些实际问题和思想问题，保证经济调整顺利进行，是一个很艰巨很复杂的任务。为了完成这个任务，必须加强和改善党的领导，进行广泛、深入、细致的组织工作和思想政治工作。我们要切实有效地教育全党和全体人民认识坚持社会主义道路，坚持人民民主专政即无产阶级专政，坚持党的领导，坚持马列主义、毛泽东思想的极端重要性。要教育党员和干部坚决贯彻执行三中全会以后党的路线、方针、政策。要教育全党同志紧紧依靠群众，与群众同甘共苦，带头遵守纪律，发愤图强，坚决纠正各种脱离群众的官僚主义和不正之风。要教育群众以大局为重，坚决维护来之不易的安定团结、生动活泼的政治局面，严格遵守法律和纪律，坚决反对只能葬送我们前途的极端个人主义和无政府主义。

应该向全党和全国人民着重指出：我们所要建设的社会主义国家，不但要有高度的物质文明，而且要有高度的精神文明。所谓精神文明，不但是指科学文化，而且是指共产主义的理想、信念、道德、纪律、革命的立场和原则、人与人的同志式关系，等等。没有这种精神文明，没有共产主义理想，没有共产主义道德，怎么能建设社会主义？毛泽东同志说过，人是要有一点精神的。我们一定要发扬在长期革命斗争中坚持的革命和拼命精神，严守纪律和自我牺牲精神，个人服从组织、局部服从整体，大公无私、全心全意为人民的精神，毫不利己、专门利人，一不怕苦、二不怕死，压倒一切敌人、压倒一切困难的精神。从延安到新中国，我们靠正确的政治方向，也靠这些崇高的革命精神吸引了全国人民和全国青年。我们一定要宣传、恢复和发扬延安精神、解放初期的创业精神。每个共产党员不仅自己必须首先保持和发扬这种精神，而且要把这种精神推广到全体人民和全体青少年中去。全国各族人民在党中央正确路线的领导下，振奋起勤俭建国艰苦奋斗的革命精神，是一种不可估量的伟大力量。

建国三十一年来，我们确实犯过不少错误，包括严重的错误，其间几经折腾，使人民受到了不少损失，也延缓了社会主义建设的进程。但是，经过三十一年的努力，我们建成了约四十万个工业交通企业，工业固定资产比解放初期增加了二十几倍，培养了大批熟练工人和上千万专业人才，建立了比较完整的工业体系和国民经济体系。全国人民的生活比解放前好多了。现在，党和政府着重检查了过去的缺点、错误，正确地总结了正反两方面的经验教训，使我们整个建设的部署，安排在切实可靠的基础上。可以说，从现在起，我们才真正摆脱了"左"的思想的束缚，走上了健康的发展道路。只要全国上下团结一致地努力前进，我国的社会主义现代化建设事业的前途是无限光明的。

天下兴亡，匹夫有责。调整经济，实现四化，这是历史交付给我们的重任。这副担子，不是哪几个领导人能够担得起来的，也不是哪一级组织能够担得起来的，需要全党、全军、全国各族人民共同来承担。我们都是国家的主人翁，都要肩负起自己的责任，在党和政府的领导下，同心同德，团结一致向前看。我们建设现代化社会主义强国的宏伟目标一定能实现。

（1981年1月1日）

坚定不移地继续执行三中全会的方针政策

党中央和国务院在全面分析我国当前经济形势的基础上，决定从今年起对国民经济实行进一步的认真的调整。这是一件大事，它牵动全局，影响到各条战线、各个地区的工作，影响到人民的生活。广大干部和群众关心这件事，议论这件事，是理所当然的。人们关心和议论的一个问题是：这次调整，是不是改变了三中全会以来的方针、政策？今后还要不要坚持三中全会的方针、政策？

大家知道，十一届三中全会，是我们党的历史上一次伟大的转折。三中全会总的精神、总的指导方针就是：解放思想，开动脑筋，实事求是，团结一致向前看；或者说，彻底纠正"左"倾错误，一切从实际出发。有了三中全会，才有四中全会、五中全会，我们党才重新确立了马克思主义的政治路线、思想路线和组织路线。有了三中全会，才有全党工作着重点的转移，才有调整、改革、整顿、提高方针的提出，才有一系列经济政策和其他政策的制定和调整，才有一系列改革的实施。两年多来我们在各方面取得的显著成绩说明，坚决贯彻三中全会的方针、政策，我们才能胜利，才能前进。

现在为什么要对国民经济实行进一步的调整呢？本来，三中全会就指出，由于林彪、"四人帮"的长期破坏，我国国民经济中还存在不少问题，一些重大的比例失调状况没有完全改变过来，生产、建设、流通、分配中的一些混乱现象没有完全消除，城乡人民生活中多年积累下来的一系列问题有待解决，我们必须认真地逐步地解决这些问题，切实做到综合平衡，为以后的发展奠定巩固的基础。三中全会后不久，党中央和国务院又提出了对国民经济进行调整、改革、整顿、提高的方针。但是由于许多同志对于调整的重要性认识不一致，也不深刻，没有摆脱长时期来"左"的错误指导方针的束缚，过去两年执行这个方针不够得力。结果，国民经济比例失调的状况并未根本改变，基本建设战线没有按计划缩短，其他方面可以削减的开支也没有完全削减，财政赤字有所增加，物价难以稳定。整个国民经济在取得很大成绩的同时，潜伏着一种不可忽视的危险。如果我们不下大的决心，采取果断措施，对国民经济进一步调整，该退的不退或不退够，我们就不能取得全局的稳定和主动，我们的经济就不能在切实可靠的基地上稳步前进，我们就不可能顺利地进行现代化建设。所以，这次调整，绝不是要改变三中全会以来的方针、政策，恰恰相反，是三中全会以来的各项正确方针、政策的继续和发展，是三中全会实事求是、纠正"左"倾错误的指导思想的进一步贯彻。如果要说有什么改变的话，那就是改掉我们工作中还存在的不符合三中全会精神的毛病，那就是下决心去掉不切实际的设想，去掉主观主义的高指标。而这正是三中全会的路线要求我们必须做到的。

今后一段时间内，经济工作的重点是抓调整，改革还搞不搞？三中全会以来我们着手经济结构和经济体制的改革，对于搞活经济、提高经济效果起了很好的作用，大大有利于经济形势的改善。调整与改革，都是三中全会的精神，总的目标是一致的；但在具体执行过程中，有相辅相成的一面，又有互相矛盾的一面。因此，改革要服从于调整，有利于调整，而不能妨碍调整。我们要很好地巩固改革的成绩，总结已有的经验，分析和解决在改革中出现的新问题。凡是有利于经济调整的改革，都要继续进行；与调整有矛盾的，则应推迟、缓办。总的说来，在以调整为中心的一段时间内，改革的步骤要放慢一点，但这绝不是在方向上有任何改变。

为了搞好这次国民经济的调整，必须加强党和国家集中统一的领导。历史经验证明，克服困难，都要求集中，特别是要求中央集中统一。但是，现在强调集中统一，绝不是要回到过去的老路上去。我们说的集中统一，是在扭转国民经济被动状况的重大调整措施上要高度集中统一，要服从中央的统一指挥，并不是什么都要集中，不是又把什么都搞得死死的。仍然要继续把经济搞活，发挥地方、企业、职工的积极性。我们要反对和防止的是盲目性，是只顾本位利益、个人利益而损害国家利益、人民利益的破坏性的自发倾向。至于地方、基层单位和群众的正当的积极性、主动性，不但不应反对，而且应当加以保护和鼓励。

在党内生活和国家政治生活中，真正实行民主集中制；发展社会主义民主，健全社会主义法制——这都是三中全会以来党中央坚定不移的基本方针。几年来，我们一直在努力发扬民主。这方面的工作做得还很不够，要继续做下去。当前我们要在继续发展党内民主和人民民主的同时，加强纪律，加强法制，使民主制度化、法律化，对一切无纪律、无政府、违反和破坏法制的现象进行纠正和斗争。这是完全必要的。不如此，就不能巩固和发展安定团结、生动活泼的政治局面，实现经济调整的艰巨任务就没有保证。这并不是什么"收"。我们不但要坚定地、有步骤地继续进行经济制度的改革，而且要坚定地、有步骤地继续进行政治制度的改革，包括改革党和国家的领导制度、克服权力过分集中的弊端、废除实际上存在的干部领导职务的终身制，等等。这些改革的总的目的，都是发扬和保证党内民主，发扬和保证人民民主。我们要继续坚持双百方针。我们既要安定团结，又要生动活泼。这些都是没有疑问的，怎么是"收"呢？至于少数敌对分子进行反革命活动，进行严重破坏社会秩序的刑事犯罪活动，我们从来就主张不能放纵他们，而是要予以及时的打击。对于反对四项基本原则的反动言论，从来就没有什么"放"的问题，当然谈不上什么"收"。

搞好经济调整，最重要的是坚持党的领导。要坚持党的领导，必须改善党的领导，改进党的作风。三中全会以来，我们党用很大的努力恢复和发扬党的优良作风，使党风有了相当大的进步，但是还没有根本好转。今后仍然要坚定不移地抓下去。六十年代初期那次调整所以收效很快，一个重要原因就是党风好，党的威信高。这次调整尽管物质条件比那时好得多，仍然存在许多困难，只有依靠加强党与群众的联系，同心同德，克服困难，才能顺利解决。某些党员、干部的不正之风，非常不利于恢复党在群众中的威信，严重妨碍党与群众的血肉联系。因此，继续贯彻《关于党内政治生活的若干准则》，坚决纠正各种脱离群众的不正之风，是不能有所松懈的。

综上所述，三中全会确立的实事求是、纠正"左"倾错误的指导思想和一系列方针、政策没有变。不但上面提到的各项重大决策不会改变，其他如在独立自主、自力更生的前提下实行对外开放的经济政策，坚持反对霸权主义、保卫世界和平的对外政策，等等，也不会改变。既然三中全会以来的方针、政策没有变，为什么有些人觉得"变"了或者认为要"变"呢？这有种种原因。一种情况是，有些同志对党的方针、政策没有认真学习，没有严肃对待。他们既没有认真学习三中全会的文件，又不去深入领会当前的调整方针，而是道听途说，以讹传讹。另一种情况是，有些同志思想上有形而上学。三中全会总的精神是反对和纠正"左"倾错误，现在按照实际情况，在着重反"左"的同时，对确实出现的其他错误倾向加以纠正，这完全符合实事求是原则，有人却感到难以理解。三中全会文件明明指出，要强调民主和集中的辩证统一关系；明明指出，为了保障人民民主，必须加强社会主义法制，有人偏要把民主和集中、民主和法制对立起来，似乎强调必要的集中就是不要民主，强调法制就会妨碍民主。不把这种种形而上学观点去掉，就不能正确理解党的方针、政策。还有，情况变化了，认识发展了，政策也会作相应的调整和补充，使之更加完善。这既是正常的又是必要的，绝不是方向的改变。有人却认为政策"变"了，这是不正确的。当然，也有极少数人散布什么党的政策"变"了，是别有用心，唯恐天下不乱。对这种人，大家是应该提高警惕的。

三中全会以来，我们党实行的是一套符合实际的新的政策，它既不同于"文化大革命"期间的那一套，许多方面也不同于"文化大革命"以前的政策。这一套合乎国情、顺乎民心，被实践证明为正确的方针、政策，党是不会改变的。今天没有改变，以后相当长的时间里也不会改变。我们不但不应改变三中全会的方针、政策，而且为了保证这次经济调整的顺利进行，必须坚定不移地继续执行三中全会以来的一切行之有效的方针、政策和措施。全党同志、全国人民都有必要重温三中全会以来党中央确定的路线、方针、政策，以便加深对这次调整的理解。党的各级领导干部更应当好好考虑一下对三中全会以来的路线、方针、政策的态度，看看有何经验，有何教训，认识有无距离，有没有不理解甚至误解或抵触的地方。认真总结一下这段时间的经验，对于巩固安定团结的政治局面，正确地、坚决地贯彻执行当前的调整方针，是大有益处的。

（1981年1月19日）

伟大前程与实干精神

——论建设社会主义的主人翁态度

在三十年的社会主义事业中，中国人民走过了曲折的道路，有过胜利，也有过挫折，现在我们总结了正反两方面的经验，在建设社会主义现代化强国的宏伟目标下，重新开始热烈的追求。现代化的、高度民主、高度文明的社会主义强国——这是我们的伟大前程。但是在通向前程的道路上，还有许多严重困难——这是我们面临的现实。解决这个矛盾，需要有正确的路线、方针、政策，需要各级党组织，特别是党的领导干部坚定不移地贯彻执行，也需要广大干部和人民群众实实在在地去干。

具有历史意义的十一届三中全会以后，党的路线已经回到马克思主义的轨道上来，党的各项政策已经比较切合实际了。去年12月中央工作会议以后，各级领导机关，特别是党的领导干部，正在用批评和自我批评的方法清理"左"的指导思想的影响，使全党达到政治上的更加一致。这项工作已经收到了初步的成效，还要继续进行下去。现在还有一个重要问题，就是怎样组织广大干部和群众沿着党的正确路线实实在在地去干。没有这种实干精神，建设现代化的社会主义强国是不可能的。

马克思和恩格斯认为人民群众是历史的创造者，他们把历史活动称为"群众的事业"。列宁把群众生气勃勃的创造力称为"新社会的基本因素"。他写道："社会主义不是按上面的命令创立的。它和官场中的官僚机械主义根本不能相容；生气勃勃的创造性的社会主义是由人民群众自己创立的。"毛泽东同志也说过："世间一切事物中，人是第一个可宝贵的。在共产党领导下，只要有了人，什么人间奇迹也可以造出来。"我们要把一个十亿人口、八亿农民的经济落后的大国建设成社会主义现代化强国，要走出一条中国式的现代化道路，只能靠中国共产党人团结各民族人民，同心同德，埋头苦干。四化不是拿钱能买来的，不是空谈能实现的。四化是自力更生干出来的。假话、空话、大话固然足以败事；牢骚话、风凉话、泄气话更无济于事。我们在四化的漫漫征途上所遇到的每一个困难，都要靠自己的努力去克服，所遇到的每一个新问题，都要靠自己的智慧去解决。

人民群众的实干精神，是社会主义事业的性质所决定的。社会主义制度不仅解放生产资料，而且解放劳动者，解放人自身。马克思认为，在私有制条件下，人的本质不能真正地展开和实现，反而受到扭曲和压抑，劳动者越是生产出更多的物的价值，自己越是失去人的价值。人的双手的产物，不但不受人的控制，还反过来支配人。资本主义社会的"商品拜物教"或"货币拜物教"，就是这种物统治人的表现。按照马克思的理想，共产主义制度就是要使人从这种异己力量的奴役下解放出来，使人成为自然的主人，社会的主人，自己的主人。马克思和恩格斯明确地宣布，社会主义"可能保证一切社会成员有富足的和一天比一天充裕的物质生活，而且还可能保证他们的体力和智力获得充分的自由的发展和运用"。正因为这样，社会主义事业才能吸引千百万人民群众参加，才能真正激发人民群众建设新社会的生气勃勃的创造力。

认识这一点，是十分重要的。从新中国诞生的第一天起，我们就宣告人民群众当家作主了，就进行了一系列的民主改革，逐步废除了剥削制度。中国人民在解放的大道上迅跑了。我们本来应该沿着这条路走下去，使广大人民群众随着生产力的发展，随着科学文化的普及和提高，进一步从旧制度的枷锁中，从旧思想的束缚中解放出来。可是，我们偏离了正确的航道，搞了"文化大革命"。在这场动乱中，林彪、"四人帮"大搞个人迷信，大搞封建法西斯专政，大搞穷社会主义，以致人民群众在精神上、政治上、经济上都受到异己力量的束缚，积极性和能力都无从发挥。粉碎"四人帮"以后，人民才回到主人的地位。这是一个新的开始，当然，有些同志还只是口头上，而并没有真正从思想上确认这一点。正因为这样，才需要补上这重要的一课，使广大干部都知道，不但要建立社会主义公有制的统治地位，要实行社会主义的分配原则，而且要把人放在第一位，尊重人民群众的主人翁地位，发挥人民群众的主人翁作用，才是真正的社会主义，才有社会主义事业的兴旺发达。

应当承认，这个问题不仅是一个思想问题，也是一个实际问题，有待我们通过经济和政治的体制改革来进一步解决（三中全会以来的一系列决策，如改革选举制度，强调生产队和企业的自主权等，都是为了这个目的）。为什么现在有些人积极性不高？除了政策不落实之外，这是一个重要原因：没有主人翁的地位。主人翁观念淡薄，必然把自己摆在"旁观者"的位置上，似乎社会主义、现代化等，都是"上面的事情"，是"领导人考虑"的，自己无能为力，只能袖手旁观。我们要恢复人民群众的主人翁地位，同时也要教育群众克服旁观者的消极态度，增强历史责任感。

长期以来，人们往往把社会主义仅仅了解成一个经济的概念、把现代化仅仅了解成一个消费的概念，以为大家手里的钱多了，电视机、收录机、洗衣机、照相机、电冰箱之类的消费品普及了，就是现代化的社会主义强国了。这种理解是很片面的。不错，社会主义应该满足人民群众不断增长的物质生活需要。如果不是这样，那就变成了林彪、"四人帮"宣扬的普遍贫穷的假社会主义。但是，社会主义不只是满足人民的物质生活需要，还要保证人的才能获得充分的发展，要建立新型的人与人的关系，要培养社会主义新人，要提高人们的精神境界。钱多、消费品多，固然很好。我们的国民收入，我国人民的消费水平，还很低很低，我们要在这方面作长期的努力。但是，收入很高，消费很多，并不就是社会主义，也未必就有幸福。西方的所谓"福利国家"，平均国民收入高得很，消费品多得很，可是有哪一个"福利国家"不潜伏着深刻的精神危机？许多资产阶级的社会学家，从这些国家不断提高的犯罪率、自杀率中，也不得不承认思想空虚、道德败坏，是资本主义制度无法摆脱的痼疾。还有些学者指出，尽管人们的物质生活水平提高了，但人却失去了自己的价值，受着各种异己力量的盲目支配，并没有真正的自由。我们不能走这条路。我们所追求的社会主义不仅有物质财富的巨大增长，而且有精神文明的高度发展；将来还要过渡到各尽所能、按需分配的高度物质文明和高度精神文明的，人的全面解放、全面发展的共产主义社会。我们的同志要看到这个远大前程，以社会主义的主人翁态度，为实现这样一个伟大的目标作出贡献。

也有些同志把现代化的希望寄托在资源上，以为有朝一日发现一个大油田，引进国外的先进技术迅速开采，就能立即富强起来。确实，外国有这样的例子，但是在中国不可能出现这样的奇迹。这不是说我国资源贫乏，中国是个资源丰富的国家，但是我们还没有发现"震惊世界"的大油田；即使发现了这样的大油田，它也不可能给十亿人的口袋里都塞上一千美元；更何况像我们这样的大国，只有单一经济的畸形发展，没有整个工业体系和国民经济体系的全面发展，是根本站不住脚的。资源和技术引进对我国的现代化建设来说是重要的，但是资源需要人来开发和利用，技术设备需要人来掌握和管理。没有一大批志在改革,既懂政治又会经营管理的干部,没有一支浩浩荡荡的又红又专的专家和工人队伍,有了资源也会被白白糟蹋和浪费,引进了先进的技术也不能消化。因此,我们不能见物不见人,既要强调物的作用,也要强调人的作用,强调人的知识和智慧,强调苦干实干。

"苦干"之类的口号之所以对一些人失去号召力,同我们党犯的"左"的错误(包括唯意志论)也有关系。五十年代提过"苦战三年,改变面貌"。结果,汗水没有少流,气力没有少费,国家的贫困面貌没有多大改变。这确实是一个记忆犹新的历史创痛。问题是我们应该从中得出怎样的经验教训?是苦干错了吗?不,错的是当时"左"的指导方针,是脱离实际的高指标和瞎指挥。现在,党的路线、方针和一系列政策,已经被实践证明是切合实际的。按照这样的路线、方针、政策去干,绝不会干而无效、劳而无功。以农村为例,这几年来凡是按照中央政策去干的,都有显著效益。有些社队,甚至有的县,在一两年的时间内就摘掉了"穷队""穷社""穷县"的帽子,使农民多少年第一次攒下了较多的粮食,添置了一些"家当",在银行里有了自己的存款。可见,这样的苦干实干,是不会白费气力的。我们说的实干,是百折不挠的志气,是艰苦奋斗的决心,是刻苦钻研的劲头,是实事求是的态度,是按照客观规律去干,它包括勤奋、智慧和科学。这样的实干,不是鼓虚劲,同过去的蛮干是根本不同的。

还有一种挫伤群众积极性的因素,那就是生产建设中的浪费和某些干部的不正之风。有人觉得,"我们干得再好,还不够你们浪费的"。这确实是逆耳之言,值得深思。如果我们一些领导同志还在那里搞瞎指挥,动不动就付出几百万元、几千万元的"学费",或者还在那里搞特殊化,一心一意谋自己的"全家福",那么,我们说话就不灵了,要求群众艰苦奋斗、苦干实干,就很困难了。现在,国家建设中的浪费和少数领导干部特殊化的不正之风,已经引起广泛的重视;党和政府对于反对国家建设中的浪费现象,反对特殊化,是下了决心,并且正在采取具体措施。作为国家的主人翁,每一个公民都有权力来监督政府的经济活动,帮助政府克服经济建设中的浪费现象,也有权力监督党和政府的领导干部恪尽职守、廉洁奉公。但是,如果因为国家建设中还有浪费现象,还有少数领导干部在搞特殊化,不但不敢团结大家同这种违法行为作斗争,反而自己也消极下去,松松垮垮,少干甚至不干,这也不能说是国家主人翁应有的态度。

苦干实干,不仅是对群众的要求,也是对党员和干部的要求,而且首先是对党员和干部的要求。1945年,毛泽东同志在党的"七大"致闭幕词,讲了"愚公移山"的故事。他的原意是号召共产党人首先当愚公,下定决心,挖山不止,这样就会感动"上帝"——人民群众。亿万人民群众一齐来和共产党员一道挖山,就没有什么山是挖不平的。当年,我们正是这样取得新民主主义革命的胜利的。现在,在社会主义建设的道路上,矛盾和困难也像大山一样阻碍我们前进,共产党员和干部必须再度带头发扬愚公精神。这是比任何言辞更有动员作用和说服力量的。对群众同对党员、干部不能同样要求,对党员、干部的要求要更高一些,更严格一些。党员如果不能起模范作用,要你当党员干什么?"从我做起"这个口号,是要求自己的,不是要求别人的。每个人都要"从我做起",共产党员和干部尤其要"从我做起"。这一点必须明确。

粉碎"四人帮"以后,我们进行过两次重要的讨论。第一次是关于真理标准的讨论,第二次是关于社会主义生产目的的讨论。第一个讨论,解决了一个根本问题:真理的标准不是领袖人物的只言片语,而是人民群众的社会实践。它破除了现代迷信,推动了思想解放运动的发展,对各条战线的拨乱反正产生了具有深远意义的作用。第二个讨论,解决了经济工作中的一个根本问题:把满足人民的需要摆在经济工作的首位,对于摆脱经济工作中"左"的指导思想的错误,顺利地进行经济调整,起了应有的作用。现在我们提出实干精神的问题,提出建设社会主义的主人翁态度问题,是想进一步明确人在社会主义现代化事业中的地位和作用。不仅经济工作,我们的一切工作,目的都是人民,是人民的利益和幸福。一切为人民,一切也要依靠人民。人民是我们国家和社会的主人翁,社会主义事业为了人的解放,社会主义事业的成功依靠人的奋斗。把这一点弄明确了,就能重视加强和改善人的工作,调动人民的积极性,从而对于坚持四项基本原则,实现四化,产生巨大的效果。

(1981年4月13日)

为台湾回归祖国，完成统一大业共同奋斗

全国人民代表大会常务委员会委员长叶剑英，对新华社记者发表谈话，进一步阐明了关于台湾回归祖国，实现和平统一的方针政策。叶委员长所提出的实现和平统一的九条，完全符合包括台湾同胞在内的全国各族人民的意愿和根本利益，必将得到全中国各族人民，包括台湾同胞、港澳同胞以及海外侨胞的热烈拥护和积极响应，也将得到国际舆论的广泛支持。

叶委员长的谈话表明，实现和平统一祖国，是我们坚定不移的决策，不是权宜之计，更不是所谓"统战攻势"。我们是唯物主义者，一切从实际出发。我们对台湾回归祖国，实现国家统一问题的解决，既考虑到国家、民族的根本利益，也充分考虑到台湾的现状。叶委员长在谈话中明确提出：台湾回归祖国，实现和平统一后，"台湾可作为特别行政区，享有高度的自治权，并可保留军队。中央政府不干预台湾地方事务"，"台湾现行社会、经济制度不变，生活方式不变，同外国的经济、文化关系不变。私人财产、房屋、土地、企业所有权、合法继承权和外国投资不受侵犯"。这些都是充分考虑到台湾当局的处境、利益和前途而提出来的，是明确保证了在和平统一祖国时台湾当局和各界人士的利益的。因此，这些政策和办法可以说是最合情合理的。

实现和平统一的九条中提出："台湾当局和各界代表人士，可担任全国性政治机构的领导职务，参与国家管理。"还提出："欢迎台湾工商界人士回祖国大陆投资，兴办各种经济事业，保证其合法权益和利润。"中国地大物博，资源丰富，人口众多，人民勤劳勇敢，具有高度的聪明才智。按照上述的办法，就可以使全国同胞包括台湾同胞在内的力量汇合在一起，取长补短，同心戮力，更快地把我们的祖国建设成为一个伟大的、繁荣昌盛的现代化强国。祖国的统一和富强，不仅是祖国大陆各族人民的根本利益所在，同样是台湾各族同胞的根本利益所在。

现在的问题是，应该尽早举行中国共产党和中国国民党的对等谈判。可

以先派人接触，交换意见。中国共产党已经提出了明确的主张，双方就可以开诚布公地充分进行商讨。为了进一步加强和缓气氛，最好先就海峡两岸各族人民迫切希望的互通音讯，亲人团聚，开展贸易，增进了解提供方便，取得某些协议。

统一祖国，是历史赋予我们这一代人的神圣使命。统一祖国，人人有责。叶委员长的谈话再次表示了我们寄希望于1800万台湾人民。欢迎台湾各族人民、各界人士、民众团体通过各种渠道，采取各种方式提供建议，大家共商国是。希望广大台湾同胞，发扬爱国主义精神，积极促进全民族大团结早日实现，共享民族荣誉。希望港澳同胞、国外侨胞继续努力，发挥桥梁作用，为统一祖国贡献力量。

台湾和祖国大陆已经隔绝三十二年了，当时新生的一代已经是而立之年了，青年的一代已经是中年了，而中年的一代已是须发花白的老者了。骨肉分离的痛苦应该结束了。我们寄希望于台湾当局。希望台湾当局把眼界放宽一点，放远一点，顺应历史潮流，尊重人民的意志，以民族大义为重，以国家根本利益为重，早下决心，捐弃前嫌，和中国共产党实行第三次合作，为完成统一祖国大业，实现振兴中华的宏图，共同奋斗！

（1981年10月2日）

把保护环境与发展生产紧密结合起来

良好的生活环境和自然环境,是国家富强、人民幸福、社会文明的标志之一。我国的环境保护工作,经过近10年的努力,特别是党的十一届三中全会以来,取得了很大的成绩。但是,由于长期对环境保护工作的重要性认识不足,在工业生产建设中没有或很少考虑环境保护问题,大部分工厂没有同时采取防治污染的技术措施,以致环境污染和生态破坏的程度还相当严重,应当引起大家的高度重视。

发展生产必须注意环境保护,搞好环境保护可以促进生产发展。只考虑当前生产需要,不考虑对环境的污染和破坏,以牺牲环境来换取生产的发展,是错误的。我们应该既有生产观点,又有生态观点,把保护环境与发展生产紧密结合起来。

工业污染,必须治理,但当前国家财政困难,一时不可能为此拨出大量资金。防治污染要从我们的国情出发,坚持自力更生的方针和谁污染谁治理的原则,主要依靠工业部门和企业本身的力量,挖掘潜力,自己解决自己的污染问题。有些污染,及早治理,并不需要花多少钱,如果迟迟不解决,不仅将来要花更多的钱,而且更难于治理。

许多工业企业污染严重,一个重要原因是企业管理不善。在企业整顿中,要把加强环境管理、控制污染,作为整顿的一项重要内容,作为检验整顿成效的一个重要标志,切实把环境管理渗透到企业管理的各个环节和整个生产过程中去,在抓生产的同时,做好环境保护工作。建立相应的环境保护机构和经济责任制,实行企业环境保护厂长、总工程师负责制,明确企业对社会、职工对企业承担的环境保护的经济责任,把责、权、利和企业的环境效果联系起来,和生产经济效益统一评分计奖。

我国大部分企业工艺落后,设备陈旧,资源、能源消耗高,跑冒滴漏严重。对现有工业企业进行技术改造,是我国经济建设的一条重要方针,也是解决工业污染的有效途径。各企业及其主管部门，必须把防治污染作为技术改造的一个重要目标。在改革工艺路线、更新设备时，积极解决污染问题。要提高资源能源的利用率，使资源能源最大限度地转化为产品。尤其要注意提高综合利用水平，采取积极的回收措施，打破行业界限，实行厂际套用，使"三废"资源化。对生产工艺上必须排放的"三废"，要认真进行净化处理，达到国家排放标准。

我国好些地区污染严重，跟工业布局不合理有密切关系。在工业调整、改组中，要严格按照城市总体规划，逐步搞好工业布局。所有工业企业的建设，都要根据城市的性质，符合城市的发展方向，考虑到环境的制约条件，严格执行环境保护设施与主体工程同时设计、同时施工、同时投产的规定，不能随意新建、改建、扩建工厂。今后，在城镇居民稠密区、水源保护区、风景游览区不准建立污染扰民的企业、事业单位。对现有的布局不合理、污染严重而又难以治理的企业，要分别不同情况，坚决实行关停并转。要在专业化改组中，逐步建立行业专门化协作中心。要把各种分散的污染扰民严重的厂点集中起来，以便于集中治理"三废"，提高劳动生产率。严格禁止城市工厂将污染毒害严重的产品生产，转嫁给没有污染防治措施的社队企业。

防治工业污染，保护和改善环境，关系到各个经济领域，牵涉到各个工业部门。各级人民政府要把这项工作列入议事日程，切实加强领导。各有关部门要密切配合，深入实际，调查研究，总结经验，认真做好统筹、协调、监督工作，并帮助企业通过多种途径解决环境污染问题。

保护和改善环境是我国经济和社会发展的一项重要任务，是进行物质文明和社会主义精神文明建设的组成部分。我们要坚决执行国家有关法令和规定，积极行动起来，推动防治污染工作的开展，争取尽快扭转工业污染严重的局面，努力做到生产建设与环境保护的协调发展。

（1982年8月22日）

历史性的转变　历史性的会议

全党同志、全国各族人民衷心期待的中国共产党第十二次全国代表大会，今天在北京隆重开幕。

十二大是在粉碎江青反革命集团以后六年，在十一大以后五年，在十一届三中全会以后四年举行的。六年来，特别是三中全会以来，我们党已经在指导思想上完成了拨乱反正的艰巨任务，并且在各条战线的实际工作中取得了拨乱反正的重大胜利，实现了历史性的伟大转变。社会主义现代化的壮丽前景，正在我们面前展开。在这个重要时刻召开的十二大，必将成为我党历史上又一次具有重大意义和深远影响的会议。

历史是一部最有说服力的教科书。六年并不算长，但是却以大量无法否认的事实启示着人们、教育着人们，使人们愈来愈深切地认识到，中国共产党不愧是经过马列主义、毛泽东思想的长期教育，在成功和失败的反复锻炼中成长起来的、成熟的和完全可以信赖的无产阶级先锋队。六年前刚刚粉碎江青反革命集团的时候，百业俱废，冤案遍地，是非颠倒，问题成山，多少人感叹"剪不断，理还乱"。五年前召开十一大，宣告"文化大革命"结束，重申建设社会主义现代化强国的任务，对于动员群众起了积极作用，但是大会仍然肯定"文化大革命"的错误理论，加上当时党中央主要负责同志坚持"两个凡是"，多少人徘徊于真理与谬误之间，"足将进而趑趄，口将言而嗫嚅"。许多同志都没有想到，从十一届三中全会开始，仅仅四年的时间，我们就分清了一系列理论上、方针上、政策上的是非，对毛泽东同志的功过和毛泽东思想的历史地位作出了科学的结论，平反了"文化大革命"和以前遗留下来的大量冤假错案，实现了中国各族人民梦寐以求的安定团结的政治局面。中国经济已经度过了最困难的时期，走上了稳步发展的健康轨道，广大人民群众的生活开始有所改善。一个近十亿人口的大国，能够这么快地重新崛起，走上中兴之道，这是中国共产党和中国各族人民的一个伟大胜利。

类似这种历史性的转变，在中国共产党领导新民主主义革命时期，也曾有过两次。一次是由北伐战争的失败转变为土地革命战争的兴起，一次是由第五次反"围剿"的失败转变为抗日战争的兴起。在那两次历史性的转变中，当革命受到严重挫折，党和人民的力量遭到惨重损失时，不仅敌人认为我们的失败已经注定，党内也有人悲观、动摇，甚至叛变。但是，我们的党并没有被巨大的困难所压倒，而是在毛泽东同志为代表的许多杰出人物的领导下，以革命的胆略、革命的毅力、正确的战略战术，顽强地进行斗争，扭转失败的形势，开创了革命事业胜利发展的新局面。这一次的转变与过去两次相比，尽管历史条件有很大的不同，但它又一次雄辩地证明，中国共产党所领导的社会主义——共产主义事业符合历史规律和广大人民群众的意愿，具有不可战胜的强大生命力；又一次证明，中国共产党在失去了毛泽东同志、周恩来同志、刘少奇同志、朱德同志等一大批杰出的领袖人物之后，仍然不愧为能够制服各种艰难险阻，驾驭各种复杂局面，领导中国各族人民不断走向新的胜利的坚强核心。

十二大将通过对过去六年历史性胜利的总结，确定继续前进的正确道路、战略步骤和方针政策，全面开创社会主义现代化建设的新局面。从一定的意义上说，十二大对于我国社会主义现代化事业的发展，如同七大对于我国新民主主义革命事业的胜利一样，将是具有历史意义的。中国共产党取得对新民主主义革命的正确的、全面的认识，历经曲折，费时二十多年。1928年召开的党的六大，对中国革命的性质和任务，也曾提出了正确的主张，但是并没有能形成全党的统一认识和在各项工作中把它具体化，以致六大以后仍然出现了立三路线的"左"倾错误，然后是为时四年多的王明路线的统治，几乎使党濒于绝境。一直到遵义会议挽救了革命，经过延安整风，最后在1945年召开七大，才对新民主主义革命的经验作了全面的总结，对新民主主义革命的路线、方针、政策作了科学的阐述，使全党的认识提到一个新的高度，为新民主主义革命的完全胜利奠定了基础。在社会主义革命和建设时期，从1956年召开八大，到这次召开十二大，中国共产党也经历了二十多年的曲折发展。现在，有了"文化大革命"这样惨痛的教训，又有了三中全会以来的成功经验，我们党对于社会主义革命和建设事业的认识已经趋于成熟了。十二大一定能肩负起历史的重任，通过总结正反两方面的经验，丰富和发展三中全会以来的路线、方针、政策，进一步统一全党和全国各族人民的认识，迎接社会主义现代化建设事业的新胜利。

从六大到七大,从八大到十二大,都可以看到,正确的路线、方针、政策的形成和确定,要经过实践、认识、再实践、再认识的多次反复,其中包括从成功中吸取经验,也包括从失败中吸取教训。对一个革命者来说,从失败中得到的教育可能更深刻。我们今天能够取得对中国社会主义现代化建设事业的正确认识,是付出了巨大代价的。当然,即便在今天,我们仍然不能说,全党已经完全掌握了在中国这样一个原来经济落后的大国进行社会主义现代化建设的规律,迫切的任务仍然在于学习。但是,就主要的方面来说,我们进行社会主义现代化建设事业的路线、方针、政策,已经被实践证明是正确的。"中国的路子走对了",这是一切有识之士的定评。我们党和政府的工作和各项事业中,仍然有一些问题亟待解决,我们一些同志的思想上和工作上仍然可能出现这样那样的偏差。作为一个成熟的马克思主义的政党,我们要像过去几年一样,坚持四项基本原则,坚持三中全会以来的正确路线,善于发现某些工作和某些组织中的各种错误倾向,及时进行严肃的批评教育和必要的斗争,注意一种倾向掩盖另一种倾向。

十二大将审议中央委员会的报告,确定全党和全国人民迈向二十一世纪的宏伟目标和战略重点;将适应新的历史时期的特点和需要,通过新的党章;将选举新的中央领导机构。可以相信,通过这次选举,将有大批德才兼备、年富力强的中青年同志参加中央委员会的工作,也将有一部分德高望重、年迈体弱的老同志退居第二线,担负起支持和帮助中央委员会的重任。因此,十二大不仅是一个在政治上具有重要意义的大会,而且在组织上也将是一个实现新老结合和交替的大会。我们预祝这次大会完满成功!

(1982年9月1日)

十个方面的根据

——为什么说现在是建国以来最好的历史时期之一

胡耀邦同志在十二大报告中说:"现在是建国以来最好的历史时期之一。"有的同志提出,现在国家还有很多困难,社会上还有很多问题,党内问题也不少,这个判断能够成立吗?在传达、学习、讨论十二大文件的过程中,许多同志就这个问题摆了大量事实,一些领导同志为此作了辅导报告。这个问题直接牵涉到对十一届三中全会以来我们的成就和路线的看法,牵涉到是否能满怀信心地完成十二大提出的任务,确有必要讨论清楚。

十一届三中全会以来只有不到四年的时间。我们说它是建国以来最好的时期之一,主要有以下十个方面的根据。

第一,党的领导权掌握在真正的马克思主义者手中。我们恢复了实事求是的马克思主义的思想路线,在党内生活中恢复了民主集中制。我们对建设社会主义进行了大量的、多方面的、有成效的新的探索。我们开始了机构的改革和干部队伍的革命化、专业化、知识化和年轻化建设。这些都是在党和国家的历史上非常重大的发展。这些发展的意义,现在已经看得很清楚,随着时间的推移,将会越看越清楚。当然,我们承认,在党内、在社会上、在我们国家生活的许多方面,现在还有这样那样没有解决的问题,我们不能够低估它。但是我们也要看到,党和人民已经取得的胜利,不会被这些问题所掩盖。大局已经稳定下来;不是短时间的稳定,而是一年比一年稳定,就其客观趋势来说必将继续保持稳定。总之,领导权改变了,领导方法、工作方法改变了。这些改变,许多方面恢复到建国初期,许多方面超过了建国初期。

第二,全党的工作重心转到了社会主义现代化建设这个轨道上来。我们中国共产党成立,历经艰难,进行六十多年的革命,就是为了在取得新民主主义革命的胜利之后,进行社会主义革命和社会主义建设。建国以来三十多年,我们在相当长的时间里没有把建设社会主义的工作作为中心。十一届三中全会以后实现的这个战略转变,可以说是付出沉痛代价换来的成果。对于这样的成果绝不能看轻了。这就是说，中国革命从此走上了正确的、健康的社会主义建设的发展道路。

第三，我们党在对待教育、科学、文化、知识分子这些问题上面，基本纠正了长期的"左"倾政策和"左"倾看法。

第四，我们的军队转到了革命化、正规化、现代化的轨道，逐步地摆脱了十年内乱期间的流毒。我们进行了对越自卫反击战，举行了华北地区的大演习。我们在现代化武器的试验方面做了大量的工作，最近又向预定海域发射运载火箭获得成功。在十一届三中全会以来的三年多中间，我们部队所做的工作很多，这不过是举几个例子。

第五，政治方面的建设所取得的成就也是非常巨大的。我们恢复了公检法的机构和工作，恢复了人大和政协的正常活动，统一战线工作、民族工作都有了非常显著的发展。特别是我们开始走上真正的社会主义法制的道路，这对于国家的长治久安有非常重大的意义。从1979年以来，全国人民代表大会通过的法律有13个，人大常委会通过的法律或具有法律性质的条例有15个，同时还通过了有关法律的决议12项，又重新公布了在"文化大革命"以前早已颁布过的法律、法令8个，重新公布有关法律的决议、决定7项，并第一次公布了刑法和刑事诉讼法。不久将要召开的五届五次全国人民代表大会，还将通过新的宪法。这些对我们国家的现代化、对我们国家的稳定已经起了并将继续起重大的作用。

从十一届三中全会到现在，整个社会越来越安定。犯罪现象仍然存在，但是，对犯罪的斗争取得的成绩也很大。今年1月到8月刑事犯罪案件的发生数比去年同期减少了15%。这里要说明，现在刑事犯罪统计的数字比较大，要考虑一个因素：过去没有刑法，或者说有了相当的法律，没有能够完全按照法律去执行，所以犯罪的统计数字比较少；现在法律趋向健全，发案的数字统计就会显得增加一些。当然，这并不是说当前社会治安不再是一个重要问题，而是说对现在的社会治安状况，要有一个全面的了解。拿今年1月到8月刑事发案数来推算全年，可能达到万分之七点二。这个数字低于建国以来犯罪率高的年份，同去年相比，是在大幅度下降。因此，从建国以来的历史情况看，现在社会秩序是在逐渐地、逐年地进步。至于同其他国家来比较，很多来自或者到过美国等资本主义国家的朋友，都承认在中国是"最有安全感"的。

第六，平反了大量冤假错案。改正了错划的右派。摘掉了278万人的地主、富农帽子。原为小商小贩、手工业者错划为资本家的，改正了70万人。继宽大释放在押的原国民党县团以上党政军特人员之后，又宽大释放了国民党县团以下党政军特人员4237人。这些问题的妥善解决，使得全国人民政治生活、政治空气大为稳定，人民内部矛盾大为缓和。

第七，党的状况有很大的进步。现在全党有3900多万党员，据1981年年底统计，从建党至解放前入党的占6.8%，建国以后至"文化大革命"以前入党的占38.6%，合起来占45.4%，在"文化大革命"中入党的占40.6%，"文化大革命"以后入党的占14%。"文化大革命"中确实有一批"突击入党"的。但是，我们不能笼统地说"文化大革命"中入党的都是造反派，这里面有很多很好的党员，当然也有犯了错误甚至严重错误的党员。但是这些错误是在当时的历史条件下所犯的，除了中央已经指出的三种人之外，我们不应该过多追究个人责任。近几年发展党员的标准比较严，新党员的质量比较高，有很多要求入党而表现又的确较好的同志还没有能够入党，就是这样，新党员的比例已经达到14%。可以想见，在十二大以后，申请入党的人会更多，新党员的数量还会增加，质量会更高。全国2000万干部（包括非党干部），按年龄来说，二十六岁到五十五岁的占86%；按文化程度来说，高中以上文化程度的占58.7%；有各种专业知识、专业能力，并担任各种专业工作的占42.2%。干部队伍在年轻化、知识化方面的进步是长久起作用的因素，是不能低估的。至于十一届三中全会以后，党的领导、党的作风、党的纪律各方面的进步，更是有目共睹的。

第八，经济发展。十一届三中全会以来，从1979年到1981年，工农业总产值平均每年增长6.7%。在这中间，解决了2600多万人就业的问题，国民收入增长了870亿元。根据国家统计局的粗略计算，大概是这样：农民增加收入580亿元，工人增加200亿元，企业（集体）增加200亿元，总共980亿元。农民、工人和企业的收入大量增加，使各项开支的总和超过了财政收入，这就使得国家财政不能不发生赤字。在这三年，中央缩短基本建设战线，共减少投资188亿元（可是基本建设战线没有能够完全缩短，因为预算外的基本建设投资大大增加）。在财政这样困难的条件下，国家用于科学、文教、卫生的事业费还是增加了60亿元。在基本建设中，生产性的投资1978年是83%，到1981年下降为59%；非生产性投资，在1978年是17%，而到1981年增加为41%。这说明，三年里在经济上确实发生了非常大的变化。这主要表现在城乡居民的收入增加了，文化、教育、卫生、城市公用事业的投资增加了，地方和企业得到了比较多的机动性，农村的经营正在多样化。由于1981年基本建设的规模缩小，生产资料供应的紧张状况，虽然现在还存在，但比前几年有所缓和。消费品生产大大增加，市场商品琳琅满目，人民群众由持币抢购变成储币待购和持币选购。有些商品供过于求，或者说有过剩的现象，这是建国以来很少有的。当然,这种现象也不能让它持续下去。整个说来,近几年经济的发展是健康的,其中存在某些盲目性,例如用于非生产性投资过多等,这些问题已经引起了重视,是可以解决的。而人民的生活确实是改善了,无论是工人,或者农民,都得到了休养生息。这是我们的社会、我们的政治和整个国家越来越稳定并在稳定中健康发展的非常重要的因素。

第九,十一届三中全会以来的经济政策发生了很大的变化,产生了显著的效果。其中特别值得注意的,是在农业中实行多种形式的生产责任制。农业的社会主义化怎样个化法,马克思、恩格斯、列宁都没有提出很明确的很具体的设想。他们的有关著作,特别是列宁晚年写的《论合作制》中所讲的意见,都同后来苏联所实行的集体农庄制度,以及中国从高级农业生产合作社到人民公社的制度,有很大的不同。我们不能抱这样的成见,以为只有以前那样的做法才是社会主义化,现在这样是走回头路。我们现在实行的农业生产责任制是群众的创造。实践证明,这种农业生产责任制是社会主义农业的一种形式。这种形式是多种多样的,而且还要发展。现在农村里开始出现各种各样的非农业人口,工人增加了,做运输工作或其他工作的人也增加了。农村有那么多人口,如果只能做纯粹的农民,就很难富裕起来,整个农村经济也很难发展。所以,农村人口的多样化是一种好现象,是一种很大的进步。

在工业方面、商业方面、劳动就业方面,也开始实行了改革,打破了过去把所有的城市人口包下来那种吃大锅饭的办法,捧铁饭碗的办法。这同样是我们在社会主义道路上的进步,而不是退步。我们发展了多种经济形式。我们在城镇除了进一步发展国营经济,还肯定了集体经济以及一部分个体经济的存在,就使得城市的经济生活活跃了,使得就业的人口增加了。商业(包括服务业)也开始向多种形式转变。产和销直接见面,有集体的,有个体的,有农村里农民直接办起来的。地方的权力和企业的权力增加了,随之而来的是积极性增加了,无论是地方、企业,或者是企业里的劳动者个人,积极性都增加了。把这些方面的积极性加以合理的组织,就能使社会主义经济真正得到迅速的发展。这才是社会主义经济的优越性的表现。

第十,实行对外开放政策。十一届三中全会以来,我们借用和吸收外资,弥补了国家建设资金的不足,促进了能源、交通的建设,使得有些被迫停建缓建的项目得以继续建设,引进了比较先进的技术设备和经营管理方法,这都是必要的。我们的出口贸易在这几年中间得到了很快的发展。全国外贸部门出口商品总额,1978年是168亿元,1981年增到371亿元,平均每年增加 30.2%。出口商品的构成有了变化：农产品 1978 年占 27.6%，1981 年下降为 17.6%；轻工业产品由 46.9% 降到 39%；而各种重工业产品，包括石油原油和初步加工的产品，煤炭，机电产品以及过去没有出口过的如船舶这一类产品，由 1978 年的 25.5% 增加到 1981 年的 43.4%。出口采取了多种形式，像进口加工、来料加工、来料装配、合作生产，以及技术出口、劳务出口，等等。进料加工成品出口额，1978 年为 21.5%，1981 年增加到 30.7%。对外签订的承包工程和劳务合作合同，到今年 6 月底，累计已有 628 项，总金额达到 9.4 亿美元，目前派出的工程技术人员和职工有 25000 名，到达 30 多个国家和地区。出口贸易的扩大对于中国经济的发展起了很大促进作用。天津市 1979 年、1980 年两年新增加的工业产值，有三分之一是靠发展出口生产实现的；上海市手工业系统有一半工厂、三分之一的职工从事出口商品的生产；山东烟台地区 1980 年通过出口农副土特产品，使得农村每人平均收入比上一年增加了 40 元。在对外开放的过程中也出了一些问题，也吃了一些亏，这是很难避免的。我们从这当中也得到了经验，变得比较聪明了。

我们的工作还不能尽如人意，各个方面都还存在一些问题。无论是遗留问题还是前进过程中新出现的问题，都有待于逐步加以解决。但是重要的是必须看到主流，看到我们事业发展的趋势。仅仅上面列举的十个方面已经足以证明，我们在不到四年的时间里，得到这样大的成绩，不仅"文化大革命"的十年根本不能相比，就是"文化大革命"前的十年也不能相比。只有建国以后的七年可以比较。这当然不是抹杀"文化大革命"前十年的成绩；就是"文化大革命"十年中间我们也做了很多的工作，"文化大革命"以后的头两年中间也做了很多工作。问题在于，当时所有的成绩和工作，无论就其涉及的方面或是就其在我国社会主义事业发展历史上的地位来说，都是无法和这三年多所取得的成就相提并论的。而且，这三年多同建国初期的历史背景完全不同。一方面，建国前我们得到了势如破竹的胜利，只用了三年就解放了全中国，因而是在那样一种顺利的情况下开展工作的；另一方面，当时刚开始建设，工作的规模比较小，在各个方面都有许多有利因素。十一届三中全会以后的成绩，却是在"文化大革命"以后造成的非常混乱、非常复杂、非常困难的条件下取得的。把这些因素考虑进去，我们就更加清楚地看到，从十一届三中全会到现在所得到的成绩是多么伟大，这个时期被称为是建国以来最好的时期之一，是完全当之无愧的。

（1982 年 10 月 29 日）

不能再吃"大锅饭"

在工业交通企业里,人们对过去那种"干好干坏一个样"的吃"大锅饭"的弊端,有了越来越深切的认识。近几年来,国家给企业必要的经营管理自主权,在部分企业试行各种形式的经济责任制,等等,就是针对这种弊端进行的一些改革。这些改革虽然还是局部的、探索性的,但对于调动企业和职工的积极性,搞活经济,促进生产发展,已经显示出巨大威力;应该总结经验,坚持下去,使之逐步完善。

现在需要注意的问题是,有少数同志在改革中不是把着眼点放在努力改善经营管理,提高经济效益,为国家多作贡献,从而使企业和职工个人也能得到一定的经济利益上,而是想以提高企业留成比例,减少对国家的贡献,来增加企业和职工个人的经济利益。这种只顾局部利益,不顾整体利益,只要求更多的权力与利益,不愿承担更大责任的倾向,实际上仍然是企图躺在国家身上吃"大锅饭"。另外,由于财政、税收、价格等方面的改革还未能同企业改革互相配合,致使有些对国家贡献大的企业和职工个人,还不能得到较多的利益,而对国家贡献小甚至没有贡献的企业和职工个人,也并不少得利益。根据党的十二大确定的经济发展的战略部署,在"六五"期间要把全部经济工作转到以提高经济效益为中心的轨道上来,任何形式的"大锅饭"都不能再吃了,各种"旱涝保收"、平均主义的现象,都应该逐步地加以解决。

对企业的管理体制进行改革,要有明确的指导思想,这就是:一方面要给企业必要的经营管理自主权和经济利益,使企业有用武之地,有挖掘潜力的内在动力;另一方面又要向企业提出严格要求,奖勤罚懒,使企业感到有压力。企业经营好的,对国家贡献大的,企业和职工个人应该得到较多的利益;经营一般的,对国家贡献小的,只能得到较少的利益;经营差的,对国家没有贡献的,理所当然地不应得到利益,企业领导干部和其他失职人员甚至还要受到适当处分。只有这样,才能把企业领导干部和广大职工的注意力,真正引导到提高经济效益的正确轨道上来。

在改革工作中，要正确处理国家、企业和职工个人三者的关系，坚持把国家利益放在第一位。要切实做到：企业收入增长的部分，在确保国家多收的前提下，企业才能多留，职工个人才能多得；企业利润留成的增长幅度，不能超过生产或利润的增长幅度。要严格遵守国家的政策法令，用正当的手段、正当的途径，取得正当的利益。在奖金分配上，要贯彻各尽所能、按劳分配的原则，上级核定的发放限额不突破，企业内部单位之间不拉平，个人所得有高低，没有超额的不得奖。实行计件工资的企业，要做到定额先进，单价合理。那种通过歪门邪道来损害国家和人民利益的行为，那种不顾生产和利润的实际情况而滥发奖金和各种津贴的现象，都必须坚决制止。

要有效地解决企业与企业之间、企业内部职工之间的吃"大锅饭"问题，必须有计划有步骤地推行和完善经济责任制。这是增强职工的主人翁责任感，办好社会主义企业的一项根本性措施。推行经济责任制要明确企业对国家、职工对企业承担的经济责任，同时赋予企业一定的经济权限，给企业和职工应有的经济利益，使责任、权力、利益三者结合起来。推行经济责任制，要在实践中稳步前进，努力创造出适合不同行业、不同企业特点的责任制形式。企业要根据国家计划的要求和市场需要，依靠职工群众，充分发扬民主，制定出提高经济效益的总目标，并对各项经济技术指标，逐项落实到每个科室、车间、班组和职工，形成一个目标明确、职责分明、纵横连锁的岗位经济责任制体系，真正把企业领导干部和广大职工的心思用在提高经济效益上，为国家作出更大贡献。与此相适应，企业和职工个人，应该得到较多的经济利益。

（1982年11月17日）

一切权力属于人民

五届人大五次会议通过的宪法内容丰富,灵魂是八个字:"一切权力属于人民。"正如彭真同志所指出的:"这是我国国家制度的核心内容和根本准则。"

"中华人民共和国的一切权力属于人民。"这一条,在新中国的第一部宪法——1954年宪法里,就作了庄严的规定并且付诸实行。在几千年的封建社会里,权力不属于人民。在近百年的半殖民地半封建社会里,权力也不属于人民。1911年孙中山先生领导的辛亥革命,废除了封建帝制,创立了中华民国,在《中华民国临时约法》中规定"中华民国之主权,属于国民全体",但是没有也不可能变成现实。只是在中国共产党的领导下,我国各族人民经过长期艰难曲折的斗争,推翻了三座大山,建立了中华人民共和国,多少代人梦寐以求的人民当家作主的理想才变成现实。

人民取得当家作主的权利,来之不易;真正做到"一切权力属于人民",也不是轻而易举的。建国以来三十三年的历史告诉我们:"一切权力属于人民",它的彻底的、全面的实现,离不开同国内外敌对势力的斗争,离不开逐步克服人民自己的落后意识,离不开逐步克服党和国家工作中的失误,离不开逐步完善法律和制度。它不能不表现为一种历史过程。这里特别重要的是:

首先,要有比较健全的法律和制度。

1954年宪法是一部好宪法。这部宪法是新中国建立才五年的时候制定的,当时我们党和人民的经验都不足,更没有料到以后会发生"文化大革命"那样的事,因此对怎样切实保证一切权力属于人民,没有作出像1982年新宪法这样有针对性的严格的规定。1975年宪法是在党的指导思想发生严重错误,全国政治生活极不正常的情况下制定的。1978年宪法也没有从根本上清除"左"的指导思想,因而也有重大的缺陷。

新宪法深刻地总结了历史经验，围绕一切权力属于人民这个核心内容，作了多方面的比较完备的、切实的规定。首先和主要的，是加强了人民代表大会制度，将原来属于全国人大的一部分职权交由它的常委会行使，扩大全国人大常委会的职权和加强它的组织，使它能够更好地代表人民行使国家权力。新宪法还规定，县一级人民代表由选民直接选举，这是以前三部宪法所没有的。一切权力属于人民，还包括人民依照法律规定，通过各种途径和形式，管理国家事务，管理经济和文化事业，管理社会事务。新宪法规定，国营企业通过职工代表大会和其他形式，实行民主管理；集体经济组织由它的全体劳动者选举和罢免管理人员，决定经营管理的重大问题；城市的居民委员会和农村的村民委员会是群众自治性组织，办理本地区的公共事务和公益事务。这些规定也是过去的宪法所没有的。还应当提到，鉴于"文化大革命"中人民的民主、自由的权利没有保障，备受摧残的教训，新宪法对于切实保证公民的民主、自由权利作了比过去完备得多的规定。新宪法的上述这些规定，使人民当家作主的权利得到充分有力的保证。

其次，必须坚持和改善党的领导。

我国人民在党的领导下取得国家的权力，也只有在党的领导下才能牢牢掌握和正确运用这一权力。必须坚持党的领导，是不容置疑的。我们党除了人民的利益，没有自己的特殊利益。党的任务就是领导和组织人民实现当家作主。我们要坚持党的领导，又要改善党的领导。现在，我们党已经纠正了指导思想的错误，充分认识到切实保证一切权力属于人民的极端重要性。十一届三中全会以来，党采取一系列重大步骤，扩大人民民主，健全社会主义法制，并且着重克服党政不分、以党代政的倾向，克服某些工作人员中的官僚主义、命令主义作风。党的十二大通过的新党章明确规定："党的领导主要是政治、思想和组织的领导。""党必须保证国家的立法、司法、行政机关，经济、文化组织和人民团体积极主动地、独立负责地、协调一致地工作。"新党章还规定："党必须在宪法和法律的范围内活动。"这些规定都是以前的党章中没有的。现在，新宪法又明确规定："一切国家机关和武装力量、各政党和各社会团体、各企业事业组织都必须遵守宪法和法律。""任何组织或者个人都不得有超越宪法和法律的特权。"这也是以前的宪法中没有的。新党章和新宪法的这些规定，互相呼应，互为保证，对于进一步坚持和改善党的领导，实现一切权力属于人民，具有十分重大的意义。

最后，必须提高全体人民的政治水平和文化水平。

为了实施一部比较完备的宪法，还需要不断提高各族人民的政治水平和文化水平，不断加强法制教育。在一个文盲众多的国家里是不能建设社会主义的。如果对于什么是社会主义、为什么要毫不动摇地坚持四项基本原则等问题没有正确的认识，如果没有起码的文化知识，要正确运用自己的权力，是不可能的。列宁指出："即使处理最简单的国家事务也必须有文化。"一个人民代表，如果没有文化，不懂政治，不懂法律，怎么能够很好地行使人民交给他的权力呢？一个公民，没有文化，也很难有效地参加经济、文化事业和社会事务的管理。提高全体人民的文化水平，不但是实现四化的需要，也是建设高度民主的需要。我们的各条战线，特别是宣传文教部门，都要为新宪法的宣传，为使它深入人心、家喻户晓作出贡献。

五届人大五次会议庄严通过的新宪法，是新时期治国安邦的总章程，是切实保证一切权力属于人民的根本法律依据。当然，并不是宪法一公布，问题就完全解决了。有关的法律和制度要进一步制定和完善起来。我们党也要同人民群众一起，通过民主生活的实践学习民主。人民有依照新宪法办事的强烈要求，党有遵守和维护新宪法的坚定决心，我们对新宪法的充分实施充满信心。十亿各族人民掌握新宪法，掌握自己的命运，掌握国家的命运，这是我们伟大祖国长治久安的根本保证。

（1983年1月6日）

搞好高等学校招生制度的改革

今年,全日制高等学校的招生制度将进行较大的改革。教育部已经制定了改革的措施,主要有:建立教育规划委员会,着手进行人才预测,调整好年度招生计划,减少招生计划的盲目性;打开人才通向农村的路子,尽可能从农村多招收些学生,实行部分定向招生、定向分配,把招生来源地区和毕业生分配去向适当结合起来;提倡由用人单位或部门出钱,通过签订合同委托学校培养人才,作为国家培养人才计划的补充;进一步贯彻德智体全面考核、择优录取的原则。这是适应现代化建设需要,开创高等教育工作新局面的一项重要改革,是整个高等教育改革的一个突破口。它有利于高等教育事业的发展,有利于高等学校更好地选拔和培养人才,有利于促进中小学教育的发展和提高,有利于社会的安定团结和社会主义精神文明的建设,有利于学生毕业后在各条战线、各个地区的现代化建设中发挥作用。

高校招生制度为什么必须改革?自1977年恢复高等学校招生考试制度以来,招生工作取得了很大成绩。这是必须充分肯定的。但是也要看到,我国现行招生制度还不完善,还有不适应现代化建设需要的某些方面和环节。例如,随着农村经济政策的落实和农村经济的发展,农村迫切需要越来越多的各种专门人才。现行的高校招生制度,缺乏面向农村、为农村培养大批专门人才的有力措施,存在着农村急需的人才"招不进,分不去,留不住"的状况。这就必须积极地、有步骤地进行改革。不改革,不逐步建立和完善具有我国特色的社会主义的高校招生制度,就不能适应现代化建设的需要。

改革高校招生制度,对已经被实践证明是好的、目前仍行之有效的办法,应该加以肯定,继续坚持;对不适应形势需要的某些方面和环节,必须妥善地加以改变。凡是看准了必须改和可能改的事,就要果断地改,不能犹疑不决,裹足不前。改革高校招生制度,是为了巩固已有的成绩,取得更大的成绩。

高等教育目前的规模还比较小，近几年年度的招生数虽然有较大增长，但远不能满足需要。今年改革招生制度，开辟了招生的新途径，将使招生数有较大增加。但是，为了改变高等教育规模过小，不适应国家现代化建设的局面，还需要提倡多层次、多种规格要求、多种渠道办学，同时积极增加高等教育投资。在加快发展高等教育时，要注意与调整人才的结构相结合，把重点放在短线上。此外，还要从学生的分配使用和待遇等环节进行改革，以利于调动学生学习的积极性和避免人才的浪费。

有些同志担心，招生制度中的某些改革措施，会不会使"走后门"等不正之风抬头。这个担心是可以理解的。要相信我们党、国家和人民有能力防止和克服不正之风。事实上随着党风和社会风气的逐步好转，近年来招生中的不正之风虽然仍有发生，但已大大减少。招生制度的改革不可能等到党风和社会风气根本好转之后再开始，只能在同不正之风作斗争中进行。在反对和抵制不正之风的斗争中，党政领导干部、全体共产党员都要以身作则，绝不能辜负党和人民对自己的信任。党的纪律检查部门和广大群众要充分发挥监督作用，对徇私舞弊、"走后门"者，必须严肃处理。

高等学校招生制度的改革，政策性很强，影响很大，为广大人民群众所关切。必须加强宣传教育，做好思想政治工作。要广泛宣传招生制度改革的重要意义，结合招生工作进行爱国主义教育和共产主义思想教育，引导广大考生把自己的理想同伟大祖国的需要紧紧联系在一起，热爱祖国，热爱社会主义事业，听从祖国安排，报考国家建设需要的各种专业，准备毕业后到祖国最需要的地方，为人民服务。

改革高校招生制度，涉及许多方面，各级党委和政府以及教育部门必须加强对招生工作的领导。回顾以往，招生制度的每一改革，都是从实践中提出问题，由群众和招生工作者通过实践解决问题的。因此，领导同志要深入实际，加强调查研究，认真总结改革中的好经验、好方法，把今年的招生工作搞好，同时为今后进一步改革招生制度作好准备。

（1983年3月17日）

有领导有步骤地推行农村政社分开的改革

我国宪法规定，农村人民公社要改变政社合一的体制，设立乡政权。这是农村又一项意义深远的重大改革。党中央和国务院根据前一阶段一些地方试点取得的经验，最近要求各省、市、自治区抓紧这项改革，尽快地先把政社分开，争取在1984年年底以前大体上完成建立乡政府的工作，改变党不管党、政不管政和政企不分的状况。

自从1958年人民公社化以后，我国农村基层政权实行了政社合一的体制，二十多年的实践证明，这种体制有根本性的缺陷。主要是人民公社作为农民自己的经济组织，有名无实，严重影响农民独立自主地进行经营和建设。人民公社作为基层政权，又因陷于繁重的生产业务，实际上难以加强自身的建设，难以很好地履行基层政权的职能。加上党政不分，党组织陷于日常生产和行政事务，忽略党的思想建设和组织建设，形成"党不管党"的状况。总之，这种政社合一的体制，妨碍了广大干部和农民群众积极性的发挥，不利于农村物质文明和精神文明的建设，确实非改不可。

随着农村经济体制的改革和联产承包制的推行，我国农村正在从自给半自给性经济向着较大规模的商品生产转化，从传统农业向着现代农业转化，加快政社分开的改革已更加迫切。这是因为，农民更加需要有自己的经济组织，以保证自主地按照客观经济规律和"责、权、利"相结合的原则，在国家计划指导下，因地制宜地开展农、工、商、运综合经营，并作为商品交换的一方，享有与国营企业平等协商、签订合同的权益。这也因为，适应这种经济形势，更加需要进一步健全社会主义民主和法制，更加需要加强政权建设，要有健全的政府机关和专职的行政干部行使政权的职能，并切实保障农民和国营企业双方的合法权益。这还因为，为了充分调动农村经济组织和生产者、经营者的积极性，迫切要求党、政、企各尽其责，行政机关要提高工作效率，经济组织要实行科学的经营管理，党组织要摆脱行政事务，切实加强思想政治工作和党的组织建设，保证党的方针、政策落到实处。我们应该把政社分开的重要性和迫切性，向广大干部和群众解释清楚，使这一重大改革成为他们自觉的行动。

政社分开，就是把人民公社政权的那一部分职权分出去，建立乡人民政府，人民公社作为集体经济组织可以保留，也可以根据群众的意愿建立其他名称的集体经济组织。当前，从有利于工作，有利于安定团结和干部群众的思想稳定，避免集体经济遭受损失等几个方面考虑，乡的规模不宜作大的变动，一般应以原有公社管辖范围为基础，如原有公社范围过大，管理不便的，也可以适当划小。编制和人员要严格执行精简原则。政社分开后，经济体制的改革还要继续进行。要根据经济发展的需要和群众意愿，允许不同的地区有不同的模式。在改革中要严防财产损失和个人损公肥私。社队企业要继续完善生产责任制，加强民主管理，办成名副其实的合作经济企业。农业技术推广、林业、畜牧兽医、农业机械、经营管理等基层事业单位，供销社和信用社，都要进一步搞好改革，提高服务质量，以利于农村多种经济形式和商品生产的发展。

政社分开后，乡政府作为基层政权，首先要做好民政、公安、司法、文教卫生、计划生育等工作，同时要从行政方面管理经济建设，当然不能再像政社合一时期那样包办经济组织的生产、经营、财务等具体业务。乡政府在经济工作中的主要职能，应当是实行行政管理，根据乡人民代表大会决定的全乡经济建设和社会福利建设规划，督促或组织实施；向本乡的合作经济组织和农户下达上级人民政府下达的生产计划和交售任务，监督他们与有关方面签订合同；监督经济单位和个体户认真执行国家的政策、法令，在经济活动中坚持社会主义方向，履行经济合同，完成应负担的税收和征购派购任务；维护一切经济单位和个体户的正当经济权益，取缔非法的经济活动，打击经济犯罪分子；进行必要的经济统计工作等。乡政府在经济工作中的这些职能，要和经济组织内部的具体经营业务区别开来。

政社分开这一改革能否取得良好成果，很大程度上取决于党、政、企三个班子能否配备好。配备领导班子，一定要坚决按照革命化、年轻化、知识化、专业化的要求，充分走群众路线，把那些优秀人才选拔进来。今后，要开辟这样的途径：乡一级的党、政、企领导干部从农村优秀人才中选拔，不要全脱产，实行职务津贴，做到亦"官"亦民，实行能上能下的制度，选上就任职，选不上回到生产中去。

政社分开，建立乡人民政府，是涉及八亿农民政治、经济生活的一件大事，各级党委要加强领导，做好思想政治工作，保持广大干部、群众的思想稳定。要认真总结过去试点的经验。没有进行试点的地方，要先行试点，然后逐步展开，做到有领导、有计划、有步骤，切实保证工作质量，不草率从事。只要上上下下认真实践，及时地总结和交流经验，政社分开的改革是一定能够搞好的。

（1983年11月7日）

积极发展乡镇企业

继党中央发出的《关于1984年农村工作的通知》（1984年一号文件）之后，最近中共中央、国务院又转发了农牧渔业部关于开创乡镇企业新局面的报告。这个重要文件，指出了乡镇企业，其中包括乡办工业、村镇办工业、部分社员联营的合作企业、其他形式的合作工业和个体企业的兴起，是一个必然的历史性进步。它为农业生产向深度广度进军，为改变人口和工业的布局创造了条件。

多年的实践证明，农村要真正富裕起来，必须改变"八亿农民搞饭吃"的局面，走农林牧副渔全面发展、农工商综合经营的道路。如果我们的农村能逐步做到30%的劳力搞农业，40%搞乡镇工业、商业、服务业，20%搞其他多种经营，10%充实城市工业，这样我们的劳动力就能够在广阔的战线上展开了。乡镇企业的发展将使已有的和随着农业逐步现代化而出现的剩余劳力和劳动时间，得到合理利用，为社会创造大量财富，使国家和农民增加收入；也将使工业得到合理布局，实行大中小并举，城乡共同发展。总之，实行几亿农民离土不离乡，积极发展乡镇企业，这是从我国国情出发的一个具有战略意义的方针。

促进乡镇企业发展的前提，是要进一步提高全党对发展乡镇企业的重要性和必要性的认识。"文化大革命"期间，乡镇企业曾受到错误的批判。党的十一届三中全会后，党中央拨乱反正，采取了一系列政策予以扶持，但全党的认识尚未完全统一。有些同志认为，乡镇企业对城市工业是"以小挤大""以落后挤先进""争原料、争能源""不正之风的风源"，等等。他们只盯住一些非主流的、暂时的枝节问题，不看方向，不看整体，不看前途，对乡镇企业采取"卡"的态度。这样就阻碍了党的方针、政策的落实，使一些本来能够解决的实际困难，久拖不决。我们要认真学习党中央的这两个重要文件，进一步从"左"的思想和小农经济思想的束缚中解放出来，用全局的、战略的眼光看待乡镇企业，正确地支持、引导和管理，使其健康地发展。

工业比农业牵涉面更广，也更复杂。发展乡镇企业，要求从事农村工作的广大干部，首先是县委书记以上的领导干部，要注意研究乡镇企业的新情况、新问题，学习工业生产和经营管理方面的知识，改变过去只当"农业书记"，不抓工业、流通的领导思想和工作方法，从发展商品生产的全局着眼，把扶持和指导乡镇企业，作为一项重要工作抓起来。

发展乡镇企业，要处理好内部和外部的若干重要关系。应充分利用当地资源，面向国内外市场，特别是广大农村市场，以发挥自己的优势，与城市工业协调发展。要坚持计划指导和市场调节相结合的原则。目前乡镇企业供产销纳入国家计划的较少，主要靠市场调节，发展生产有一定困难。我们要逐步增加直接或间接纳入国家计划的比重，并鼓励务工社员采取乡镇小厂与城市大厂产品配套，组织与各方协作等有效办法，开拓更多的供产销渠道。同时还要继续发挥市场的机制作用，并通过工商行政工作加强管理，运用信贷、税收、价格等经济杠杆加以调节。各级计划、物资、财政、银行和交通部门，要给予切实的指导和支持。

各地发展乡镇企业的积极性起来了，必然会涌现出许多新办企业。我们既要支持群众办企业的积极性，又要加强管理和引导。要根据材料来源和市场需要，实行严格的审批手续，尽量避免盲目建厂。我们要继续抓紧对现有企业，特别是乡镇企业的调整、整顿，建立和完善责任制，改善经营管理，采取适用技术，加强产前产后服务工作，提高经济效益。要制止破坏国家资源，注意安全生产，搞好环境保护。

目前乡镇企业分布和发展很不平衡。后起地区要解放思想，向先进地区学习，发愤图强，争取有一个较快的发展。先进地区要热情主动帮助后起地区，和他们加强协作，携手前进。城市大工业也应在带动、扶助乡镇企业上作出努力。另外，我们也要尽可能地把发展乡镇工业与执行党的对外开放政策结合起来，开展对外经济合作。

乡镇企业方兴未艾。毛泽东同志曾给予农村兴办企业以很高的估价，指出"我们伟大的、光明灿烂的希望也就在这里"。我们还缺乏发展乡镇企业的足够经验，面临着许多困难，但是只要我们统一认识，群策群力，艰苦奋斗，就一定会为乡镇企业的发展开创一个新的局面。

（1984年3月19日）

利改税是城市改革的"钥匙"

昨天,全国人大常委会通过决定,授权国务院改革工商税制,全面推行国营企业的第二步利改税改革。这是正确运用税收杠杆,促进城市经济体制改革的重要措施。

我国正在进行的城市经济体制改革,目的是把各种错综复杂的经济关系理顺,争取在不太长的时间内,使我国的生产力水平有一个较大的提高。要做到这一点,就必须掌握好和运用好税收、价格、信贷、工资等多种经济杠杆。

城市经济体制改革现在遇到的突出问题是:国家同企业的分配关系如何能处理得当。长期以来,企业的盈利一般都要上缴给国家,企业发生亏损,或需要投资,再向国家要钱。国家像是一个大家庭里的"家长",企业则是"子女",不管盈利亏损,经营好坏,都由国家包起来。近几年先后实行了一些改革,情况有所改变,但"大锅饭"的分配关系,仍然没有完全改过来,极大地挫伤了企业和职工的生产、经营热情,各级政府部门也不得不用很大精力,过问企业的经营活动,形成了官、工不分,官、商不分的"政企合一"局面。结果,一方面,企业这个"经济细胞"的活力不能发挥出来;另一方面,政府部门的事务性工作越来越多,事事"画圈",公文旅行,官僚主义严重。

我们所要推行的工商税制改革和第二步利改税,出发点正是为了解决好国家同企业的分配关系,用税收法规、法令的形式,把国家同企业的分配关系固定下来。目的是使企业在国家计划和政策指导下,在完成上缴国家税收之后,真正成为"独立经营,自负盈亏"的经济实体。今后,国家只管宏观经济的决策和立法,从宏观上进行控制和监督,国家对企业征收税金,一般地不再直接干预企业的微观经济活动。企业只要遵守政策法令,尽可以大展宏图,"八仙过海,各显其能"。企业一旦有了活力,创造的价值必定越来越多,为打破企业内部的"大锅饭"体制创造物质条件,并结合工资改革,使职工逐步富裕起来。企业富了，国家的财源就有了保障；职工富了，有利于调动人们的积极性和发挥聪明才智。国家通过税收，不断地从企业得到资金，可以加快四化建设的进度。

利改税还为整个价格体系的改革创造条件。在目前价格不尽合理的情况下，一些企业因为产品定价过高，不费很大力气，就可以得到很多利益；而另外一些企业，由于产品定价过低，"费力不讨好"。实行第二步利改税以后，国家通过不同的税种、税率，对沾高价格"光"的企业，征收较多的税金，对吃低价格"亏"的企业，实行轻税政策。从而缓解因价格体系不合理带来的矛盾，使企业大体在"同一起跑线"上开展竞争，并且为全面改革价格体系做好准备工作。显然，工商税制的改革和第二步利改税不仅是财税工作中的大事，也是整个经济体制改革中的重要步骤。利改税是一把"钥匙"，用它可以打开城市改革的"大门"。

发挥税收的杠杆作用，还必须加强法制观念，严防有人偷税、漏税。法令、法律是十分严肃的事情，任何人，不管职位多高，权力多大，都不能随意干涉法制。在实行第二步利改税中，特别要防止某些部门和地区从局部利益出发，超越权限，轻率地改变税法、税率，致使税收杠杆无法真正发挥作用。各级财税部门要教育干部职工有法必循，依法办事。

当前，还有一个亟须解决的问题，就是大力充实和稳定税务干部队伍，提高他们的政治素质和政策水平，支持他们的工作。现在，各地税务部门深感人员缺，新手多，业务能力差。这种状况要抓紧改变，否则税收的杠杆作用就落不到实处。

（1984年9月19日）

具有历史意义的大事

在举国欢庆中华人民共和国成立三十五周年的前夕，传来了振奋人心的喜讯：中英两国政府9月26日草签关于香港问题的联合声明。这个联合声明确认了我国将在1997年收回香港，恢复行使主权；同时，还作出了使香港保持稳定和繁荣的各种安排。这样，历史上遗留下来的香港问题就获得了圆满解决。香港处于外国统治下的不幸历史将要宣告结束。中国人民受的历史耻辱将得以洗雪。这是一件具有历史意义的大事，值得包括香港同胞在内的中国各族人民热烈庆贺，也必将受到世界各国人民的普遍欢迎和赞赏。

实现祖国统一，是中国人民在新的历史时期的三大任务之一。香港历来是中国领土的一部分，收回香港，恢复行使自己的主权，这是统一祖国大业的一个组成部分，是十亿中国人民的共同夙愿和神圣责任。现在中英两国政府通过外交途径进行友好的谈判，终于达成双方满意的协议。离开祖国一百多年的这块土地，经过一个过渡时期之后将重新回到祖国的怀抱。圆满解决了香港问题，我们在实现祖国统一的道路上就迈进了一大步。全中国人民有理由为此而感到鼓舞和自豪。

自从中华人民共和国成立以后，我国政府一再声明香港是中国领土，中国不承认19世纪外国强加于中国的不平等条约，将在适当时机通过谈判和平解决这一历史遗留下来的问题。建国三十五年来，国际形势和我国的对外关系都发生了巨大变化，随着1997年的日益临近，解决香港问题的时机显然已经成熟。考虑到香港的历史背景和现实情况，照顾到各方面的合理利益，为了保持香港的稳定和繁荣，我国政府决定在收回香港以后维持香港现行的社会制度、经济制度、生活方式五十年不变。在香港设立直辖中央人民政府的特别行政区，由香港当地人自己治理，享有高度的自治权。这样一整套不同于中国内地的特殊政策，是符合包括香港同胞在内的全国人民的根本利益的，是实事求是和合情合理的。中华人民共和国将制定香港特别行政区基本法，以法律的形式把它固定下来。这些政策的贯彻执行，将保证香港在1997年后能够保持繁荣和稳定，继续发挥它作为自由港和国际金融、贸易中心的作用，既有利于香港同胞，也有利于祖国的社会主义现代化建设。

中国人民在长期的革命斗争和建设事业中，一贯坚持从中国的实际情况出发，创造性地解决各种实际问题。邓小平主任曾经说过：中国有香港、台湾问题，解决这一问题的出路何在呢？我看只有实行一个国家两种制度。"一个国家两种制度"的方针，是经过深思熟虑的长远决策，绝不是一时的权宜之计。《中华人民共和国宪法》第三十一条明文规定："国家在必要时得设立特别行政区。在特别行政区内实行的制度按照具体情况由全国人民代表大会以法律规定。"

宪法中的这项规定，既适用于台湾，也适用于香港。这体现了原则性和灵活性的高度结合，在维护国家的主权、统一和领土完整的原则方面毫不含糊，同时在具体政策、措施方面又充分照顾实际情况和各方面的利益。实行"一个国家两种制度"这一重要国策，适应祖国统一的需要，适应国家繁荣富强的需要。这个具有远见的构想，落实在香港问题的解决上，是切实可行的、完全正确的。香港问题的成功解决，不仅有助于推动台湾回归祖国，而且将会在国际上产生深远的影响。

香港问题是中英之间的历史遗留问题，需要解决对香港恢复行使的主权，本来是中国主权范围内的事情。中国作为主权国家，有权随时以任何方式收回自己的领土。但是，考虑到中英两国之间的友好关系，我国政府还是愿意同英国政府进行和平谈判，以求得问题的妥善解决。中英双方以大局为重，友好合作为重，通过谈判解决了香港问题，向全世界表明，国家之间历史遗留下来的问题，只要双方都具有解决问题的诚意和求实精神，采取互相谅解和合作的态度，是不难找到解决办法的。香港问题的圆满解决，不仅可以医治中英之间历史留下的创伤，而且必将使中英关系进入一个新的阶段，两国的友好合作一定会有更大的发展。

现在离1997年中国恢复行使对香港的主权只有十三年了。在这个过渡时期中，有许多事情需要中英双方很好地合作。英国政府曾多次表示，在过渡时期内将维护和保持香港的稳定和繁荣。我们欢迎英方的这一表示。关于过渡时期的各项安排，作为"联合声明"附件的"关于中英联合联络小组"有了明确的规定。我们希望在未来的十三年中，中英双方都履行各自所作出的承诺，在各个领域的工作中进行有效的合作，不做损害香港稳定和繁荣的事情，并创造条件，以保证 1997 年政权交接的顺利完成。这无疑对中英双方都是有利的，而且对亚洲和世界的和平和稳定也大有好处。

香港问题的圆满解决，是完全符合香港同胞的心愿的。具有爱国主义传统的广大香港同胞，爱祖国，爱香港，有理想，有志气。他们拥护祖国统一，希望香港繁荣安定，有信心依靠自己的聪明才智和祖国的强大后盾，把香港管理好。我们希望香港同胞，以当家作主的精神，为香港的繁荣和发展，为 1997 年政权的顺利移交作出贡献。我们坚信，香港的前途和祖国的前途一样，充满希望，无限光明！

（1984 年 9 月 27 日）

计划体制改革的重要步骤

国务院批转了国家计委《关于改进计划体制的若干暂行规定》，这是适应当前经济体制改革形势发展的一个重大步骤。

三十多年来，我国依靠计划经济，集中大量财力、物力、人力，进行大规模的社会主义经济建设，取得了巨大成就。但是，随着经济的发展，计划体制存在的弊端日益明显地暴露出来。这主要是：集中过多，管得过死，指令性计划的范围和比重过大，忽视市场调节；在计划管理中，不善于运用价值规律和经济调节手段。这种体制，严重地束缚了各方面的积极性和主动性，使经济的发展缺乏弹性和活力。必须进行重大改革，才能适应对内搞活经济、对外实行开放的新形势。

我国是社会主义国家，必须坚持计划经济。但是，对于什么是计划经济，过去理解是不全面、不深刻的；过分强调指令性计划，同时又把计划经济同价值规律在很大程度上割裂甚至对立起来。实践证明，这种认识和做法不符合我国的实际。我国现阶段的社会主义计划经济，是在广泛存在着商品生产和商品交换的条件下实行的。既然社会经济生活的各个方面都离不开商品、货币和价格，价值规律必然要在生产、流通和分配的广泛领域中起作用。因此，实行计划经济不仅要遵循社会主义基本经济规律和国民经济有计划按比例发展规律的要求，而且必须依据价值规律，高度重视和自觉地运用价值规律。计划经济不等于全部实行指令性计划，指导性计划也是实行计划经济的重要形式。市场调节是计划经济的必要的、有益的补充。从这种认识出发，我们改革计划体制的基本方向和原则，应当是把大的方面管住管好、小的方面放开放活，并自觉利用价值规律，更多地运用经济调节手段。实行指令性计划的，只能是关系国计民生的重要产品中需要由国家调拨分配的部分，以及关系全局的重大经济活动。大量的一般性经济活动应当实行指导性计划，而且主要通过经济手段和经济法规促其实现。指令性计划也必须自觉地利用价值规律和运用经济手段。对于那些小商品和服务修理行业，可以全部放开，实行市场调节。按照这些原则进行改革，是建设具有中国特色的社会主义计划体制的中心课题。

　　计划体制改革是一项涉及范围很广、很复杂的工作，应当有步骤地展开。这次作出的规定，重点是适当缩小指令性计划的范围，扩大指导性计划的范围，并注意发挥市场调节的作用。不论工农业生产、固定资产投资、物资分配、商业和对外贸易、利用外资等各项计划，都要明显改变指令性计划范围过大、管理权限过于集中的弊病，赋予地方、部门特别是企业以较大的管理自主权。为了稳定经济，在下放计划权限以后，要改进和加强对国民经济的平衡和管理。要改变过去那种主要依靠行政手段的做法，按照价值规律的客观要求，综合运用价格、税收、信贷、工资、财政补贴等经济杠杆，做好经济信息、预测、咨询和经济立法工作，有效地引导和调节经济的发展。这样，我们就可以把计划性和灵活性很好地统一起来，既能够充分调动基层企业和劳动者的积极性，使企业充满活力和生机，把经济搞活，又可以保持国民经济的协调发展。现在，各个部门都面临一个重要任务，就是学会运用经济杠杆的本领，从提高社会经济效益出发，同心协力，互相配合，使经济杠杆的运用更好地为实现国家计划的目标服务。为了做好这项工作，要由各级计划部门牵头，会同有关职能部门，对经济杠杆的综合运用进行统筹规划，组织实施。

　　贯彻实行上述措施，在计划工作中要进行一系列变革。各级计划部门必须从那些过时的老观念、老方法中摆脱出来，使自己的思想和工作来一个转变，跟上改革的步伐。还应当指出的是，这次作出的规定，只是计划体制改革的第一步。各地区、各部门要进一步发扬解放思想、实事求是、勇于探索、扎实工作的精神，努力研究新问题，总结新经验，把计划体制改革不断引向深入。

（1984年10月11日）

满怀信心夺取改革的全面胜利

中国共产党在1978年12月召开了十一届三中全会,取得了巨大的成功。相隔五年零十个月之后,召开了十二届三中全会,通过了《中共中央关于经济体制改革的决定》和《中国共产党第十二届中央委员会第三次全体会议关于召开党的全国代表会议的决定》,开得也很成功。实践将证明,这次三中全会,同上次三中全会一样,也是我们党的历史上具有重要意义的会议,是对我们国家的前途具有深远影响的会议。

新中国建立后,我们党、我们国家的伟大历史性转折,是从党的十一届三中全会开始的。那次会议,重新确立了马克思主义的思想路线、政治路线和组织路线,决定把全党工作的重点转移到社会主义现代化建设上来,并且着重地提出了改革经济体制的任务。那次会后,改革主要在农村进行,收效十分显著。短短数年,农村巨变,各业兴旺,气象一新。农村的变化有力地证明:只有坚决改革不适应生产力发展的经济体制,才能把经济搞活,把生产搞上去,才能使人民富裕,国家繁荣。

现在我们面临的任务,是在继续深入搞好农村改革的同时,加快以城市为重点的整个经济体制改革的步伐。城市在现代化建设中起着主导作用。城市经济体制的改革不跟上来,不仅会阻碍农村继续前进,而且会影响整个国民经济的发展,影响十二大确定的到本世纪末工农业年总产值翻两番目标的实现。坚决地系统地进行以城市为重点的整个经济体制的改革,是当前我国形势发展的迫切需要。这次会议标志着改革由农村走向城市和整个经济领域的新局面。如果把经济体制改革比作一篇大文章,十一届三中全会定了题目,现在已大体写好了前半篇;这一次三中全会,把后半篇的具体构思定了下来,再经过几年的努力,将会写成整篇光辉夺目的精彩文章。

这次全会通过的关于经济体制改革的决定,不但向全党、全国人民展示了全面改革的蓝图,而且对于城市改革的各个方面、各个环节提出了系统的意见和措施,把城市改革这一项巨大而复杂的工程具体化了。贯彻执行这个决定,既使农村改革同城市的改革配起套来,又使城市的各项改革在统一的方向下成龙配套,互相协调。这是搞好全面改革的重要保证。

这次全会通过的《决定》,是在深刻总结三十多年来我国经济建设正反两方面经验,特别是最近几年城乡经济改革经验的基础上作出的,是在认真研究我国经济的实际状况和发展要求,并借鉴外国经验的基础上作出的。贯穿在这个决定中的一条红线,就是"实事求是"四个大字。我们进行社会主义现代化建设,进行经济体制改革和其他方面的改革,都必须从中国的实际出发。把马克思主义的普遍原理同中国的实际结合起来,走自己的道路,是我们的根本原则。

这次全会通过的《决定》,表明我们党对我国国情和社会主义经济建设规律的认识,达到了新的高度。《决定》在许多问题上,特别是在商品经济、价值规律这些大问题上,冲决"左"的思想束缚,打破旧的传统观念,抛弃长期视为正宗的清规戒律,澄清在许多人中间存在的模糊认识。过去一提商品经济,一些同志总是把它同资本主义视为一回事,也就不敢发展商品生产和商品交换。有的时候我们也曾注意到要重视价值规律,认为它是一个大学校,可是并没有真正弄清楚这个问题,实际上还是轻视甚至无视这个客观法则。现在我们终于明白了:社会主义的计划经济,必须自觉依据和运用价值规律,是在公有制基础上的有计划的商品经济。企业有充分活力,应该是中国式社会主义的一个特征。按照这个决定指出的方向进行改革,我们将创立的经济体制,既与资本主义模式根本不同,又与某种僵化的社会主义模式大有区别,而是具有中国特色的、充满生机和活力的社会主义经济体制。

两个三中全会,前一个三中全会使改革首先在农村突破,这一个三中全会将使城市和整个经济体制的改革有一个大的突破。这是我们的又一个雄心壮志,又一个战略部署。城市的改革不仅包括工业、商业、服务业,而且涉及科技、教育、文化等部门。城市改革比起农村的改革范围更广泛,内容更复杂。但是,现在我国的政治、经济形势都很好,又有农村改革的成功经验,我们正处于改革的黄金时代,完全有条件、有信心把城市的改革搞好。农村的改革经过三年就大见成效,城市和整个经济体制的改革少则三年、多则五载也能大见成效。到那时候,我国的经济就会更有力地腾飞了。

希望在于改革,改革大得人心。中国共产党人从来就是改革的促进派。让我们欢呼十二届三中全会的新成就,鼓起更大的勇气,拿出更大的智慧,同广大群众一起,积极投身到这个造福子孙后代的伟大事业!

(1984年10月22日)

尊重价值规律是经济改革的重要一着

我国经济的进一步大发展,有赖于经济体制的全面改革。当前正在进行的价格体系改革,是整个改革中具有重大意义的一步。它涉及千家万户,人人关心。最近,全国绝大部分省、市、自治区先后放开了肉、禽、蛋、菜的购销价格,改变长期实行的"统购包销"制度。从许多地区的情况看,这项改革使市场更加活跃了,促进了生产的发展。在某些地区,也出现了一些问题。这两种地区的实践从正反两方面充分说明:自觉地运用价值规律,是经济改革中至关重要的一着。

价值规律是商品生产和商品交换的基本法则。它认为商品的价值量由生产商品的社会必要劳动时间决定,商品按照价值量进行等价交换。在社会主义有计划的商品经济下,价值规律仍然是不以人的主观意志为转移的客观经济规律,自觉地运用它,经济就会大发展,有意无意地违背了它,就会吃苦头。在党的十二届三中全会上,尊重价值规律,改革不合理的价格体系,正式列为经济体制改革中所要解决的最为重要的一个问题。

过去,我们的商品生产所以发展不快,一个重要原因,是价格体系不合理,很多商品的价格既不反映价值,也不反映供求关系。这主要表现在如下几个方面:一是在同类商品之间,质量有优有劣,但差价没有拉开;二是不同商品之间的比价不合理,工业加工品价格偏高,农副产品价格偏低;三是部分商品的购销价格严重倒挂,财政负担难以为继;四是住房和其他公用服务事业收费过低,入不敷出,使这些本应成为经济支柱的产业无法发展。这种不合理的价格体系,给生产者错误的信息,导致经济活动发生紊乱。例如,在价格放开以前,一些大城市的鲜鱼是"短线"。由于鱼价过低,生产者、经营者没有积极性,国家不得不付出大量财政补贴来维持生产和经营。现在,把鱼价放开了,扩大了议购议销,"买鱼难"就得以改善。看来,价格的高低不是人们的主观意志所能定的,必须依靠价值规律来调节。今后,在价格管理方面,将逐步缩小国家定价的范围,逐步扩大议购议销的部分;国家规定的价格也要依据和运用价值规律的作用,逐步地、合理地加以调整。

尊重价值规律，需要澄清一个观念，即社会主义社会的物价只能稳定不能浮动。过去，我们编制国民经济计划，特别是编制价格目录时，往往强调"计划第一，价值规律第二"，没有把二者统一起来，反而使它们时常处于对立状态。不是主观服从客观，而是硬要超越条件，让客观服从主观。本来事物是发展的，随着生产成本、社会商品总量、商品结构和消费水平的变化，价格应该有升有降。可是，长期以来在不少人中间形成了一种观念：社会主义的物价应当绝对稳定，否则就要损害群众的利益。这个愿望应该说是好的，在一定的历史条件下也应该这样做。但是，稳定物价不是冻结物价。冻结物价的结果是背弃价值规律。不仅如此，长期冻结物价，还会使群众误认为社会主义的特征之一是物价不能变动，否则就被指责为"偏离了社会主义"。这种误解影响甚广，是当前经济改革的一大思想障碍，有必要予以说明和澄清。

　　社会主义的优越性，并不体现在物价的不变上，而是体现在促进生产力的发展上。如果仅仅满足于物价低，而生产力不发达，市场十分紧张，那么，这种经济模式就是不成功的；相反，物价有升有落，生产发展了，市场繁荣了，群众得益了，这种发展经济的方式就是可取的。从放开农副产品价格较早的试点省、市的经验看，扩大市场调节的初期，总的物价水平是上升了，但同时有力地促进了生产和流通。为时不久，许多商品即由供不应求转向供求协调，少数增产快的商品甚至供过于求，价格开始回落。当然，这种价格的回落是在一个比过去高一些的水平上的"回落"，总的看，群众的消费支出要增加一些。因此，在改革价格体系时，必须相应地采取措施，使人民群众的实际生活水平不致降低，而且应该随着生产的发展，逐步有所提高。各个大、中城市在副食品价格开放之后，对消费者普遍采取相应的生活补贴，就是有力的措施之一。

　　价格的改革必须有领导、分步骤地进行，防止一哄而起。我们的国家很大，地区之间的差异也很突出。南方同北方不同，大城市同中、小城市不同，经济发达地区同经济落后地区不同，等等。因此，在价格改革的具体做法上，要按照国家的统一部署，因地制宜，绝不能照抄、照搬。我们在改革价格体系的同时，对价格管理体制也逐步进行改革，这就必须统一部署，加强宏观控制，绝不能各行其是，更不能撒手不管。在社会主义制度下，价值规律不是完全自发地、盲目地起作用，我们要自觉地依据和运用价值规律，使其更好地为发展社会主义经济服务。

（1985年5月28日）

历史的昭示

今天是抗日战争胜利四十周年纪念日，也是世界反法西斯战争胜利四十周年纪念日。在这正义战胜邪恶、人民战胜法西斯、和平取代战争的永远值得纪念的日子里，我们谨向在抗日战争中英勇献身、为国捐躯的烈士们，向为战争的胜利建立伟大功勋的海峡两岸的中华儿女们，向支援中国人民抗击日本侵略者的盟军特别是苏联红军将士们，以及为世界反法西斯战争胜利作出贡献的各国烈士们和优秀儿女表示崇高的敬意和诚挚的纪念，并向在战争中横遭杀害的死难者，表示深切的悼念。

中国的抗日战争，是一百多年来中国人民反对外敌入侵第一次取得完全胜利的民族解放战争。从1840年开始的中国近代史，是一部中国人民受尽帝国主义凌辱和侵略的历史，也是一部中国人民争独立、争自由，反帝反封建的斗争历史。从鸦片战争到太平天国革命战争、第二次鸦片战争、中法战争、甲午战争、义和团革命运动，直至孙中山先生领导的辛亥革命，中国人民都表现了不屈不挠的大无畏精神。但是，这些斗争都失败了。中国仍然在帝国主义和封建主义统治下，日益沦为半殖民地、半封建国家。"九·一八"东三省沦于日本侵略者之手，国民党政府不抵抗。"一·二八"十九路军抗敌于淞沪，又以签订屈辱的协定停战。卢沟桥炮响，全面抗战爆发，改变了节节退让的局面。松花江畔，长城内外，中原大地，珠江两岸，到处燃起抗日的烽火。千百万优秀的中华儿女同仇敌忾，共赴国难，用鲜血和生命在中华民族历史上写下了气吞山河的瑰丽篇章。正如毛泽东同志所说的，抗日战争是"战争史上的奇观，中华民族的壮举，惊天动地的伟业"。抗日战争的胜利，加速了中国民主革命胜利的历史进程，对打破帝国主义奴役和压迫，推动全世界一切殖民地和附属国争取国家独立和民族解放的斗争，具有巨大和深远的影响。

中国的抗日战争是在中国共产党倡导的抗日民族统一战线旗帜下，以国共两党合作为基础，工农商学兵各界各族人民、各民主党派、抗日团体、社会各阶层爱国人士和海外侨胞广泛参加的一次全民族抗战。"七七"事变第二天，中国共产党中央委员会就向全国同胞呼吁："平津危急！华北危急！中华民族危急！""全中国人民、政府和军队团结起来，筑成民族统一战线的坚固的长城，抵抗日寇的侵略！国共两党亲密合作抵抗日寇的新进攻，驱逐日寇出中国！"不久蒋介石先生也在庐山发表谈话，宣布对日抗战，提出"如果战端一开，那就地无分南北，人无分老幼，无论何人皆有守土抗战之责任"。八年抗战中，尽管国民党一些主要当权者没有放弃反共方针，几次掀起反共高潮，包括制造了皖南事变这样令亲者痛、仇者快的千古奇冤，中国共产党仍然以大局为重，坚持抗日民族统一战线，提出一整套正确的政治主张和军事战略，指明了抗战胜利和社会进步的道路，保持和加强了全民族的团结。中国共产党领导的八路军、新四军和其他人民军队开辟了敌后战场，抗击了大部分日军和几乎全部伪军，成为全民族抗战的中流砥柱。广大爱国的国民党官兵，也在正面作战的战场上进行了英勇斗争，建立了很多可歌可泣的英雄业绩。八年抗战的道路是曲折的，国共合作的历史经验是值得珍惜的。

中国的抗日战争，是世界反法西斯战争不可分割的一个重要组成部分。世界反法西斯的力量援助了中国人民。中国人民艰苦卓绝的民族解放斗争，抗击和牵制了日本的大部分兵力，打乱了日本侵略者的战争部署，使它无法实现"北进"计划，使苏联得以避免东西两线作战的被动局面，也推迟了日本法西斯的"南进"计划，支援了美、英盟军在太平洋战场和东南亚战场的作战。除了这种战略配合之外，中国还派遣军队进入缅甸援英作战，为东南亚人民的解放事业贡献了力量。对世界反法西斯战争的胜利，中国人民作出了巨大的民族牺牲和不可磨灭的历史贡献。

抗日战争和世界反法西斯战争胜利已经四十周年了。四十年来，世界形势发生了巨大的变化。战后一系列国家挣脱了帝国主义的殖民主义枷锁，走上了独立自主的道路。帝国主义和霸权主义声名狼藉，再也不能为所欲为、称王称霸，而不受到谴责和惩罚了。国家要独立，民族要解放，人民要民主，世界要和平，已经成为不可逆转的历史潮流。只要全世界人民共同努力，新的世界战争是可以防止的。但是，战争的根源并没有铲除，战争的危险仍然存在。反对霸权主义，维护世界和平，是全世界人民的真诚愿望和神圣的职责。全世界所有爱好和平的国家和人民应当联合起来，为防止新的世界战争而奋斗。中国人民早就把反对霸权主义、维护世界和平同加紧经济建设，实现祖国统一，并列为80年代、90年代，乃至整个新的历史时期的三大任务，正为此而奋发努力。

历史昭示我们，分裂要挨打，落后要挨打。日本法西斯敢于悍然发动侵华战争，就是因为当时的中国处于分裂状态，处于内战之中，就是因为当时中国政治腐败，经济落后，国弱民穷。我们应当永远铭记这一惨痛的教训。正是总结了历史的经验，在取得民主革命和社会主义革命胜利之后，在经过了一段曲折之后，中国共产党和中国政府把建设社会主义现代化国家作为全党和全国工作的着重点，把改革作为当前压倒一切的任务。我们要加强物质文明和精神文明建设，通过改革，加速发展经济、文化，改善人民生活，增强国防力量，使中国更加坚强地独立于世界民族之林，屹立在世界的东方。这一方面，我们已经有了良好的开端。农村经济改革，几年来已经取得了显著的成就，这些成就还在巩固和扩展。经济体制的全面改革，也开始了近十个月，势头很好。只要我们坚持建设有中国特色的社会主义的正确方向，采取既大胆进取又慎重稳步的部署，改革必将取得巨大的成就。根据近五年经济发展情况的分析，本世纪末工农业年总产值翻两番，将提前完成。

在纪念抗日战争胜利四十周年的日子里，我们热切地希望早日完成祖国统一大业。抗日战争时期，国民党接受团结抗日的主张，对于促成抗日战争起了重要的作用，一致对敌使我们的民族解放战争取得了伟大的胜利。今天，我们也希望台湾当局顺应民心，顺应历史潮流，以国家利益、民族利益为重，采取开明的政策，使大陆、台湾之间的"三通"和经济、科学、文化等方面的交流得以进行，使"一国两制"的构想能够成为现实。国民党是中国一大政党，在历史的长河中几经沉浮、有兴有衰。顺历史潮流则兴，逆历史潮流则衰。我们希望国民党当局在完成祖国统一大业这个历史潮流中，作出明智的抉择。我们希望台湾的广大人民为实现祖国和平统一贡献力量。我们也希望海内外所有中华儿女，通过各种途径和方式，为促进祖国和平统一出力。一切对最后完成祖国统一作出贡献的人，都将受到全民族的拥护和子孙后代的赞颂。

中国人民和世界各国人民一样热爱和平。我们的社会主义现代化建设事业，需要一个和平的环境，没有和平环境谈不上建设。现在看来，国际上可能争取到一个和平的环境。有一个持久的和平国际环境，就能实现我们宏伟的目标，在21世纪的前五十年内，使我国赶上世界经济、科技、文化发达国家的水平。到那时，我们的国力充实，人民富裕，我们的祖国更为强大，也更有力量承担起争取和保卫世界和平的神圣职责。

纪念抗日战争和世界反法西斯战争胜利四十周年，我们更要发扬爱国主义精神，奋发向上，为建设强大的现代化的社会主义中国，为实现祖国的和平统一，为争取世界和平，孜孜以求，努力奋斗。

（1985年9月3日）

在改革中前进

——庆祝中国共产党成立六十五周年

今天是中国共产党成立六十五周年纪念日。

在这个光辉的日子，全党四千多万党员，从 20 年代入党的老一辈革命家到 80 年代在党旗下宣誓的青年同志，回顾党的历史，展望祖国的前程，心中波涛起伏。二十八年血与火的洗礼，三十七年风和雨的考验，无可辩驳地证明中国共产党不愧为伟大的马克思主义的革命党，不愧为全中国人民的领导核心。

1976 年，毛泽东、周恩来、朱德等领导人相继去世，亿万人民，忧心如焚；国外的观察家们也对中国共产党和中国的未来作出种种揣测。中国共产党并没有陷入混乱，一蹶不振，而是一举粉碎了祸国殃民的"四人帮"，结束了十年内乱；不久，又召开了十一届三中全会，实现了具有伟大历史意义的转折，中华民族跨入蓬勃发展的历史新时期。为什么党的十一届三中全会以来形势一年更比一年好呢？原因很多。最根本的，是我们党果断地把全党工作的重点从"阶级斗争为纲"转移到经济建设上来，坚定不移地领导了经济体制和其他方面的改革。如果只是实现工作重点的转移，而不进行改革，不对内搞活、对外开放，一切社会经济活动仍旧在过去那种封闭、僵化的轨道上运行，我国的形势会不会像进行改革以来发展得这样快、这样好呢？回答显然是否定的。农村改革的巨大成就向我们提供了极为宝贵的经验，以城市为重点的全面经济体制改革将用更丰硕的成果为中国的改革树起举世瞩目的丰碑。

当前，改革的势头很好。全面经济体制改革去年初战胜利，促进了产品经济向社会主义商品经济的过渡；今年进行巩固、消化、补充、改善的工作，使已有的改革站稳脚跟，为未来的改革奠基铺路。科技工作、教育工作的改革正在按照中央的决定扎扎实实地进行。政治领域和文化领域的改革，出现了引人注目的新趋势。我们党正满怀信心地驾驶改革的航船，向着建设具有中国特色的社会主义的宏伟目标破浪前进。

邓小平同志指出："改革是社会主义制度的自我完善，在一定的范围内也发生了某种程度的革命性变革。"这是一个科学的论断。当前我们所进行的各项改革，不是一个阶级推翻另一个阶级的革命，但是其深刻性、复杂性、艰巨性并不亚于以往的革命。在经济上，为了促进生产力的发展，既要继续发展多种所有制形式，又必须坚持以公有制为主体；既要进一步增强企业活力，建立市场体系，又必须加强宏观控制。在政治上，既要坚决改革领导体制和各项政治制度中与经济基础不相适应的部分，又必须坚持和完善人民民主专政。在文化上，既要引进国外文化中一切有益的成果，又必须坚决抵制资产阶级腐朽思想的侵蚀。总之，这是一项极为伟大的、全面的社会系统工程。很明显，完成这项工程，难度是非常大的。为了更好地担负起历史的重任，我们必须进一步加强党的思想建设、作风建设、组织建设。

改革不但是新旧体制的更迭，往往也伴随着新旧观念的交锋。努力破除旧观念，树立适应新形势的新观念，是很重要的。资产阶级的腐朽思想，根深蒂固的封建思想残余和小生产观念，在我们的社会里已经不居于主导地位，但是也还有相当的市场，有些人还存在因循守旧、害怕变革的心理，这些都需要也可以在改革的实践中，通过实施正确的政策和教育、疏导、批评与自我批评的方法，加以克服。肩负着新时期伟大使命的中国共产党，要求每个党员首先是党员干部，把共产主义的远大理想和为人民服务的宗旨落实到积极投身于改革和建设的行动中，在改造客观世界的同时努力改造自己的主观世界，坚决克服一切与改革的要求不相适应的旧思想、旧观念，勇敢地站在改革的前列。

为了使改革健康发展，必须进一步端正党风。党风如何，关系到党的生死存亡，关系到国家的强弱兴衰，也关系到改革的成败。几年来我们党在领导全国人民搞改革、干四化的同时，分期分批地进行整党，坚持不懈地抓党风，加强精神文明建设，保证改革和经济建设沿着正确的方向发展。去年9月党的全国代表会议和今年1月中央书记处召开八千人大会之后，端正党风的工作抓得更紧了。

一个全党抓党风的局面已经初步形成。几股歪风基本刹住，大案要案不断查处，各级领导机关、领导干部的思想作风和工作作风有了较大的转变。我们坚信，经过全党坚韧不拔的努力，优良的党风、深得民心的党风、大有利于改革和建设的党风，一定会进一步发扬光大。

为了使改革少走弯路，胜利前进，必须进一步发扬党内民主，按民主集中制的原则办事。这几年，党和国家的形势这样好，同我们党总结了历史教训，使党内民主和社会民主得到加强是分不开的。改革是走前人没有走过的路，书上没有现成的答案，我们也没有现成的经验。要逐步正确认识这个巨大的必然王国，只能集思广益。实际上我们在改革中采取的每一个重大步骤，取得的每一项重要成果，无不凝聚着全党同志和全国人民的智慧和经验。可以说，现在比以往任何时候都更需要充分发扬党内外民主，贯彻民主集中制原则。今天本报发表了胡耀邦同志的一篇重要讲话：《关于正确处理党内两种不同的矛盾的问题》。这个讲话对于进一步发扬民主，端正党风，加强党的建设，具有重大的指导意义。全党同志特别是党的干部，应当认真学习。

近几年，我们党高瞻远瞩，坚定不移、积极稳妥地进行了干部制度的改革，进一步实现了各级领导班子的革命化、年轻化、知识化、专业化。从中央到地方数以百万计的新老干部顺利实现了合作和交替。各级领导班子年龄结构、知识结构的变化，从思想上组织上为我们党领导改革和现代化建设创造了更为有利的条件。改革的时代是大有作为的时代。我们希望各级领导岗位上的广大中青年干部和老干部更加亲密地团结合作，谦虚谨慎，戒骄戒躁，永葆革命的正气、朝气、锐气，不断作出新贡献。

改革功在国家，利在人民，福及子孙。企求改革没有任何阻力，不经历任何曲折和险阻，是不切实际的。我们当然要全神贯注、全力以赴、精心指导，力求不走或少走弯路。但也不可因此畏缩不前。找到今天这样一条在中国建设社会主义的道路是很不容易的，是付出了极大代价的。不管遇到什么波折，必须坚定，不能动摇；不管遇到什么困难，只能前进，不能倒退。我们党六十五年的历史证明，胜利永远属于那些为党的正确路线而顽强奋斗的战士。

今年是执行"七五"计划的第一年。全面开创社会主义现代化建设新局面的伟大进军迈开了新的步伐。让我们在党中央的领导下，更加紧密地团结起来，坚持改革，推动改革，不断以新的业绩为我们伟大的中国共产党，为我们伟大的社会主义祖国增光添彩！

（1986年7月1日）

复兴中国文明的伟大先驱

——纪念孙中山先生诞辰一百二十周年

今天是伟大的革命先行者孙中山先生诞辰一百二十周年。全国各族人民，台湾同胞、港澳同胞、海外侨胞，怀着无限敬仰的心情，缅怀孙中山先生为祖国独立、民主自由、人民幸福、人类进步而建立的不朽功勋。

孙中山先生的一生是革命的一生。他从青年时代起，就立志推翻清皇朝的反动统治，积极从事革命活动。为了"振兴中华"，他组建了我国最早的资产阶级革命团体——兴中会。他提出的三民主义是适合于当时需要的资产阶级民主革命的纲领。他广泛联合革命力量，创立了同盟会，发动和领导了多次武装起义，直至号召和领导了辛亥革命。这次革命推翻了统治中国长达两千多年的封建帝制，建立了中华民国，实现了本世纪以来中华民族的第一次腾飞。

后来，孙中山先生又同一个个帝国主义支持下的反动军阀进行了不屈不挠的斗争。在他的晚年，革命的精神越发昂扬。他顶住帝国主义的压力，排除顽固分子的阻挠，毅然改组国民党，把旧三民主义发展成为联俄、联共、扶助农工的新三民主义，主持实现了国共两党的第一次合作。虽然他在1925年3月逝世，但是对中国近代历史发展有重大意义的1924年至1927年大革命是同他的名字分不开的。

孙中山先生是一位伟大的爱国主义者，他无限热爱我们的祖国，无限热爱我们的人民。这种深挚的爱，使他萌生了改造中国、振兴中华的伟大志向；使他坚持不懈地向国内外一切阻碍中国进步的反动势力进行斗争，并在斗争中显示了置个人安危于度外的大无畏英雄气概。

孙中山先生坚韧不拔、不屈不挠的革命精神是极为突出、极为感人的。他"致力国民革命凡四十年"，经历多次挫折和失败。外来的威胁，内部的分裂，都没有动摇他革命的信心和勇气。在革命与反革命反复较量的惊涛骇浪中，他毫不退缩，坚定不移地向着既定的目标搏击前进。他说过："吾志所向，一往无前，愈挫愈奋，再接再厉。"这是他一生精神的真实写照。

孙中山先生一生追求真理，勇于根据革命实践经验不断修改和补充自己的理论，抛弃旧的观念，接受新的思想。他说："吾党欲收革命之成功，必有赖于思想之变化。"俄国十月革命胜利后，他怀着极大的兴趣研究了列宁的事业和学说，确信社会主义的苏联是中国革命的可靠盟友，中国革命必须"以俄为师"。五四运动发生后，他予以极大的关注，高度评价新文化运动为"最有价值之事"，"倘能继长增高，其将来收效之伟大且久远者，可无疑也"。正因为如此，他把旧三民主义发展为新三民主义，把共产主义看作是三民主义的好朋友就不是偶然的了。他能够始终站在正面指导时代潮流的前进，也是与此分不开的。

孙中山先生高瞻远瞩，视野广阔。他到过很多经济发达的国家，不但注意中国的历史和现状，而且认真研究世界的历史和现状，这是他比同时代的许多人站得高、看得远的一个重要原因。孙中山先生从来没有离开世界的全局来制定改造中国的方略，经常把中国同世界上其他国家进行比较。他主张"中国要学外国的长处"，同时，又强调不能亦步亦趋地跟在人家后面："我们要学外国，是要迎头赶上去，不要向后跟着他。"这些思想至今对我们仍有巨大的启迪。

孙中山先生的伟大业绩永垂青史，孙中山先生的伟大人格和崇高品德也永远是鼓舞我国人民团结奋进的巨大精神力量。

现在的中国已经不是孙中山先生生活时代的中国了，中国已经发生了翻天覆地的变化。孙中山先生逝世以后，中国共产党人牢记他"革命尚未成功，同志仍须努力"的遗教，团结一切真正忠于孙中山先生事业的人，历尽千难万险，不怕流血牺牲，终于推翻了三座大山，取得了新民主主义革命的伟大胜利，实现了本世纪以来中华民族的第二次腾飞。接着，党又领导全国人民走上了建设社会主义的道路。孙中山先生亲手制定的改造、建设中国的蓝图，在中国共产党领导下都变成了活生生的现实，而且在许多方面已经远远超过孙中山先生原有的构想。

中国共产党十一届三中全会以来，我们国家进入新的历史发展时期。全国各族人民正坚定不移地贯彻执行党的路线、方针、政策，坚持改革、开放、搞活，坚持两个文明一起抓，为建设有中国特色的社会主义，为把我国建设成为高度文明、高度民主的社会主义现代化国家而努力奋斗。中国的建设事业焕发出蓬勃生机和活力。孙中山先生生前曾梦寐以求，使中国变成"世界上顶富强的国家""世界上顶安乐的国家",使中国人民成为"世界上顶享幸福的人民"。经过我们几代人持续不断的努力,孙中山先生的理想是一定能够实现的。

　　反对军阀混战,反对分裂割据,是孙中山先生革命活动的重要内容。他多次强调,中国是一个不可分割的整体,国家统一是历史发展的必然趋势,是各族人民的共同意志。他说:"统一是全体国民的希望。能够统一,全国人民便幸福。不能统一,便要受害。"他生前一直非常关怀处于日本殖民者统治下的台湾同胞,曾三次去台湾进行革命活动。目前,台湾与祖国大陆人为隔绝的状态,违背孙中山先生的遗愿,也违背包括台湾同胞在内的全中国人民的根本利益,这种局面不应该再继续下去了。为了中华民族的共同利益,为了早日实现统一祖国的大业,我们党和政府提出"一国两制"的构想和一系列有关的方针、政策,提出实现第三次国共合作的建议,反映了海峡两岸人民的共同愿望,得到了海内外爱国者的热烈响应。我们寄希望于台湾人民,寄希望于台湾当局。希望台湾当局以民族大义为重,为统一祖国作出切切实实的贡献。

　　孙中山先生曾经说过:"中国如果强盛起来,我们不但是要恢复民族的地位,还要对于世界负一个大责任。"三十年前,毛泽东同志在纪念孙中山先生诞辰九十周年时也说过:"中国应当对于人类有较大的贡献。"他们表达了我们中华民族的远大抱负。在历史上,中国文明曾经在世界上占有重要地位,作过重大贡献,但是后来落后了。如果说,新中国的成立是在社会主义基础上开始了中国文明的复兴,使中国重新为人类作较大贡献有了现实的可能,那么,孙中山先生就是这个复兴的最伟大的先驱。现在,一切为了实现现阶段的共同理想而努力奋斗的人都是孙中山先生所开拓的伟业的继承者。全国各族人民团结起来,海峡两岸、海内海外一切敬仰孙中山先生的人团结起来,为了实现复兴伟大的中国文明的宏伟目标,共同奋斗!

(1986年11月12日)

以史为鉴

——纪念"七七"事变五十周年

半个世纪前的今天——1937年7月7日,日军炮击宛平城和卢沟桥,中国驻军奋起回击。卢沟桥畔的反侵略枪声,宣告了伟大的抗日民族解放战争的开始。在那危急存亡的关头,除了极少数民族败类之外,中国各族人民,莫不义愤填膺,同仇敌忾,共赴国难。中国共产党在卢沟桥事变前后和抗战的全过程中提出并实行的一整套政治主张和军事战略战术,指明了夺取这场正义战争胜利的道路。举其荦荦大端而言:早在1935年,中国共产党就发出了号召全民团结抗日的"八一宣言"。1936年12月发生的西安事变,由于中国共产党提出的正确政策以及国民党内爱国将领和人士的共同努力,得到和平解决,为全面抗战打下了基础。在卢沟桥事变的第二天,1937年7月8日,中国共产党就发出了"国共两党亲密合作""驱逐日寇出中国"的宣言。在卢沟桥事变后不到一年,1938年5、6月间,毛泽东同志就发表了著名的《论持久战》的讲演,全面总结了抗战爆发以来的经验教训和国际国内形势,提出了抗日战争的一整套战略、战术、政策、策略主张。中国共产党领导的八路军、新四军和其他抗日根据地军民英勇战斗,对夺取抗战的胜利起到了决定性的作用。在中国共产党倡导的抗日民族统一战线的旗帜下,以国共两党合作为基础,工农兵学商各界各族人民、各民主党派、抗日团体、社会各阶层爱国人士和海外侨胞,形成了全民全面抗战的浩浩荡荡的大军,并联合国际上一切反法西斯力量,使抗日战争成为一百多年来中国人民反对外敌入侵的第一次取得完全胜利的民族解放战争。中华民族在那灾难深重的岁月里,因为有了用马克思列宁主义武装起来的、经过艰苦革命战争磨炼而深刻理解中国实际、同广大人民群众保持密切联系的中国共产党,才找到了克敌制胜的道路和力量,这是历史证明了的真理。这是我们今天要重温的历史经验之一。

胜利来之不易,和平来之不易。在八年抗战中,我国人民历尽艰辛,军民伤亡达 2100 万人，财产损失和战争消耗约 1000 亿美元。战争结束以后，日本发动侵略战争的罪魁祸首受到了应得的惩罚。在怎样看待中日关系这一段历史的问题上，我们党、我国政府一贯坚持：日本军国主义发动侵略战争的历史责任不能推卸，极少数人企图复活日本军国主义的倾向必须坚决反对；日本人民同样是侵略战争的受害者，要把日本人民同日本极少数军国主义者严格区别开来；为谋求中日两国人民的长远利益，为维护亚太地区的和平稳定，我们主张中日两国在正确对待历史、记取历史教训的基础上发展睦邻友好关系，主张两国人民世世代代友好下去。这是毛泽东、周恩来等我国老一辈革命家审时度势、高瞻远瞩所共同制定的基本政策。得到广大中国人民的衷心拥护。这一政策同样也得到日本广大人民、日本各界有识之士的理解和赞同。他们也从这场战争中吸取了并继续吸取着经验教训。由于中日双方的共同努力，1972 年中日两国发表联合声明，实现了两国关系正常化。1978 年，缔结了中日和平友好条约。联合声明和和平友好条约为中国和日本之间建立起长期稳定的睦邻关系奠定了坚实的基础。回顾中日联合声明发表以来的 15 年，中日两国之间各个方面的友好交往有了很大的发展，中日两国人民都十分珍视这种友好关系。同时，也不得不指出，在日本确有那么一小部分人，尽管人数不多，但有一定的能量，仍然逆历史潮流而动，公开为侵略战争翻案，替军国主义分子张目。这种行径不仅有害中日两国的友好，也不利于日本今后的发展，有必要引起两国人民的警惕。中日友好关系总的看是好的，但近年来日本方面接连制造了一些难题，给中日友好设置了一些障碍。为了使两国友好关系健康、顺利地发展下去，中日双方都有责任尽快妥善地处理好当前存在的问题。而对待和处理两国间问题的唯一准绳，只能是中日两国都已承担义务的中日联合声明和中日和平友好条约。从中国方面来说，我们始终恪守声明和条约，从来不给中日友好关系制造什么麻烦。我们相信日本政府在这方面也是应该和能够有所作为的。总之，中日两国联合声明、和平友好条约的原则必须得到严格的遵守，中日两国人民一定要世世代代友好下去。这是我们今天要重温的历史经验之二。

　　卢沟桥事变半个世纪了，中国早已换了人间。"多难兴邦。"经过中国几代人坚持不懈的奋斗，昔日中国政治腐败、国弱民贫、一盘散沙、备受欺凌的悲惨局面，早已被国家空前的统一、人民空前的团结、社会主义经济基础的奠定、人民生活的稳步提高、民主和法制的逐步完善、国防力量的增强、独立自主和平外交政策的坚定执行，这一派生气勃勃的景象所替代。同时，我们也应该清醒地看到，尽管和平力量不断壮大，战争的危险依然存在。我国经济文化还不发达，人民还不富裕，我国的社会主义还处在初级阶段。祖国统一大业尚未完成。我们在贯彻执行党的十一届三中全会以来的路线、方针、政策，坚持四项基本原则，坚持改革、开放、搞活，建设有中国特色的社会主义的过程中，面临着前人从未遇到过的新问题，新困难，需要我们去解决，去克服。只有拿出我们全部的精力和智慧，调动十亿人民的积极性，排除种种骄奢、惰怠、安于现状、不求进取等落后精神状态，实事求是，勇于创新，才能使我国社会生产力得到持续稳定的发展，才能迅速壮大国家实力，改善人民生活，增强国防力量，才能实现祖国的和平统一，才能使可能出现的侵略者望而却步。这样我们就能坚强地跻身于世界民族之林，屹立于世界的东方，并为世界的和平与发展贡献我们的力量。我们应当牢记"居安思危"的古训，发扬八年抗战的团结奋斗、英勇牺牲精神，保持高度的民族自尊、自信，奋发图强，在社会主义现代化建设的道路上猛进不息。这是我们今天要重温的历史经验之三。

"七七卢沟桥事变"将是中华民族历史上世世代代永志不忘的纪念日。值此50周年之际，我们抚今追昔，谨以此三点意见，与海内外中华儿女共同探讨，并以此对在这场民族解放战争中献身和死难的千千万万同胞寄托我们的哀思。

（1987年7月7日）

为进一步稳定发展而奋斗

——元旦献词

1990年过去了，1991年来到了。我们向全国各族人民祝贺：新年好！

新年前夕，中国共产党召开十三届七中全会，审议并通过了《中共中央关于制定国民经济和社会发展十年规划和"八五"计划的建议》。这个《建议》提出了今后5~10年的奋斗目标，勾画了宏伟的建设蓝图，是指引全国各族人民继续前进的纲领性文件。这是对全国人民新的鼓舞，新的激励，新的召唤。

过去的一年，是全党和全国人民在以江泽民同志为核心的党中央领导下，全面贯彻党的基本路线，继续沿着建设有中国特色的社会主义道路胜利前进的一年。我们继续贯彻治理整顿、深化改革的方针，取得了明显成效，工农业生产稳步增长，社会主义经济建设取得了新的成就，"七五"计划的目标已经基本实现。我们继续广泛深入地进行社会主义教育，批判资产阶级自由化；同时，大力加强党的建设，密切党和政府同人民群众的联系，进一步巩固发展中国共产党领导的多党合作和政治协商制度，发展了安定团结的政治局面。我们坚定不移地执行独立自主的和平外交政策，高举和平共处五项原则的旗帜，同周边国家、第三世界国家以及其他许多国家的友好关系有了新的发展，对外开放事业取得了新的进展。我国成功地举办了第11届亚运会，增强了同亚洲各国人民的友谊，振奋了全国人民的精神。教育、科技、文化、国防等各项事业都有新的进步。

过去的一年是不平常的一年。我们完全可以自豪地说，90年代第一年，我们干得不错，为实现我国社会主义现代化建设的第二步战略目标，创造了一个良好的开端。这一切是在国际形势发生前所未有的重大变化、外部压力很大的情况下取得的，所以尤其可贵。

1991年，是实现十年规划和"八五"计划的第一年，更加艰巨的任务摆在我们面前。新年伊始，我们就要再接再厉，把各项工作进一步做好。

在新的一年里，我们要继续专心致志抓好社会主义经济建设。经济是基础。只有经济发展了，社会才能稳定，人民生活才能改善，其他各项事业的发展才有物质的基础。不论世界上发生什么事情，我们都不能放松经济建设这个中心。一切工作都要为经济建设服务。经济工作要以农业为基础，以提高经济效益为中心。

我们的经济建设，是社会主义的经济建设。为了保证我国的现代化建设事业沿着社会主义的轨道前进，就必须坚持四项基本原则，反对资产阶级自由化，粉碎国际敌对势力"和平演变"的阴谋，激发全国人民的爱国热情，提高社会主义觉悟。批判资产阶级自由化，离不开马克思主义理论的武装。我们要继续组织广大干部学好科学社会主义理论，并向广大人民群众进行宣传教育，用社会主义思想牢牢占领思想文化阵地。

改革开放是社会主义制度的自我完善和发展，目的是促进生产力的发展和社会的全面进步，充分发挥社会主义制度的优越性。过去两年多，经过艰苦努力，治理整顿、深化改革已经取得明显的阶段性成效，但是，一些深层次问题还没有得到根本解决。在"八五"头一年或更长一点时间，要继续进行治理整顿和深化改革，在治理整顿中求发展，并为长远的经济发展创造更为良好的条件。

在我们这样一个人口众多、经济文化基础薄弱的大国，进行社会主义现代化建设，是极其伟大而又极为艰难的事业。情况是复杂的，任务是艰巨的。不论建设和改革，都不能急于求成。国民经济要持续、稳定、协调发展。各项改革要积极稳步地进行。只要我们稳扎稳打，踏踏实实地进行艰苦细致的工作，我们就一定能够一步一步地达到自己的目的。

在新的一年里，我们将迎来中国共产党建党70周年、辛亥革命80周年和太平天国革命140周年。这是中国近现代革命史上三个具有重大意义的事件。特别是中国共产党的成立，使中国革命的面貌为之一新，几千年的文明古国发生了翻天覆地的巨变。中国共产党是我国社会主义事业的领导核心，根本的问题在于把党建设好。要进一步用大力量抓党的建设，抓廉政建设，提高党的战斗力和凝聚力。

90年代，我国将按照"一国两制"的原则，实现香港、澳门回归祖国。这是中华民族坚强不屈、英勇奋斗的成果。我们希望台湾当局认清形势，积极发展海峡两岸的交往，早日实现祖国的和平统一。这是历史赋予中华儿女的神圣使命。

在我国社会主义现代化建设的历史进程中,本世纪最后 10 年是非常关键的时期。我们能不能在 90 年代巩固和发展 80 年代取得的成就,大力促进经济振兴和社会进步,直接关系到我国社会主义制度的兴衰成败,关系到中华民族的前途和命运。十年规划和"八五"计划的实施,必将促进振兴中华和统一祖国大业的实现。全党同志,全国各族人民,更加紧密地团结起来,为进一步稳定发展,为胜利完成十年规划和"八五"计划而努力奋斗!

(1991 年 1 月 1 日)

坚定地走自己的路

——庆祝中国共产党成立 70 周年

今天,是伟大的中国共产党诞生 70 周年。全党同志隆重纪念这个光辉的日子,各族人民热烈欢庆这个光辉的日子。

在这喜庆的时刻,抚今追昔,我们深深怀念为党的创立、建设和发展立下了丰功伟绩的以毛泽东为代表的已故的老一辈无产阶级革命家,深深怀念在革命战争年代为民族的独立解放抛头颅、洒热血的千千万万革命先烈,深深怀念在社会主义建设时期为祖国的繁荣富强奉献了自己生命的党的优秀儿女。正是因为有了他们,中国共产党的党徽光芒四射,中国共产党的党旗鲜艳夺目。他们的业绩彪炳史册,他们的精神光照千秋,他们的事业青春永在。

中国共产党的 70 年,是革命的 70 年,创业的 70 年,胜利的 70 年。党在 70 年的奋斗历史中,积累了极为丰富的经验,千条万条,归结到一条,就是把马克思主义的普遍真理同中国革命和建设的具体实际结合起来,走自己的路。

一个民族不可以没有正确的理论思维。从 19 世纪中叶起,中国人民长期遭受列强的侵略压迫,孜孜求索救国之道,历尽千辛万苦,才找到了马克思主义作为解放我们民族的最好的思想武器。马克思主义是放之四海而皆准的普遍真理,是行动的指南,要使之变成推动每个国家社会进步的有效武器,必须从各国的实际出发,理论联系实际。我们党从成立的时候起,就致力于探索把马克思主义的普遍真理同中国人民的解放事业相结合的道路,解决一个又一个共产主义运动从未遇到过的艰巨复杂的课题。

在新民主主义革命中,作为工人阶级先锋队的中国共产党,正确地领导农民,团结社会其他阶级阶层,形成反帝反封建的统一战线,创造了农村包围城市、武装夺取政权的崭新的革命道路,推翻了压在全国人民头上的三座大山，建立了中华人民共和国。这一胜利，对世界格局和历史进程产生了重大的影响。在革命战争的艰苦岁月里，由于敌人的强大和党内领导的"左"、右倾错误，我们党曾迭遭挫折，陷于极其危险的境地，但是党一次又一次化险为夷，转危为安，奇迹般地打开了革命的新局面。是马克思主义的普遍真理同中国革命的具体实际相结合，赋予我们党不可战胜的智慧和力量。

在社会主义革命中，我们党顺利地实现了对个体农业、手工业和资本主义工商业的社会主义改造，消灭了剥削制度和剥削阶级，全面确立了社会主义制度。实现这场我国几千年历史上最深刻、最伟大的社会变革，没有引起社会动荡，没有破坏生产力，而是社会稳定，人民振奋，生产发展，这在世界上也是少见的。没有从实际出发，创造性地运用马克思主义原理的胆略和艺术，要取得这样的成功是不可能的。

在社会主义建设中，我们党领导中国人民努力探索实现工业化、现代化的道路，取得了一个又一个重大成就，逐步建立起一个独立的比较完整的工业体系和国民经济体系。特别是党的十一届三中全会以后，我们党解放思想，实事求是，在深刻总结社会主义建设正反两方面经验的基础上，逐步形成了以经济建设为中心，坚持四项基本原则，坚持改革开放的基本路线，给我国社会主义事业注入了强大的生机。近十多年来，社会主义现代化建设的步伐大大加快，各条战线都取得了令人鼓舞的成就。

把马克思主义的普遍真理同中国革命和建设的具体实际结合起来，解决前进道路上遇到的难题，是长远的历史任务，需要一代又一代共产党人持续不断地探索、奋斗。在长期革命斗争中，以毛泽东同志为主要代表的中国共产党人，把马克思主义的普遍真理创造性地用于中国的具体实际，形成了毛泽东思想，指导我国革命和建设从胜利走向胜利。党的十一届三中全会以来，以邓小平同志为核心的领导集体继续坚持理论联系实际的原则，创造性地提出建设有中国特色的社会主义的理论，设计和领导改革开放的伟大事业，在新的历史条件下，坚持和发展了毛泽东思想。邓小平同志在党的第十二次代表大会的开幕词中说："把马克思主义的普遍真理同我国的具体实际结合起来，走自己的道路，建设有中国特色的社会主义，这就是我们总结长期历史经验得出的基本结论。"党的十三届四中全会以来，以江泽民同志为核心的党中央，克服了资产阶级自由化泛滥、动乱和反革命暴乱造成的严重困难，顶住了国际敌对势力的压力，继续坚定不移地带领全党和全国人民沿着老一代无产阶级革命家开辟的道路前进，取得了社会主义事业的新胜利。我们党一代又一代领导集体，都矢志不渝地沿着理论联系实际的道路前进，一方面不断丰富了马克思主义的理论宝库，一方面不断推动了振兴中华的伟大实践。

党的70年的历史告诉我们，坚持和发展马克思主义，贯穿在中国人民解放事业和社会主义建设事业的全部实践过程。走自己的路，丝毫不能脱离马克思主义，丝毫不能脱离中国国情；如果脱离了，就必然使革命和建设遭挫折、走弯路。只有把二者紧密地结合起来，才能前进，才能胜利。

党的70年的历史告诉我们，走自己的路，就必须密切联系群众，紧紧地同人民群众站在一起。人民群众是我们党的力量的源泉和胜利的根本。理论联系实际的过程，也就是党联系群众的过程。党在漫长的岁月中，之所以历经磨难而不衰，不管遇到多么大的狂风暴雨，都能巍然挺立，就是因为深深扎根于人民群众之中。我们要万分珍惜并不断加强同人民群众的血肉联系，这是使我们的事业无往而不胜的基本保证。

党的70年的历史告诉我们，理论联系实际，走自己的路，没有现成的经验可循，只能在实践中探索前进，这就不可避免地会发生这样那样的失误。不愿进行艰苦的探索，只想等着天上掉下包治百病的灵丹妙药，是懒汉的空想。遇到某些挫折，就悲观失望，是懦夫的无能。宣称马克思主义"不灵了"，社会主义"失败了"，是敌对势力的诽谤。我们党在历史上虽然发生过失误，遭受过挫折，但总是认真吸取教训，纠正失误，朝着既定的目标奋进，显示了对马克思主义的坚定信仰和对人民利益的无限忠诚，显示了用马克思主义武装起来的无产阶级政党的巨大力量。

党的70年的历史还告诉我们，要做到理论联系实际，很重要的一条是，要以马克思主义的建党学说为指导，加强党的自身建设。在新的历史时期，能不能在执政条件下继续坚持全心全意为人民服务的宗旨，能不能在改革开放和发展商品经济的环境中继续保持共产党人的共产主义的纯洁性，能不能筑起抵御国内外敌对势力"和平演变"的钢铁长城，这是我们党面临的严重考验，也是党的建设必须着重解决的重大课题。我们要继承和发扬党的好传统，发扬理论联系实际、密切联系群众、批评与自我批评等优良作风，使我们党思想上更加统一，政治上更加坚强，组织上更加巩固，更好地担负起历史赋予的伟大使命。

当前，世界上旧的政治格局已经打破，新的政治格局尚未形成，正处于大变动之中。世界社会主义事业遇到严重挫折，国际敌对势力加紧对社会主义国家进行"和平演变"。"沧海横流，方显出英雄本色。"中国人民的骨头是硬的，中国共产党人的骨头是硬的。中国人民经过千难万难，在中国共产党领导下选择了社会主义道路，这是一条使中国人民站起来不受欺侮的路，是使中国走向繁荣富强的路。中国共产党人坚定地走在这条大路上，中国人民坚定地走在这条大路上。不管来自哪里的什么样的压力，都休想使中国共产党人和中国人民屈服，都不能动摇中国共产党人和中国人民的坚定信念。

（1991年7月1日）

要进一步改革开放

江泽民同志在庆祝中国共产党成立70周年大会上的讲话中指出:"建设有中国特色社会主义的经济、政治、文化,必须在坚持四项基本原则的前提下,坚持改革开放的总方针。只有通过改革,社会主义制度的优越性才能更加充分发挥出来。"通过深入学习讲话,每个共产党员、每个党员干部都应当深刻认识改革开放的重大意义,增强改革开放意识,把我们的改革开放事业进一步推向前进。

党的十一届三中全会以来,邓小平同志和党中央,解放思想,实事求是,把党和国家工作的着重点转移到以经济建设为中心的现代化建设上来,在坚持四项基本原则的前提下,实行改革开放,找到了建设有中国特色社会主义的道路。十多年来的改革开放,给我国社会主义注入了强大的生机,整个国家和社会的各项事业蓬勃发展。可以说,没有改革开放,中国的现代化建设就不可能取得如此辉煌的成就。"四项基本原则是立国之本,改革开放是强国之路",已经成为全国亿万人民不可动摇的共识。

改革是社会主义制度的自我完善。社会主义制度已经在中国大地扎根并初步显示出优越性,但是由于它是一个新生的制度,还很不成熟,生产关系和上层建筑中还存在不适应生产力发展的方面和环节,妨碍了社会主义制度优越性的发挥。社会主义制度只有在坚持自身改革的进程中,才能逐步走向健全、走向完善、走向成熟,这是社会发展的辩证法。我们已经确定的建设有中国特色的社会主义的各项基本要求,都需要通过改革来实现。我们在实现现代化的战略目标过程中面临的大量新问题,都需要用改革的精神来解决。实行对外开放,是改革的重要方面。他山之石,可以攻玉。吸收国外先进科学技术、管理经验和优秀文化成果,能够更快地发展自己,增强我国自力更生的能力,使社会主义制度的优越性更加充分地显示出来。

改革开放必须坚持正确的方向。我们的改革是在坚持四项基本原则的前提之下，绝不能搞资产阶级自由化。如果在经济上实行私有化，政治上实行西方那种多党制，意识形态上实行取消马列主义、毛泽东思想指导地位的多元化，那就会使党和国家陷入混乱，就会葬送党和人民70年奋斗的全部成果。在这个关系到社会主义生死存亡的问题上，我们必须立场坚定，旗帜鲜明，不能有任何一点的模糊和动摇。

坚持四项基本原则，同坚持改革开放是一致的。不坚持四项基本原则，改革开放就会走偏方向，甚至会亡党亡国。不坚持改革开放，社会主义制度的优越性不能得到充分的发挥，社会主义就不可能立于不败之地。我们国家现在经济稳定、政治稳定、社会稳定，是十一届三中全会以来改革开放的结果，是十三届四中全会以来治理整顿、深入改革的结果。如果经济不发展，人民生活不提高，如此稳定是不可能的。

我们国家现在还处在社会主义初级阶段，生产力的发展水平还很低。社会主义的胜利，从根本上说来取决于社会生产力的发展。我们必须用很大的力量搞活国营大中型企业，发展全民所有制经济和集体所有制经济，使公有制经济始终是国民经济的主体。这关系到社会主义制度的巩固和发展，也关系到国民经济的发展和人民生活水平的提高，是绝不能等闲视之的。与此同时，也要适当发展个体经济、私营经济和外资企业，以补充公有制经济的不足。必须深切地认识到，在社会主义制度下，凡是有利于社会生产力发展的、有利于国计民生的事情，都是有利于社会主义的，都应该保护和支持。在改革开放中，我们要坚持社会主义方向，坚持公有制的主体地位，在这个条件下，也要使各种经济成分都能得到适当的发展，以利于整个社会生产力的提高，而不能忽视、更不能取消非公有制的经济成分。我们反对"和平演变"，是为了提高我们自己的抵御能力，保持清醒的头脑，对外开放不仅不能缩小，而且要进一步扩大。我们的同志必须学会辩证地看待问题和处理问题，不要有任何片面性。

"一个中心、两个基本点"的基本路线，是一个有机的整体，绝不能强调一个方面，就忽略了另一个方面。江泽民同志的"七一"讲话，对于建设有中国特色的社会主义，对于党的基本路线，作了完整的、深刻的马克思主义的阐述，我们要认真学习，全面领会其精神实质，在各自的工作中自觉地贯彻落实。

（1991年9月2日）

实干兴邦

——庆祝建国四十二周年

伟大的中华人民共和国在稳定发展中迎来了建国 42 周年。欢度国庆，抚今追昔，我们为过去的辉煌成就而鼓舞，更为前头的宏伟目标而振奋。

实干兴邦，空谈误国。国家富强，民族昌盛，人民幸福，都是亿万人民用自己的智慧和劳动创造出来的。社会主义这一伟大而艰巨的事业，是靠全国人民团结一致干出来的。党的一个中心、两个基本点的基本路线已经指明了方向，国民经济和社会发展十年规划和"八五"计划已经明确了任务，现在，最重要的是落实，是实干。全国各族人民要奋发图强，埋头苦干，一心一意搞建设，聚精会神地建设有中国特色的社会主义。

今年是实现十年规划和"八五"计划的第一年。万事开头难。虽然遇到一些困难，但今年这个头我们开得很不错。各地区、各部门认真贯彻党的十三届七中全会和七届全国人大四次会议的精神，治理整顿和深化改革取得巨大的成就，经济回升速度加快，整个经济形势朝着好的方向发展。经济的发展，促进了政治和社会的稳定发展。党的十三届四中全会以后中国的形势，同国内外敌对势力所希望的相反，伟大的中国人民正以矫健的步伐，向着既定的目标前进。中国的命运，永远掌握在中国人民自己手里，世界上没有任何力量能够动摇 11 亿中国人民走有中国特色的社会主义道路的决心和信心。

入夏以来，我国部分地区遭受严重的洪涝灾害，造成重大损失。在各级党组织和政府的领导下，中国人民迅速动员起来、组织起来，投入抗洪救灾斗争，万众一心，团结奋斗，把灾害造成的损失降到最低程度。目前，灾区人民生活有保障，情绪稳定，正在努力恢复生产，重建家园。旧中国那种大灾之后哀鸿遍野、饿殍载道的悲剧已经成为历史的陈迹。事实再一次教育了广大干部和群众：只有社会主义才能够救中国，才能够发展中国。港澳同胞、台湾同胞、海外侨胞，发扬了爱国主义精神，捐款捐物，慷慨赈灾，体现了同胞之间血浓于水，情重如山。中华民族是个值得自豪的民族，是个大有希望的民族。

建设社会主义，必须有一条正确的路线。经过42年的坎坷道路，特别是十几年改革开放的探索，党终于有了一条符合中国国情的基本路线。这是一条治国安邦的生命线。正确的路线，要靠扎扎实实的工作去贯彻落实。有了前进的目标，又有了航行的路线，如果不认真去操作，还是不能到达胜利的彼岸。

能不能使我国的社会主义事业经受住严峻考验，能不能使社会主义制度充分发挥出优越性，归根结底取决于能不能把经济建设搞上去。我们要牢牢把握住经济建设这个中心，用最大的力量去发展社会生产力。这一点，绝不能有丝毫的动摇。与此同时，要随时注意处理好四项基本原则和改革开放这两个基本点的关系，把立国之本和强国之路密切结合起来，使我国的改革开放事业向着社会主义方向顺利地发展。

农业是国民经济的基础，在中国这样一个人口众多的大国，吃饭问题是任何时候都必须首先注意的。尤其今年部分地区受灾，更应该十分重视农业。要进一步加强对农村工作的领导。灾区要切实做好发展生产、重建家园的工作。各级领导要把群众的冷暖时刻放在心上，一户一户地安排好灾区人民生活，确保所有的灾民都能安全过冬。大灾之后要大治，今冬明春要掀起兴修水利的高潮，要把广大农民群众的积极性引导到大搞农田水利建设上来，变害为利。

国营大中型企业是我国国民经济的支柱，是国家财政收入的主要来源。搞活大中型企业，不仅关系到国民经济的发展和财政收入的增加，而且关系到社会主义优越性的发挥。各级党委、各级政府，必须切实加强对大中型企业的领导，以进一步搞好大中型企业为重点，把经济体制改革和政治体制改革深入一步。这是当前和今后一个时期经济工作的一项极其重要的任务。党中央和国务院为进一步搞好大中型企业，制定了一系列的政策和措施。现在重要的是，要一个行业一个行业、一个企业一个企业地狠抓落实。

不论哪个方面的工作，都有许多具体的问题要解决，都需要做切实的工作去解决这些具体的问题。空喊是不行的，要实干。实干应该成为每一个人，尤其每一个领导干部的座右铭，成为我们大家的行动准则。实干兴邦，让我们用自己勤劳的双手，创造伟大祖国更美好的未来。

（1991年10月1日）

在改革开放中稳步发展

——元旦献词

社会主义的中国在稳步发展中辞别了 1991 年，昂首跨进 1992 年。

刚刚过去的一年，是实施国民经济和社会发展十年规划和"八五"计划的第一年。在这一年，国际形势风云变幻，全党和全国各族人民在以江泽民同志为核心的党中央领导下，同心同德，以坚定的步伐继续沿着建设有中国特色社会主义的道路胜利前进。我国政治稳定、社会稳定，经济进一步向好的方向发展，工业保持了适度增长，农业在遭受严重自然灾害的情况下仍然获得较好收成，市场商品丰富，物价稳定，人民安居乐业。尤其令人高兴的是，经过三年的持续努力，经济秩序有比较明显的改善，整个国民经济已经恢复到正常的增长速度，治理整顿的主要任务已经基本完成。在我国部分地区遭受多年未遇的洪涝灾害时，全国人民团结一致，抗洪救灾，表现出顽强拼搏、顾全大局、先人后己的精神风貌，显示了中华民族强大的凝聚力。在这一年，我国坚持执行独立自主的和平外交政策，坚持以和平共处五项原则处理国与国的关系，积极发展同第三世界国家特别是同周边国家的友好关系。在维护地区和平与稳定、推动热点问题的政治解决方面发挥了独特的作用，逐步打破了西方对我国的经济制裁和政治制裁，扩大了对外开放。经过这一年的实践，全国人民对于实现十年规划和"八五"计划提出的奋斗目标，信心更足，决心更大了。

在新的一年里，全党和全国人民的任务是，更加紧密地团结在以江泽民同志为核心的党中央周围，坚定不移地沿着党的十一届三中全会以来以邓小平同志为核心的第二代领导集体开创的道路前进，全面贯彻党的基本路线，深化改革，扩大开放，进一步推动我国政治、经济和社会的稳步发展。

我国现阶段的主要矛盾是人民日益增长的物质文化需要同落后的社会生产之间的矛盾，这就决定了必须以经济建设为中心。实践证明，坚持这个中心，国受益，民得利；背离这个中心，国遭损，民受害。因此，对经济建设这个中心一定要紧抓不放。今年要在巩固治理整顿的成果和保持经济总量基本平衡的基础上，把经济工作重点转移到调整结构和提高经济效益的轨道上来。不久前先后召开的中央工作会议和党的十三届八中全会，分别就搞好国营大中型企业、加强农业和农村工作作出决策、决定，抓住了国民经济发展中两个有决定意义的环节，要集中力量认真贯彻落实。农业是经济发展、社会安定、国家自立的基础。今年我们仍要把夺取农业丰收放在经济工作的首位。国营大中型企业是国民经济的支柱，是国家财政收入的主要来源。今年我们要争取在提高国营大中型企业效益方面取得比较明显的进展。同时，要使集体企业继续发展，引导个体经济、私营经济和"三资"企业健康发展。科学技术是第一生产力。当今世界，科学技术迅猛发展，我们必须下大力量迎头赶上。农业也好，工业也好，其他建设事业也好，都要转移到依靠科技进步和提高劳动者素质的轨道上来。

要完成今年经济建设的任务，并进而实现90年代的奋斗目标，关键在于深化改革、扩大开放。过去十多年取得的巨大成就证明，邓小平同志提出的改革开放，是社会主义中国的强盛之路。我们应当清醒地看到，通过改革，革除了现行体制中的若干弊端，但是还有许多弊端尚未革除；通过改革，极大地调动了人们的积极性，但是还有许多潜在的积极性有待调动；通过改革，社会主义制度的优越性得到很大发挥，但是远未充分发挥。改革的天地还很大，改革的任务还很重。在治理整顿的主要任务已经基本完成的条件下，我们要不失时机地进一步深化改革，扩大开放，以促进社会生产力的大发展。要按照十三届八中全会决定的要求，坚持深化农村改革，继续稳定以家庭联产承包为主的责任制，不断完善统分结合的双层经营体制，积极发展社会化服务体系，逐步壮大集体经济实力，引导农民走共同富裕的道路，开创农业和农村工作的新局面。要按照中央工作会议的要求，积极为企业创造良好的外部条件，努力推动企业内部经营机制的改革，增强国营大中型企业活力，提高企业效益。经济建设的其他部门，科技、教育、文化等各条战线，都应当把深化改革的文章做好。政治体制的改革，也要在党中央的领导下有计划、有步骤地进行。一切改革措施的出台，都必须审时度势，有利于稳定。也只有深化改革，克服现行体制中的弊端，才能保证长期的稳定。稳定有利于改革，改革促进形势的稳定，这是辩证的统一。在新的一年里，我们还要进一步扩大开放，继续办好经济特区、对外开放城市和开放地区，搞好浦东的开发和开放。同时要继续深入进行外贸体制的改革，开拓国际市场。

坚持四项基本原则，是搞好改革开放，实现稳步发展的根本保证。党的十三届四中全会以来，我们有效地克服了一个时期存在的"一手硬、一手软"的偏向，坚持四项基本原则，批判资产阶级自由化思潮，加强思想政治工作，加强社会主义精神文明建设，有力地维护了社会政治的稳定，保证了经济建设和改革开放健康发展。这是极可宝贵的经验。今后必须坚持不懈地抓下去，切不可有丝毫的松懈。越是改革开放，越要坚持四项基本原则，越要加强思想政治工作，越要把爱国主义、集体主义和社会主义的思想教育抓紧抓好。中国共产党是我国的执政党，是社会主义事业的领导核心。我们要进一步加强党的思想建设、组织建设、作风建设，努力提高广大党员干部特别是领导干部的马列主义、毛泽东思想理论水平和政治素质，密切党同人民群众的联系，坚决纠正不正之风，不断提高党的战斗力、凝聚力。

今年第四季度将召开中国共产党第十四次全国代表大会。这次大会将总结改革开放以来特别是党的十三大以来的经验，确定今后党的任务和一系列方针、政策，选举新的中央委员会。这将是我国社会主义现代化建设进程中具有重大意义的会议，对于承前启后、推进建设有中国特色社会主义的伟大事业，必将产生巨大而深远的影响。各级党组织和全体共产党员，要坚定地贯彻党的路线、方针、政策，充分发挥战斗堡垒作用、先锋模范作用，带领全国各族人民奋发图强，艰苦奋斗，以改革和建设的优异成绩迎接党的十四大的召开。

统一祖国，振兴中华，是海内外中华儿女的共同要求。在新的一年里，我们将按照"一国两制"的原则，为5年后香港回归祖国、7年后澳门回归祖国，继续积极做好各方面的工作。同时，要努力发展海峡两岸经济、贸易、科技、文化的交流，促进祖国统一大业。希望台湾当局以民族大义为重，为和平统一祖国作出切实的贡献。极少数"台独"分子违背全民族公意的倒行逆施，是注定要失败的。

当前世界的局势更加动荡不安。处在这样一个世界上的中国，高举社会主义的旗帜，励精图治搞改革，扎扎实实求发展，显示出蓬勃兴旺的生机和活力。辞旧迎新，瞻望未来，90年代必定是有中国特色的社会主义更加大放光彩的年代，我们对祖国光辉灿烂的未来充满信心！

（1992年1月1日）

改革的胆子再大一点

在风云变幻的国际形势下,关键是要把我们自己国内的事情办好。这已经成为全国上下的共识。

把自己国内的事情办好,最重要的是把经济搞上去。要把经济搞上去,就必须实行改革开放。在当前,改革开放的胆子应该再大一点,改革开放的步伐可以再快一点。这样,经济发展的步子就可能更快一些。

党的十一届三中全会以来,我们国家的面貌发生了举世瞩目的巨大变化,这是改革开放的结果。对比这十多年和以前的几十年,再对比我国和有些国家的情况,我们更加深切地认识到,中国不坚持走社会主义道路不行,不改革开放也不行。通过改革开放,使我们的社会主义制度更加完善,这是我们的唯一选择。除此没有其他道路可走。

我们提出改革开放的胆子再大一点,是基于对我国当前形势的正确判断。通过三年多的努力,治理整顿的主要任务已经基本完成。治理整顿与深化改革是辩证统一,不治理经济环境、整顿经济秩序,改革就不能顺利进行。不深化改革,治理整顿任务也不能如期完成。在治理整顿期间,改革迈出了较大步伐。在治理整顿任务完成以后,应该把工作重点放在深化改革方面,改革开放要迈出更大的步伐。现在,我国政治稳定、经济稳定、社会稳定。同时,经过十多年的实践,我们在改革开放方面已经取得了许多经验,已经形成了一系列的方针政策,在许多方面新体制的轮廓已经比较清晰。人们对改革开放的理解和承受能力都有较大的提高。这些,都为我们加快改革开放的步伐创造了条件。

改革开放胆子要再大一点。要在落实党的十一届三中全会以来的方针政策上,在落实那些行之有效的改革开放措施上,更大胆,更坚决,更讲求实效。要少说空话,多做实事,狠抓落实。不要以为认识了的问题,就能够解决,定下来的事情就能办到,人们在实践中要达到预期的目的,需要有足够的决心和魄力，需要做艰苦细致的工作。

在改革开放进程中，我们还会遇到许多新的问题。解决这些新问题，单靠老办法不行，必须大胆探索。这就更要解放思想，敢闯、敢干，敢于做别人没有做过的事情。

做别人没有做过的事情，往往事先没有把握。实践是检验真理的唯一标准。应该做的但又没有把握的事情，不是不干，而是要大胆地进行试验。不下水学不会游泳，不试验不知好坏。试验当然要争取成功，但也要允许失败。成功了，就推广；失败了，改了就是了，自己不要灰心，别人不应该责难。要支持、爱护那些致力于改革的创新者。

对改革开放中出现的新事物，有的同志开始不那么习惯，不那么理解，随着实践的结果，经过事实的教育和启发，他们会跟上来的。要靠实践的教育，不要去搞空泛的争论。还是邓小平同志讲的，要解放思想，实事求是，团结一致向前看。

我们以前说过，四项基本原则是立国之本，改革开放是强国之路。让我们在党的基本路线指引下，在强国之路上，沿着建设有中国特色的社会主义道路，更大胆地前进！

（1992年2月24日）

中国改革开放的新阶段

以邓小平同志今年年初巡视南方发表重要谈话为标志,中国改革开放进入了一个新的发展阶段。抓紧有利时机,进一步解放思想,转变观念,加快改革开放步伐,力争经济更好更快地上一个新台阶,是当前全党的战略任务。

目前,全国各地正在中共中央政治局全体会议精神和邓小平同志重要谈话的鼓舞下,制订规划,采取措施,发动群众,真抓实干。从最近报道的各地动态,以及国家统计局公布的近期国民经济发展公报看,中国的现代化步伐在明显加快。我们要振奋精神,大胆而又过细地工作,齐心协力地办好几件大事,走出一条既有高的速度又有好的效益的国民经济发展路子。

中国的改革开放事业,发轫于党的十一届三中全会。13年来,我国的经济体制发生了具有深远意义的转变:从过去那种管得过多统得过死的高度集中管理体制,转向运用计划和市场两种经济手段,逐步建立具有生机与活力的社会主义商品经济体制和运行机制;从封闭或半封闭经济,转向积极参与国际交换的开放经济。

随着新体制的逐步确立,我国社会内部蕴藏的巨大潜力,正在强劲地发挥出来,其中一个突出的现象是,过去计划经济特有的短缺现象,正在日益为供需两旺,有些产品已经出现买方市场所取代。这是一个富有历史意义的重大转变。

中国改革开放事业发展到20世纪90年代,处于一个非常重要的关键时刻。

90年代是实现"三步走"战略的承上启下的重要时期。这一步,既关系到前一步成果的巩固,又关系到为下一步发展创造条件,继往开来,意义深远。

90年代是经济体制转轨变型的关键时期。按照邓小平同志的设想,再有30年的时间,我们才会在各方面形成一整套更加成熟、更加定型的制度。

90年代必须迈出实现新旧体制转换的突破性一步。

90年代是我国社会主义制度经受严峻考验的重要时期。现在我国的生产力水平和生活水平还比较低，同发达国家以至发展较快的周边国家和地区比，还有较大差距。90年代能否在增强我国经济实力、提高人民生活水平上再上新台阶，确实关系到社会主义制度的巩固，关系到国家民族的前途和命运。

90年代还是我国千载难逢的极好发展时机。世界格局从两霸对峙转入多极化，给我国以较大回旋余地。亚太地区政治比较稳定，经济很有活力，给我们提供了良好国际环境和广泛合作机遇。国内经过三年治理整顿，政治稳定，社会稳定，总供给与总需求基本平衡，经济环境比较宽松，市场秩序也有较大改善。天时地利人和具备，加快改革开放的步伐适逢其时。

目前，我国经济生活中还存在着一些用一般方法所难以解决的深层次困难和矛盾：

经济结构不合理。能源、交通、通讯、原材料等基础产业和基础设施发展不快，处于"瓶颈"状态，第三产业发展不符合社会进步要求，一般加工工业增长过快。政府虽三令五申，并启动各种手段予以调控，但牵动到现存利益格局，调整难度甚大。

部分国营企业设备更新、技术改造的步伐不快，产品竞争力差，库存积压，亏损严重，债务链难解，经济效益甚差，不仅不能为国家提供大量积累，而且需要国家提供大量财政补贴。

财政上，国家掌握的财政收入特别是中央掌握的财政收入比例过低，而价格补贴、企业亏损补贴、行政费支出的负担又过重，因此，财政赤字多，收支平衡的压力增大。

金融上，建设投资规模增长过快，投资行为缺乏约束，投资结构不合理，资金使用分散化，重复建设、重复引进难以控制，因此，通货膨胀的压力没有消除。

在地区发展上，这几年中部与西部的发展也是快的，但沿海发展更快，如不采取有力措施，则东西部的发展差距有增大之势。这不仅是个地区问题，而且事关民族团结的大局与边防的巩固。

上述现象不是说我们的经济比以前更加困难，而是经济生活向我们提出了更深层次的要求，它要求我们及时转变观念，把商品生产、市场交换、价值规律当作经济运行的必然产物，把市场机制与计划调节都当作人类文明发展的成果，按照客观经济规律，改造我们的经济体制与运行机制。

进一步加快改革开放，是十三年改革开放的逻辑发展。按照国际国内形势的发展变化，90年代要加快建立适应社会主义有计划商品经济发展的、计划与市场相结合的新经济体制与运行机制。要不失时机地进一步扩大开放，使我国对外经济技术合作与交流更快地上一个新台阶。与这个基本要求及现实状况相适应，新阶段的改革开放将有明显的特点：

配套改革，整体推进。进入90年代，在认真地回顾了过去十多年改革的基本经验之后，我们可以更清楚地认识到，经济发展是一个各种因素相互联系、相互制约、相互发生作用的运行过程。因此，经济体制与运行机制的改革，必然是一个相互制约、相互启动的系统工程。哪一个环节跟不上去，改革就很难奏效。改革可以有先有后，不同时期侧重点可以不同，但必须配套运行。

企业是社会经济的基本细胞。国营企业不活是旧体制的主要弊端。城市改革必须始终把搞活国营大中型企业作为中心环节，以转换经营机制，把企业推向市场为核心，进行配套改革。

配套也有几个层次。在企业内部，领导制度改革、劳动人事工资制度改革以及计划、投资、产品定价等是小配套；在企业外部，企业改革与政府职能转变、市场体系形成是中配套；在整个改革中，城市与农村，经济、政治、科技、教育体制改革与观念更新是大配套。

攻取外围，进入深层。改革发展到现在，留下的任务都有难度，而且不同程度上牵动着各方面的权利与利益。例如，企业改革从扩权、减税、让利开始，强化激励机制，对调动企业积极性发挥了重要作用。但是，再深入下去，人们就会发现，企业活力动力不足，主要在于它没有成为独立的商品生产者和经营者，因而实现政企职能分开、给企业以充分的经营自主权等，就成为深化改革的重要课题。

制定和严格执行产业政策，是国家实行计划调节的要点内容，是避免重复生产、重复建设的主要措施。要严格按产业政策进行生产和建设，违反产业政策的，必须采取经济的行政的手段加以制止。微观要放开，宏观要管住。对外开放的一个重要特点，就是从沿海向沿江、沿边、内陆省区推进，全方位、多元化的对外开放格局正在形成。

进一步加快改革开放，任务是宏伟的，实现这个目标的意义是重大的。即将构成的新体制，将使我们的经济发展既有巨大的动力与活力，能够适应国际市场的风云变幻，又有按比例协调发展国民经济的能力，避免无政府状态带来的灾难。新体制将大大解放社会生产力，把亿万群众的积极性创造性引导到造福中国的伟大事业上来。有了这个新体制，我国90年代迈上新台阶、21世纪登上新高峰就有了可靠的保证。国内外的某些人总是说，商品经济和公有制是不相容的，中国只有倒退到资本主义才有出路。我们已有的成就和未来的实践将会证明，中国可以找到一条符合自己国情的社会主义路子来。

越过艰辛和坎坷，前面将是一条康庄大道。

全国人民万众一心，以强烈的商品意识和机遇意识，肩负起90年代的改革开放的历史重任！

（1992年6月9日）

论解放思想

邓小平同志南巡重要谈话,把人们的思想引向一个新的境界———次新的思想解放的浪潮在全国展开。事实再次启示我们,在改革开放和经济建设中,能不能迈开步子,打开局面,首先是解放思想。思想解放了,就能够突破陈旧过时的观念,拓宽思路,放开手脚,在工作中不断有新办法、新突破、新建树。正如江泽民同志所指出的那样,解放思想是一个法宝,是一个帮助我们在思想上和工作上永远保持蓬勃生机与活力的法宝。

改革促进社会生产力的解放。然而没有思想的解放也就没有生产力的解放。党的十一届三中全会以来的14年改革和建设实践就证明了这一点。14年来,我们在经济、政治、科技、教育等各个领域都进行了大胆的改革,并逐步形成了一整套建设有中国特色的社会主义的理论和政策。这套理论和政策跳出了旧的思维模式,为社会主义现代化建设注入了巨大活力,取得了举世瞩目的成就。试想,如果当年我们不打破"两个凡是"的禁锢,不开展关于真理标准问题的大讨论,不恢复党的实事求是的思想路线,不来一个全党和全民的思想大解放,哪里会有改革和建设的新思路、新成就?回首往事,展望未来,我们比以往任何时候都更加深切地体会到解放思想这个法宝所具有的巨大威力。

现在全国各地都在学习、贯彻和落实邓小平同志年初视察南方的重要谈话。这篇谈话就改革和建设中的若干重大理论和实践问题进行了全面而深刻的阐述,并根据变化了的国内、国际形势提出了改革开放和经济发展的新思路。这既是党的十一届三中全会思想路线的继续和发展,也是我们开创新的事业的一个新的起点。谈话自始至终贯穿着一条红线,就是要求我们进一步解放思想,摆脱束缚,锐意创新,开拓前进。

我国的改革开放和经济建设正进入一个新的发展阶段。改革能不能深入,建设步伐能不能加快,制约的因素当然很多,但一个主要的阻力,就是思想禁锢和传统积习太深。不解决这个问题，我们就迈不开大步。"文革"前，我们曾照搬过国外高度集中、统收统支的经济模式，在所有制上不断升级，追求纯而又纯，认为这就是社会主义。"文革"中，大搞"以阶级斗争为纲"，忽视了主要任务是发展社会生产力。而且从理论上批判商品生产和货币交换，说它跟旧社会差不多，搞不清楚就会变修正主义。党的十一届三中全会后，我们在思想上的一个巨大进步就是认识到，搞社会主义不发展社会生产力不行，发展社会生产力不发展商品经济不行，发展商品经济不尊重价值规律、发挥市场的作用不行。但触及某些具体问题时，"左"的思想阴影还不时笼罩着我们。再加上我国过去商品经济很不发达，长期以来就有自然经济和平均主义传统，对社会化大生产和商品经济下的经济运行机制很不熟悉，所以一些人就对股份制、合同制、破产、兼并等一些新举措，难以理解或很不适应。这是因为有些同志的认识仍然停留在过去对马克思主义某些原则、某些本本的教条式的理解上，或者停留在过去对社会主义一些不科学甚至完全扭曲的理解上，或者停留在改革开放前那些超越社会主义初级阶段的不正确的思想和政策上。这样，就难免顾虑重重，犹豫彷徨，迈不开步子，跟不上时代前进的步伐。

邓小平同志曾经说过，改革也是一场革命。这一论断显示了马克思主义的理论精髓。正如列宁所说："马克思认为他的理论的全部价值在于这个理论'按其本质来说，它是批判的和革命的'。"马克思主义的经典作家对人类社会的历史运动从来都是用一种变化和发展眼光加以考察，从批判旧的事物中开辟自己前进的道路。因而，马克思主义者应该是也必须是改革家，和思想僵化、行动保守毫无共同之处。我们所进行的改革是社会主义制度的自我完善。社会主义制度就其本质来讲也是不断发展的，不会停滞。这是因为社会主义也必须不断地克服自身矛盾，调整乃至破除阻碍其发展和完善的旧的关系。如果认为建立了社会主义制度，一切都十全十美了，不需要发展和前进了，这既不符合人类社会历史运动的规律，从根本上背离了辩证唯物主义的基本精神，也完全脱离了实际情况。我们现在所进行的改革，其根本目的就在于解放和发展生产力，使我国的社会主义制度更加完善，更加增强生机与活力，这也是社会主义制度的优越性的一个最重要特征。

解放思想，就是要冲破"左"的思想禁锢。"左"的思想的根源主要是理论和实践相脱节、主观和客观相背离。"左"的观点的一个重要特点是提出问题、认识问题不是从实际出发，而是从本本和教条出发，这样也就从根本上窒息了革命和建设事业的活力。在我们党的历史上曾出现过几次"左"的思想泛滥，其结果无不给党和人民的事业带来巨大损失。反过来说，中国革命和建设之所以成功的一条重要经验，也正是理论和实际相结合，冲破教条和本本才开辟了前进的道路。夺取政权是这样，进行现代化建设也是如此。

解放思想，就是要坚持实事求是的思想路线。解放思想是个马克思主义的科学概念，它坚持无产阶级世界观，坚持马克思主义的思想基础，这就是一切从实际出发，具体情况具体分析。中国的国情、国力如何，我们处在怎样的发展阶段，我们所处的环境如何，这些都是我们制定政策和策略的前提。真理不是抽象的而是具体的。离开了对实际情况的了解就谈不上求得正确的认识，不懂得因时制宜、因地制宜就谈不上制定正确的发展策略。党的十一届三中全会以来，我们正是遵循了这样一条思想路线，在实践中逐步形成了建设有中国特色的社会主义的理论和政策，改革和建设才获得了巨大成功。

解放思想，就是要大胆地吸收和借鉴一切有利于改革和建设的思想和经验。马克思主义和社会主义制度都是开放的体系，它的巨大生命力就在于它能够吸收和借鉴一切经过实践检验的有利于社会进步的东西。发达资本主义国家生产社会化程度、商品经济发达程度、科学技术发展程度比我们高，他们那里有许多经验、技术可资我们学习、借鉴和利用。发展中国家同样有许多成功的经验可供我们学习。随着改革的深入，还会有很多新的矛盾和新的问题出现。这就需要我们不断探索前进。不要一看到那些我们过去所不曾看到的东西就害怕，也不要因为那些束缚生产力发展的旧体制是我们自己搞起来的就恋恋不舍。我们要不断学习、研究，并大胆尝试，绝不能把自己封闭起来。

解放思想，就要大力提倡善于思考、善于创新的精神。正如邓小平同志所说："在党内和人民群众中，肯动脑筋、肯想问题的人愈多，对我们的事业就愈有利。"在这方面，我们要放开，而不要收紧。只要这样的探索有利于改革和建设，就应鼓励下面的同志大胆地去做。要探索就不可能百分之百正确、百分之百成功，这是正常的。不允许试验，怎么知道对错？不允许有失误，谁还敢试？只要善于总结，及时肯定正确的，发现问题并予以解决，就能取得成功并增长才干。

发展没有终点，实践不会终结，因此解放思想也不会一劳永逸。我们要不断挣脱种种阻碍前进的束缚，吸收和接纳新的思想和经验。我们深信，以邓小平同志南巡重要谈话为标志，我们的思路、我们的视野、我们的认识，必将产生一次新的飞跃；而思想的飞跃也必将焕发人们的聪明才智，使我国的改革和建设出现一个千帆竞发、百舸争流的生动局面。

（1992年7月4日）

坚持伟大理论　夺取更大胜利

——热烈祝贺党的十四大胜利闭幕

中国共产党第十四次全国代表大会，胜利闭幕了。这次大会开得很好、很成功，是一次民主的大会，团结的大会，充满改革开放精神和求实奋进气氛的大会。大会经过紧张而高效的工作，圆满地完成了历史赋予的重大使命，必将进一步推动我国的改革开放和现代化建设事业，为中国共产党的史册增添新的光辉篇章。

党的十四大高度评价江泽民同志代表十三届中央委员会所作的报告。这个报告通篇体现了邓小平同志今年年初视察南方重要谈话的精神，集中了全党和全国人民的智慧，对党的十一届三中全会以来14年的基本实践和基本经验作了系统的、深刻的总结，对邓小平同志建设有中国特色社会主义的理论作了精辟的阐述，科学地分析了国内外形势，确定了90年代加快改革开放，推动经济发展和社会全面进步的主要任务，提出了建立社会主义市场经济体制，提出了加强党的建设和改善党的领导，是指引全党和全国人民胜利前进的纲领性文件。各级党组织应当认真组织学习，结合各地各条战线的实际情况，坚决贯彻执行。全党同志的思想认识都统一到报告的精神上来，将使我们党在新的更高的水平上实现思想上政治上的高度一致，将使我们的改革开放和现代化建设迈出更大的步伐。

党的十四大的突出特点和最大贡献，在于对建设有中国特色社会主义的理论作了新的概括，充分肯定了这个理论在马克思列宁主义与中国实际相结合的思想理论发展史上的重要地位，并且把这个理论和在这个理论指导下制定的党的"一个中心、两个基本点"的基本路线正式载入党章。伟大的实践需要伟大的理论，伟大的理论指导伟大的实践。建设有中国特色社会主义的伟大事业，前人没有做过，本本上也没有说过，只能在马克思主义基本原理的指导下，坚持从中国的国情出发，实事求是，探索前进。建设有中国特色社会主义的理论，是马克思主义同中国实际相结合的最新成果，是毛泽东思想的继承和发展，是当代中国的马克思主义。这个理论是全党和全国人民集体智慧的结晶，是我们最可珍贵的精神财富。我国改革开放和现代化建设的总设计师邓小平同志，对建设有中国特色社会主义理论的创立作出了历史性的重大贡献。如同新民主主义革命的伟大理论和伟大实践同毛泽东同志的名字紧紧连在一起一样，建设有中国特色社会主义的伟大理论和伟大实践是同邓小平同志的名字紧紧连在一起的。在当代中国，建设有中国特色社会主义的理论，最合乎国情、顺乎民意，最能够调动亿万人民群众的积极性、创造性，促进社会生产力的解放和发展，使我国建设取得举世瞩目的成就，使人民的生活水平迅速提高。实践是检验真理的唯一标准。14年来我们所取得的一切成就，都是坚持建设有中国特色社会主义理论的指导，坚定全面地贯彻党的基本路线的结果。今后，在实现四化、振兴中华的伟大事业中，必须更加坚定不移地坚持这个理论和这条路线。当然，马克思主义要在实践中不断地丰富和发展，当代中国的马克思主义也必将在亿万人民群众的伟大实践中不断丰富和发展。

90年代，全党和全国人民面临的改革和建设的任务十分宏伟、十分艰巨。党的十四大所提出的十大任务中，居于中心地位的仍然是经济建设。我们要集中精力把经济建设搞上去，要在提高质量、优化结构、增进效益的基础上，使国民生产总值平均每年增长8%~9%，使人民生活在本世纪末由温饱进入小康，使国民经济总体素质与综合国力迈上一个新的台阶。同时要围绕经济建设这个中心，加强社会主义民主法制和精神文明建设，促进社会全面进步。要实现这个奋斗目标，关键在于进一步解放思想，加快改革开放的步伐。特别要指出的是，十四大根据邓小平同志关于计划与市场的精辟论断，根据14年来的实践经验，明确宣布我国经济体制改革的目标是建立社会主义市场经济体制。这一理论上的重大突破，具有极其深远的意义，它必将推动人们思想的进一步解放，促进经济建设和各方面建设迅速发展。十四大报告中提出的十项主要任务，要通过扎扎实实的努力，一项一项地抓好落实。我们完全有理由相信，一个充满生机和活力的社会主义市场经济体制在中华大地上建立起来，90年代的主要任务胜利完成，必将使我国的面貌发生新的巨大变化，社会主义制度的优越性必将更充分地显示出来。

中国共产党是领导建设有中国特色社会主义事业的核心力量。加强党的建设，改善党的领导，是实现十四大提出的历史性任务的根本保证。这次大会，选举产生了新的中央委员会和中央纪律检查委员会。一大批在改革开放的大潮中涌现出来的德才兼备、年富力强的新人被选进党中央,这是我们党兴旺发达、后继有人的生动体现。我们的党中央进一步实现了新老交替与合作,建设有中国特色社会主义的事业大有希望、大有前途。为了更好地肩负起新的历史使命,我们要在十四届中央委员会的领导下,全面加强党的建设,改善党的领导。首先是要组织全党认真学习建设有中国特色社会主义的理论,增强贯彻执行党的基本路线的自觉性和坚定性。只要全党同志进一步用建设有中国特色社会主义的理论武装起来,坚持党的基本路线一百年不动摇,我们就将无往而不胜。

90年代,对我们这个发展中的社会主义国家来说,既有挑战,更是机遇。抓住有利时机,加快改革开放和现代化建设步伐,把我们自己的事情办好,促进祖国统一大业,推动人类和平和进步事业,是时代的召唤、人民的要求。让我们更加紧密地团结在党中央周围,勇于开拓,奋发进取,沿着建设有中国特色的社会主义道路阔步前进!

(1992年10月19日)

团结奋进

——一九九三年新年献词

元旦来临。我们谨向全党全军全国各族人民恭贺新年,并向为社会主义现代化建设作出贡献的各行各业劳动者致以热烈的问候和诚挚的敬意!

1992年,是中国人民取得卓越成就的一年。去年的国民生产总值在中国历史上首次超过2万亿,比上年增长12%。工业生产增长较快,经济效益逐步回升,农业生产稳步发展,国内市场繁荣活跃,社会商品零售总额突破万亿大关。外贸进出口增长幅度也很大。城乡居民实际生活水平继续提高。我国经济再上新台阶有了一个很好的开端。

这一年年初,邓小平同志的重要谈话和中央政治局全体会议精神,在历史发展的关键时刻,从战略和理论高度,对中国社会主义如何发展,党如何沿着十一届三中全会指出的道路继续前进,作出明确而有力的回答。在邓小平同志谈话和中央政治局全体会议精神鼓舞下,全党和全国人民进一步解放思想,把握有利时机,加快改革开放和现代化建设步伐,新事物层出不穷,社会主义中国一派生机。

这一年,中国共产党举行了具有深远意义的第十四次全国代表大会。在这次大会上,确立了用邓小平同志建设有中国特色社会主义理论武装全党,表达了全党坚持党的基本路线100年不动摇的决心,提出了我国经济体制改革的目标是建立社会主义市场经济体制,选举产生了以江泽民同志为核心的新的党中央,全面安排了党在90年代的工作,为21世纪前期中国的历史发展作了最重要的思想理论准备和组织准备。

这一年,中国改革开放进入了一个新阶段。国有企业经营机制正在转换;政府机构改革、职能转变正在成为全民共识;各类市场的培育和发展进程加快。原有高度集中的经济体制已经发生多方面的深刻变化。社会主义制度的内在活力和人民群众身上蕴藏的智慧和力量像涌泉一样迸发出来。中国从南到北,从沿海到内地,多层次、多渠道、全方位地对外开放,一些处于封闭状态的沿边地区,迅速变成了对外开放的前沿。

这一年,国内政治安定,社会稳定,人们一心一意搞建设。国防、外交、政法、文教等战线和党的建设都围绕中心,弹奏出和谐的交响曲。国际上,我们同周边国家的关系处于历史最好时期,我国对外工作取得重大成就。在中国,1992年确实是不平凡的一年。

中国人民以自己的成就而自豪。我们的眼光永远向着前方。

1993年,我们要把党的十四大精神的学习、宣传和落实继续作为第一件大事来抓,把思想统一到十四大精神上来,用邓小平同志建设有中国特色社会主义的理论武装全党,坚持党的基本路线,真正使十四大精神变为广大干部和群众的自觉行动,变为全面推进建设有中国特色社会主义事业的强大动力。1993年,我们将按照逐步建立社会主义市场经济体制的要求,更好地加快改革开放,并从严控制经济总量,加强宏观调控,积极推动经济朝着提高质量、优化结构、增进效益的方向较快发展。1993年,我们将有计划有步骤地进行行政管理体制和机构改革,将要召开第八届全国人民代表大会第一次会议和第八届全国政治协商会议第一次会议,地方也将要召开新一届人民代表大会和政协会议,进一步推进政治体制改革和社会主义民主政治建设。1993年,我们还要坚持两手抓,两手都要硬,按照"重在建设"的方针,继续推进社会主义精神文明各方面的建设工作,在全国人民特别是青少年中进一步加强党的基本路线教育和爱国主义、集体主义、社会主义教育,提倡树立正确的理想、信念、人生观、价值观,把精神文明建设进一步落实到城乡基层。

党的十四大刚刚开过,江泽民同志就指出:大政方针、目标任务都明确了,关键是狠抓落实,真抓实干。

真抓实干,就是全面落实党在90年代改革和建设的十大任务以及1993年的具体任务,各项工作有具体目标,有实施步骤,有组织保证,有督促检查,聚精会神地抓,抓出实际效果、实际效率、实际速度、实际质量,使真抓实干成为广泛的社会风尚和民族精神。

真抓实干要贯彻解放思想同实事求是相统一的精神,学会用辩证唯物主义和历史唯物主义的世界观、方法论去分析和解决问题。要看到我国当前经济形势很好,全国上下生机勃勃,同时要正视好形势下出现的一些必须解决的问题,扎扎实实地进行工作。要加快改革开放和经济建设步伐,只要是质量高、效益好、适应国内外市场需求变化的,就应当鼓励发展,同时要坚持从实际出发，注重量力而行，讲求实效。发展速度要建立在提高质量、优化结构、增进效益的基础上，防止争相攀比、盲目上新项目，防止发生经济过热现象，保证国民经济又好又快地向前发展，力争隔几年上一个新台阶，不断增强我国的经济实力和综合国力。这样才是真正积极地、正确地贯彻执行党的十四大和邓小平同志重要谈话的精神。

增强团结是我们夺取各项事业胜利的重要保证。我们要紧紧团结在以江泽民同志为核心的党中央周围，维护和加强全党的团结、全军的团结、全国各族人民的团结。团结就是力量，团结出凝聚力，出战斗力，出新的生产力。讲团结，首先是各级领导班子的团结。事实证明，哪里的领导班子团结得好，哪里就生气勃勃，能够集中精力搞好工作。坚持团结，顾全大局，是对各级领导干部的基本要求，是共产党人必须具备的政治品格。

90年代是我国人民为进入新世纪打好基础的关键年代。国内条件具备，国际形势有利，我们千万不可放过这个难得的历史机遇。

解放思想，实事求是，团结奋进，真抓实干。这就是在新的一年到来之际，我们全党和全国各族人民的共同意志。

（1993年1月1日）

发扬伟大的创业精神

伟大的创业实践，需要有伟大的创业精神来支持和鼓舞。我们的社会主义现代化建设还处在艰巨的创业时期，必须大力发扬创业精神。这是江泽民在八届全国人大一次会议当选国家主席后发出的号召。他在讲话中指出："解放思想、实事求是，积极探索、勇于创新，艰苦奋斗、知难而进，学习外国、自强不息，谦虚谨慎、不骄不躁，同心同德、顾全大局，勤俭节约、清正廉洁，励精图治、无私奉献，这些都应该成为新时期我们推进现代化建设，所要大加倡导和发扬的创业精神。"

江泽民同志所归纳的这64个字，全面概括了新时期创业精神的基本内容，言简意赅，内涵丰富，我们要很好地领会和贯彻。

"解放思想、实事求是"，这是创业精神的核心和精髓。建设有中国特色的社会主义是全新的事业，一无现成的本本可搬，二无现成的模式可套。要创这样的大业，没有大无畏的革命胆略不行，没有正确的思想路线不行。要有创业的胆、创业的识，从根本上来说，靠的就是"解放思想、实事求是"。

"积极探索、勇于创新"，这是由创业的开拓性所决定的。我们创业的目标是明确的，这就是把我国建设成为富强、民主、文明的社会主义现代化国家。实现这个目标的具体道路、具体政策、具体方法，要我们依靠人民群众在实践中积极探索，要锐意改革，勇于创新，不断总结，开拓前进。"创业""创业"，最突出的特点就体现在一个"创"字上。

"艰苦奋斗、知难而进"，这是创业者必须具有的精神风貌。在改革开放和现代化建设中不可能一帆风顺，会遇到无数的艰难险阻，也难免有这样那样的曲折坎坷，需要我们保持昂扬的斗志和坚韧不拔的作风，坚定不移地朝着既定目标奋进。

"学习外国、自强不息"，讲的是独立自主和学习借鉴的关系。这是进一步扩大对外开放所必需的。我们不夜郎自大，敢于正视自己之短、他人之长，善于学他人之长、补自己之短。学是为了长知识，添本领，更好地发展自己。借鉴是为了保优势，扬特色，更好地创造前进。我们决不自卑自馁，更不仰人鼻息。我们坚信，坚持独立自主、自力更生和对外开放、学习外国相结合，经过全民族的团结奋斗，我们的祖国一定能够繁荣富强。

"谦虚谨慎、不骄不躁"，这是创业者应有的风格。在创业中总会不断取得新的成绩，也会听到各种赞扬之声。在成绩面前我们要知不足，在赞扬声中我们要明差距，永远保持清醒的头脑。绝不可因胜利而冲昏头脑，操切从事。要注意倾听不同意见，注意民主决策、科学决策。

"同心同德、顾全大局"，是讲局部与全局的关系，这对创业至关重要。创有中国特色社会主义的大业是全国各族人民共同的事业，不是一部分人、一部分地区所能完成的，需要十一亿人民同心同德，团结奋斗。在创业过程中，各个局部情况不同，条件不同，发展速度不同，难免发生这样那样的矛盾，要认真调节。要正确处理全局利益和局部利益的关系。在发生矛盾时，提倡局部利益服从全局利益，个人利益服从集体利益。这样，才能成就大业。

"勤俭节约、清正廉洁"，是讲创业者应有的节操。我们国家的底子还不算厚，人民群众的总体生活水平也不算高，更不可忘记有一部分地区一部分人还相当困难，农村有，城市也有。要永远保持勤俭节约的美德。贪图享乐、挥霍浪费，会销蚀创业精神、瓦解创业精神。要造成勤俭光荣、挥霍可耻的社会舆论。各级党政干部清正廉洁，才有威信，才有凝聚力，才能保持同广大群众的密切联系，带领群众前进。

"励精图治、无私奉献"，是说我们要有强烈的事业心、高度的责任感，要高标准地做好工作，全身心地投入振兴中华的伟大事业中去，不断开创工作的新局面。这实质上也就是说要有正确的人生观、价值观，要有为了伟大的理想而献身的精神。

以上64个字所展现的创业精神，既包容了我们民族的传统美德，又体现了工人阶级政党的党性原则；既总结了几十年来我国人民创业的宝贵经验，又反映了改革开放新时期的新鲜经验和时代要求，是对新时期精神动力的最好概括。建设有中国特色的社会主义，不但需要有一个正确的理论，有一条正确的路线，还要有一个良好的精神风貌。创业精神体现了建设有中国特色社会主义理论和党的基本路线的要求，也必将促进这个理论和这条路线的贯彻落实。

一个民族需要民族精神,一个时代需要时代精神,创业精神应当成为我们的民族精神,成为我们的时代精神。精神可以变物质,物质可以变精神,两个文明建设互相依存,互相促进。过去14年,我们发扬创业精神,取得了举世瞩目的伟大成就;今后更好地发扬这些精神,就一定能抓住机遇,用好机遇,完成党的十四大和八届全国人大一次会议提出的各项任务,取得更大的成就。

(1993年4月20日)

走向更光辉的未来

——国庆献词

"中秋又见月如盘",国庆佳节喜相连。

在一派繁荣祥和的气氛中,我国各族人民迎来自己的共和国诞生44周年的光辉节日。

从去年10月到今年10月,在邓小平同志视察南方重要谈话和党的十四大精神指引下,以江泽民同志为核心的党中央领导全国人民沿着建设有中国特色社会主义的道路继续胜利前进,国民经济保持蓬勃发展的好势头,围绕建立社会主义市场经济体制的各项改革和对外开放取得新的进展,其他各项事业也取得了新的成就,社会主义祖国生机勃勃。在好的形势下,我们党和政府保持清醒的头脑,注意及时发现和解决前进中新的矛盾和问题。近几个月来,党中央、国务院着重抓了三件大事:一是对国民经济加强和改善宏观调控;二是加紧研究建立社会主义市场经济体制的问题;三是部署反腐败斗争,推进廉政建设。这三件大事切合实际,符合改革开放和经济建设健康发展的要求,大得人心,在实施中有的取得明显进展,有的已初见成效。中国改革开放的步履更加扎实、更加稳健,建设有中国特色社会主义的伟大事业正在更快更好地向前发展。

在人类历史上,有过几百年的资本主义市场经济,有过几十年的社会主义计划经济。我们正在进行的经济体制改革,是要建立社会主义市场经济,或者说是要把市场经济的枝芽嫁接到社会主义的砧木上,培育出一种全新的大树,结出更丰硕更甜美的经济之果、社会之果。这是前无古人的伟大创造。实现这一具有深远意义的历史壮举,绝不是轻而易举的,必然要经过长期的艰苦奋斗。

伟大的创业实践,需要伟大的创业精神。干革命,需要创业精神;搞改革开放和现代化建设,同样需要创业精神。我们中国共产党的第一代和第二代领导人都十分重视发挥创业精神的巨大作用,第三代领导人继承和发扬了这一优良传统。今年春天在八届全国人大一次会议上，江泽民同志号召发扬新时期的创业精神，即"解放思想、实事求是，积极探索、勇于创新，艰苦奋斗、知难而进，学习外国、自强不息，谦虚谨慎、不骄不躁，同心同德、顾全大局，勤俭节约、清正廉洁，励精图治、无私奉献"。这64个字所展现的创业精神，既包容了我们民族的传统美德，又体现了我们党的优良作风；既总结了几十年来的宝贵经验，又反映了新时期的时代要求，受到广大干部和群众的欢迎和支持，正在变成鼓舞和激励各族人民奋发前进的巨大力量。

长江后浪推前浪。把我们的祖国建设成为富强、民主、文明的社会主义现代化国家，是代代相继的伟大事业。这样的事业，需要有先驱者、奠基者，也需要有一批又一批后继者、发展者。先驱者开拓的基业，后继者要发展和创新；先驱者的创业精神，后继者要继承和发扬，我们的事业才能生生不息、青春常在。在各个岗位上辛勤劳动的工人、农民、知识分子和各级干部，重任在肩，要大力弘扬伟大的创业精神。每个共产党员，尤其是各级领导干部，要做艰苦奋斗、清正廉洁、励精图治、无私奉献的模范，更好地团结和带领群众前进。"每逢佳节倍思亲。"值此两节并蒂之际，我们更加怀念台港澳同胞和海外侨胞，向他们致以最美好的祝愿；更加关切祖国统一大业，盼望江山一统的一天早日来临。近日发表的邓小平同志《我们对香港问题的基本立场》的谈话，表达了全中国人民的意志和心声，是体现"和平统一、一国两制"伟大构想的重要文献。十几年来，实施这一构想，境内境外的中国心、海峡两岸的中国心日益贴近；今后，继续坚定不移地贯彻这一构想，必将进一步推动祖国和平统一的进程。

全国各族人民更紧密地团结起来，海内外的炎黄子孙更亲密地携起手来，奋发进取，自强不息，共同描绘我们五千年文明古国更兴旺、更成功、更光辉的未来！

（1993年10月1日）

坚持和发展毛泽东思想

——纪念毛泽东同志一百周年诞辰

今天是毛泽东同志 100 周年诞辰。全党、全军和全国各族人民满怀深情，纪念伟大的马克思主义者，伟大的无产阶级革命家、战略家、理论家毛泽东同志。

近代中国，是一个积贫积弱、受尽欺辱的国家。以毛泽东同志为核心的中国共产党，领导中国人民站起来了。在长期的革命斗争中，毛泽东同志为我们党和军队的创立和发展，为中国各族人民的解放事业，为中华人民共和国的缔造和社会主义事业的发展，建立了不可磨灭的功勋，也对人类和平和进步事业作出了巨大贡献。毛泽东同志赢得了全党、全军、全国各族人民的崇敬和爱戴。

毛泽东同志最重要的贡献，就是他和他的战友们在长期革命斗争中，把马克思列宁主义基本原理和中国革命具体实践相结合，创立了毛泽东思想。毛泽东同志根据中国的实际情况，创造性地提出了在中国这样一个半殖民地、半封建的东方大国进行革命的一系列指导思想和理论原则。毛泽东思想显示出的巨大威力，给予革命和建设者们无穷的思想力量，已为反复的实践所证明，它所阐述的基本原理至今仍放射着光芒。关于理论与实际相结合，实事求是的思想；关于中国共产党是全国人民的领导核心和只有社会主义才能救中国的思想；关于建立和巩固人民民主专政的共和国的思想；关于正确处理人民内部矛盾，调动一切积极因素，团结一切可以团结的力量，建设伟大的社会主义强国的思想；关于建立和发展爱国统一战线的思想；关于独立自主，自力更生，艰苦奋斗，自强不息，自立于世界民族之林的思想；关于全心全意为人民服务，全面加强党的建设的思想；关于人民军队和人民战争的思想等，都是中国共产党和全国各族人民极为宝贵的理论财富。中国共产党正是因为有伟大的毛泽东思想的武装，才使自己深深地植根于人民群众之中，使科学社会主义深深植根于中国的社会实践之中。毛泽东思想教育着一代又一代共产党人，指引他们在革命和建设的实践中，不断地认识新情况，解决新问题，开创新局面，夺取新胜利。

党的十一届三中全会以后，我们党所开创的改革开放和社会主义现代化建设事业，是当代中国新的辉煌的一页。这个伟大的全新事业，是毛泽东同志等老一辈革命家未竟之业的继承和发展，也是毛泽东思想的坚持和发展。正如邓小平同志所说："从许多方面来说，现在我们还是把毛泽东同志已经提出、但是没有做的事情做起来，把他反对错了的改正过来，把他没有做好的事情做好。今后相当长的时期，还是做这件事。当然我们也有发展，而且要继续发展。"邓小平同志根据现阶段中国的实际情况，运用马克思主义的基本原理，回答了在中国这样经济和文化比较落后的国家如何建设社会主义、如何巩固和发展社会主义一系列最为紧迫的基本问题，创立了建设有中国特色社会主义的理论。这个理论体系，包括中国社会主义发展道路、发展阶段、根本任务、发展动力、外部条件、政治保证、战略步骤、领导和依靠力量以及祖国统一等极为重要的方面，以新的思想、观点作了极富创造性的理论概括，大大地丰富和发展了马列主义、毛泽东思想。改革开放和社会主义现代化建设15年的实践证明，邓小平建设有中国特色社会主义的理论是指引中国走向繁荣富强最有力的思想武器，是当代中国的马克思主义。邓小平同志为我们坚持和发展毛泽东思想树立了光辉榜样。

当前，我国各族人民正在以江泽民同志为核心的党中央领导下，全力推进改革开放和社会主义现代化建设，按照"三步走"的宏伟蓝图奔向二十一世纪。今天，我们纪念毛泽东同志100周年诞辰，缅怀他的丰功伟绩，学习他的光辉思想，最好的行动是坚持和发展毛泽东思想，以邓小平建设有中国特色社会主义理论为指导，坚持党的"一个中心、两个基本点"的基本路线，努力完成党的十四大提出的各项任务，把我们伟大祖国建设成为富强、民主、文明的社会主义国家。

从现在起到二十一世纪还有7年时间，新世纪的曙光已越出地平线，向我们招手。瞩望未来，我们深感时光的紧迫和责任的重大。全党和全国各族人民要团结一致，艰苦奋斗，抓住机遇，加快发展，锐意改革，开拓前进，为实现振兴中华的伟大理想而坚持不懈地努力奋斗。

（1993年12月26日）

艰苦奋斗再创辉煌

——元旦献词

时代的航船,乘风破浪。伟大祖国迎来了充满奋斗、充满希望的1994年!

我们满怀深情向全国各族人民,向台、港、澳同胞和海外侨胞,祝贺新年好!

刚刚过去的一年,全党和全国各族人民继续坚定不移地贯彻邓小平同志视察南方重要谈话和中国共产党第十四次全国代表大会的精神,抓住机遇,深化改革,朝着建立社会主义市场经济体制的目标迈出重大的步伐。全国农业丰收,工业增长,外贸活跃,市场繁荣,人民生活有了新的改善。放眼伟大的祖国,经济快速发展,社会政治稳定,民族团结和睦,各项事业都有新的进展,呈现一派生机勃勃的景象。反腐败斗争取得初步成果。精神文明建设日益加强。外交工作成绩显著。江泽民及其他党和国家领导人的成功出访,增进了同世界各国政府和人民的友谊,为我国的现代化建设创造了更为有利的国际环境。所有这些成就,进一步增强了党和政府的威望,增强了我们人民共和国的威望,增强了中国社会主义的威望,增强了全国人民沿着建设有中国特色社会主义道路胜利前进的信心。

1994年,是我们乘胜前进,加快改革,加快发展的至关重要的一年。在新的一年里,我们要全面贯彻党的十四大和十四届三中全会精神,围绕经济建设这个中心,把社会主义市场经济、社会主义民主政治、社会主义精神文明全面推向前进。今年要加快建立社会主义市场经济体制的改革步伐,进一步扩大对外开放,各级党政领导要按照中央的部署,精心组织,精心实施。在改革进程中,必须认真抓好两件大事。一是加强农业的基础地位,保证农业和整个农村经济稳定发展。二是搞好国有大中型企业,增强活力,使其在经济发展中发挥主导和骨干作用。要继续加强和改善宏观调控,大力调整经济结构,提高经济效益,保持国民经济持续、快速、健康发展。今年改革和发展的任务十分繁重。以改革促进发展，以发展支持改革，在新的更高的层次上实现二者的有机结合，对于实现本世纪末的奋斗目标具有重要的意义。

为了完成好今年的任务，首要的一条就是进一步用邓小平同志建设有中国特色社会主义的理论武装全党特别是各级领导干部。理论来自实践，理论又指导实践。邓小平同志建设有中国特色社会主义的理论，是指引中国人民实现振兴中华的伟大理想的强大思想武器。在新的一年里，各级领导干部要继续认真学好《邓小平文选》第三卷，加深对基本观点的理解，尤其是要牢牢掌握解放思想、实事求是这一精髓，大力发扬过去十多年勇于探索、勇于创新的革命精神，提高领导改革开放和社会主义现代化建设的水平。要建设一支能够深入实际、联系群众、顾全大局、廉洁奉公的干部队伍，使我们党的广大干部全心全意为人民服务，做加快改革、加快发展的好带头人。

人民的利益，人民的幸福，是我们一切工作的出发点和落脚点。改革和建设是亿万人民群众自己的事业。坚定不移地依靠广大工人、农民、知识分子和各级干部，调动一切积极因素，团结一切可以团结的力量，就没有克服不了的困难。在新的一年里，我们要更好地发扬密切联系群众的优良传统，把人民群众投身改革和建设的积极性引导好、保护好、发挥好。在新的改革措施出台时，要做好宣传解释工作。要注意工作方法，善于分析和处理新形势下产生的各种人民内部矛盾。要关心群众，时刻注意维护群众的利益，多为群众办实事，使群众生活不断改善，积极性不断提高。

加快改革和发展，是一项宏伟而复杂的社会系统工程。要善于学习和运用马克思主义的唯物辩证法，正确认识和处理前进中的各种关系，特别是改革、发展与稳定的关系，局部与全局的关系。改革和发展为社会政治稳定提供坚实的基础，社会政治稳定为改革和发展提供重要的保证。在加快改革和发展的过程中，必须牢记邓小平同志关于"稳定是压倒一切的"重要思想，始终坚持两手抓、两手都要硬的方针，继续加强社会主义民主法制建设和社会主义精神文明建设，不断巩固和发展安定团结的政治局面。增强全局观念，正确处理局部与全局的关系，在改革日益深入之际，尤为重要。我们国家这么大，情况千差万别，困难和矛盾不少，当好这个家很不容易。要靠全党和全国人民同心协力，这也是我们的一大优势。各地区、各部门的领导同志想问题，办事情，要胸有全局，自觉地以局部利益服从全局利益。

祖国前程，繁花似锦，中华儿女，重任在肩。新的一年召唤我们再创辉煌。全党和全国人民在以江泽民同志为核心的党中央领导下，更紧密地团结起来，坚持邓小平同志建设有中国特色社会主义的理论和党的基本路线，大力发扬新时期的艰苦创业精神，去创造新的业绩，夺取新的胜利！

（1994年1月1日）

打好扶贫攻坚战

从现在起到本世纪末,我国将实施一项宏伟的扶贫工程——"八七扶贫攻坚计划",即用7年时间,力争基本解决目前农村8000万贫困人口温饱问题。这是党中央、国务院在我国扶贫开发工作取得巨大成就的基础上作出的一项重大决策。

邓小平同志指出:贫穷不是社会主义,社会主义要消灭贫穷。中华人民共和国成立40多年来,在党和政府的领导下,我国各族人民为消灭贫困,实现民族的繁荣和富强,进行了艰苦卓绝的努力,取得了举世瞩目的成就。特别是党的十一届三中全会以后,以家庭联产承包责任制为主要内容的一系列农村改革,使农村经济出现了前所未有的发展,农民收入大幅度提高,一些地方农民领先走向小康,大部分地区农民实现了温饱,长期困扰我国农村的贫困问题得到明显缓解。

党和政府历来关心贫困地区群众的生产和生活,始终把扶贫作为重要工作来抓。改革开放以来,采取各种措施,加强扶贫工作,增加资金投入,并对传统的扶贫方式进行了调整与改革,实现了从救济式扶贫向开发式扶贫的转变,使相当一些长期贫困的地区较快地改变了面貌,农村贫困人口大大减少。这是一个了不起的历史性成就,它是在80年代世界贫困人口居高不下、贫困状况进一步恶化的背景下取得的,充分体现了社会主义制度的优越性。

但是,我们国家大,情况千差万别,发展很不平衡。在全国基本解决温饱的同时,仍有一部分地区发展缓慢,一部分群众的温饱问题还没有解决,特别是少数特困地区的群众生活还很困难。"八七扶贫攻坚计划"的实施有着更为重大的现实意义和深远的历史意义。到本世纪末解决8000万贫困人口的温饱问题,就预示着占世界人口1/4的中国人民的生存权问题得到解决,这既是永载中华民族史册的一件大事,也是人类发展史上的一个壮举。尽管贫困人口只占全国农村总人口的少数,但由于这些贫困人口主要集中在中西部的深山区、石山区、荒漠区、高寒山区、黄土高原区、地方病高发区及水库库区等，地域偏远，交通不便，生态失衡，经济发展缓慢，文化教育落后，生活生产条件恶劣。因此，要用7年的时间解决这些地区贫困人口的温饱问题，比前一阶段扶贫工作难度要大得多。

我们有决心、有信心、有条件打赢这场扶贫攻坚战。第一，有党中央、国务院的高度重视。党的十四大和去年召开的党的十四届三中全会、中央农村工作会议及其相关的重要文件，都强调了扶贫开发工作的重要意义，提出了新的目标和要求；党中央、国务院领导同志多次深入贫困地区调查研究，组织指导。这些是我们打好扶贫攻坚战最重要的保证。第二，贫困地区广大干部群众有着改变贫穷落后面貌的强烈愿望，他们中间蕴藏着极大的脱贫致富的积极性，这是打好这场扶贫攻坚战的巨大的内在动力。在以往的扶贫开发中，已经涌现出一大批在国家必要扶持下，依靠自己的力量脱贫致富的典型，就充分证明了这一点。第三，改革的进一步深化，特别是社会主义市场经济体制的逐步确立，为贫困地区经济发展提供了前所未有的机遇和更加广阔的前景。比如，由于全方位对外开放，大批一向边远落后、封闭冷清的内陆边疆贫困地区正在成为对外开放的前沿、边贸的重要口岸；沿海经济发达地区经济的高速增长形成巨大而广阔的劳务市场，给贫困地区充裕的劳动力资源提供了大量的就业机会；随着流通体制的改革以及价格的逐步全面放开，贫困地区丰富的自然资源将真正有可能与沿海发达地区逐步实现等价交换，增加贫困地区的收入。第四，国家将继续增加对贫困地区的投入，加大扶贫开发的力度。国务院已经决定从今年到2000年，每年再增加10亿元以工代赈资金和10亿元扶贫专项贴息贷款，各省、市、自治区也将相应增加扶贫开发投入。这些正是打好扶贫攻坚战的物质保证。

加强贫困地区各级领导班子建设，是打好这场扶贫攻坚战的十分重要的条件。政策、资金、项目等条件固然重要，但还必须要有坚强的、有战斗力的领导班子。这个领导班子要有自强不息、义无反顾的英勇气概；要有同群众心连心、共甘苦、长期奋斗的创业精神；要有办实事、重实效、脚踏实地的优良作风。有了这样好的领导班子，就会团结和带领党员、干部、群众去改变贫困落后面貌。

扶贫攻关，不只是贫困地区的事，也是全社会的共同责任，需要动员全社会的力量共同完成。各行各业、各个部门、各民主党派、人民团体都要把扶贫看作自己工作的一个部分，发扬中华民族扶贫济困的传统美德，为扶贫攻坚奉献爱心，贡献力量。

"八七扶贫攻坚计划"的实施，标志着我国以解决农村温饱为目标的扶贫开发工作进入了最后攻坚阶段，这一计划的如期实现，又将标志着我国贫困地区经济社会发展进入新的历史时期。各级领导干部要以高度的使命感、责任感把这场具有重大历史意义的攻坚战打好。古人尚有"邑有流亡愧俸钱"之说，我们今天难道不应该有"邑有贫困愧俸钱"的感悟吗？我们相信，在党中央、国务院的正确领导下，全国各族人民团结一心，努力奋斗，一定能善始善终地打好打赢这场硬仗，意气风发地迈向21世纪！

(1994年3月1日)

为胜利跨入二十一世纪而奋斗

——国庆献词

金秋十月,我国各族人民满怀欢欣,迎来了中华人民共和国成立45周年的盛大节日。在这个举国欢庆的大喜日子里,我们谨向全国各族人民和台湾同胞、港澳同胞、海外侨胞致以亲切问候和热烈祝贺!

神州大地,万象生辉。在希望的田野上,风吹稻菽,果实累累;在重点建设工地上,车流滚滚,机器轰鸣,一座座雄伟的现代化建筑拔地而起;在美丽的校园,一代朝气蓬勃的青少年茁壮成长;在科研试验室,高新科技成果捷报频传。在祖国960万平方公里的土地上,从南到北,从东到西,到处涌动着改革的春潮,到处呈现出发展的生机。人民共和国政通人和,国泰民安。

45年光景,弹指一挥间。中国人民不会忘记,我们的国家是在被外国列强侵略瓜分的历史耻辱中进入20世纪的。无数志士仁人为了国家独立、民族复兴,进行了艰难的探索和奋斗。以毛泽东为代表的中国共产党人,把马克思主义的基本原理同中国的实际相结合,找到了一条国家独立和民族解放的道路,领导全国人民经过艰苦卓绝的斗争,推翻了三座大山。45年前,五星红旗冉冉升起,新中国宣告诞生。从此在中国这片古老的土地上发生了翻天覆地的变化。45年来,全国人民在共产党和人民政府领导下,历经艰难曲折,结束了受人歧视、任人宰割的贫穷落后的历史,走上了社会主义的道路,在政治、经济、国防、外交、科技、文化、教育、卫生、体育等各个领域,取得了巨大的成就。特别是党的十一届三中全会以来,全国人民以极大的热情投入改革开放的历史伟业,集中精力进行经济建设,整个国家增添了新的活力,综合国力显著增强,人民生活明显改善。占世界人口1/5的中国,社会主义的旗帜高高飘扬。

45年来的基本实践和基本经验集中到一点,就是要把马克思主义的普遍真理同本国的具体实际结合起来,走自己的道路,建设有中国特色的社会主义。党的十一届三中全会以来，以邓小平同志为代表的中国共产党人在总结建国以来正反两方面经验的基础上，在研究国际经验和世界形势的基础上，开始找到了中国自己的建设道路，创立了邓小平建设有中国特色社会主义的理论，确立了"一个中心、两个基本点"的基本路线，开辟了中国改革开放和社会主义现代化建设的历史新时期。我们有充分的信心和力量坚定不移地沿着建设有中国特色社会主义理论和党的基本路线所指引的方向胜利前进。

从现在起到本世纪末，还有 6 年多时间。初步建立起社会主义市场经济体制，全面实现经济和社会发展的第二步战略目标，是摆在我们面前的重要任务，也是关系到中国以怎样的面貌跨入 21 世纪的历史性课题。我们要用邓小平同志建设有中国特色社会主义理论武装全党，教育干部和人民，统一思想，坚定信念，积极、全面、正确地执行党的基本路线。要继续按照党中央确定的"抓住机遇，深化改革，扩大开放，促进发展，保持稳定"这个全党和全国工作的大局，处理好改革、发展和稳定的关系，使我们的事业有计划、有领导、有秩序地推进。要精心组织、全面推进改革开放，实现经济体制改革和其他方面改革的既定目标。要处理好经济和社会发展中出现的各种矛盾，加强和改善宏观调控，保持国民经济持续、快速、健康发展。要加强社会主义民主和法制建设，维护政治和社会的稳定，为改革和建设创造更好的环境。要加强精神文明建设，对广大人民尤其是青少年进行爱国主义、集体主义和社会主义教育，弘扬正气，凝聚民心，鼓舞斗志，统一步伐，万众一心地为国家振兴贡献力量。摆在我们面前的任务是艰巨的，在前进的道路上会遇到新情况、新问题，但是，中国的进步和发展，犹如滚滚长江，滔滔黄河，奔腾向前，势不可当。

刚刚闭幕的党的十四届四中全会，是在我国改革和建设的关键时刻召开的一次具有全局意义和长远意义的重要会议。全党同志要认真学习、深刻领会、全面贯彻全会精神。中国共产党是领导和团结全国各族人民建设有中国特色的社会主义伟大事业的核心力量。党要走在时代前列，在进行社会主义现代化建设的全过程中始终实施坚强的领导，在广阔深刻的历史性变革中始终坚持工人阶级先锋队性质和全心全意为人民服务的宗旨，就必须进一步加强党的建设。按照十四届四中全会《决定》的要求，继续推进新的伟大的工程，把党的建设提高到一个新的水平，我们的事业就大有希望。

全国各民族的同胞们，新世纪的曙光正在向我们招手，伟大的祖国正阔步前进在全面振兴的大道上。成功的希望、胜利的光荣在于继续艰苦奋斗的努力之中。让我们在邓小平同志建设有中国特色社会主义理论和党的基本路线的指引下，紧密地团结在以江泽民同志为核心的党中央周围，再接再厉，脚踏实地，为实现本世纪改革和发展的宏伟目标，为在21世纪把我国建设成为一个富强、民主、文明的社会主义现代化国家而努力奋斗！

（1994年10月1日）

总揽全局乘势前进

——元旦献词

1994——难忘的改革之年、发展之年、稳定之年。

1995——又一个希望之年、奋斗之年、胜利之年。

刚刚过去的一年,在我国改革开放和社会主义现代化建设的发展史上,值得大书一笔。

在这一年,全国上下一心打了一场相当漂亮的改革攻坚战,在财税、金融、外汇、外贸、投资、价格等方面进行了重大改革,取得了突破性进展,加强和改善了国家宏观调控,为建立社会主义市场经济体制迈出了坚实的关键的一步。对外开放进一步扩大,全年进出口总额首次突破2000亿美元,国家外汇储备大幅度增加。国际上有影响的大财团、大企业来华投资明显增多。

在这一年,国内生产总值比上年增长了11.8%,国民经济保持了持续、快速、健康发展的势头。农业尽管遭受严重自然灾害,仍然取得较好收成。国家的交通、能源等重点建设项目进展态势良好,尤其是当今世界最大的水利枢纽工程长江三峡工程正式开工,世界为之瞩目,全国人民为之鼓舞。

在这一年,江泽民总书记提出的宣传思想工作必须以邓小平同志建设有中国特色社会主义理论为指针,以科学的理论武装人,以正确的舆论引导人,以高尚的精神塑造人,以优秀的作品鼓舞人,已深入人心,并化为广大宣传思想工作者的自觉行动。一个学习、研究和宣传邓小平同志建设有中国特色社会主义理论的热潮正在全国兴起,干部群众提高了对这一理论精神实质和历史地位的认识,增强了坚持党的基本理论、基本路线不动摇的自觉性和坚定性。党的十四届四中全会对社会主义市场经济条件下加强党的建设作了整体部署,这一新的伟大工程的实施,将为夺取改革开放和现代化建设的新胜利提供强有力的组织保证。

1994年的奋斗历程告诉我们,党中央在年初确定的全党和全国工作的大局——"抓住机遇,深化改革,扩大开放,促进发展,保持稳定",是多么及时、多么正确!这一重大指导方针,充分体现了党的"一个中心、两个基本点"基本路线的要求,高度概括了今后一个时期党的工作的基本内容,完全符合1992年邓小平同志重要谈话和党的十四大精神。正是在以江泽民同志为核心的党中央领导下,以二十字方针总揽全局,全党和全国各族人民才能迎着前进中遇到的许多突出的矛盾和困难,开拓前进,取得了巨大成绩,使政治、经济、文化、军事、外交、社会各方面呈现可喜的局面。实践证明,以二十字方针总揽全局,不仅是1994年,而且是新的一年乃至以后一个长时期都要坚定不移地遵循的总方针。

1995年是实行国民经济和社会发展"八五"计划的最后一年,也是为进入"九五"计划作好必要准备的一年,是承前启后的一年,更艰巨繁重、更光荣豪迈的任务摆在我们面前。当前,国际形势的发展总体来说对我们是有利的。国际格局多极化进程加快,维护和平与促进发展是国际社会迫切需要解决的两大主题。增强使命感、紧迫感和忧患意识,抓住机遇,集中精力办好我们自己的事情,建设有中国特色社会主义的伟大事业就能展现更加夺目的光彩。

统一思想,总揽全局,加强协调,扎实工作,是我们在新的一年里应当贯彻的指导思想。要进一步用邓小平同志建设有中国特色社会主义理论武装全党,使广大党员和干部的思想统一到中央的路线、方针、政策上来,自觉地服从大局、服务大局,维护中央权威,同心协力,积极工作,扎扎实实把中央的决策在本地区、本部门落到实处,发展生产力,提高综合国力,改善人民生活。

经济建设是一切工作的中心。在新的一年里,我们要坚决贯彻最近中央经济工作会议确定的总的指导思想,进一步处理好改革、发展、稳定的关系,加快建立社会主义市场经济体制,实现国民经济持续、快速、健康发展和社会的全面进步。要完成好今年经济工作的各项任务,特别是要抑制通货膨胀,深化国有企业改革,全面发展和繁荣农村经济。在努力做好经济工作的同时,要积极推动科技、教育、文化、卫生、体育等各项事业实现新的更大的发展。

在新的一年里,我们要更好地坚持两手抓、两手都要硬,把两个文明建设有机地结合起来,相互促进。要继续大力弘扬主旋律,在广大群众、广大青少年中坚持不懈地开展爱国主义、集体主义和社会主义教育。要继续加强社会主义民主法制建设,加强社会治安的综合治理,坚决打击经济犯罪和刑事犯罪活动，维护国家利益、群众利益和正常的社会秩序。

在新的一年里，我们要按照党的十四届四中全会《决定》的要求，把党的建设这个新的伟大工程认真实施好。要继续把思想建设放在首位，切实加强党的组织建设，进一步加强党的作风建设。要坚持全心全意为人民服务的宗旨，加强党政机关的勤政和廉政建设，把反腐败斗争深入持久地进行下去。各级领导干部要切实改进领导作风和领导方法，做到胸有大局、心系群众，更好地贯彻中央方针，更好地为人民服务。

"每逢佳节倍思亲。"在新的一年里，我们要继续积极推进统一祖国的大业。香港回归祖国的日程已经进入倒计时。澳门回归祖国的日子也日益临近。实现祖国统一，是亿万炎黄子孙望穿秋水的宏愿。我们要按照邓小平同志提出的"和平统一、一国两制"的伟大构想，一如既往，同台、港、澳同胞和海外侨胞一道，为加速祖国统一的进程而努力。

世纪之交的钟声离我们越来越近。在为实现本世纪末的宏伟目标而奋斗的征程上，1995年将是十分重要的一年。在以江泽民同志为核心的党中央领导下，全党和全国各族人民更紧密地团结起来，艰苦奋斗，开拓进取，把1995年改革开放和社会主义现代化建设的各项工作做得更好，为"八五"计划画上一个圆满的句号，为"九五"计划谱写一曲雄壮的前奏！

（1995年1月1日）

向孔繁森同志学习

在西藏高原,在齐鲁大地,几个月来,一个响亮的名字传遍了城乡,印入了众人心田,激起了层层波涛,这个名字就是孔繁森。

孔繁森同志生前是西藏阿里地区地委书记。他两次赴藏,历时十载,为西藏的建设、发展和稳定作出了突出的贡献,同藏族人民建立了深厚的感情,去年11月不幸以身殉职,谱写了一曲感人至深的奉献之歌、奋斗之歌。人民群众热爱他、敬佩他、怀念他、学习他,称他为"新时期的雷锋""90年代的焦裕禄"。

今天,本报发表了孔繁森同志事迹的长篇通讯,希望共产党员特别是领导干部都认真读一读,认真想一想,更好地发扬新时期的创业精神,以实际行动向孔繁森同志学习。

我们要学习孔繁森同志顾全大局、无私奉献的坚强党性。孔繁森同志生在山东,长在山东,家在山东,他深深地爱自己的家乡,爱自己的亲人。但是他懂得,西藏是伟大祖国神圣领土不可分割的一部分,西藏的繁荣发展离不开内地干部和各方面人才的支援。所以,一旦党组织发出召唤,他便毫不犹豫地奔赴西藏。为了完成好党和人民的重托,他舍弃了家庭的温暖,舍弃了比较舒适的工作条件和生活条件,舍弃了许多本来可以享受的东西,把自己的全部精力都献给了加快西藏建设、增强民族团结、维护祖国统一的伟大事业。

我们要学习孔繁森同志热爱人民、服务人民的满腔热忱。孔繁森同志牢记党的全心全意为人民服务的宗旨,把为民解难、为民造福当作自己神圣的职责。在他看来,"一个共产党员爱的最高境界是爱人民"。他把藏族人民的疾苦看成是自己的疾苦,把藏族人民的幸福看成是自己的幸福。为了藏族人民,他可以献出金钱、献出鲜血、献出健康乃至献出自己的生命。在他的身上体现了对家人的爱与对人民的爱的高度统一,体现了民族的传统美德与党的宗旨的高度统一。

我们要学习孔繁森同志艰苦奋斗、廉洁奉公的高尚品德。西藏地区，高寒缺氧，交通不便，地广人稀，自然条件差，工作、生活条件都十分艰苦。阿里地区又是"世界屋脊的屋脊"。在那里坚持工作，需要多么顽强的意志，承受多大的困难啊！可是，他不把这些困难看在眼里，不把自己的身体放在心上，"冰山愈冷情愈热，耿耿忠心照雪山"。孔繁森同志严以律己，清正廉洁，从不利用职权为个人谋私利，相反，他还用自己不高的收入长期收养藏族孤儿，常常为患病的藏胞送医送药，为有困难的藏胞慷慨解囊，克己为民，催人泪下！

我们要学习孔繁森同志开拓进取、求真务实的优良作风。孔繁森同志有理想、有抱负，每到一个地方，不管担任什么职务，都对自己提出高标准的要求，努力把工作做得好上加好。他不尚空谈，讲求实干。担任阿里地委书记后，他跨高山，涉深谷，过草原，访藏胞，进行深入的调查研究，全地区106个乡，短短几个月时间，他就跑了98个，为制定建设新阿里的蓝图打下了坚实的基础。他团结和带领当地干部和群众，扎扎实实地为改变贫困落后的面貌而奋斗，赢得藏族同胞的爱戴和尊敬。他以自己的实际行动，把党中央和全国人民的关怀带给西藏人民，把藏族人民的心同党中央和全国人民的心紧紧连在了一起。

在新的历史时期，邓小平同志一再教导我们，要有理想、有道德、有文化、有纪律。孔繁森同志是发扬四有精神的模范。江泽民同志号召发扬64字创业精神。孔繁森同志是发扬创业精神的模范。孔繁森同志之所以能做到这些，最根本的是因为他坚持学习马列主义、毛泽东思想和邓小平同志建设有中国特色社会主义理论，以科学的理论武装自己的头脑，确立了正确的理想、信念，树立了正确的人生观、世界观。这也正是最值得我们学习的。

改革开放十多年来，我国的社会生产力有了很大发展，综合国力显著增强，人民的生活水平明显提高，这是必须充分肯定的。但是，从总体上来看，我国的经济发展水平还不够高，特别是我们国家地域辽阔，城乡之间、地区之间，都存在很大差别，有不少贫困地区，有8000万人口尚未脱贫。因此，必须长期艰苦奋斗。我们党需要千千万万个孔繁森这样的好干部，为人民建功立业。应当说，在今天发展社会主义市场经济，物质生活条件比过去大大改善的情况下，到艰苦的地方去工作，更加需要奉献精神、牺牲精神和艰苦奋斗的精神。这种精神"寓于寻常之中，而塞乎天地之间"，是任何民族、任何时代所不可缺少的。

在以江泽民同志为核心的党中央领导下，越来越多的同志成为焦裕禄、孔繁森式的好干部，就能大大增强我们党的凝聚力、向心力、战斗力，21世纪的中国就大有希望！

（1995年4月7日）

科教兴国

《中共中央国务院关于加速科学技术进步的决定》(以下简称《决定》)今天在本报发表。《决定》全面总结了建国以后特别是改革开放以来我国科学技术发展的实践经验,提出了科教兴国的伟大战略,进一步明确了新时期科技工作的大政方针和战略部署。中央发布这个《决定》,非常必要,意义重大。

《决定》是一个纲领性的文件。发布和贯彻这个《决定》,目的是抓住当前有利时机,把邓小平同志"科学技术是第一生产力"的思想真正变成国家发展战略,使科技生产力有一个新的解放和大的发展,把经济建设和社会发展真正转移到依靠科技进步和提高劳动者素质的轨道上来,为实现我国社会主义现代化建设的第二步、第三步战略目标奠定坚实基础,提供有力保障。

《决定》提出的科教兴国的伟大战略,在理论上和实践上都具有重大的意义。党的十一届三中全会以来,全党工作重点已经转移到以经济建设为中心的轨道。实施科教兴国的战略,是这一转移的进一步深化和向更高阶段的发展,必将促使我国生产力产生新的飞跃。科教兴国,抓住了科技与经济发展的内在规律。科教用以兴国,才能真正发挥科学技术是第一生产力的伟大作用,才能实现科教工作者报国为民的宏愿;兴国只有依靠科学技术,才真正找到了强大而持久的动力。科教兴国的提出,将像1978年全国科学大会提出的"科学技术是生产力""知识分子是工人阶级的一部分"那样振奋人心,载入我国科学技术发展史册。

邓小平同志关于科技工作的一系列论述,是建设有中国特色社会主义理论的重要组成部分,是我国新时期科技工作的指导思想。其中,关于"科学技术是第一生产力"的思想,是精髓,是科教兴国战略最基本最重要的理论依据。改革开放以来,随着实践的发展,广大干部群众对科技是第一生产力,对经济建设必须依靠科技进步的认识有了很大提高,经济建设正逐步向着依靠科技进步的轨道转移。我们要努力落实《决定》提出的各项要求,把科技和教育摆在经济、社会发展的重要位置,在体制、机制及观念等方面克服阻碍科技加速发展的不利因素，进一步释放科技的伟力，迎接国际经济与科技竞争的严峻挑战，加速国民经济增长从外延型向效益型的转变，使科教兴国的战略落到实处，加快实现社会主义现代化的步伐。

科技体制改革，是一场解放科技生产力的广泛而深刻的革命。《决定》的一个引人注目的特点，就是以相当的篇幅对深化科技体制改革的问题作了提纲挈领的论述和规定。《决定》提出，今后深化科技体制改革的重点，是调整科技系统的结构，分流人才。要真正从体制上解决科研机构重复设置、力量分散、科技与经济脱节的状况，加强企业技术开发力量，促进科技与经济的有机结合。到本世纪末，初步建立适应社会主义市场经济体制和科技自身发展规律的新型科技体制，在全社会形成各类科技力量合理配置，科学分工，优势互补，有机结合的科技进步体系。

实施科教兴国的战略，必须建设高水平的科技队伍，提高全民族科技文化素质。加速培养优秀科学技术人才是一项十分紧迫的战略任务。培养科技人才，教育是基础。要认真贯彻《决定》和《中国教育改革和发展纲要》，坚持教育为本，充分发挥高等教育及其他各类教育在培养科技人才方面的主渠道作用，造就大批德才兼备的科技后备力量。要注重从工人、农民中培养科技人才及各类专业技术能手，重视妇女和少数民族科技人才的培养使用。

科技投入是科技进步的必要条件，是实施科教兴国战略的基本保证。必须采取有力措施，调整投资结构，鼓励、引导全社会多渠道、多层次地增加科技投入。要运用经济杠杆和政策手段，鼓励、引导各类企业增加科技投入，使其逐步成为科技投入的主体。要继续拓宽科技融资渠道，大幅度增加科技贷款规模，积极吸收海内外资金支持科技事业。对科技活动、科技成果转化和高技术产业发展继续给予必要的政策扶持。在本世纪末要实现全社会研究开发经费占国内生产总值的比例达到1.5%的目标。

领导广大干部群众完成科教兴国的艰巨任务，是各级党委和政府义不容辞的神圣职责。各级领导干部要按照《决定》的要求，带头学习现代科学技术知识，进一步增强科技意识，切实加强对科技工作的领导。

我们相信，在《决定》的精神鼓舞下，各级党委、政府以及全社会共同努力，科教兴国的伟大战略一定会化为科技工作者和广大干部群众的实际行动，一个新的科技进步的热潮一定会在中华大地沛然兴起，成为推动我国社会主义现代化建设更快发展的巨大动力。

（1995年5月22日）

和平与正义是不可战胜的

——纪念中国人民抗日战争胜利五十周年

今天是中国人民抗日战争胜利 50 周年纪念日，也是世界反法西斯战争胜利 50 周年纪念日。50 年前的今天，以日本政府正式签署投降书为标志，宣告了日本侵略者的彻底失败和世界反法西斯战争的最后胜利。这是和平与正义的胜利，是人类进步事业的胜利，是中国人民和全世界一切爱好和平的国家和人民的盛大节日！今天重温那段血与火的悲壮历史，不能不感慨万千。我们谨向在抗日战争中英勇战斗、流血牺牲的烈士表示深切的悼念，向为战争胜利而建立功勋的海内外中华儿女表示崇高的敬意，向曾经支援中国抗日战争的国际友人表示诚挚的感谢，并向横遭侵略者杀戮的无辜的死难同胞表示深切的哀悼。

抗日战争是近代中国最伟大的民族解放战争，是中华民族由衰而兴的重要转折点。自 1840 年以来，中国人民饱受帝国主义的侵略和奴役，进行了一次又一次可歌可泣的民族解放斗争，结果都失败了。抗日战争的胜利改变了百余年来屡战屡败的纪录，洗雪了民族的耻辱，第一次取得了反对帝国主义侵略战争的完全胜利。这一胜利极大地鼓舞了中国人民的志气，推进了中国革命的历史进程，为中国人民迅速取得新民主主义革命的胜利，建立新中国，奠定了基础。

抗日战争的胜利，是全民族发扬爱国主义精神，团结抗战的胜利。面对民族危亡，面对武装到牙齿的日本侵略者，中国共产党高举爱国主义和抗日民族统一战线的旗帜，广泛团结各阶级、各阶层、各党派爱国人士和海外侨胞奋起抗战。8 年抗战，艰苦卓绝：北起松花江畔，南到珠江两岸，四万万同胞，同仇敌忾，用自己的血肉筑起了坚不可摧的长城，使日本侵略者陷入人民战争的汪洋大海之中。中国共产党领导的人民武装力量抗击大部分日军和几乎全部伪军。国民党爱国将士也在正面战场英勇抗击日军。8 年抗战的艰苦历程昭示我们，爱国主义是克敌制胜的强大精神力量，用爱国主义精神凝聚起来、团结起来的中华民族是不可征服的。

中国共产党是全民族抗战的一面旗帜。在那强敌入侵、山河沦丧的严重时刻，是中国共产党和毛泽东同志倡导形成了抗日民族统一战线，最大限度地动员全国军民奋起抗战；是中国共产党和毛泽东同志提出全面抗战的路线，指出了争取抗战胜利的正确道路，制定了持久战的战略总方针和一整套正确的作战原则；是中国共产党和毛泽东同志领导的八路军、新四军以及各地人民武装，燃起了人民战争的熊熊烈火，成为坚持团结、坚持抗战、坚持进步的中流砥柱。把马克思列宁主义同中国革命的实际正确结合起来的中国共产党，在抗日战争中经受了严峻的锻炼和考验，积累了丰富的经验，赢得广大人民的拥护，成为领导民族解放和振兴的坚强核心，成为凝聚全民族力量的杰出组织者和鼓舞者，在中华民族的史册上写下了光耀千古的篇章。

中国抗日战争是世界反法西斯战争的重要组成部分。中国是"二战"的主战场之一，持续时间最长。由于中国军民抗击和消耗着绝大部分日军精锐部队，在战略上有力地支援了欧洲和太平洋及亚洲其他地区的反法西斯战争。中国人民为世界反法西斯战争的胜利作出了巨大的民族牺牲和不可磨灭的历史性贡献。苏联红军、美英盟军在欧洲、在太平洋地区各个战场痛击德、意、日法西斯，也大大加速了中国抗日战争的胜利进程。在和平和正义的旗帜下，许多国家的人民互相支持，并肩作战，是决战决胜的重要原因。

那场造成人类空前浩劫的战争已经过去半个世纪。今天我们回顾这段历史，要总结经验，吸取教训，把那段痛苦悲壮的经历变成维护世界和平，促进人类进步的精神财富，共同努力，去创造更美好的未来。

要走和平发展的道路，必须正确认识和对待过去的历史。法西斯主义曾给人类带来巨大不幸。日本军国主义侵略中国，给中国人民造成深重灾难，最终也给日本人民带来苦难。这段历史不能忘却，更不容篡改。近年来日本有些人包括内阁成员多次否认侵略中国的历史，为法西斯主义开脱罪责，这不仅极大地伤害了中国人民的感情，也伤害了亚洲人民和世界人民的感情。我们希望日本政府正视历史，真正吸取教训，以实际行动取信于中国人民和亚洲各国人民。这既有利于中日关系健康发展，实现两国人民世代友好，有利于亚洲各国的利益，也符合日本自身的利益。

落后就要挨打，分裂就受欺侮。日本军国主义敢于悍然发动侵华战争的一个重要原因，就是因为当时的中国处于分裂、战乱状态，政治腐败，经济落后。当前，改革开放的中国，政治稳定，经济发展，社会进步，正全面推进社会主义现代化建设。我们要发扬爱国主义精神，艰苦奋斗，奋发图强，实现社会主义现代化建设的宏伟目标，使伟大的中国日益兴旺发达，巍然屹立在世界的东方。完成祖国统一大业，关乎中华民族的根本利益，是全国人民的共同愿望。李登辉挟洋人以自重，置民族大义于不顾，大搞分裂祖国的活动，是绝对不能容许，也是绝对不能得逞的。我们深信，不管有多少艰难险阻，国家要统一，民族要振兴，这是人心所向，大势所趋，任何人都不能阻挡。

20世纪，人类社会历经两次世界大战的浩劫，付出了沉重的代价，也使人们认识到了和平的可贵。和平与发展是当今世界的两大主题。当我们迈向21世纪的时候，不能不深刻思考和平的重大意义，只有和平才有发展，只有和平才有进步。中国人民饱经侵略、战祸之苦，深知和平来之不易。中华民族是一个热爱和平的民族，中国的现代化建设需要一个和平的环境。一个稳定和繁荣的社会主义中国是维护世界和平的重要力量。我们深信，只要世界人民共同努力，使制约战争的因素不断增长，世界和平是可以维护的。中国政府和中国人民将一如既往，为此作出不懈的努力。

历史证明，中国人民有能力把侵略者赶出自己的国土，有能力结束一切形式的压迫和奴役，也有能力改变祖国贫穷落后的面貌。在新的国际环境下，我们要珍惜机遇，抓住机遇，在邓小平同志建设有中国特色社会主义理论和党的基本路线指引下，更加紧密地团结在以江泽民同志为核心的党中央周围，为把我国建设得更加繁荣富强，为维护世界和平而努力奋斗！

（1995年9月3日）

走向新世纪的中国

——国庆献词

今天是人民共和国的第 46 个生日。

今年的国庆节是一个不同寻常的国庆节。值得举国同庆的，不只是 46 年举世瞩目的成就，更重要的是，刚刚闭幕的党的十四届五中全会通过了《中共中央关于制定国民经济和社会发展"九五"计划和 2010 年远景目标的建议》。《建议》提出了社会主义现代化建设跨世纪的宏伟纲领。按照党中央的《建议》，"九五"期间，我们将全面完成现代化建设的第二步战略部署，到本世纪末，实现人均国民生产总值比 1980 年翻两番，人民生活达到小康水平，初步建立社会主义市场经济体制；到 2010 年，实现国民生产总值比 2000 年翻一番，使人民的小康生活达到比较宽裕的程度，形成比较完善的社会主义市场经济体制。美好壮丽的远景，给国庆佳节增添了喜气。

在这历史性的时刻，我们满怀喜悦地回顾 46 年的征程。在中国共产党的领导下，经过全国人民的艰苦奋斗，特别是党的十一届三中全会以来的改革开放和社会主义现代化建设，五千年文明古国焕发了勃勃生机，积弱积贫的旧面貌为之一扫，初步繁荣昌盛的新气象蒸蒸日上，伟大的社会主义祖国欣欣向荣。

今年是"八五"计划的最后一年。全党和全国人民在以江泽民同志为核心的党中央领导下，继续贯彻"抓住机遇、深化改革、扩大开放、促进发展、保持稳定"的方针，正确处理改革、发展、稳定的关系，统一思想，总揽全局，加强协调，扎实工作，取得了可喜的新成就。经济体制改革朝着建立社会主义市场经济体制的方向继续前进，国家宏观调控的目标进一步实现，农业生产战胜了比较严重的水旱灾害，可望获得较好收成，国有企业的改革稳步推进，工业生产结构有所调整，国内市场持续旺销，物价涨幅逐渐回落，对外贸易快速增长，货币投放和信贷规模控制较好，财政运行基本平稳，国民经济持续、快速、健康发展。原定在2000年实现的国民生产总值比1980年翻两番的奋斗目标,将在今年提前实现。社会主义精神文明建设和社会主义民主法制建设以及其他各项事业,都取得了明显的进展。

过去的成就,令人自豪;今后的任务,催人奋进。再过5年,人类将进入21世纪。新的世纪,新的格局,新的机遇,新的挑战。把一个什么样的中国带入21世纪?党中央的《建议》,是最好的答案。我们要把2000年的奋斗目标牢记心间,把2010年的奋斗目标牢记心间,把2050年的奋斗目标牢记心间。走一步,看两步,想三步。把远大理想同实干精神结合起来,把党和政府的正确决策同广大人民群众的积极性创造性结合起来,一心一意干四化。这样,建设社会主义现代化国家的宏伟蓝图就一定能够实现。

实现宏大的任务,需要宏大的队伍;凝聚宏大的队伍,需要伟大的理论和伟大的精神。

邓小平同志建设有中国特色社会主义理论,把马克思列宁主义基本原理与当代中国实际和时代特征相结合,科学地总结了建国以来我们国家谋富强、求发展的经验,特别是近十多年来改革开放和社会主义现代化建设的新鲜经验,将爱国主义与社会主义融为一体,将民族精神与时代精神融为一体,继承和发展了毛泽东思想,是当代中国的马克思主义,是实现中华民族振兴的强大精神支柱。在这一科学理论和党的基本路线指引下,中华民族开了新生面,社会主义开了新生面。坚持不懈地用邓小平同志建设有中国特色社会主义的伟大理论武装全党,教育干部和人民,我们就能在任何困难面前不迷惘,不动摇,就能以高昂的精神、无穷的智慧、扎实的工作,不断取得新的胜利。

爱国主义是我们中华民族生生不息、自立自强的伟大旗帜。今年,纪念抗日战争和世界反法西斯战争胜利50周年,全国人民的爱国主义精神大为高涨;规模空前的第四次世界妇女大会的成功举办,展示了我国改革开放和社会主义现代化建设的成果和风采,进一步提高了我们的民族自信心和自豪感。历史雄辩地证明,我们中华民族有自立于世界民族之林的能力。只要发扬爱国主义精神,万众一心,艰苦奋斗,就能够排除各种困难,推进现代化建设的伟大事业,并对世界的和平与发展作出自己的贡献。

社会主义是我们中华民族从弱到强、重振雄风的光辉道路。几十年来,我们所取得的一切成就,都是在中国共产党的领导下坚持走社会主义道路的结果。最近十多年来实行改革开放,社会主义制度的优越性得到更好的发挥，使我国的生产力迅速发展，综合国力显著增强，人民生活明显改善。这一巨大变化告诉我们，只有社会主义才能救中国，只有社会主义才能发展中国。

迎国庆，忆国史，谈国运，振国风。在以江泽民同志为核心的党中央领导下，全国各族人民更亲密地携起手来，奋发图强，以改革开放和社会主义现代化建设的更加丰硕的成果，迎接新世纪的曙光！

（1995年10月1日）

满怀信心夺取新胜利

——元旦献词

时代的巨轮告别了 1995 最后一抹夕照，迎来了 1996 第一片灿烂的朝霞。

在这一元复始的喜庆时刻，我们衷心祝福全国各族人民新年好！衷心祝福台港澳同胞和海外侨胞新年好！

刚刚过去的一年是"八五"计划的最后一年，是值得纪念的一年。"八五"期间，在邓小平同志 1992 年重要谈话和党的十四大精神指引下，社会主义现代化建设开创了振奋人心的新局面。国民经济迅速发展。综合国力明显增强。经济体制改革取得突破性进展。对外开放总体格局基本形成。人民生活显著改善。科技、教育、文化和各项社会事业蓬勃发展。社会主义精神文明建设和民主法制建设也取得了新的成就。1995 年，我们提前实现了国民生产总值翻两番的宏伟任务，为"八五"计划画了一个举世称道的句号。伟大的祖国在建设有中国特色社会主义的大道上走得稳健，走得豪迈，全国各族人民无不为之鼓舞，为之自豪。

巨大的成就，辉煌的业绩，给人以力量，也给人以深刻启迪。实践证明，邓小平建设有中国特色社会主义理论，科学地反映了中国现代化建设的客观规律，是我们各项工作的根本指针，是实现民族振兴的强大精神支柱。党的"一个中心、两个基本点"的基本路线，凝聚人心，催人奋进，是胜利推进改革开放和社会主义现代化建设的伟大法宝。"抓住机遇、深化改革、扩大开放、促进发展、保持稳定"的基本方针，是处理好改革、发展、稳定的关系，保证国家兴旺发达、长治久安的正确途径。在抓好物质文明建设的同时，切实抓好社会主义精神文明建设和民主法制建设，做到"两手抓、两手硬"，是社会主义现代化建设全面、健康发展的重要保证。以江泽民同志为核心的党中央，对建设有中国特色社会主义大业的领导更加成熟、更加坚强、更加有力，深得全党和全国各族人民的信赖和拥护。对已经取得的建设成果和宝贵经验，我们要十分珍惜，坚定不移地沿着已经开辟的道路继续前进。

党的十四届五中全会通过的关于制定"九五"计划和2010年远景目标的建议，提出了跨世纪的宏伟蓝图。按照这一蓝图，未来五年，我们要实现人均国民生产总值比1980年翻两番，使人民生活达到小康水平；我们要继续坚定不移地深化改革，初步建立起社会主义市场经济体制；我们要实现香港和澳门回归祖国，为祖国和平统一大业迈出历史性的步伐；我们要以经济和社会发展更壮丽、更辉煌的丰硕成果，向人民共和国50周年华诞献礼；我们将全面实现本世纪末的宏伟目标，让伟大祖国以更加矫健的雄姿，昂首阔步跨入21世纪！在中华民族的振兴史、发展史上，这是继往开来的五年，是至关重要的五年，也是可以大有作为的五年。

五年看头年。1996年，是"九五"计划的开局之年，是实现15年奋斗目标的奠基之年。最近，中央经济工作会议对今年的经济工作做出了全面部署。把今年的经济工作和其他各项工作做好，对今后的发展具有十分重要的意义。我们一定要以更加昂扬的姿态开好头，起好步，务求初战告捷，旗开得胜。

夺取新的胜利，就要统一思想，提高认识。在党中央的领导下，统一思想、统一步调、统一行动，历来是我们的政治优势和组织优势。只有认真学习和掌握党的基本理论、基本路线、基本方针，才能形成改革、发展、稳定的强大合力。全党同志特别是各级领导干部要自觉地坚定地维护中央的权威，服从和服务于全党全国工作的大局和宏观决策，有令则行，有禁则止。同时，贯彻中央的方针、政策，要紧密联系本地区、本部门的实际，研究新情况，解决新问题，大胆地、创造性地开展工作。

夺取新的胜利，就要知难而上，奋发进取。当前，在经济和社会发展中，还存在许多矛盾和问题，其中有些矛盾和问题相当突出。而实现经济体制和经济增长方式的根本性转变，推动国民经济持续、快速、健康发展，实现社会的全面进步，又异常艰巨复杂。面对种种困难，我们既不能掉以轻心，也不能畏缩不前，要发扬大无畏的英雄气概，总揽全局，群策群力，采取切实有效的措施和办法，朝着既定的目标开拓前进。

夺取新的胜利，就要脚踏实地，讲求实效。现在，有少数干部在实际工作中，不讲实效，好做表面文章，搞花架子，这是一种很不好的作风。在新的一年里，各级党政领导干部要求真务实，把主要精力用到经济建设上来，用到改革开放上来，用到抓精神文明建设和党的建设上来。要深入实际，深入群众，调查研究，及时发现和解决问题。在考察和选拔干部时，要重实绩、看实效，以促进干部作风的改进。

夺取新的胜利，就要团结群众，艰苦奋斗。群众观点，是我们党的基本政治观点；群众路线，是我们党的根本工作路线。我们的一切工作，都是为了人民群众的利益，也只有真心实意地依靠群众才能做好。各级党政领导干部必须自觉抵制拜金主义、享乐主义、极端个人主义等剥削阶级腐朽思想的侵蚀，扫除官僚主义、奢侈浪费、以权谋私等歪风，艰苦奋斗，廉洁奉公，关心群众，勤政为民，同各种腐败现象进行坚决斗争。在新的一年里，我们要大兴实事求是之风、艰苦创业之风、勤俭节约之风、诚心诚意为人民谋利益之风。有了这种良好的党风、政风，就会极大地增强我们党和政府的凝聚力、向心力、号召力。

在以江泽民同志为核心的党中央领导下，全党和全国各族人民更紧密地团结起来，坚持邓小平建设有中国特色社会主义理论和党的基本路线、基本方针，统一思想，齐心协力，奋发进取，讲求实效，满怀信心迎接新的挑战，夺取1996年的新胜利，夺取"九五"计划的新胜利，让五千年文明古国的社会主义现代化之花开得更加鲜艳夺目，迎接21世纪的春天！

（1996年1月1日）

跨世纪大业与中国共产党

——"七一"献词

伟大的中国共产党走过了75年的光辉历程。

这75年是革命的75年,是奋斗的75年,是胜利的75年,是在中华民族的振兴史上彪炳千秋的75年。

1921年,我们党刚刚成立时,只有几十个党员,在党派众多的中国政治舞台上,显得那样弱小。风卷云去,大浪淘沙,许多当年似乎是不可一世的党派早已化为过眼烟云,而我们党则从小到大,从弱到强,发展成为拥有5700多万党员的大党,正领导亿万中华儿女开创祖国光辉灿烂的新篇章。

这是历史的奇迹,这是民族的骄傲。这当然不是偶然的,因为我们的党是把马克思主义的科学理论同中国革命和建设的具体实际相结合的党;是全心全意为人民服务,紧密联系人民群众,并且赢得了人民群众衷心拥护的党。我们党在长期血雨腥风、惊涛骇浪的拼搏中,培养了一大批忠心耿耿、充满奉献精神和牺牲精神的善于治党治国治军的高素质的领导骨干;我们党有以毛泽东同志、邓小平同志、江泽民同志为核心的三代中央领导集体坚强有力的领导,不管环境多么险恶,任务多么艰巨,始终保持了强大的凝聚力、向心力、战斗力。

作为伟大的中国共产党的一名党员是值得自豪的。在纪念党的生日的时候,每一个共产党员都应当想一想,怎样把自豪感化为使命感、责任感,以实际行动继承和发扬党的优良传统,为民造福、为党增光。

当前,处在世纪之交的中国共产党,面临的是一个新的关键时刻:从国际来看,两极对抗已为多极化的新格局所取代,和平与发展是当今世界的主流,但是以科技实力和经济实力为后盾的竞争并未消失,而是更趋激烈。从国内来看,在胜利完成"八五"计划,基本解决了人民群众温饱问题的基础上,在本世纪末,我们要达到小康,在下个世纪中叶,要基本实现现代化,任务繁重。新的世纪,新的任务,向我们党发出新的召唤。

党在领导全国各族人民为实现当前各项任务而奋斗的同时，始终着眼于未来的远大目标。我们党在八个五年计划辉煌成就的基础上，集中全国人民的意志、利益和智慧，不失时机地提出了跨世纪的奋斗目标，经过全国人大审议通过的未来15年的奋斗《纲要》，将进一步将全国人民团结起来，同心同德，努力奋斗。我们面临的形势是，机遇与挑战并存，优势与困难同在，要求我们进一步加强党的建设，提高党员素质，要求我们进一步提高领导水平和执政水平。

加强党的建设，关键在于加强干部队伍建设。"七一"前夕，江泽民同志在纪念中国共产党成立75周年座谈会上强调指出，努力建设高素质的干部队伍是一项刻不容缓的重大任务。他指出："我们要建设的高素质干部队伍，就是由具有社会主义政治家素质的领导骨干带领的德才兼备的干部队伍。这应当是一支包括党政干部、企业经营管理干部、科学技术干部和其他战线干部组成的宏大队伍。"他提出了党的干部首先是领导干部应当具备的五项基本的政治业务素质，并指出，要提高政治业务素质，首先必须开展深入持久的学习，最根本的是学习马列主义、毛泽东思想特别是邓小平同志建设有中国特色社会主义理论；同时，要坚持在实践中锻炼干部，广大干部要认清自己的历史责任，积极投身到亿万人民群众的实践中去。他对广大年轻干部寄予殷切期望，希望他们牢固树立正确的世界观、人生观、价值观，坚持正确的政治立场和政治方向，经得住执政、改革开放和发展社会主义市场经济的考验。他指出："建设这样高素质的干部队伍，是保证我们党始终走在时代前列，经受住各种风险考验，领导全国人民把社会主义现代化事业不断推向前进的需要。各级党委一定要提高思想认识，增强责任感和紧迫感，进一步加大工作力度，以思想政治建设为重点，把干部队伍建设这件关系党和国家全局的大事抓紧抓好，绝不能有丝毫的忽视和懈怠。"江泽民同志的讲话，指明了保证改革和建设事业顺利发展、保证跨世纪宏伟目标实现的关键，全党同志特别是领导干部应当认真学习、坚决贯彻。

素质是一种无形的力量。党的干部队伍具备优良的政治素质、思想素质、纪律素质、作风素质、业务素质等，可以大大增强我们党的凝聚力、战斗力、创造力，把亿万人民群众更紧密地动员起来、团结起来，为实现振兴中华的伟大理想而奋斗。对于我们这样一个拥有5700多万党员的大党来说，党的威望的高低、战斗力的强弱，首先不在于党员的数量，而在于党员的质量。随着党的干部队伍素质的提高，必将带动全党素质的提高；而全党素质的提高,必将带动全民族素质的提高;全党、全民族素质的提高,必将变成推动改革开放和社会主义现代化建设胜利前进的巨大物质力量。全党同志务必大大增强素质意识、素质观念,更加自觉地提高自身素质,为把党的建设这一项具有深远意义的伟大工程完成好而不懈地努力。

75年的伟大历程雄辩地证明,没有中国共产党,就没有新中国,就没有中国的繁荣强大,就没有全国各族人民幸福美好的生活。中国共产党善于在改造客观世界的同时,改造自己的主观世界;善于通过对主观世界、自身素质的改造和提高,促进对客观世界的改造。这是我们党之所以深深地扎根于中国大地,深深地扎根于亿万人民群众,具有无比强大生命力的奥秘所在。实现本世纪末的奋斗目标,离不开党的领导;实现2010年的奋斗目标,离不开党的领导;实现下世纪中叶更宏伟的奋斗目标,离不开党的领导。坚持党的基本路线一百年不动摇,首先要坚持党的领导不动摇。

我们伟大的党,任重而道远。全党同志在以江泽民同志为核心的党中央领导下,更加紧密地团结起来,加强党的建设,提高自身素质,为实现跨世纪的宏伟蓝图奋勇前进!

(1996年7月1日)

把祖国建设得更美好

——国庆献词

全国各族人民在喜庆气氛中迎来共和国的47岁生日。

在人民共和国的编年史上，1996年是很不寻常的一年。中华民族跨世纪的宏伟蓝图——"九五"计划和2010年远景目标已经开始组织实施。国民经济继续保持快速健康发展的良好势头。农业战胜了比较严重的自然灾害，有望获得较大丰收。国有企业改革继续推进。国家重点建设捷报频传，特别是纵贯祖国南北的又一条钢铁大动脉京九铁路全线通车，举国欢欣。中部地区特别是革命老区、贫困地区大发展的序幕已经拉开。物价涨幅明显回落，宏观调控将达到预期目标。对外经济贸易往来进一步扩大，我国在国际社会的威望日益提高。党的建设、民主法制建设和社会主义精神文明建设得到进一步加强，各项社会事业全面发展。总之，开局很好，伟大的社会主义祖国政治稳定，经济繁荣，民族团结，社会进步，人民安居乐业。

已经取得的成就令人自豪，未来的艰巨任务催人奋进，我们对祖国的明天充满必胜的信心。几十年来，我国革命、建设和改革之所以能够克服无数艰难险阻，从胜利走向胜利，一个重要的原因就在于我们的革命大军、建设大军、改革大军在中国共产党的领导下，非常注重自身的革命化建设、思想政治建设、精神文明建设，形成了以马列主义、毛泽东思想和邓小平建设有中国特色社会主义理论指导的强大的精神力量。成就伟大的事业，有赖这种强大的精神力量。一支军队有了这种精神力量，就有了军魂；一个国家有了这种精神力量，就有了国魂。对一个国家来说，要想自立于世界民族之林，要想创造辉映千古的业绩，为人类进步作出较大的贡献，没有一种集中体现民族精神的气势磅礴的国魂，是不可能的。这种国魂，体现国家的利益，代表民族的意志，符合历史的潮流，有强大的吸引力、震撼力，能够把全民族的潜能最充分地发挥出来，把全民族的力量最有效地凝聚起来，形成无坚不摧的伟力，创造惊天动地的大事业。

国魂中最具感召力的,莫过于爱国主义。有了爱国主义,就会自立自强;有了爱国主义,就会坚韧不拔;有了爱国主义,就会舍身忘我;有了爱国主义,就会排除万难,去争取胜利。爱国主义是具体的。我们是社会主义国家,我们的制度是社会主义制度,我们正在建设有中国特色的社会主义。爱国,就要热爱全国各族人民在党的领导下所选择的制度和道路,把爱国主义和集体主义、社会主义紧紧连在一起,把祖国建设得更加美好,为中华民族的振兴写下更精彩、更壮美的新篇章。

在改革开放的历史新时期,邓小平建设有中国特色社会主义理论是我们民族振兴和发展的强大精神支柱,也是我们要塑造的当代中华民族国魂的核心和支柱。物质能够变精神,精神能够变物质。在这一当代中国的马克思主义理论的光辉指引下,全国各族人民在积极投身社会主义物质文明建设的同时,大力加强社会主义精神文明建设,共铸富有时代特点、民族特点、团结向上、生气勃勃的国魂,我们就能再创辉煌,无往而不胜!

处在世纪之交的中国,肩负着发展自己的重任,肩负着统一祖国的重任,肩负着维护亚洲和世界和平的重任。机遇难得,挑战严峻,任重道远。全党和全国各族人民,更加紧密地团结在以江泽民同志为核心的党中央周围,坚持党的基本理论、基本路线、基本方针,正确处理改革、发展、稳定的关系,维护安定团结的政治局面,继承和发扬"红军不怕远征难"的光荣传统,继续保持革命战争年代的那么一股劲、那么一种精神,为把一个团结、稳定、繁荣、发展的中国带入 21 世纪而奋斗!

(1996 年 10 月 1 日)

把握大局再接再厉　同心同德开拓前进

——元旦献词

一元复始,万象更新。我们向全国各族人民,向港澳台同胞和海外侨胞祝贺新年好!

刚刚过去的1996年,是实施"九五"计划和2010年远景目标纲要的第一年。在这一年里,我国的改革开放和社会主义现代化建设取得了可喜的成就。工业生产继续平稳增长,农业战胜了部分地区严重自然灾害,获得较好收成,粮食产量创造历史最高水平。国内生产总值比上年增长近10%。以治理通货膨胀为首要任务的宏观调控基本上达到了预期目标,整个经济开始进入适度快速和相对平稳的发展轨道。经过三年多的努力,我们不仅有力地促进了国民经济持续、快速、健康发展,而且成功地避免了在大步前进中可能出现的经济大起大落。改革进一步深化,开放进一步扩大,各项社会事业全面进步,人民生活进一步改善。党的建设、社会主义精神文明建设和民主法制建设也都取得新的进展,各种形式的精神文明创建活动弘扬了社会正气,反腐败斗争不断深入,在全国范围内开展的"严打"斗争成效显著。我国积极主动地开展外交工作,取得了新的重要成就,进一步发展了对外友好关系,扩大了经济贸易往来。在以江泽民同志为核心的党中央领导下,全国各族人民团结奋斗,为实现跨世纪的宏伟目标开了一个好头,势头很好,鼓舞人心。

刚刚到来的1997年,是实施"九五"计划和2010年远景目标纲要的第二年,是我们国家历史发展上很重要的一年。在这一年里,我国将恢复对香港行使主权,我党将召开第十五次全国代表大会。恢复对香港行使主权,是贯彻"一国两制"方针的伟大成果,是百年来无数志士仁人梦寐以求的宿愿,它必将对推动祖国统一大业、振奋民族精神产生重大而深远的影响。党的十五大是我们党在我国改革开放和社会主义现代化建设事业承前启后、继往开来的重要时刻召开的具有重大意义的会议。通过这次大会,我们的党将更有力地带领全党和全国各族人民去实现社会主义现代化的宏伟目标。这是举世瞩目的两件大事,是对祖国振兴、中华民族兴旺发达具有重大意义的两件大事。我们一定要团结一心,努力做好今年的工作,为办好两件大事创造良好的政治、经济、社会环境和条件。要坚决贯彻中央确定的1997年经济工作的总体要求,保持总的宏观经济政策的连续性、稳定性和必要的灵活性,做到稳中求进,推动改革和建设更好地发展。在坚持以经济建设为中心,把物质文明建设搞得更好的同时,要大力加强社会主义精神文明建设,进一步加强社会主义民主和法制建设。

在新的一年里,全党同志特别是各级领导干部要牢牢把握大局,再接再厉,同心同德,开拓前进,这是做好1997年各项工作的根本要求和重要保证。

把握大局,就是坚持以邓小平建设有中国特色社会主义理论和党的基本路线为指导,全面贯彻抓住机遇、深化改革、扩大开放、促进发展、保持稳定的基本方针,进一步把总量控制和结构调整,宏观调控和微观搞活,深化改革和促进发展,经济发展和社会发展结合起来,把建设有中国特色社会主义伟大事业推向前进。要善于从政治上观察和处理问题,全面地认识和从整体上处理好改革、发展、稳定的关系,使三者相互协调、相互促进。必须十分注意保持社会、政治环境的稳定,这是今年把握大局的首要着眼点和基本要求。

再接再厉,就是在"九五"第一年开好头、起好步的基础上继续前进。要根据新形势、新任务的要求,大力推进两个根本性转变,采取新的有力措施,为经济注入新的活力,切实提高经济增长质量和效益,保持经济适度快速发展的好势头。要进一步转变作风,狠抓落实,讲求实效。

同心同德,就是全党同志首先是高级领导干部在政治上、思想上同中央保持一致,自觉维护中央的权威,坚决贯彻中央的决策和方针政策,做到言行一致、令行禁止。只有这样,党才能增强战斗力、凝聚力,团结和带领全国各族人民朝着新的目标胜利前进。

开拓前进,就是要增强改革意识和创新精神,知难而进,锐意进取,积极解决改革和建设中的难点和重点问题。我国经济体制改革正处于攻坚阶段,经济建设和社会发展任务相当艰巨。要解决改革和建设中的深层次矛盾,必须进一步振奋精神,开拓前进。要坚持解放思想,实事求是,以实践为检验真理的唯一标准,大胆探索,努力实践,勇于创新。要相信群众,依靠群众,尊重群众的首创精神,坚持从群众中来、到群众中去的工作路线和工作方法。

在新的一年里，全党和全国各族人民更紧密地团结在以江泽民同志为核心的党中央周围，坚持邓小平建设有中国特色社会主义理论和党的基本路线、基本方针，进一步落实党的十四届五中全会、六中全会关于改革、发展和精神文明建设的战略部署，为实现跨世纪的宏伟大业艰苦奋斗，夺取新的更大的胜利！

（1997年1月1日）

深切悼念敬爱的邓小平同志
缅怀功绩继承遗志共创伟业

1997年2月19日，我们敬爱的邓小平同志不幸与世长辞。神州震动，举国同悲。全党全军全国各族人民深切悼念，沉浸在极度哀痛之中。

邓小平同志是我党我军我国各族人民公认的享有崇高威望的卓越领导人，伟大的马克思主义者，伟大的无产阶级革命家、政治家、军事家、外交家，久经考验的共产主义战士，我国社会主义改革开放和现代化建设的总设计师，建设有中国特色社会主义理论的创立者。在长达七十多年的革命生涯中，他为中国人民的解放和幸福，为中华民族的独立和强盛，为世界的和平与进步，倾注了毕生的心血和精力，建立了永不磨灭的历史功勋，为我们留下了极其丰富、极其宝贵的精神遗产。邓小平同志是功勋卓著的世纪伟人。他的逝世是中国共产党和中国人民不可估量的损失，他的英名将永垂中国史册，永垂世界史册。

邓小平同志光辉伟大的一生贯穿整个20世纪，犹如一部壮丽辉煌的史诗，一幅波澜壮阔的画卷，一部高亢激越的乐章。他的丰功伟绩、他的科学理论、他的革命风格，他所擘画的跨世纪宏伟蓝图，中国共产党和中国人民将永志不忘，将永远激励和鼓舞我们在开创中华民族伟大前程的事业中勇往直前。

邓小平同志的伟大业绩，我们永志不忘。在长期革命战争中，邓小平同志屡膺重任，不畏艰险，英勇奋斗，为创建新中国立下了不朽功勋。新中国成立后，他为社会主义制度的建立和社会主义建设的展开，进行了卓有成效的工作。"文化大革命"中，他坚持真理，同"四人帮"进行了针锋相对的斗争。特别是党的十一届三中全会以后，邓小平同志以七十多岁的高龄，又挥写了他一生中最辉煌的新篇章。他以大无畏的革命精神拨乱反正，勇敢地重新确立解放思想、实事求是的思想路线，领导全党和全国人民实现了伟大的历史转折，开辟了改革开放和集中力量进行社会主义现代化建设的历史新时期。十八年来，我国的经济发展取得了举世瞩目的成就，综合国力得到显著增强，人民生活有了很大改善，国家面貌发生深刻变化，社会主义中国显示出蓬勃的生机和活力，国际地位空前提高。由于有邓小平同志这样富有政治远见的卓越领导人掌舵指向，我们党、我们国家既走出了"文化大革命"造成的深重灾难，又避免了陷入新的混乱和迷惘，成功地走上了建设有中国特色社会主义的康庄大道，这是中国共产党和中国人民的幸运和自豪。

邓小平同志的伟大理论，我们永志不忘。在和平与发展成为时代主题的历史条件下，在我国改革开放和社会主义现代化建设的实践过程中，邓小平同志把马克思列宁主义基本原理与当代中国实际和时代特征相结合，在总结我国社会主义胜利和挫折的历史经验并借鉴其他社会主义国家兴衰成败历史经验的基础上，继承和发展毛泽东思想，科学地把握社会主义的本质，第一次比较系统地初步回答了中国这样经济文化比较落后的国家，在无产阶级领导人民夺取政权以后，如何建设社会主义、如何巩固和发展社会主义的一系列基本问题，创立了建设有中国特色社会主义理论。邓小平同志是伟大的理论家，他所创立的理论，在马克思主义的发展史上具有重大意义。我国改革开放以来的一切成就，都是在这一伟大理论的指引下取得的。实践证明，这个理论符合我国社会主义初级阶段的实际，具有强大的生命力。要实现下一世纪的预定目标，就必须高举这一伟大理论的旗帜。邓小平建设有中国特色社会主义理论，是中国共产党的指导思想，是中华民族的精神支柱，是当代中国的马克思主义。

邓小平同志的伟大风格，我们永志不忘。邓小平同志无限忠于党、忠于祖国、忠于人民，他说："我的生命是属于党、属于国家的。""我是中国人民的儿子。我深情地爱着我的祖国和人民。"正因为如此，他尊重群众，全心全意为人民服务，时刻关注人民群众的利益和愿望，总是把是否有利于发展社会主义社会的生产力、是否有利于增强社会主义国家的综合国力、是否有利于提高人民的生活水平作为制定路线、方针、政策的出发点和归宿。正因为如此，他尊重实践，实事求是，善于把握时代发展的脉搏和契机，总是从中国的现实和当代世界发展的特点出发去总结新经验，创造新办法，探索新路子。正因为如此，他目光远大，胸襟开阔，无私无畏，不屈不挠，不顾个人安危，不计荣辱进退，总是以大局为重，从国家和人民的根本利益着眼来观察和处理各种重大问题。正因为如此，他信念坚定，意志坚强，崇尚实干，在关键时刻果断地作出科学决策，表现出非凡的胆略和勇气。具有崇高的鲜明的革命风格的邓小平同志，永远是中国共产党人的楷模。

邓小平同志的伟大理想，我们永志不忘。邓小平同志是忠诚的共产主义者。他高瞻远瞩，富有科学精神和创造精神，把远大的理想与我国社会主义初级阶段的实际相结合，提出了建设有中国特色社会主义理论，设计了振兴中华的宏伟蓝图，确定了我们国家从贫穷走向富强的"三步走"的发展战略，在本世纪末实现小康，在下个世纪中叶达到中等发达国家的水平，把我国建成富强、民主、文明的社会主义现代化国家。这已经成为全国各族人民的共同理想。邓小平同志善于把原则的坚定性与策略的灵活性紧密结合起来。他提出"和平统一、一国两制"，作为实现祖国统一大业的伟大构想。按照这一构想，今年7月1日，我国将恢复对香港行使主权，一雪百年国耻。邓小平同志生前曾深情地表示，香港回归祖国后，他要亲自到那里去看一看。现在，离香港回归祖国只有120多天时间了，而邓小平同志却不幸与世长辞。夙愿虽未偿，遗志必实现。我们的祖国一定会实现完全统一。

邓小平同志离开了我们，他的伟大理论、伟大理想、伟大风格将永远照亮中国人民前进的征程。在以江泽民同志为核心的党中央领导下，中国人民将坚定不移地沿着邓小平同志开辟的建设有中国特色社会主义道路前进。在这个时刻，我们更加深刻地感受到邓小平同志作为无产阶级革命家的广阔胸怀和远见卓识。是他为第二代中央领导集体向以江泽民同志为核心的第三代领导集体顺利过渡，保持党和国家的稳定，创造了充分的条件，发挥了决定性的作用。实践证明，以江泽民同志为核心的党中央不负重托，不负众望，是邓小平同志开创的建设有中国特色社会主义伟大事业的忠诚可靠、奋发有为的继承者。以江泽民同志为核心的党中央，确立了邓小平建设有中国特色社会主义理论在全党的指导地位，以这一理论武装全党，教育干部和人民，坚持党的基本路线一百年不动摇有了根本保证。以江泽民同志为核心的党中央，依据邓小平同志的理论和党的基本路线，分析新情况，总结新经验，提出"抓住机遇，深化改革，扩大开放，促进发展，保持稳定"的基本方针，为正确处理改革、发展、稳定三者关系，保证国家长治久安、兴旺发达指明了方向。以江泽民同志为核心的党中央，紧紧地依靠人民群众，全面坚持党的基本路线，在以经济建设为中心的同时，坚持物质文明和精神文明建设"两手抓、两手都要硬"，不断克服新困难，解决新问题，经济建设和社会发展都取得了新的重大成就，国家政治稳定，经济发展，民族团结，社会进步，人民高兴。以江泽民同志为核心的党中央，在"八五"期间取得辉煌成就，提前实现邓小平同志确定的第二步战略目标后，不失时机地制订了"九五"计划和2010年远景目标，正在领导全国各族人民朝着既定目标阔步前进。党的十三届四中全会以来，特别是党的十四大以来，以江泽民同志为核心的党中央励精图治、卓有成效的工作，赢得全党全军全国各族人民的信赖和拥护。有以江泽民同志为核心的党中央坚强有力的领导，全党全军全国各族人民对实现邓小平同志设计的跨世纪宏伟蓝图充满必胜的信心。

邓小平同志谆谆教导我们："从现在起到下世纪中叶，将是很要紧的时期，我们要埋头苦干。我们肩膀上的担子重，责任大啊！"我们要牢记邓小平同志的嘱托，继承邓小平同志的遗志，化悲痛为力量，更加紧密地团结在以江泽民同志为核心的党中央周围，高举邓小平建设有中国特色社会主义理论的伟大旗帜，坚持党的基本路线、基本方针，为迎接党的十五大的胜利召开，为继续推进社会主义改革开放和现代化建设的伟大事业，为把我国建设成为富强、民主、文明的社会主义现代化国家而努力奋斗！

敬爱的邓小平同志永垂不朽！

敬爱的邓小平同志永远活在我们心中！

（1997年2月26日）

统一祖国振兴中华的核心力量

——庆祝中国共产党成立七十六周年

明天，7月1日，是中国共产党成立76周年纪念日，也是香港回归祖国、一洗百年耻辱的大喜日子。一日双庆，在我国政治生活中是一件难得的盛事。全党同志和全国各族人民以无比激动的心情，热烈欢庆香港回归，热情歌颂伟大的党！

香港回归祖国，是100多年来无数志士仁人为之奋斗、为之牺牲，却又壮志未酬的夙愿，只是在中国共产党的领导下，百年梦想才一步一步变成现实。中国共产党自成立之日起，就把实现祖国的独立、统一、民主、富强作为自己矢志不渝的奋斗目标。76年来，党领导全国各族人民经过长期艰苦卓绝、英勇顽强的斗争，推翻了三座大山，赢得了国家的独立、人民的解放，建立了人民当家作主的中华人民共和国。建国以来，党总结了"落后就要挨打""弱国无外交"的沉痛历史教训，带领中国人民自力更生、奋发图强，取得了社会主义革命和社会主义建设的辉煌业绩。特别是党的十一届三中全会以来，我们国家进入蓬勃发展的历史新时期。党领导全国人民紧紧抓住经济建设这个中心，坚持四项基本原则，坚持改革开放，促进了社会生产力的大发展，综合国力显著增强，人民生活水平迅速提高，社会主义现代化建设的成就举世瞩目，国际威望空前提高，为统一祖国、振兴中华奠定了坚实的物质基础，创造了有利的条件。新中国的第一代领导人毛泽东、周恩来等同志十分关心香港问题，远见卓识地提出了一系列解决香港问题的重大战略决策。第二代中央领导集体的核心邓小平同志以超人的智慧和胆略，高瞻远瞩，创造性地提出"一国两制"的伟大构想，为推进祖国和平统一大业指明了最佳途径，作出了重大贡献。历史以无可辩驳的事实昭告世人，没有中国共产党，就不可能有社会主义的新中国，也不可能有香港的顺利回归。

香港回归，是一部百余年屈辱历史的终点，又是一个全新构想付诸实施的起点。坚定不移地贯彻"一国两制""港人治港"、高度自治的方针，贯彻落实基本法,保持香港的长期繁荣稳定;继续按照"一国两制"的方针,为解决澳门问题和台湾问题,最终实现中华民族的大团圆而奋斗——是摆在我们面前的新的历史课题。中国共产党是统一祖国、振兴中华的核心力量。把我们的党建设得更加伟大、更加坚强,是把统一祖国、振兴中华的伟大事业继续胜利推向前进的根本保证。

进一步加强党的建设,首要的一条就是要高举邓小平建设有中国特色社会主义理论的伟大旗帜,坚持党在社会主义初级阶段的基本路线不动摇。江泽民同志最近在中央党校发表的重要讲话中强调指出,旗帜问题至关紧要,旗帜就是方向,旗帜就是形象;在社会主义改革开放和现代化建设的新时期,在跨越世纪的新征途上,一定要高举邓小平建设有中国特色社会主义理论的伟大旗帜,用这个理论来指导我们的整个事业和各项工作。邓小平建设有中国特色社会主义理论是当代中国的马克思主义,是中华民族振兴和发展的强大精神支柱,对我国社会主义现代化建设中的一系列重大问题作了深刻的分析和科学的回答。改革开放近20年来我国社会主义建设的巨大成就,雄辩地证明这个理论符合中国的实际,是振兴中华的科学指南;香港的顺利回归,雄辩地证明这个理论符合中国的实际,是统一祖国的科学指南。再接再厉,深入、扎实、持久地用邓小平建设有中国特色社会主义理论武装全党,我们的改革大业、建设大业、统一大业就能够克服一切艰难险阻,不断取得新的胜利。

政治路线确定之后,干部就是决定的因素。进一步加强党的建设,关键是要大力加强各级领导班子建设,建设一支高素质的干部队伍。我们要继续落实党中央关于党的建设这个"伟大的工程"的战略部署,以思想政治建设为重点,把各级领导班子建设成为坚决贯彻党的基本理论、基本路线、基本方针,全心全意为人民服务,具有领导现代化建设能力的坚强领导集体。各级领导干部,不仅要有胜任工作的理论政策水平和业务能力,而且要有政治上的坚定性,有良好的思想作风和道德品质。在对外开放和发展社会主义市场经济的新形势下,尤其要切实加强党风廉政建设,加强社会主义精神文明建设。反腐败是关系到党在人民群众中的威望,关系到党与人民群众的密切联系,关系到党的生死存亡、国家的长治久安的严重政治斗争,大得党心民心,必须进一步加大力度,坚持不懈地进行下去。各级领导干部要以身作则,牢记党的全心全意为人民服务的根本宗旨,坚决抵制拜金主义、享乐主义和个人主义等腐朽思想的侵蚀,大力发扬艰苦奋斗的优良作风,淡泊名利,埋头苦干，为党和人民建功立业。这样，才能永远立于不败之地。

我们的事业是伟大的，我们的旗帜是辉煌的，我们的任务是艰巨的，我们的前程是灿烂的。今年秋天，将召开党的第十五次全国代表大会，这将是一次把建设有中国特色社会主义的伟大事业包括祖国统一大业全面推向21世纪的历史性盛会。团结就是力量，团结就是生命。让我们在以江泽民同志为核心的党中央坚强领导下，在邓小平建设有中国特色社会主义理论和党的基本路线指引下，进一步加强全党的团结，加强全国各族人民的团结，加强海内外中华儿女的团结，抓住机遇，开拓进取，以改革开放和两个文明建设的新成就迎接党的十五大召开！

（1997年6月30日）

中华民族的百年盛事
——热烈庆祝香港回归祖国

一九九七年七月一日零点,全世界都在谛听从东方响起的庄严钟声。它响彻寰宇,向五洲四海郑重宣告:中华人民共和国政府恢复对香港行使主权的时刻到来了!中华民族洗雪百年耻辱、扬眉吐气的时刻到来了!

以中英两国政府完成交接仪式,香港特别行政区宣布成立为标志,圆了中华民族期盼了一个多世纪的香港回归梦,实现了几代人的夙愿。这一天,举世瞩目,永载史册。

香港回归,百年盛事,普天同庆,举国欢腾。在九百六十万平方公里国土上,热血沸腾的中国人民,以千歌万曲、千言万语表达着自己欢乐、自豪、振奋的感情。

在欢庆香港回归的时候,我们决不能忘记,为了这一天,中国人民走过的不平凡的道路:

——为了这一天,无数中华民族的英雄儿女御外侮、争主权,前赴后继,同殖民统治进行不屈不挠的斗争,充分显示了维护民族尊严和国家主权不可动摇的信念,表现出崇高的爱国主义情怀。但是,由于当时的祖国积弱积贫,由于当时的政府腐败无能,斗争是壮烈的,结局是悲哀的。一代又一代仁人志士壮志难酬。

——为了这一天,新中国成立后,我国政府多次庄严申明,香港自古以来是中国领土不可分割的一部分,不承认英帝国主义强加给中国的三个不平等条约;对于这一历史遗留问题,将在条件成熟的时候通过和平谈判解决;未解决之前维持现状。新中国第一代领导人毛泽东、周恩来等,十分关心香港的前途,关怀香港同胞。在新中国建立前后,毛泽东同志先后提出了"暂不收回香港""长期打算、充分利用"和"一九九七年平稳交接"等一系列解决香港问题的战略决策,为保持和促进香港的繁荣稳定,为香港回归祖国奠定了坚实的基础。党的十一届三中全会以后,我国进入改革开放和社会主义现代化建设新的历史时期,社会生产力蓬勃发展,综合国力显著增强,国际地位日益提高。中国作为一个最具发展活力的国家，巍然屹立在世界的东方，为香港的顺利回归创造了决定性条件。

——为了这一天，中国政府以统一祖国的大局为重，以保持香港繁荣稳定的大局为重，按照"一国两制"的构想，为解决香港、澳门、台湾问题，最终实现祖国的完全统一，提供了一条现实可行的途径。实践表明，"一国两制""港人治港"、高度自治的基本方针，符合香港的利益，符合全民族的根本利益，得到了广大香港同胞和全国各族人民的拥护，也得到了国际社会的赞同。这是一个高瞻远瞩的伟大创造，是人类文明进步史上的一个创举。

在欢庆香港回归的时候，我们深切怀念敬爱的邓小平同志。他作为一个伟大的革命者、爱国者和中国改革开放的总设计师，毕生以祖国的解放、振兴、统一为己任。他作为第二代中央领导集体的核心，以罕见的政治勇气、恢宏气度、高超智慧，创造性地提出了"一国两制"的伟大构想，为香港顺利回归祖国起到了巨大作用。"一国两制"构想将作为他对中华民族的伟大贡献而功垂青史、光照中华。

在欢庆香港回归的时候，我们更加深刻地体会到，没有中国共产党的领导，没有祖国的日益强盛，没有改革开放的伟大成就，没有新中国三代领导人的不懈努力，特别是没有邓小平建设有中国特色社会主义理论的指引，就不可能有今天的香港回归。这就是一百多年历史写下的庄重结论。

香港回归，是落实"一国两制"方针的第一步。更重要的，是确保香港长期繁荣和稳定。《中华人民共和国香港特别行政区基本法》是根据"一国两制"的构想而制定的一部全国性法律，是今后香港特别行政区一切运作的法制基础，更是香港长期繁荣稳定的根本保证。香港回归祖国以后，《基本法》即开始实施，从中央到地方，广大干部和群众都要认真学习、严格遵守《基本法》。香港特区政府和广大港人也会认真贯彻、执行《基本法》，以主人翁的责任感，肩负起"港人治港"的重任，把香港管理好、建设好。

现在，在党的基本理论和基本路线指引下，在以江泽民同志为核心的党中央的坚强领导下，我们国家政治稳定，经济发展，民族团结，社会进步。世界将看到，中国的明天会更好，具有五千年文明史的中华民族在新世纪的征途上，将向着现代化的宏伟目标昂首阔步前进，中国的完全统一、中华民族的全面振兴，将成为辉煌灿烂的现实。

（1997年7月1日）

高举邓小平理论伟大旗帜阔步前进

——热烈祝贺党的十五大胜利闭幕

具有划时代意义的中国共产党第十五次全国代表大会于九月十八日在北京胜利闭幕。我们表示热烈的祝贺！这次大会开得很成功，全党高兴，全国人民高兴。

党的十五大，是在我国改革开放和社会主义现代化建设发展的关键时刻召开的一次承前启后、继往开来的大会；是高举邓小平理论伟大旗帜，坚定不移地沿着十一届三中全会以来正确路线胜利前进的大会；是动员全党和全国各族人民团结奋斗，把建设有中国特色社会主义事业全面推向二十一世纪的大会。大会的最大贡献，是把邓小平理论确立为全党的指导思想。这对于我们胜利实现本世纪末的奋斗目标，进而在下一世纪开创更加壮丽、更加辉煌的前程将产生极其重大而深远的影响。十五大作为一座重要的里程碑，在我们党和国家的发展史上将永放光辉！

江泽民同志代表第十四届中央委员会所作的报告，高瞻远瞩，气势恢宏，总揽全局，振奋人心，得到大会代表的一致赞同和高度评价，得到全党和全国各族人民的热烈拥护。报告深刻论述了邓小平理论的历史地位和指导意义，提出高举邓小平理论的伟大旗帜，充分反映了时代的要求、人民的心愿。报告根据邓小平理论和党的基本路线，认真总结改革开放近二十年特别是十四大以来的丰富经验，第一次系统地、完整地提出并论述了党在社会主义初级阶段的基本纲领，对跨世纪的伟大事业作出了战略部署。江泽民同志的报告是具有重大理论和实践意义的马克思主义的光辉文献，是中国共产党领导人民迈向新世纪的政治宣言，是全党和全国各族人民为实现现代化建设宏伟目标而奋斗的行动纲领。报告充分显示，以江泽民同志为核心的党的第三代领导集体，是邓小平理论和邓小平同志所开创的伟大事业忠实可靠的继承者，完全能够在任何复杂的形势下驾驭全局，团结人民，开拓进取，胜利前进。

党的十五大选举产生了中央委员会和中央纪律检查委员会。十五届中央委员会有一批经历过革命斗争考验、有丰富领导经验、保持党的优良传统和作风的老同志，也有一批建国后成长起来的、经过长期党内生活锻炼、忠诚于党的事业的中年干部，还有一批德才兼备、年富力强的年轻干部，充分显示了我们党新老交替与合作正在有序进行，我们党的事业兴旺发达，后继有人。新一届中央委员会是一个值得全党和全国各族人民信赖的坚强领导集体，是我们党保持生机和活力，国家保持团结稳定，各项事业蓬勃发展的强有力的组织保证。

十五大的光辉文献，凝聚着全党的智慧；把十五大制定的宏伟蓝图化为亿万人民的实践，需要全党同志的共同努力。现在，摆在党的各级组织和全党同志面前的头等大事，就是认真学习和贯彻大会精神，提高认识，统一思想，励精图治，尽心尽责，为实现大会提出的宏伟目标而奋斗。

贯彻十五大精神，首要的是高举邓小平理论的伟大旗帜，进一步用邓小平理论武装全党，教育干部和人民。党的十五大修改的党章明确规定：中国共产党以马克思列宁主义、毛泽东思想、邓小平理论作为自己的行动指南。把邓小平理论正式写在党的旗帜上，这是我们党经过近二十年改革开放和社会主义现代化建设的成功实践作出的历史性决策。邓小平理论是毛泽东思想的继承和发展，是当代中国的马克思主义，是马克思主义在中国发展的新阶段，是振兴中华民族的强大精神支柱。历史已经证明并将继续证明，只有把马克思主义同当代中国实践和时代特征结合起来的邓小平理论，才能够正确解决我国社会主义的前途和命运问题。江泽民同志的报告，高举邓小平理论的伟大旗帜，对当前改革开放和社会主义现代化建设中的许多重大问题进行了精辟的分析，作出了新的概括、新的结论，坚持和丰富了邓小平理论，为全党同志学习和运用邓小平理论树立了光辉的典范。我们要积极响应大会的号召，把学习邓小平理论的活动深入、持久地开展下去。各级领导干部要做学习的模范，完整、准确地把握这一理论的科学体系，深刻领会、牢牢掌握精神实质。要发扬理论联系实际的优良学风，用邓小平理论指导我们的整个事业和各项工作。我们相信，随着十五大精神的深入贯彻，一个学习邓小平理论的新高潮必将出现。

贯彻十五大精神，就要进一步坚持解放思想、实事求是的思想路线，抓住机遇，开拓进取，全面落实十五大提出的各项任务。解放思想、实事求是是邓小平理论的精髓，是中国共产党人的传家宝，是万古长青的马克思主义真理。党的十五大的一个显著特点，就是坚持解放思想、实事求是，从历史发展的高度认真考察和分析当代中国的国情，进一步强调中国现在处于并将长期处于社会主义初级阶段的科学论断，提出了党在社会主义初级阶段的基本纲领，制定了有中国特色社会主义经济、政治、文化的基本目标和基本政策。江泽民同志的报告，自始至终贯穿着解放思想、实事求是的红线，充分体现革命热情和科学精神。应当看到，摆在我们面前的任务是非常光荣的也是十分艰巨的。全党同志要进一步解放思想，实事求是，从社会主义初级阶段的实际出发，以"三个有利于"为根本判断标准，深化改革，扩大开放，促进国民经济持续快速健康发展，实现社会全面进步。党的各级领导干部要加强调查研究，把锐意进取和脚踏实地、远大目标和实干精神更好地结合起来，不搞一哄而起，不做表面文章，兢兢业业，务求实效。

贯彻十五大精神，就要进一步加强党的建设，增强党的凝聚力和战斗力，提高党的领导水平和执政水平。中国共产党是我们国家的执政党，是全国各族人民的领导核心，党对国家、对民族承担着极其重大的历史责任。国家的兴旺发达，民族的繁荣昌盛，人民的富裕幸福，同我们的党息息相关。现在，我们党肩负着新的伟大历史使命，新的考验、新的挑战，要求我们把党的建设提高到一个新水平。我们要按照十五大的要求，继续推进党的建设这一新的伟大工程，从思想上、组织上、作风上全面加强党的建设。我们党之所以有力量，之所以不可战胜，就在于党同人民群众有密切的联系，得到人民群众的支持和拥护。加强党的建设，就要牢记全心全意为人民服务的根本宗旨，一切为了人民，一切相信人民，一切依靠人民。腐败现象，是党的大敌，人民的大敌，社会主义事业的大敌。我们一定要从严治党，同腐败现象进行坚决有效的斗争。各级领导干部要讲学习、讲政治、讲正气，不断增强拒腐防变的能力，做廉洁奉公、勤政为民的表率。

处在世纪之交的中国共产党和中国人民，面临着难得的历史机遇。党的十五大为我们抓住机遇，在下个世纪实现中华民族的伟大振兴，指明了方向，规划了蓝图，吹响了号角。前程似锦，任重道远。五千八百万共产党员，十二亿各族人民，在党的十五大精神指引下，在十五届中央委员会领导下，高举邓小平理论伟大旗帜，坚持党的基本路线不动摇，团结起来，同心同德，不屈不挠，艰苦奋斗，把建设有中国特色社会主义伟大事业全面推向二十一世纪！

（1997年9月19日）

满怀信心开拓前进

——国庆献词

具有划时代意义的中国共产党第十五次全国代表大会刚刚胜利闭幕，我们又迎来了中华人民共和国成立四十八周年的节日。双喜临门，举国欢庆。我们向全国各族人民致以亲切的节日祝贺！

在人民共和国的发展史上，今年是具有重要意义的一年。我国政府对香港恢复行使主权，党的十五大胜利召开，这两件大事都取得了巨大成功。放眼大江南北、长城内外，伟大祖国充满生机与活力：国民经济持续快速健康发展，改革不断深化，开放日益扩大，社会主义精神文明建设和民主法制建设迈出新的步伐，科技、教育、文化、卫生、体育等各条战线捷报频传，军队建设进一步加强，外交工作成绩显著，人民生活水平稳步提高，一派欣欣向荣的喜人景象。我们相信，在党的十五大精神的鼓舞和指引下，我国的改革开放和社会主义现代化建设事业必将掀开更加绚丽辉煌的一页。

中国将以怎样的面貌迈入二十一世纪，这是亿万人民共同关注的大事。中国共产党人不负时代重托和人民期望，在党的十五大和十五届一中全会上完成了承前启后、继往开来的壮举。这就是，作出高举邓小平理论伟大旗帜，把建设有中国特色社会主义事业全面推向二十一世纪的伟大战略部署；同时，选举产生了以江泽民同志为核心的坚强有力、深孚众望的跨世纪领导集体。有邓小平理论伟大旗帜的指引，有以江泽民同志为核心的党中央的领导，全国各族人民群情振奋，对实现宏伟建设目标充满信心，对伟大祖国的美好前程充满信心。

建设有中国特色社会主义的事业是十二亿中国人民的伟大事业。没有广大人民群众的热情支持和积极参与，我们的事业就不能成功。现在摆在我们面前的首要任务，就是学习、宣传和贯彻落实党的十五大精神，把广大干部群众的思想统一到十五大精神上来，把全国各族人民的力量凝聚到实现十五大确定的各项工作任务上来。要使人们都了解，党的十五大对中国的未来意味着什么,对中国老百姓的前途又意味着什么。人民群众知道了真理,就会自觉地、齐心地去为真理而奋斗。党的各级组织和广大党员要时刻牢记,我们的事业一刻也离不开群众。要把党的路线、方针、政策化为群众的实际行动,必须相信群众、依靠群众,尊重群众的首创精神,同时要注意倾听群众的呼声,关心群众的疾苦,帮助群众排忧解难,把群众中日益高涨的热情引导好、保护好、发挥好。

党的十五大提出的各项任务是光荣的也是艰巨的。我们既面临着大好机遇,也面对着困难和挑战。这就要求我们要继续发扬艰苦奋斗的作风,脚踏实地,不怕困难,埋头苦干。要在深刻领会党的十五大精神的基础上,联系实际,创造性地开展工作,扎扎实实完成好当前的各项任务。要提倡真抓实干,注重工作实效,不做表面文章,不搞形式主义,把党的十五大确定的各项方针、政策、任务落实到每一个地区、每一个部门、每一个单位。

新中国创建和发展的历史经验表明,我们国家的前途命运同我们的党息息相关。只要党的路线、方针、政策是正确的,我们的国家就兴旺发达,蒸蒸日上。党的十五大表明,我们的旗帜是如此光辉,我们的目标是如此明确,我们的党是如此坚强有力,我们的社会主义祖国的明天一定会更加美好。让我们高举邓小平理论伟大旗帜,更加紧密地团结在以江泽民同志为核心的党中央周围,不屈不挠,艰苦奋斗,开拓前进,不断夺取建设有中国特色社会主义伟大事业的新胜利!

(1997 年 10 月 1 日)

从社会主义初级阶段的实际出发

江泽民同志在十五大报告中重申社会主义初级阶段的理论，全面系统地阐述了社会主义初级阶段的基本特征和主要任务，指出："我们讲一切从实际出发，最大的实际就是中国现在处于并将长时期处于社会主义初级阶段。"这是学习和贯彻十五大精神要深刻领会并牢牢把握的一个重要的指导思想。

社会主义初级阶段理论，是邓小平理论的一个重要组成部分。要高举邓小平理论旗帜不动摇，就必须坚持初级阶段理论不动摇。所谓社会主义初级阶段，包括两层含义：第一，就社会性质而言，我国已进入社会主义社会；第二，就发展程度而言，我国还处在初级阶段，即不发达的阶段。这就要求我们：第一，必须坚持社会主义而不能离开社会主义；第二，必须从初级阶段出发而不能超越初级阶段。这个理论，坚持了唯物辩证法，既同否定社会主义的右的思潮划清了界限，也同超越阶段的"左"的思潮划清了界限。只有真正掌握了初级阶段理论，才能真正理解我们党为什么只能实行现在这样的路线方针政策而不能实行别样的路线方针政策，才能更加自觉地坚持和贯彻党的基本路线、基本纲领。

社会主义初级阶段理论，是邓小平同志和我们党深刻总结我国社会主义建设正反两方面经验，对当代中国的基本国情作出的科学判断。十一届三中全会以前，我们在建设社会主义的过程中，为什么会几经曲折，出现严重失误？根本原因之一，就在于提出的一些任务和政策超越了社会主义初级阶段的实际。而近二十年来，我们的改革开放和现代化建设事业，为什么能够顺利推进，取得辉煌成就？根本原因之一，就是因为克服了那些超越阶段的错误观念和政策，又抵制了抛弃社会主义基本制度的错误主张，坚持一切从社会主义初级阶段的实际出发。历史经验证明，真正做到从社会主义初级阶段的实际出发，社会主义事业就能够胜利发展；反之，离开社会主义初级阶段的实际，社会主义事业就会走弯路、遭挫折。历史是最好的老师。我们应当把学习社会主义初级阶段理论同认真总结历史经验、牢记历史教训紧密结合起来，这样才能对初级阶段的理论理解得更深，掌握得更牢。

一切从社会主义初级阶段的实际出发，就要坚定不移地全面贯彻党在社会主义初级阶段的基本路线和基本纲领。初级阶段，就是不发达的阶段。这种不发达不是只表现在一两个方面，而是如同十五大报告所阐明的初级阶段的九个特征那样，表现在经济、政治、文化生活的各个方面。其中，居于第一位的并且具有决定性意义的是，人民日益增长的物质文化需要同落后的社会生产之间的矛盾非常突出，这个主要矛盾贯穿于我国社会主义初级阶段的整个过程，影响着社会生活的一切方面。因此，我们在社会主义初级阶段必须始终坚持把经济建设作为全党和全国工作的中心，各项工作都要服从和服务于这个中心。围绕发展社会生产力这个根本任务，要深化改革、扩大开放、保持稳定，正确处理改革、发展、稳定的关系，要按照党的"一个中心、两个基本点"的基本路线的要求，把以经济建设为中心同四项基本原则、改革开放两个基本点统一于建设有中国特色社会主义的伟大实践。要坚持一个中心，而不能搞两个中心；要坚持两个基本点，而不能只有一个基本点，这样才能把有中国特色社会主义的经济、政治、文化各项事业推向前进，实现社会的全面进步。我们要通过学习十五大精神，进一步领会社会主义初级阶段的理论，增强贯彻执行党的基本路线和基本纲领的自觉性和坚定性。

一切从社会主义初级阶段的实际出发，就要坚持解放思想、实事求是的思想路线，历史地、客观地、全面地分析我国国情，运用社会主义初级阶段的理论去观察、分析、解决改革开放和现代化建设中的各种问题。"中国现在处于并将长期处于社会主义初级阶段"的科学论断，揭示了社会主义事业的长期性和艰巨性。只有坚持解放思想、实事求是，才能对这种长期性、艰巨性有深刻的理解，才能对本地区、本部门、本单位的实际有准确的把握，对取得的成绩有清醒的估价，对存在的问题有冷静的认识，对战胜困难有必胜的信心，对未来的奋斗目标有积极而恰当的筹划。发展是硬道理。我们一定要抓住机遇，开拓进取，保持国民经济持续快速健康发展。同时，也要防止脱离实际地想问题、订计划、办事情。特别是在发展顺利，取得较大成绩时，要注意防止头脑发热，做出一些脱离社会主义初级阶段实际，脱离本地区、本部门、本单位实际的决策，造成不应有的损失。各级领导干部尤其要保持清醒的头脑，坚持实事求是，一切从实际出发，加强调查研究，把握基本国情。这样，我们在为实现跨世纪的宏伟目标而奋斗的新征程上，才能高屋建瓴，始终掌握主动权，迎接挑战，战胜风险，不断开拓建设有中国特色社会主义事业的新局面。

（1997年10月10日）

在十五大精神指引下胜利前进

——元旦献词

我们即将以丰收的喜悦送走牛年,以昂扬的斗志迎来虎年。我们伟大祖国在新的一年,将是充满生机、充满希望的一年。

刚刚过去的一年,大气磅礴,波澜壮阔。在这一年,以江泽民同志为核心的党中央,继承邓小平同志的遗志,高举邓小平理论的伟大旗帜,领导全党和全国各族人民坚定不移地沿着建设有中国特色社会主义道路阔步前进,写下了改革开放和社会主义现代化建设的辉煌篇章。顺利地恢复对香港行使主权,胜利地召开党的第十五次全国代表大会——两件大事办得圆满成功。国民经济稳中求进,国家经济实力进一步增强,人民生活继续改善,对外经济技术交流日益扩大。在国际金融危机的风浪波及许多国家的情况下,我国保持了金融形势和整个经济形势的稳定发展。社会主义精神文明建设和民主法制建设取得新的成绩,各项社会事业全面进步。外交工作取得可喜的突破,我国的国际地位和国际威望进一步提高。实践使亿万人民对邓小平理论更加信仰,对以江泽民同志为核心的党中央更加信赖,对伟大祖国的光辉前景更加充满信心。

1998年,是全面贯彻落实党的十五大提出的任务的第一年,各条战线改革和发展的任务都十分繁重,有许多深层次的矛盾和问题有待克服和解决,特别是国有企业改革已经进入攻坚阶段。我们必须进一步深入学习和掌握党的十五大精神,统揽全局,精心部署,狠抓落实,团结一致,艰苦奋斗,开拓前进,为夺取今年改革开放和社会主义现代化建设的新胜利而奋斗。

今年是党的十一届三中全会召开20周年,是我们党和国家实现伟大的历史转折、进入改革开放历史新时期的20周年。在新的一年里,大力发扬十一届三中全会以来我们党所恢复的优良传统和在新的历史条件下形成的优良作风,对于完成好今年的各项任务具有十分重要的意义。

我们要更好地坚持解放思想、实事求是的思想路线。解放思想、实事求是,是邓小平理论的精髓。实践证明,只有解放思想、实事求是,才能冲破各种不切合实际的或者过时的观念的束缚，真正做到尊重、认识和掌握客观规律，勇于突破，勇于创新，不断开创社会主义现代化建设的新局面。党的十五大是我们党解放思想、实事求是的新的里程碑。进一步认真学习和掌握十五大精神，解放思想、实事求是，我们的各项事业就能结出更加丰硕的成果。

我们要更好地坚持以经济建设为中心。各项工作必须以经济建设为中心，是邓小平理论的基本观点，是党的基本路线的核心内容，近20年来的实践证明，坚持这个中心，是完全正确的。今后，我们能否把建设有中国特色社会主义伟大事业全面推向21世纪，关键仍然要看能否把经济工作搞上去。各级领导干部要切实把精力集中到贯彻落实好中央关于今年经济工作的总体要求和各项重要任务上来，不断提高领导经济建设的能力和水平。

我们要更好地坚持"两手抓、两手都要硬"的方针。在坚持以经济建设为中心的同时，积极推进社会主义精神文明建设和民主法制建设，是建设富强、民主、文明的社会主义现代化国家的重要内容。实践证明，经济建设的顺利进行，离不开精神文明建设和民主法制建设的保证。党的十五大依据邓小平理论和党的基本路线提出的党在社会主义初级阶段经济、政治、文化的基本纲领，为"两手抓、两手都要硬"提供了新的理论根据，提出了更高要求，现在的关键是认真抓好落实。

我们要更好地发扬求真务实、密切联系群众的作风。这是把党的方针、政策落到实处，使改革和建设取得胜利的重要保证。在当前改革进一步深化，经济不断发展，同时又出现一些新情况、新问题和新困难的形势下，更要发扬这样的好作风。要尊重群众的意愿，重视群众的首创精神，关心群众的生活疾苦。江泽民同志最近强调指出，要大力倡导说实话、办实事、鼓实劲、讲实效的作风，坚决制止追求表面文章、搞花架子等形式主义，坚决杜绝脱离群众、脱离实际、浮躁虚夸等官僚主义。这是非常重要的。因此，各级领导干部务必牢记全心全意为人民服务的宗旨，在勤政廉政、艰苦奋斗方面以身作则，当好表率。

1998，瞩目中华。新的机遇和挑战，催人进取；新的目标和征途，催人奋发。英雄的中国人民在以江泽民同志为核心的党中央坚强领导和党的十五大精神指引下，更高地举起邓小平理论的伟大旗帜，团结一致，扎实工作，奋勇前进，一定能够创造出更加辉煌的业绩！

（1998年1月1日）

强大的凝聚力

洪水滔滔,南北为患。人水相搏,气壮山河。面对长江、松花江、嫩江水域出现的特大洪水,三江抗洪军民万众一心,顽强拼搏,严防死守,顶住了一次又一次洪峰的冲击,为确保沿江重要城市和交通干线的安全,确保人民生命财产的安全,作出了重大贡献,取得了决定性胜利。

刚刚过去的六十天,是情势逼人、艰苦拼搏的六十天,是威武雄壮、气吞山河的六十天。洪水终被降伏,山河为之动容,历史为之沉思。中国人民在同特大洪水殊死搏斗中向全世界展示了一个形象、一个真理,那就是:中国人民具有强大的凝聚力。

洪水为害,难以避免。然而,在不同国家、不同时代、不同社会制度下,人们面对自然灾害却往往有着不同的遭遇和命运。旧中国,"遍地汪洋,尽成泽国""饿殍千里,哀鸿遍野"的情景早已为人熟知。今年夏秋,我们遭遇的这场南北水患,洪水来势之猛烈之频繁,水文气象情势之复杂,持续时间之长,受害地域之广,都为历史所罕见。但是,千万抗洪军民迎战洪水,敢打恶仗、硬仗,不怕疲劳,连续作战,确保三江干堤和人民生命财产安全的斗争更为世人关注。今昔对比,在大自然的灾害面前,中国人民的命运发生了天翻地覆的变化。

抗洪胜利给人们的启示是多方面的,最重要的就是:我们有全心全意为人民服务的伟大的中国共产党。以江泽民同志为核心的党中央的坚强领导和指挥决战决胜的能力,深得亿万人民的信赖和拥戴。在抗洪抢险斗争中,党的各级组织成为搏击困难的中流砥柱和坚强核心。各级领导干部和广大党员奋勇拼搏,冲锋在前,极大地鼓舞了抗洪军民的信心和斗志。我们有优越的社会主义制度,这个制度能够最大限度地动员和调集人力、物力、财力资源,从而形成举全国之力抗击困难的巨大优势。经过近五十年的建设,特别是改革开放二十年来,我们的国家日益强大,综合国力大大增强,抵御自然灾害的能力极大提高。我们有一支具有光荣革命传统和强大战斗力的人民军队和武警部队，哪里最危险，哪里最困难，哪里就有人民子弟兵，就有抗击灾害的钢铁长城。我们有各族人民和海内外中华儿女的全力支持，一方有难，八方支援，团结友爱的中华民族大家庭，显示出移山填海的强大力量。抗洪斗争实践表明，没有中国共产党的坚强领导，没有充满活力的社会主义制度，没有一支英雄的全心全意为人民服务的军队，没有包括科学技术在内的综合国力的显著提高，没有团结拼搏、奋发向上的党心、军心、民心，要抗御这场特大自然灾害，取得如此辉煌的胜利，是不可能的。

多难兴邦。一个多世纪以来，中华民族在任何内忧外患、艰难险阻面前，都表现出无比豪迈的英雄气概，坚韧不拔，不可战胜。在这次空前的抗洪斗争中，我们的党，我们的人民，我们的军队经受了一次严峻的考验，极大地磨炼了意志，积累了经验，增加了信心，增强了凝聚力。在我们国家实现民族振兴的伟大事业中，不可能一帆风顺，其中包括无法回避像今年这样的特大自然灾害。但是，曾经战胜过无数灾难，创造过无数奇迹的中国人民始终自强不息，生生不已，为着美好的前程而英勇地奋斗，不懈地追求。伟大的抗洪抢险斗争，像一个熔炉，锤炼着中国人民坚韧不拔、不屈不挠的品格，使人们的精神境界得到新的升华；像一所学校，教育着人们更加热爱我们伟大的党、我们伟大的军队、我们伟大的社会主义祖国，使全体人民的政治觉悟和精神状态得到提高和振奋。这是一笔宝贵的精神财富，必将成为鼓舞和激励我们克服种种艰难险阻，不断取得新胜利的巨大推动力量。

我们已经取得了抗洪抢险的决定性胜利，但洪水造成的损失是严重的，恢复生产、重建家园的工作十分艰巨，特别是今年各项改革和经济发展的任务相当繁重，这就要求我们要加倍努力地工作。不仅要把洪水造成的损失夺回来，而且要确保实现今年经济发展的目标。让我们高举邓小平理论的伟大旗帜，更加紧密地团结在以江泽民同志为核心的党中央周围，大力弘扬伟大的抗洪精神，在党的十五大精神指引下，再接再厉，艰苦奋斗，夺取新的更大的胜利。

（1998年9月7日）

伟大的丰碑　辉煌的岁月

——纪念党的十一届三中全会二十年

二十年前的今天,中国共产党第十一届中央委员会第三次全体会议在北京隆重开幕。以此为标志,我们的国家进入社会主义建设新时期。经历了广泛深刻的历史变革,回顾改革开放二十年的辉煌成就,党的十一届三中全会,犹若历史风云中巍然屹立的丰碑,永远鼓舞我们不断地进行创造和开拓。

党的十一届三中全会的历史功绩在于,重新确立了解放思想、实事求是的马克思主义思想路线;毅然抛弃了"以阶级斗争为纲"的错误方针,把党和国家的工作重点转移到经济建设上来;形成了以邓小平同志为核心的党的第二代中央领导集体;对"文化大革命"中遗留下来的若干重大的政治、思想和理论是非进行了认真清理;作出了实行改革开放的重大决策。随着时间的推移,其影响历久弥深:改革开放和社会主义现代化建设从这里拉开序幕;党在社会主义初级阶段的基本路线从这里开始形成;当代中国的马克思主义——邓小平理论从这里发展和完善;社会主义在遭受严重挫折之后开始在这里重新焕发生机。中国人民从此走上建设有中国特色社会主义的新道路。

二十年来,在党的十一届三中全会路线、方针、政策的指引下,我们的国家发生了举世瞩目的历史巨变。改革从农村到城市,从沿海到内地,从经济到政治、文化、科技、教育以及其他领域,犹如滚滚春潮,波澜壮阔,极大地解放和发展了社会生产力,推动了社会的全面进步:国民经济持续快速健康发展,"翻两番"的建设目标提前实现。社会主义市场经济体制的基本框架初步形成。社会主义民主法制建设和社会主义精神文明建设取得丰硕成果。综合国力显著增强。国际地位空前提高。二十年中,我们的国民经济从濒临崩溃到经济总量居世界第七;主要工农业产品产量居世界第一;外汇储备居世界第二;吸收外资居世界第二;我国城乡居民收入水平成倍增长,物质文化生活大幅度改善。我们的祖国欣欣向荣、蒸蒸日上。

在纪念党的十一届三中全会召开,回顾总结改革开放二十年的辉煌成就时，我们更加怀念改革开放的总设计师邓小平同志。邓小平同志是近百年来，我们民族的苦难、奋斗和胜利的历史孕育造就的时代伟人，他贯通历史，根植人民，把握时代脉搏，关注世界风云，具有非凡的政治勇气和卓越的政治才能，对于创建有中国特色社会主义理论，开辟有中国特色社会主义道路，开创改革开放和社会主义现代化建设宏图伟业，作出了不可磨灭的贡献。如果没有邓小平同志，没有以邓小平同志为核心的第二代党中央领导集体，我们的改革开放就不可能有今天的新局面，我们的人民就不可能有今天的新生活，我们的社会主义现代化建设就不可能有这样光辉灿烂的前景。改革开放二十年的辉煌成就，为邓小平同志矗起了不朽的丰碑。

以江泽民同志为核心的党的第三代中央领导集体，承前启后，继往开来，带领全党和全国人民坚定不移地沿着十一届三中全会以来的正确路线胜利前进，经过党的十四大、十五大，在改革、发展和稳定的许多重大问题上取得新的突破、新的进展，丰富和发展了邓小平理论。改革开放二十年是一个由浅入深、由局部到全局的逐步展开的伟大变革。改革开放的后十年是前十年的继续、拓展。改革深入，开放扩大，现代化建设全面展开，遇到了许多新的情况、新的难题，需要党具有坚强的领导和驾驭能力。最近十年我们的改革开放所取得的历史性成就，特别是经历了八十年代末和九十年代初国内国际政治风波、近年来的亚洲金融风波，以及今年发生的特大洪涝灾害的考验，有力地证明以江泽民同志为核心的党中央清醒、坚定、奋发有为，具有创造性地运用马克思列宁主义、毛泽东思想和邓小平理论，驾驭现代化建设、应对各种风险、克服种种困难的丰富经验和卓越才能，受到全党全军全国各族人民的拥护和爱戴。今天，我们的党更加团结，我们的社会更加稳定，我们的人民更加意气风发，我们的改革开放事业更加兴旺发达。我们因有一个坚定成熟的以江泽民同志为核心的党中央而自豪，这是我们迎接新世纪、走向新胜利的重要保证。

改革开放二十年，轰轰烈烈，波澜壮阔，经济发展，民族振兴，伟大的祖国面貌一新。但这只是建设有中国特色社会主义宏伟事业的序篇。和二十年前相比，我们所面临的形势和任务已经发生了重大变化。当今世界正在经历着第二次世界大战以来最深刻的变革，政治多极化和经济全球化，相互推进，交相呼应，不同力量、不同集团、不同国家和地区的交往和竞争，将会在下一个世纪呈现更加错综复杂的局面。在这一形势下，我们国家的深化改革、扩大开放也面临着新的问题和任务，需要我们清醒对待，沉着应对。我们一定要高举邓小平理论伟大旗帜，更加紧密地团结在以江泽民同志为核心的党中央周围，坚持党的基本路线不动摇，深入贯彻党的十五大精神，把以经济建设为中心同四项基本原则、改革开放这两个基本点统一起来；把改革、发展、稳定的任务结合起来；把物质文明建设与精神文明建设协调起来，统一思想、坚定信心，抓住机遇、知难而进，团结一致、艰苦奋斗，扎扎实实地做好明年的经济工作和其他各方面工作，迎接建国五十周年，续写改革开放和社会主义现代化建设更加恢宏壮丽的新篇章。

（1998年12月18日）

团结奋斗创造新业绩

——元旦献词

新年的钟声激荡着万里山河,激荡着亿万人民欢庆改革开放20年的喜悦心情。在新的一年到来之际,我们向全国各族人民致以节日的祝贺。

在历史的进程中,常常有一些重要年份,影响巨大,成就卓著。刚刚过去的1998年是这样一个重要年份,已经到来的1999年更是这样一个不同寻常的年份。

1998年,在我们党和国家的发展历史上,是经受严峻考验、取得辉煌成就的一年。这一年,我们先后出台一系列重大改革措施,并且取得初步成效,将改革从整体上向纵深推进。这一年,我们抵御了亚洲金融危机对于我们国家的影响;战胜了特大洪涝灾害对我们的侵袭,在改造社会、改造自然的大舞台上,演出了有声有色威武雄壮的活剧。种种困难和挑战,没有压垮中国人民,反而激发起亿万人民勇往直前的壮志豪情。我们国家,社会政治稳定,国民经济持续增长,各项事业蓬勃发展,国际地位明显提高。特别是在以江泽民同志为核心的党中央的坚强领导下,中国人民同特大自然灾害所进行的殊死搏斗,使我们民族经受了一次壮烈的洗礼,所形成的气壮山河的伟大抗洪精神,成为鼓舞我们把建设有中国特色社会主义事业全面推向21世纪的巨大力量。

1999年,在我们党和国家的历史上具有更加特殊的意义。在新的一年里,我们将迎来中华人民共和国建国50周年,迎来澳门回归、彻底结束殖民主义在中国的统治。这当然不是历史的巧合,而是历史的积累和转接。我们的党、国家和民族在不断强大和成熟,我们的任务也更重了,对于历史、民族和人类所承担的责任更大了。以什么样的姿态把我们的事业全面推向21世纪,能否在新的征程中赢得主动,1999年的工作至关重要。

又是一年春草绿。当我们掀开一张新的日历的时候,不能不为时光流转而感到紧迫,不能不为崇高使命而感到自豪。我们所跨越的不是一个年头,而是20年、50年，是一个世纪；我们迎来的也不是一个年头，而是接踵而来的一个又一个充满机遇和挑战的岁月。我们要正确运用历史的经验，以自己的信心和力量，去迎接新的挑战，夺取新的胜利。世界多极化、经济全球化趋势的发展，使我们同当今世界的各方面联系更加密切；我们的改革开放经过20年的积累和发展，正在进入攻坚阶段；现代科学技术和知识经济的日新月异，我们面临着比过去多得多的机遇，也面临着比过去多得多的困难和风险。关键在于我们的精神状态，在于我们能否在形势和任务、机遇和风险、应对方略和措施等问题上取得思想上的高度一致，真正把全党的思想进一步统一到党的十五大精神上来，把全国人民的力量凝聚到实现十五大所确定的各项任务上来。

　　过去一年的奋斗实践证明，坚持党的基本理论、基本路线和基本纲领，是我们克服困难、夺取胜利的基本前提和决定因素。以江泽民同志为核心的党中央，综观全局，运筹得当，指挥若定，坚强有力，是领导我们克服困难、夺取胜利的强有力的保证。改革开放20年积累起来的丰富经验和物质技术基础，是我们克服困难、夺取胜利的重要保障。全国各族人民同心同德，艰苦奋斗，是我们克服困难、夺取胜利的力量源泉。让我们更加珍惜所拥有的这一切，更高地举起邓小平理论的伟大旗帜，更加紧密地团结在以江泽民同志为核心的党中央周围，统一思想、坚定信心、抓住机遇、知难而进，团结一致、艰苦奋斗，创造无愧于时代和人民的优异成绩，以赢得未来更加广阔的发展空间。

（1999年1月1日）

承前启后　继往开来

——纪念五四运动八十周年

今天是五四运动 80 周年纪念日。这是青年的节日，也是全国人民的节日。在这个重要节日到来之际，我们向全国青年致以节日的祝贺，向 80 年来为了民族解放、人民幸福、国家振兴而奋勇献身的志士仁人和革命先驱致以崇高的敬意！

20 世纪是个伟大的世纪。这个世纪的序幕刚刚拉开，开创新纪元的历史事件接踵而来。1911 年的辛亥革命，1917 年的俄国十月革命，是 1919 年五四运动的重要背景。五四运动不仅凝聚起近代中国思想变革的风云，而且酝酿着更大跨度的历史变革，是民主主义革命史上的里程碑。

五四运动是一场伟大的爱国运动，又是一场伟大的思想解放运动。它所提出的"外争国权，内惩国贼"的口号，它所进行的反对帝国主义、反对封建主义的斗争，是中华民族的一次大觉醒；五四运动提倡新文化，反对旧文化，提倡科学民主，反对迷信专制，对于马克思主义在中国的传播，对于中国共产党的诞生，起到了重要的推动作用。随着时间的推移，五四运动对于中国历史进程的影响，日久弥大。纪念五四运动，弘扬五四传统，把五四精神注入今天的改革开放和社会主义现代化建设事业中，使之发扬光大，具有重要意义。

弘扬五四传统，就是要更高地举起爱国和进步的旗帜。实现国家富强，摆脱愚昧贫穷，使中华民族自立于世界民族之林，是几代中国人前赴后继为之奋斗的理想。80 年的经验证明，国家不强大，就没有尊严，没有希望，没有前途。新中国成立后，特别是改革开放 20 年来，我国经济建设取得重大成就，人民生活日益改善，国际地位显著提高，中国人民从来没有像今天这样扬眉吐气，这样对于未来和前途充满信心。这是中国人民在新的历史条件下书写的最壮丽的爱国主义篇章。我们今天讲爱国，讲进步，就是要奋发图强，艰苦奋斗，集中智慧和力量发展社会生产力，加快改革开放和社会主义现代化建设的步伐，这是中华民族的根本利益所在，这是爱国和进步最深刻的内涵。

弘扬五四传统，就是要发扬民主，崇尚科学。和80年前相比，我们国家发生了翻天覆地的变化，我们在科学民主方面所达到的水平、所取得的成就，举世瞩目。但是，也应看到，要进一步推进经济发展和社会进步，就必须提高全民族的科学文化素质，就必须加强社会主义民主和法制建设。可以说，没有全民族科学文化素质的提高，没有社会主义民主和法制的发展，就不可能实现现代化。我们今天讲民主，讲科学，就要大力实施"科教兴国"的发展战略，坚决贯彻"依法治国"的基本国策，以尽快提高社会主义现代化建设水平。特别是在科学技术日新月异，国际竞争日趋激烈的形势下，我们要站稳脚跟，掌握发展的主动权，就必须加快科教兴国、依法治国的步伐。

弘扬五四传统，就是要进一步解放思想，锐意改革。五四运动是冲破旧思想旧文化的牢笼，寻求救国救民之路的一次思想大解放。中国人民经过艰苦的探索，最终选择了社会主义，并取得巨大胜利。十一届三中全会以来，我们党根据马克思主义的基本原理和中国国情，不断地丰富、发展社会主义的理论和实践。这个过程也就是不断解放思想，不断改革探索，不断借鉴和吸收人类文明成果的过程。今天，我们的改革开放事业已经进入全面攻坚阶段，需要进一步解放思想，鼓起更大的勇气，付出更多的艰辛。只要突破这个难关，我们就会登上一个更新的台阶，赢得更大的发展。

五四运动是一场伟大的青年运动，五四精神哺育了一代又一代青年。无论是战争年代还是和平建设时期，青年始终站在革命和建设的前列，为国家振兴作出了重要贡献。青春是充满生命力和创造力的灿烂年华，历史经验告诉我们，青春只有同科学知识结合在一起，同爱国进步结合在一起，同先进的思想理论结合在一起，同国家和人民的需要结合在一起，才能建功立业，大有作为。我们深信，具有光荣传统的中国青年一定能够高擎五四精神的火炬，承前启后，继往开来，把老一辈开创的伟大事业不断推向前进。

80年过去了，我们就要进入一个新的世纪。由五四运动开启的"振兴中华"的伟大事业，已经汇成波澜壮阔的滚滚洪流，没有任何力量和困难可以阻挡我们前进的步伐。让我们高举邓小平理论的伟大旗帜，紧密地团结在以江泽民同志为核心的党中央周围，全面贯彻和落实党的十五大精神，为把建设有中国特色社会主义事业全面推向21世纪而努力奋斗！

（1999年5月4日）

把我们的党建设得更加强大

——庆祝中国共产党成立78周年

今天是我们党成立78周年纪念日。值此节日之际，我们向全党6000多万党员致以崇高的同志的敬礼！

七一前夕，中共中央总书记江泽民同志在纪念中国共产党成立78周年座谈会上发表重要讲话，总结了党的建设的历史经验，科学地阐述了党的建设的一系列重大问题；重点论述开展"三讲"教育的必要性和重要性，全面论述了讲学习、讲政治、讲正气的内涵及其关系，透彻地分析了讲政治是"三讲"的核心，强调在全国县级以上党政领导班子和领导干部中，集中一段时间，以整风的精神深入开展"三讲"教育，是当前党的建设的重中之重。江泽民同志的重要讲话，主题鲜明，内容丰富，思想深刻，不仅对于进一步搞好"三讲"教育具有非常重要的指导作用，而且对于新的历史时期全面加强党的建设，推进改革开放和现代化建设事业，具有重要的指导作用，是新时期搞好党建工作的纲领性文件。各级党委和领导干部，都要深入学习和领会讲话精神，切实贯彻到推进建设有中国特色社会主义事业中去，贯彻到加强和改进党的自身建设中去，贯彻到"三讲"教育中去。

我们的党是一个大党，我们党领导革命和建设的历史，坎坷曲折，波澜壮阔，概括成一句话，就是"关键在党"。没有党的领导，就没有新中国；没有党的领导，就没有社会主义的发展和壮大，没有改革开放和社会主义现代化建设的伟大成就，没有国家和人民光明远大的前途。78年来，我们党从小到大，由弱到强，从战争时期转到和平建设，从计划经济转向社会主义市场经济，每前进一步都要排除困难，付出代价，都取决于党的素质和水平，取决于党对国内外形势的认识和驾驭。78年的历史证明，我们的党是坚持马克思主义基本原理和中国具体实际相结合，不断开拓创新推动历史前进的党；是诚心诚意服务于全体中国人民，为振兴中华不懈奋斗，并初步实现繁荣昌盛，使中国面貌发生了翻天覆地变化的党；是不断地经受挫折和考验，为了人民利益和人类进步事业，不断锤炼和提升自己，始终保持着生机和锐气，巍然屹立于历史潮流前列的党。

新的时代，新的形势和任务，对于我们党的领导水平、执政水平，对于各级领导班子、领导干部的素质和能力，提出了新的更高要求。现在的形势是，我们的改革开放事业取得巨大成就，同时遇到一些深层次矛盾亟待解决，而我们对于其中的许多规律还知之不多不深；我们正在大步走向世界，世界政治多极化和全球经济一体化的发展趋势，给我们提供了发展机遇也提出了严峻挑战；西方霸权主义强权政治的猖獗，使我们进一步清醒地意识到世界并不太平，西方敌对势力亡我之心不死；我们的干部队伍主流是好的，但也有部分领导干部精神状态不好，思想政治素质不高，不能或不完全适应新的形势和任务，有的还经受不住新的考验。我们要在新的国际形势和国际格局中，领导十二亿人民进一步推进改革开放，实现第二步战略目标，并向第三步战略目标前进，必须创造多种条件，付出艰苦努力，战胜众多艰险。

最重要最迫切的就是通过"三讲"教育，并大力巩固和发展"三讲"教育的成果，全面加强党的思想建设、政治建设、组织建设和作风建设，以使各级领导班子和领导干部的整体素质有一个比较大的提高。

试点单位和第一批"三讲"教育单位的实践证明，党中央决定开展"三讲"教育，是一个具有重要战略意义的决策，是新时期加强党的建设的创造性探索，是加强领导班子建设、提高干部队伍素质、解决新形势下党性党风方面存在的突出问题的一项重大举措。以整风精神，依靠党的自身力量，通过学习，通过批评与自我批评，切实解决党性党风方面存在的突出问题，对于增强各级党组织的凝聚力和战斗力，对于提高领导干部的政治觉悟和领导水平，具有重要作用。"三讲"，讲政治是核心，讲学习是前提，讲正气是体现。三者紧密相连，相互统一。在"三讲"教育中，务必抓住讲政治这个核心，带动讲学习、讲正气，全面落实党中央的要求。我们所讲的政治，是马克思主义的政治，是建设有中国特色社会主义的政治，是实现、维护和发展人民群众根本利益的政治。我们讲的政治是具体的，必须通过具体实践把讲政治的要求，落实到推动建设有中国特色社会主义的经济、政治、文化的各个方面，体现在日常工作、学习上，贯彻到党内生活中去。讲政治，就要坚定正确的理想和信念；就要善于从政治上正确认识和判断形势；就要在路线方针政策上始终保持政治上的清醒和坚定；就要自觉坚持党的民主集中制原则；就要全心全意为人民谋利益。总之，每一个党员、干部特别是领导干部，不论在哪个领域、哪条战线工作，都要讲政治。

共产党人是用人类最先进的文明成果武装起来的先进分子，现在是知识奔流的时代、终身学习的时代，不努力学习就要落后，就会逐渐失去其先进性。讲学习，就要努力学习马列主义、毛泽东思想特别是邓小平理论。要学立场、学观点、学方法，树立正确的世界观、人生观、价值观，还要学习经济、政治、科技、金融、历史、法律、文化等各种知识。要讲科学而不讲迷信，信马列而不信鬼神，对于共产党人来说，这是丝毫不能含糊、丝毫不得动摇的。

邓小平同志强调，办好中国的事情关键在党，关键在人。江泽民同志指出，保证我们的事业不断取得成功的关键在于造就一支高素质的干部队伍，把各级领导班子建设成为团结坚强的领导集体。当今世界，国际竞争依然是综合国力的竞争，在这种竞争面前，对任何一个国家的领导集团的领导水平和执政能力，都是一种现实的考验。我们必须奋发图强，把我们的党建设得更加强大，把我们的国家建设得更加强大。

在县级以上领导班子和党员领导干部中开展"三讲"教育，这是我们党对人民事业高度负责的表现，是我们党的肌体充满生机和活力的表现，也是我们对于党的生日的特殊纪念。全党同志要以搞好"三讲"教育的实际行动加强党的建设，力争使各级领导班子和领导干部在思想上有明显提高，政治上有明显进步，作风上有明显转变，纪律上有明显增强，以新的精神面貌，迎接新的任务，迎接新的世纪！

（1999年7月1日）

风雨同舟向未来
——纪念人民政协成立五十周年

金风送爽，举国欢乐。在迎接中华人民共和国成立50周年的日子里，我们隆重纪念人民政协诞生50周年。在这个具有重大历史意义的时刻，我们深切怀念人民政协的缔造者和杰出领导人毛泽东、周恩来、邓小平等老一辈无产阶级革命家。我们也向全国政协历届领导人，向历届政协委员，向一切关心和支持人民政协事业的同志和朋友，表示崇高的敬意！

"雄鸡一唱天下白。"50年前的今天，中国共产党同各民主党派、各人民团体、无党派民主人士和各族各界代表欢聚北京，隆重举行了具有伟大历史意义的中国人民政治协商会议第一届全体会议。会议代行全国人民代表大会的职权，通过了具有临时宪法性质的《中国人民政治协商会议共同纲领》，选举产生了中央人民政府，庄严宣告了中华人民共和国的成立。

风雨兼程50年，人民政协走过了一条光辉的道路，成为由中国共产党领导的，有各民主党派、无党派爱国人士、人民团体、少数民族人士和各界人士参加的，包括全体社会主义劳动者、拥护社会主义的爱国者和拥护祖国统一的爱国者在内的、最广泛的爱国统一战线组织；成为我国政治体制中发扬社会主义民主的重要渠道和共产党领导的多党合作和政治协商的重要组织形式。人民政协在建立和巩固人民民主政权，进行社会主义革命和社会主义建设，维护国家统一，维护社会稳定，促进各族人民的团结等方面，发挥了举足轻重、无可替代的作用。特别是党的十一届三中全会以来，人民政协在邓小平建设有中国特色社会主义理论的指引下，为拨乱反正，实现国家工作重心的转移，推进改革开放和现代化建设；为健全和完善社会主义民主与法制，巩固和发展安定团结的政治局面；为实现"一国两制"的伟大构想，促进祖国和平统一，发展我国人民同世界各国人民的友好关系，作出了不可磨灭的贡献。50年的实践证明，爱国统一战线无论是现在还是将来，仍然是中国社会主义建设事业的一个重要法宝。人民政协作为最广泛的爱国统一战线组织，不可削弱，而应加强；不可缩小，而应扩大。她的任务十分光荣，工作大有可为。

在我国，有共产党，还有8个民主党派和无党派爱国人士、各人民团体。共产党与他们的关系不是朝野关系，不是执政党和反对党的关系，而是为了共同目标团结合作的关系，共同协商、互相监督的关系。我们党和各民主党派都赞成人民代表大会制度，赞成共产党领导的多党合作和政治协商制度。中共十五大把坚持、完善中国共产党领导的多党合作和政治协商制度纳入社会主义初级阶段的基本纲领，要求人民政协更好地履行职能，继续推进政治协商、民主监督、参政议政的规范化、制度化。人民政协作为实现这项制度的重要组织形式，坚持了马克思主义统一战线和人民民主的基本理论，体现了中华民族和衷共济、兼容并蓄的传统精神，反映了党的三代领导核心的伟大构想。"疾风知劲草"，不管什么时候，不管遇到什么情况，中国共产党都将坚定不移地坚持同各民主党派、无党派爱国人士和各族各界人士"长期共存，互相监督，肝胆相照，荣辱与共"的方针，与他们携手并进、风雨同舟，在新的世纪里为中华民族创造更加辉煌的文明！

统一祖国，振兴中华，一直是全国各族人民孜孜以求的目标。最近，台湾的李登辉不顾全体中华儿女的感情，公然提出了分裂祖国的"两国论"，激起了全体中国人的愤怒。人民政协同党和人民一起，为和平统一祖国呼喊了五十年、奋斗了五十年。今后，她仍将一如既往、旗帜鲜明地反对分裂，反对倒退，坚定不移地为祖国的统一和民族的振兴作出应有的贡献。

"古来青史谁不见，今见功名胜古人。"人民政协这座宏伟大厦，凝聚着一届又一届政协委员的心血和汗水，与共和国历史上一大批闪光的名字相连。在未来的岁月里，人民政协一定会继续高举爱国统一战线和社会主义的大旗，继承和发扬50年来特别是改革开放以来的优良传统，充分发挥自身的政治优势和人才优势，紧紧扣住团结、民主两大主题，认真履行政治协商、民主监督、参政议政的职能，积极反映社情民意，充分调动全国各族人民的积极性、创造性，组织各界人士参与国事，努力促进民主政治建设，共同致力于中华民族的伟大振兴。

新世纪曙光在即。让我们紧密团结在以江泽民同志为核心的中共中央周围，高举邓小平理论的伟大旗帜，同心同德，群策群力，振奋精神，埋头苦干，为实现无数革命先辈统一祖国、振兴中华的伟大理想，为建设富强、民主、文明的社会主义现代化强国而努力奋斗！

（1999年9月21日）

祖国万岁

——热烈庆祝中华人民共和国成立 50 周年

在新的一千年就要到来的重要时刻,我们迎来了中华人民共和国 50 华诞这一盛大节日。此时此刻,大江南北,长城内外,边疆沿海,到处歌如潮,花如海,普天同庆,举国欢腾。全国各族各界人民为祖国的强大、民族的复兴和光明的前程充满自豪和喜悦。中国人民从来没有像今天这样扬眉吐气,这样受到全世界的关注。

在这个光荣而又神圣的日子里,我们向全国各族工人、农民、知识分子、干部以及港澳台同胞、海外侨胞致以节日的祝贺!向英雄的中国人民解放军指战员、公安干警和武警官兵致以节日的祝贺!向在各个历史时期为新中国的振兴作出贡献、建立功勋的劳动群众和英雄模范人物致以崇高的敬意!此刻,我们以无比崇敬的心情缅怀近百年来为了民族解放和新中国的诞生、新中国的建设作出贡献的民族英雄和中华民族的优秀儿女。他们的名字和功绩将永远铭刻在人民的心里,与日月同辉,与祖国同在。

1949 年中华人民共和国的诞生,是中国人民前途命运的一个根本转折,它标志着受压迫受欺侮的半封建半殖民地时代的终结,标志着中华民族历史新纪元的开始。这是 20 世纪重大的历史事件,对于当代世界的政治格局和历史进程产生了深远影响。

新中国的 50 年是发生翻天覆地变化的 50 年。从贫穷落后到繁荣昌盛,从山河破碎到强大统一,从受人欺凌到备受尊重,中国人民在中国共产党的领导下,谱写了中华民族文明史上最为光彩夺目的篇章。50 年来特别是改革开放的 20 年来,我国国民经济持续快速发展;综合国力大为增强;科技、教育、文化事业欣欣向荣;各项社会事业全面进步;国防力量日益强大;各民族兄弟团结友爱;人民群众的物质文化生活水平不断提高;祖国统一大业取得重大进展,继香港之后澳门即将回到祖国的怀抱。我国社会主义现代化建设事业所取得的巨大成就举世公认,我们的国际地位日益提高。我们的祖国从来没有像今天这样欢乐祥和、蒸蒸日上；我们的人民从来没有像今天这样意气风发，精神振奋，对中国的前程充满信心。面对此情此景，所有关心我们民族命运，为国家前途而奋斗的华夏子孙，无不从内心发出深情欢呼：祖国万岁！

新中国的50年巨变，最根本的是因为有中国共产党的正确领导。中国共产党人为了振兴中华，彻底改变中国人民的命运，选择最先进的思想理论和社会制度，探索并制定最符合中国国情的发展道路和方针政策，将马克思主义基本原理和中国实际结合起来，将人民群众的智慧和力量凝聚起来，在神州大地上创造出一个又一个奇迹。这是一个艰苦豪迈的事业。在这个过程中，我们有过困惑，有过挫折和失误。但是，我们的党是全心全意为人民服务的党，以国家和人民的利益为最高利益，实事求是，坚持真理，能够依靠自身的力量修正错误，克服困难，不断开创社会主义现代化建设的新局面。人民群众从国家巨变和亲身经历中深深地体会到，中国共产党是一个毫无私利、充满生机和活力、始终保持先进性的党，是一个勇于开拓、不断创新、锐意进取的党，是一个不畏艰险、久经锤炼、坚强成熟的党。没有任何一种力量能够像中国共产党那样把中国人民带向富强、幸福和光明的未来。

50年的奋斗历程告诉我们，只有社会主义能够救中国，能够发展中国。社会主义是针对资本主义的弊端而产生的崭新的社会制度，最根本的特征是一切为了人民，一切依靠人民，最大限度地集中人民群众的智慧和力量，解放和发展社会生产力，建设一个没有压迫和剥削的富强、民主、文明的社会。像中国这样一个贫弱的半封建半殖民地的国家，受尽西方资本主义列强的欺侮，要想实现民族振兴，只能选择比资本主义更先进的社会制度。事实证明，这个决定中华民族命运的历史性选择，给中国人民带来了新生和前程，铸就了光荣与辉煌。但是，这是一个前无古人的事业，在中国这样一个经济文化比较落后，生产力发展水平比较低的国家，怎样建设社会主义，是一个艰巨的认识和实践过程。在马克思列宁主义、毛泽东思想、邓小平理论的指导下，我们不断深化对于建设社会主义规律性的认识。特别是在邓小平理论的指导下，我们在30年巨大成就的基础上，取得了改革开放20年的巨大成功。社会主义在中国50年的实践证明，社会主义作为一个崭新的社会制度，是随着实践的发展而发展，随着时代的变化而变化的。只要我们始终不渝地坚持理论和实际相结合，坚持向实践向群众学习，坚持发展和创新，有中国特色社会主义事业就会永远充满生机和活力。

50年的伟大实践告诉我们，中国人民是伟大的人民，是勤劳勇敢、不屈不挠，具有巨大创造力的人民。中国共产党的正确决策，社会主义制度的先进优越，都是通过人民的力量，通过亿万人民群众的实践来实现的。事实证明，中国人民一旦有了正确的领导，掌握了科学的理论，建立了先进的社会制度，制定了正确的路线方针和政策，就能够万众一心，团结奋斗，产生移山填海的力量。新中国的诞生彻底改变了中国人民的命运，人民当家作主，以崭新的精神面貌和巨大的热情投身于国家建设，创造了可歌可泣的辉煌业绩。无论是面对敌对势力的封锁和威胁，还是面对自己国家的困难和灾害，一代又一代的中华儿女始终坚贞不渝，顽强拼搏，表现出高度的政治觉悟和巨大的创造力量。新中国的50年，英雄辈出，群星灿烂。他们是国之瑰宝、民之精锐，是中华民族的优秀代表。他们的精神和业绩有力地证明，人民，只有人民才是创造历史的动力。

在这普天同庆的时刻，我们不能忘记以毛泽东同志为核心的第一代党中央领导集体为新中国的建立和发展作出的历史性贡献，不能忘记以邓小平同志为核心的党中央第二代领导集体为开创改革开放和社会主义现代化事业新局面所建立的丰功伟绩。今天，我们正处在世纪之交的重要历史时刻。以江泽民同志为核心的党的第三代领导集体把握发展机遇，驾驭改革和建设大局，取得一个又一个重大胜利，赢得了全国人民的拥护和爱戴。实践证明，以江泽民同志为核心的党中央志向远大，坚定成熟，具有卓越的领导能力，一定能够带领亿万人民开创建设有中国特色社会主义的新时代。

党的十五大为我们规划了跨世纪的宏伟蓝图，这就是下世纪第一个10年实现国民生产总值比2000年翻一番，使人民的小康生活更加宽裕，建成比较完善的社会主义市场经济体制；再经过10年的努力，到建党100年时，使国民经济更加发展，使各项制度更加完善；到建国100年时，基本实现现代化，建成富强民主文明的社会主义国家。回顾50年峥嵘岁月，我们豪情满怀；展望新世纪的锦绣前程，我们欢欣鼓舞。让我们更高地举起邓小平理论的伟大旗帜，紧密地团结在以江泽民同志为核心的党中央周围，团结一致，同心同德，开拓进取，艰苦奋斗，把建设有中国特色社会主义事业全面推向21世纪，为实现中华民族的伟大复兴而奋勇前进！

伟大的中国共产党万岁！

伟大的中华人民共和国万岁！

伟大的中国人民万岁！

（1999年10月1日）

中华民族的光辉史篇

——热烈庆祝澳门回归祖国

1999年12月20日零时，澳门文化中心花园馆奏响中华人民共和国国歌，升起鲜艳的五星红旗，向全世界郑重宣告澳门回归祖国。这是继1997年7月1日香港回归祖国之后，中华民族在实现祖国统一大业中的又一盛事。以中葡两国政府完成澳门政权交接仪式，中华人民共和国澳门特别行政区宣告成立为标志，宣布了澳门进入新纪元，澳门的发展进入新时代，中葡两国人民的友谊和两国的友好合作将在新的起点上向前发展。

在这庄严伟大的历史时刻，神州大地，亿万人民普天同庆；世界各地，华夏儿女笑逐颜开。这是中华民族几百年来梦寐以求的日子，是澳门同胞的盛大节日，也是伟大祖国的盛大节日。让我们高举金杯，热烈祝贺我们民族振兴，国家富强。

澳门自古以来就是中国的领土。16世纪中叶，澳门被葡萄牙逐步占领。中国人民为了祖国统一、骨肉团聚，进行了长期的艰苦的斗争。由于封建王朝的软弱愚昧；由于军阀割据，战乱不止，国民党政府腐败无能，致使一次次团圆之梦归于破灭。千秋伟业，功在统一。在我们伟大祖国五千年的历史长河中，统一是中国历史发展的主流。坚持统一，反对分裂，是中华民族自古以来就有的光荣传统。祖国统一的意识和爱国主义的情感深深根植于中华民族的文化之中。中华民族共同的历史渊源和文化传统所形成的巨大凝聚力和向心力，鼓舞和支持着一批又一批爱国志士前赴后继，不屈不挠地为国家统一而斗争。悲愤与抗争交织，挫折与奋起相伴，可歌可泣，永载史册。

回顾漫漫归程，我们不应忘记，新中国成立后，站起来的中国人民是如何从根本上改变了自己的命运。祖国欣欣向荣，蒸蒸日上，中华民族赢得了地位和尊严。改革开放以来，在党的基本理论基本路线指引下，我们走上了建设有中国特色社会主义的康庄大道，社会生产力极大发展，综合国力显著增强，人民生活不断改善，国际地位日益提高，为澳门回归提供了坚实的基础。1987年4月13日,中葡两国经过友好谈判,发表了《中华人民共和国政府和葡萄牙共和国政府关于澳门问题的联合声明》,澳门回归祖国的坚实脚步清晰可见。为了使澳门平稳过渡,实现政权的顺利交接,中葡两国政府友好协商,积极合作。为了这一伟大日子的到来,全中国人民包括澳门同胞,齐心协力,团结奋斗,出色地完成了一系列艰巨繁难的准备工作。澳门回归,是几代华夏儿女英勇奋斗的结果,是中葡两国政府共同努力的结果。

为了祖国的统一大业包括澳门回归,我们党的三代领导人和无数革命先烈、志士仁人作出了巨大贡献。今天,当我们举国同庆澳门回归的时刻,更加怀念毛泽东同志、邓小平同志等老一辈革命家。在新的历史时期,邓小平同志不仅以改革开放的宏略开创了波澜壮阔的社会主义现代化建设事业,而且以"一国两制"的伟大构想,实现了香港、澳门回归祖国的百年夙愿,也为国际社会处理复杂的历史遗留问题树立了成功的典范。邓小平同志的远见睿智、宏大气魄和不朽功绩将永远镌刻在历史的丰碑上。

中华民族由昔日的积贫积弱、备受欺凌到今天的团结稳定、繁荣昌盛的历史表明,没有中国共产党的领导和全中国人民的奋斗,就没有新中国的建立,也没有民族的独立和解放。没有改革开放和有中国特色社会主义事业的巨大成功,就没有祖国繁荣强大和民族的全面振兴,也就没有澳门的顺利回归。我们应该牢牢记住从历史和现实中得出的这个重要结论。

澳门回归掀开了崭新的一页。要全面贯彻落实"一国两制""澳人治澳"、高度自治的方针,保持澳门长期稳定和发展,还有大量的工作要做。最根本的就是要学习、贯彻、落实好《中华人民共和国澳门特别行政区基本法》。澳门基本法是澳门长期稳定发展的根本保障,它既是澳门宪制性法律,也是全国性的法律,从中央到地方,从干部到群众,从内地到澳门,都要认真学习,严格遵守,坚决贯彻,共同把澳门的事情办好。我们深信,澳门特别行政区政府一定会肩负起历史的责任,按照基本法的要求把澳门管理好、建设好、发展好。日益强大的祖国将给澳门以强有力的支持和帮助,正像给香港以支持和帮助一样,不论遇到什么困难和挑战,都是澳门最有力量的后盾。

从香港回归到澳门回归有力地证明,我们的国家日益强大,我们的事业兴旺发达,我们的民族具有巨大的凝聚力和向心力。同时也有力地证明,实现祖国统一是实现民族伟大复兴的坚实基础,"一国两制"是实现祖国统一大业的唯一正确方针。当前,全国人民在以江泽民同志为核心的党中央领导下，在党的基本理论和基本路线的指引下，采取一系列方针政策和重大措施，坚定不移地深化改革，扩大开放，促进发展，保持稳定，为进一步实现民族振兴而艰苦奋斗。在新的世纪里，有中国特色社会主义事业必将取得前所未有的辉煌成就，这是毫无疑义的。社会主义祖国欣欣向荣的发展，必将为澳门的发展提供更大舞台，澳门的稳定发展必将有助于国家的改革开放和现代化建设，这也是毫无疑义的。历史潮流不可阻挡，按照"一国两制"的方针，解决台湾问题，实现祖国的完全统一，同样是毫无疑义的。

"接天莲叶无穷碧，映日荷花别样红。"在我们刚刚隆重庆祝新中国50周年之后，又喜迎澳门回归，这是中国人民送给世纪之交千年更迭的一份厚礼，也预示着在新的千年和新的世纪里，中华民族将更加兴旺发达，光彩夺目！

（1999年12月20日）

迎接新世纪的曙光

——元旦献词

当今年的新年钟声敲响,全中国人民、全世界人民都怀着无比兴奋的心情迎接将要到来的新世纪曙光。值此重要的历史时刻,我们为千百年来人类文明的巨大进步深受鼓舞,为我们的党和人民在过去的岁月中所创造的辉煌业绩骄傲自豪,为有中国特色的社会主义事业焕发生机和活力而充满信心和力量。

刚刚过去的1999年,是我们搏击风浪战胜困难取得重大成就的一个重要年份。在这一年,我们举国同庆新中国成立50周年,举国同庆澳门顺利回归祖国,全国人民团结一致,强烈抗议美国为首的北约集团对我驻南使馆的野蛮轰炸,严厉批驳了李登辉分裂祖国的"两国论",严肃处理了毒害人民群众的"法轮功"邪教组织,为我们集中精力进行经济建设创造了良好的政治环境。由于我们坚持抓重点抓全局抓大事,坚持在发展中解决问题,坚持实施积极的财政政策,在比较错综复杂的国内国际环境中,取得了改革开放和经济发展的显著成绩。财政收入增加,金融运行平稳,人民生活进一步改善,政治稳定,民族团结,国际地位日益提高。为了切实加强党的建设,我们在县级以上领导班子和领导干部中开展了"三讲"教育,进一步增强了党组织的凝聚力,提高了各级领导干部坚持党的基本理论基本路线基本纲领的自觉性,对于团结和带领广大人民群众在新的形势下夺取更大胜利具有重要意义。

今年是本世纪最后一年,承前启后,继往开来,改革、发展和稳定的任务十分繁重。在新的一年里,我们要完成"九五"计划和本世纪末重要奋斗目标,要努力实现国企改革三年脱困目标。是否有一个好的精神状态,今年的工作能否做好,对于实现我国现代化建设的第二步战略目标,向第三步战略目标前进至关重要。江泽民同志在首都各界庆祝澳门回归祖国大会上的讲话中指出:"21世纪的钟声即将敲响。政治多极化和经济全球化是未来世界的两大趋势，我们既面临着严峻的挑战，更面临难得的发展机遇。挑战与机遇，都在考验着我们的智慧和力量。"全党同志特别是各级领导干部，必须进一步贯彻十五大精神，全面准确地认识国际政治经济及其发展的大背景、大格局、大趋势，全面准确地理解中央的方针政策，准确把握中央关于今年经济工作的指导思想和总体要求，认清形势，明确任务；抓住机遇，开拓进取；坚定信心，团结奋斗，努力做好本地区本部门的工作，把各项事业推向前进。

认清形势，明确任务，就是要面向新世纪，把思想统一到中央关于当前国际国内形势的分析判断，以及由此确定的任务和方针政策上来。抓住机遇，开拓进取，就是要深刻领会十五大的精神实质，积极主动地利用国际国内一切有利因素和条件，大力推进改革开放和社会主义现代化建设，努力开创各项工作的新局面。坚定信心，团结奋斗，就是要坚定建设有中国特色社会主义的理想和信念，既要充分估计前进中的困难，又要增强必胜的信心，始终保持良好的精神状态和旺盛的革命斗志。要紧紧抓住经济建设这个中心，突出抓好国企改革这个重要环节，集中力量增强我国经济实力、国防实力和民族凝聚力，把建设有中国特色社会主义事业全面推向21世纪。

发展经济，增强实力，必须有一个团结与安定的国内环境和有利于我国稳定与发展的国际环境。我们要反复强调一个道理，稳定是政治，是大局，是人民群众的根本利益，稳定压倒一切，没有稳定什么也做不成。当前，我们的国家民族团结，社会稳定。和平与发展依然是时代的主题，世界多极化趋势在继续发展，我国对外工作取得重大成效。我们一定要珍惜这个形势，抓住这个机遇，集中力量把自己的事情办好。一定要充分重视并正确处理好新形势下的人民内部矛盾，着重解决好改革开放中人民群众关心的突出问题。要大力加强和改进思想政治工作，弘扬正气，调动和保护广大干部群众的积极性和创造精神。充分重视并正确处理好新形势下的民族关系，认真贯彻落实好党的民族政策。保持稳定，归根到底要正确处理改革、发展、稳定的关系。要靠深化改革，坚持用发展的办法解决前进中的矛盾和问题。要把握好改革的节奏，使改革的力度、发展的速度同社会可以承受的程度相适应。关键是维护人民群众的根本利益，并以此作为改革发展的出发点和落脚点，以此动员和组织人民群众积极参与改革，使工人、农民、知识分子等基本群众成为改革发展的动力和主体，并能共同享受改革发展的成果。这是由我们党的宗旨和社会主义制度的性质决定的，也是我们取得胜利的关键和标志。

20世纪即将过去,两千年间人类所创造的文明成果以及为此付出的沉重代价,激励和警示着我们更加坚定地去开拓未来。创造了灿烂的古代文明和建设着有中国特色社会主义的中华民族,拥有全人类1/5的人口,在新的历史创造活动中责任重大。从上世纪中叶到本世纪中叶,中国人民经过100年的浴血斗争,终于实现了民族独立和人民解放,根本改变了自己的命运。从本世纪中叶到下世纪中叶,中国人民经过100年的艰苦创业,将基本实现社会主义现代化。中华民族将以更加强劲的英姿屹立于世界民族之林。实现这一宏伟目标,不是一条平坦大道,必须长期艰苦奋斗,需要全民族奋斗,共产党员和领导干部要带头奋斗。只有这样,我们才能取得伟大的成就,实现宏伟的目标。重要的是要有一个能够驾驭国内国际复杂局势,能够带领人民群众战胜各种困难和风险的领导核心,重要的是要通过科学的理论和正确的路线方针政策把12亿人民的力量凝聚起来。过去一年来的事实充分证明,过去10年的事实充分证明,面对错综复杂的国内国际形势,面对各种困难和挑战,我们党的基本理论基本路线基本纲领经受住了严峻的考验,以江泽民同志为核心的党中央的能力和威望经受住了严峻的考验,伟大的中国共产党和伟大的中国人民经受住了严峻的考验,建设有中国特色社会主义的伟大事业经受住了严峻的考验。我们一定要百倍珍惜和爱护所拥有的这一切,高举马列主义、毛泽东思想和邓小平理论的伟大旗帜,紧密团结在以江泽民同志为核心的党中央周围,同心同德,艰苦奋斗,深化改革,促进发展,迎着新世纪的曙光,创造更加美好的明天!

(2000年1月1日)

全面加强党的建设的伟大纲领

江泽民同志关于中国共产党始终代表中国先进社会生产力的发展要求、始终代表中国先进文化的前进方向、始终代表中国最广大人民的根本利益的重要论述，具有极为重大的现实意义和长远的指导意义。"三个代表"的重要论述，是以江泽民同志为核心的党中央站在世纪交替的历史高度，着眼我国改革开放和社会主义现代化建设全局，继承历史，立足现实，前瞻未来所作出的精辟论断；是深入总结我们党近八十年历史经验、深入思考世界社会主义运动历史经验、紧密联系我们党面临的形势任务和现实状况作出的科学结论；是对党的性质、宗旨和历史任务的新概括，对马克思主义建党学说的新发展，对各级党组织和广大党员的新要求。这一重要论述，从根本上进一步回答了在充满希望和挑战的21世纪，我们要建设一个什么样的党和怎样建设党的问题，是在新的历史条件下全面加强党的建设的伟大纲领，是解决党的建设两大历史性课题，永远保持党的先进性、战斗力和创造力的行动指南。

江泽民同志指出，"三个代表"是我们党的立党之本、执政之基、力量之源。这一重要思想，深刻揭示了"三个代表"的丰富思想内涵和巨大的现实作用。中国共产党的诞生、成长和壮大，在极其艰难的环境中克服困难、战胜强敌，夺取胜利的根本原因在于中国共产党代表中国先进生产力、中国先进文化、中国人民根本利益。在新的历史时期，中国共产党所以能在错综复杂的国际环境中战胜各种风险，经受各种考验，不断推进建设有中国特色社会主义事业，不断夺取改革开放和现代化建设的成功，始终得到广大人民群众的拥护，根本原因也在于坚持了"三个代表"。党在不同历史时期发生的一些挫折和失误，其根本原因也在于不同程度地背离了"三个代表"。在迈向新世纪的征途上，我们党要解决好诸多复杂的矛盾和困难，经受住新的考验和锻炼，把我们的伟大事业推向前进，就必须按照"三个代表"的要求，进一步提高执政水平，进一步巩固执政基础。只有这样，我们党才能永远立于不败之地，带领人民不断前进。

"三个代表"集中体现了党的根本性质，集中体现了社会主义的本质，是一个紧密联系的整体。生产力是社会发展进步的决定力量；文化对经济和政治的发展起巨大作用；创造历史的是人民，人民推动着历史的发展。在当代中国，三者有机地统一于党领导人民建设有中国特色社会主义的伟大实践。

"三个代表"的论述，高屋建瓴，总揽全局，具有鲜明的时代特征，既是党的建设的重大理论课题，更是抓紧推进党的思想、组织和作风建设的实践课题。认真学习"三个代表"，身体力行"三个代表"，当前最重要的就是按照"三个代表"的要求，全面加强党的建设。

要把"三个代表"的要求，落实到坚定正确地执行党的路线方针政策中去。从"三个代表"的高度，我们可以更加深刻地认识到，党在社会主义初级阶段的基本理论、基本路线、基本纲领是完全正确的，必须坚定不移地贯彻。我们要始终坚持正确处理改革、发展、稳定的关系，始终坚持"两手抓，两手都要硬"的方针，始终把人民的利益放在首位。我们现在面临的和可能遇到的矛盾和问题很多，而且往往错综复杂、相互交织，但归根到底，是要正确认识和处理新的历史条件下解放和发展社会生产力与调整完善生产关系，根据经济基础的发展自觉改革和调整上层建筑中不相适应的部分。这就要求全党同志在贯彻党的理论、路线和方针、政策时，在从事的各项事业中，看看我们所采取的措施，符合不符合"三个代表"的要求，符合的就毫不动摇地坚持，不完全符合需要调整补充的积极调整补充，不符合的勇于实事求是地纠正，以利于我们准确把握发展趋势，跟上时代步伐，充分体现共产党人的先进性和时代精神。

要把"三个代表"的要求，落实到党的各项工作中去。我们开展工作，观察和处理问题，都要时刻把党和人民的利益放在首位。无论是党的领导机关还是党的基层组织，无论是企业党组织还是农村党组织，无论是经济工作、科技教育工作，还是思想文化工作等，都应当按照"三个代表"的要求，研究新情况，解决新问题，探索新途径。每一个党的组织，每一个党员尤其是党的各级领导干部，都应当按照"三个代表"的要求，充分发挥党员的先锋模范作用，以坚定的信心、高昂的热情、勤奋的工作、旺盛的斗志、科学的态度，在各自的岗位上创造新的业绩。

要把"三个代表"的要求，落实到建设一支高素质的干部队伍中去。我们党正处在整体性的新老交替的关键时期，必须不失时机地抓紧对青年干部的培养，特别是要选拔好跨世纪担当重任的一批接班人。要真正把培养使用好各类人才作为党和人民事业兴旺发达的大事来看待、来落实。要下定决心，加大力度，促进干部人事制度改革的进一步展开和深化，把党管干部的原则同改进管理干部的方法结合好，努力形成优秀人才脱颖而出、健康成长的机制和一整套办法。

要把"三个代表"的要求，落实到从严治党中去。党风廉政建设和反腐败斗争关系到党的生死存亡，任何时候都不能忽视。一定要坚持不懈抓下去，要不断探索和建立一些真正管用的监督制度和机制。党的各级领导干部一定要坚持讲学习、讲政治、讲正气。在经济发展、生活状况和工作条件不断改善的情况下，必须继续艰苦奋斗、密切联系群众；在社会生活方式日趋多样化的情况下，必须自重、自省、自警、自励。党的各级组织对党员干部要严格要求、严格管理、严格监督。

在新的历史条件下，按照"三个代表"的要求来加强党的建设，既是一项紧迫的现实任务，也是一项长期的历史任务，要贯穿于我们党领导人民进行现代化建设的全过程。在这个伟大的历史进程中，关键是广大共产党员特别是党的各级领导干部要当好"代表"。"代表"是方向，是楷模，是希望，是力量。全党同志一定要更加紧密地团结在以江泽民同志为核心的党中央周围，高举邓小平理论伟大旗帜，深入贯彻党的十五大精神，在"三个代表"重要思想指引下，解放思想，实事求是，励精图治，开拓创新，努力把我们党建设得更加朝气蓬勃，更加坚强有力，把我们国家建设得更加繁荣富强，更加兴旺发达。

（2000年5月22日）

为实现中华民族伟大复兴而奋斗

——国庆献词

我国各族人民满怀即将胜利完成"九五"计划的喜悦,手捧改革和建设的累累硕果,迎来了本世纪最后一个国庆节。我们向全国各族人民致以节日的祝贺!

今年是我国社会主义现代化建设发展史上具有标志意义的一年。在以江泽民同志为核心的党中央的领导下,我国各族人民坚持党的基本理论、基本路线和基本纲领,将全面完成"九五"计划。"九五"期间,是我们面对挑战,排除困难,开拓进取,阔步前进的5年:国民经济持续快速健康发展,综合国力进一步增强;经济实现"软着陆",并遏制了通货紧缩趋势;有效供给水平明显提高,商品缺乏状况基本结束;基础设施不断加强,城乡面貌大为改观;人民生活总体上达到小康水平,农村贫困人口温饱问题基本解决;科教兴国和可持续发展战略向纵深推进,各项事业蓬勃发展;改革进一步深化,社会主义市场经济体制初步建立;开放进一步扩大,全方位对外开放格局基本形成;社会主义精神文明建设和民主法制建设取得丰硕成果;祖国和平统一大业取得历史性进展。"九五"期间,国家发展之快,变化之巨,令人欢欣鼓舞;其意义之重大,影响之深远,堪称中华民族发展史上新的里程碑。"九五"的巨大成就和丰富经验,为新世纪将开始的"十五"计划奠定了坚实基础,必将极大地鼓舞全国各族人民为实现中华民族的伟大复兴而努力奋斗。

21世纪即将到来,我们将站在一个新的历史起点上朝着既定的目标前进。这就是:承继"九五"辉煌,开创"十五"伟业,全面建设小康社会,实施跨世纪发展战略,把改革开放和社会主义现代化建设推向一个新阶段。

今后5年到10年,是我国经济和社会发展的重要时期。我们的奋斗目标极其宏伟,建设任务极其繁重。我们必须保持清醒,抓住机遇,迎接挑战;必须锐意创新,顺应潮流,与时俱进;必须坚定信念,振奋精神,艰苦创业;

加快增强我国经济实力、国防实力和民族凝聚力,保证我国的现代化建设全面胜利。

以经济建设为中心,通过改革进一步解放和发展社会生产力,增强我们的综合国力,是压倒一切的任务。这不能有丝毫的动摇。发展是硬道理,是解决中国所有问题的关键。我们要紧紧抓住发展这个主题,积极推进经济结构的战略性调整,推动两个根本转变,处理好经济和社会发展的一系列重大关系,保持国民经济持续快速健康发展。改革是促进发展的动力。我们要增强解放思想、实事求是的坚定性和自觉性,坚持市场取向的改革,在完善社会主义市场经济体制方面迈出实质性的步伐。稳定是改革和发展的保证。我们必须进一步维护来之不易的安定团结局面,为实现跨世纪发展目标创造良好的社会政治环境。实践证明,把握好改革、发展和稳定的大局,我们就能驾驭现代化建设复杂局面,推进各项事业不断前进。

中国共产党是领导我们事业的核心力量,广大共产党员是改革开放和现代化建设的中坚。党的面貌如何,关系现代化建设的成败,关系国家的命运前途。我们必须按照"三个代表"的要求,全面加强党的建设,永远保持党的生机和活力。只要我们党始终坚持代表先进社会生产力的发展要求、先进文化的前进方向、广大人民群众的根本利益,就能站在时代前列,经得起任何风浪的考验,担负起实现中华民族伟大复兴的历史重任。

一切为了人民,一切依靠人民,是我们全部工作的出发点和立足点。20多年改革开放的巨大成功最根本的经验,就是在任何时候任何情况下,我们的所有工作都要以是否符合最广大人民群众的根本利益为最高衡量标准,把满足人民日益增长的物质文化生活需要,提高人民生活水平,作为最重要的任务。要按照全面建设小康社会的要求,提高人民收入水平和生活质量,不断加强社会主义法制建设和道德建设,保证人民安居乐业。现代化建设是亿万人民的事业,群众中蕴藏着极大的积极性和创造性。我们要善于向群众学习,向实践学习,在人民群众的伟大实践中找到前进动力和正确决策的依据。有人民群众的支持和参与,我们就能够克服困难,取得胜利。

在2000年即将到来的时候,江泽民总书记在首都各界迎接新世纪和新千年庆祝活动上庄严宣告,中华民族一定要实现伟大的复兴。这铿锵有力、坚定豪迈的宣告,在辽阔的苍穹中回响,在12亿中国人民心中激荡。今天,新世纪的旭日就要跃上东方地平线,中国人民朝着下一个宏伟的目标迈出了坚定的步伐。让我们更加紧密地团结在以江泽民同志为核心的党中央周围,高举邓小平理论伟大旗帜,同心同德,艰苦奋斗,沿着有中国特色社会主义的康庄大道奋勇前进。

(2000年10月1日)

爱国主义和革命英雄主义的不朽丰碑

——纪念中国人民志愿军抗美援朝出国作战 50 周年

今天，是中国人民志愿军抗美援朝出国作战 50 周年纪念日。

时光如梭。当我们即将跨入新世纪的时候，回顾 50 年前那场和平与正义战胜霸权与邪恶的战争，仍深深地为我们伟大的人民和伟大的军队而感到光荣和自豪。它像一座巍峨的丰碑，镌刻着伟大的爱国主义和革命英雄主义精神，耸立在中华民族辉煌的历史之中。

抗美援朝战争的胜利，是继抗日战争之后，中国人民反对帝国主义侵略的又一次重大胜利。它捍卫了祖国安全，援助了朝鲜人民，对于维护亚洲和世界和平，作出了不可磨灭的历史性贡献。这是全世界所有主持正义、爱好和平人民的伟大胜利。值此纪念中国人民志愿军赴朝作战 50 周年之际，我们向光荣牺牲在朝鲜战场的志愿军烈士表示深切的缅怀，向在抗美援朝战争中英勇作战、建立功勋的中国人民志愿军将士以及他们的亲属，向为这场战争的胜利作出贡献的各界人士和广大人民群众表示崇高的敬意。

50 年过去了，中国和世界都发生巨大变化。新中国成立以来，特别是改革开放 20 多年来，我们的祖国欣欣向荣，蒸蒸日上，经济发展，社会进步，民族团结，生产力、综合国力和民族凝聚力大为增强，国际地位显著提高。今天，我们回顾这段历史，缅怀革命先烈，就是要告诉人民特别是青年一代，我们的祖国有今天这样的建设成就和美好生活，在世界上有今天这样的荣誉与尊严，来之不易。它是由无数革命先烈的鲜血和生命换来的。继承他们的光荣传统，学习他们的伟大精神，必将极大地激励亿万人民热爱祖国、建设祖国，实现中华民族伟大复兴的坚定意志。

抗美援朝的胜利告诉我们，中国共产党是中华民族根本利益的忠实代表，是领导我们事业的核心力量。在中国历史上，没有哪一种政治力量能像中国共产党那样，为着国家和民族的利益英勇奋斗，不信邪、不怕压、不惜流血牺牲；没有哪一种政治力量能像中国共产党那样，领导、组织和凝聚起亿万人民的力量，万众一心，众志成城，克服一切困难，夺取一个又一个胜利。党领导人民推翻三座大山，建立新中国的斗争证明了这一点，抗美援朝的伟大胜利证明了这一点，改革开放和社会主义现代化建设的巨大成功同样证明了这一点。

抗美援朝的胜利告诉我们，爱国主义是凝聚全民族力量的旗帜，革命英雄主义是我们克敌制胜的法宝。中国人民是主持正义、爱好和平的人民。我们渴望和平与进步，愿意同一切友好的国家和人民发展友谊，加强合作。但为了捍卫国家主权，捍卫民族利益，我们决不向霸权主义、强权政治低头。这是中国人民最神圣的爱国主义感情。我们一定要珍惜"最可爱的人"用热血和生命铸造的爱国主义和革命英雄主义精神，教育我们的人民尤其是广大青少年，把振兴中华的伟大事业不断推向前进。

抗美援朝的胜利告诉我们，一个国家要自立于世界民族之林，不被欺辱，受到尊敬，就必须发展生产力，增强综合国力。贫弱就会受欺，落后就要挨打。我们要更加自觉地坚持党的基本理论、基本路线和基本纲领，以经济建设为中心，推进改革开放，进一步解放和发展生产力，为实现社会主义现代化建设的宏伟目标而奋斗。

和平与发展是当今世界的主题，但是天下仍不太平。我们一定要树立忧患意识，居安思危，大力加强我军的革命化、现代化、正规化建设，大力增强全体人民的国防意识。这样，我们的人民才能安居乐业，国家安全才有可靠保证，祖国统一大业才能顺利推进。

当前，我国各族人民正在学习贯彻党的十五届五中全会精神，满怀信心地迈向新的世纪。让我们紧密团结在以江泽民同志为核心的党中央周围，高举邓小平理论伟大旗帜，同心同德，奋发进取，为继续推进现代化建设、完成祖国统一、维护世界和平与促进共同发展而阔步前进。

中国人民志愿军的伟大功勋彪炳千秋！

中国人民抗美援朝的伟大胜利永载史册！

（2000年10月25日）

迈进光辉灿烂的新世纪

——元旦献词

新世纪到来了！全世界人民张开双臂，迎接人类历史的又一个新纪元。抚今追昔，我们感慨万千；展望前程，我们心潮澎湃。

刚刚过去的20世纪，波澜壮阔，风雷激荡。这是殖民主义体系全面崩溃、民族独立和民族解放风起云涌的百年，是社会主义诞生、发展并经历曲折斗争的百年，是科学技术全面发展、社会生产力突飞猛进的百年。上半个世纪，人类经历了两次世界大战，浩劫空前；下半个世纪，国际形势深刻变化，和平与发展成为时代的主题。全世界人民在艰难中跋涉，在求索中奋进，在正义与邪恶的斗争中新生，在社会变革和科技革命中发展，创造了以往时代无可比拟的新的文明。

中国作为世界上最古老的东方大国，从积贫积弱走向繁荣富强，谱写了人类历史上悲壮而又辉煌的篇章。从1900年八国联军攻陷北京，中国饱受帝国主义列强蹂躏践踏，到2000年我国实现社会主义现代化建设前两步战略目标，100年间，封建王朝坍塌，五四运动爆发，中国共产党诞生，土地革命兴起，抗日战争胜利，三座大山倾覆，新中国建立，改革开放成功，香港、澳门回归祖国，神州大地发生了翻天覆地的变化。

世纪之交，放眼祖国万里河山，一片欣欣向荣，蒸蒸日上。新中国成立以来特别是改革开放以来，我国的现代化建设取得巨大成就，政治稳定，经济发展，民族团结，社会进步，人民生活不断得到改善。我们正沿着有中国特色社会主义的康庄大道豪情满怀、昂首阔步走进新时代。此时此刻，我们不会忘记在百年峥嵘岁月中祖国经历的三次历史性巨大变化。我们不会忘记孙中山、毛泽东、邓小平这三位站在时代前列的伟大人物。他们代表着中国历史前进的三个时代，他们的伟大思想、崇高品德和不朽业绩永远镌刻在历史的丰碑上，激励着亿万人民继续奋发前进。我们也不会忘记为了救亡图存、振兴中华而英勇奋斗、为国捐躯的无数革命先烈和志士仁人。他们的奋斗牺牲与20世纪中国人民气壮山河的斗争、光耀千秋的伟业同在。20世纪，中国人民在革命、建设和改革中取得的巨大成功，是马克思主义的一个了不起的胜利，是科学社会主义的一个了不起的胜利，是中国人民的一个了不起的胜利。

百年沧桑，三次巨变，得出一个根本结论：只有中国共产党才能领导中国人民取得民族独立、人民解放和社会主义的胜利，才能开创建设有中国特色社会主义的道路，实现民族复兴、国家富强和人民幸福。

新世纪到来的时候，我们所处的世界正在深刻的变化中。综观国际国内形势，继续推进现代化建设、完成祖国统一、维护世界和平与促进共同发展，是我们进入新世纪必须抓好的三大任务。在这三大任务中，现代化建设是核心。到21世纪中叶，基本实现现代化是我们的总目标。大力发展社会生产力，不断增强综合国力，是社会主义的根本任务，也是我们实现祖国和平统一，更多地在国际事务中发挥作用的首要条件。我们正面对世界经济和科技前所未有的大发展，面对前所未有的激烈的国际竞争，这是一场全球范围的大竞争。一切取决于首先要把我们自己的事情干好。抓住机遇，加快发展，开拓进取，赢得主动，实现中华民族的伟大复兴，这是中国共产党和中国人民在新世纪的历史责任。

我们一定要毫不动摇地坚持党的基本理论、基本路线和基本纲领。邓小平理论以及根据这一理论形成的"一个中心、两个基本点"的基本路线和党在社会主义初级阶段的政治、经济、文化建设的基本纲领，是马克思主义理论同中国现代化建设实践相结合的产物，是社会主义建设和发展规律的总结，是亿万人民长远利益的体现，是我们克服困难夺取胜利的根本保障。我国社会主义建设的历史经验证明，一定要全面理解和正确处理"一个中心、两个基本点"的关系。我们的经济建设，是以四项基本原则为政治保证，以改革开放为强大动力的；我们的改革开放，是以进一步解放和发展生产力，巩固和发展社会主义制度为目的的；我们的四项基本原则，是保证改革开放和经济建设沿着正确方向前进，同时又从新的实践中不断吸取新的经验来丰富和发展的。任何时候我们都要全面把握党的基本路线的全部内容，把"一个中心"和"两个基本点"统一于建设有中国特色社会主义伟大实践，贯穿于现代化建设的全过程。

我们一定要正确处理改革、发展和稳定的关系，解决好经济和社会发展中一系列关乎全局的重大问题，促进社会全面发展和进步。改革是一场深刻的社会变革，是推进社会主义现代化建设的重要动力。20多年的改革实践为我们进一步深化改革创造了很好的基础。继续推进改革难度会更大，工作会更复杂。我们必须拿出一往无前的勇气，在体制创新方面取得重大进展。任何改革都要进行利益关系的调整，因此我们必须善于把改革的力度、发展的速度和社会可承受的程度协调统一起来。在政治稳定中推进改革、发展，在改革发展中保持社会稳定。社会主义现代化是一个完整的目标，既要保持国民经济持续快速健康发展，又要推进社会主义民主法制建设和精神文明建设。无论什么时候我们都要坚持两手抓，两手都要硬。

我们一定要振奋精神，扎实工作，全面贯彻落实党的十五大和十五届五中全会精神，实现新世纪的良好开局，为实现第三步战略目标打下坚实基础。2001年是实施"十五"计划的第一年。做好今年的工作对今后五年到十年的发展关系重大。要按照党中央的部署，以发展为主题，以结构调整为主线，以改革开放和科技进步为动力，以提高人民生活水平为根本出发点，全面推进经济发展和社会进步。"十五"开局，大政方针已定，最重要的就是要真抓实干，开拓进取。要善于把中央的精神同本地区、本部门的实际结合起来，缜密规划，认真部署，带领广大干部群众不断开创各项工作的新局面。

我们一定要按照江泽民同志"三个代表"的重要思想，全面加强党的建设。实现新世纪三大任务，党的建设是根本保证。我们党有6300多万党员，是领导现代化建设的核心力量。党的状况如何，面貌如何，对国家的各项事业的发展起着关键性作用。要坚持用马列主义、毛泽东思想、邓小平理论武装全党，不断开拓理论和实践的新境界。要努力提高党的凝聚力和战斗力，始终保持党和人民群众的密切联系。要坚持解放思想、实事求是的思想路线，大胆探索，与时俱进，使我们党永葆青春活力。要坚持党要管党、从严治党的方针，解决好市场经济条件下拒腐防变的问题，大力改进思想作风、学风和工作作风，使我们党在思想上高度统一，组织上日益巩固。党的各级领导干部要不断提高思想政治水平，不断提高驾驭复杂局势的能力。全党同志要坚持用马克思主义的宽广眼界观察世界，用当代最新知识丰富头脑，更深刻更全面地认识当代中国与当今世界，更加清醒和主动地掌握我们自己发展的命运。

毛泽东同志在半个世纪前就预言，中国的命运一经操在人民自己的手里，中国就将如太阳升起在东方那样，以自己的辉煌的光焰普照大地，建设起一个崭新的强盛的名副其实的人民共和国。邓小平同志坚定地指出，我们干的事业是全新的事业,如果从建国起,用 100 年的时间把我国建设成中等水平的发达国家,那就很了不起。江泽民同志面向新世纪豪迈地说,中国的社会主义现代化,中华民族的伟大复兴,已是跃出东方地平线的一轮绚丽的红日,这轮红日是注定要高高升起来的。这些预言和论断充分表达了亿万中国人民和海外同胞的共同心声,展现了中国发展的壮丽前景。让我们更高地举起邓小平理论的伟大旗帜,更紧密地团结在以江泽民同志为核心的党中央周围,以新的奋斗、新的创造、新的成就迈进新的世纪,迎接中华民族的伟大复兴。

(2001 年 1 月 1 日)

光荣属于中国共产党和中国人民

——庆祝中国共产党成立 80 周年

中国共产党走过了 80 年的光辉历程。革命战争的严峻考验，建设道路的艰辛探索，改革开放的创新实践，展示着我们党领导人民英勇顽强、波澜壮阔的奋斗足迹。今天，放眼我们的祖国，经济发展，政治稳定，社会进步，民族团结。中华民族正以站立起来、富强起来的自尊、自信和自豪，前进在建设有中国特色社会主义道路上。在欢庆建党 80 周年的时候，我们向奋斗在各条战线的共产党员和全国各族人民致以崇高的敬意！

从 1840 年鸦片战争到 1921 年中国共产党诞生之前，中华民族经历了无数的屈辱和困惑，进行了艰苦的求索与抗争。那时的中国，封建王朝丧权辱国，帝国主义横行霸道，社会动荡不已，人民饥寒交迫。为了摆脱凌辱和压迫，为了摆脱贫穷和落后，中华民族的志士仁人奋起斗争。从太平天国农民起义到抗击列强的义和团运动，从戊戌维新到辛亥革命，救亡图存的斗争此起彼伏。由于找不到正确的救国道路，这些斗争都失败了。无数先驱，壮志难酬，抱恨终天。中国必须有一个用先进思想武装起来的先进政党来领导，才能实现民族的解放和复兴，这是近代中国历史得出的结论。

中国共产党成立后，中华民族经历了从贫穷落后到繁荣昌盛、从山河破碎到强大统一、从受人欺凌到扬眉吐气的伟大变革。中国共产党的 80 年，是我们党把马克思主义与中国实际相结合、探索救国图强真理、开辟民族复兴道路的 80 年，是我们党带领人民不畏艰难困苦、不怕流血牺牲、创造辉煌业绩的 80 年，是我们党历经千锤百炼、站在时代前列、深受人民拥护的 80 年。以毛泽东同志、邓小平同志、江泽民同志为核心的三代党中央领导集体，团结带领全党和全国人民，经过不懈的探索和奋斗，开创了中华民族亘古未有的宏图伟业，写下了彪炳千秋的光辉诗篇：实现了民族的独立和人民的解放，建立了社会主义制度，建立了人民民主专政的国家政权，实现了国家高度统一，开创了建设有中国特色社会主义事业，建立了独立的比较完整的国民经济体系，发展了社会主义文化，为世界和平与发展的崇高事业作出了重要贡献。

沧海桑田，天翻地覆，充分证明了一个真理：没有共产党就没有新中国，没有共产党的领导就没有中国的现代化。在中国，从来没有一个政治组织，像共产党这样集中了那么多先进分子，组织得那么严密和广泛，为中华民族作出了那么多牺牲，同人民保持着密切的联系，在前进中善于总结经验、郑重对待自己的失误，以形成并坚持正确的理论和路线。光荣属于中国共产党，这是历史的结论。

80年来，我国各族人民、各民主党派和各界进步人士，为着国家的独立富强和光明未来，与我们党同呼吸、共命运，团结奋斗，开拓进取，在革命、建设、改革的历史进程中，表现了强烈的爱国主义精神和不屈不挠的拼搏精神，展示了实现中华民族伟大复兴的坚强意志和不可战胜的力量。光荣属于中国人民，这也是历史的结论。

中国共产党从小到大，由弱到强，在极其艰苦的环境下战胜强敌，在曲折的探索中不断奋起，积累了十分丰富的经验。最重要的就是把马克思列宁主义的基本原理同中国具体实际相结合，坚定不移地走自己的路。在这一过程中，我们党实现了两次历史性飞跃，形成了两大理论成果，这就是关于中国革命和建设的正确的理论原则和经验总结的毛泽东思想，这就是指导中国人民在改革开放中胜利实现社会主义现代化的邓小平理论。两大理论成果，是党和人民实践经验和集体智慧的结晶，是我们党宝贵的精神财富，是指引我们胜利前进的伟大旗帜。

紧密联系人民群众，全心全意为人民谋利益，是中国共产党最深厚的力量源泉。党来自于人民，植根于人民，服务于人民，党的全部工作的出发点和落脚点，就是实现好、维护好、发展好人民的利益，党代表着人民的利益，人民哺育了伟大的党。

办好中国的事情，关键在党。我们党所以能保持奋发向上、与时俱进的勃勃生机，一个重要的原因就在于她能够结合每一阶段的中心任务，自觉地加强和改进党的建设，不断增强党的创造力、凝聚力和战斗力，从而使自己始终顺应时代的要求，反映人民的意志。

这些是80年来我们党从胜利走向胜利的宝贵经验，也是我们党在新时期夺取新胜利的根本保证。

展望新世纪的宏伟目标，我们党要永葆生机和活力，必须始终代表中国先进生产力的发展要求、代表中国先进文化的前进方向、代表中国最广大人民的根本利益。江泽民同志提出的"三个代表"重要思想，是我们的立党之本、执政之基、力量之源。"三个代表"是统一的整体，相互联系，相互促进。这一重要思想，从根本上进一步回答了在充满希望和挑战的21世纪，建设一个什么样的党和怎样建设党的问题，是在新的历史条件下全面加强党的建设的伟大纲领，是永远保持党的先进性、战斗力和创造性的行动指南。

遵循"三个代表"重要思想，加强和改进党的建设，我们要坚持解放思想、实事求是，重视研究新情况和新问题，在改革和建设实践中坚持和发展马克思主义。要保持党的先进性，不断增强党的阶级基础和群众基础，提高党的战斗力和社会影响力。要发扬党内民主，严明党的纪律，认真贯彻民主集中制原则，维护党的团结统一。要按照干部"四化"的方针和德才兼备的原则，努力建设一支高素质的、能够担当重任的、经得起各种风浪考验的干部队伍。要坚持党要管党、从严治党，深入开展党风廉政建设和反腐败斗争。全党同志坚定信念，团结一致，朝气蓬勃，既胸怀远大理想，又脚踏实地奋斗，就一定能够带领人民创造更伟大的业绩。

回顾党的光辉历程，我们深感自豪，备受鼓舞；展望新的历史使命，我们信心百倍，斗志昂扬。从现在起，今后的10年、20年、50年，将是中国发生更加深刻变革的伟大时代。到2010年的时候，为实现第三步战略目标奠定坚实基础；到2021年建党100周年的时候，在各方面形成一整套更加成熟更加定型的制度；到本世纪中叶新中国建国100周年的时候，基本实现社会主义现代化。中国共产党人就是要有这样的雄心壮志，这样的英雄气概。不论国际风云如何变幻，不管遇到什么样的困难和挑战，中国共产党人都将无所畏惧，勇往直前。让我们紧密地团结在以江泽民同志为核心的党中央周围，高举邓小平理论伟大旗帜，坚持党的基本路线，紧紧依靠全国各族人民，同心同德，艰苦奋斗，推进有中国特色社会主义事业，迎接中华民族的伟大复兴。

光荣永远属于中国共产党和中国人民！

（2001年7月1日）

谱写奥运史上最壮丽的篇章

中国人的"奥运之梦"实现了!

一个不眠之夜,一个13亿人的不眠之夜!中华儿女期盼的眼睛注视着一个历史性的时刻。昨晚,国际奥委会第112次全体会议投票表决,北京获得了2008年第二十九届奥运会主办权。

这个时刻我们已经等了很久,中国人民由衷地喜悦,尽情地欢呼。我们感谢国际奥委会的信任,感谢港澳台同胞和海外侨胞的鼎力相助,感谢国际社会的支持。中国人民将不负众望,全力以赴,成功办好2008年奥运会。

举办奥运会是13亿中国人民的共同心愿。1990年7月,邓小平同志在视察北京亚运村时提出:"中国要申办奥运会。"从1993年首次申办到今天申办成功,中国人民对奥林匹克运动的执着追求和满腔热情没有减弱。"申奥"一直是举国上下普遍关心的话题,为"申奥"贡献力量是全国人民共同的行动。今天的中国,经济发展,政治稳定,民族团结,社会进步,人民安居乐业,综合国力显著增强,为北京成功举办2008年奥运会打下坚实的基础。今天的北京,城市面貌日新月异,环境保护长足进步,体育设施日臻完善。古老而现代的北京欣欣向荣,完全有信心、有能力、有条件把一届最美好的奥运会奉献给世界。

奥运选择北京,世界看好中国。正如国际奥委会在评估报告中评价:2008年北京奥运会,"将给中国和世界体育留下独一无二的宝贵遗产"。在占世界人口1/5的中国举办奥运会,是有史以来的第一次,奥林匹克运动将更大规模地普及,奥林匹克精神会更广泛地弘扬。中国是有着五千年悠久历史的文明古国,北京是有着三千多年历史的文化古都,举办奥运会将促进东西方文化的交流,增进中国人民和世界人民的交往,促进奥林匹克运动的发展。中国是世界上经济增长速度最快的发展中国家,是世界最具潜力的市场之一。在北京举办奥运会,将给世界各国的企业带来商机,促进世界经济贸易的发展。中国的竞技体育已进入世界先进行列，申奥成功，将推动中国为世界奥林匹克运动作出更大贡献。2008年北京奥运会是中国的机会，也是世界的机会。

举办2008年奥运会是我国在新世纪的一次重要机遇，将极大地激发全国各族人民的爱国热情，促进我国改革开放和社会主义现代化建设事业快速发展。从申办到举办的七年间，是我国完成"十五"计划，实施第三步发展战略，加快推进改革开放和现代化建设的重要时期。申奥成功，有利于改革开放和现代化建设，有利于世界更多地了解中国，有利于中国更快地走向世界。对北京人民和全国人民来说，当前就是要以江泽民同志"七一"讲话为指导，按照"三个代表"的要求，抓住机遇，乘势而上，全力以赴做好2008年奥运会的各项筹备工作，带动其他各项事业的发展。

申奥成功，深得民意。办好奥运会，不仅是北京市民的一件大事，也是全中国人民的一件大事。申奥成功，我们已经付出很多辛劳和汗水；承办，还需要做更多扎扎实实的工作。比照举办奥运会的要求，我们还有许多差距，但我们有信心有能力博采众长，弥补不足。我们将信守承诺，认真细致地做好各项筹备工作，建设一流场馆，营造一流环境，提供一流服务；我们要在全社会继续加强社会主义精神文明建设，特别是要在北京市民中深入开展文明礼貌教育，树立良好道德风尚，强化法制意识，提高市民综合素质，展现时代精神风貌，在国际社会面前展示"新北京、新奥运"的魅力。

2008年的北京，天空会更蓝，城市会更美，五环的旗帜会更鲜艳。中国人民意气风发，信心百倍，将奋力谱写奥运史上最壮丽的篇章。

（2001年7月14日）

发扬辛亥革命精神实现中华民族复兴

——纪念辛亥革命九十周年

辛亥革命过去整整 90 年了。

辛亥革命是中国革命史上的一次伟大革命,开始了比较完全意义上的反帝反封建的民族民主革命。这场革命,推翻了清朝政府,结束了统治中国几千年的君主专制制度,打击了帝国主义在中国的侵略势力,传播了民主革命思想,为中国的进步打开了闸门。辛亥革命夭折了,但革命火种没有熄灭。8 年后,五四运动爆发;10 年后,中国共产党诞生,中国革命进入崭新的阶段;38 年后,以毛泽东同志为代表的中国共产党领导全国人民推翻了三座大山,建立了中华人民共和国,开辟了历史新纪元。

悠悠岁月,沧桑巨变。中国人民经历了无数内忧外患的苦难,进行了不屈不挠的斗争,取得了一个又一个的胜利。和 90 年前相比,中国大地发生了翻天覆地的变化:从四分五裂到强大统一,从战乱频仍到国泰民安,从一贫如洗到繁荣富强,从受人凌辱到扬眉吐气。新中国成立 52 年来特别是改革开放 20 多年来,中国人民在中国共产党领导下,沿着社会主义道路阔步前进,创造了中国历史上从未有过的辉煌业绩,中华民族全面复兴的壮丽前景清晰地展现在人们面前。抚今思昔,我们更加深切怀念伟大的革命先行者孙中山先生以及无数为了国家解放、民族复兴不懈奋斗英勇牺牲的志士仁人、革命先烈。他们的革命事业和崇高精神永放光辉。

站在新世纪的历史转折点上,我们比以往任何时候都更加自信和清醒地看到,中华民族的伟大复兴正逢其时。继续推进现代化建设、完成祖国统一、维护世界和平与促进共同发展,是我们在新世纪的三大任务。这既是百年来波澜壮阔的人民革命的继续和发展,也是中国现代化事业和民族复兴宏伟事业的新的开端。我们纪念伟大的辛亥革命,就是要激励全体中华儿女,继承和发扬辛亥革命精神,努力营造爱国、统一、团结、奋进的良好气氛,为推进中华民族的伟大复兴,促进祖国统一努力奋斗。

实现中华民族的伟大复兴，是一代一代中华儿女矢志不渝的追求。辛亥革命以来，中国人民的一切奋斗，都是为了实现祖国的独立和富强、人民的富裕和幸福、民族的解放和复兴。经过不懈的奋斗和艰辛的探索，我们找到了一条正确的道路，这就是建设有中国特色社会主义的道路。在这条路上，我们已经实现了第一步和第二步战略目标，正朝着第三步战略目标阔步迈进。近代中国的全部历史表明，中国的繁荣富强，没有社会主义制度不行；发挥社会主义制度的优越性，没有改革开放不行。没有共产党就没有新中国；没有共产党的领导，就没有中国的现代化。我们要更加坚定自觉地坚持党的基本理论、基本路线、基本纲领，认真实践"三个代表"重要思想，解放思想，实事求是，与时俱进，开拓创新，全面推进改革开放和现代化建设，为实现中华民族伟大复兴的历史任务不懈奋斗。

实现祖国统一，是中华民族的根本利益所在，是所有华夏儿女的共同愿望。按照"和平统一、一国两制"的方针，香港、澳门已经顺利回归祖国，并保持了繁荣稳定。实践证明，"和平统一、一国两制"是解决台湾问题的唯一正确的途径。台湾作为中国一部分的地位，绝不允许改变。完成中国的统一大业，是任何人任何势力都不能阻挡的历史潮流。

在风雨如晦的旧中国，辛亥革命的志士仁人发出了"振兴中华"的呐喊，90年来，不论遇到多少艰难曲折，不论付出多少流血牺牲，这个宏愿始终是燃烧在中国人民心中熊熊不息的火焰，召唤和激励着一代一代的中华儿女前赴后继，勇往直前。现在，中国的社会主义现代化，中华民族的伟大复兴，已是跃出东方地平线一轮绚丽的红日，这轮红日是注定要高高升起来的。让我们发扬辛亥革命的光荣传统，紧密地团结在以江泽民同志为核心的党中央周围，高举邓小平理论伟大旗帜，按照"三个代表"的要求，以新的风貌、新的作风、新的奋斗，努力开创改革和发展的新局面，努力推进祖国完全统一的历史进程，迎接中华民族的伟大复兴。

（2001年10月10日）

中国改革开放进程中具有历史意义的一件大事
——祝贺我国加入世界贸易组织

11月10日，在卡塔尔多哈举行的世界贸易组织（WTO）第四届部长级会议通过了中国加入世贸组织法律文件，它标志着经过15年的艰苦努力，我国终于成为世贸组织新成员，我国对外开放事业进入一个新的阶段。这是我国现代化建设中具有历史意义的一件大事，必将对新世纪我国经济发展和社会进步产生重要而深远的影响。

加入世贸组织，是党中央、国务院审时度势、高瞻远瞩做出的重大战略决策，充分体现了以江泽民同志为核心的中国第三代领导集体总揽全局、与时俱进的远见卓识和深化改革、扩大开放的坚定信心，充分展示了中国顺应经济全球化潮流、主动参与国际竞争与合作的积极姿态。15年来，中国改革开放所取得的巨大成就，为中国参加多边贸易体制提供了条件和可能；中国为加入世贸组织所做出的不懈努力也有力地促进了中国改革开放的整体进程。

加入世贸组织是我国改革开放和经济发展的自身需要。世贸组织（前身为关贸总协定）是当今世界处理贸易问题的重要国际组织，其基本职能是制定和监督执行多边贸易规则、组织多边贸易谈判、解决成员间的贸易争端，对世界经济贸易发展发挥着不可替代的作用。目前，世贸组织成员间的贸易量占全球贸易的95%。我国加入世贸组织这个全球最大的多边贸易体制，将进一步加强我国与世界各国各地区经贸联系，为我国的对外开放扩展新的空间，将有助于推进我国社会主义市场经济体制的完善，为国民经济持续快速健康发展注入新的活力，与我国改革开放和建立社会主义市场经济体制的目标是相一致的。

加入世贸组织是我国深入参与经济全球化进程的需要。经济全球化是当今世界经济发展的一个重要特征，它是在科学技术迅猛发展的推动下，以跨国公司的全球运作为载体，在全球范围内进行的一场深刻的产业结构调整。

经济全球化是世界经济发展的客观趋势,它是一把双刃剑,用得好,则受其益;用得不好,则受其损。问题的关键是要全面地看待这种趋势。这就要求我们要敢于和善于加入经济全球化条件下的国际分工与合作,趋利避害,充分利用其有利因素和资源加快发展壮大自己,及时防范和控制可能出现的不利因素和风险。通过加入世贸组织,我们将进一步加快完善社会主义市场经济体制的步伐,在更大范围和更深层次上实行对外开放,这为我们有效地参与经济全球化创造了重要的体制条件和政策保障。

中国加入世贸组织也是世贸组织本身的需要。中国是世界上最大的发展中国家,没有中国的参加,世贸组织是不完整的,不能体现多边贸易体制的普遍性和公正性。中国加入世贸组织对启动新一轮多边贸易谈判、建立国际经济新秩序将起到积极和建设性作用。加入世贸组织后,中国的经济体制将更加符合通行的国际规则,大大改善中国的产业和投资环境。与此同时,中国巨大的市场潜力会逐步转化为现实的购买力,从而为世界各国各地区提供一个庞大的市场和商机,这必将使中国对全人类作出新的贡献。

正如参与经济全球化的进程一样,我国加入世贸组织有利有弊,但总体符合我国的根本利益和长远利益。加入世贸组织,将给我们在许多方面带来发展机遇,有利于继续深化经济体制改革和推动国民经济结构调整及产业升级,有利于扩大就业总量和提高人民生活水平;有利于发挥比较优势更多地扩大出口和更好地利用外资;有利于实施"走出去"战略,在更广阔的天地参加国际竞争与合作;有利于我国参与国际经贸规则的制定,分享多边贸易体制和经济全球化带来的好处。加入世贸组织也会使我们面临一些严峻的挑战,政府部门对经济的管理从观念上、体制上都需要做必要的调整,企业的管理方法、经营机制也需要做相应的转变;随着更多的境外产品和服务业进入国内市场,我国的一些产业将面对更激烈的竞争,特别是那些成本高、技术水平低和管理落后的企业会遭受一定的冲击和压力。对此,我们要有足够的估计。

对于我国加入世贸组织的利弊应该进行科学的辩证的分析。要发挥主观能动性,努力做到兴利除弊,力争实现全局上的利大于弊。为此,必须认真做好加入世贸组织的各项准备工作。要充分认识到,我们能否抓住加入世贸组织的机遇,迎接加入世贸组织的挑战,归根到底,取决于我们能否办好自己的事情,能否不断提高综合国力和国际竞争力。这就要求我们从大局出发,未雨绸缪,积极应对,采取相应的策略和措施,努力完善社会主义市场经济体制，规范政策法律和行政管理体系，进一步统一和开放国内市场，为国内外企业营造公平、透明的竞争环境。中国是一个负责任的大国，在谈判中所作承诺是加入世贸组织权利与义务的一部分，我国将认真履行这些承诺。目前，当务之急是抓紧清理、修订和完善涉外经济法律法规，保持相关政策的一致性和权威性；加快政府职能转变，提高依法行政水平；大力加强整顿和规范市场经济秩序的工作；继续有步骤地扩大服务业市场开放；深入开展多、双边经贸合作；加强加入世贸组织后政府部门间的协调配合，加快专门人才培养。

我们相信，有以江泽民同志为核心的党中央的坚强领导，有20多年改革开放的成功经验和雄厚的物质基础，有全中国人民的理解和支持，只要我们思想统一，准备充分，举措得当，就一定能够以加入世贸组织为契机，变压力为动力，进一步推进经济体制和经济增长方式的根本转变，提高国民经济的整体素质和竞争力，为实现中华民族的伟大复兴作出新的贡献，为促进人类社会的共同发展发挥更大的作用。

（2001年11月11日）

在"三个代表"重要思想指引下阔步前进

两年多来,全党兴起了学习宣传贯彻"三个代表"重要思想的热潮。各级领导干部认真学习、深入思考、带头实践,工厂、农村、机关、学校、部队广泛开展了有声势有深度有实效的学习教育活动。各地方各部门各单位紧密联系实际,把"三个代表"重要思想贯彻到改革发展稳定的各项工作中去,贯彻到推进党的建设新的伟大工程的各项工作中去。"三个代表"重要思想日益深入人心,极大地提高了全党的马克思主义水平,极大地焕发了全国人民改革和建设的积极性、创造性,极大地推动了现代化建设各项事业蓬勃发展。

中国共产党是非常重视理论指导的党,又是善于进行理论创新的党。在80多年的奋斗中,我们党把马克思列宁主义同中国实际相结合,产生了毛泽东思想和邓小平理论两大理论成果。随着新世纪的到来,我国进入全面建设小康社会,加快推进社会主义现代化的新的发展阶段。国际局势发生了深刻变化。世界多极化和经济全球化趋势在曲折中发展,科技进步日新月异,综合国力竞争日趋激烈。面对新形势新任务,江泽民同志立足于国内外形势的新变化,高瞻远瞩,提出了"三个代表"重要思想。2000年2月,江泽民同志在广东考察工作时第一次鲜明地提出,我们党所以得到人民拥护,是因为我们党在革命、建设和改革的各个历史时期,总是代表着中国先进生产力的发展要求,代表着中国先进文化的前进方向,代表着中国最广大人民的根本利益。他还指出,在新的历史条件下,我们党如何更好地做到这"三个代表",是一个需要全党同志特别是党的高级干部深刻思考的重大课题。2001年7月1日,江泽民同志在庆祝中国共产党成立八十周年大会上,结合我们党的历史经验,全面系统深入地阐述了"三个代表"的科学内涵和精神实质。今年5月31日,江泽民同志在中央党校发表了重要讲话,进一步全面阐述了贯彻"三个代表"的根本要求。"三个代表"重要思想,既是理论的概括,又是行动的指南,它从根本上回答了在新的国内外条件下,在充满挑战和希望的 21 世纪，把我们党建设成一个什么样的党和怎样建设党的根本问题。

学习宣传贯彻"三个代表"重要思想的过程，是全党同志在解放思想中统一思想的过程，也是进一步形成同心同德、团结奋进巨大力量的过程。通过学习宣传贯彻"三个代表"重要思想，广大干部群众的思想更加解放，精神更加振奋，力量更加凝聚。全党同志深刻认识到，"三个代表"重要思想，科学地揭示了执政党建设的规律，赋予党的建设以鲜明的时代气息和时代特征，是我们党的立党之本、执政之基、力量之源。"三个代表"重要思想是统一的整体，全面体现了党的基本理论、基本路线、基本纲领，涵盖了经济、政治、文化领域，是运用马克思主义解决我国改革开放和现代化建设实际问题过程中的新概括、新创造。"三个代表"重要思想同马克思列宁主义、毛泽东思想、邓小平理论一脉相承，反映了当代世界和中国的发展变化对党和国家工作的新要求，是加强和改进党的建设、推进我国社会主义制度自我完善和发展的强大理论武器。通过学习宣传贯彻"三个代表"重要思想，广大党员和干部群众更加紧密地团结在以江泽民同志为核心的党中央周围，进一步提高了贯彻执行党的基本理论、基本路线、基本纲领的自觉性和坚定性，解放思想、实事求是、与时俱进、开拓创新，满怀信心地投身于改革开放和社会主义现代化建设的伟大事业，不断取得新进展新成果。两年多的实践充分表明，"三个代表"重要思想，有力地推动了我国生产力发展、社会全面进步和思想解放的进程，展示了马克思主义真理的光辉，在中国大地上和亿万人民的心中，牢牢扎下了根，产生了巨大而深远的影响。

即将召开的党的十六大，是我们党在新世纪召开的第一次代表大会。大会将高举邓小平理论伟大旗帜，全面贯彻"三个代表"重要思想，认真总结党的十五大以来五年的工作，总结改革开放以来特别是党的十三届四中全会以来党团结和带领全国各族人民在建设有中国特色社会主义的伟大实践中取得的基本经验，对新世纪新阶段全面推进我国的改革开放和社会主义现代化建设、全面推进党的建设新的伟大工程作出战略部署。伟大的事业需要伟大的党，伟大的党需要伟大理论的指引。马克思主义引导时代前进又随着时代发展。"三个代表"重要思想就是发展着的马克思主义，就是指引我们新的实践的指南。沿着"三个代表"重要思想指引的方向阔步前进，必将为我们党和国家的事业发展注入新活力，必将开创改革开放和现代化建设的新局面，必将取得建设有中国特色社会主义事业的新胜利。

（2002 年 10 月 22 日）

沿着党的十六大指引的方向奋勇前进

——热烈祝贺中国共产党第十六次全国代表大会胜利闭幕

中国共产党第十六次全国代表大会胜利闭幕了。这次代表大会，批准了江泽民同志代表第十五届中央委员会所作的报告，批准了中央纪律检查委员会的工作报告，审议通过了《中国共产党章程（修正案）》，选举产生了新一届中央委员会和中央纪律检查委员会，完成了各项议程，开得非常成功，是一次团结的大会、胜利的大会、奋进的大会。我们对大会的圆满成功表示热烈的祝贺！

江泽民同志的报告，以高举邓小平理论伟大旗帜，全面贯彻"三个代表"重要思想，继往开来，与时俱进，全面建设小康社会，加快推进社会主义现代化，为开创中国特色社会主义事业新局面而奋斗为主题，顺应时代潮流，符合党心民心，得到大会代表的一致赞同，得到全党同志和全国人民的衷心拥护。报告全面分析了我们党面临的国际国内形势，科学总结了十三年来的基本经验，进一步阐明了贯彻"三个代表"重要思想的根本要求，深刻阐明了我们党在新世纪坚持举什么旗、走什么路、实现什么目标等重大问题，对建设中国特色社会主义经济、政治、文化和党的建设等各项工作作出了全面部署，是我们党团结和带领全国各族人民在新世纪新阶段继续奋勇前进的政治宣言和行动纲领。江泽民同志的报告，体现了解放思想与实事求是的统一、理论创新与实践创新的统一、总结过去与规划未来的统一、立足国情与面向世界的统一，具有很强的时代意识、创新意识，具有很强的思想性、理论性、指导性，是一篇马克思主义的纲领性文献。

大会高度评价党的十三届四中全会以来在改革开放和现代化建设波澜壮阔的历史进程中，以江泽民同志为核心的第三代中央领导集体带领全党和全国亿万人民在改革发展稳定、内政外交国防、治党治国治军各方面取得的巨大成就。这十三年是我国综合国力大幅度跃升，人民得到实惠最多的时期，是我国社会长期保持安定团结、政通人和的时期，是我国国际影响显著扩大、民族凝聚力极大增强的时期。以江泽民同志为核心的第三代中央领导集体带领全党和全国人民作出的艰辛努力和取得的伟大成就举世瞩目，必将载入中华民族伟大复兴的光辉史册。

这次代表大会把"三个代表"重要思想和马克思列宁主义、毛泽东思想、邓小平理论一道确立为我们党的指导思想，这是十六大的历史性贡献，具有划时代的意义。"三个代表"重要思想是对马克思列宁主义、毛泽东思想和邓小平理论的继承和发展，反映了当代世界和中国的发展变化对党和国家工作的新要求，是加强和改进党的建设、推进我国社会主义自我完善和发展的强大理论武器。始终做到"三个代表"，是我们党的立党之本、执政之基、力量之源。我们要牢牢把握关键在坚持与时俱进、核心在坚持党的先进性、本质在坚持执政为民的根本要求，不断增强贯彻"三个代表"重要思想的自觉性和坚定性，在"三个代表"重要思想指引下奋勇前进。

这次代表大会提出了全面建设小康社会的奋斗目标，围绕这个目标对经济、政治、文化建设和改革作出全面部署，对于凝聚全党和全国各族人民的力量，加快推进社会主义现代化，具有十分重要的意义。大会强调毫不放松地加强和改善党的领导，全面推进党的建设新的伟大工程，对推进党的建设作了部署，必将掀开党的建设的新篇章。

这次代表大会选举产生了中央委员会和中央纪律检查委员会。一批德才兼备、年富力强的领导干部进入新一届中央委员会，充分反映了我们党兴旺发达，后继有人。为了推进党的领导层的新老交替，为了党和国家的长治久安和永葆生机，一批担任中央领导职务、为党的事业作出重大贡献的同志退出了中央委员会，表现了对党的事业无比忠诚的高风亮节和远见卓识。此时此刻，全党同志向他们表示衷心的感谢和崇高的敬意！党和人民将永远记住他们的历史贡献。

当前，摆在全党和全国人民面前的首要任务，就是要认真学习十六大报告，认真贯彻十六大精神，继往开来，与时俱进，扎实工作，奋发进取，把思想和认识统一到十六大报告精神上来，把智慧和力量凝聚到实现十六大提出的任务上来。

一定要坚持用马克思列宁主义、毛泽东思想、邓小平理论和"三个代表"重要思想武装全体党员，在全党全国兴起一个学习贯彻"三个代表"重要思想的新高潮。"三个代表"重要思想是十六大的灵魂，是贯穿报告的一条主线。十六大报告总结的党领导人民建设中国特色社会主义的基本经验，归结起来，就是我们党必须坚持做到"三个代表"。这是坚持和发展社会主义的必然要求，是我们党艰辛探索和伟大实践的必然结论。贯彻"三个代表"重要思想，必须使全党始终保持与时俱进的精神状态，不断开拓马克思主义理论发展的新境界；必须把发展作为执政兴国的第一要务，不断开创现代化建设的新局面；必须最广泛最充分地调动一切积极因素，不断为中华民族的伟大复兴增添新力量；必须以改革的精神推进党的建设，不断为党的肌体注入新活力。总之，要把"三个代表"重要思想作为我们党必须长期坚持的指导思想，写在我们党的旗帜上，贯彻到社会主义现代化建设的各个领域，体现在党的建设的各个方面，化作全党同志和全国人民开拓前进的巨大力量。

一定要紧紧抓住新世纪头二十年这一重要战略机遇期，集中力量，全面建设小康社会，加快推进社会主义现代化。经过全党和全国人民的共同努力，我们胜利实现了现代化建设"三步走"战略的第一步、第二步目标，人民生活总体上达到小康水平。这是社会主义制度的伟大胜利，是中华民族发展史上一个新的里程碑。党的十六大，明确提出全面建设小康社会的奋斗目标。这一目标，是中国特色社会主义经济、政治、文化全面发展的目标，是与加快推进社会主义现代化建设相统一的目标，符合我国国情和现代化建设的实际，符合各族人民的愿望。提出全面建设小康社会的奋斗目标，极大地振奋了民族精神，极大地激发了人民群众的积极性。我们要紧紧围绕全面建设小康社会的目标，推进经济、政治、文化的建设和体制改革。发展要有新思路，改革要有新突破，开放要有新局面，各项工作要有新举措。

一定要毫不放松地加强和改进党的建设，全面推进党的建设新的伟大工程。在充满风险和挑战的二十一世纪，我们要担负起实现推进现代化建设、完成祖国统一、维护世界和平与促进共同发展这三大历史任务，就必须全面加强和改进党的建设。要深入学习贯彻"三个代表"重要思想，提高全党的马克思主义理论水平；要加强党的执政能力建设，提高党的领导水平和执政水平；要坚持和健全民主集中制，增强党的活力和团结统一；要建设高素质的领导干部队伍，形成朝气蓬勃、奋发有为的领导层；要切实做好基层党建工作，增强党的阶级基础和扩大党的群众基础；要加强和改进党的作风建设，深入开展反腐败斗争。通过锲而不舍的努力，保证我们党始终是中国工人阶级的先锋队，同时是中国人民和中华民族的先锋队，始终是中国特色社会主义事业的领导核心，始终代表中国先进生产力的发展要求，代表中国先进文化的前进方向，代表中国最广大人民的根本利益。

回顾我们党和人民在改革开放以来特别是十三届四中全会以来的奋斗历程和辉煌成就，我们感到无比骄傲和自豪；展望新世纪新阶段全面建设小康社会、加快推进社会主义现代化的壮丽前景，我们充满必胜的信心和力量。党的十六大指明我们胜利前进的方向，开启了新的伟大进军的征程。让我们紧密团结在党中央周围，坚持贯彻党的基本理论、基本路线、基本纲领和基本经验，倍加顾全大局，倍加珍视团结，倍加维护稳定，沿着十六大指引的方向，万众一心，奋发图强，把中国特色社会主义事业不断推向前进，共同创造我们的幸福生活和美好未来。

（2002年11月15日）

迎接更加光辉灿烂的未来

——元旦献词

伴随着嘹亮的钟声，我国亿万人民满怀胜利的喜悦和奋进的豪情，迎来了新世纪的又一个新年。我们向全国各族人民致以新年的问候和祝福。

过去的一年，在我们党和国家发展史上是极其重要的一年。中国共产党第十六次全国代表大会召开，盛世盛会，人心振奋。十六大的主题是，高举邓小平理论伟大旗帜，全面贯彻"三个代表"重要思想，继往开来，与时俱进，全面建设小康社会，加快推进社会主义现代化，为开创中国特色社会主义事业新局面而奋斗。这个主题，鲜明地回答了在新世纪新阶段我们党坚持举什么旗、走什么路、实现什么目标的重大问题，体现了全党和全国人民的意愿，反映了党和国家事业不断发展的要求。十六大以胜利实现党的指导思想的与时俱进，胜利总结党领导人民建设中国特色社会主义的基本经验，胜利制定新世纪新阶段的奋斗目标，胜利实现党的中央领导集体的新老交替，胜利实现全党在马克思列宁主义、毛泽东思想、邓小平理论和"三个代表"重要思想基础上的坚强团结，载入我们党和国家的光辉史册。

过去的一年，全党和全国各族人民喜迎十六大、欢庆十六大、学习十六大、贯彻十六大，团结奋进，昂扬向上，开拓创新，创造了非凡的业绩。我国国民经济持续较快增长，经济总量迈上一个新台阶。改革开放不断向纵深推进，人民生活进一步改善，社会主义民主法制建设和精神文明建设取得新的进展，文化、教育、科技、体育、卫生等各项事业成就喜人。我们伟大的祖国到处涌动着改革和建设的澎湃热潮，伟大的中国人民焕发着创造幸福生活和美好未来的壮志豪情。

今年是全面贯彻落实党的十六大精神的第一年。做好今年的工作，对鼓舞斗志、增强信心，实现十六大确定的奋斗目标和任务，具有十分重要的意义。全面建设小康社会的奋斗目标，极大地振奋了党心、军心、民心，极大地激发了全国各族人民建设中国特色社会主义的积极性、主动性、创造性，广大人民群众对国家发展的美好未来充满信心。面对新形势新任务,我们要解放思想,实事求是,与时俱进,开拓创新,迈出全面建设小康社会、加快推进社会主义现代化的新步伐,夺取中国特色社会主义各项事业发展的新胜利。

新的起点,新的征程,我们要把学习贯彻十六大精神作为当前和今后一个时期的首要政治任务抓紧抓好,在深入人心上下功夫,在开拓创新上下功夫,在力求实效上下功夫。我们必须毫不动摇地坚持党的基本理论、基本路线、基本纲领和基本经验,用"三个代表"重要思想武装党员、教育干部和人民,把"三个代表"重要思想贯彻到改革发展稳定的各项工作中去,贯彻到加强和改进党的建设各个方面去。

必须紧紧抓住发展这个执政兴国的第一要务,积极应对国内外环境变化带来的困难和挑战,坚持扩大内需的方针,继续实施积极的财政政策和稳健的货币政策,进一步深化改革,全面提高对外开放水平,加快经济结构的战略性调整,积极发展农业和农村经济,大力推进新型工业化,促进国民经济持续快速健康发展,实现速度和结构、质量、效益相统一。正确处理改革发展稳定的关系,切实做好就业和再就业工作,完善社会保障体系,提高城乡居民生活水平,保持社会稳定。必须勇于探索,敢于攻坚,善于创新,不断发展社会主义市场经济体制,发展社会主义民主政治、发展社会主义先进文化,促进社会主义物质文明、政治文明和精神文明协调发展。必须坚持党的群众路线,深入群众、深入实际、深入基层,倾听群众呼声,关心群众疾苦,扎扎实实地帮助群众解决困难,大力弘扬艰苦奋斗的精神,全心全意地为群众谋利益。必须毫不放松地加强和改善党的领导,全面推进党的建设新的伟大工程,以提高党的执政能力为重点,持之以恒地加强和改进党的思想、组织、作风和制度建设。

千帆竞发,万舸争流。一个全面建设小康社会、开创中国特色社会主义事业新局面的伟大进军,正以磅礴的气势和宏大的规模展现在神州大地上,这是党领导人民依靠自己的力量实现人民自己利益的事业。伟大的事业前景光明,生机蓬勃。亿万人民为之奋斗,力量无穷。让我们紧密地团结在以胡锦涛同志为总书记的党中央周围,高举邓小平理论伟大旗帜,全面贯彻"三个代表"重要思想,万众一心,奋发图强,全面贯彻落实十六大提出的奋斗目标和各项任务,共同创造我们的幸福生活和美好未来。

(2003年1月1日)

迈出全面建设小康社会的新步伐

——元旦献词

时代的脚步跨过 2004 年最后一个夜晚，迎来了 2005 年第一个黎明。在这一元复始、万象更新的喜庆时刻，我们向全国各族人民致以节日的祝贺！向香港特别行政区同胞、澳门特别行政区同胞、台湾同胞和海外侨胞致以新年的祝福！

在过去的一年里，全国各族人民坚持以邓小平理论和"三个代表"重要思想为指导，深入贯彻党的十六大和十六届三中全会、四中全会精神，树立和落实科学发展观，改革开放和经济建设取得新的重大进展，民主法制建设和宣传思想工作得到加强，社会主义物质文明、政治文明、精神文明建设和党的建设取得新的成绩。国防和军队现代化建设继续推进。特别是针对我国经济生活中出现的新情况新问题，党中央、国务院采取了进一步加强和改善宏观调控的政策措施，抓住主要矛盾，抓准关键环节，抑制经济运行中的不健康不稳定因素，保持了经济发展的良好势头。这些成绩的取得，是中央正确决策的结果，是全党全国各族人民共同努力的结果，标志着我们的国家在全面建设小康社会的征程上又迈出了坚实的一步。

实践充分证明，科学发展观是我们以邓小平理论和"三个代表"重要思想为指导，进一步总结我国现代化建设的历史经验，从新世纪新阶段党和国家事业发展全局出发，提出的重大战略思想和指导方针，是全面建设小康社会和推进现代化建设始终要坚持的重要指导思想。全面贯彻落实科学发展观，我们就一定能够实现又快又好的发展。实践充分证明，党中央心系人民、坚定成熟、求真务实，深得人民群众的信赖和拥护。贯彻党的路线方针政策，同心同德，艰苦奋斗，开拓创新，我们就一定能够不断取得新的胜利。

2005 年是贯彻落实科学发展观、巩固宏观调控成果、保持经济社会良好发展态势的关键一年，也是全面实现"十五"计划目标、衔接"十一五"发展的重要一年。我们要更加深刻地认识到，科学发展观是我们党对长期发展实践的经验总结和理论升华,是指导我们抓住机遇、加快发展的世界观和方法论,是我们应对更加复杂的国际国内环境和各种新挑战的强大思想武器。做好今年的各项工作,最根本的就是要以科学发展观统领经济社会发展全局,并切实贯穿于经济社会发展的各个方面。

在新的一年里,我们一定要坚持把发展作为党执政兴国的第一要务,坚持以经济建设为中心,把经济工作的重点转到提高经济增长的质量和效益上来。继续加强和改善宏观调控,确保经济平稳较快发展。我们一定要按照"五个统筹"的要求,深化经济体制改革和其他改革,集中力量解决好关系经济建设和改革全局的重大问题,建立健全全面协调可持续发展的制度保障。我们一定要坚持推动社会主义物质文明、政治文明和精神文明协调发展,巩固和发展民主团结、生动活泼的政治局面,促进经济社会的全面进步和人的全面发展。我们一定要坚持以人为本,努力构建社会主义和谐社会,正确处理改革发展稳定的关系,深入做好群众工作,切实维护社会稳定,实现好、维护好、发展好最广大人民群众的根本利益。我们一定要大力实施科教兴国战略和人才强国战略,充分发挥科技进步和创新在经济社会发展中的巨大作用,更好地推进我国社会主义现代化建设。我们一定要坚持和平与发展的时代主题,为维护世界和平、促进共同发展作出更大的贡献。

贯彻落实科学发展观,推进全面建设小康社会的进程,要求我们党必须进一步加强执政能力建设,这是我们党应对严峻挑战、完成历史使命的迫切需要,是时代的要求、人民的要求。认真贯彻落实党的十六届四中全会精神,切实加强党的执政能力建设,全面开展以实践"三个代表"重要思想为主要内容的保持共产党员先进性教育活动,努力提高驾驭社会主义市场经济的能力、发展社会主义民主政治的能力、建设社会主义先进文化的能力、构建社会主义和谐社会的能力、应对国际局势和处理国际事务的能力,我们就能够带领全国各族人民实现国家富强、民族振兴、社会和谐、人民幸福。

春风春雨春色,新年新岁新景。改革开放和现代化建设事业伟大而艰巨,中国特色社会主义事业光明而美好。让我们紧密团结在以胡锦涛同志为总书记的党中央周围,高举邓小平理论和"三个代表"重要思想伟大旗帜,认真贯彻党的十六大和十六届三中、四中全会精神,解放思想,实事求是,与时俱进,求真务实,在全面建设小康社会的征程上迈出更加坚实的步伐。

(2005 年 1 月 1 日)

牢记历史　不忘过去　珍爱和平　开创未来
——纪念中国人民抗日战争暨世界反法西斯战争胜利六十周年

今天是中国人民抗日战争和世界反法西斯战争胜利60周年纪念日。这是正义战胜邪恶、光明战胜黑暗、进步战胜反动的伟大胜利，是中国人民和全世界一切爱好和平的国家和人民的盛大节日。在这个庄严时刻，我们向在抗日战争中英勇战斗、为国捐躯的烈士表示深切的怀念，向参加过抗日战争的老战士、爱国人士、抗日将领和所有为抗战胜利建立了功勋的海内外中华儿女表示崇高的敬意，向支援和帮助了中国抗战的外国政府和国际友人表示衷心的谢意，向惨遭日本侵略者杀戮的无辜死难同胞表示深切的哀悼。

发生在20世纪三四十年代的中国人民抗日战争和世界反法西斯战争，是世界爱好和平与正义的国家和人民同人类文明的凶残敌人法西斯进行的一场殊死搏斗。日本军国主义对中国的野蛮侵略，使中国陷入了前所未有的民族灾难。面对凶残的侵略者和亡国灭种的民族危机，不甘屈辱的中国人民，在中国共产党倡导建立的抗日民族统一战线的光辉旗帜下，万众一心，众志成城，各党派、各民族、各阶级、各阶层、各团体，同仇敌忾，共赴国难，展开了一场波澜壮阔、气壮山河的伟大民族解放战争。

法西斯是对全人类的威胁。中国人民抗日战争，是保家卫国的斗争，也是挽救人类危亡、保卫世界和平的斗争。中国人民的全民族抗战开辟了世界上第一个大规模反法西斯战场，后来又成为世界反法西斯战争的东方主战场。世界各国人民特别是反法西斯同盟国对中国抗战提供了不同方式的支援，中国人民的全民族抗战也是对世界其他反法西斯战场的有力支持。历史证明，中国人民是打败日本军国主义的决定性力量，中国人民为世界反法西斯战争的胜利付出了巨大的民族牺牲，为人类和平、进步与正义事业作出了彪炳千秋的历史贡献。

中国人民抗日战争的胜利，是近代以来中国人民反抗外敌入侵第一次取得完全的胜利。中国人民通过取得抗日战争的伟大胜利，不仅彻底打败了日本侵略者，捍卫了国家主权和领土完整，而且促进了中华民族的伟大觉醒，促进了中华民族的大团结，弘扬了中华民族的伟大精神，显著提高了中国的国际地位，加快了中国革命的历史进程，是中华民族走向复兴的伟大历史转折点。

中国人民抗日战争和世界反法西斯战争的胜利，是正义的胜利、和平的胜利、人民的胜利，对中华民族的前途命运和世界和平的伟大事业，产生了极其深远的影响。

牢记历史、不忘过去、珍爱和平、开创未来。深刻汲取中国人民抗日战争胜利的历史经验，对于我们实现全面建设小康社会的宏伟目标、实现中华民族的伟大复兴具有十分重要的意义。我们要深刻牢记全国各族人民的大团结是我们战胜一切艰难困苦、实现奋斗目标的力量源泉，大力巩固和加强全国各族人民的大团结，大力巩固和加强全体中华儿女的大团结，同心同德地为全面建设小康社会、实现中华民族的伟大复兴而奋斗。要深刻牢记以爱国主义为核心的伟大民族精神是中国人民团结奋进的精神动力，在全社会深入持久地开展爱国主义教育，并坚持把爱国主义教育同集体主义、社会主义教育有机统一起来，把广大人民群众的爱国热情凝聚到全面建设小康社会的伟大事业上来，凝聚到胸怀全局、认真做好本职工作上来，更加自觉地为建设富强民主文明的社会主义现代化国家贡献力量。要深刻牢记提高综合国力是中华民族自立于世界民族之林的基本保证，珍惜难得的发展机遇，共同维护改革发展稳定的大局，抓住有利时机把国内的各项事情办好，不断增强我国的经济实力、科技实力、国防实力和民族凝聚力。要深刻牢记坚持走和平发展道路是实现我国发展目标的正确道路，高举和平、发展、合作的旗帜，奉行独立自主的和平外交政策，坚持在和平共处五项原则的基础上同世界各国友好相处，同世界各国人民一道推进人类和平与发展的崇高事业。要深刻牢记紧紧依靠群众是我们党永远立于不败之地的根本保证，坚持立党为公、执政为民的本质要求，真正做到权为民所用、情为民所系、利为民所谋，始终与人民群众心连心、同呼吸、共命运。

中华民族有能力结束一切形式的奴役和压迫，也有能力把自己的国家建设成为文明富强的社会主义现代化强国。让我们紧密团结在以胡锦涛同志为总书记的党中央周围，万众一心，奋发图强，朝着全面建设小康社会、实现中华民族伟大复兴的宏伟目标奋勇前进！

（2005年9月3日）

伟大的开局之年

——元旦献词

2006年的钟声响起,我们送走了硕果累累的"十五",迎来"十一五"开局之年的第一缕阳光。在这个辞旧迎新的时刻,我们向全国各族人民致以新年的问候和祝福。

"十五"时期是我国历史进程中不平凡的五年。面对动荡起伏的国际环境,面对突如其来的"非典"疫情和重大自然灾害的严重冲击,面对纷繁复杂的改革和建设任务,我们正确判断形势,积极有效应对,牢牢把握改革发展稳定的大局,坚持以经济建设为中心,工业化、城镇化、市场化、国际化步伐加快,改革开放和社会主义现代化建设取得举世瞩目的巨大成就。一个充满活力快速发展的中国呈现在世界面前,一个更加成熟更加坚强的党带领13亿人民阔步向前。

刚刚过去的2005年是"十五"时期的最后一年。在这一年里,我们继续加强和改善宏观调控,经济建设、政治建设、文化建设、社会建设和党的建设都取得新的进展,国防和军队现代化建设继续推进。国民经济呈现增长较快、效益较好、价格平稳、活力增强的态势,特别是经济运行的稳定性有所提高、发展的协调性有所改善、关键领域的改革有所突破,"十五"计划提出的经济社会发展的主要指标顺利实现。2005年我国经济社会发展的成就表明:高举邓小平理论和"三个代表"重要思想伟大旗帜,牢固树立和认真落实科学发展观,紧紧抓住发展这个党执政兴国的第一要务,就能不断把改革开放和社会主义现代化建设推向前进。

一个志在伟大复兴的民族必须坚持科学发展,一个坚持改革开放的大国理当对世界有新贡献。从2006年开始,我们迈入了不同寻常的"十一五"时期。"十一五"时期,我们将实施中央提出全面建设小康社会宏伟目标后的第一个五年规划,实施中央作出贯彻科学发展观和构建社会主义和谐社会重大部署后的第一个五年规划。这五年我们能否在推进经济社会发展步入科学发展轨道上取得显著成效,在很大程度上决定着我们能否承前启后地抓住本世纪头二十年的重要战略机遇期,决定着到2020年我们能否全面建成小康社会,以及到本世纪中叶能否基本实现现代化。

2006年是"十一五"时期的开局之年,"十一五"的壮丽画卷将由此铺展,下一步的经济社会发展格局将由此开启。一些矛盾和问题的解决将在这一年开始破题,一些发展瓶颈和体制障碍将在这一年有新突破,一些重要领域的改革将在这一年逐步启动,一些历史性任务将在这一年深入推进。这将是一个深化改革之年、科学发展之年、促进和谐之年,也将是一个希望之年、奋斗之年、前进之年,是站在新起点、肩负新使命的开局之年。

做好"十一五"开局之年的各项工作,关键是要进一步用科学发展观武装全党特别是各级领导干部的头脑,以统一思想,形成共识。要紧密联系实际,准确认识国际国内的发展环境,准确认识我国发展的阶段性特征,准确认识我国经济社会发展面临的主要问题,准确认识我国经济社会又快又好发展的基本要求,不断提高贯彻落实科学发展观的自觉性和坚定性。

推动经济社会发展切实转入科学发展的轨道,这是我国社会主义现代化建设面临的重大而紧迫的任务,今年必须迈出实质性步伐。这就需要以邓小平理论和"三个代表"重要思想为指导,认真贯彻党的十六大和十六届五中全会精神,坚持以科学发展观统领经济社会发展全局,保持宏观经济政策的连续性稳定性,着力加快改革开放,着力增强自主创新能力,着力推进经济结构调整和经济增长方式转变,着力提高经济增长的质量和效益,实现又快又好发展,促进和谐社会建设。要稳定宏观经济政策,保持经济平稳较快增长的良好势头;扎实推进社会主义新农村建设,进一步做好"三农"工作;全面增强自主创新能力,不断推进产业结构的调整;大力节约能源资源,加快建设资源节约型、环境友好型社会;继续推动东中西良性互动,促进区域经济协调发展;加快推进体制改革,完善落实科学发展观的体制保障;积极实施互利共赢的开放战略,进一步提高对外开放水平;着力解决人民群众最关心、最直接、最现实的利益问题,推动和谐社会建设。全党全国要团结一心、埋头苦干,切实抓好这些主要任务,为顺利实施"十一五"规划开好局、起好步。

党的坚强领导是做好各项工作的根本保证。

各级党委和政府要着力提高贯彻科学发展观的能力、驾驭全局的能力、处理利益关系的能力和务实创新的能力。广大党员干部和国家工作人员要坚持求真务实、与时俱进，保持良好的精神状态和工作作风，坚持权为民所用、情为民所系、利为民所谋，更好地团结带领广大人民群众立足科学发展，着力自主创新，完善体制机制，促进社会和谐。

历史召唤我们，时代激励我们。让我们紧密团结在以胡锦涛同志为总书记的党中央周围，同心同德，开拓进取，扎实工作，在新的一年里夺取全面建设小康社会、加快推进社会主义现代化的新胜利。

（2006年1月1日）

肩负起新世纪新阶段历史使命

——庆祝中国人民解放军建军 80 周年

中国人民解放军迎来了建军 80 周年。我们向全军指战员、武警部队官兵、预备役军人和广大民兵,致以热烈的祝贺!向军队离退休老干部、转业退伍军人、伤残军人和烈军属,致以亲切的问候!向出席全军英雄模范代表大会的各位代表,致以崇高的敬意!

80 年前南昌起义的枪声,宣告了中国历史上第一支新型人民军队的诞生。这支军队是中国共产党领导的人民子弟兵,与人民群众血肉相连、鱼水情深。80 年来,人民解放军忠实履行党和人民赋予的神圣使命,无论是战争年代还是和平时期,无论是戍边御敌还是抗洪救灾,无论是练兵习武还是参加建设,人民解放军都以自己的赤胆忠诚和英勇无畏,建立了无愧于党、无愧于人民、无愧于祖国的历史功勋。人民解放军不愧为党绝对领导下的人民军队,不愧为保卫社会主义祖国的钢铁长城和建设社会主义的重要力量。

历经 80 年的艰苦奋斗,人民解放军由小到大、由弱到强,革命化现代化正规化水平不断提高,履行使命的能力不断增强,走出了一条符合中国实际的人民军队建设道路,创建了一整套具有中国特色的建军治军原则和战略战术,培养造就了一大批高素质的军事人才。历经 80 年的不懈实践,人民解放军培育和形成了听党指挥、服务人民、英勇善战的优良传统,集中体现了人民军队的性质、宗旨和本色。历经 80 年的艰辛探索,我们党在指导军事实践、领导军队建设中形成了三大军事理论成果,即毛泽东军事思想、邓小平新时期军队建设思想、江泽民国防和军队建设思想。这是马克思主义军事理论与中国革命战争和人民军队建设实践相结合的科学结晶,是我们在新的实践中建设现代化正规化革命军队必须长期坚持的科学指南。

人民的军队,英雄辈出,群星璀璨;革命的武装,士气振奋,斗志昂扬。80 年来,人民解放军涌现出千千万万的英雄模范,他们在枪林弹雨中前仆后继、流血牺牲,在各项工作中忠于职守、开拓进取,在为人民服务中无私无畏、甘于奉献，在国防和军队现代化建设中刻苦钻研、勇攀高峰，用自己的智慧力量乃至热血和生命，造就了人民军队的本色，增添了中华民族的荣光。出席这次全军英雄模范代表大会的代表，就是新的历史时期进一步弘扬人民解放军优良传统、投身国防和军队现代化建设的先进典型。

当前，我们国家的发展处在一个新的历史起点上，人民解放军的发展同样处在一个新的历史起点上。国防和军队建设面临着新形势新任务新要求。面对前所未有的机遇和挑战，人民解放军肩负着新世纪新阶段的历史使命：为党巩固执政地位提供重要力量保证，为维护国家发展的重要战略机遇期提供坚强安全保障，为维护国家利益提供有力战略支撑，为维护世界和平与促进共同发展发挥重要作用。

履行好新世纪新阶段军队历史使命，人民解放军要始终不渝地坚持以邓小平理论和"三个代表"重要思想为指导，深入贯彻落实科学发展观。要把思想政治建设摆在首位，始终坚持马克思主义的指导地位，用党的创新理论成果武装全军，教育广大官兵毫不动摇地坚持党对军队的绝对领导，始终坚持全心全意为人民服务的根本宗旨，确保人民军队建设的正确方向。要主动适应世界军事发展的潮流，积极推动中国特色军事变革，坚持走中国特色精兵之路，坚持科技强军和军事理论创新，不断提高战斗力。要坚持不懈地加强军政军民团结，发扬拥政爱民的优良传统。各级党委和政府要积极关心支持军队和国防现代化建设，配合军队搞好兵役制度改革、军人转业退伍安置改革、后勤保障社会化以及各项优抚工作，积极推进相关领域的军民融合。

我们的队伍向太阳。在以胡锦涛同志为总书记的党中央领导下，英雄的人民解放军一定能为捍卫党和人民利益、保卫和建设祖国、维护世界和平建立新的功勋、夺取新的胜利！

（2007年8月1日）

喜迎伟大的二〇〇八年

——元旦献词

重大时间节点、重大历史事件，注定让一些年份成为一个民族、一个国家发展进程中的永恒记载。2008年，是我们全面贯彻落实党的十七大作出的战略部署的第一年，是实施"十一五"规划承上启下的一年。我们将迎来改革开放30周年，迎来北京奥运会。这是13亿中华儿女热切期盼的年份，是世界向中国投来更多目光的年份，是必定镌刻在人民共和国历史上的年份。2008年，必将在实现中华民族伟大复兴的史册上写下浓墨重彩的篇章。

在党和国家事业发展进程中，2007年留下了光辉的一页。我们党胜利召开了第十七次全国代表大会，科学回答了党在改革发展关键阶段举什么旗、走什么路、以什么样的精神状态、朝着什么样的发展目标继续前进等重大问题，为我们继续夺取全面建设小康社会新胜利、开创中国特色社会主义事业新局面描绘了宏伟蓝图、指明了前进方向。全党全国坚持以邓小平理论和"三个代表"重要思想为指导，深入贯彻落实科学发展观，继续深化改革、扩大开放，经济社会发展保持了增长较快、结构优化、效益提高、民生改善的良好态势，体制改革有新突破，民主法制建设有新进步，文化建设有新局面，社会事业有新进展，城乡居民收入有新增长，人民群众得到更多实惠，我国综合国力进一步提高、国际影响进一步扩大。这些来之不易的成绩是全党全国各族人民团结奋斗的结果，充分表明全党全国对科学发展观的认识更加深化、贯彻措施更加有效、行动更加自觉，科学发展的道路越走越宽广。

我们正站在一个新的历史起点上。当今世界正在发生广泛而深刻的变化，当代中国正在发生广泛而深刻的变革。和平发展依然是时代的主题，世界多极化和经济全球化深入发展，国际形势总体稳定。我们面临的机遇前所未有，面对的挑战也前所未有，机遇大于挑战。抓住机遇，应对挑战，办好我们自己的事情，最重要的就是要全面贯彻落实党的十七大精神，高举中国特色社会主义伟大旗帜，坚定不移地走中国特色社会主义道路，坚定不移地坚持中国特色社会主义理论体系，在新的历史起点上继续发展中国特色社会主义。

新的历史起点，新的发展要求，继续全面建设小康社会、发展中国特色社会主义，就必须坚持以邓小平理论和"三个代表"重要思想为指导，深入贯彻落实科学发展观。科学发展观是我国经济社会发展的重要指导方针，是发展中国特色社会主义必须坚持和贯彻的重大战略思想。全党全国都要进一步增强贯彻落实科学发展观的自觉性和坚定性，坚持用科学发展和深化改革的办法解决前进中的问题，把全社会的发展积极性引导到科学发展上来，努力在继续解放思想、坚持改革开放上迈出更大步伐，在推动科学发展、促进社会和谐上作出更大成绩。

进入新的一年，奥运会的鼓点更加铿锵有力，奥运会的圣火将辉映东方，中华民族百年奥运梦想将成为现实。丰富多彩的世界文明将在中华大地上进行伟大的握手，源远流长的中华文明将向世界展示灿烂的风采，振奋人心的奥林匹克精神将在世界各国人民的共同奋进中发出更强的感召。2008年北京奥运会，我们向世界展示的将是中华民族5000年的璀璨文化，是当代中国发展的巨大成就，是中国人民的时代风貌，这必将极大地鼓舞和激励中华民族以更高的文明素质和精神追求迈向现代化、迈向世界、迈向未来。

新的一年里，我们将隆重纪念改革开放30周年。进入改革开放的历史新时期，中国共产党人和中国人民以一往无前的进取精神和波澜壮阔的创新实践，谱写了中华民族自强不息、顽强奋斗新的壮丽史诗，中国人民的面貌、社会主义中国的面貌、中国共产党的面貌发生了历史性变化。从新的历史起点出发，顺应时代潮流，顺应人民意愿，中国共产党人和中国人民一定能够坚定不移地把改革开放伟大事业继续推向前进，进一步发展中国、发展社会主义、发展马克思主义，进一步发展中国特色社会主义，把我国建设成为富强民主文明和谐的社会主义现代化国家，为人类和平与发展的崇高事业作出新的更大的贡献。

伟大的年代，激发着奋进的力量；科学的发展，展示着广阔的前景。让我们更加紧密地团结在以胡锦涛同志为总书记的党中央周围，沿着党的十七大指明的方向，万众一心，开拓奋进，在全面建设小康社会、发展中国特色社会主义的伟大道路上，以无愧于人民、无愧于民族、无愧于时代、无愧于历史的新业绩谱写2008年的光辉篇章。

（2008年1月1日）

悲痛中凝聚不屈的力量

当阳光再临大地，时针指向 2008 年 5 月 19 日 4 时 57 分 40 秒，天安门广场，鲜艳的五星红旗缓缓下降。

当笛声警报长鸣，13 亿中国人齐身肃立，低首默哀，历史定格在 2008 年 5 月 19 日 14 时 28 分。

这一刻，大江南北，长城内外，神州共悲；这一刻，山峦无语，江河呜咽，举国同哀！为四川汶川大地震中我们同胞失去的生命，为四川汶川大地震中我们同胞遭受的灾难……

这是中华人民共和国成立以来，第一次为严重自然灾害造成重大伤亡举行的全国性哀悼活动，也是第一次为自然灾害中罹难同胞降半旗志哀。

我们向遇难同胞致哀，向那些在黑暗中寂灭的生命致哀！截至 5 月 19 日 12 时，汶川大地震已造成 34073 人遇难，而这冰冷的数字还在无情地增长。他们是父亲、母亲、儿女、兄妹，是我们血脉相连的骨肉同胞，是共和国无法割舍的挚爱。这份痛楚，将由 13 亿中国人共同承受；这份哀伤，将由中华民族一起分担。

我们向遇难同胞致哀，向那些与死神不屈抗争的生命致敬！汶川大地震，是对脆弱生命的无情摧残，也是对生命意志的永恒见证。残垣断壁之下，多少生命依靠顽强的信念苦苦支撑，不管是否创造了生命奇迹，但他们都与死神搏斗过，与命运抗争过。他们的执着，他们的不屈，他们的坚韧，他们的渴望，都将作为人类的共同记忆，永远留存在我们的生命里。

我们向遇难同胞致哀，向那种生死瞬间的人间大爱致礼！山崩地裂，造成了狰狞恐怖的自然断裂，却也呈现了可歌可泣的挚爱真情。在灾难来临的瞬间，多少人将生的希望让给别人；在生与死的边缘，多少人将死的选择留给自己。让我们记住他们的爱，记住这些普通生命绽放出的温暖光辉，记住中华民族优秀儿女的精神疆界。

人民高于一切，生命高于一切。一个文明进步的现代社会，一个以人为本的社会主义国家，一个全心全意为人民服务的执政党，必定把人的生命置于最高的价值地位。因为每一个公民都是国家的主人，失去任何一个生命，都是国家的损失，都是民族的哀伤。尊重生命，铭记苦难，将使一个国家在挫折中奋起，将让一个民族在磨难中前行。

7天7夜，在以胡锦涛同志为总书记的党中央的坚强领导下，气壮山河的生死营救，感天动地的举国驰援，爱心涌动的无私奉献，激发了中国人民和衷共济、万众一心的民族精神，再现了我们民族在艰难困苦面前不屈不挠、团结奋斗的光荣传统。历史会证明，地震能摧毁一些东西，但它必将以另一种形式重塑。世界将看到，"一个能够出动十多万救援人员的国家，一个企业和私人捐款达到上百亿的国家，一个因争相献血、自愿抢救伤员而造成交通堵塞的国家，永远不会被打垮"！

救援还在继续，挑战仍在眼前。愿全民哀悼凝聚起抗震救灾、重建家园的顽强信念，用我们的不屈斗志和实际行动激励国人，告慰逝者——

"任何困难都难不倒英雄的中国人民！"

（2008年5月20日）

让党放心，让人民满意

在《人民日报》创刊60周年之际，胡锦涛总书记来到人民日报社，亲切看望人民日报工作人员，并发表重要讲话。这是对人民日报的极大关怀，也是对全国新闻宣传工作者的巨大鼓舞。

胡锦涛总书记的重要讲话，充分肯定了人民日报和全国新闻战线的成绩和贡献，深刻阐述了新闻宣传工作的重要地位和作用，全面分析了新闻宣传工作面临的形势和任务，着重强调了要把提高舆论引导能力放在更加突出的位置，并就提高舆论引导能力从五个方面提出了明确要求。讲话具有很强的政治性、思想性和指导性，是我们做好新闻宣传工作的强大思想武器和行动纲领。

新闻舆论处在意识形态领域的前沿，对社会精神生活和人们的思想意识有着重大影响。当今社会，随着经济社会快速发展和科技不断进步，信息传递和获取越来越快捷，新闻舆论的作用越来越突出。做好新闻宣传工作，关系党和国家工作的全局，关系改革和经济社会发展的大局，关系国家长治久安。

在前进道路上，我们面临着难得的机遇，也面临着严峻的挑战。我们既要抓住机遇、乘势而上，不断推动经济社会又好又快发展，又要迎接挑战、居安思危，时刻准备应对各方面的困难和风险。伴随着新闻舆论工作环境的历史性变化，我们的工作任务更为艰巨、责任更加重大，一定要充分认识肩负的重大责任，保持奋发有为的精神状态，发扬认真负责的工作作风，兢兢业业做好新闻宣传工作，在打牢全党全国人民团结奋斗的共同思想基础方面发挥积极作用，在传播社会主义核心价值体系方面发挥积极作用，在为推动党和国家事业发展凝聚强大精神动力方面发挥积极作用，在营造健康向上、丰富生动的主流舆论方面发挥积极作用，在促进社会和谐方面发挥积极作用。

学习贯彻胡锦涛总书记的重要讲话，把提高舆论引导能力放在更加突出的位置，就必须坚持党性原则，牢牢把握正确舆论导向；必须坚持以人为本，增强新闻报道的亲和力、吸引力、感染力；必须不断改革创新，增强舆论引导的针对性和实效性；必须加强主流媒体建设和新兴媒体建设，形成舆论引导新格局；必须切实抓好队伍建设，增强凝聚力和战斗力，更好地发挥新闻宣传工作在推动经济发展、引导人民思想、培育社会风尚、促进社会和谐等方面的重要作用。

人民日报具有辉煌的历史、优良的传统，一代又一代人为党的新闻宣传事业付出了大量心血、作出了重要贡献。体现党的主张，反映人民心声，是人民日报的根本职责；让党放心，让人民满意，是人民日报的奋斗目标。在新的历史条件下，贯彻胡锦涛总书记的重要讲话，进一步做好新闻宣传工作，人民日报负有更加重要的责任和使命。我们要坚持高举旗帜，围绕大局，服务人民，改革创新，加倍努力工作，进一步把人民日报办好，以无愧于我们伟大的党，无愧于我们伟大的时代，无愧于我们伟大的人民。

（2008年6月21日）

同一个世界　同一个梦想

——热烈祝贺第二十九届夏季奥林匹克运动会开幕

今夜，当五星红旗、五环旗在国家体育场冉冉升起，奥林匹克运动的宏伟篇章将翻开崭新一页。

今夜，当奥林匹克会歌在万众瞩目中悠扬奏响，奥林匹克理想在古老的中华大地激情飞扬。

今夜，当第二十九届奥运会的圣火燃亮北京的星空，人类文明的长河再次汇入来自东方的泉流。

奥林匹克运动第一次将盛典的舞台，搭建在这东方的沃土。13亿中国人第一次在自己的家园，唱响团结、友谊、和平的奥运之歌。从雅典到北京，欢乐依旧，激情依旧，梦想依旧，而世界将有所不同。

北京欢迎你，魅力迸发的奥林匹克！北京欢迎你，四海五洲的老友新朋！

现代奥林匹克运动走过的这一个世纪，是人类历史上最跌宕辉煌的章节。过去100年间，人们经历了世界大战的炮火硝烟，经历了冷战的封锁对峙，也分享着航空航天、移动通讯、电视、互联网等新发明带来的伟大变革，打开了宇宙探索的广阔视野。自人类文明诞生以来，没有哪一个世纪的灾难和悲剧，如此频繁深重；也没有哪一个世纪的奋争和进步，如此激动人心。

一个多世纪以来，奥运会从一个侧面记录了人类文明拾级而上的进程。与坎坷激荡的世界历史紧密相随，现代奥运会承载着人类的共同理想，成为当今世界无与伦比的文化现象和文明载体。摒弃异见和分歧，奥林匹克圣火照亮人类共同前进的道路，推动着世界体育运动的发展，折射出不同文化交流了解的热望。五环旗下，不同国家、不同信仰、不同肤色、不同种族的人们，为了共同的梦想汇聚在同一条跑道上。

中国是奥林匹克运动的坚定追随者。从奥林匹亚山到万里长城，圣火辉映着文明传播与沟通的征程，见证了一个古老民族融入世界潮流的步履。

一个世纪前，有识之士"中国什么时候能举办奥运"的殷殷期盼中，我们领略过它的渴望；76年前，刘长春子然一身代表中国参加奥运会的孤独步履里，我们听到过它的足音；29年前，改革开放的中国重返国际奥林匹克大家庭的积极努力中，我们体会到它的决心；15年前，蒙特卡洛申奥失利后"坚定不移地走向世界"的含泪誓言里，我们感受过它的坚强。今天，历史悠久的奥林匹克与源远流长的东方文明交融汇聚，绿色奥运、科技奥运、人文奥运，13亿中国人用实际行动，为奥林匹克注入了属于自己的梦想。

奥运会来到拥有世界1/5人口的中国，意义非凡。这是世界对中国的信任，也是中国对世界的奉献。中国重返奥林匹克大家庭的30年，正与当代中国波澜壮阔的发展进程相契合。这30年里，中华民族打开国门走向世界，世界张开臂膀拥抱中国。2008年北京奥运会，树起了中国30年改革开放的新界标，熔铸了世界对一个发展中大国的新期许。虽然世界上不同地方的人们在不同的问题上有不同看法，但绝大多数人相信，中国发展离不开世界，世界繁荣稳定也离不开中国；绝大多数人坚信，奥运会在北京举办，"将给中国和世界留下独一无二的宝贵遗产"。

俯仰百年，人们越来越深切地认识到，在这个越来越"小"的星球上，我们有着共同的命运。世界变得比历史上的任何时候更加密不可分。奥运会不仅是各国运动员实现光荣和梦想的舞台，也是世界各国人民增进了解、加深友谊的平台。奥林匹克的旗帜，让不同文化百花齐放、和谐共荣：非洲草原浸透阳光的奔跑、桑巴足球华丽唯美的舞步、威猛剽悍的拳击举重、修身养性的柔道……在这个大家庭里，金牌的争夺从来不是最重要的目标，世界各国文化的相互交流、相互借鉴，才是最值得珍惜的精神遗产。诚恳迎接不同文化的交流交汇，以平常心面对多种文化的精彩纷呈，政治尊重、文化多样和价值包容，同样是奥林匹克精神的体现。

7年筹办，中国人民以最大的热情，鼎力托举起当今世界规模最大的体育盛会；7年践诺，古老中华尽最大的努力，精心酝酿这全人类共叙友情、共享和平的节日盛典。

今夜，大幕将启。同一个世界，同一个梦想，16天里，我们将一起分享奥林匹克的魅力和欢乐；五环旗下，我们将尽情演绎"更快、更高、更强"的体育精神，共同奏响"团结、友谊、和平"的伟大乐章。

中国人民，世界人民，这是我们的共同时刻。

（2008年8月8日）

迎着中华民族伟大复兴的曙光

——热烈庆祝中华人民共和国成立六十周年

今天，中华人民共和国迎来六十华诞。

60年前的今天，毛泽东同志庄严地向全世界宣告中华人民共和国成立。这一彪炳史册的历史时刻，标志着中国人民从此站立起来掌握自己的前途命运，标志着我们伟大祖国从此告别落后屈辱走向繁荣富强，标志着中华民族从此迈向伟大复兴的新纪元。

新中国成立以来，中国共产党团结带领全国各族人民以一往无前的进取精神，探索社会主义建设规律，在革命、建设、改革的伟大实践中，取得了举世瞩目的巨大成就，谱写了中华民族自强不息、顽强奋进的壮丽史诗。

60年沧桑巨变，中国共产党坚定不移地引领当代中国的进步潮流，我们伟大的祖国实现了从半殖民地半封建社会到民族独立、人民当家作主新社会的历史性转变，从新民主主义革命到社会主义革命和建设的历史性转变，从高度集中的计划经济体制到充满活力的社会主义市场经济体制、从封闭半封闭到全方位开放的历史性转变。社会主义中国在广泛而深刻的变革中，探寻出一条生机勃勃的现代化道路。共和国60年艰辛探索和成功实践，向世界展现了社会主义制度的优越性和生命力。

60年团结奋斗，我们将几代人矢志追求的现代化梦想和民族复兴进程不断向前推进。从一穷二白到经济总量跃居世界第三，从温饱不足到总体小康，从"站起来了"到"举足轻重"。中国的国力从来不曾如此强大，百姓的生活从来不曾如此富足，亿万人民的精神面貌从来不曾如此昂扬奋发。共和国60年辉煌历程和光辉业绩，铸就了中华民族走向复兴的伟大丰碑。

振兴中华，赶上世界潮流，使中华民族屹立世界民族之林，这是长期以来中国人民的夙愿。纵观近代以来实现中华民族伟大复兴的历史进程，新中国的60年，前承几代人艰苦卓绝的探索和奋斗，后启一个民族走向复兴的变革与创新，凝结着亿万中华儿女一个多世纪以来改天换地的豪情壮志，开创了现代中国富强民主文明和谐的灿烂前景。

为了中华民族的伟大复兴，19世纪中叶以来，无数仁人志士奋起寻求救国救民的道路。鸦片战争后的近百年间，中华民族走过了历史长河中最为屈辱的一段。抵御外侮、变法图强，推翻帝制、建立共和……面对民族危亡、生灵涂炭的悲惨境遇，中华儿女为救亡图存上下求索，进行了反压迫、反奴役、反侵略的英勇斗争，书写下中华民族不屈不挠、顽强抗争的悲壮一页。

为了中华民族的伟大复兴，中国共产党人勇敢肩负起民族独立、人民解放，国家富强、人民幸福的神圣使命。为有牺牲多壮志，敢教日月换新天，我们党团结带领人民，历经几十年艰苦奋斗，完成了新民主主义革命任务，建立了中华人民共和国，全面确立了社会主义基本制度，从根本上改变了中国人民的前途命运，为当代中国一切发展进步奠定了根本政治前提和制度基础。

为了中华民族的伟大复兴，中国共产党在新的时代条件下带领人民进行新的伟大革命，开辟了中国特色社会主义道路。在国家民族的重大历史关头，我们党以巨大的政治勇气和理论勇气，吹响思想解放的号角。改革开放这一决定当代中国命运的关键抉择，极大地解放和发展社会生产力，赋予社会主义新的生机活力，使中华民族大踏步赶上时代潮流，使中国人民走上富裕幸福的康庄大道，使社会主义中国更加自信地面向现代化、面向世界、面向未来。

新中国60年光辉历程，是中国共产党人认识世界、改造世界的伟大创举，是根本改变中华民族命运、深刻影响人类历史进程的伟大变革。60年光辉历程，凝聚成宝贵的历史经验，启示中华民族走向复兴的光明未来：没有共产党就没有新中国，就没有中国特色社会主义；只有社会主义才能救中国，只有改革开放才能发展中国、发展社会主义、发展马克思主义。

我们正处在进一步发展的重要战略机遇期，在新的历史起点上向前迈进。到中国共产党成立100年时建成惠及十几亿人口的更高水平的小康社会，到新中国成立100年时基本实现现代化，建成富强民主文明和谐的社会主义现代化国家，这是我们的伟大目标。面对大发展大变革大调整的世界大势，面对前进道路上各种困难风险，我们肩负的任务艰巨而繁重，我们面临的考验复杂而严峻。我们走过的60年征程，只是民族复兴万里长征的第一步。居安思危，永不懈怠，艰苦奋斗，埋头苦干，我们才能承续无数先辈英烈们所开创的伟大基业。

这是一个充满生机、富有活力的时代，一个开拓未来、创造历史的时代。目睹我们国家沧海桑田的巨变，亲历中华民族迈向复兴的航程，时代给予我们光荣与梦想，更赋予我们责任与使命。迎着中华民族伟大复兴的曙光，紧密团结在以胡锦涛同志为总书记的党中央周围，亿万人民必将在中国特色社会主义道路上谱写中华民族自强不息、顽强奋进的崭新篇章。

（2009年10月1日）

"一国两制"实践的又一成功范例

——祝贺澳门回归祖国 10 周年

2009 年 12 月 20 日,这个时刻属于祖国的澳门。

10 年前的今天,中国政府恢复对澳门行使主权,中华人民共和国澳门特别行政区成立。10 年之后,时间将这座城市的变化和发展,写成繁荣稳定的澳门现实。回归 10 年,在"一国两制""澳人治澳"、高度自治的方针指引下,澳门实力增强,活力迸发。这是继香港回归之后,"一国两制"由构想变为现实的又一成功范例,是祖国和平统一征程上的又一里程碑。

澳门回归祖国 10 年,是"一国两制"成功实践的 10 年。回归祖国后的澳门,继续保持资本主义制度,继续保持中西文化融合交汇的多元特色;澳门特别行政区的政制民主按照基本法的规定稳步发展,广大澳门同胞依法享有广泛的民主权利;澳门经济实现持续快速增长,人均地区生产总值跃居亚洲前列;一系列重大基础设施建成,城市面貌焕然一新,社会事业不断进步;对外交往更加活跃,国际影响不断扩大。今日澳门,经济发展,民生改善,社会安定,一派欣欣向荣景象。事实证明,"一国两制"方针具有强大生命力,澳门同胞完全有智慧、有能力、有办法管理好、建设好、发展好澳门。

澳门回归祖国 10 年,是澳门与祖国内地同进步、共发展的 10 年。回归祖国后的澳门,与内地联系日益密切。一方面,澳门同胞以前所未有的积极性和创造性参与澳门管理和建设,参与国家现代化建设,对国家发展贡献良多,也分享着祖国的尊严和荣耀。另一方面,中央政府高度重视澳门发展,坚定地支持澳门特别行政区政府依法施政,并采取了一系列政策举措支持澳门特别行政区发展经济、改善民生,积极实施内地与澳门更紧密经贸关系安排,开放内地居民赴澳门个人游,促进粤港澳合作和泛珠江三角洲区域合作,批准港珠澳大桥建设和横琴岛开发规划,等等。这一切,为澳门长远发展提供了更多机遇和更大空间。事实证明,澳门前进的脚步,离不开祖国温暖有力的扶持,伟大祖国始终是澳门的坚强后盾。

澳门回归祖国10年，书写历史华章，也留下重要启示。这10年，澳门用成功的实践告诉我们，保持澳门长期繁荣稳定，必须全面准确地理解和贯彻"一国两制""澳人治澳"、高度自治的方针，严格按照澳门特别行政区基本法办事，集中精力发展经济，切实有效改善民生，循序渐进推进民主，包容共济促进和谐。这10年，澳门同胞与内地人民在日益紧密的联系中认识到，"一国两制"之所以具有强大生命力，在于它融汇了高瞻远瞩的政治智慧、血浓于水的民族情感、爱国爱澳的理念认同、风雨同舟的精神力量，它是完成祖国和平统一大业的正确方针。

面向未来，澳门站在了一个新的起点上。在祖国的怀抱里，在中华民族伟大复兴的发展进程中，澳门找准了自己的角色，找到了在世界的位置。我们坚信，有伟大祖国日益昌盛提供强大支持，有澳门同胞秉持爱国爱澳精神不懈奋斗，澳门一定能够开创更加美好的明天，为"一国两制"的伟大实践谱写新的光辉篇章。

（2009年12月20日）

让世界更加美好

——热烈庆祝上海世博会开幕

继2008年北京奥运会之后，今天的中国上海，迎来又一举世瞩目的国际盛会。

上海世博会今晚盛大开幕。从这一刻起，"城市，让生活更美好"的世博主题，将体现到来自全球的精彩展示之中，贯穿于184个日日夜夜。世博会这一曾经和中国遥遥相望的人类文明盛事，将隆重地写入中国历史；而世博会的绚丽篇章也将饱蘸底蕴深厚的"中国红"，演绎一个发展中国家成为东道主的传奇。

世博给了我们欢聚的机缘。在这184天里，秉承"理解、沟通、欢聚、合作"的世博理念，全世界各种精巧的创意、奇妙的发明、珍贵的文物、多元的文化荟萃于此，世界各地的众多参观者将走进5.28平方公里的世博园。不管来自哪一个民族、哪一个国家，有着怎样的信仰，走进世博园，就走进了"天下一家"的嘉年华。在世博这个交流和对话的平台，实现文化的多元共享，促进世界和平与发展——世博会将让世界更加美好。

世博给了我们梦想的力量。"一切始于世博会"，从蒸汽机、航天器到高速公路、百货公司，无数奇妙的梦想都是从世博会走进人们的生活。159年前的伦敦世博会上，在众多伟大的工业发明面前，中国人强国富民、实现民族复兴的希望是那样殷切。一个半世纪之后的中国，巍然屹立在世界的东方，主办世博的百年梦想也终于成为现实。世博会，见证东方古国的巨大进步，见证中华民族的智慧、活力和进取心，更见证中国走向世界的不懈努力，中国元素、中国气派、中国特色将在世博会上尽情挥洒——世博会也将让中国更加美好。

世博启迪我们对未来的深刻思考。面对国际金融危机、气候变化、贫富差距、能源和粮食安全、核扩散等一系列全球性挑战，人类相聚世博，共同寻求和平与发展。城市化是人类文明发展的必由之路，地球上一半以上的人口生活在城市,城市像磁石一般吸引着富于创意的头脑。上海世博会首次以"城市"为主题,探讨交流城市发展的经验,来自各国的最佳城市发展实践,让人们看到城市文明不断进步的前景——世博会将让城市更加美好。

世博也给我们难得的学习机会。中国申博、筹博、办博的过程,也是提高全民族科学文化素质、提升全社会文明水平的过程。通过世博会,我们放眼世界,也审视自己。促进国民教育,提高科学素养,焕发创新能力,普通民众将"拥有改变未来的力量"。抓住世博机遇,促进科学发展,最大限度地把举办世博会带来的无形资源转化为推动经济社会发展的现实优势,上海的发展、中国的发展都会迈上一个新的水平——世博会将让我们的明天更加美好。

举办世博会,不仅是上海的大事,也是中国的大事;办好世博会,不仅是中国的责任,也是世界的期待。"我们不仅要举全国之力,而且要集世界智慧,确保上海世博会取得成功",国家主席胡锦涛的承诺掷地有声。感谢广大上海市民为举办世博会付出的辛勤努力,感谢全国人民对上海世博会的大力支持,感谢各参展方的热情参与,上海世博会一定是一届成功、精彩、难忘的世博会。

祝上海世博会圆满成功。

(2010年4月30日)

我国社会主义民主法制建设史上的重要里程碑

新年伊始，世界再次瞩目中国。这次见证的不仅有中国经济社会发展的新奇迹，更有中国特色社会主义民主法制建设的新跨越。

在中国共产党的正确领导下，经过各方面坚持不懈的共同努力，我国立法工作取得了举世瞩目的巨大成就：一个立足中国国情和实际、适应改革开放和社会主义现代化建设需要、集中体现党和人民意志的，以宪法为统帅，以宪法相关法、民法商法等多个法律部门的法律为主干，由法律、行政法规、地方性法规等多个层次的法律规范构成的中国特色社会主义法律体系已经形成，国家经济建设、政治建设、文化建设、社会建设以及生态文明建设的各个方面实现有法可依。

形成中国特色社会主义法律体系，具有重大的现实意义和深远的历史意义。坚持依法治国、建设社会主义法治国家，是党领导人民治理国家的基本方略，是发展社会主义市场经济的客观需要，是社会文明进步的重要标志，是国家长治久安的重要保障。依法治国的前提是有法可依。中国特色社会主义法律体系是中国特色社会主义永葆本色的法制根基，是中国特色社会主义创新实践的法制体现，是中国特色社会主义兴旺发达的法制保障，从制度上、法律上确保国家永远沿着中国特色社会主义的正确方向奋勇前进，推动我国社会主义制度不断自我完善和发展，为建设富强民主文明和谐的社会主义现代化国家、实现中华民族伟大复兴奠定了坚实的法制基础。中国特色社会主义法律体系的形成，是我国社会主义民主法制建设史上的重要里程碑，必将为建设社会主义法治国家提供有力保障，为中国特色社会主义伟大事业提供强大动力。

历尽天华成此景，人间万事出艰辛。中国特色社会主义法律体系的形成，是新中国成立以来特别是改革开放30多年来，中国共产党领导亿万人民发展社会主义民主、健全社会主义法制取得的重大成果，其立法任务之重世所罕见,克服困难之多前所未有。从新中国成立初期制定《共同纲领》和新中国第一部宪法,为中国特色社会主义法律体系形成奠定基石,到实行改革开放历史性决策的同时把加强社会主义民主法制建设作为坚定不移的方针加以确定;从党的十五大提出依法治国,建设社会主义法治国家的基本方略,提出形成中国特色社会主义法律体系的立法目标,到十六大以来全面实施依法治国方略,开创社会主义民主法制建设的新局面,中国特色社会主义法律体系的形成,凝聚着几代中央领导集体的心血,闪耀着几代立法工作者的智慧,寄托着几代中国人的期望。

我们用几十年的时间走过了西方国家用了几百年走完的路,形成了中国特色的社会主义法律体系,经验弥足珍贵。中国特色社会主义法律体系的形成,靠的是我们在立法工作中坚持党的领导,服从服务于党和国家工作大局,使党的主张经过法定程序成为国家意志,成为全社会一体遵循的行为规范和准则;靠的是我们坚持以中国特色社会主义理论体系为指导,以此统一思想认识、确定立法思路;靠的是我们始终坚持从中国国情和实际出发,既注意借鉴国外的有益之处,又不简单照搬照抄;靠的是我们坚持以人为本、立法为民,体现人民共同意志、保障人民当家作主、维护人民根本利益;靠的是我们坚持维护社会主义法制的统一,维护宪法作为国家根本法的权威地位,坚决维护宪法和法律的尊严,促进法律体系的科学和谐统一。

中国特色社会主义法律体系的形成,标志着我国立法工作站在了新的起点上。社会实践永无止境,立法工作要不断推进。建设中国特色社会主义是一项长期的历史任务,实现党的十七大提出的不断完善中国特色社会主义法律体系的要求也是一项长期的历史任务。立法任务依然艰巨而繁重,立法工作只能加强不能削弱。我们必须坚持以邓小平理论和"三个代表"重要思想为指导,深入贯彻落实科学发展观,适应经济社会发展和社会主义民主法制建设的需要,进一步加强立法工作,创新立法工作思路,完善立法工作机制,加强立法工作机构和队伍建设,不断提高立法工作的质量和水平。要把修改完善法律和制定配套法规摆在更加突出位置,在科学立法、民主立法方面迈出新步伐,推动中国特色社会主义法律体系的与时俱进和发展完善。

法律的生命力在于实施。法律体系的形成,对法律的实施提出了更高要求。我们必须采取积极有效措施,切实保障宪法和法律的有效实施,坚持公民在法律面前一律平等,维护宪法和法律的尊严与权威;我们必须始终坚持依法行政和公正司法,实现国家各项工作法治化,维护社会公平正义,切实保障人民的经济、政治、文化和社会权益；我们必须进一步增强全社会的法律意识和法治观念，让法治的种子根植于广大人民心中，形成人人学法守法用法的社会氛围。

　　形成中国特色社会主义法律体系来之不易，完善中国特色社会主义法律体系任重道远。我们要在以胡锦涛同志为总书记的党中央领导下，高举中国特色社会主义理论伟大旗帜，坚定不移地走中国特色社会主义发展道路，在新的历史起点上开拓进取，在完善法律体系上实现新进展，在法律实施上取得新成效，为建设社会主义法治国家、全面建成小康社会作出新的更大的贡献！

（2011年1月26日）

为中华民族伟大复兴而共同奋斗

——纪念辛亥革命一百周年

历史是一面镜子,也是一部教科书。从1911年秋天武昌城头震惊世界的一声枪响,到今天中国大地日新月异的现代化图景,辛亥革命以来的百年巨变,蕴含丰富历史启示,具有深刻现实意义,标明了走向未来的前进方向。

胡锦涛总书记在纪念辛亥革命100周年大会上的讲话,站在振兴中华、民族复兴的高度,回顾百年波澜壮阔历程,深切缅怀孙中山先生等辛亥革命先驱的历史功勋和崇高精神,高度评价辛亥革命的伟大功绩,深刻阐述辛亥革命在民族复兴进程中的重大意义,深情展望中华民族伟大复兴的光明前景,必将极大地激励海内外中华儿女为实现中华民族伟大复兴而共同奋斗。

"亟拯斯民于水火,切扶大厦之将倾。"辛亥革命推翻了清王朝统治,结束了中国几千年的君主专制制度,传播了民主共和理念,开创了完全意义上的近代民族民主革命,以巨大的震撼力和深刻的影响力开启了中国前所未有的社会变革。百年回眸,我们更加真切地认识到,辛亥革命打开了中国进步潮流的闸门,为中华民族发展进步探索了道路,永远是民族复兴伟大征程上一座巍然屹立的里程碑。

以辛亥革命为起点,作为孙中山先生开创的革命事业最坚定的支持者、最亲密的合作者、最忠实的继承者,中国共产党人带领中国人民继续奋斗,夺取了新民主主义革命的胜利,建立了人民当家作主的中华人民共和国,完成了从新民主主义到社会主义的转变,开展了大规模社会主义建设,推进了改革开放和社会主义现代化伟大事业。

从危亡到复兴,从古老到现代,从封闭到开放……中国共产党成立90年来、新中国成立60多年来、改革开放30多年来,中国共产党和中国人民始终没有忘记孙中山先生和辛亥革命先驱,学习和弘扬其"吾志所向,一往无前,愈挫愈奋,再接再厉"的奋斗精神,继承和推进其现代化国家理想,完成了近代以来中国人民和无数仁人志士梦寐以求的民族独立、人民解放的历史任务，开启了中华民族发展进步的历史新纪元，取得了举世瞩目的现代化建设成就，谱写了中国发展的辉煌篇章。孙中山先生振兴中华的深切夙愿，辛亥革命先驱的美好憧憬，今天已经或正在成为现实，中华民族伟大复兴展现出前所未有的光明前景。

百年来的探索与奋斗、苦难与辉煌，无不向我们昭示着这些基本历史结论：实现中华民族伟大复兴，必须坚定不移高举中国特色社会主义伟大旗帜，牢牢坚持中国共产党的领导，坚持和拓展中国特色社会主义道路，坚持和丰富中国特色社会主义理论体系，坚持和完善中国特色社会主义制度，才能沿着正确道路顺利前进；必须坚定不移高举爱国主义伟大旗帜，大力弘扬爱国主义精神，巩固和加强全国各族人民的大团结、海内外中华儿女的大团结，才能广泛凝聚中华民族一切智慧和力量共同奋斗；必须坚定不移高举和平、发展、合作旗帜，坚持走和平发展道路，坚持实施互利共赢的开放战略，才能创造和平的国际环境，同各国人民一道推动建设持久和平、共同繁荣的和谐世界，努力为人类作出新的更大贡献。

站在辛亥革命百年的历史新起点上，我们更加清醒地认识到，中国的现代化达到了前所未有的高度，但我国仍处于并将长期处于社会主义初级阶段的基本国情没有变，我们距离富强民主文明和谐的社会主义现代化国家的目标仍有不小差距，实现中华民族伟大复兴依然任重道远。我们一定要紧紧抓住并切实用好我国发展的重要战略机遇期，以马克思列宁主义、毛泽东思想、邓小平理论和"三个代表"重要思想为指导，深入贯彻落实科学发展观，继续解放思想，坚持改革开放，推动科学发展，促进社会和谐，更加奋发有为地推进现代化事业。

回首百年历程，我们更加深切地感受到，两岸同胞是血脉相连的命运共同体，两岸中国人面临着共同繁荣发展、共谋中华民族伟大复兴的历史机遇，两岸关系和平发展已成为中华民族伟大复兴的重要组成部分。以和平方式实现统一，符合包括台湾同胞在内的全体中国人的根本利益，是中华儿女的共同愿景。

历经百年奋斗，中华民族的伟大复兴已经成为不可逆转、不可阻挡的发展趋势。面向未来，全体中华儿女应当更加紧密地携起手来，汇聚在民族复兴旗帜下，砥砺奋斗精神，共绘发展蓝图，共襄振兴大业，努力作出无愧于孙中山先生和辛亥革命先驱、无愧于我们伟大民族的历史贡献。

（2011年10月10日）

探索太空的中国丰碑

——热烈祝贺首次载人交会对接圆满成功

6月29日10时03分，搭载三名航天员的神舟九号飞船安全着陆，我国首次载人交会对接任务取得圆满成功。我们谨向参加这次任务的科技工作者、干部职工和解放军指战员表示热烈的祝贺，向英雄的航天员表示诚挚的慰问。

首次载人交会对接任务的圆满成功，是我国载人航天事业发展史上的又一重要里程碑，实现了我国空间交会对接技术的又一重大突破，标志着我国载人航天工程第二步战略取得了具有决定性意义的重要进展，我国因此成为世界上第三个完全掌握载人交会对接技术的国家。这是中国人民攀登世界科技高峰取得的新胜利，是中华民族为人类探索利用外层空间作出的又一卓越贡献，不仅有利于增强我国综合国力，提高科技创新水平，也有利于振奋民族精神，鼓舞和激励全党全国各族人民夺取全面建设小康社会新胜利。

作为载人航天工程第二步发展战略的关键性步骤，首次载人交会对接安全保障任务重，新技术多，验证难度大，对组织实施提出了更高要求。在党中央、国务院、中央军委科学决策和正确领导下，广大航天工作者以勇攀高峰的昂扬斗志、严谨细致的科学作风、沉着冷静的良好心态、顾全大局的协作精神，成功突破航天员手控交会对接、航天员访问在轨飞行器、女航天员首次太空飞行、航天员太空生活保障等一系列关键技术，圆满实现了"准确进入轨道、精确操控对接、稳定组合运行、安全健康返回"的目标，为自主建设长期有人照料的空间站奠定了坚实基础。全体航天人建立的丰功伟绩将彪炳史册，祖国和人民将永远铭记。

科技是第一生产力。提高自主创新能力是提高我国科技水平，加快转变经济发展方式的根本途径。提高自主创新能力，既要面向经济主战场，加快应用科技研究，为技术进步、产业升级、改善民生提供可靠技术支撑，又要瞄准世界尖端科技，加强高新技术研究，攀登科技高峰，推动战略性新兴产业发展,为增强综合国力、促进经济社会可持续发展提供强大科技后盾。当今世界,科技进步日新月异,新的科技革命正在孕育,主要发达国家正在抢占新的科技制高点。激流勇进,不进则退。只有加快自主创新,坚持创新驱动发展,才能在科技竞争中赢得主动,才能实现经济社会持续健康发展。

创新无止境,登攀再奋力。让我们紧密团结在以胡锦涛同志为总书记的党中央周围,深入贯彻落实科学发展观,大力弘扬"两弹一星"精神和载人航天精神,继续推动我国航天事业跨越发展,以优异成绩迎接十八大的胜利召开,为实现中华民族伟大复兴而奋斗。

(2012年6月30日)

夺取中国特色社会主义新胜利

——热烈祝贺中国共产党第十八次全国代表大会开幕

每当历史发展的关键时刻,我们党都会集中全党全国各族人民的智慧,为党和国家事业的发展指明前进的方向。承载着亿万人民的殷切期待,肩负着继往开来的历史使命,中国共产党第十八次全国代表大会今天在北京隆重开幕,党和国家的奋斗历程将由此翻开新的一页。

党的十八大是在全面建设小康社会关键时期和深化改革开放、加快转变经济发展方式攻坚时期召开的一次十分重要的大会。大会将高举中国特色社会主义伟大旗帜,以邓小平理论和"三个代表"重要思想为指导,深入贯彻落实科学发展观,解放思想,改革开放,凝聚力量,攻坚克难,坚定不移沿着中国特色社会主义道路前进,为全面建成小康社会而奋斗。开好党的十八大,对于我们党团结带领全国各族人民,继续全面建设小康社会,加快推进社会主义现代化,开创中国特色社会主义事业新局面,必将产生重大而深远的影响。

党的十六大以来,我们走过的路很不平坦,我国经济社会发展进程极不平凡。这10年,国际形势风云变幻,国内改革发展稳定任务繁重。以胡锦涛同志为总书记的党中央团结带领全国各族人民,紧紧抓住和用好我国发展的重要战略机遇期,战胜一系列严峻挑战,全面推进社会主义经济、政治、文化、社会建设以及生态文明建设和党的建设,经济总量从世界第六跃升到世界第二,社会生产力、经济实力、科技实力上了一个大台阶,人民生活水平、居民收入水平、社会保障水平上了一个大台阶,综合国力、国际竞争力、国际影响力上了一个大台阶,向历史交出了一份令人振奋的精彩答卷。10年来我们取得的一系列新的历史性成就,彰显了中国特色社会主义的优越性和生命力,增强了中国人民和中华民族的自豪感和凝聚力,为全面建成小康社会打下了坚实基础。

综观这10年,我们之所以能取得这样的历史性成就和进步,最重要的就是勇于推进实践基础上的理论创新，形成和贯彻了科学发展观，为全面建设小康社会、加快推进社会主义现代化提供了有力指导。科学发展观站在历史和时代的高度，围绕坚持和发展中国特色社会主义这一主题，以一系列新思想、新观点、新论断，科学回答了新形势下实现什么样的发展、怎样发展等重大问题，是中国特色社会主义理论体系的最新成果，是指导党和国家全部工作的强大思想武器，开辟了中国特色社会主义道路的新境界。

回望1840年以来中国的苦难与辉煌，回望90多年来党和人民的奋斗和创造，回望改革开放30多年来的探索和实践，我们深刻体会到，中国特色社会主义是引领当代中国一切发展进步的伟大旗帜，中国特色社会主义道路是实现现代化、实现民族伟大复兴的必由之路。这条道路使我们创造了世人瞩目的发展奇迹。在新的历史征程上，无论形势如何变化、环境如何复杂，毫不动摇地沿着这条道路奋勇前进，不为任何风险所惧、不为任何干扰所惑，我们就一定能够奋力开拓中国特色社会主义更为广阔的前景。

历史雄辩地证明，中国共产党是中国人民的主心骨，是中华民族的中流砥柱，是战胜一切艰难险阻的坚强领导核心。办好中国的事情，实现现代化，实现人民福祉，实现民族复兴，关键在党。肩负8000多万党员和13亿人民的期望和重托，来自全国各地的2200多名代表，当以高度的政治责任感和历史使命感，着眼于党和国家事业发展大局，发扬民主、畅所欲言，党的十八大就一定能开成高举旗帜、继往开来、团结奋进的大会，并载入党和国家的光辉史册。

预祝大会圆满成功！

（2012年11月8日）

担当历史使命的坚强领导集体

中国共产党第十八次全国代表大会选举产生了新一届中央委员会，党的十八届一中全会选举产生了新的中央领导机构，一批德才兼备、年富力强的领导干部进入新一届中央委员会和中央领导机构。选举结果体现了全党意志，反映了全国各族人民心愿，表明了我们党兴旺发达、充满朝气、富有活力。

党的十六大以来，以胡锦涛同志为总书记的党中央，高举中国特色社会主义伟大旗帜，团结带领全党全国各族人民，紧紧抓住和用好我国发展的重要战略机遇期，战胜一系列重大挑战，经受住各种严峻考验，取得了来之不易的历史性成就，为全面建成小康社会打下了坚实基础，奋力把中国特色社会主义推进到新的发展阶段，赢得了全党全国各族人民高度信任和衷心拥护。现在，为了党和人民事业继往开来，为了推进党的领导层新老交替，他们中的许多同志带头从党中央领导岗位上退下来，表现了共产党人的宽阔胸怀，表现了对党和人民事业的无比忠诚。此时此刻，全党同志满怀深情，向胡锦涛同志，向其他退下来的领导同志，表示衷心的感谢和崇高的敬意！全党同志深信，以习近平同志为总书记的党中央，一定会团结带领全国各族人民，高举中国特色社会主义伟大旗帜，以邓小平理论、"三个代表"重要思想、科学发展观为指导，牢记人民信任和重托，更加奋发有为、兢兢业业地工作，继续推动科学发展、促进社会和谐，继续改善人民生活、增进人民福祉，坚定不移沿着中国特色社会主义道路前进，为全面建成小康社会而奋斗，完成时代赋予的光荣而艰巨的任务。

实现我国社会主义现代化，实现中华民族伟大复兴，关键在党。推进党和国家事业不断向前发展，担当好党的历史使命，必须有正确理论和大政方针的指引，必须有一个坚强团结有力的领导集体。党的十八大坚定地向党内外、国内外宣示了我们党将举什么旗、走什么路、以什么样的精神状态、朝着什么样的目标继续前进,科学制定了适应时代要求和人民愿望的大政方针和行动纲领,把科学发展观同马克思列宁主义、毛泽东思想、邓小平理论、"三个代表"重要思想一道,确立为党必须长期坚持的指导思想,这对于我们党团结带领亿万人民实现三大历史任务、完成党的执政使命具有重大而深远的意义。党的十八大和十八届一中全会的胜利召开,为党和国家事业发展指明了前进方向,为我们党继续带领全国各族人民团结奋斗奠定了重要思想政治基础,为担当历史使命提供了坚强组织保证,充分表明,中国共产党是一个坚定成熟、团结和谐、开拓创新、永葆先进的马克思主义执政党。

中国特色社会主义是前无古人的壮丽事业,在这条道路上我们已经取得了改革开放和现代化建设的巨大成就,我们还将坚定不移沿着这条道路前进,实现中华民族伟大复兴。在新的征程上,我们的责任更大,担子更重,必须以更加坚定的信念、更加顽强的努力,夺取中国特色社会主义新胜利。让我们紧密团结在党中央周围,高举中国特色社会主义伟大旗帜,全面贯彻落实党的十八大精神,解放思想,改革开放,凝聚力量,攻坚克难,在党和人民创造性实践中奋力开拓中国特色社会主义更为广阔的发展前景,共同创造中国人民和中华民族更加幸福美好的未来。

(2012年11月16日)

始终保持与人民的血肉联系

"党的根基在人民、血脉在人民、力量在人民","加强和改进党的作风建设,核心问题是保持党同人民群众的血肉联系"。

按照党的十八大部署,以为民务实清廉为主要内容的党的群众路线教育实践活动,即将在全党深入展开。在中央召开的党的群众路线教育实践活动工作会议上,习近平总书记站在我们党90多年光辉历史和实现中华民族伟大复兴中国梦的高度,深刻阐释了党的群众路线教育实践活动的深远意义,指明了开展这一教育实践活动的指导思想与目标要求。讲话思想深邃、鞭辟入里,有很强的指导性和针对性,是我们党在新时期坚持群众路线的重要遵循,是新形势下做好群众工作的科学指南。

执政党的党风关系党和国家生死存亡,马克思主义执政党的最大危险就是脱离群众。这些年来,从整党到"三讲"教育,从保持共产党员先进性教育到深入学习实践科学发展观活动,我们党高度重视作风建设、一贯要求从严治党。党的群众路线教育实践活动,正是我们党在新形势下坚持党要管党、从严治党的重大决策,是顺应群众期盼、加强学习型服务型创新型马克思主义执政党建设的重大部署,是推进中国特色社会主义的重大举措。

一切为了群众、一切依靠群众,从群众中来、到群众中去,集中起来、坚持下去。这样的群众路线,是党的生命线和根本工作路线。人民群众曾经用小米哺育延安革命根据地、用小车推出中国革命的胜利、用手印开启改革开放的进程,正是因为始终保持与人民群众血肉联系,我们的事业才赢得了人民的支持、参与和拥戴,才能够战胜世所罕见的风险考验,取得举世瞩目的伟大成就。

今天,我们站在关键的历史节点、全新的发展起点。"两个100年"的奋斗目标前景可期,民族复兴的中国梦曙光在前。世情国情党情的深刻变化,让党群干群关系面临新的严峻考验。党内脱离群众的现象还大量存在,形式主义、官僚主义、享乐主义和奢靡之风这"四风",不仅损害了党在人民群众中的形象,更损害了党群干群关系。面对前所未有的风险和挑战,坚持群众路线、密切联系群众,是实现党的十八大确定的奋斗目标的必然要求,是保持党的先进性和纯洁性、巩固党的执政基础和执政地位的必然要求,是解决群众反映强烈的突出问题的必然要求。

如何开展群众路线教育实践活动?牢牢把握作风建设这个主要任务,才能对准焦距、找准穴位、抓住要害,集中解决"四风"问题。认真贯彻"照镜子、正衣冠、洗洗澡、治治病"的总要求,才能真正实现自我净化、自我完善、自我革新、自我提高。在态度上,要以整风精神开展批评和自我批评,抛开面子、动真碰硬、触动灵魂。在步骤上,要坚持领导带头,力争认识高一层、学习深一步、实践先一着、剖析解决突出问题好一筹。在方法上,要注重建立长效机制,制定新的制度、完善已有制度,经常抓、长期抓。力戒形式主义,做到"不虚";解决突出问题,做到"不空";紧紧围绕主旨,做到"不偏",真正击中痛处、打在点上,这一活动才能取得实效、获得长效。

"求木之长,必固其根。欲流之远,必浚其源。"十八大以来,以习近平同志为总书记的党中央力倡改进作风、密切联系群众,身体力行,率先垂范,为开展党的群众路线教育实践活动树立了榜样。现在,中央又对这项活动作出了全面部署,第一批教育实践活动就要开始了,任务艰巨、责任重大,全党同志特别是各级领导干部一定要深刻领会、积极参与、扎实推进,以优良作风把人民紧紧凝聚在一起,与人民心心相印、与人民同甘共苦、与人民团结奋斗,为实现中华民族伟大复兴的中国梦汇聚起磅礴力量。

(2013年6月19日)

让改革旗帜在中国道路上飘扬

1978年以来,每一次三中全会都是一座改革的历史航标。在万众瞩目与期盼中,党的十八届三中全会胜利闭幕了。中国的改革站在了新的历史起点上。

这次会议,是在我国改革开放新的重要关头召开的一次重要会议。全会听取和讨论了习近平同志受中央政治局委托作的工作报告,审议通过了《中共中央关于全面深化改革若干重大问题的决定》。这次会议的召开,是我们党坚持以邓小平理论、"三个代表"重要思想、科学发展观为指导,在新形势下坚定不移贯彻党的基本路线、基本纲领、基本经验、基本要求,坚定不移高举改革开放大旗的重要宣示和重要体现,是全面深化改革的又一次总部署、总动员,必将对推动中国特色社会主义事业产生重大而深远的影响。

全会高度评价了党的十八大以来中央政治局的工作。一致认为,面对十分复杂的国际形势和艰巨繁重的国内改革发展任务,以习近平同志为总书记的党中央团结带领全党全军全国各族人民,坚持稳中求进的工作总基调,着力稳增长、调结构、促改革,沉着应对各种风险挑战,全面推进社会主义经济建设、政治建设、文化建设、社会建设、生态文明建设,全面推进党的建设新的伟大工程,扎实推进党的群众路线教育实践活动,各项工作取得新进展,推动发展成果更多更公平惠及全体人民,实现了贯彻落实党的十八大精神第一年的良好开局。

改革开放是决定当代中国命运的关键抉择。从党的十一届三中全会作出把党和国家工作重心转移到经济建设上来,实行改革开放的历史性决策以来,中国人民的面貌、社会主义中国的面貌、中国共产党的面貌能发生如此深刻的变化,我国能在国际社会赢得举足轻重的地位,靠的就是坚持不懈推进改革开放。全会通过的《中共中央关于全面深化改革若干重大问题的决定》,深刻剖析了我国改革发展稳定面临的重大理论和实践问题,阐明了全面深化改革的重大意义和未来方向，提出了全面深化改革的指导思想、目标任务、重大原则，描绘了全面深化改革的新蓝图、新愿景、新目标，合理布局了深化改革的战略重点、优先顺序、主攻方向、工作机制、推进方式和时间表、路线图，汇集了全面深化改革的新思想、新论断、新举措，形成了改革理论和政策的一系列重大突破，是我们党在新的历史起点上全面深化改革的科学指南和行动纲领。

全面深化改革的总目标，是完善和发展中国特色社会主义制度，推进国家治理体系和治理能力现代化。《决定》确立这个总目标，深刻表明了改革的鲜明性质和根本任务。改革开放的旗帜必须高高举起，中国特色社会主义道路的正确方向必须牢牢坚持。

全面深化改革是关系党和国家事业发展全局的重大战略部署，不是某个领域某个方面的单项改革。紧紧围绕使市场在资源配置中起决定性作用深化经济体制改革，紧紧围绕坚持党的领导、人民当家作主、依法治国有机统一深化政治体制改革，紧紧围绕建设社会主义核心价值体系、社会主义文化强国深化文化体制改革，紧紧围绕更好保障和改善民生、促进社会公平正义深化社会体制改革，紧紧围绕建设美丽中国深化生态文明体制改革，紧紧围绕提高科学执政、民主执政、依法执政水平深化党的建设制度改革。这"六个紧紧围绕"，既冲破思想观念的障碍，又突破利益固化的樊篱，体现了改革的系统性、整体性、协同性，必将使一切劳动、知识、技术、管理、资本的活力竞相迸发，使一切创造社会财富的源泉充分涌流，使发展成果更多更公平惠及全体人民。

经济体制改革是全面深化改革的重点，核心是处理好政府和市场的关系，使市场在资源配置中发挥决定性作用和更好发挥政府作用，这是《决定》提出的一个重大理论观点。发挥经济体制改革的牵引作用，推动生产关系同生产力、上层建筑和经济基础相适应，推动经济社会持续快速健康发展，这一鲜明思路，体现了我国长期处于社会主义初级阶段这个最大实际，也契合发展仍是解决我国所有问题的关键这个重大战略判断。

改革先易后难，更要攻坚克难；改革由问题倒逼产生，又在不断解决问题中得以深化。《决定》以当前亟待解决的重大问题为提领，具体部署了全面深化改革的主要任务和重大举措：坚持和完善基本经济制度，加快完善现代市场体系，加快转变政府职能，深化财税体制改革，健全城乡发展一体化体制机制，构建开放型经济新体制，加强社会主义民主政治制度建设，推进法治中国建设，强化权力运行制约和监督体系，推进文化体制机制创新，推进社会事业改革创新，创新社会治理体制，加快生态文明制度建设，深化国防和军队改革。坚定改革信心，以更大的政治勇气和智慧、更有力的措施和办法推进改革，我们必将能够到 2020 年在重要领域和关键环节改革上取得决定性成果。可以说，十八届三中全会《决定》的目标完成之日，也就是全面建成小康社会的实现之时。到那个时候，中国的面貌必将发生新的历史性变化，中国特色社会主义事业必将呈现出更加广阔的前景。

改革开放是我们党在新的时代条件下带领全国各族人民进行的新的伟大革命，是当代中国最鲜明的特色。发展中国特色社会主义是一项长期的艰巨的历史任务。贯彻党的十八届三中全会精神，全面深化改革开放，就是我们在发展中国特色社会主义进程中，进行的一场具有新的历史特点的伟大斗争。"惟其艰难，才更显勇毅；惟其笃行，才弥足珍贵。"让我们紧密团结在以习近平同志为总书记的党中央周围，锐意进取，攻坚克难，谱写改革开放伟大事业历史新篇章，为全面建成小康社会、不断夺取中国特色社会主义新胜利、实现中华民族伟大复兴的中国梦而奋斗！

（2013 年 11 月 13 日）

塑造共同的宪法信仰

今天，我们迎来了第一个国家宪法日。中共中央总书记、国家主席、中央军委主席习近平作出重要指示，强调"宪法是国家的根本法，是治国安邦的总章程，是党和人民意志的集中体现，具有最高的法律地位、法律权威、法律效力"。设立国家宪法日，在全社会普遍开展宪法教育、弘扬宪法精神，必将进一步增强全民法治观念，为法治中国的进程再添新动力。

宪法乃九鼎重器。近百年来，中国曾经为寻找一部适合自己民族的宪法而上下求索。我国现行宪法是1982年公布施行的，源头可以追溯到1949年的"共同纲领"和1954年宪法，其后经历过四次重要修正。回顾历史可以发现，我国宪法制度的确立和发展，同党和人民进行的艰苦奋斗和创造的辉煌成就紧密相连，同党和人民开辟的前进道路和积累的宝贵经验紧密相连。

宪法以国家根本法的形式反映了党带领人民进行革命、建设、改革取得的成果，确立了中国共产党的领导地位。现行宪法施行30多年来，以其至上的法治地位和强大的法治力量，为推进我国改革开放和社会主义现代化建设事业保驾护航。全面深化改革、确保人民安居乐业、实现中华民族伟大复兴，都离不开宪法的保障作用。实践证明，我国宪法是符合国情、符合实际、符合时代发展要求的好宪法，是我们国家和人民经受住各种困难和风险考验、始终沿着中国特色社会主义道路前进的根本法制保证。维护宪法权威，就是维护党和人民共同奋斗的成果；捍卫宪法尊严，就是捍卫党和人民的共同意志；保证宪法实施，就是保证亿万人民幸福生活的实现；弘扬宪法精神，就是要让"依宪治国"从观念力量转化为推动社会发展进步的现实动力。

坚持依法治国首先要坚持依宪治国，坚持依法执政首先要坚持依宪执政。坚持党的领导、人民当家作主、依法治国有机统一，坚定不移走中国特色社会主义法治道路，必须坚决维护宪法法律权威。宪法是公民权利的保障书，也是政治生活的教科书。我国宪法规定了国家机关的组织体系、职责权限和行为标准,确立了国家权力的分工和相互监督机制。保障和规范国家公权力的良好运行,加强对公权力的有效监督,需要熟悉宪法。各级国家机关工作人员特别是领导干部,更应当带头学好宪法,遵守宪法,真正把宪法作为根本活动准则。

宪法的生命在于实施。让宪法通过实施获得活的生命,使宪法真正成为塑造人们行为和观念的力量,才能真正实现宪法目的、彰显宪法价值。需要看到,目前我们的宪法实施监督机制还不健全,有法不依、执法不严、违法不究现象在一些地方和部门依然存在,公民包括一些领导干部的宪法意识还有待进一步增强。国家宪法日的设立,就是要让每个人奉宪法为准绳,通过有效的宪法实施,让宪法和宪法精神深入人心,成为全体人民的共同信仰。党领导人民制定宪法和法律,党领导人民执行宪法和法律,党自身必须在宪法和法律范围内活动。任何组织和个人都不得有超越宪法的特权,一切违反宪法的行为都必须予以追究。

"宪法者,政府之构成法,人民之保证书也。"当前,我们面临的改革发展稳定任务之重前所未有、矛盾风险挑战之多前所未有,国家治理必须依靠法制的统一、尊严和权威。作为法律秩序中的最高规范,宪法是社会整合的基本依托,是凝聚社会力量的坚实载体。以设立国家宪法日为契机,深入开展宪法宣传教育,推动全面贯彻实施宪法,必能在更高层次上促进社会公平正义、增进人民福祉,为推进国家治理现代化提供最根本的秩序保障与制度规范,更好发挥宪法在全面建成小康社会、全面深化改革、全面推进依法治国中的重大作用。

(2014年12月4日)

主动适应新常态　奋力开创新局面

刚刚闭幕的中央经济工作会议,是党的十八届四中全会之后中央召开的一次重要会议。会议深入分析国际国内经济形势,认真总结今年经济工作,全面部署明年经济工作,尤其是对经济发展新常态作出系统性阐述,提出要认识新常态,适应新常态,引领新常态。这对于坚定信心、凝聚共识,做好明年和今后一个时期的经济工作,具有重大而深远的意义。

今年以来,国际环境复杂多变,国内改革发展任务艰巨繁重。面对种种困难与挑战,以习近平同志为总书记的党中央统揽全局,沉着应对,牢牢把握发展大势,坚持稳中求进,全面深化改革,创新宏观调控思路和方式,实现经济社会持续稳步发展。全年经济运行处在合理区间,结构调整出现积极变化,深化改革开放取得重大进展,人民生活水平持续提高。

当前,我国已经进入经济发展新常态。面对新常态,既要深化理解,统一认识,又要坚持发展,主动作为。如此,才能顺应经济发展大势,与时俱进抓好经济工作。

新常态要有新认识。持续30多年高速增长后,需求、生产能力和产业组织方式、生产要素相对优势、市场竞争特点、资源环境约束、经济风险积累与化解、资源配置模式和宏观调控方式等已发生趋势性变化。随着发展进入新常态,增长速度正从高速转向中高速,发展方式正从规模速度型粗放增长转向质量效率型集约增长,结构调整正从增量扩能为主转向存量与增量并存的深度调整,发展动力正从传统增长点转向新增长点。当前和今后一个时期,要把思想和行动统一到中央对新常态的认识和判断上来,提高对新常态的认识,增强加快转变发展方式的自觉性。这是做好经济工作的前提。

新常态要有新思路。要充分认识到新常态下发展条件的变化,把转方式调结构放在更加重要的位置,以提高经济发展的质量和效益为中心,大力推进经济结构战略性调整。要更加重视满足人民需要,更加重视市场和消费心理分析，更加重视引导社会预期，更加重视加强产权和知识产权保护，更加重视发挥企业家才能，更加重视全面创新，更加重视提高人力资本素质，更加重视生态文明。能不能适应新常态，关键在于全面深化改革的实效，关键在于全面改革的力度、创新驱动的力度、破解难题的力度。因此，必须转变思路，勇于开拓，大刀阔斧改革创新，加快转变发展方式，切实转换发展动力。

新常态要有新作为。适应新常态，贵在主动。主动才能把握先机，主动才能大有作为。做好明年的经济工作，必须坚持稳中求进工作总基调，坚持以提高经济发展质量和效益为中心，狠抓改革攻坚，突出创新驱动。要努力实现经济稳定增长，保持宏观政策的连续性和稳定性，更有效率地发挥消费基础作用、投资关键作用和出口支撑作用，防范和化解风险。要积极发现培育新增长点，向结构调整要增长、要质量、要效益。要加快转变农业发展方式，大力调整优化农业结构。要优化经济发展空间格局，推进城镇化健康发展，推进节能减排和保护生态环境。要加强保障改善民生工作，做好就业和扶贫工作。

主动适应新常态，最重要的工作就是加快推进改革开放。今年是全面深化改革的第一年，各项改革积极有序推进，成为可圈可点的突出亮点。总体看，全面深化改革的态势已经形成，共识不断凝聚，效果正在显现。要坚定改革信心，加快推进经济体制改革，为经济社会发展提供好的制度安排。围绕发展中出现的问题推进改革，切实提高改革方案的质量，抓好改革措施落地。要完善扩大出口和增加进口政策，逐步实现国际收支基本平衡。明年是全面推进依法治国的开局之年，是全面深化改革的关键之年，也是全面完成"十二五"规划的收官之年，做好经济工作意义重大。全党要适应经济发展新常态，统一思想，埋头苦干，奋发有为，认真贯彻会议各项部署，努力开创经济社会发展新局面。

（2014年12月12日）

依法特赦彰显国家治理理念

今天,国家主席习近平签署主席特赦令,根据十二届全国人大常委会第十六次会议表决通过的全国人大常委会关于特赦部分服刑罪犯的决定,对依据2015年1月1日前人民法院作出的生效判决正在服刑、释放后不具有现实社会危险性的四类罪犯实行特赦。在纪念中国人民抗日战争暨世界反法西斯战争胜利70周年之际,特赦部分服刑罪犯,这是实施我国宪法所确定的特赦制度的一次重要实践,也是依法治国和以德治国有机结合的具体体现,具有重大的政治意义和法治意义。

特赦是国家依法对特定罪犯免除或减轻刑罚的制度,也是一项国际通行的人道主义制度。现代社会的特赦制度,具有缓和社会矛盾、救济刑法不足的刑事政策功能。世界上有60多个国家在宪法、刑法和其他一些单行法律中规定了特赦制度,一些重要的国际人权文件如《世界人权宣言》《公民权利和政治权利国际公约》中对特赦制度都有规定。

中国是世界上最早确立刑事赦免制度的国家之一。早在周代即有了赦罪的做法,至唐代已形成赦免制度。盛世赦罪被认为是中华文明的优良传统。新中国成立后,我国"五四"宪法对特赦制度作了明确规定。从1959年到1975年,全国人民代表大会常务委员会根据宪法先后作出过7次特赦决定。这7次特赦,圆满解决了历史遗留的战犯问题,化消极因素为积极因素,不仅得到社会各界的广泛支持,更是得到了被特赦罪犯的感激和拥护,收到了良好的社会效果。

今天,中国人民在以习近平同志为总书记的党中央领导下,万众一心迈向实现民族复兴的伟大征程。这是这次特赦的时代背景。在全国各族人民抚今追昔,纪念抗战胜利、感受伟大祖国荣光的重要历史时刻,对四类罪犯予以特赦,必将产生积极而深远的影响。从国家层面看,展示了我们党的执政自信和制度自信,展现了我国开放、民主、文明、法治的大国形象。从依法治国和以德治国相结合的层面看，有利于弘扬依法治国的理念，体现慎刑恤囚的历史传统，形成维护宪法制度、尊重宪法权威的社会氛围。从实际效果看，可以激发人民群众的爱国热情，发挥特赦的感召效应，促进社会和谐稳定。

作为一个关系法治发展与社会进步的重大举措，此次特赦的作出、发布、执行，都强调严格依照宪法和法律规定办理，贯彻了全面依法治国的要求。一是突出纪念中国人民抗日战争暨世界反法西斯战争胜利70周年这个主题，体现国家对那些为民族独立和人民解放作出过历史性贡献但因失足而犯罪者予以特别宽宥的精神，而将年满七十五周岁、身体严重残疾且生活不能自理的服刑罪犯和未成年犯罪被判处轻刑或剩余刑期较短的服刑罪犯纳入特赦范围，则彰显了人道主义精神。二是突出特赦对象身份的不可攀比性、特赦条件的客观性，这是法治"确定性"的必然要求。三是遵循法治要从中国实际情况出发的原则，规定被特赦的罪犯必须符合释放后不具有现实社会危险性这一原则要求，同时，对犯贪污受贿犯罪、危害国家安全犯罪、恐怖活动犯罪、黑社会性质的组织犯罪、严重暴力性犯罪和有组织犯罪的主犯以及累犯等，不予特赦，充分考虑到了特赦效果、社会感受和人民群众的安全需要，充分考虑到了当前反腐败斗争的严峻复杂形势，也充分考虑到了维护国家政治安全的需要，体现了鲜明的法治精神。

在漫长的历史长河中，对罪犯的惩处与感化，向来相辅相成、相互促进。无论中国本土的政治智慧，还是现代社会的法治原则，都推崇一种宽仁与人道精神。以宪法为依据，以民主、法治为基本规则，以惩治与宽大相结合为价值导向，发挥特赦制度的独特作用，这必将为社会主义政治文明和法治文明拓展出新的领地，为中华民族伟大复兴凝聚更强大的力量。

（2015年8月30日）

凝聚和平与正义的磅礴力量

在历史的长河里，总有一些时刻如同恒久不灭的灯塔，照亮一个民族未来的航向。

70年前，中国人民经过艰苦卓绝的浴血奋战，打败了穷凶极恶的日本军国主义侵略者，赢得了近代以来中国反抗外敌入侵的第一次完全胜利。今天，在中国人民抗日战争暨世界反法西斯战争胜利70周年纪念日，我们以一场盛大的庆典重温一个民族的历史记忆，彰显一个国家的和平追求。

铿锵的步履、雄壮的乐曲，将人们的思绪拉回到那段家国破碎、山河喋血的岁月。6年局部抗战、8年全面抗战，神州大地烽火连绵，中国共产党如砥柱中流，支撑起全民族救亡图存的希望，引领着夺取战争胜利的正确方向。由中国共产党领导开辟的敌后战场和国民党组织的正面战场协力合作，形成了共同抗击日本侵略者的悲壮局面。在中国共产党倡导和推动建立的抗日民族统一战线旗帜下，千千万万中华儿女共御外侮，用鲜血和生命争取民族独立与世界和平，以"誓与山河共存亡"的坚定决心、"愿拼热血卫吾华"的不屈意志、"一寸河山一寸血"的巨大牺牲，将一次伟大胜利永远地写入中华民族的史册、人类和平的史册。

历史应该铭记，中华民族由衰弱走向复兴的转折点由此开启。日本军国主义的铁蹄未能摧毁薪火相传的中华文明，却激发出这个古老民族前所未有的觉醒与奋进。地无分南北，人无分老幼，亿万人民同仇敌忾，奏响了气壮山河的英雄壮歌，书写下可歌可泣的精神史诗，凝聚成坚如磐石的钢铁长城，让半殖民地半封建的中国社会激荡起救亡图存、奋勇自强的洪流巨浪，一个渡尽劫波的国度踏上了凤凰涅槃、浴火重生的新征程。

历史应该铭记，中国在现代世界的大国地位由此确立。中国人民抗日战争开辟了世界反法西斯战争的东方主战场，从一开始就具有拯救人类文明、保卫世界和平的重大意义。中国的不屈抵抗，率先顶住了法西斯势力猖狂的势头；中国的持久抗战，有力粉碎了法西斯势力合流的图谋。无论是世界反法西斯联盟的组建与巩固，还是以联合国为基础的国际秩序的设计与实现，中国始终是积极的参与者、构建者、维护者。中国人民赢得了世界爱好和平人民的尊敬，赢得了崇高的民族声誉，中国以负责任大国的形象登上了世界舞台。

"历史是最好的教科书，也是最好的清醒剂。"战争的苦难惨绝人寰，战争的记忆刻骨铭心，珍爱和平、维护和平，成为人类文明的最大公约数。然而，70年过去了，仍然有少数人无视历史事实，一再否认甚至美化侵略历史。忘记历史就意味着背叛，否认罪责就可能重蹈覆辙，这些倒行逆施不仅是对历史的公然藐视，是对国际秩序的公然破坏，更是对和平潮流的公然挑衅。

历史不会因时代变迁而褪色，事实也不会因巧舌抵赖而消失。我们重温历史，不是要沉溺于苦难和仇恨，而是为了让和平永驻、让正义长存。中国首次举行纪念中国人民抗日战争暨世界反法西斯战争胜利专场阅兵，就是要传递铭记历史、缅怀先烈、珍爱和平、开创未来的价值，同世界各国人民一起凝聚和平的共识。在70多年前的那场正义战争中，爱好和平与正义的人们携手并肩，共同抗击了有史以来最黑暗的邪恶力量。今天，世界各国更应树立命运共同体意识，将和平、进步、发展的主题写在人类共同栖息的这个星球。

70年前，我们确立了走向复兴的历史转折；如今，在走向复兴的征程中，我们开启了一次新的伟大进军。牢记由鲜血和生命铸就的中国人民抗日战争的伟大历史，牢记中国人民为维护民族独立和自由、捍卫祖国主权和尊严建立的伟大功勋，牢记中国人民为世界反法西斯战争胜利作出的伟大贡献，筑牢抗战记忆、弘扬抗战精神，我们就一定能用历史的火炬照亮未来的道路，在复兴之路上取得更大的胜利、收获更多的光荣。

（2015年9月3日）

永葆党的生机活力

——热烈庆祝中国共产党成立九十五周年

历史在千百万人的奋斗中展开壮阔画卷。今天,我们党迎来95岁的生日。走过95年峥嵘岁月,理想从未因时间流逝而变老,这个世界上规模最大的执政党久而弥坚,焕发着蓬勃生机。

太行山上新愚公李保国"最见不得老百姓受穷",燃烧自己只为乡亲们摆脱贫困;时代楷模邹碧华甘当"燃灯者",被誉为"活在身边的理想";航空英模罗阳"用生命托起战机",一直奋斗到最后一刻……95年过去,长征的血战、抗日的烽烟,化作发展的探索、改革的攻坚。李大钊、方志敏、焦裕禄、谷文昌心中那不灭的理想,在新一代人身上绽放。无数共产党员以执着追求与坚定行动,铸就时代的精神高地,汇聚成人民政党的磅礴力量。

中国共产党与中华民族的前途命运紧密相连。95年前,中国共产党人从民族危亡的困境出发,寻找中国人民通往幸福、中华民族走向复兴的道路。95年波澜壮阔,中华儿女在党的领导下开创了富强、民主、文明、和谐的光明前景。67年励精图治,一个曾经饱受屈辱的国家重新走上康庄大道。38年改革开放,我们离民族复兴的梦想从未如此之近。中国共产党团结带领人民在这片古老的土地上,书写了人类发展史上的壮丽史诗,一个生机盎然的社会主义中国巍然屹立在世界东方。历史充分证明,只有中国共产党,才能救中国;只有中国共产党,才能发展中国。

居安思危,安不忘危。如今,拥有8800多万名党员、执政近67年的中国共产党,早已不再是创始之初那个力量单薄的小党。然而我们党始终以强烈的忧患意识警醒自己、鞭策自己。直面"四大考验""四种危险",党的十八大以来,我们党将全面从严治党纳入"四个全面"战略布局,把严肃党内政治生活、净化党内政治生态摆在更加突出的位置来抓,以理想信念教育补足精神钙质,以严明政治纪律统一全党意志,以坚决惩治腐败保持肌体健康,以狠抓作风建设树立良好形象,一系列抓铁有痕的行动,为我们这个百年大党注入了新的生机活力,为深化改革开放、推进中国特色社会主义事业提供了有力保障。

今天的中国,正攀行在通向又一个高峰的最具挑战性的路上。到我们党成立一百年时,我们就要实现第一个百年奋斗目标、全面建成小康社会。一个民族的复兴与一个政党的发展,形成了跨越一个世纪的命运交织。激发走向百年政党的力量,推进民族复兴的征程,是我们这一代共产党人的历史使命。引领经济新常态、破除改革阻力、激发创新活力,哪一项都不是"愉快的郊游"。越是这样,就越要锻造更加坚强有力的领导核心,永葆人民政党的生机活力,激发走向未来的巨大力量。

走向未来,必须坚守信仰、不忘初心,铸造经得住任何考验的精神支柱。中华民族近一个世纪以来发愤图强的历史,也是共产主义理想在东方大地从理论走向实践的历史。正是凝聚在信仰的旗帜下,一代又一代共产党人舍生忘死、公而忘私,推动这个曾经山河破碎的国度走向独立、走向富强。"理想信念动摇是最危险的动摇,理想信念滑坡是最危险的滑坡。"习近平总书记多次强调,对马克思主义的信仰,对社会主义和共产主义的信念,是共产党人的政治灵魂,理想信念就是共产党人精神上的"钙"。保证思想不变质、信念不动摇,激发灵魂深处的伟力,用行动践行理想信念,我们党才能具备强大的真理力量与道义力量,为国家富强、民族振兴、人民幸福建立更大功勋。

走向未来,必须植根人民、团结奋斗,筑牢与人民群众生死相依的血肉联系。"最后一尺布用来缝军装,最后一碗米用来做军粮,最后的老棉袄盖在了担架上,最后的亲骨肉送他到战场。"这首当年的歌谣,见证了亿万人民是如何一心跟着共产党,铸就了国家的新生。人心向背关系党的生死存亡。今天,全心全意为人民服务,依然是我们党一切工作的出发点和落脚点;保持党同人民群众的血肉联系,依然是历久弥新的永恒课题。不忘初心,方得始终。牢记"与人民心心相印、与人民同甘共苦、与人民团结奋斗"的庄严承诺,贯彻以人民为中心的发展思想,始终与人民心连心、同呼吸、共命运,始终依靠人民推动历史前进,我们党才能坚如磐石。

走向未来,必须从严治党、强党兴党,确保党始终成为中国特色社会主义事业的坚强领导核心。党95年的发展历程告诉我们,什么时候党充满活力,民族就充满希望;什么时候党坚强有力,国家就兴旺发达。"打铁还需自身硬"是我们党的庄严承诺,全面从严治党是我们立下的军令状。正在开展的"两学一做"学习教育，把管党治党向广大党员拓展，就是要坚定广大党员的信仰和信念，保证全党始终在思想上政治上行动上同以习近平同志为总书记的党中央保持高度一致。面对世界发展新格局、全面小康新任务、经济发展新常态，我们必须始终把党的自身建设和国家改革发展紧密联系在一起，凡是有利于党和人民事业的，就坚决干、加油干、一刻不停歇地干；凡是不利于党和人民事业的，就坚决改、彻底改、一刻不耽误地改，不断以新理念新思想新战略，开创治国理政新境界。

人间正道是沧桑，奋斗者的脚步永远不会停止。95年过去，潮平海阔，千帆竞发，只要我们始终坚守共产主义的信仰、坚持为人民服务的宗旨、保持不断自我超越的动力，我们党就一定能够永葆生机活力，把中国梦的华彩篇章书写在神州大地上。

（2016年7月1日）

走好我们这一代人的长征路
——纪念中国工农红军长征胜利80周年

岁月的奔涌从不停歇，奋斗的征程永远向前。

80年前，在生死存亡的危急关头，中国共产党领导工农红军历经艰苦卓绝的两万五千里长征，在陕甘宁地区胜利会师，把濒临绝境的中国革命引向坦途。岁月峥嵘，历史常青。今天，我们纪念中国工农红军长征胜利80周年，缅怀所有为民族独立和人民解放作出贡献的先烈先辈，立志在实现民族复兴的新长征路上万众一心、奋勇前进。

长征是人类历史上一次无与伦比的伟大远征。从湘江血战的九死一生到遵义会议的峰回路转，从飞夺泸定桥的奋不顾身到六盘山下的红旗漫卷，长征犹如一条萦绕于山河间的红飘带，锻造着共产党人坚忍不拔的精神意志，书写下中华民族的不朽传奇。革命理想高于天的坚定信念，不怕牺牲、排除万难争取胜利的坚强意志，与敌人决一死战、克敌制胜的英雄气概，这次远征所铸就的伟大精神，耀亮了共产党人的信仰殿堂，成为中华民族伟大复兴的重要精神原点。

"长征是宣言书，长征是宣传队，长征是播种机。"军事上的长征路，从瑞金走到延安，连接起土地革命和抗日战争两大革命浪潮，实现了中国革命事业从挫折走向胜利的伟大转折。精神上的长征路，从救亡走向复兴，见证中国共产党带领中华儿女寻求民族复兴的不朽伟业，激荡起永葆初心、奋勇前行的强大力量。奋斗中的长征路，从昨天走到今天、走向明天，我们持续接力，不断推动中国特色社会主义事业从胜利走向新的胜利。

走好新的长征路，我们砥砺忠于信仰、献身理想的高尚品格。长征是漫漫长夜中的一次艰难跋涉，更是中国精神的一次光明书写。尽管不知最后落脚点在哪里、到何时才能结束，但红军将士坚信"只要跟党走，跟着抗日救国的理想走，就会有前途"。今天，时代变了，条件变了，但共产党人为之奋斗的理想和事业没有变。那种革命理想高于天的昂扬斗志，那种坚守信仰信念的政治定力,任何时候都需要葆守在心、恪守以行。全党在理想信念上坚定不移,党的领导就更加坚强有力,中华民族就必将一往无前。

走好新的长征路,我们秉承为人民求解放、为万众谋幸福的为民情怀。长征是一条战略转移之路,也是一条救国为民之路。"十送红军"的军民情深,不拿群众一针一线的秋毫无犯,"北上抗日"的坚定战略方针,"歃血为盟"的民族团结佳话,为长征烙印下深厚的为民底色。实现民族复兴、增进人民福祉,先辈矢志不渝的目标,正是我们必须肩负的使命。新长征路上,牢记宗旨、植根人民,是我们一切工作的旨归。常怀为民之心、恪尽为民之责,坚持以人民为中心的发展思想,我们将激发同心共济、开创未来的磅礴力量。

走好新的长征路,我们坚守顾全大局、团结一心的政治本色。长征是我们党走向成熟,党内政治生活走向正常有序、严肃规范的历史见证。长征中的艰苦世所罕见、牺牲难以想象,然而党员干部和红军将士展现出讲政治、顾大局,讲规矩、守纪律,讲统一、促团结的革命风范,将被迫实行的战略转移,变成了开创革命新局面的胜利进军。新长征路上,赓续长征精神,传承革命风范,锤炼严守纪律、紧密团结的政治品质,增强政治意识、大局意识、核心意识、看齐意识,我们党必将永葆生机活力。

一切伟大的成就都是接续奋斗、接力探索的结果,一切伟大的事业都需要在承前启后、继往开来中推进。今天,全面建成小康社会、全面深化改革、全面依法治国、全面从严治党,哪一项任务面临的挑战都堪比长征路上的艰难险阻。共产党人的"赶考"远未结束,长征永远在路上。迎着民族复兴的恢宏愿景,让我们大力弘扬长征精神,坚定道路自信、理论自信、制度自信、文化自信,在新长征路上努力创造无愧于时代、无愧于人民、无愧于历史的新业绩。

(2016年10月21日)

唱响新时代的青春之歌

——纪念中国共产主义青年团成立九十五周年

青年朝气蓬勃，像早晨八九点钟的太阳；青春富有梦想，在拼搏奋斗中绽放光芒。今天是五四青年节，也是中国共产主义青年团成立95周年纪念日。在此之际，我们向全国共青团员、各族青年和广大青少年工作者致以节日的问候和祝贺！

五四青年节到来之际，习近平总书记来到中国政法大学考察，深情寄语广大青年不忘初心坚定跟党走，励志勤学、刻苦磨炼，在激情奋斗中绽放青春光芒、健康成长进步。总书记的深情嘱托，在青年一代心中激起强烈共鸣，给亿万青年以巨大鼓舞和深深启示。

98年前，伟大的五四运动如同一道闪电照亮了历史的星空，宣告中国青年作为一支新生社会力量登上历史舞台。1922年，在中国共产党直接领导下，中国共产主义青年团成立。95年栉风沐雨，共青团始终坚定不移跟党走，团结带领共青团员和广大青年前赴后继、勇当先锋，书写了中国青年运动的华章。实践证明，共青团不愧为党和人民事业的生力军和突击队，不愧为党的得力助手和可靠后备军。今天，以爱国、进步、民主、科学为内涵的五四精神，早已融入社会主义核心价值观和中华民族的血液；作为最积极最有生气的力量，广大青年已成为我们时代的风向标。

青年兴则国家兴，青年强则国家强。正如习近平总书记所强调的，青年一代的理想信念、精神状态、综合素质，是一个国家发展活力的重要体现，也是一个国家核心竞争力的重要因素。今日之中国，早已摆脱了积贫积弱、任人宰割的悲惨命运，13亿多人民正奋进在民族复兴的大道上。从高速铁路施工的道桥到国产航母舾装的现场，从城市地下综合管廊的作业面到自贸区装卸塔吊的操作台，从精准施策誓拔穷根的贫困村到应急抢险救灾的第一线……无处不浸润着青春的汗水，无处不刻印着青年的奉献。中国青年运动的时代主题，就是为实现中华民族伟大复兴的中国梦而不懈奋斗。"青春须早为,岂能长少年。"不忘初心、继续前进,唱响新时代的青春之歌,当代青年才能以奋斗刷新青春的意涵,承载起国家和民族的光明未来。

载人航天实验室中的科研达人,毅然回国创业的海归精英,奔波于大街小巷的快递小哥,心怀梦想的网络歌手……今天,在不同领域里奔跑的青春身影,正成为推动社会进步的力量之源。青年群体也日渐多元多样,他们思想活跃,个性鲜明,表达欲望强烈,渴望人生出彩。因应青年发展大势,中共中央、国务院前不久印发《中长期青年发展规划(2016—2025年)》,为做好青年工作提供了指南。面对决战决胜全面小康的形势和任务,如何激发青年智慧、凝聚青春力量?面对新时代青年的特点和诉求,如何贴近青年、为青年成长成才提供优质服务?作为党领导的先进青年组织,共青团唯有深化自身改革,真诚关心和爱护青年,为放飞青春梦想搭建舞台,才能团结和带领广大青年矢志不渝跟党走,在时代洪流中绽放青春的光华。

青春,意味着拼搏、无畏、进取,象征着乐观、创新、开放。当代青年经受经济全球化与互联网的双重洗礼,不少人知识储备丰厚、综合素质过硬,获取信息与独立思考的能力很强,既充满活力又视野开阔。青年运动先驱有言:"青年最要紧的精神,是要与命运奋斗。"不甘平庸、锐意进取,是青春的通行证;消极懈怠、安逸享乐,只会辜负美好韶华。当今中国最鲜明的时代主题,就是实现"两个一百年"奋斗目标、实现中华民族伟大复兴的中国梦。树立与这个时代主题同心同向的理想信念,勇于担当这个时代赋予的历史责任,到祖国和人民最需要的地方去,振奋舍我其谁的精气神,激扬青春风采、播撒青春气质,新时代的青春之歌才会嘹亮动人。

中国的未来属于青年,中华民族的未来也属于青年。"青年一代有理想、有担当,国家就有前途,民族就有希望,实现我们的发展目标就有源源不断的强大力量。"今天,五四精神的火炬已经传到这一代青年手中。我们深情寄语广大青年,请用青春作桨、以梦想为帆,让青春之光照亮奋进之路。

(2017年5月4日)

铸就新的钢铁长城
——庆祝中国人民解放军建军九十周年

军旗猎猎,战歌嘹亮。伴随着强军兴军的铿锵步伐,中国人民解放军迎来了建军90周年。祝贺,90年来为民族独立、人民解放、国家富强建立不朽功勋的人民子弟兵!致敬,所有为国防和军队建设作出贡献的人们!

"没有一个人民的军队,便没有人民的一切。"90年前南昌起义的枪声,掀开了中华民族从苦难走向复兴的新一页。人民军队的诞生,让中国共产党从此有了自己绝对领导之下、忠实执行革命政治任务的武装力量,中国人民从此有了同自己血肉相连、全心全意为人民服务的子弟兵,中华民族从此有了实现独立解放和伟大复兴的坚强保障。

从那时起,他们从井冈山一路走来,走过人类历史上绝无仅有的万里长征,走过艰苦卓绝、浴血荣光的14年抗战,走过"将革命进行到底"的解放战争,走过戍边御敌、投身建设改革的光辉岁月,这支军队由小到大、由弱到强。它奠定了人民共和国坚不可摧的基石,肩负起捍卫和平、服务人民的千钧重担。近代史上饱受欺凌的中国,再也不会因"有军无力、有国无防"而含悲饮恨,中国人民因此而扬眉吐气、共享安宁。翻开共和国的史册,保家卫国、边疆建设、抢险救灾、撤侨护航、执行国际维和任务,哪里有危难,哪里就有子弟兵的身影,哪里有需要,哪里就是人民军队奋战的疆场。他们的奉献义无反顾,他们的牺牲感天动地,他们的功勋永远铭刻在人民心中。他们是坚如磐石的钢铁长城。我们党为拥有这样的英雄军队感到骄傲和自豪!全国各族人民为拥有这样的英雄军队感到骄傲和自豪!

历史把光荣镌刻在岁月深处,未来将严峻的挑战摆在我们面前。"世界正发生前所未有之大变局,我国正处于由大向强发展的关键阶段,我军正经历着一场革命性变革。"党的十八大以来,以习近平同志为核心的党中央始终把国防和军队建设放在实现中华民族伟大复兴这个大目标下来认识和推进,开启了奋力实现强军目标、建设世界一流军队的新征程。政治建军、改革强军、科技兴军、依法治军，为的是适应时代需要，推动人民军队转型重塑，赢得国际军事竞争优势，走好新的长征路。自我净化、自我完善、自我革新、自我提高，我们正锻造一支具有铁一般信仰、铁一般信念、铁一般纪律、铁一般担当的过硬队伍。

信仰是人民军队的旗帜。铸就新的钢铁长城，必须确保党指挥枪的原则落地生根。90年百炼成钢，是什么给了子弟兵一往无前的意志和勇气，是什么让人民军队以一当十、以弱胜强？是对党"唯一的、彻底的、无条件的、不掺任何杂质的、没有任何水分的忠诚"。听党指挥的政治忠诚，过去是、现在是、将来仍然是人民解放军战斗力和凝聚力的源泉，是我们这支威武之师立于不败之地的绝对保障。在实现强军目标的征程中，这一点任何时候都不能动摇。

改革是强军兴军的必由之路。铸就新的钢铁长城，国防和军队改革"是我们回避不了的一场大考"。根据习近平主席解决体制性障碍、结构性矛盾、政策性问题的要求，人民军队的组织架构、规模编制、制度体系正经历新中国成立以来前所未有的变革。把强军兴军作为补上综合国力短板的硬任务，将重心放到"能打仗、打胜仗"的目标上来，我们就一定能跟上世界军事变革的步伐，永葆胜利之师的活力生机。

90年风雨兼程，90年秣马厉兵。党和人民事业之所以能够不断从胜利走向胜利，一个重要原因，就是我们有人民解放军这样一支听党指挥、能打胜仗、作风优良的英雄军队。今天的中国，正站在历史性的关键节点。深入贯彻党的强军思想，坚定不移走中国特色强军之路，继续发扬人民军队光荣传统，着力培养有灵魂、有本事、有血性、有品德的新一代革命军人，让我们向着中华民族伟大复兴的目标，向前、向前、向前！

（2017年8月1日）

开辟中国特色社会主义新境界

——热烈祝贺中国共产党第十九次全国代表大会开幕

历史的画卷,总是在砥砺前行中铺展;时代的华章,总是在新的奋斗里书写。

今天,中国共产党第十九次全国代表大会在北京隆重开幕。这次大会,是在全面建成小康社会决胜阶段、中国特色社会主义发展关键时期召开的一次十分重要的大会,我们党将明确宣示举什么旗、走什么路、以什么样的精神状态、担负什么样的历史使命、实现什么样的奋斗目标,将提出具有全局性、战略性、前瞻性的行动纲领。开好这次大会,事关党和国家事业继往开来,事关中国特色社会主义前途命运,事关最广大人民根本利益,对决胜全面建成小康社会、夺取中国特色社会主义伟大胜利、实现中华民族伟大复兴的中国梦,具有重大的政治意义、理论意义、实践意义。

"人民对美好生活的向往,就是我们的奋斗目标。"回望过去极不平凡的5年,以习近平同志为核心的党中央迎难而上、开拓进取,革故鼎新、励精图治,以巨大的政治勇气和强烈的责任担当,进行具有许多新的历史特点的伟大斗争,统筹推进"五位一体"总体布局、协调推进"四个全面"战略布局,国家经济实力、科技实力、国防实力、综合国力、国际影响力和人民获得感显著提升,在新中国成立特别是改革开放以来我国发展取得的重大成就基础上,把中国特色社会主义推进到新的发展阶段。5年来的成就是全方位的、开创性的,5年来的变革是深层次的、根本性的。这些历史性成就和历史性变革,标志着我国发展站到了新的历史起点上,对党和国家事业发展具有重大而深远的意义。

党的领导是中国特色社会主义最本质的特征,是中国特色社会主义制度的最大优势。5年来,改革开放和社会主义现代化建设之所以取得了历史性成就,中国特色社会主义之所以焕发出勃勃生机,最根本的是有以习近平同志为核心的党中央的坚强领导。砥砺奋进的5年,党的创造力、凝聚力、战斗力和领导力、号召力不断增强，党总揽全局、协调各方的领导核心作用充分发挥，这是5年来最具深远意义的成就，也是我们取得一切发展进步的根本原因。尤为重要的是，习近平总书记系列重要讲话精神和治国理政新理念新思想新战略，把我们党对共产党执政规律、社会主义建设规律、人类社会发展规律的认识提高到新水平，构成了一个科学完整的思想理论体系，是马克思主义中国化最新成果，开辟了当代中国马克思主义发展新境界。

道路问题是关系党的事业兴衰成败的首要问题，道路决定命运，道路就是党的生命。正是沿着中国特色社会主义道路，近代以来久经磨难的中华民族实现了从站起来、富起来到强起来的历史性飞跃。5年砥砺奋进，社会主义在中国焕发出强大生机活力并不断开辟发展新境界，中国特色社会主义拓展了发展中国家走向现代化的途径，为解决人类问题贡献了中国智慧、提供了中国方案。在新的历史起点，我们党要在迅速变化的时代中赢得主动，要在新的伟大斗争中赢得胜利，就必须更加坚定"四个自信"，牢牢把握我国发展的阶段性特征，牢牢把握人民对美好生活的向往。我们期待，这次大会以更宽广的视野、更长远的眼光，思考和把握国家未来发展面临的一系列重大战略问题，在理论上拓展新境界、在实践上作出新部署，指引全党全国各族人民以新的精神状态和奋斗姿态，进行伟大斗争、建设伟大工程、推进伟大事业、实现伟大梦想，把中国特色社会主义不断推向前进。

一切伟大的成就都是接续奋斗的结果，一切伟大的事业都需要在继往开来中推进。今天，我们比历史上任何时期都更接近中华民族伟大复兴的目标，比历史上任何时期都更有信心、有能力实现这个目标。实现第一个百年奋斗目标、决胜全面建成小康社会，为实现第二个百年奋斗目标而努力、踏上建设社会主义现代化国家新征程，我们伟大的党，不忘初心再出发，勇担重任立潮头，引领承载中国人民伟大梦想的航船破浪前进，驶向更加光辉的彼岸。

预祝大会圆满成功！

（2017年10月18日）

引领新时代的坚强领导核心

伟大的事业薪火相传，伟大的政党生生不息。中国共产党第十九届中央委员会第一次全体会议，选举产生了新的中央领导机构，习近平同志再次当选为中央委员会总书记、中央军委主席，一批为党和国家事业作出重大贡献的同志从党中央领导岗位上退下来，一批德才兼备、年富力强的领导干部进入新一届中央委员会和中央领导机构。这是一个政治坚定、团结统一、坚强有力、奋发有为的中央领导集体，这是一个人民可以期待、适应党和国家事业发展需要的中央领导集体。选举结果充分体现了全党全军全国各族人民的共同心愿，充分反映了我们党朝气蓬勃、兴旺发达。全党同志深信，以习近平同志为核心的党中央将团结带领全党全军全国各族人民，决胜全面建成小康社会，奋力夺取新时代中国特色社会主义伟大胜利。

党的十九大，高举中国特色社会主义伟大旗帜，作出中国特色社会主义进入了新时代、我国社会主要矛盾已经转化为人民日益增长的美好生活需要和不平衡不充分的发展之间的矛盾等重大政治论断，把习近平新时代中国特色社会主义思想确立为党必须长期坚持的指导思想，深刻回答了新时代坚持和发展中国特色社会主义的一系列重大理论和实践问题，对决胜全面建成小康社会、开启全面建设社会主义现代化国家新征程作出了全面部署。党的十九大和党的十九届一中全会的胜利召开，为党和人民事业发展进步指明了前进方向，为我们党继续带领全国各族人民团结奋斗奠定了重要的思想政治基础，为全面贯彻落实党的十九大精神，全面贯彻党的基本理论、基本路线、基本方略，提供了坚强的政治保证和组织保证。这充分表明，我们党是一个不忘初心、牢记使命、坚定成熟、永葆先进的马克思主义执政党。

伟大的事业必须有坚强的党来领导。我们这样的大国大党，要像习近平总书记强调的"大就要有大的样子"那样，在新时代凝聚全党、团结人民、战胜挑战、破浪前进，保证我们党始终成为中国特色社会主义的坚强领导力量,必须有坚强有力的领导核心。今天,肩负新时代的历史使命,更好进行伟大斗争、建设伟大工程、推进伟大事业、实现伟大梦想,我们党更加需要一个坚强的领导核心和中央领导集体。坚决维护以习近平同志为核心的党中央权威和集中统一领导,坚决维护习近平总书记党中央的核心、全党的核心地位,才能凝聚中央委员会、中央政治局成员的智慧,凝聚各级领导干部的智慧,凝聚全党8900多万党员的智慧,凝聚起同心共筑中国梦的磅礴力量。

不忘初心,方得始终。让我们更加紧密地团结在以习近平同志为核心的党中央周围,坚持以习近平新时代中国特色社会主义思想为指导,在新时代展现党的新气象新作为,在新征程谱写新篇章夺取新胜利,不断开创中华民族伟大复兴更加光明的前景。

(2017年10月26日)

我们的新时代　历史的新光荣

——元旦献词

当阳光再次唤醒大地，我们迎来了新的一年。你好，2018！你好，我们的新时代！

时间是最伟大的书写者，总会忠实地记录下奋斗者的足迹。回首2017年，党的十九大树立一座里程碑，习近平新时代中国特色社会主义思想凝聚起改变中国的力量，我们在新时代开启了新征程。全面小康、现代化国家、民族复兴……新时代的中国，中国的新时代，从现实方位到未来擘画，让每个人都有一种"处身大历史"的感觉。

我们也在这一年创造了历史。经济发展稳中有进，仍然风景独好；民生改善大步前行，1000多万人摆脱贫困；雄安新区谋划已定，"历史性工程"落地生根；"一带一路"国际合作高峰论坛、金砖国家领导人厦门会晤，中国智慧引领世界；"复兴号"启程、C919首飞、国产航母下水、光量子计算机亮相，科技创新定义未来。面对历史，可以这样无愧地宣告：我们赢得了这一年！

2017年，也为极不平凡的五年画上圆满句号。历史性成就和历史性变革，把"中国号"巨轮带入新的水域，中国特色社会主义进入了新时代。这是让改革有新气势的时代，中流击水还看今朝；这是让社会有新风尚的时代，党风政风民风焕然一新；这是让人民有新获得的时代，小康路上"一个都不能少"；这是对世界有新贡献的时代，中国为世界注入正能量。力量向着复兴在聚集，精神为着复兴而振奋，泱泱大国、巍巍中华、曙光升腾、万物生长，神州大地呈现出生机勃勃的复兴气象。

人是时间的尺度。2018年，是贯彻十九大精神的开局之年，也是改革开放40周年。在习近平总书记确立的时代坐标上，这是最先到来的一个时间节点。1978年开启的奋斗，开创和发展了中国特色社会主义，"改革"二字凝聚起最大共识，激发出最强能量。以习近平新时代中国特色社会主义思想为指导，在实践中推进改革，在改革中扩大开放，正是对40年峥嵘岁月最好的致敬。

一时千载,千载一时,新的时代已经在我们面前展开。时和势依然在我,精气神鼓而不泄,这样的历史场景,正需要我们以永不懈怠的精神状态踏上时代新征程,以一往无前的奋斗姿态成就历史新光荣。

让我们用奋斗去弘扬一种精神。创业维艰,奋斗以成。40年来,我们在无路中走出了一条新路、好路,以敢闯敢试的勇气,以自我革新的智慧,以舍我其谁的担当,让一个全球最大的发展中国家成为世界第二大经济体。过去5年,我们凭着一股逢山开路、遇水架桥的闯劲,凭着一股滴水穿石、绳锯木断的韧劲,激荡全面深化改革的大潮。改革创新,正是贯穿40年的时代气质,"一股子气呀、劲呀"当常有,"杀出一条血路"的气魄不能丢。新的一年,唯有保持奋斗精神、奋发姿态,才能赓续40年的精神血脉,在新时代破浪前行。

让我们在坚守中拓展一条道路。40年前的改革开放,是中国道路的新起点。薪火相传,继往开来,社会主义中国在世界的东方巍然屹立。过去5年,我们用新奋斗打开新局面,步步逼近光辉的山巅。近代以来久经磨难的中华民族,迎来了从站起来、富起来到强起来的伟大飞跃。今天的中国,比历史上任何时期都更接近、更有信心和能力实现中华民族伟大复兴的目标。2018年,我们要为改革的四梁八柱添砖加瓦,要让1500多项改革举措开花结果。继续走下去,中华民族伟大复兴必将在改革开放的进程中实现。唯有保持战略定力,才能让这条历史和人民选择的道路,在我们的脚下连通远方。

让我们以搏击来开创一个未来。改革开放、民族复兴,这是多么壮阔的征程,也是多么艰辛的跋涉。我们正处在历史发展上升期,越是这种时候,越需要清醒的头脑、准确的判断。防范化解重大风险、精准脱贫、污染防治,打赢攻坚战不容易;科教兴国、人才强国、乡村振兴,诸多战略等待着实现;世界上仍有战争、贫穷、不公,还要我们完善中国方案、提供中国智慧。知难而进,难就不难,反而会化为成就伟大与卓越的机遇。唯有不畏风浪、直面挑战,才能把握好重要战略机遇期,迎来新时代的气象万千。

时间的脚步永不停歇,奋斗的脚步永不停歇。2018年,在改革开放的路上走下去,凝聚磅礴力量、激荡复兴气象,就一定能以今天的奋斗成就明天的光荣。让我们在以习近平同志为核心的党中央带领下,奋力前行、勇开新局,不负我们的梦想,不负伟大的时代。

(2018年1月1日)

国家的掌舵者　人民的领路人

大国的扬帆远航，离不开掌舵者；民族的复兴征程，呼唤领路人。

在春风吐绿、草木萌发的美好时节，十三届全国人大一次会议举行全体会议，选举产生新一届国家机构领导人员，中共中央总书记、中央军委主席习近平全票当选中华人民共和国主席、中华人民共和国中央军事委员会主席。这充分体现了党的意志、人民意志、国家意志的高度统一，充分反映了全党全军全国各族人民的共同愿望和心声，必将鼓舞和动员亿万人民更加紧密团结在以习近平同志为核心的党中央周围，同心同德，开拓进取，决胜全面建成小康社会，夺取新时代中国特色社会主义伟大胜利，为实现中华民族伟大复兴的中国梦而不懈奋斗。

时间是伟大的书写者，也见证极不平凡的奋斗征程。党的十八大以来，面对复杂多变的国际形势和艰巨繁重的国内改革发展任务，以习近平同志为核心的党中央励精图治、攻坚克难，以巨大的政治勇气和强烈的历史担当，统筹推进"五位一体"总体布局、协调推进"四个全面"战略布局，推动党和国家事业取得了历史性成就、发生了历史性变革，引领中国特色社会主义进入新时代。短短几年，一系列新理念新思想新战略及时提出，一系列重大方针政策密集出台，一系列重大举措相继推出，一系列重大工作务实推进，许多长期想解决而没有解决的难题得到解决，许多过去想办而没有办成的大事终于办成。实践证明，中华民族之所以能迎来从站起来、富起来到强起来的历史性飞跃，根本就在于以习近平同志为核心的党中央坚强领导，根本就在于新的伟大斗争实践中形成了习近平同志这个党中央核心、全党核心的坚强引领。

"万山磅礴必有主峰。"在改革发展稳定、内政外交国防、治党治国治军各方面的伟大实践中，习近平总书记充分展现了高瞻远瞩、运筹帷幄的领袖风范，充分彰显了心系国家、情系人民的人格魅力，充分体现了马克思主义政治家的政治智慧和雄才大略。始终坚持以人民为中心,始终做人民的勤务员,习近平总书记深厚的人民情怀,凝聚起中华民族的磅礴之力,让党、国家、人民有了主心骨。实践充分证明,习近平总书记是新时代中国特色社会主义的开创者,是实现中华民族伟大复兴中国梦的领航者,无愧为全党拥护、人民爱戴的领袖,无愧为国家的掌舵者、人民的领路人。习近平总书记当选国家主席、中央军委主席,体现了中国共产党、中华人民共和国、中国人民解放军领导人"三位一体"领导体制的制度安排,显示了中国特色社会主义的独特政治和制度优势,有利于坚持和加强党的全面领导,有利于坚持和完善党和国家领导体制,有利于维护以习近平同志为核心的党中央权威和集中统一领导,为实现党的十九大描绘的宏伟蓝图筑牢坚实的政治根基、组织根基。

中华民族伟大复兴,绝不是轻轻松松、敲锣打鼓就能实现的。前进的道路上,"四大考验""四种危险"依然存在,发展短板亟待补齐,风险挑战尤须防范。新时代是奋斗者的时代。肩负新使命、踏上新征程,我国社会主要矛盾发生的关系全局的历史性变化,迫切需要我们激荡新气象、激发新作为,着力解决好发展不平衡不充分问题,更好满足人民日益增长的美好生活需要,更好推动人的全面发展、社会全面进步、人民共同富裕。只有在习近平新时代中国特色社会主义思想指引下,强化"四个意识"、坚定"四个自信",坚决维护习近平总书记党中央的核心、全党的核心地位,坚决维护以习近平同志为核心的党中央权威和集中统一领导,一步紧跟一步行、撸起袖子加油干,才能汇聚同心共筑中国梦的磅礴力量,书写新时代中国特色社会主义事业的辉煌篇章。

众力并则万钧举,人心齐则泰山移。今天,我们比历史上任何时期都更接近中华民族伟大复兴的目标,比历史上任何时期都更有信心、有能力去实现这一目标。全党全军全国各族人民紧密团结在以习近平同志为核心的党中央周围,团结一心、矢志奋斗,我们就没有什么困难不能战胜,没有什么奇迹不能创造。

(2018年3月18日)

让中华儿女共享幸福和荣光

伟大的历史，由人民共同书写；伟大的时代，是人民共同创造；伟大的梦想，靠人民共同完成。

在十三届全国人大一次会议闭幕会上，中共中央总书记、国家主席、中央军委主席习近平深刻诠释了中华民族的伟大民族精神，全面部署了新时代新征程的大政方针，以对人民的一往深情、对国家的坚定信心、对未来的高远擘画，唤起亿万人民共同奋斗、共圆梦想的豪迈激情，宣示了一个人民政党、一位人民领袖永远不变的赤子之心。人民大会堂会场里一遍遍响起热烈的掌声，960多万平方公里大地上再次凝聚起团结奋斗的磅礴力量。

5000多年灿烂文明，170多年不屈抗争，近70年高歌行进，是什么给了一个民族取之不尽的动力，是什么给了一个国家绝处逢生的支撑？是伟大的人民，是伟大的民族，是中国人民在长期奋斗中培育、继承与发展起来的伟大民族精神。习近平总书记的重要讲话，精辟阐述了我们伟大民族精神的丰富内涵，深刻指出，是人民辛勤劳作、发明创造，推动我国今天大踏步走在世界前列；是人民革故鼎新、自强不息，创造了我们今天拥有的一切；是人民团结一心、同舟共济，缔造了今天令世人瞩目的发展成就；是人民心怀梦想、不懈追求，让我们今天比历史上任何时期都更接近、更有信心和能力实现中华民族伟大复兴。弘扬中华民族的伟大创造精神、伟大奋斗精神、伟大团结精神、伟大梦想精神，我们就有了发展进步的强大精神动力，就能以更加昂扬的姿态屹立于世界民族之林。

人民是历史的创造者，人民是真正的英雄。我们国家的一切权力属于人民。习近平总书记重要讲话中，"人民"二字鲜明醒目、力重千钧，激荡时空的声音，宣示了不变的执政理念，传递了不变的人民情怀。坚持人民立场，坚持人民主体地位，把人民放在心中最高的位置，实现人民对美好生活的向往，是中国共产党的初心所在，是社会主义中国的信念所在，是我们决胜全面建成小康社会、实现中华民族伟大复兴的目标所在。虚心向人民学习，倾听人民呼声，汲取人民智慧，我们才能形成勇往直前、无坚不摧的强大力量，创造出一个又一个人间奇迹。与人民心心相印、与人民同甘共苦、与人民团结奋斗，我们的党才会永远走在时代前列，创造出属于新时代的光辉业绩，让全体中国人民和中华儿女在实现中华民族伟大复兴的历史进程中共享幸福和荣光。

行者方致远，奋斗路正长。中国特色社会主义进入新时代，更加壮阔的征程在我们脚下展开。新时代属于每一个人，每一个人都是新时代的见证者、开创者、建设者。我们要以更大的力度、更实的措施推进经济、政治、文化、社会和生态文明建设，让社会主义市场经济的活力更加充分地展示出来，让社会主义民主的优越性更加充分地展示出来，让中华文明的影响力、凝聚力、感召力更加充分地展示出来，让实现全体人民共同富裕在广大人民现实生活中更加充分地展示出来，让绿水青山就是金山银山的理念在祖国大地上更加充分地展示出来。激发蕴藏于人民中的伟力，不忘初心、牢记使命、奋发有为，开新局于伟大的社会革命，强体魄于伟大的自我革命，就没有任何力量能够阻挡中国人民实现梦想的步伐。

"万山磅礴必有主峰。"新的伟大斗争实践中，习近平总书记成为党中央的核心、全党的核心。国家有这样的掌舵者，人民有这样的领路人，中国人民意气风发，祖国大地春意盎然，中华民族呈现出生机勃勃的复兴气象。让我们紧密团结在以习近平同志为核心的党中央周围，增强"四个意识"，坚定"四个自信"，加满油，把稳舵，鼓足劲，推动承载着13亿多中国人民伟大梦想的中华巨轮劈波斩浪、扬帆远航，驶向充满希望的明天。

（2018年3月21日）

二 评论员文章

落实干部政策的一个重要问题

当前,在贯彻党的十一大路线,落实干部政策时,遇到一个很重要而又需要很快解决的问题,这就是干部因犯错误受审查,有严重政治历史问题,或定为敌我矛盾而牵连其子女和亲属的甚多。我们应当怎样认识和对待这个问题?关于这个问题,伟大领袖和导师毛主席早在延安时期就曾有很多指示,关怀青年一代在生产斗争、阶级斗争和科学实验三大革命运动中锻炼成长。我们党历来主张"有成分论,不惟成分论,重在政治表现"。"文化大革命"开始后,毛主席又曾对此作过多次批示。一九七五年,在一个文件中,进一步明确指出:父母的"严重历史问题及政治问题对其子女不应牵涉"。把父母的问题和他们的子女加以区别,把阶级出身和本人表现加以区别,这是我们党一贯的阶级政策,是有利于无产阶级和社会主义事业的马克思主义政策,是实现安定团结,调动一切积极因素,团结一切可能团结的人,化消极因素为积极因素的重要决策。

这个政策,在"文化大革命"前受到刘少奇修正主义路线的严重干扰,"文化大革命"开始后又被林彪、"四人帮"破坏得很厉害。"文化大革命"刚开始,他们就提出"怀疑一切""否定一切""打倒一切"的反动口号,对广大革命干部,特别是老一辈无产阶级革命家,实行残酷斗争,无情打击。他们利用审干工作,搞逼、供、信,甚至以莫须有的罪名,把许多革命干部打成叛徒、特务、死不改悔的走资派。他们用反动的血统论篡改马克思主义的阶级论,采取封建统治者株连的办法,妄图把广大革命干部连同他们的家属、子女一起打倒,只要父母一被批判,不管问题是否真实和问题的轻重大小,就把他们的子女诬蔑为"叛徒子女""特务子女""黑帮子女"等,极力破坏和瓦解党所领导的革命队伍。在他们一伙的煽动下,社会上出现了一股"老子英雄儿好汉,老子反动儿混蛋"的妖风,搅乱了阶级阵线,搞乱了人们的思想,严重地干扰和破坏了党在子女问题上的无产阶级政策的贯彻执行。

针对林彪、"四人帮"的破坏，在一九六八年，毛主席明确指出："即使是反革命分子的子女和死不改悔的走资派的子女，也不要称他们为'黑帮子女'，而要说他们是属于多数或大多数可以教育好的那些人中间的一部分（简称'可以教育好的子女'），以示他们与其家庭有所区别。实践结果，会有少数人坚持顽固态度，但多数是肯定可以争取的。"毛主席的重要指示体现了我们党在这个问题上的一贯政策，有力地打击了林彪、"四人帮"一伙鼓吹的"血统论"，把子女同其家庭作了明确的区别，规定了严格的政策界线，肯定这些子女"是属于多数或大多数可以教育好的那些人中间的一部分"，并且为了防止和制止林彪、"四人帮"乱扣帽子、乱打棍子，伤害这一部分青年，毛主席深有用意地指出，不准称他们为"黑帮子女"。毛主席的指示，表达了党和人民对这一代青少年的关心和爱护，得到了全党和全国人民的衷心拥护。

林彪、"四人帮"是一伙反革命两面派，惯于接过革命口号，不断变换向无产阶级进攻的手法。当毛主席批判了关于"黑帮子女"的提法以后，林彪、"四人帮"又接过关于"可以教育好的子女"的提法，肆意加以歪曲，把它变成同"黑帮子女"一样的贬词，如果一个青年被划为"可以教育好的子女"，不仅处处受歧视，而且上学、入团、入党、服兵役等都成了问题，甚至连劳动就业的权利也被剥夺了。他们的进步得不到支持，才能得不到发挥，形成沉重的精神压力，严重挫伤了这一部分青年的革命积极性。

我们怎样看这个问题？一般说，父母的严重历史问题和政治问题，子女是没有参与的，有的根本就不知道。父母的问题只能由他们自己负责，不能由他们的子女去承担责任。革命与反革命是在阶级斗争中形成的，是人们社会实践的结果，它是一种社会现象，不是一种生理现象，在父母子女之间，绝没有革命与否的遗传关系。判断一个青年是否革命的最后分界线，不是根据他们的家庭出身、父母的行为，而是根据他们本人的政治表现，看他们在阶级斗争中站在哪一边、维护哪个阶级的利益。在国际共产主义运动史和我们党的历史上，老子反动，儿子是革命者的例子很多，相反，儿子反动，老子革命的事例也很多。我们党从来没有因为父母有问题，就不准儿子革命；也没有因为儿子出了问题，就把他们的父母逐出革命队伍。这主要是因为在阶级斗争的暴风雨时代，各个阶级都必然引起分化：出身于剥削阶级家庭的人，有背叛原来的家庭，投降无产阶级，为人民大众服务的；出身于被剥削阶级家庭的人也可能背叛原来的家庭，加入反革命营垒。这里重要的是他们在社会实践中，是否接受马克思列宁主义、毛泽东思想，认真改造世界观，完全、彻底为人民服务。一个人的出身不能选择，但走哪条路是可以选择的。林彪、"四人帮"硬把父母的问题同子女牵涉在一起，这是同马克思主义的阶级论格格不入的。

对于出身于剥削阶级家庭和父母有严重问题的青年，我们不要求也不应该要求他们对自己父母的问题承担责任，但是又必须看到，他们中不少人同自己的父母生活在一个家庭中，容易接受家庭和父母的影响，也容易留恋那种旧生活、旧习惯。他们的思想觉悟如果达不到一定的高度，是很难同其剥削阶级家庭和有政治问题的父母划清界线，在革命的征途中又容易动摇、堕落，发生错误，甚至叛变。这正是反动阶级加给他们的阶级烙印所起的作用。我们要冷静地认识、分析这种现象，关心和加强对这一部分青年的教育，在三大革命运动中改造、锻炼他们，帮助他们提高思想觉悟，使他们坚定地站到党和人民这一边来，分清是非界线和敌我界线。我们应当肯定，争取这些青年是有很大可能的。这不仅仅是因为这些子女都是青年人，可塑性很大，尤其重要的是，他们中大多数是在红旗下长大的，从小就受到党和人民的教育和培养，对党对人民是有感情的，党在这些青年中是有崇高威信的。虽然他们思想上有时也有矛盾，碰到问题会反复，但只要他们能自觉地严格对待自己，接受党和群众的教育；我们严格掌握政策，工作方法得当，不怕麻烦，循循善诱，讲清道理，指明利弊，他们中的绝大多数是会站到人民的立场上来，并在长期斗争中经得起考验的。当然，实践结果证明，也会有少数青年自暴自弃，同家庭划不清界线，拒绝走社会主义道路，甚至带着花冈岩的脑袋进入坟墓。但我们绝不能因为有少数人坚持错误立场，就把绝大多数可以教育、可以争取和团结的人统统推到革命队伍外面去，放弃了对这一部分青年的思想工作。这是"为丛驱雀，为渊驱鱼"，有利于无产阶级敌人的蠢事，我们是决不做的。

社会主义是一桩伟大的群众事业，需要团结百分之九十五以上的人，其中包括父母属于敌我矛盾的子女和出身于剥削阶级家庭的子女，组成一支浩浩荡荡的革命大军。我们欢迎他们为社会主义贡献力量，给以恰当安排，使他们敢于负责，敢于工作。如果他们在工作岗位上作出成绩，同样应当给以鼓励，使他们感到集体的关心和无产阶级的温暖，从而促使他们加紧思想改造，更加努力工作。无产阶级革命，一方面要改造社会制度，一方面要改造人，这是相辅相成的两项工作。对人的改造不能完成，制度的改造也不可能成功，就是成功了也不能巩固。无产阶级是人类历史上最伟大、最先进的一个阶级，是思想上、政治上、力量上最强大的一个革命阶级。它不但要解放本阶级，还要解放全人类，而且它只有解放全人类，才能最后解放自己。因此，无产阶级可以而且完全能够把绝大多数的人团结在自己的周围，为实现崇高的共产主义事业奋斗到底！

还应当看到，父母有问题就牵连子女，不仅使好多青年蒙受了不白之冤，同时，也使许多干部顾虑重重，怕犯错误，不敢大胆工作。有的青年在给父母的信中说：你们不要给我们什么财产，只要不犯错误就好。有的老同志感慨地说：我们不怕坐牢，就怕自己犯了错误，子女受害一辈子。在这种精神枷锁下，不少人谨小慎微，明知不对，少说为佳，怕字当头，不坚持原则，这既影响肃清"四人帮"的流毒，又干扰生动活泼的政治局面。同时，这些同志如果不排除私心杂念、振作精神、兢兢业业为党的事业负责，还必然会犯错误。

值得注意的是，这种情况很容易被坏人和那些品质恶劣的人所利用。他们把子女的父母的问题作为辫子抓在手里，一不顺心，就把青年的一些缺点、错误，同他们父母的问题联系起来，借以压制批评，泄私愤，图报复，打击别人，抬高自己。所以，把父母的问题同其子女本人不加区别的做法是十分不利于社会主义事业的。解决好这个问题，是落实党的无产阶级政策的一个重要方面，对于调动一切积极因素，团结一切可以团结的力量，实现抓纲治国的战略决策，加快社会主义事业的发展，具有十分重要的意义，我们决不能掉以轻心。

当前，在落实党的干部政策时，必须扭转一种宁肯"左"一点的错误倾向。有的同志受"四人帮"流毒的影响，不敢正视事实，搞过头了，也不肯纠正过来。他们错误地认为，对于剥削阶级家庭出身的子女和父母有严重问题的子女，即使搞过头一点也没有关系，是立场坚定的表现；同样错误的是，把正确落实党的政策看作"右"的表现，不肯实事求是地去落实。他们不了解，对待一个人的政治生命，对一个人的正确处理和妥善安排，不光是一个人的问题，而且会牵涉到他周围许多人和影响到一大批人。这关系到党的路线和政策，关系到党的事业，我们要一丝不苟，认真负责，积极主动去解决。

新中国建立至今已近三十年，情况发生了很大的变化。那些地富子女的子女，已是第三代、第四代的人了，他们大多是解放后出生的，是靠父母劳动收入扶养长大的。他们跟剥削分子的接触，不像他们的父母辈接触那么多，有的根本没有接触过，事实证明他们中的多数是热爱社会主义祖国、拥护共产党的，怎么能不加区别地以原来的地富子女对待他们呢？周总理在一九六五年视察新疆建设兵团石河子垦区时指出：出身于剥削阶级家庭和有复杂社会关系的人，都要看他现在的表现和立场，一个人的出身不能选择，但前途是可以选择的；只要能同原来剥削阶级家庭划清界线，向组织交代清楚他存在的社会关系，全心全意为无产阶级的革命事业服务，不断地改造自己，就会有光明的前途。我们历来重视阶级出身对一个人的思想影响，不看到这一点是错误的。同时，我们党也历来反对唯成分论，而是重在政治表现。把两者割裂开来，只取其中一方面，是不符合毛主席的教导、违背党的阶级政策的。出身不好，表现很好，能同剥削阶级家庭划清界线，坚决站到党和人民的立场上来，全心全意为人民服务，对这样的子女，工人、贫下中农是欢迎的，我们对他们的进步要给以肯定、支持和鼓励，不应当有歧视。

在落实党的政策的时候，一定要认真处理好父母有问题的子女和出身于剥削阶级家庭的子女的问题，实事求是地把强加给他们的诬蔑不实之词推倒，把装在档案袋中的这类材料销毁；在上学、入党、入团、服兵役、就业等方面，经过考验，凡是符合条件的，应当和其他青年一样对待。只有这样，才能把父母有严重问题的子女和出身于剥削阶级家庭的子女最大限度地团结起来，在三大革命运动中把他们锻炼成为新的革命一代，在党的领导下，使他们同广大青年一起为社会主义事业，为在本世纪内实现四个现代化作出应有的贡献！

（1978年2月18日）

坚持贯彻按劳分配政策

坚持贯彻按劳分配政策，实现多劳多得，是落实党在农村的经济政策，整顿人民公社经营管理的重要内容。农村人民公社如何贯彻按劳分配原则，华主席在五届人大的政府工作报告中指出："所有社队都要认真执行定额管理、评工记分制度，实行男女同工同酬。"农业合作化特别是人民公社化以来，各地在实践中制定了各种适合当地情况的简便易行的体现按劳分配精神的计酬办法。"标准工分，自报公议"的大寨办法，在一些同大寨条件相同的地方正在推广；多数社队实行"劳动定级，底分活评""包工到组，评分到人"的办法；有少量农活实行定额记分到人的办法。各地情况不同，评工记分办法也不尽相同。只要坚持无产阶级政治挂帅，贯彻"各尽所能，按劳分配"原则，就能够进一步调动广大群众参加集体劳动的积极性。

"四人帮"横行时，大搞"三反一砍"，提出种种假左真右的荒谬口号，大肆破坏党的按劳分配政策。他们把多年来行之有效的定额管理和评工记分制度，诬蔑为"物质刺激""工分挂帅"。不少地方不敢推行评工记分办法，不敢贯彻按劳分配政策，有的死分死记，甚至只记"人头分"；有些地方不管干多干少、干好干坏都记一样工分。出现了干活一窝蜂，劳力出勤少或出勤不出力的现象，劳动效率很低。加上劳动组织不健全，劳动管理混乱，严重影响集体生产的发展。毛主席早就告诫我们：劳动力的浪费是最大的浪费。不解决这个问题，劳动生产率怎能提高？怎能谈得上农业发展的高速度！

"管理也是社教。"人民公社的经营管理，确实存在着两条路线的斗争。特别是由于"四人帮"假左真右的干扰，在劳动管理和分配上出现了一拉平的平均主义倾向。"四人帮"大肆破坏按劳分配政策的贯彻执行，破坏人民公社的集体经济。当前，在肃清"四人帮"的流毒和影响、拨乱反正的时候，有人对实行定额管理、评工记分心有余悸，怕重犯"工分挂帅"的错误。不破不立。不把"四人帮"的假左批透，不肃清流毒，不划清界限，就不敢理直气壮地去推行评工记分办法，贯彻按劳分配政策。

贯彻按劳分配政策，最重要的一条，就是要坚持无产阶级政治挂帅，不断提高社员的社会主义和共产主义觉悟，结合经济工作，通过算账、对比，让社员认识到只有集体经济巩固和发展，才能增加个人收益；只有首先做到"各尽所能"，才能正确地实现"按劳分配"。同时，又要有一定的定额管理、评工记分办法，按照社员对集体经济贡献的差别，给予相应的报酬。这样，把政治工作和经济工作结合起来，才能保障按劳分配政策的正确贯彻执行。

评工计酬办法，应该力求简便易行，避免过于烦琐。但没有一个记工办法，没有一个检查验收的考核制度，没有群众的监督和评议，分不清劳动数量、质量上的差别，对劳动态度和劳动质量好的人，没有精神和物质的鼓励，对"懒"人和混工分的人没有一定的约束，也不能实现按劳分配原则。所以，推行评工记分的过程，也是一个教育社员的过程，首先是对干部的一次考验。

农业要大上，管理要跟上，关键在管好社员的劳动，调动社员的社会主义积极性。领导要深入第一线，调查研究，做出样板，推动一般。把蕴藏在社员中的社会主义积极性充分调动起来，充分挖掘农业生产的潜力，向农业的深度和广度进军，农业生产就会出现一个大跃进的新形势。

（1978年3月27日）

要从实际出发

提倡实事求是，一切从实际出发，按照实际情况办事，是马列主义、毛泽东思想的一条重要原则，也是我们贯彻党的方针政策和完成国家任务最根本的思想方法和工作方法。做好农村工作，也必须如此。

粉碎"四人帮"以后，农业战线不少同志敢于根据实际情况，考虑和处理问题了。特别是在党的三中全会以后，贯彻加快我国农业发展的两个文件，实事求是的精神得到很大发扬，生产面貌正在改变。今天本报发表的山东胶南县铁山公社的调查，就是明显的例子。但是，由于林彪、"四人帮"形而上学的流毒很深，党的光荣传统长期被破坏，至今在农村工作中，特别是在落实农业政策和指导农业生产方面，不按中央文件精神办事，不实事求是，不从实际出发的主观主义和脱离群众的做法，仍然严重存在，比如：

前两年，有些地方本来条件不具备，硬搞"穷过渡"，以致生产受影响，社员有意见；在纠正时，有些搞得好的大队，也要人家退回到生产队核算。建立和健全生产责任制，按政策本来可以因地制宜，实行多种计酬形式，有些地方不顾实际情况，强行推行一种；有些地方听说纠正"分队风"，又把本来搞得很好的作业组，强行合并起来搞大呼隆。这些做法，既违背了党的方针政策，又脱离了实际情况。

在指导农业生产中，这种不从实际出发、不因地制宜的状况，仍然在一些地方出现。如有的水稻产区，听说四川省有"水路不通走旱路"的经验，明明水库有水，却硬要"走旱路"，不种水稻种玉米，造成减产，丰年成了歉收年。有些地方本来地广人稀，林木茂密，宜林宜牧，可是生搬硬套外地的经验，偏要在缓坡地上修梯田，在山头造小平原，结果林粮俱伤，既破坏了生产，又损害了干部和群众的积极性。

搞农业是人和自然打交道的事。我们要想取得改造自然的重大胜利，促使农业生产有个高速度发展，就更要注意从实际出发。我们国家有九百六十万平方公里，自然条件和工作条件各不相同，有热带寒带，有平原丘陵，有山川河流；有的地方人均几分田，有的地方人均十几亩；有的地方机械化程度高，有的地方机械化程度低；有的领导班子好，能力强，有的就比较差。就是在一社一队小范围内，生产条件、领导班子的情况也不一样。总之，情况千差万别，指导农业生产就必须适应这些差别，根据当地条件，确定具体的方针。如这些差别和条件有了改变，对策也就要相应地改变。不久前召开的全国农业自然资源调查和农业区划会议，就是从全国范围解决如何按照自然规律发展农业的问题。在一个地区一个县的范围内，同样要进行调查研究，根据本地的实际情况制订规划，加强对农业的具体指导。

面对实际，从实际出发，说来容易，办起来就不那么简单。为什么有些同志至今还不断干那些不符合实际情况的蠢事呢？其中原因比较复杂。从主观上说，主要是领导思想上形而上学。有些是机械、片面地认识和执行上级的规定，强调一面而忽略了另一面；有的是对某些概念含糊不清，政策上划不清界限；有的是主观愿望超越了客观条件，硬要去办一时办不到的事情。但根本原因还在于缺乏对具体事物的具体分析。列宁曾经说过："为了能够分析和考察各个不同的情况，应该在肩膀上长着自己的脑袋。"（《共产主义运动中的"左派"幼稚病》，《列宁全集》第31卷第50页）尊重客观实际，从客观实际出发，必须对客观事物进行具体分析。而客观实际又是十分复杂的，要做到从实际出发，不仅要有政治上的坚定性，而且要懂得和运用辩证法，而最根本的一条，就是要走群众路线。

实际在哪里？在千百万实践着的革命群众中。深入群众才能深入实际，了解群众才能了解实际，如果脱离群众，必然脱离实际。高高在上，自以为是不行；单凭热情，把感想当政策也不行。群众最怕那些不尊重客观实际而又坚持指手画脚的领导，形容他们是"情况不明决心大，心中无数办法多"。解决这个问题最有效的办法，就是领导干部经常到群众中去了解下情，听听群众在想些什么，有些什么意见和要求，集中起来，坚持下去，以调动广大农民和农村干部的积极性，把事情办得又快又好。

在我国农业生产发展的过程中，由于某些领导同志不从实际出发，又不倾听群众的意见，因而导致农业减产、事业失败的事例太多了。特别是林彪、"四人帮"形而上学猖獗时，有些基层干部既不敢从实际出发，又不敢讲心里话，被迫办了一些违心的事情。这方面的教训是深刻的。今天，我们贯彻三中全会精神，解放思想，发扬民主，就要坚持实事求是，勇于从实际出发，把对党负责和对人民负责统一起来。共产党的干部要对人民负责,为了大多数人民的利益,应该敢于实事求是,坚持真理,修正错误。

要把农业尽快地搞上去,我们面前的任务十分艰巨繁重。只要我们用实事求是、从实际出发的精神去研究、分析新情况、新问题,坚决贯彻党的三中全会精神,贯彻党中央关于农业问题的两个文件,我们的工作一定会越做越好,取得预期的成绩。

(1979年5月21日)

端正对马克思主义的态度

党的十一届四中全会号召全党全军全国各族人民,密切结合实际,继续深入批判林彪、"四人帮"反革命阴谋集团的罪行,批判他们所蓄意制造和推行的极"左"路线,肃清流毒和影响,普遍深入地开展关于真理标准问题的学习和讨论,坚定不移地按照党的十一届三中全会和五届人大二次会议的精神,统一思想,统一行动。

关于实践是检验真理的唯一标准的讨论,已经开展一年多了。目前正在更广大的范围继续深入下去,普及开来。凡是讨论得好的地区、部门和单位,广大干部、群众思想活跃起来,眼界开阔起来,过去想不通的事情现在开始想通了,不理解的问题现在开始理解了。人们的认识比较顺利地统一到党的十一届三中全会和五届人大二次会议的精神上来。事实充分说明,在实践是检验真理的唯一标准这个原理面前,一切假马克思主义的东西都要现出原形,一切过时的、陈旧的东西都站不住脚,一切禁锢人们思想的东西都要失去存在的根据。关于真理标准问题的学习和讨论,确确实实是从上到下,各行各业的同志都要学好的必修课。把这一课学好,把这项思想上的基本建设搞好,我们才能树立起正确的思想路线。思想路线端正了,贯彻执行党的政治路线才有保证,实现四个现代化才有真正的思想基础。

根据一些地方的经验,在真理标准问题的讨论中,有一个问题必须解决,不能回避,这就是:对待马列主义、毛泽东思想究竟采取什么样的态度,怎样才是坚持马列主义、毛泽东思想?

在我们党的历史上,怎样对待马列主义,从来是有斗争的。毛泽东同志坚持实事求是,一切从实际出发,把马列主义的基本原理与中国革命的实际结合起来,在中国条件下运用、发展马克思主义。这种态度是真正的马克思列宁主义的态度。与此相反,党内的机会主义者,特别是以王明为代表的"左"倾教条主义者,不问中国实际,生吞活剥运用马列词句,盲目照搬外国经验。他们攻击坚持实事求是的同志是"背弃马克思主义",而自封为"百分之百的布尔什维克"。这两种截然相反的态度,究竟哪一种态度是真正坚持马列主义,历史早已作出了结论。毛泽东同志尖锐地批判了对待马列主义的这种反马列主义的态度,指出:"马克思、恩格斯、列宁、斯大林曾经反复地讲,我们的学说不是教条而是行动的指南。这些人偏偏忘记这句最重要最重要的话。""他们学马克思主义的方法是直接违反马克思主义的。"毛泽东同志领导全党开展了著名的延安整风运动,从思想路线上对"左"倾机会主义进行了彻底清算,把人们从教条主义的蒙蔽下解放出来,使全党的思想统一到马列主义的科学基础上来,使党达到了空前的团结,从而保证了抗日战争和解放战争的胜利。

但是,我们党自延安整风运动以来建立起来的实事求是、理论联系实际的优良传统,遭到林彪、"四人帮"的严重破坏。林彪、"四人帮"是一伙反革命两面派,是十分狡猾的政治骗子和诡计多端的政治投机商。他们把高举毛泽东思想的旗帜喊得震天价响,实际上根本反对毛泽东思想。林彪不是说学习马列要找"捷径"吗?他们就是把口喊"高举"作为升官发财的捷径,作为攫取权力的捷径。他们越是要攫取更大的权力,攫取党和国家的最高权力,就把"高举"叫得越响。他们任意肢解、割裂、歪曲、篡改毛泽东思想的科学体系,把毛泽东思想搞得支离破碎,真假难分。他们大肆宣传什么"天才论""顶峰论""绝对权威""句句是真理""句句照办""理解的要执行,不理解的也要执行",直至"永远按既定方针办",把毛泽东同志加以神化,把毛泽东思想(经过他们歪曲和剪裁的)说成了最后的永恒真理。在林彪、"四人帮"横行时期,唯心主义、形而上学猖獗,现代迷信盛行,人们的思想受到极大的禁锢。

粉碎"四人帮"以后,党中央提出完整地准确地掌握毛泽东思想的科学体系,强调实事求是、一切从实际出发、理论与实践相结合,高度评价并且大力推动实践是检验真理的唯一标准的讨论,这一切对于拨乱反正,分清思想上、理论上、路线上、政策上的是非起到了重大的作用。但是,我们对林彪、"四人帮"极"左"路线的流毒绝不可以低估。我们国家受封建主义统治了几千年,小生产的家长制在长时期内占优势,现代迷信能够风靡一时还有它的社会历史根源。尽管粉碎"四人帮"已经三年了,现在还有相当数量的同志思想处于僵化半僵化状态。这些同志,对待面临的问题,不是从实际出发,以马克思主义的立场、观点、方法进行调查研究,找出解决办法,而是从本本上找现成的答案。判断一件事情是与非,他们不是看实践的结果如何，而是拿本本作唯一的根据。过去批判过的东西，实践证明批错了，他们不敢大胆恢复。过去提倡过的某些东西，实践证明提倡得不对，他们也不敢大胆否定。一件事情、一项政策、一个措施、一种提法，即使符合实际情况，也受到群众欢迎，如果本本上没有，或者与本本不一致，他们总觉得有问题。这说明，破除迷信，解放思想不是一个简单的任务。

　　破除迷信，解放思想，就要抹去林彪、"四人帮"涂在马列主义、毛泽东思想上面的神秘色彩。马列主义、毛泽东思想是什么？是科学，是无产阶级革命的科学。科学和迷信是水火不相容的。对待马列主义、毛泽东思想绝不能采取"诚则灵"的态度。我们所以要坚持马列主义、毛泽东思想，不是因为别的，只是因为它正确，因为唯有马列主义、毛泽东思想能够指导我们的革命事业到达胜利。早在一九三〇年毛泽东同志就说过："我们说马克思主义是对的，绝不是因为马克思这个人是什么'先哲'，而是因为他的理论在我们的实践中在我们的斗争中证明了是对的。我们的斗争需要马克思主义。我们欢迎这个理论，丝毫不存什么'先哲'一类的形式的甚至神秘的念头在里面。"对待马克思和他的理论应当这样，对待毛泽东同志和他的著作也应当这样。毛泽东同志是伟大的马克思主义者，但是毛泽东同志不是"先哲"，不是神。正如周恩来同志所指出的，毛泽东同志是在中国的土壤上生长的，同人民群众血肉相连的，从长期革命斗争的实践中产生的伟大人物，而不是天生的圣人。邓小平同志在党的八大关于修改党章的报告中也指出："对于领袖的爱护——本质上是表现对于党的利益、阶级的利益、人民的利益的爱护，而不是对于个人的神化。"多少年来，林彪、"四人帮"不但把毛泽东思想绝对化、教义化，把它说成天才头脑的产物，否认毛泽东思想也要接受实践的检验，而且搞什么早请示、晚汇报、忠字舞、语录歌之类，竭力制造一种对领袖的神秘气氛，煽动宗教式的狂热，简直使人退回到蒙昧时代，哪里有一丝一毫马克思主义的气味！

　　对待革命领袖和他们的理论，我们既不能有丝毫的神秘念头，也不能满足于"朴素的阶级感情"。无产阶级和广大人民在长期的革命斗争中，从自己的亲身经历中，认识了自己的领袖，产生了对领袖的深厚阶级感情。但是，光有朴素的阶级感情，并不能成为自觉的革命战士。我们共产党人和革命者毕竟是要根据马列主义、毛泽东思想的科学理论办事，而不能仅仅凭朴素的阶级感情办事。光有朴素的阶级感情，是很难辨别真假马克思主义的，特别是难于识破打着红旗反红旗的政治骗子；相反，随时都会被别有用心的人利用，成为现代迷信的俘虏。这是很值得我们警惕的。

　　破除迷信，解放思想，就要反对用形而上学的观点对待马列主义、毛泽东思想。历史上有许多思想家都企图把自己的学说说成终极的真理。其实，这不过是妄想。马克思主义者比他们高明的地方，就是公开宣称马克思主义并没有结束真理，而是在实践中不断地开辟认识真理的道路。马列主义、毛泽东思想既然是一种科学，它就不会也不可能停止不前。正如毛泽东同志所说的："马克思主义一定要向前发展，要随着实践的发展而发展，不能停滞不前。停止了，老是那么一套，它就没有生命了。"用科学的态度对待毛泽东思想，就必须以发展的眼光看毛泽东思想，绝不能把它看成凝固不变的。那种认为革命导师说过的一切都要照搬照抄照办，而没有说过的都不敢想、不敢说、不敢干的态度，是直接违背马克思主义的。大家知道，从马克思起，没有一个经典作家，包括毛泽东同志在内，主张过这种照搬，赞成过这种不敢。毛泽东同志精通马列主义，忠实于马列主义的精神和实质，但从来不拘泥于马列的字句，不拘泥于马列的个别结论，不怕用符合新的历史条件的新结论代替那些已经陈旧的结论，不怕用符合中国情况的论断代替那些不符合中国情况的论断。毛泽东同志把马列主义的基本原理与中国民主革命的实践相结合，找到了一条农村包围城市的道路；把马列主义的基本原理与中国社会主义革命和社会主义建设的实践相结合，写出了《论十大关系》《关于正确处理人民内部矛盾的问题》等著作。毛泽东同志提出的许多东西，都不是照搬马列的本本，而是具有中国的特点，从而丰富了马列主义的宝库，创造性地发展了马列主义。恩格斯说得好："我们只能在我们时代的条件下进行认识，而且这些条件达到什么程度，我们便认识到什么程度。"实践发展了，历史条件改变了，认识就要向前发展，理论就要向前发展。这是完全合乎逻辑的。现在我们国家进入了新的发展时期，情况变了，任务变了，条件（包括国际条件）变了。党中央运用马列主义、毛泽东思想的基本原理，根据新的情况提出新的路线、方针和政策，并对过去那些已经不适合今天情况的方针、政策、口号和提法加以改变，是完全正确，也是不可避免的。我们这样做，正是坚持了毛泽东思想最根本的原则——实事求是。也只有这样做，才能把毛泽东思想同当前四个现代化建设的实际结合起来，使毛泽东思想得到发展。这才是真正捍卫毛泽东思想。发展和捍卫并不是对立的。在这个问题上不应当抱形而上学的观点。列宁如果不在社会主义革命能在一国首先胜利的问题上发展马克思主义，就不能捍卫马克思主义。毛泽东同志如果不在从农村到城市的问题上发展马列主义，就不能捍卫马列主义。同样，今天我们如果不努力把毛泽东思想同四化建设结合起来，发展毛泽东思想，也就谈不上捍卫毛泽东思想。

　　破除迷信，解放思想，就要对革命领袖采取两点论。按照辩证法的观点，任何政党和任何个人在自己的活动中都不会是没有缺点和错误的。一分为二是普遍的规律，对于卓越的革命领袖也不例外。所以三中全会公报说："毛泽东同志是伟大的马克思主义者。他对于包括自己在内的任何人，始终坚持一分为二的科学态度。"叶剑英同志在庆祝中华人民共和国成立三十周年大会上的讲话中也指出："必须正确理解群众、阶级、政党和领袖之间的相互关系，这在社会主义社会中尤其重要。""任何领袖人物都不是神，都不可能没有缺点错误，都不应当加以神化。"我们强调毛泽东思想从整体来看是一个科学体系，不容许肢解分割，断章取义。另一方面，我们也不应要求毛泽东同志的每一个论断、每一个指示都准确无误、完美无缺。不论是某句话还是某种论点是不是真理，最后不能以是某个人说的来判断，而只能以实践的检验结果来判断。认为一个人只要成了马克思主义者，他说的每一句话、作出的每一个论断，都必然是真理，那就是迷信。林彪、"四人帮"不允许说对毛泽东思想可以一分为二，谁要说了就被打成反革命，这完全是别有用心，蓄意整人。革命领袖为什么在理论上和在实际工作的指导上会有失误呢？我们知道，革命领袖并不是生而知之的，他们认识客观世界也要遵循"实践、认识、再实践、再认识"的规律，也要经历从不知到知，从知之不多到知之甚多，从认识不完全到比较完全这样一个不断深化的过程。由于各种条件的限制，革命领袖作出的论断和决策，也可能有不够准确、不够完善的地方。除了历史的局限性外，如果革命领袖在某些时候、某些问题上脱离了实际，脱离了群众，脱离了领导集体，思想方法离开了辩证唯物主义，也会发生失误。这种情况在国际共产主义运动的历史上是有先例的，并不奇怪。毛泽东同志一贯教导我们要坚持真理，修正错误。他还说："我们除了科学以外，什么都不要相信，就是说，不要迷信。中国人也好，外国人也好，死人也好，活人也好，对的就是对的，不对的就是不对的，不然就叫作迷信。要破除迷信。不论古代的也好，现代的也好，正确的就信，不正确的就不信，不仅不信而且还要批评。这才是科学的态度。"我们对于毛泽东同志的论断，经过实践的检验，经过认真总结经验，正确的就坚持，不正确的就修正，这完全符合毛泽东同志的教导，符合党的优良传统，符合人民的利益，不仅不是什么"砍旗"，恰恰是维护了毛泽东思想的旗帜。

"我们的斗争需要马克思主义。"这是中国人民从一百多年来的斗争经历,从失败和成功的比较中得出的正确结论。但是,只有把马列主义的普遍真理和中国革命的具体实践结合起来,才能引导中国革命到达胜利。把这个结合工作做得最好最出色的,就是毛泽东同志。这种结合的产物,就是毛泽东思想。马列主义、毛泽东思想过去是今后仍然是中国革命的胜利旗帜。我们进行社会主义现代化建设,必须坚持社会主义道路,坚持无产阶级专政,坚持共产党的领导,坚持马列主义、毛泽东思想。而最根本的就是坚持马列主义、毛泽东思想。不坚持这一条,就不可能坚持其他三条,社会主义现代化建设就不会成功。因此,各条战线的同志,首先是各级领导同志,除了要学科学技术、学业务知识外,毫无例外地都要认真学习马列主义、毛泽东思想。要彻底肃清林彪、"四人帮"的流毒,端正我们的学风。我们需要的不是天天口喊高举,而是老老实实地学习和掌握马列主义、毛泽东思想的基本原理;不是千百遍地口喊对毛泽东思想的忠诚,而是切切实实地运用马列主义、毛泽东思想的立场、观点和方法去研究新情况,总结新经验,解决新问题。林彪、"四人帮"横行时期,喊"高举"比党的历史上任何时期都喊得响,各种各样的毛主席语录比以往任何时期都编得多、印得多,广大干部群众学习毛泽东同志著作的时间比以往任何时期都规定得多。但是恰恰是在这个期间,我们党的马列主义、毛泽东思想水平降低了,以致一些领导干部连天才论和实践论也不能区别,以致在粉碎"四人帮"以后,一些同志对实践是检验真理的唯一标准这个马克思主义的基本原理和常识竟然不能理解、不能接受。这个教训,我们一定要记取。

关于真理标准问题的学习和讨论,是我们党、我国人民继延安整风运动以后又一次伟大的马克思主义的思想解放运动。思想的解放,从来是社会大变革的先导。实现四个现代化,经济要改革,政治要民主,没有思想解放这个先决条件是不行的。搞现代化建设同搞现代迷信,根本不能相容。延安整风运动,曾经使全党摆脱了教条主义的束缚,解放了思想,统一了认识,为以后短短几年内接连取得抗日战争和解放战争的伟大胜利奠定了思想基础。这次思想解放运动,必将使广大干部群众彻底打碎林彪、"四人帮"强加的精神枷锁,克服现代迷信造成的思想僵化半僵化状态,开动机器,实事求是,从而加快现代化建设的步伐,实现我们肩负的光荣而伟大的历史任务。

(1979 年 10 月 3 日)

切实解决上访问题

最近,党中央和国务院决定从中央机关抽调一千多名干部,陪同来京上访人员返回当地,推动各地党政部门妥善有效、实事求是地解决上访者的问题。这是解决上访问题的一个重要措施。

大批群众来京上访,是林彪、"四人帮"横行十余年,制造大量的冤假错案,所造成的一个历史时期特有的现象。今年一月,中央曾经邀集来京上访群众较多的各省的负责同志开会。当时,华国锋同志说:"来京上访的人员,绝大多数是好人,要认真听取他们的意见,切实帮助他们解决问题。解决的原则是实事求是,合情合理。"那时,各省上访群众满怀着希望,随着这些地方的领导同志回到省里,以为他们的问题总可以得到解决了。结果,各地解决问题的情况很不相同。有的解决得好一些,有的解决得很不好,甚至根本不予解决。蒙冤的群众无处伸冤,有的不得不背井离乡,拖儿带女,再次来京上访。这种情况的出现,是很不应该的,必须下决心予以彻底解决。

解决上访问题,首先要对上访群众有一个正确的看法。应该说,上访人员中的绝大多数是我们的阶级兄弟和姐妹,是我们的基本群众。在林彪、"四人帮"横行时,他们被压在阴山之下,蒙冤受屈,无处申诉。时至今日,很多人的政策落实了,他们的问题却还没有解决,甚至继续遭受不公正的待遇,这是他们频频上访的根本原因。他们提出的申诉,大都有一定的道理,只是由于基层的硬顶和推拖,或是由于被控告对象"后台"硬、"保护层"厚等复杂原因,结果变得枝节横生,难以解决。对这些人应该耐心地听取他们的陈述,认真分析导致他们的问题久拖不决的真正原因,找出症结,对症下药,尽快给他们一个"实事求是,合情合理"的解决。也有一些上访人员,主要是提出解决经济方面的问题。对这类要求要做具体分析。如果确属超出政策规定之外的不合理要求,应该做耐心的工作,讲清道理。有些问题,属于可以解决的范围,那就应该解决。有些问题虽然不无道理,但因涉及的面比较广，牵一发而动全身，慎重一些是必要的。就上访者来说，不应采取"最后通牒"的方式，持"不解决问题就不回去"的态度。就领导来说，应该从实际出发，积极地、尽快地研究出解决的办法，不能采取简单的办法一刀切、绝对化，认为"一般不解决"就一个也不解决。当然，在上访群众中也可能有个别的"上访油子"，硬赖着不走，靠上访来混饭吃。还可能混有个别坏人，他们以煽动闹事、浑水摸鱼为目的，蓄意制造事端。这是极少数。上访的同志要提高警惕，不要上当受骗。只要我们把绝大多数上访群众的问题切实解决好了，个别坏人就无从兴风作浪了。

现在的问题是，有些地方和部门，不是这样来看待上访人员，认真解决他们的问题，而是把他们视为"干扰"，目为"累赘"，对他们采取"一抓二吓三骗"的方针。这是完全错误的。我们已经公布了刑法和刑事诉讼法，怎么能随便抓人呢？上访人员要求解决问题，几经曲折，历尽磨难，为的是平反申冤，甚至只为求得起码的生存条件，他们把全部的希望寄托于上访，岂是能够吓走的？至于骗，只能蒙骗于一时。这次骗走了，问题没有解决，还会再来。我们是共产党，是要为人民群众办事情、谋利益的。切实解决上访群众的问题，是我们责无旁贷的分内事，怎么能采取这种毁誉失信的做法呢？

粉碎"四人帮"快三年了，还有这么多的群众上访，这不能不说是我们工作中的耻辱。实事求是，有错必纠，这是粉碎"四人帮"以后，党中央三令五申、反复强调的。特别是在三中全会上，中央带头平反冤假错案，解决了一批历史上遗留下来的重大问题，为全党做出了榜样。本来，在这个问题上，不应该再有任何的犹豫了。但是，实际上有些地方落实政策，名不副实。省里有些机构的负责人，甚至包括省委的负责人，更不用说地区、县、公社，都有那么些负责人，办错了案，办错了事，硬是不认账，领导一再催促，群众一再找上门来，硬是不予理睬，不予平反。还有些同志，自己的冤案平反了，落实政策上了台，又当起官做起老爷来，整天画圈圈发牢骚，老百姓的冤假错案他不管，人民的深重灾难他不问。哪怕是人命关天的事，他都无动于衷。过去的县太爷还升堂理案，现在有些领导干部却从不亲自接待群众、解决问题，只是让干事转信，秘书代劳，一推了之。这种严重的官僚主义作风，是阻碍落实政策的重要原因，也是造成大量群众出访上诉的主要因素。

党中央派人下去帮助解决问题，这是一个英明的决策。我们希望下去的同志都能做包公，做海瑞，做比包公、海瑞不知要高明多少倍的全心全意为人民服务的社会公仆。拯民于水火，解民于倒悬，是共产党人义不容辞的责任。当然，解决好上访人员的问题，要依靠地方党委。解铃还须系铃人，问题发生在哪个地方，就应该由哪里的组织落实安置好。派下去的同志是配合和协助地方党委做工作，不要包办代替。然而，如果发现有的单位和个人，拒不执行党的政策，对冤假错案不予平反，对可以解决的问题顶着不办，下去的同志也有责任进行督促和检查，并向上级党委，直至中央反映。对那些坚持错误、玩忽职守、打击报复、拒不改悔的人，要提出处理建议，违犯党纪者，要给以党纪处分，犯法者要绳之以法。我们希望下去的同志们发扬对党负责、对人民负责的革命精神，为民申冤，为民除害，坚决同坏人坏事作斗争。我们也相信，党中央和国务院采取的这项措施，对各地平反冤假错案、落实党的各项政策，乃至改进党的作风等，都会有很大的推动，全国的上访问题因此能有一个较好的解决。

（1979年9月17日）

要勇于跨出体制改革的第一步

我国现行的经济体制必须改革，这是肯定无疑的。党的十一届三中全会早已肯定了这一点，五届人大二次会议正式确定了"调整、改革、整顿、提高"的八字方针，把经济体制改革作为当前一项根本方针提出来，而且预期在今明两年进行小改、小革，同时作好调查研究，制订全面改革的方案。全国人民对中央的这个部置是衷心拥护的，热忱地期待着改革的早日实现。现在，三年调整的第一年，大半年已经过去了，改革的步伐究竟迈出了多少步，这是全国人民十分关注的事情。

经济体制改革是件大事，是一个牵一发动全身的大问题，应兴应革，一定要采取科学的态度。因此，决心要坚定，态度要积极，步子要稳妥。为了稳妥，必须先从小改、小革做起；即使是小改、小革，也要先在个别或少数的地方、企业进行试点，不断总结经验，然后全面推广。坚持这样的方针和步骤，我们就能做到改而不乱，尽可能少出偏差。但是，如果稳妥到连试点都不敢试，第一步都迈不出去，那还有什么改革可言？

现在我们看到两种情况：一则以喜，一则以忧。喜的是从四川传来令人振奋的消息，他们从今年年初，就开始在一百个工业企业、四十个商业企业里试行扩大企业自主权，都已经收到成效。新华社八月三十日发自成都的消息，对此作了生动的报道。只举一例来说吧：他们规定试点企业完成规定的经济技术指标，可从计划利润中留成（最多百分之五），还可以从超额利润中留成百分之二十。用这种给经济利益的办法调动企业的积极性，一试就灵。喊了多年经济核算，一直很难核算起来，如今，企业里似乎人人成了"算账派"，有了经济头脑。今年头七个月，八十四个试点的地方企业中，有五十五个获得了超额利润。

有人总是担心给企业利润留成稍多一点，会影响国家的财政收入。四川的经验说明什么呢？据了解，今年头七个月，全省企业上缴利润和去年同期比并无增长，而一百个试点企业却增长了百分之二十一。由此可以看到勇于实践的可喜成果。

可是，许多地方的情况并不像四川那样。今年三月，国家经委召开了一个企业改革的试点会议，决定在北京、上海、天津三市选八个企业试点。当时被选上的企业都兴高采烈，决心在体制改革中当先驱。可是，时间已经不算短，这些企业扩大自主权问题却没有真正迈开步子。卡壳卡在哪里呢？一曰：这几个企业都有一个产品方向与生产规模的问题，企业提出了改革的建议，谁来拍板？因为无人作主，以致悬而未决。二曰"利润留成"，这是企业最关心的问题。财政部门按"规定"进行测算，算来算去，企业可能得到的奖励基金，竟比去年的实际水平还要降低。企业领导感到这样试点，无法向职工群众交代，纷纷表示不再参加试点。此外，还有许多问题，企业提出了一些尝试性的办法，也难得到有关部门的支持。目前体制的一个突出问题是企业的"婆婆"多。改革涉及各个方面，没有一个对各项改革措施都能"拍板"决定的统一领导，企业想进行一点改革是困难的。

为了稳妥才进行试点。既是试验，当然希望其成功，也应允许其失败。好的可以推广，不好的可以改正。这才叫试验。如果前怕狼，后怕虎，不允许突破现行的章法，那还叫什么改革呢？八万个全民所有制企业，八个试行，恰恰是万分之一，即俗话常说的"万一"。万一试出点偏差，即使产生了很大的不良后果，也只是万分之一范围内的后果。如果在万分之一的"点"内，什么也不能动、不敢动，那又叫什么改革试点呢？

上面这一正一反的情况告诉我们，经济体制的改革必须勇于跨出第一步。这第一步，就是要允许在规定的"点"里大胆地"试"。这是当前有必要大声疾呼的问题。

经济体制的改革，是党中央的一项重大决策，也是我国经济生活中的一场革命。既然要改革，就必然要突破一些传统的观念和习惯的做法，首先会遇到某些人的思想阻力。随着改革的深入，还会触及某些人的权力和既得利益，阻力可能更大。目前仅仅是小改、小革的试点，如果连这一小步都跨不出去，今后全面的改革又从何谈起？

改革一定要慎重，要经过深入调查研究，并经过试验，不断完善，逐步推行。但是一个新事物的诞生和成长，事先考虑得再周到，也不可能万无一失。而且，旧的矛盾解决了，又可能出现新的矛盾，这是事物发展的客观规律。如果不看主流，不辨方向，只是在枝枝节节里顾虑重重，出点毛病又大惊小怪，或者本来不赞成，一旦出了毛病，就当秋后算账派，用这种态度对待改革，任何改革也是断然搞不成的。

我们希望各部门、各地方都能像四川省那样，坚决贯彻三中全会和五届人大二次会议的精神，珍惜时间，采取积极果断的步骤，勇于跨出体制改革的第一步。这是形势的要求，也是全国人民热切的希望。

（1979年10月10日）

正确对待上访问题

做好群众来信来访工作，妥善处理上访问题，是一件有关党群关系、有关安定团结的大事情，需要各级党政机关正确看待、各尽其责，互相配合、协同解决。对于信访工作，我们党和人民政府历来是重视的。毛泽东同志、周恩来同志都强调做好信访工作的重要意义，并亲自处理人民群众所反映的各种问题。在延安时代，著名的大生产运动就是根据陕北农民反映负担过重而发动的。建国以来，许多经济政策也是根据群众来信来访反映的情况制定和调整的。密切联系群众，从群众中来，又回到群众中去，是我们党具有无穷生命力的根本原因之一。为人民服务，是党的领导机关和各级人民政府唯一的宗旨。我们有责任、有义务做好信访工作，通过这条重要渠道，去听取群众的呼声，了解群众的疾苦，帮助群众解决确实需要而且可能解决的各种具体问题，团结广大群众，改进我们的工作。这样，才能密切党和群众的关系，发展安定团结的大好形势，促进四化建设。

粉碎"四人帮"以后，我们党解决了文化革命中和历史上遗留下来的许多重大问题，重申和制定了各个方面的正确政策。各级党委和人民政府做了大量的工作，平反了一大批冤假错案。林彪、"四人帮"横行期间，有冤无处诉、有冤不敢诉的情况已经有了根本改变。正因为这样，群众来信大量增加，群众来访也大量增加。各地做信访工作的同志夜以继日，协助领导做了大量的工作，解决了很多问题。这些同志受到党、政府和人民群众的尊重，提高了党和政府在人民群众中的威信。但是，现在上访的人数还不少，一些地方并且有增加的趋势；接待来访、解决问题的工作量仍然很大。我们还要继续努力，把解决上访问题的工作抓得更细致、更扎实、更有成效。

就现在上访提出的问题来说，牵扯的方面很广，情况比较复杂。就上访的人员来说，也有几种：有要求平反冤假错案的，有控告某些干部违法乱纪的，有超出政策规定要求回城安置和提出过高经济要求的，也有极少数无理取闹、蓄意捣乱的。我们应该具体问题具体分析，根据不同情况来处理和解决这些问题。

凡属冤假错案，要根据"实事求是，有错必纠"的原则，给予平反。这个原则，中央三令五申。就全国来说，确实解决了很大一批冤假错案，成绩巨大。但是这项工作的发展也是不平衡的，有的地区和部门一直抓得比较紧，基本上解决了这方面的问题；有的地区和部门后来有点松了，或者开始得比较晚，未了的案子还有一定数量，这是需要引起注意的。该了的有条件了的案子总该了，今天不了明天了，今年不了明年了，迟了不如早了。久拖不决，徒然增加上访群众的痛苦，也增加各级领导机关很多重复的、不必要的工作量。少数单位的领导同志，就是跟中央解决冤假错案的方针顶着，该平反的不平反，该纠正的不纠正，这是不能允许的。当然，这里所说的纠正冤假错案，主要是指平反文化革命中林彪、"四人帮"颠倒是非、陷害好人，制造的种种冤狱，也包括改正反右派、反右倾以及"四清"中搞错的案件。至于其他历史上的案件，现在不可能一一加以甄别处理，其中确实搞错了，需要纠正的，也只能在今后有步骤地去搞。现在，有的上访人员把几十年前受到的处分，甚至民事纠纷都作为冤假错案提出来要求复查，这是很难做到的。

凡属违法乱纪，甚至制造新的冤假错案的，一定要认真查明、严肃处理。这方面的问题在上访中为数不多，但是值得各级党委和政府严重注意。在社会主义民主和法制不断加强的今天，在中央大力整顿党风党纪的情况下，谁搞违法乱纪谁就是明知故犯。过去林彪、"四人帮"制造了大量的冤假错案，为人民群众所深恶痛绝；现在有的人还这么搞，这是我们党所绝对不允许的。这类案件一定要认真清查，一经查实，就要根据党纪国法加以惩处。

凡属合理的要求、按现行政策规定又是能够解决的问题，各地区、各部门就应当认真负责地、积极地加以解决。凡属超出政策规定要求回城安置和提出过高经济要求的，要理直气壮地做思想政治工作，把情况和道理讲给上访者讲清楚。现在，在上访中这类问题占的比重最大。其中有的是过去精简下放，现在要求复工复职的；有的是过去支援边疆、上山下乡的知识青年，现在要求回城就业的。这些同志过去响应党的号召，为国家分担了困难，对边疆建设和农业发展作出了贡献，党和人民是不会忘记的。他们当中某些人生活确实比较困难，值得同情，他们的有些要求也不是完全没有理由的，但是，由于国家经济还有困难，这类问题在短期内是不可能解决的。在这种情况下，就要切实解决上访人员的思想问题，积极向他们宣传解释党的有关政策规定，热情耐心地对他们进行说服教育，把他们引导到正确的方向上来。使他们能够看到我们国家百废待举的现实，顾全大局，把个人的利益和祖国的利益联系在一起，把个人的前途和祖国的前途联系在一起，真正从思想上认识到随着国家经济状况的好转，随着四个现代化进程的发展，个人问题才能得到比较妥善的解决。使他们能够明白，让过去精简下放、支援边疆、上山下乡的，现在都回城就业，这是不可能的，这样不仅影响边疆和农村的建设和发展，而且不利于整个国民经济的调整，不利于四化建设，个人的问题也不能得到很好解决。这种思想政治工作不但信访部门的同志要做，上访人员所在地区的党政机关，所在单位的党、团、工会、妇女组织以及上访人员的亲友都要来做。要看到，过去精简下放的同志、支援边疆建设和上山下乡的知识青年多数是有很高的政治觉悟的，是顾全大局的，他们长期以来安心在农村，宁肯自己克服困难，不给国家增加麻烦。现在许多人都仍坚持在自己的岗位上。就是大部分上访人员也是通情达理的，只要我们把思想工作做好了，真正做到家，他们是会体谅国家的困难的。有的上访人员提出过高的要求，例如，政治上得到了平反，又提出超过政策允许的经济退赔要求，或者经济上已经给予了补助，又提出更多的要求，这些更需要理直气壮地做工作，包括进行必要的批评。

凡属无理取闹、蓄意捣乱的，要根据情节轻重，分别严肃处理。这种人，为数很少，影响极坏。其中有的人，脑子里没有什么国家民族的利益，只有个人的要求和打算，尽管有关单位对他们的问题已经做了适当处理，并且进行了耐心的解释和教育，他们仍然坚持不合理的要求，屡遣屡返，蓄意闹事；有的是"上访油子"，白天流窜街头，为非作歹，晚上回接待单位投宿，长期赖着不走。还有极少数坏人煽动闹事，唯恐天下不乱，甚至耍无赖动手殴打民警。对这种人政法机关有权依法传讯，根据情节轻重，分别给予警告、拘留，直至追究刑事责任。

解决上访问题，需要上访人员同接待机关很好地配合。有的人以为可以用闹事的办法"施加压力"，迫使领导机关突破现行政策规定，这是十分错误的，也是根本做不到的。不仅无理不能取闹，有理也不能取闹。安定团结的政治局面和正常的社会秩序，不但是四化建设所必需的，也是解决上访问题所必需的；不但是全民族的根本利益所在，也是上访人员的根本利益所在。上访人员应该服从接待机关的安排，与接待机关合作，维护上访秩序，这才有可能把问题搞清楚，求得合情合理的解决。任何破坏生产秩序、工作秩序、社会秩序和交通秩序，冲击领导机关和企事业单位，强占办公室和招待所，围攻、打骂接待人员，串联、组织、胁迫上访人员闹事的行为，都是很错误的、不许可的，只能使"亲者痛、仇者快"，使正常的上访秩序受到干扰和破坏。这不但不能解决问题，反而增加了解决问题的困难和复杂性。这一点，上访的同志要有足够的认识，切勿受骗上当，听信少数人的煽动、挑唆，走入歧途。

解决上访问题，要贯彻把问题解决在当地的方针。上访人员的问题发生在哪里，原来由哪一级组织处理的，现在重新审理也要通过哪一级组织来办。有些上访人员总以为越级告状，进京上访，是解决问题的捷径。这种看法是不对的。我们的国家是一个有严密组织的整体。各级党委和各级政府都必须严格地按照中央和国家统一的方针政策办事，任何人不得自行其是。中央和上级领导机关，可以转批来信，可以督促催办，必要时也可以检查过问，但是真正解决问题还要靠各级地方组织。最近，有些人又远道赶来北京上访，这样舍近求远是完全不必要的，能够解决你的问题的还是当地组织。现在很多地方采取一竿子插到底的办法迅速查处上访问题，要求做到办案机关落实，办案人员落实；涉及几个单位的问题，则要求各方主动协商，共同研究处理。这都是很好的做法。一定要解决好上访问题，这是中央坚定不移的方针，各地党政领导机关是会贯彻执行这个方针的。如果说，过去有些地方由于领导抓得不紧，在解决上访问题时作风拖拉，阻力很大，那么，现在这种情况确实有了很大的改变。上访人员应该看到这种新的情况，相信党，相信当地组织，就地申诉、解决问题。

我们的国家遭受林彪、"四人帮"十年浩劫，积案如山，解决这些问题是需要时间的。现在，全党全国工作重点已经转入四化建设，各条战线都面临着艰巨的任务。只有实现四化，我们的民族才有希望，我们的国家才能富强，需要解决的个人问题才能从根本上得到解决。希望各级党委和做信访工作的同志，切实做好上访工作；希望上访人员以大局为重。这样，上下一气，配合起来，上访问题才能得到较好的解决，才能发展安定团结的政治局面，同心同德，夺取四化建设的新胜利。

(1979年10月22日)

搞经济建设一定要尊重科学

武钢孟宪成同志对一米七轧机工程所提的意见，十分中肯，很值得我们认真读一读，想一想。花费了全国人民节衣缩食攒下来的钱，引进了当代最先进的轧钢设备和技术，为什么收不到应有的经济效果？今后怎样减少以至杜绝这种得不偿失的建设工程？

我国是一个穷国，经济上还很落后。为了尽快改变这种贫穷落后的面貌，在本世纪内实现四个现代化，我们应当改变过去那种闭关锁国的状况，面向世界，引进一些必要的先进设备和先进技术，以生产自己急需的产品，培养自己的技术力量，促进我国技术和经济的发展。但是，引进什么，怎样引进，又得从我国的实际出发，要适合我国的需要，有利于我国经济的发展。一句话，要考虑经济效果。这就要求我们在决定引进什么之前，进行慎之又慎的科学分析。技术经济学把这种科学分析称为技术经济分析。如果我们对一米七轧机工程进行一番技术经济分析就不难发现，尽管这个引进项目有一定的必要性（比如，为了改变每年花外汇进口钢材的现状，自己生产合格的钢材），但是在目前的经济、技术条件下，未必是合算的、合理的。费时五六年，投资几十亿，仅仅勉强能够生产，远远达不到额定的生产能力，能说合算吗？到开工之日，才发现原料和电力不足，缺胳膊少腿，能算是合理的吗？当然不能。这个工程，以及相类似的其他工程，再一次说明了一个简单而又不易遵循的道理：搞经济建设，一定要尊重科学。违背科学规律，凭想当然办事，就难免碰壁，给党和国家造成巨大的经济损失。

讲求经济效果，是搞好经济建设的一条十分重要的方针。而搞好技术经济分析和论证则是讲求经济效果的可靠办法。这项工作并不十分困难，也不要多少投资，关键在于把各方面的专家组织起来，进行系统周密的调查研究。目前国外大都是这样做的。他们管这叫可行性研究。我们是社会主义国家，更加有条件这么做。第一个五年计划时期，我们在实际工作中是比较注意这样做的。所以，尽管那个时候经济工作也有某些不足之处，但总的看来，经济效果是好的。只是到了一九五八年以后，特别是林彪、江青一伙反革命分子横行的十年，实事求是的科学态度被破坏殆尽，所谓"要算政治账，不要算经济账"的谬论到处泛滥。有的领导人说上一句话，就得照办不误，什么可行性研究，什么技术经济分析，什么经济效果，统统抛在一边。粉碎"四人帮"以来，这种状况逐步有所好转，但那种无视科学的封建愚昧和极"左"流毒，对我们的一些同志，至今还不无影响。这些同志自己不懂或不太懂科学，又不愿意听取专家们的意见，尤其是听不得尖锐的反对意见。他们习惯于凭个人或几个人的意志办事，碰了壁，造成损失之后，还习惯于用"没经验，缴学费"或"事已至此，只能如此"来原谅自己。应当说，这绝不是对党对人民负责的科学态度。

当然，学会做任何工作，都要有一个过程，付出一定的代价，或曰"缴一点学费"。过去打仗如此，今天搞经济建设同样如此。但是，打仗和搞建设，都要力求少付一点代价。缴了一定的学费，就要有一定的长进。绝不能十年、二十年甚至三十年地一直"缴学费"而很少进步。我们国家还很穷，积累一点钱很不容易。像一米七轧机工程这样的学费，不用说我们缴不起，就是一些发达国家的大企业主、大财团也缴不起。有没有办法能使我们少缴一点学费，或者缴了一点学费之后能有所收获呢？有。那就是搞经济工作的同志要学科学技术知识，学社会主义经济学和现代化的经济管理，注重技术经济的研究。如果精通有困难，至少也应该拜专家为师，发挥专家的积极作用，依靠他们，虚心听取并采纳他们的合理化建议。我国的科学技术界和经济学界，是不乏有识之士的。他们既懂科学技术，又懂经济，有着出主意、提建议的极大积极性，愿意把自己的所有意见倾囊奉献给祖国人民。关键是我们依靠不依靠他们。如果真正依靠他们，我们就不必费那么多冤枉钱去请"远路的和尚"，也不必一而再、再而三地付那么多冤枉"学费"了。

孟宪成同志在其感想中还认为：现代化是买不来的，培养人才重于一切。这个意见无疑是十分正确的。前一个时期，有一股引进风。同一种产品、设备，你引进我也引进，甚至国内明明有某种产品和设备，性能并不比国外的差，也要吵着引进，好像外国的月亮比中国的圆。这一点，连一些外国友好人士也察觉到，向我们提出了善意的忠告，而我们的一些同志还不觉悟。产生这种现象的原因，除了我们经济体制和政策上的某些缺陷之外，也同我们某些搞经济工作的同志不懂科学、不尊重科学有关。这些同志不懂得，外国的先进设备和技术在外国发生作用，是因为他们不仅有研究制造先进设备的科技人才，也有掌握现代化生产技能的工人和相应的组织管理力量。我们自己如果不抓紧培养科技人才、技术工人和管理人员，买多少先进设备也无济于事，甚至会成为负担。一米七轧机到了我们手里不能发挥它的作用，就是一个很生动的例证。我们一定要克服重机器轻人才的错误观念，把人才的培养、人的智力开发看得比引进先进设备更重要，抓得更紧。党中央已经多次指出，科学教育同整个国民经济不成比例的状况要尽快地改变。前不久，党中央书记处又专门讨论了教育事业的发展问题。这些指示，不仅科学教育部门要贯彻执行，其他各部门，特别是计划和经济部门也要贯彻执行。过去，我们讲，科学和教育事业受经济条件的制约，这是对的，但不够全面。应该说，科学教育事业既受经济条件的制约，又对经济建设起着促进或延缓的作用。如果说没有十年大破坏，武钢培养起一批现代化的技术力量和管理人员，一米七轧机的经济效果肯定会比现在好得多。积失败的教训，痛定思痛，我们再也不能延误科学教育事业了。"临渊羡鱼，不如退而结网"，"亡羊补牢，犹未为晚"。在国民经济调整时期，我们要下决心尽一切可能把科学教育事业调上去，至少要为八十年代有一个大发展打下良好的基础。道理很简单，所谓四个现代化，就是用现代科学技术武装国民经济各部门。不大力发展科学教育事业，就根本谈不上现代化。

尊重科学，同尊重科技工作者、尊重学有专长的人才，是很难分开的。如果说从现在起培养人才还尚需时日才能收效的话（但不能放松），那么，我们就应当加倍爱惜现有的人才。粉碎"四人帮"以来，这方面的工作有很大的成绩，但仍不能尽如人意。压制人才、浪费人才的现象至今屡见不鲜。令人遗憾的是我们的一些同志对此漠不关心，即使关心了也无能为力，爱莫能助。这不能不说是我们干部制度和劳动制度上的一个大缺陷。研究改进干部制度和劳动制度，进一步落实党的知识分子政策，让一切有志于献身四化的人各显其能，是全党的共同任务。搞经济工作的同志也应在自己的职责范围内积极促进干部制度和劳动制度的改革，而不能把它完全推给组织人事部门。

恩格斯说过，伟大的阶级，正如伟大的民族一样，无论从哪方面学习都不如从自己所犯错误的后果中学习来得快。在经济建设中，我们所犯的错误不少了，后果大家也见到了，应该说，可以学到不少的东西了。但是，学习的成绩并不令人满意。究其原因，缺少实事求是的科学态度，恐怕是一个重要因素。我们希望，总结一米七轧机工程及其类似工程的经验教训时，大家都能采取实事求是的科学态度。

（1980年8月1日）

充分相信和依靠我们自己的知识分子

我国科技人员在消气剂研制方面所取得的成就,令人鼓舞。它再次说明,我国是有人才的,我们的广大知识分子中是有真才实学的。关键是要充分相信和依靠他们,给他们提供发挥作用的机会和条件。

我国经济落后,科学技术不发达,进行现代化建设,确实有很多困难。看不到这一点,拒绝向外国学习,是错误的。我们任何时候都要注意学习别国的长处,引进必要的先进技术。但是,学习外国的先进科学技术,不能妄自菲薄,把自己看得一无是处。建国三十一年来,虽然几经折腾,我们毕竟有了相当的家底,建立了独立的比较完整的工业体系,有了几十万个企业,建立了一批水平较高的科研单位和高等院校,形成了一支包括几百万科技人员在内的知识分子队伍。这些,都是我们前进的基地,要从这个基地出发,扎扎实实地进行工作。

粉碎"四人帮"以来,特别是三中全会以来,党中央一再阐明,我国知识分子的绝大多数是工人阶级的知识分子,要充分依靠和放手使用。党的这一符合实际的马克思主义的政策,已经发挥了巨大的威力,越来越多的知识分子得到了重用。但是,也有一些同志对党的这一正确的知识分子政策存有疑虑;有些同志对自己的科技人员即使政治上信得过,业务上还是不放心,觉得他们水平低,不顶用,甚至明明是自己的科技人员已经解决了的技术问题,也要花大价钱从外国引进;国内的专家在学术上做出了成绩,有时也不被认识,不被承认,以致出现不少"国内开花国外香"、中国的"千里马"要靠"洋伯乐"来发现的奇怪现象。因此,在批判和纠正"夜郎自大"、闭关锁国错误的同时,也要防止和克服盲目迷信外国、自惭形秽的"贾桂思想"。

我们毫不讳言,从科学技术的总体上看,我国还是落后的,但并不是在一切领域都落后。我们在落后的总体中也有某些高水平的研究成果,有不少出类拔萃的人才。对于这些人才，用之不当，甚至弃之不用，是很可惜的。就是那些被认为水平不高的科技人员中，也有在艰苦的条件下用比较落后的设备进行工作取得成绩的经验，他们的经验符合我国的实际，在调整国民经济，实行挖潜、革新、改造的工作中将发挥重要作用。即使有些人水平确实比较低，也应该合理地使用他们，并积极加以培养，相信他们会在实践中逐步提高。

　　充分相信和依靠我们自己的知识分子，是四化建设中的一个重要问题。不仅要相信他们在政治上是热爱祖国、热爱社会主义的，是有为四化事业献身精神的，而且要相信他们是有聪明才智的。特别要看到，五十年代、六十年代培养出来的各类专业人员，现在是我们的骨干力量。解决八十年代、九十年代建设中的科学技术问题，主要靠他们。他们起着承上启下的关键作用。如果现在再不充分相信和依靠他们，为他们发挥聪明才智创造条件，就要误大事。对于这个严肃的问题，我们解决得好，四化大业就会更有希望。

（1981年1月13日）

必须坚持选拔干部的德才兼备原则

在机构改革中,一大批老同志将离休退休或退居第二线,一大批优秀的中青年干部将被选拔到各级领导岗位上来。这"出"的问题很重要,必须解决好;"进"的问题更重要,尤其要解决好。选拔什么人,配备一个什么样的领导班子,不仅关系到机构改革能不能收到预期的效果,而且关系到我们党的路线能否持久延续,社会主义事业能否兴旺发达。

老干部是我们党和国家的宝贵财富。在这次机构改革中,为了有秩序、有步骤地搞好新老干部的交替,在各级领导班子中,我们必须保留一批富有经验的老干部,但是,我们特别要着意的是选进更大数量的中青年干部。应当充分地肯定,经过建国三十几年的工作和斗争,我们已经培养和造就了一大批德才兼备、年富力强的优秀中青年干部。他们政治上坚强,有比较丰富的专业知识,有一定的领导能力而又精力充沛,完全有条件接过革命重担,胜任各种领导工作。这是我们党和国家的希望所在,也是我们的事业具有强大生命力的表现。看不到我们党有一个巨大的人才宝库,看不见新生力量,在选拔中青年干部的问题上顾虑重重,没有魄力,打不开局面,就会贻误四化大业,就会犯不可原谅的历史性错误。

我们党选拔干部,历来坚持德才兼备的原则。根据这个原则,选拔干部首先要看政治表现,看政治上是否靠得住。这就要考察干部在"文化大革命"中的表现,特别是十一届三中全会以来的表现。

"文化大革命"对于每一个干部都是极其严峻的考验。看一个干部的政治表现、政治品质,离不开"文化大革命"这段历史,离不开考察他们在那场政治斗争中几个关键时刻的表现。中央多次强调,那些跟随林彪、江青一伙"造反"起家的人、帮派思想严重的人和打砸抢分子,现在还占据领导岗位的,必须坚决撤下来,当然更要注意防止这三种人乘机构改革之机进入领导班子。这是绝对含糊不得、马虎不得的。在这个问题上麻痹大意,就会后患无穷。还有一些干部犯有严重错误但不属于这"三种人",对他们的处理采取"宜宽不宜严"的方针,给他们在实践中将功补过的机会,这是必要的,但在没有经过较长时期的严格考察、确实证明其彻底改正错误之前,不能列为选拔对象。有的同志把对犯错误干部处理从宽的方针搬到挑选优秀干部上来,降低选拔人才的政治要求,那是不妥当的。

十一届三中全会,是我们党的历史上一个伟大的转折。对三中全会以来的路线、方针、政策抱什么态度,是一个干部在政治上是否可以信赖的更重要的依据。这就要看他是否真正在政治上和中央保持一致,是否坚决地按党的路线、方针、政策办事,是否忠实地遵循党的生活准则,言行一致地起模范和表率作用。选拔干部首先要考虑那些在"文化大革命"中表现好,三中全会以来也表现好的同志。有些同志在"文化大革命"中虽然没有什么问题,甚至可以说表现较好,但对三中全会以来的路线、方针、政策抵触很大,采取抵制的态度,选拔这样的干部显然是不适当的。也有一些干部在"文化大革命"中,由于"左"倾错误指导的影响,曾经在某个时候、某个问题上犯过错误,但已作过认真的检讨,这几年执行党的路线、方针、政策坚决,工作成绩显著。对于这些同志必须采取谅解、信任的态度,该选拔的还是要大胆选拔。

至于近年来在政治上严重破坏党的生活准则的人,在经济上严重违法乱纪的人,绝对不能提上来,一个也不能提上来,已经在领导岗位上的必须撤下来。这种人在政治上不堪信任,是无须多说的。

选拔干部,首先要注意德,同时要注意才。德不好的,虽有某一方面的才能,但不能忠诚地为人民服务,把这样的人选进领导班子里是于人民不利的。缺乏才能的人,虽然德好,也难以承担重任,勉强选拔上来,同样会误大事。所以,一定要从实践证明政治上靠得住的干部中,精心挑选才能比较出众的同志,让他们来担当继往开来的历史重任。选贤任能,选贤是指的有德,任能是指要有比较丰富的专业知识,有实际经验和领导能力。这里需要注意的是,对比较年轻干部的领导经验,不能要求过高。只有把他们放到领导工作的实践中去,才能够使他们由经验不多变为经验较多,愈益成熟起来。在这个问题上,一定要防止和克服论资排辈、求全责备的思想。

要选拔出德才兼备的优秀中青年干部,把"进"的问题解决好,重要的一条是实行领导与群众相结合,真心诚意地走群众路线。靠少数人了解情况、识别干部，总难免有局限性；靠少数人的力量，也难以克服干部问题上的旧观念、旧习惯，难以消除宗派主义、任人唯亲等不正之风的干扰。我们相信，在党的正确的政治路线、思想路线和组织路线的指引下，只要我们真正依靠党的各级组织，依靠党内外广大群众，同时依靠广大富有经验、知人善任的老干部，就一定能把接班的同志选准，把这件大事办好。

（1982年4月21日）

大包干是一种很优越的生产责任制

"大包干只能治穷,不能致富。"事实否定了这种怀疑。

"大包干只能个人致富,不能集体致富。"事实又否定了这种怀疑。

"大包干只能致富,不能抗灾。"这种怀疑也被事实否定了。

"大包干把人心搞散了,许多工作难做了。"事实证明,大包干使人心更团结、更振奋了,许多工作都比较顺利了。今天本报刊登的江西赣州地区的消息,十分有力地答复了这个问题。

赣南地区的生产队实行了大包干,去年农林牧副渔各业全面发展,粮油猪等主要农副产品征购派购任务全面完成,集体积累按合同兑现,人均收入比前年增长三分之一。

其他工作是不是难做了呢?比如说,农田水利建设、科学种田、教育、征兵工作是不是难做了呢?事实正好相反。

很多人认为计划生育工作是很难办的事,他们断定大包干以后计划生育一定是办不好的。但是,赣南的事实证明,这项工作也进行得比较顺利。

对大包干还有没有其他怀疑呢?有些同志可能还有,那也只能让事实去答复了。

和其他不少地区一样,江西大包干能全面铺开,并显示这样大的优越性,是很不容易的。三四年来,大包干经受了种种怀疑、反对甚至压制,但限不住,堵不住,难不住,压不住,终于势不可当地变成了主要的责任制,变成了很受欢迎、效果很显著的责任制。

事实证明,大包干不仅不是最危险的责任制,也不是最低级的责任制,恰恰相反,它是一种很优越的生产责任制。

当然,不是说大包干就十全十美,也不是说大包干在一切条件下都是最适宜的责任制。只不过是,在全国很多地区,经过广大农民比较来比较去,终于认定大包干是一种比较合理而又简便易行的、有效的责任制,所以很多地区已经达到70%以上,不少地区甚至达到90%以上。这是群众的伟大创造,是群众最公正的鉴定。

大包干责任制既然不是唯一好的责任制,当然不能勉强地在全国一切地区推广、照搬。它既然不是十全十美,当然应当继续健全,继续完善。但是,广大农民和干部当前最大的顾虑是怕变,生怕刚刚好了又改变,要求肯定它。因此,健全和完善要在肯定的前提下进行,健全和完善的目的是使大包干责任制更加稳定,更加发挥它的优越性。而不是损害它的优越性,不是强行把它改变为另一种责任制,或人为地"提高"到什么"更高级"的责任制。这点,是十分重要的。

大包干的优越性最主要的是社员真正做了主人,真正有了生产和经营的自主权。我们就要尊重这种自主权,如何进一步健全,如何进一步完善,只能尊重农民的意愿。那种总是按老框框想问题,总想按老路子办事的办法,那种好心好意的强迫命令和主观随意性的东西,千万不能再搞了。

三中全会以来,党中央一系列的农村政策得到全国农民的热烈拥护,极大地调动了广大农民发展生产、争取生产自主权的积极性和创造性。大包干就是广大农民贯彻执行三中全会政策的一个伟大创造。各级干部认真贯彻党中央的方针、政策,就必须坚定不移地支持那些选定大包干的广大农民,很好地领导他们搞好大包干责任制,使它更健全、更完善。

(1982年7月29日)

评"我们打天下，知识分子坐天下"

"我们打天下，知识分子坐天下。"这是在进一步落实党的知识分子政策，强调要发挥知识分子在现代化建设中重要作用的时候，个别同志的牢骚话。

这句话是完全错误的。首先，天下是怎么打下来的？如果没有马列主义，没有用马列主义武装起来的党的领导，单凭枪杆子，革命能胜利吗？毛泽东同志说过，马克思是"一个代表人类最高智慧的最完全的知识分子"。要掌握马列主义，也必须成为知识分子。马列主义是靠先进知识分子传播到中国来的。毛泽东、周恩来、刘少奇、朱德等党的领袖，也都是知识分子。在革命的漫长岁月里，从北伐战争到土地革命战争，知识分子发挥过巨大的作用，付出过极大的牺牲；从抗日战争直到解放全中国，更有大批知识分子参加到革命队伍中来，在各个岗位上英勇奋斗。毛泽东同志曾明确指出："没有知识分子的参加，革命的胜利是不可能的。"事实充分证明了这个论断。今天要说"天下"是谁打的，正像我们绝不能忘掉广大工农一样，也不能忘掉革命知识分子。"天下"是在党的正确领导下，无产阶级和广大劳动人民（包括从事脑力劳动的知识分子）共同打下的。至于革命胜利以后的"坐天下"，也是党领导全体劳动人民共同坐的。怎么能把知识分子排斥在外呢？

"打天下"离不开知识分子，"坐天下"更离不开知识分子。就连那位曾自恃马上得天下的刘邦，后来也懂得了"文武并用，长久之术"。况且我们不是单纯"坐天下"，更重要的是进行社会主义建设。在这方面，能忽视知识分子在建国以来所起的巨大作用吗？可惜的是，由于过去"左"的指导思想，知识分子备受歧视；十年内乱中，更是受到严重摧残。其结果不仅是知识分子身受其害，整个国家和人民也吃了很大的亏。建设现代化，离开了知识分子是毫无希望的。我们要正视这样一个事实：一些资本主义国家的生产高度发展，靠的是什么？最主要是科学技术。作为一个社会主义国家，我们有优越的社会制度，更应该发挥知识分子的作用，发挥科学技术的作用。至于建设社会主义精神文明，就更是少不了知识分子。现在纠正对知识分子的偏见不过是开始，对知识分子落实政策也只是开头，怎么谈得上是什么单纯知识分子坐天下呢？要知道，重视知识分子，是为了使他们更好地为人民服务，为社会主义现代化建设贡献聪明才智。他们肩上的担子很重，任务很艰巨，并不是坐享现成的革命果实。

建国三十多年了，现在还说什么"我们打天下，知识分子坐天下"，这种思想是很不对头的。有这种思想的同志，如果是到了离休年龄的老干部，请他想一想：如果永远让亲自参加过"打天下"的人"坐天下"，那么还要不要接班人呢？新上来的年轻接班人，不管是不是知识分子，一般都是没有参加过"打天下"的，那么，让有知识的人才接班不比没有知识的人强一些吗？新宪法规定："国家发展社会主义的教育事业，提高全国人民的科学文化水平。"从历史发展趋势看，将来人人都要变成知识分子，如果知识分子不能"坐天下"，那将来就没有人"坐天下"了。为了适应社会主义现代化的需要，党中央十分重视干部队伍的知识化。对那些有领导经验而缺少文化知识，年富力强的同志，要给他们补上文化这一课。如果有这种思想的同志还不算老而又缺乏文化，那就应当下决心补上文化知识这一课，使自己能够更好地参加"坐天下"，更好地参与管理国家大事。这才是正确的态度。

站得高一点，看得远一点吧，同志！

（1983年2月6日）

重视知识是改革的重要内容

重视知识是当前进行改革的一项十分重要的内容。

恩格斯在1893年就说过,对于成为统治阶级的无产阶级来说,"不仅要掌管政治机器,而且要掌管全部社会生产,而在这里需要的绝不是响亮的词句,而是丰富的知识"(《马克思恩格斯全集》第22卷第487页)。现在,全国人民遵照党的十二大的决定,全力进行现代化建设,十分需要现代化的知识。这里既包括自然科学的知识,也包括社会科学的知识。没有知识,现代化的大厦是盖不成的。一个领导者如果没有知识,就难于正确指挥。这方面我们已经有过不少教训。"左"倾思想和小生产观念曾经使党内相当普遍、相当长期地存在着轻视科学文化知识的倾向;反过来,科学文化知识的缺乏,又加重了"左"倾思想和小生产观念的危害。在吃了苦头之后,越来越多的同志已经觉悟:必须重视知识,并且要通过经济体制、科研体制、教育体制、干部制度、人事制度、工资制度等的改革,使知识的潜力得到发挥,知识的普及和提高得到保证。

轻视知识,必然歧视有知识的人;重视知识,势必器重知识较多的专门人才。17世纪英国唯物主义者培根有一句名言:"知识就是力量。"今天本报报道的阿城继电器厂在濒临绝境时奇迹般地复兴的事实,充分证明了这个真理。这个厂的党委书记王树本真正认识到知识的重要,把有知识的能人推到全厂关键的岗位上,一盘死棋立即走活了。这就叫新时期的政治水平,80年代的革命觉悟。有了这个觉悟,就能成为改革的促进派。与此相反,压制唐安华的西安石棉厂、排斥江永絮的湖南省柴油汽车修制厂,那里的领导人口头上或许也在讲贯彻党的十二大精神,也在讲要重视知识;但实际做的却是摧残人才,打击知识分子。他们的行为同党的路线、人民的利益背道而驰,同改革的步伐南辕北辙,应当赶快改弦更张。每一个共产党员,每一个领导干部,都应该认识到:重视知识,重视知识分子,是历史的进步,是改革的必然趋势,也是对我们每个革命者的一个新的考验。

(1983年2月27日)

把联产承包制引向更广阔的领域

如何把联产承包责任制（群众通称为大包干），从包农田引向包草原、包山水、包滩涂等领域，把农村经济搞得更加欣欣向荣，是目前需要认真研究解决的一个大问题。

联产承包责任制是我国农民的伟大创造，它冲破"左"的重重阻力，为发展农业开创了一条新路。但是责任制的发展不平衡，这种不平衡的表现之一，就是农业方面（主要又是粮、棉、油等种植业方面）发展得快，成绩显著。相比之下，畜牧业、林业、渔业、工副业等方面，进展得不够快，有的甚至还没有打开局面。这种状况，对全面发展我国农村经济是不利的。联产承包制过去曾经被认为只适用于贫困地区，不适用于富裕地区。这个看法已经被实际生活纠正了。那么，联产承包制对于农业以外的其他行业，例如畜牧业、林业、渔业等，是不是适用呢？其实，这个问题在群众实践中已经基本解决了。这几年，无论是林、牧、渔等业，都有一些单位突破旧框框，实行了大包干，效果大多很好，可以说是包一处，变一处；包一业，兴一业。今天本报报道的青海甘德县，53个牧业生产队大包干仅一年，就取得很好效果，并总结出大包干有六大好处。特别是一些开发性事业，如开发荒山、荒水、荒滩等，联产承包制的威力尤为突出。

我国耕地按人口平均不多，但草原、草坡、宜林荒山、水面和滩涂异常广阔。只是在耕地上做文章，不充分开发利用这些自然资源，我们的农业就不可能有更大的突破。现在"左"的坚冰已被打碎，广大群众迫切要求放宽政策，采用大包干的办法开发这些自然资源。我们应当满足群众的要求，因势利导，组织群众向更为宽广的劳动致富道路前进。林、牧、副、渔各业，情况相同，应该从实际出发，根据大包干的基本原则，采取灵活的办法。比如对开发性的承包，政策就要适当放宽，承包开发荒山可以一包几十年不变，确保承包者的物质利益。有些原来由集体经营、长期办得不好的工副业，凡是群众要求包的，可以用招标承包等办法坚决包下去，宜组则组，宜户则户，也可以搞经理承包制。

  联产承包制在林、牧、副、渔等业进一步扩展，必将使农村经济更加活跃。当然，也会带来一些新问题。一定不要用"左"的偏见，看到一点什么就大惊小怪，更不要急急忙忙去"纠偏"。应当采取分析的态度，多看看，多作些调查研究。我国农村生产力水平还低，商品生产不发达，应当允许资金、技术、劳力一定程度的流动和多种形式的结合。这对发展农村经济是有利的。

  今年，在已经建立了联产承包制的广大农村，要把工作重点放在稳定上，在有利于稳定的前提下完善责任制，让亿万农民更放心更用力地去发展生产。在那些还没有建立联产承包制而群众要求建立的地方，则要放手让群众去实践。如果把这两个方面的工作都做好了，就会给农业的发展带来更强大的动力。

（1983年3月23日）

再评"我们打天下，知识分子坐天下"

胡耀邦同志在马克思逝世一百周年纪念大会上，着重讲了应当如何对待知识和知识分子的问题。他指出："推翻旧世界，需要知识和知识分子；建设新世界，更加需要知识和知识分子。而且应当说，在我们这样原来经济文化落后的国家，能否掌握现代科学文化知识，是决定建设成败的一个关键。"胡耀邦同志的这段话，再一次明确肯定了知识分子在革命的建设中的地位和作用。这对某些同志那种"我们打天下，知识分子坐天下"的错误论调，实际上也是一个批评。

"我们打天下，知识分子坐天下"这种论调，使人想到老解放区土地改革时出现过的"贫雇农打江山坐江山"的说法。当时一些新闻机构曾对这种说法加以传播。毛泽东同志1948年1月和2月在他为党中央起草的党内指示中，对此作了严肃的批评，指出"这是严重的原则性的错误"，还指出这类错误"其特点就是过'左'。其中有些是完全违背马克思列宁主义原则立场和完全脱离中央路线的"。事隔三十多年，又出现了"我们打天下，知识分子坐天下"这种话，它的意思也是主张"我们打天下坐天下"，这同"贫雇农打江山坐江山"的说法何其相似！有这种思想的同志，对于天下是怎样打下来的，什么是"坐天下"，都有一堆糊涂观念。

中国革命的特点，是以长期的武装斗争为主要形式。"枪杆子里面出政权"，这是不错的。中国的武装斗争，是无产阶级领导的以农民为主体的革命战争，但是有知识分子参加的。同时，革命的胜利，单靠枪杆子也不行，还要有党，有统一战线，这就是毛泽东同志说的战胜敌人的三个法宝。知识分子在党的建设中的作用，我们在上次的评论中已经说到了。至于知识分子是当时统一战线的一个重要组成部分，这也是不消说的。所以，毛泽东同志在上述指示中说："在全国，是工人，农民（包括新富农），独立工商业者，被反动势力所压迫和损害的中小资本家，学生，教员，教授，一般知识分子，自由职业者,开明绅士,一般公务人员,被压迫的少数民族和海外华侨,联合一道,在工人阶级(经过共产党)的领导之下,打江山坐江山,而不是少数人打江山坐江山。"当时,知识分子中的绝大多数还是统一战线中团结的对象,现在则已经成为工人阶级一部分,是社会主义建设事业的依靠力量。因此,就更不能说知识分子不能坐天下了。

我们说的"坐天下",和封建时代的"坐天下",是有原则区别的。党领导我们"打天下",和历代的草莽英雄、农民领袖的扯旗造反、改朝换代不同,不是为了封妻荫子,坐享荣华,而是为了民族和人民的解放,为了推翻剥削制度,建设社会主义,最终实现共产主义。古人说:"天下为公。"孙中山先生曾借用此语解释民权主义,强调国家制度"非少数人所得而私"。但是旧民主主义革命,没有也不可能做到"天下为公"。只有共产党领导的无产阶级革命,才能够也应该做到这一点。无产阶级只有解放全人类才能最终解放自己。无产阶级革命不是代表某一集团、某一阶层的利益,而是代表整个国家、整个民族、整个人类的根本利益。"坐天下"不是当官做老爷,而是要治理天下,建设国家,为人民服务。为这个目的"打天下"的,绝不会嫌弃在"坐天下"的队伍中多了知识分子这支力量,也不会因为实现四化要特别重视发挥知识分子的作用而担心自己会失去什么。今天,信任和爱护知识分子,改善他们的工作和生活条件,更好地调动广大知识分子的积极性,对那些德才兼备、年富力强的知识分子委以重任,完全符合工人、农民的利益,符合整个国家和全体人民的利益。

我们相信,那些对党的知识分子政策讲过上述那种话的同志,在好好学习胡耀邦同志的讲话和其他有关文件之后,是能够端正自己的认识的。

(1983年3月26日)

切实解决知识分子入党难的问题

1981年5月，陈云同志就指出："党在知识分子中发展党员、提拔干部的政策远远没有实现。""现在的情况是，知识分子要求入党，时常被拒之于门外。有些长期要求入党的知识分子，生前往往不能实现自己的愿望，直到他们作出贡献而死后，才追认为党员。这种情况必须坚决加以改变。"时间已经过去两年，陈云同志指出的情况，现在改变了没有呢？应当说，经过努力，有所改变。去年，全国发展的新党员中，各类专业技术人员占的比重有较大的提高。这是一个大进步。但是，发展很不平衡，知识分子入党难的问题，在一些地方和单位仍然没有解决。

知识分子入党难，究竟难在哪里？大量事实告诉我们，主要难在党内有些同志的思想路线不端正，头脑里存在着一"左"、二偏、三私的毛病。只有切实纠正了这些毛病，党在知识分子中发展党员的政策才能落实。

这里所说的"左"的思想影响，主要是指一些同志轻视文化科学知识，常常自觉或不自觉地把自己队伍中文化水平较高、知识较多的同志视为"外人"。有的同志甚至认为："发展知识分子入党多了，会使党变质。"还有的同志说：知识分子要求加入共产党是"走错了房间"。更有甚者，有的党员干部竟然认为：知识分子应当继续规规矩矩地接受"改造"，不准"与党员平起平坐"。这些观点带有明显的"左"的印记，如果不加以纠正，势必严重妨碍新时期党的建设工作。应当看到，随着全国人民科学文化水平的提高，党内增加知识分子的比重是历史的必然。我们党要领导好现代化建设，必须大大提高党员队伍的知识化、专业化程度。在重视知识和知识分子这个原则问题上，每个党员、干部都应当坚持马克思主义的观点，把知识分子视为工人阶级向知识化进军中走在最前头的一部分。必须克服那种对没有文化、缺少知识满不在乎的落后意识，反对把掌握了较多文化科学知识而又具备入党条件的同志拒之党外的错误做法。

说一些同志看问题有些偏，主要指他们未能历史地全面地本质地评价知识分子中积极要求入党的同志。常见的现象是：对家庭出身、个人历史上的某些情况和问题，不作历史的、辩证的分析，往往看得很"死"；对现实表现和优缺点，缺乏实事求是的态度，"金要足赤，人要完人"；甚至全凭主观臆测，武断地认为知识分子努力工作是"求名图利"，切望入党是"动机不纯"，等等。这些都是不公正的。任何一个知识分子同工人、农民一样，都不是十全十美的完人，也有缺点和不足；都不是一成不变的，总是处在不断变化之中。我们对待知识分子中要求入党的同志，应当同对待工人、农民中要求入党的积极分子一样，热情地帮助他们扬长弃短，关心他们政治上的进步。问题的关键在于，必须防止和克服历史遗留的种种偏见，坚持用辩证唯物主义的观点看人看事。

说一些同志对知识分子入党存有私心，主要指他们不是把吸收知识分子入党视为党的事业的需要，往往从个人的得失出发考虑问题。

在对待知识和知识分子入党问题上出现这些错误思想，有个人主观上的原因，还有更深刻的历史和社会原因，要使其完全得到纠正，需要一个过程。但是，只要我们善于运用马克思主义的科学观点，有的放矢、坚持不懈地深入进行拨乱反正，加强思想教育工作，防止宣传中的片面性，是可以较快地收到实效的。

为了切实解决知识分子入党难的问题，各级组织部门的同志要认真学习党对知识分子的政策，学习胡耀邦同志关于《马克思主义伟大真理的光芒照耀我们前进》这篇重要讲话，把自己的头脑进一步武装起来。同时，采取一些实际措施，把工作推向前进。比如：（一）全面分析一下本地区、本系统在知识分子中发展党员的情况，摸准偏离正确政策的思想倾向。特别要注意在发展党员统计总数下面掩盖着的不平衡问题，及时发现"死角"，从而有针对性地采取措施，做好工作。（二）把多年来和近年来积极申请入党的知识分子名单，首先是中青年知识分子名单，分级掌握起来。在此基础上，制订加强培养教育和发展工作的具体计划，成熟一个，发展一个。（三）检查落实知识分子政策时，一定要检查在知识分子中发展党员的工作。主管发展党员工作的同志，要加强经常的督促检查，运用好坏典型推动工作，及时排除正确执行政策的障碍。（四）发展新党员，必须严格执行新党章的有关规定。任何一个领导干部，都不能自己说了算。每个支部委员和党委成员，都要坚持原则，秉公办事。（五）对于蓄意刁难、打击积极要求入党的知识分子的，要及时查明制止，个别情节恶劣的应执行纪律。

现在强调解决知识分子入党难的问题，是因为长期以来没有重视在他们中发展党员，造成了党员构成的现状同新时期的要求不相适应的矛盾；而且今天发展知识分子入党所遇到的阻力，又比在工人、农民和文化水平低的干部中发展党员遇到的阻力大得多。但这丝毫不意味着可以忽视继续吸收工、农中的先进分子入党，也不是说发展知识分子入党可以降低党员标准，不认真审查，不注重质量，更不是说可以在知识分子中搞突击发展；而是要求各级党组织认真执行党章规定和党的有关政策，一视同仁地对待要求入党的知识分子。要通过积极扎实的工作，把他们中确已具备入党条件的同志，有计划、有步骤地吸收到党内来，使他们中要求入党但条件还不够的同志得到应有的关心和帮助。同时，也要防止对马克思主义格格不入、同党和人民离心离德、把知识视为纯粹的私人财产、热衷于宣扬资产阶级自由化和追求个人私欲的人进到党的队伍中来。总之，必须按照党中央的要求，把发展知识分子入党的事情办好。这样，我们党的组织状况才会得到改善，实现领导班子革命化、年轻化、知识化和专业化才有更雄厚的基础，党组织在社会主义现代化建设中的战斗作用才能得到进一步加强。

（1983年7月4日）

四根擎天柱

——论坚持四项基本原则的重大意义

通过学习《邓小平文选》，搞清楚我们党领导全国各族人民建设社会主义的基本经验，是十分必要、十分有益的。积三十四年之经验，我们建国、立国、治国主要靠的是什么呢？最根本的，就是靠坚持四项基本原则，即坚持社会主义道路，坚持人民民主专政，坚持党的领导，坚持马列主义、毛泽东思想。

四项基本原则是我们党长期以来所一贯坚持的原则。1954年毛泽东同志总结历史的经验，就明确指出："领导我们事业的核心力量是中国共产党"，"指导我们思想的理论基础是马克思列宁主义"。1957年他在《关于正确处理人民内部矛盾的问题》一文中又提出了判断我们言论和行动是非的著名的六条标准，并指出："最重要的是社会主义道路和党的领导两条。"1979年，邓小平同志代表党中央把四项基本原则作为一个整体重新提出来，它又有了新的重大意义。

1978年12月党的十一届三中全会，开始纠正多年来指导思想上"左"的错误，重新确立马克思主义的思想路线、政治路线和组织路线。接着，我们党坚决而有力地纠正了在许多重大问题上的"左"的偏差和错误。人们可以明显地感受到，我们党和国家的政治生活中正在发生重大的变革。尽管这种变革顺乎时代之潮流，合乎人群之需要，但是党内外很多人还缺乏充分的思想准备和清醒的认识。加上其他一些原因，一时间，思想政治领域出现了较为复杂的局面。一方面，一部分同志深受林彪、"四人帮"极"左"思潮的毒害，有极少数人甚至攻击中央实行的一系列方针政策违反马列主义、毛泽东思想；另一方面，又出现了怀疑或反对四项基本原则的思潮，而党内也有同志不但不承认这种思潮的危险，甚至直接间接地加以某种程度的支持。在这样一个历史的关键时刻，邓小平同志在理论工作务虚会上发表了《坚持四项基本原则》的重要讲话，郑重宣布："中央认为，我们要在中国实现四个现代化，必须在思想政治上坚持四项基本原则。这是实现四个现代化的根本前提。"

邓小平同志指出，我们必须坚定地继续防止和克服"左"的思想的影响，同时又同怀疑四项基本原则的思潮作坚决的斗争。他在论述各项基本原则的时候，都对来自"左"的右的方面的错误进行严肃的批评。历史证明，只有社会主义才能救中国，社会主义比之资本主义有着巨大的优越性，我们要有计划、有选择地引进资本主义国家的先进技术和其他对我们有益的东西，但是决不学习和引进资本主义制度，决不学习和引进各种颓废丑恶的东西。我们的人民民主专政对于人民来说就是社会主义民主，没有人民民主就没有社会主义，但是绝不是可以不要对敌视社会主义的势力实行专政。没有共产党的领导，就没有社会主义的新中国。党有过错误，但每一次都是依靠党而不是离开党纠正了这些错误。林彪、"四人帮"曾经"踢开党委闹革命"，如果像当时有些人那样妄图"踢开党委闹民主"，就只能把四个现代化吹得精光。马列主义、毛泽东思想是我们行动的指南。邓小平同志指出，有极少数人不这样想，他们或者公然反对马列主义的基本原理，或者口头上拥护马列主义，但是反对马列主义普遍真理同中国革命实践相结合而产生的毛泽东思想。我们必须反对这些错误的思潮。

为了实现四个现代化，我们必须坚持的基本原则当然不止这四项，但是这四项基本原则所回答的是我们国家究竟走什么道路、实行何种国体、谁来领导、用什么思想作指导的大问题，这四个问题与其他问题相比带有更根本的性质。这四项基本原则犹如四根擎天柱，动摇了其中任何一项都会造成思想混乱、政局动荡，危及整个社会主义现代化事业。坚持四项基本原则的核心，是坚持社会主义，坚持党的领导。这是我们立国和团结全国人民奋斗的根本。

四项基本原则的提出，对资产阶级自由化思潮是一个有力的批判，澄清了一时笼罩在一部分人思想中的种种疑云和迷雾。应当指出，党内有些同志当时对提出坚持四项基本原则是不大理解的，甚至认为在那种情况下强调坚持四项基本原则，会妨碍思想解放运动，会不利于拨乱反正。实践已经反复证明，这样做并没有妨碍思想解放运动，而是为思想解放运动指明了健康发展的轨道；并没有不利于拨乱反正，而是使拨乱反正坚持了正确的方向，保证了全党和全国人民政治上的统一，维护并发展了安定团结的政治局面，推动了现代化事业的顺利进行。现在回过头来看，那时候提出坚持四项基本原则是多么及时、多么必要，确实是抓住了历史发展链条中最紧要的一环。完全可以相信，随着时间的推移，人们对坚持四项基本原则的意义将会看得越来越清楚。

很明显，坚持四项基本原则，关系我们国家的前途和命运。广大人民群众是拥护四项基本原则的。他们深深地懂得，没有四项基本原则，就没有自己的解放和主人公地位，就没有祖国的现在和更加光明的未来。但是1979年春以后，有很少数人还表示怀疑以至反对四项基本原则，并且在不同场合用不同方式散布错误言论。在思想战线特别是理论战线和文艺战线上，围绕这一问题一些人所散布的错误观点、错误情绪，在青年中造成了混乱。有一些同志对这种状况采取了和马克思主义党性原则完全相反的自由主义态度。这成为造成精神污染的一个重要原因。我们恳切地希望，那些存在模糊的、错误的认识的同志，到社会主义建设的伟大实践中去看一看，到正在投身于新的历史创造活动的人民群众中去看一看，呼吸一点新鲜空气。中央早就强调地指出，要理直气壮地、有说服力地宣传四项基本原则。我们的理论工作者、文艺工作者、教育工作者、新闻工作者、出版工作者、广播工作者、电视工作者，各条战线上的所有的思想政治工作者，都应该积极响应党中央的号召，根据我国社会主义实践所提供的无数事实，在各自的岗位上履行自己的职责。

四年多来，我们党领导全国人民遵循四项基本原则和十一届三中全会以来的路线、方针、政策，在政治、经济、文化等各个领域进行了大量卓有成效的工作。我们采取并逐步完善了能调动亿万劳动者积极性，使他们富裕幸福的正确的措施。我们在正确处理社会主义条件下的阶级斗争问题，健全社会主义民主和法制，扫除党内生活中的个人迷信现象和封建家长制作风，健全民主集中制，改善并加强党的领导等方面，都取得了日益明显的进步。我们通过了《关于建国以来党的若干历史问题的决议》，确立毛泽东同志的历史地位，坚持和发展毛泽东思想，得到了全党同志和全国各族人民的衷心拥护。1982年4月邓小平同志进一步提出了坚持社会主义道路的四项政治保证，指出这是我们今后长时期的经常的工作。经过四年多的实践，坚持四项基本原则的内容大大丰富了。现在，广大人民群众越来越深切地体会到，四项基本原则是前进的指针、行动的准则，是与自己切身利益息息相通的护身法宝。

我们的目标是建设有中国特色的社会主义。"有中国特色的社会主义"不仅仅是一个经济的范畴，也包括政治、文化等方面的内容，是经济、政治、思想、文化等诸方面的有机的统一。坚持四项基本原则不仅仅是实现四个现代化的根本前提,而且它本身就是中国式的社会主义的一个极其重要的组成部分。迄今为止,对于社会主义经济建设取得的成果,人们往往容易看得比较清楚,而对于我们在社会主义政治建设中取得的成果,有些人却重视不够。我们正是在坚持四项基本原则方面采取一系列方针、政策、措施、办法,有力地保证和推动了具有中国特色的社会主义经济的稳步发展。事实雄辩地说明,坚持四项基本原则在中国是十分必要的,它们具有强大的生命力。

现在,坚持四项基本原则已经载入党的十二大通过的新党章和五届人大五次会议通过的新宪法,成为贯穿我们党的总章程和我们国家的根本大法的核心内容之一,这充分体现了全体党员、全国各族人民的利益、意志和要求。但是我们必须清醒地看到,坚持和维护四项基本原则的斗争并没有完结。社会主义的伟大实践必将继续丰富和发展四项基本原则,这是确定无疑的。四千万党员、十亿多人民在党中央的领导下,坚持四项基本原则,一定会把我们伟大的祖国引向光辉灿烂的未来。

(1983年10月23日)

发展专业户是项大政策

党中央最近发出的《关于1984年农村工作的通知》（今年一号文件）指出：在稳定和完善生产责任制的基础上，提高生产力水平，疏理流通渠道，发展商品生产，是今年农村工作的重点。围绕着上述工作重点，有大量工作要做。继续积极而有效地扶持发展专业户，就是其中的一个重要方面。

近两年来，我国农村商品生产发展很快，各地涌现出越来越多的从事商品生产的专业户。在经济比较发达的地区，专业户一般已占总农户的百分之十几到二十几。这批以商品生产为专业的农户，打破自然经济墨守成规的生产技术和经营方式，开始采用现代技术，实行集约经营。他们把社会化的分工分业引进农业经济内部，使"小而全"变为"小而专"。他们开始摆脱小生产者的封闭状态，十分重视市场经济信息，在国家计划的指导下，学习在市场调节的海洋中游泳的本领。这是中国农民了不起的进步。

专业户的优越性可以概括为"三高"，即劳动生产率高，土地利用率高，产品商品率高。他们获得的生产效益和对社会的贡献，通常都比一般农户高几倍到几十倍。这支在家庭式联产承包制基础上诞生的商品生产大军，是当前农村新的生产力的代表，是有着远大发展前程的新生事物。

各种专业户的发展，是农村分工分业发展的必然趋势。随着农村分工的发展，种植、养殖、加工、运输、储存、销售、建筑等各行各业的专业户，都会逐渐出现。我们对专业户的理解，应当更开阔一些，要看到从生产到流通、交换、消费的全过程，都应有也都会出现专业户。积极发展各种专业户，是我们党继农村推行生产责任制后的又一项大政策。执行这项大政策，将又一次解放农村生产力，加快农村商品生产的发展，使农民更快些富裕起来。因此，各级党组织必须从历史发展的高度，从理论和路线的高度，进一步端正对专业户的态度，提高对专业户在我国经济和社会发展中的地位和作用的认识，十分珍惜和爱护这个新生事物，扶持它健康地成长壮大。

据一些地区反映，目前有一部分专业户还有不少顾虑，主要是怕政策变，不敢放手发展生产，不敢放手勤劳致富。少数地方出现了专业户数量下降的趋势。出现这种情况，有多种原因。有些干部还受着"左"的东西束缚，对专业户有错误的看法，不敢放手去发展，是重要原因之一。各级领导应当理直气壮地支持各种专业户，反复向农民宣传党关于搞活农村经济、发展商品生产和商品交换，以及允许一部分农民先富起来的政策长期不变，并且切实保障专业户的合法权益不受侵犯。不能把政策允许的经济活动，同经济犯罪混同起来。要帮助他们解决在经营中遇到的市场信息不灵、现代技术不足、流通渠道不畅等困难，向他们提供信息、科技、加工、运销等产前、产中、产后的服务，把分散的家庭专业生产网络到各种社会化的服务体系中来。有条件的地方，对收益比较少的粮食专业户和从事开发性生产的专业户，还可以通过合作经济内部调整各业收入等办法，给以必要的经济鼓励。扶持专业户，要遵循客观规律，因势利导。少数地方主观地规定专业户的发展指标，片面地追求专业户的数字，过多地给予物质奖励和资金扶助，都是不适当的。

专业户是农村勤劳致富的先行者，是勇于开创农业新局面的先锋，对周围广大农民有很大的吸引力。我们要对专业户的经营多加引导，同时要对他们加强思想政治工作，教育他们认识到专业户在我国农村商品生产发展中所处的地位和担负的任务，处理好国家、集体、个人三者关系，处理好个人富裕和共同富裕的关系，走勤劳致富、团结致富、爱国致富的道路，遵守国家的政策法令，把生产经营活动放在政策允许的范围内，服从市场管理，不搞歪门邪道。我们要引导现有的专业户，发挥勤劳致富的示范作用，发挥建设社会主义积极分子的作用，带动广大农民，为共同建设繁荣富裕的新农村作出更大贡献。

（1984年1月23日）

我们的政策是富民政策

关于在整党中解决统一思想的问题，继本报2月7日、2月25日的评论之后，我们今天再谈一些看法。

统一思想，就是把全党的思想统一到党的十一届三中全会以来的路线、方针、政策上来。这是一个大问题。如果这个问题不解决，认识不统一，行动不一致，很难开创新局面，很难实现四个现代化。现在很多工作进展不快，有官僚主义和体制方面的原因，也有思想原因，就是有些同志跟中央的认识不一致，怀疑三中全会以来中央的路线、方针、政策右了，发展下去，会偏离社会主义，走向资本主义，如此等等。

党的十一届三中全会，距今五年多了。经过五年多的实践，特别是在农村推行联产承包责任制的实践，广大干部对三中全会的路线、方针、政策的认识不断提高，为什么现在还有一些同志持上述想法呢？应该说，过去有些同志是把三中全会的路线、方针、政策当作"权宜之计"接受的。他们认为经过十年动乱，国民经济到了崩溃的边缘，各方面松动一下是可以的。随着政策放宽，经济搞活，一部分农民富起来了，他们就觉得"搞过头了"，"尾大不掉了"，主张赶快"刹车"。这些同志的出发点不能说是不好的，但是他们的思想显然还打着"左"的印记。帮助这些同志端正思想，同中央保持一致，是在贯彻执行三中全会以来的路线、方针、政策取得巨大胜利的新形势下，肃清"左"的思想流毒的继续。人的认识是会有反复的。遇到挫折，困难重重，会有反复；遇到胜利，发展很快，也会有反复。如果说，少数同志的上述看法是一种认识上的反复，那么，经过这次整党，从思想认识上解决这方面的问题，将使全党的思想统一达到一个新的水平。

三中全会以来党的路线、方针、政策的一个直接效果，就是一部分人（主要是农民）先富裕起来了。尽管这只是很少一部分人，多数人还只是生活有所改善，还谈不上富裕，但是他们也看到了逐步富裕的前景。这样的路线、方针、政策究竟对不对？符合不符合马克思主义？我们肯定地说，这是对的，符合马克思主义的。人民希望我们共产党干什么？第一是领导他们翻身求解放，第二是领导他们富裕起来。引导人民靠勤劳尽快地富裕起来，是我们共产党人的一个根本观念、根本立场，绝不是什么"权宜之计"。我们绝不能看到一些地方、一些人致富，就不舒服。我们是执政党，党的工作的结果如果不是使人民的物质生活和文化生活得到不断的改善，党的领导就不是成功的，就不会得到人民的拥护。在这个问题上，我们有过多年的教训，耽误了很多时间。现在，人民谅解我们，给我们时间，我们不能一误再误，不能在这个根本观念、根本立场上再动摇，不能好了疮疤忘了疼，经济形势稍有好转又走回头路。统一思想统一到这一步，才是牢靠的、真正的统一。用这个标准来衡量，整党中统一思想确实还有很多细致的工作要做。

有的同志担心，一部分人先富裕起来，会出现"两极分化"。什么叫两极分化？马克思主义所说的两极分化，指的是在生产资料私有制的社会里，人们向贫富两极分化，一极是财富的积累，少数人占有生产资料剥削他人，成为资本家；另一极是贫困的积累，大多数人丧失生产资料而成为一无所有的雇佣工人。在社会主义条件下，生产资料公有，实行按劳分配，不存在产生"两极分化"的基础。允许一部分人依靠自己的辛勤劳动先富裕起来，允许劳动者的富裕速度、富裕程度出现差别，这同私有制社会的"两极分化"是有本质区别的。

长期以来，由于受平均主义思想的影响，有些同志把社会主义的共同富裕理解为同步富裕、同等富裕，看见有人冒尖，就怀疑是姓"社"还是姓"资"。经营管理和分配中的"大锅饭"长期被奉为"社会主义原则"，以致合作化、公社化搞了二十多年，我们在农村工作中没有少花力气，直到十一届三中全会前，仍然有三分之一左右的生产队每年人均收入在60元以下，过着"吃粮靠返销，生产靠贷款，生活靠救济"的穷日子。实行允许一部分人先富起来等政策以来，短短五年时间，我国农村的面貌发生了显著的变化。呈现在人们面前的，并不是"两极分化"的凄惨景象，而是生活都有改善，一部分人先富起来，先富帮后富，后富赶先富的热气腾腾的局面。事实雄辩地证明，允许一部分人先富起来，是充分调动劳动者的积极性、促进生产力迅速发展的好政策，是真正实现共同富裕的正确途径。

民富会妨碍国富吗？有些同志总是把国家利益同人民利益对立起来，以为强调富民会妨碍富国。这是一种形而上学的观点。《管子》一书说："治国之道，必先富民。"《史记》也说："治国之道，富民为始。"当然"富民"有特定的历史内容，但是民富才能国富这个道理是有普遍性的。回顾我们自己的经验教训，这个道理看得更清楚。让祖国尽快地富强起来，是我们多年的愿望，可是为什么多年来步子总是迈不开，或者走歪了呢？片面强调"大河没水小河干"，过分强调积累，忽视人民生活的改善，不能不说是个重要原因。这几年实行富民政策，国家富的速度不是慢了而是快了。实际上，人民富裕的过程，也就是为社会增加财富，向国家多作贡献，使国家富强的过程。拿农民来说，农民富的过程，就是为国家提供更多的粮食、经济作物、副食品和轻工业原料的过程，是为工业提供更广阔的市场、促进工业发展的过程。在我们国家，人民利益和国家利益从根本上说是一致的，人民富是国家富的基础，国家富是人民富的靠山。

当然，由于我们国家底子薄，人口多，教育、科学、文化都比较落后，人民生活的改善还不可能很快，不能离开生产的发展片面强调改善群众生活。必须提倡顾全大局，该上缴国家的利润不能截留，该集中的财力不许分散。要防止和纠正有的单位和个人不顾国家利益、整体利益，只顾自己多得的行为，更不能允许少数人违法乱纪，靠损害国家、集体和他人的利益而自肥。但是，这些与富民政策是并行不悖的，不应当成为动摇实行富民政策的理由。

旗帜鲜明地实行富民政策，是我们党在新的历史时期全部工作的突出特点。富民政策，合国情、顺民意，是真正的富国之路。在今后长远的岁月里，我们党在这条康庄大道上只会走得更加坚定、更加有力，绝不会动摇，更不会倒退。我们对此应当有清醒的认识，坚决克服一切不正确的观念，使自己的思想统一到党中央的这一基本政策上来。

（1984年3月29日）

就是要彻底否定"文革"

在我们国家的政治大舞台上,"文化大革命"这出闹剧已经谢幕多年了。但是,在生活的一些旮旮旯旯里,少数人有时还要掀起一点"文革"的余波微澜。

十多年前,杭州大学地理系曾搞过侮辱人格的"活人展览"。七位老教师被打扮成"地主""资产阶级太太""反动学术权威""'牛鬼蛇神'保护人",受辱于大庭广众之前。这种践踏斯文、戏弄正义的政治恶作剧,令人发指。尤其不能容忍的是,当年进驻杭州大学地理系,参与策划这一事件的个别人,至今仍然认为这种摧残知识分子的做法是正确的,是"严格按照党的方针政策,实事求是做耐心过细的思想工作,以政策开道,严禁逼供信,启发帮助他们讲清自己的问题"的。

这散发着"文革"霉味的语言,不正反映出"文革"在这些人的心目中并没有推倒吗?党的十一届六中全会通过的《关于建国以来党的若干历史问题的决议》明确指出:"'文化大革命'不是也不可能是任何意义上的革命或社会进步。"这个结论,反映了全党、全国人民的共同认识。对"文革"就是要彻底否定。不彻底否定"文革"的那一套"理论"、做法,就不可能有三中全会以来的路线、方针、政策,就不可能有政治上安定团结、经济上欣欣向荣的新局面。这是人所共知的。

但是,在这次整党中,一接触到"文革"中的某些问题,有人就"剪不断,理还乱"了。他们拐弯抹角,千方百计,肯定当时的所作所为,甚至为搞"活人展览"以及比这更丑的恶行辩护。尽管作这种"表演"的只是极少数人,仍然值得引起我们的严重注意。

粉碎"四人帮"以后,对参与搞"活人展览"之类恶行的人,除了打砸抢分子外,一般都未予查处(有些地方打砸抢分子也未查处)。这是考虑到"文革"的历史背景,不过多地去追究个人责任,也是为了给这些犯错误的人一个认识错误、改正错误的时间。如果他们至今仍然坚持错误,有的甚至身居要职,被当作"接班人"加以培养,人们就有理由责问,这还有什么是非呢?这样的人究竟会是谁家的"接班人"?

这次整党,《关于建国以来党的若干历史问题的决议》是列为必读文件的。认真阅读这个文件,对每个党员都是必要的。尤其是那些在"文革"中犯有严重错误,至今尚无正确认识的同志,更要认真学习,严肃地对照检查,这一课必须补,来不得半点含糊。

(1984年4月23日)

突破口是政企分开

——城市商业体制的一项根本性改革

国务院批准的商业部《关于当前城市商业体制改革若干问题的报告》，是适应当前形势发展所采取的重要改革步骤。其中关于"政企分开"的改革措施，意义尤其重大，是当前城市商业体制改革的突破口。

近年来，市场上呈现出建国以来少有的兴旺繁荣景象，农副产品收购量大幅度增长，轻纺产品日益丰富，全国市场的供应情况已经发生了转折性的变化。但是，我国现行的城市商业体制，很不适应迅速变化了的新形势。因为，现行体制是在商品匮乏情况下逐步形成和发展起来的，机构的设置，经营的方法，乃至商业经营思想，实质上是以"统购包销"为特征，以调拨分配商品为主要任务。这种商业体制必然是高度集权，政企合一，从而又导致处处用行政的办法、手段去管理经济。这不仅不能适应当前商品生产发展和流通日益扩大的要求，而且阻碍货畅其流，限制社会经济效益的提高，也难以满足人民生活多方面的需要。

政企不分，是我国经济管理体制的一大弊端，各地区、各部门、各企业都深受其苦。就商业而言，政企不分主要是商业行政主管部门和商业企业结为一体，企业成了主管部门的附属物，缺少自主权。在这种体制下，主管部门主要从行政隶属关系上考虑问题，为了维护本地区、本部门的利益，常常干涉企业的经营活动。而企业作为经济实体，过多地受行政上下级关系的束缚，不利于发展跨部门、跨地区的横向经济联系。其结果，一方面是城乡分割，条块分割，多头领导，互相掣肘；另一方面限制了企业经营的积极性，助长"官商"作风。实行政企分开，有利于主管部门集中精力制定、规划大政方针，以确保"大的管住、管好"；企业不受行政部门干预，有利于放开手脚，灵活经营，做到"小的放开、搞活"。政企分开是改革的方向，必须坚定不移。

对于商业实行政企分开，一些同志担心主管部门今后没有事可干了。这是一种误解。按照政企合一的老路,主管部门就是管企业,管得越多、越具体越"好"。但近几年的实践证明,这些事情由主管部门去管,不但管不好,也管不了,反而误时误事,助长官僚主义。实行政企分开后,商业主管部门的职能主要是着重运用行政手段和经济手段,从宏观上对社会商业加强行政管理,例如制定商业政策和经营法规、做好规划布局、实行计划干预、加强统计监督、考核经济效益,等等。在这方面不是无事可干,而是要干的事情很多。我国经济体制的改革,其主要内容之一就是解决政企不分。不仅商业要改,其他许多部门也要改。商业部门首先实行政企分开,在改革中先行一步,是形势发展的需要,是很光荣的事情。但由于人们囿于老框框、老办法,认识不会完全一致,行动也会有快有慢。对此要做耐心、细致的工作。对待阻力应该分析,主要还是思想跟不上形势的发展,受习惯势力的束缚。我们相信,商业战线的广大职工是坚决拥护改革的,一时思想不通的同志,也会随着实践的发展逐步提高认识。我们一定要冲破各种可能遇到的阻力和束缚,坚定地走改革之路,并要自始至终地注意保护消费者利益,走出一条符合我国实际情况的新路来。

(1984年7月23日)

改革是压倒一切的任务

党中央领导同志最近一再指出，经济体制改革是我国当前压倒一切的任务。这对于我们正确认识形势，坚定改革的决心和信心，做好当前的工作，十分重要。

改革是中国的第二次革命，是关系我们国家命运和前途的大事。搞好经济体制改革，相应地进行科技、教育等方面的改革，才能实现到本世纪末工农业年总产值翻两番的目标。这个目标是宏伟的，但还只是第一阶段的目标。我们的第二个目标，是在下个世纪的前半世纪接近或赶上经济发达国家的水平。这都有赖于改革的成功。改革的意义，是为下一个十年，以至下一个五十年奠定一个良好的持续发展的基础。没有改革，就没有今后的持续发展。我们要深刻地认识改革这个大局，自觉地使自己的工作服从这个大局。

最近中央强调对共产党员、全国人民进行理想和纪律教育，有人觉得似乎改革要"收"了，不搞了。完全不是这回事！我们讲理想，讲纪律，是要在现代化建设中、在改革中坚持社会主义方向，坚持全心全意为人民服务的宗旨，坚决执行党和国家的政策，严格遵守国法和党纪。整党也好，进行理想和纪律教育也好，都是为了保证和促进改革，怎么能认为是"收"呢？

党的十二届三中全会作出经济体制改革的决定，至今九个月了。实践证明改革的路子是对的。曾经出过一点问题，很快得到了控制和纠正。目前改革的势头很好。今年的价格改革方案已经陆续出台，执行比较顺利；工资改革方案正在实施；农村改革也迈出了新的步伐。总的情况，比预想的还好一些。势头好，就要坚持下去。即使遇到一些风浪，也要坚持下去，否则下一个十年的经济发展就没有希望。改革有个时机问题。时机选得好，事半而功倍；时机不好，事倍而功半。这是外国的经验所证明了的。现在我们国家的政治、经济形势都很好，是改革的"黄金时代"，绝不可以错过这个有利时机。

实行改革、开放、搞活,难免带来一些消极因素,出现一些不健康的东西。但是,利要比弊大得多,最大的益处是发展了社会生产力,可以使国家富强起来、人民富裕起来,使社会主义的优越性更充分地发挥出来。任何头脑健全的人,都不会因噎而废食。我们共产党人也不会因为有一些消极影响,就放弃改革、开放、搞活的方针。走回头路,前途绝不会美妙。消极因素肯定会有,无须奇怪,更不必惊慌失措。只要我们头脑清醒,坚持社会主义的物质文明建设和精神文明建设一起抓,特别是抓好党风,消极因素是可以抵制和克服的。

改革,是大势所趋,人心所向。这样一件顺应历史潮流的事情,只要在指导上不犯大的错误,是肯定会成功的。我国的农村改革,有些地区也出现过一些问题,我们按照实际情况一一加以解决,三年就大见成效。城市的改革,情况更复杂,问题会比农村多。但是我们毕竟积累了一些可贵的经验,又采取走一步看一步、及时总结经验、解决问题的谨慎态度,经过三年到五年,也一定会大见成效。我们对改革的胜利充满信心,对经济发展的前景充满信心。

(1985年7月20日)

报纸批评是一种促进

前年，先是中央人民广播电台，后有多家报纸对黑龙江双城堡车站野蛮装卸，摔坏洗衣机的事件进行批评。这件事引起中央领导同志的重视，指示有关部门采取有效措施加以解决。双城堡车站的同志们认真吸取教训，树立起尊客爱货的好作风。今年6月，几家报纸批评北京东郊车站摔坏大批电冰箱的事件，引起铁道部、北京市领导同志的重视，多次到东郊车站检查工作，铁道部要求全路引以为戒，转变作风。

在报纸上开展批评和自我批评，对改进工作、端正党风和社会风气能够起到很积极的作用。认识到这一点的同志越来越多。深圳蛇口工业区管委会主任袁庚，支持《蛇口通讯》刊登指名道姓批评他的稿子，使蛇口工业区的民主空气为之一新。河北衡水市市长高庆英致函《衡水日报》，建议在报上开辟对本市工作的"批评建议"栏。报纸登出这个建议的当天，就有人批评市政府不重视农贸市场管理。市政府立即采取措施，三天后即见成效。山西吕梁地委书记邢德勇，主动拜访给报社写"内参"的同志，这位同志批评地委关于改善知识分子待遇的《十项规定》是"大锅饭"，地委书记认真听取意见，适当修改了《十项规定》。

现在，党风和社会风气都有好转的方面，但是问题还多，党内和社会上还存在一些腐败现象。报纸在充分报道好人好事以鼓励先进、交流经验的同时，必须坚持开展批评。有些人搞不正之风，干坏事，天不怕，地不怕，就是怕登报。有人甚至说："宁愿被判两年徒刑，也别给我登报。"怕登报，归根到底是怕舆论，怕群众，怕党纪国法。因为一登报，天下周知，谁想包也包不住了，有人想保就困难了。报纸批评的作用和威力，其他方式的批评是不能完全代替的。

对报纸批评，中央是肯定的，大多数同志是欢迎的，但有少数同志认为是抹黑，是整人，是揭疮疤。他们对报纸批评很反感，一见批评就讨厌。批评完全属实,他们可以在鸡蛋里挑骨头。如果批评有失实处,甚至只是在枝节问题上有出入,更是抓住不放,给批评者穿"小鞋"的事也发生过。这种态度是错误的。报纸批评,不是抹黑,是擦黑;不是整人,是帮人;疮疤要揭,是为了排除毒物,恢复健康。有的上级领导,不是督促下级正确对待批评,而是为他们辩解、开脱。这不是对下级真正的爱护。

在报纸上开展批评,是十分严肃的事情。为了取得好的效果,办报的同志要善于使用报纸批评这个武器。批评的力量在于真实,事实一定要搞准确。见报以前要多做调查核实工作,包括找被批评者核实。批评是为了治病救人,不是一棍子把人打死。因此,立论与言辞要满腔热情,与人为善。在报纸上进行批评,还要注意报道有关领导机关对被揭露的问题的处理,报道被批评者改正错误的情况,总之,要注重批评的效果,使报纸批评更有积极意义。

几年来,本报为在报纸上开展批评和自我批评,做了一些工作,还存在某些缺点,也发生过失误。我们愿意发扬成绩,纠正缺点错误,同兄弟报纸一起,为把报纸的批评搞得更好,为促进党风和社会风气的根本好转,作进一步的努力。

(1985年12月21日)

有部分先富才有共同富裕

农村经济改革，已经给亿万农民带来了很大好处。近几年，无论沿海还是内地，农民的生活都有了不同程度的改善。对此，人们是普遍满意的。但也有些同志对不同地区之间、同一地区不同农户之间收入差距拉开感到困惑，有的甚至认为这是偏离了共同富裕的方向，从而对深入改革产生犹豫、动摇。这种认识显然是不正确的。

我们党始终把实现全体人民的共同富裕奉为崇高的宗旨，为此奋斗数十年而不渝。但在建国以后相当长的一段时间里，我们没有摆正共同富裕同差别富裕（有先有后的富裕）的关系，犯了平均主义的错误。在农村，曾不顾各地区因社会、历史、自然条件不同，农户间因劳力、技能等不同而客观存在的差异，用"一平二调""吃大锅饭"的手段，抑富济贫，力图通过缩小乃至消灭收入差别，实现社会公平。结果农民的生产积极性受到极大挫伤，经济长期徘徊不前，人们反而陷于共同贫穷的困境。

党的十一届三中全会以后，我们吸取教训，恢复实事求是的思想路线，提出了包括允许部分地区和部分人先富起来在内的一系列正确政策，农村一举打破毫无生气的局面，出现竞相奋进的新貌。在农村经济大发展的同时，农民开始朝着劳动致富的道路大步迈进。事实说明，在富裕程度拉开距离的同时，并未出现某些人所担心的那种"穷的越来越穷，富的越来越富"的两极分化现象。近几年，尽管东部沿海地区发展很快，但西部比较落后地区农村经济的年增长速度超过了东部；尽管各地涌现的率先劳动致富的农民富得出乎人们的意料，但在他们的影响、带动和激励下，"一人富，富一片"，大批农民收入迅速增加的现象，更令人鼓舞。据国家统计局统计，从1979年到1986年，全国农民人均年收入增加了263元多，是从建国到1978年29年增加额的近3倍；同一时期，人均年收入200元以下的低收入农户所占比重从72.5%下降到11.3%，人均年收入500元以上的高收入户则由0.6%上升到28.6%。从上述事实无论如何得不出"两极分化"的结论，绝不能说改革只造成了差别，背离了共同富裕的方向。过去为了共同富裕而害怕差别富裕，弄出个共同贫困的结果；如今实行了部分人先富的方针，却出现了共同富裕的趋势。事实是雄辩的，也是耐人寻味的。

面对卓有成效的伟大实践，为什么有些同志得不出正确的结论？说到底，是过时的旧观念还在作怪。在一些同志眼中，共同富裕同差别富裕是绝对排斥的。他们不懂得社会主义的富裕只能既是共同的又是有差别的，把共同富裕理解为谁也不能快走一步，甚至把它当成限制农村种种正当经济行为的框子。事实上，收入完全一样的共同富裕是不存在的；收入大致相同的共同富裕需要坚实的物质基础，要依赖社会生产力的高度发展，从某种意义上说，正是在实行差别富裕政策的过程中实现的。没有生产力的持续提高，共同富裕只能是一句空话。近几年农村改革之所以能获得巨大的成功，很重要的一条就是我们党把理想与现实紧密结合起来了，重新把发展生产力当成社会主义的首要任务，并制定、落实了一整套有利于生产力发展的政策。允许部分地区、部分人先富的方针正是其中重要的一条。

近八年的实践充分说明，收入差别的存在，在经济发展过程中不仅是必然的，而且是必要的。社会主义的基本原则之一是按劳分配，它是以承认差别为前提的。有收入差别才有利于生产力发展，有利于消灭贫困。因为在社会主义的条件下，劳动者收入的差别主要反映了劳动的好坏、贡献的大小。劳动好、贡献大，收入就高，有能有力者自然愿意尽能尽力；能低力微者，也会感到压力，受到推动力，奋起学习，增长才干，努力工作。正是这种激励人多干、干好的机制，带来了近几年农村生产力的大提高，带来了农村经济的全面迅速发展。倘若还像过去那样搞平均主义，勤的不奖懒的不罚，干好干坏一个样，那就只能鼓励人们拣最轻松的工作干，出工不出力，满足于低工作效率，恐怕许多地方至今仍然要为温饱发愁呢。

当然，承认和允许收入有差别，不等于主张无限制地扩大差别，不作任何必要的调节。因为差别一旦超过了社会允许的范围，同样会影响人们的积极性。我们应该也能够处理好发展生产力、追求经济效益与照顾社会公平之间的关系，既避免走牺牲效益、强求公平，实际是大家一起受穷的老路，又防止贫富悬殊,两极分化,努力使收入差别和社会承受力保持平衡。当前更为主要的是,要引导人们进一步破除平均主义的僵化观念,充分认识没有收入差别,就不可能有生产力的迅猛发展,也就无法实现共同富裕目标的道理,坚持发挥这一方针强有力的推动作用,把人们发展生产力的积极性更充分地调动起来。

(1987年7月9日)

要从严治党

年利润只有250万元的武进化肥厂，出了个贪污130万元的罪犯蒋正国。蒋正国是该厂财务科长，共产党员。他生在新社会，上学，参军，入团，入党，提干，一帆风顺，受到党和人民的厚爱，原来表现也不错。可是，近4年他连续作案，成了一个特大贪污犯。

作为一个贪污犯，蒋正国具有其他同类犯罪分子共同的特点，并无特别"高明"之处。令人不解的是，蒋正国所在的工厂竟是"全国六好企业"，蒋正国则是厂领导和主管部门十分信任的干部，每次财务大检查的组长都是他。他作案的手段虽然狡猾，但有关领导只要真正能倾听群众的反映，去查一查账本，蒋正国绝对不可能连续作案4年，给国家造成那么大的损失。很可惜，在一些人那里，吹牛拍马被视为政治可靠，投机钻营被视为精明能干。有些党政领导干部甚至接受贿赂，放弃领导，成了蒋正国这类犯罪分子的俘虏和"保护伞"。这样的单位，不认真作一番检查和整顿是说不过去的。类似的单位、类似的领导干部其他地方也有，形形色色的蒋正国正在那里猖狂作案，有的甚至占据着领导岗位继续腐蚀着我们党的肌体。

事实告诉我们，改革开放的新形势既给我们党的建设注入了新的活力，同时也提出了新的课题。作为一个共产党员，在新的历史时期要经得起两个考验：一是执政党地位的考验，一是改革、开放、搞活经济的考验。这应该引起各级党组织的高度重视。

应该肯定，我们党的各级组织、各级干部和广大党员是经得起新的严峻考验的。但也应该看到，确有一部分党员经不住考验。在少数党员中，以权谋私、违犯纪律的现象以及走私贩私、贪污受贿、敲诈勒索、泄漏国家机密和出卖政治、经济情报等种种犯罪现象时有发生。对此，我们绝不可熟视无睹，漠然处之。为了贯彻改革开放的总方针，我们必须从严治党。

我们党是马克思主义武装的中国工人阶级的先锋队，是中国各族人民利益的忠实代表,是中国社会主义事业的领导核心。它是负有重大历史任务的党,是具有崇高政治目标和严明组织纪律的党。谁参加到党的队伍里来,都要自觉地为党和人民的事业奋斗,自觉地遵守党的纪律,自觉地发挥模范带头作用。如果说共产党员同一般群众有什么不同,那就是他们为了国家和人民群众的利益,更具有开拓创新精神、艰苦奋斗精神和自我牺牲精神。

工人阶级政党的力量和作用,主要的不是取决于党员的数量,而是取决于党员的质量,取决于他们的坚定和对共产主义事业的忠诚。从严治党,必须把那些只想从执政党党员地位捞到好处而不愿尽共产党员义务的腐败分子及时清除出党,发现多少就清除多少,决不能姑息迁就。党纪处分不能代替国法,违犯法纪的还必须追究其法律责任。从严治党、执行党的纪律,要体现接受群众监督原则,十分重视广大群众的意见。

清除腐败分子是从严治党的组织措施。不采取坚决的组织措施,从严治党就是一句空话。广大人民群众支持采取这种措施,寄希望于这种措施。大浪淘沙,改革、开放、搞活的形势考验着每一个共产党员,在不断淘汰泥沙的同时,我们党的队伍将更纯洁,更有战斗力。

(1987年9月12日)

关键要按照价值规律办事

去年的经济形势是相当好的。全国的生产、建设、流通和外贸的情况都比预料好。经济增长速度较高而又较为正常健康，效益比较好。经济改革特别是企业承包经营责任制有较大的发展，取得了不少成功的经验。在微观搞活的同时，投资、信贷、消费基金等方面的宏观控制，也发挥了较好的作用，出现了微观搞活和宏观控制相互促进的局面。

去年经济生活中存在的突出问题是物价上涨幅度过大，物价问题的焦点是食品涨价。据统计，1987年全国零售物价总指数上升了7.2%，其中约有65%是因农副产品涨价引起的。造成这个问题的基本原因是，在我国经济改革和经济发展的新形势下，我们没有按照价值规律的客观要求办事。所以最近召开的中共中央政治局第四次会议指出，解决这个问题，关键要按照价值规律办事。

价值规律是商品生产的普遍规律，也是商品生产的基本规律。这是马克思主义经济学的基本常识。在生产资料私有制的基础上，价值规律与资本主义的生产目的是统一的。在生产资料社会主义的公有制取代了资本主义的私有制后，价值规律与社会主义的生产目的——在发展生产的基础上，不断地满足人民日益增长的物质文化需要，也是统一的。这可以说是我国经济建设的实践所反复证明了的事实。

我国原有的经济体制的一个主要弊端，正如《中共中央关于经济体制改革的决定》指出的那样，就是忽视商品生产、价值规律和市场的作用，结果使本来应该生机盎然的社会主义经济在很大程度上失去了活力，使社会主义经济的优越性没有得到应有的发挥。在很长的一段时间里，我们在经济建设中虽然也强调社会主义的生产目的，甚至把它当作社会主义经济的基本规律，但是由于没有按照经济规律办事，因而也不能很好地实现这个生产目的，不仅如此，还受到价值规律的惩罚。

党的十一届三中全会以后，我国经济所以能够在短时间内蓬勃发展起来，并取得举世瞩目的成就，根本原因是我们的改革比较注意尊重价值规律的要求，从而推动了商品经济的发展，发挥了亿万人民群众巨大的积极性。这些年来，无论是提高主要农产品的收购价格，实行家庭承包经营责任制，放开农产品价格，促进农村产业结构调整，还是在城市中搞活企业，建立市场体系，以及采用以间接管理为主的宏观调节，所有这些改革，或者直接就是按照价值规律办事，或者是为更好地运用价值规律创造条件。

我国经济改革的目标，是建立社会主义有计划的商品经济的体制。现在我们正处在新旧体制交替时期。在这种新形势下，我们的改革要深化，我们的建设要发展，都特别需要我们研究新情况，进一步学会善于运用价值规律。否则，就会重新受到价值规律的惩罚。去年食品价格上涨，问题就出在这里。我们应当从中认真地总结经验，吸取教训。

在新形势下，学会善于利用价值规律，首先就要按照价值规律的要求，把改革深入下去。现在的农民作为独立的商品生产者，有了自主权，同时也有了利益比较意识。种粮不赚钱，农民自然就会减少对粮食生产的投入，甚至抛荒耕地。而我们没有适时地采取适当措施加以调节，改变农民种粮不赚钱的局面。因此，近年来粮食生产徘徊的主要原因，可以归结为：在农村商品经济发展起来的新形势下，我们没有很好地按照价值规律的要求，把改革深入下去，调动农民种粮的积极性。

现代商品经济发展，使生产、流通、分配、消费各环节日益成为一个完整的系统。在新形势下，学会善于利用价值规律，就要在每个环节上都按照价值规律办事。只有这样，整个社会化大生产才能顺利运行，社会再生产才能进入良性循环。当前我们面临的食品价格上涨问题，不仅仅是出在生产环节上，而且也出在流通、分配、消费诸环节上。譬如目前群众意见较大的蔬菜问题就是如此。蔬菜有大路菜和细菜之分。1985年我们在蔬菜生产方面放开价格后，城市的细菜供应状况从数量到质量都得到大大的改善，在北方，冬天人们也能吃上新鲜黄瓜、西红柿等，但大路菜的问题并没有得到很好解决。大路菜的生产成本高、价格低，只有大批量生产和供应才能赚钱，一旦卖不出去而烂掉，损失就很大。而我们现行的国营流通体制却没有及时作出相应的配套改革，没有按照价值规律的要求，来引导、调节大路菜的生产和供应。因而农民既不愿意也不敢生产和供应大路菜，导致部分城市大路菜既贵又缺。

在新形势下，学会善于利用价值规律，就要按照价值规律的要求，培育和建立发展商品经济所必需的新机制、新规范和调节手段，引导商品生产，保证商品经济的稳定发展。以当前猪肉价格上涨为例，经验表明，在缺乏有效的调节管理的市场条件下，生猪的生产和消费很难避免周期性波动。我国从 1985 年出现猪肉积压滞销，到去年凭票平价定量供应猪肉正好是一个周期。1985 年年初，猪肉价格放开后，农民养猪积极性高涨，当年就宣告长期凭票吃肉的历史基本结束。但大体到 1986 年年初，便出现了全国性的卖猪难、肉价大幅度下降。这个信号告诉农民，养猪不赚钱了。我们也没有及时采取必要的措施。拖到 1986 年中，我国主要生猪产区都相继出现农民宰杀母猪的情况。结果，去年年初猪肉供应趋紧，价格上涨，到下半年许多城市恢复平价定量供应。试想，如果我们在放开猪肉价格的同时，就抓紧建立预防这种周期性波动所必需的条件，适时运用价格进行调节，那就可能避免生猪的周期性波动。

由此看来，为了保证食品生产的稳定发展，根本出路那就是学会善于运用价值规律，按照价值规律的要求，加快和深化改革。为此，要考虑进一步放开农副产品价格，理顺农副产品之间的比价关系，建立生猪、大路菜等副食品商品生产基地；要下大功夫改革目前国营流通体制，建立批发市场，实行期货贸易，设置风险基金；要积极创造条件，改暗补为明补，等等。尤其值得注意的是，中国人均一亩半耕地的基本国情，更需要我们在尊重价值规律要求的条件下，研究适合中国国情的食品结构和膳食方式，迅速在消费战略、体制、政策以及观念上作出调整和变革。

（1988 年 2 月 23 日）

发挥舆论监督作用　与腐败现象作斗争

发生在党和国家机关少数人中的腐败现象，已经成为阻碍改革和现代化建设的严重问题。最近，中央书记处专门讨论了廉政建设问题，提出了反对腐败保持廉洁的重大任务，得到了全国人民的拥护。

怎样才能有效地反对腐败以保持党和国家机关的廉洁？中央书记处会议纪要中提出了许多条有力措施。其中重要的一条，就是要加强舆论监督。实践证明，舆论的力量很大，舆论监督是一种极有效力的防腐反腐剂。

我们的舆论所以有力量，是因为它与人民群众保持着密切联系，是人民群众行使国家主人翁权利、参政议政的一条重要渠道。舆论的力量就是人民群众的力量。依靠人民的力量与腐败现象作斗争，是我们反对腐败的治本之法。因此，要充分利用新闻媒介，以动员舆论、动员人民关心和过问党和国家机关的廉政建设，提出各种批评和建议。这是我们发展社会主义民主政治的题中应有之义。

我们的舆论所以有力量，还因为它具有公开、透明的特点。靠公开化与腐败现象作斗争，是近年来各地反腐败、抓廉政的一条行之有效的共同经验。公开化，很重要的一点，就是围绕制度建设、实行办事公开。它的高明之处就在于将事物拿到光天化日之下，这就在很大程度上为消除腐败阴暗现象提供了一个基本的前提。作为大众传播媒介，舆论工具是最好的公开场所之一。通过这种公开，可以形成很强大的威慑力量。所谓"不怕通报，就怕登报"，无非是因为登报的公开化程度高。

舆论监督的一个重要内容或手段，是揭露腐败现象。这会不会使人丧失信心？这里的问题不在于报纸上登不登揭露性报道，而在于揭露的事实是不是准确，揭露之后是不是得到了应有的处理。舆论监督的依据应当是事实，舆论监督的结果应当是促进问题的解决。当然，解决问题、处理案件，不是舆论的事情，而是有关领导机关和执法部门的职责。这些机关和部门都应当重视舆论监督，对于舆论媒介公开揭露的腐败现象，不应置若罔闻，而要认真查办。舆论媒介则应在法律范围内行使监督权，不应干扰执法过程，并应当积极报道处理结果，使舆论监督有始有终，而不能仅以暴露阴暗为快事。如果用这样的态度来对待揭露，只会表明我们敢于正视阴暗面，解决问题有决心，群众会增加信心。反之，如果我们回避在事实上存在的腐败现象，群众还是能看得见、感觉到，那就会更有意见，以致失去信心。

舆论的职责并不单单是揭露阴暗，还应当负起宣传法制、弘扬正气、交流廉政经验、推广成功做法等职责。另外，从广泛的意义上说，正面表扬一些好人好事，也是一种舆论监督。从长远看，从根本上说，我们反对腐败、保持廉洁的斗争，一定要把立足点和着眼点放到制度建设上来，这才是长治久安之计。我们的廉政舆论宣传工作总的是好的，但也有不能适应形势发展需要的地方，主要是不大熟悉、不大习惯建设性的东西，在宣传中对制度化因素往往容易忽略，而喜欢将目光仅仅放在查案、抓人上。这不是说案不要查，更不是说对极少数严重腐败的干部不要给予法律制裁，而是说，相对于这些做法而言，对干部群众进行法制教育，特别是进行公民义务与权利的教育，也同样重要，甚至更具有基础的作用和长远的意义。要教育党和国家机关工作人员具有法律意识和公仆意识，学会依法办事、照章办事；要教育群众懂得维护自己的权利，具有制度意识和监督意识。应该说这是舆论监督的一项重要内容。

为了正确发挥舆论监督作用，我们新闻工作者必须进一步提高自身的责任感和法制观念，坚持实事求是的思想路线和工作作风。本报愿与兄弟新闻单位一起推进舆论监督工作，为保持党和国家机关的廉洁、建设社会主义民主政治、推进改革和现代化建设竭尽绵薄之力。

（1989 年 1 月 31 日）

大力提倡艰苦奋斗精神

党的十三届四中全会郑重提出要努力开展艰苦奋斗的教育。这是当前加强思想政治工作的一项重要内容，是摆在全党面前的很有针对性的一个重要课题。

我们提倡艰苦奋斗精神，是我们目前面临的困难和任务所决定的，更是由我国所处的历史发展阶段的特点和我们党在这个历史阶段要实现的目标所决定的。我国当前在经济建设方面还存在着许多困难，治理整顿、深化改革的任务很重。要压缩固定资产投资规模，控制消费基金的过快增长，过几年紧日子，需要全党和全国人民发扬艰苦奋斗精神。但这绝不是说提倡艰苦奋斗只是一种权宜之计。众所周知，我国还处在社会主义初级阶段，生产力发展的水平还很低，经济基础和文化基础都相当落后，要在本世纪末达到小康水平并非易事，要在下个世纪中叶达到世界上中等发达国家的水平更是十分艰巨，除了长期艰苦奋斗，我们别无选择。天上不会掉下馅饼，地下不会生出金币。舒舒服服不可能实现现代化。世界上任何一个经济文化发达的国家，无不经过一个全民奋起、艰苦奋斗的历程。况且，现代化不是一个静止的概念。我们在前进，人家也在前进；我们在奋斗，人家也在奋斗。要想在激烈的竞争中站住脚，要想在经济、科学、技术等领域逐步赶上比较发达的国家，不比人家多花力气、多流汗水、多费心血，怎么可能呢？

提倡艰苦奋斗，不仅对物质文明建设有重要意义，它本身就是精神文明建设的重要内容，是正党风、正社会风气的重要内容，是培育、造就亿万"四有"新人的重要内容。艰苦奋斗，表现出一种奋发向上、锐意进取的精神，一种不怕任何困难和压力的精神，一种为人民利益而乐于奉献的精神，这种精神体现了中国工人阶级和各族劳动人民的本色、中国共产党的本色、社会主义制度的本色。也正因为如此，党的十三大确定的基本路线，特别提出要发扬"艰苦创业"的精神。只有这样来认识艰苦奋斗的意义，才能自觉地一贯地提倡和发扬艰苦奋斗精神。

　　自从我国进入历史发展的新时期以来，邓小平同志多次强调要加强思想政治工作，抓好艰苦奋斗、艰苦朴素、艰苦创业的教育。但是在中央担负主要领导工作的同志并没有认真贯彻，相反，却严重忽视思想政治工作，提倡高消费，等等。由于这种错误思想的指导，加上其他一些原因，使党内和社会上一股贪图享受、攀比奢华的歪风愈演愈烈，以致出现以铺张浪费为荣、勤俭节约为耻的颠倒，使很多干部和群众受到侵蚀，特别是使大量涉世未深的青年受到毒害。一段时间以来，我们在革命和建设的实践中创造出来的井冈山精神、长征精神、延安精神、大庆精神、孟泰精神、铁人精神、雷锋精神、焦裕禄精神似乎都过时了，不管用了。这种现象并不是孤立出现的，而是坚持四项基本原则不够一贯、资产阶级自由化思潮泛滥在一个方面的突出表现。艰苦奋斗的教育少而不得力，是我们很大的失误之一。教训是深刻的。今后，在加强四项基本原则的教育、加强思想政治工作的过程中，应当把艰苦奋斗、艰苦朴素、艰苦创业教育作为重要的、不可或缺的内容，对广大青少年更应当加强这方面的教育。当然，教育要得法，要讲求实效，不能机械地套用过去的某些过时的做法，要结合爱国主义教育、人生观教育、革命传统教育、劳动教育等一道，生动活泼地开展起来。

　　在这里，需要明确：我们所说的艰苦奋斗不是一个只限于生活范围的概念，而是一个贯穿于生产、工作、生活的全过程的概念，是贯穿于人的全部实践活动的概念。要实现振兴中华的远大目标，我们在生活上发扬艰苦奋斗的精神，量入为出，克勤克俭，注意节约，反对浪费，是完全正确的。但是仅限于此还不够，还要在工作、生产和改革开放的事业中发扬艰苦奋斗的精神，以自己的智慧和辛勤劳动，为祖国、为人民创造更多更好的物质产品和精神产品，促进生产力的迅速发展，促进社会的全面进步，促进人们物质文化生活水平的提高。"勤是摇钱树，俭是聚宝盆。"勤与俭是艰苦奋斗精神的两个方面，缺一不可。从某种意义上说，工作上的艰苦奋斗是更有决定意义的东西。"聚宝盆"能聚多少宝，根本上还是取决于"摇钱树"能摇下多少钱来。

　　要使全国人民持续发扬艰苦奋斗的精神，在抓紧教育的同时，要注意通过改革逐步建立起促使人们艰苦奋斗的机制。近几年，随着经济的发展和人们生活水平的提高，艰苦奋斗的精神之所以被冷落、被淡忘，甚至被鄙弃，固然同忽视宣传、教育有关，还有一个重要原因就是没有完全建立起一种促使人们艰苦奋斗的机制。什么机制是促使人们艰苦奋斗的机制呢？是大锅饭、铁饭碗、终身制吗？当然不是。这些东西只会培植和助长懈怠、懒惰、不劳而获、安于现状、不思进取等萎靡消极的情绪。只有打破这些东西，普遍实行与家庭利益、个人利益密切相关的生产经营责任制、工作岗位责任制、承包经营责任制，普遍实行平等竞争，真正实行按照贡献大小而不是按照其他标准获取报酬的制度等，才是促使人们艰苦奋斗的机制。在这种机制下，一个人如果不奋力拼搏，努力为社会多做贡献，那就会面临危机，就会在社会上落伍，就会为激烈的竞争所淘汰。我们进行经济体制改革、政治体制改革、文化体制改革，正是要建立起这样一种充分调动社会全体成员的积极性、创造性、奋斗精神、创业精神的充满活力的机制。

艰苦奋斗不只是对广大人民群众的要求，更主要的是对各级领导干部的要求。各级领导干部是否以身作则，对整个社会有极大的影响。我们党的历史反复证明，一个干部要得到群众拥护，一要自身艰苦奋斗，二要关心群众疾苦。如果领导者只是口头上说"艰苦奋斗"，而实际上却贪图安逸、追求享受，那么你讲的那一套有多少人相信呢？唯一的结果只能是助长奢靡之风、腐败之风。近年来，社会上艰苦奋斗的风气日渐淡薄，同一些领导干部在物质享受上利用职权竞相攀比有极大关系。人民群众最大的忧虑、最大的担心也正在于此。在有利于艰苦奋斗的新机制建立起来之前，各级领导干部的表率作用具有决定的意义。提倡艰苦创业精神，有助于克服腐败现象，有助于密切联系群众。邓小平同志早在1980年就号召"我们的党员、干部，特别是高级干部，一定要努力恢复延安的光荣传统，努力学习周恩来等同志的榜样，在艰苦创业方面起模范作用"。这些年来，很多同志是做得好的，有些同志却做得不大好，少数同志甚至做得很不好，不及格。这是值得认真反思的。最近，中央政治局通过了《中共中央、国务院关于近期做几件群众关心的事的决定》，并正在坚决地有步骤地贯彻实施，在廉政建设上迈出了新步子。各级领导机关和领导干部要认真贯彻中央政治局的决定精神，尽快提高认识，拿出行动，在艰苦奋斗方面真正发挥模范作用，使艰苦奋斗的优良传统焕发出新的光彩。

治理整顿、深化改革，离不开艰苦奋斗。实现四化、振兴中华，离不开艰苦奋斗。中华民族的前途和命运系于艰苦奋斗。愿"艰苦奋斗"四个大字，永远成为我们的座右铭。

（1989年8月15日）

多办实事

《中共中央关于加强党同人民群众联系的决定》再次强调要"多办实事"。这是密切联系群众的关键一环。全党同志都应当大力发扬少讲空话,多办实事的好作风。

我们的党是一个讲究实际的党,为群众办实事是党的优良传统。正因为几十年来,我们党为国家的独立、富强,为人民的翻身、幸福,办了许许多多实事,才赢得了人民的信赖和拥护。十三届四中全会以来,以江泽民同志为核心的党中央新领导集体,继承和发扬党的优良作风,在治理整顿、深化改革,促进政治、经济和社会的稳定发展方面,做了一件又一件深得民心的实事,进一步密切了党同人民群众的联系。

办实事,首先要有一颗体察群众冷暖、与群众息息相通的心。领导干部要想群众之所想,急群众之所急,不仅把为群众办实事当成自己的职责,而且当成自己的荣光,如果该办的事没有办,就寝不安枕,食不甘味。

办实事,要搞清自己该办哪些实事。高层、中层、基层的领导干部要办的实事不尽相同,工、农、商、学、兵各行各业要办的实事也不尽相同。究竟应该办哪些实事呢?答案只有到群众中、到实际中去找。管工业的要到车间,管农业的要到地头,管教育的要到学生、教师的教室和宿舍……总之,领导干部只有深入群众中去,听听他们到底有什么困难、有什么呼声,才能对自己应办的实事胸中有数。

办实事,要从实际出发,根据需要与可能,长计划,短安排,一件一件扎扎实实地办。既要反对那种现在能办而不办的拖拉作风,也不能犯那种企图在一个早上把什么好事都办成的急性病。有些干部急于突出自己的政绩,喜欢办些立竿见影而又力不从心的事,甚至做一些"面子活"。为了达到自己的目的,不惜突破国家计划,拆东补西,寅吃卯粮,动用不该动用的人力、物力、财力,为以后的工作留下很大后遗症。这是一种"短期行为"。这样"办实事",最终会损害群众的利益,应当坚决克服。

办实事,不要拒绝办"小事","勿以善小而不为"。一说办实事,有些干部只想着办大事,而不屑于办"小事"。其实许多看似一枝一叶的"小事",却与群众的工作、生活息息相关,正是我们应该十分关心的大事。战争年代那么艰苦,我们党仍不忘解决群众的"盐的问题,米的问题,房子的问题,衣的问题,生小孩子的问题"。今天,我们更不能借口"小事"而不关心群众的生活。群众利益无小事。"小事"解决不好,势必影响大事的解决。

办实事,并不一定要国家花很多钱。一说办实事,有些同志就伸手要钱,似乎国家不给钱,就没法办实事。这种看法是很片面的。不错,办很多事情,是需要花钱的,但并非办一切事情都要花钱或花很多钱。群众关心的许多问题,比如科技服务、文化娱乐,以及解决夫妻两地长期分居、调动工作、调解民事纠纷等,只要领导重视,不花钱或少花钱也是能办成的。当前和今后很长一个时期,国家在生产发展的基础上,会努力去解决群众的一些实际困难,提高人民群众的生活水平,但是由于国家财力方面的原因,又不可能拿出很多钱办群众希望办的事。只要我们尽心竭力办成能办的事,那么,对那些由于客观原因一时不能办的事,把情况摆明,原因讲透,群众是通情达理、能够理解的。

兴利是实事,除弊也是实事。有些同志以为办实事只是办兴利的好事,而忽视除弊也是办实事。所谓弊,是指以权谋私、官僚主义、任人唯亲等不正之风和腐败现象。对这些现象,人民群众意见很大,必须痛下决心除之。办兴利的实事要克服困难、排除阻力,办除弊的实事更要勇于克服困难、排除阻力。一般来说,除弊并不需要额外花很多钱,这方面的实事能否办好,关键是看我们的同志有没有为人民勇于兴利除弊的决心和勇气。

"全心全意地为人民服务"是我们党的根本宗旨,这要靠全党同志为群众办一件件实事来体现。这些年来,少数干部忘掉了党的根本宗旨,丢掉了为群众办实事的优良传统,这样下去是很危险的。通过学习、落实《决定》,让我们更加踏踏实实地为群众办实事,切莫让"少讲空话,多办实事"这个响亮的口号,又成为一句空话!

(1990年5月3日)

要善于从政治上观察和处理问题

领导干部肩负着重大的社会政治责任,要善于从政治上观察和处理问题,提高领导水平和领导能力,勤勤恳恳、兢兢业业地沿着党中央指引的方向做好工作。

从政治上观察和处理问题,保证革命和建设任务的完成,是我们党的工人阶级先锋队性质决定的,也是我们党的一个优良传统。现在以经济建设为中心,其他各项工作都要服从、服务和保证这个中心任务的完成。经济建设要想搞上去,必须有正确的政治方向,必须有安定团结的环境,必须协调各方面的关系和调动各方面的积极性,必须及时而果断地消除不安定因素。这一切,都需要政治条件和政治保证。否则,就难以保证社会的稳定,经济建设也就搞不好。

前不久召开的中央工作会议强调的要搞好国营大中型企业,就不仅是经济问题,而且是一个包含着重大政治意义的问题。国营大中型企业是社会主义制度的主要物质基础。发展经济,改善人民生活,保持社会稳定,显示社会主义制度的优越性,要靠国营大中型企业充分发挥作用。这个问题解决得不好,就会影响经济的全局和社会主义制度的巩固。所以,我们要从坚持社会主义制度,发挥社会主义优越性这个高度出发来认识问题,集中力量搞好国营大中型企业。搞好大中型企业,取决于企业的自身努力,但也离不开客观条件的配合与支持。政治和经济是密不可分的,要把内因同外因、经济体制改革同政治体制改革,有机地联系起来。

从政治上观察和处理问题,就要做到胸中有大局,要以对国家和民族高度负责的态度,一切从大局出发,坚定地同党中央保持政治上的一致,全面、完整地贯彻执行建设有中国特色的社会主义的基本路线,坚持四项基本原则,坚持改革开放。首先必须抓住经济建设这个中心,这是大局中的大局。搞好经济工作本身是一个政治问题,因为社会主义制度的巩固,最终取决于生产的发展和劳动生产率的提高。而生产的发展、经济任务的完成，又离不开政治作为保证。我们必须把经济与政治统一起来认识和对待，不能把两者割裂开来。

要做到善于从政治上观察和处理问题，最根本的是要学好马列主义、毛泽东思想，学习科学社会主义理论，学习和掌握马克思主义的辩证法，提高政策和策略水平。现在，我们在非常复杂的国际国内环境中工作，形势在不断变化，经常出现新问题，只有掌握了马克思主义的辩证法，才能在复杂纷纭的形势中把握正确的方向。在这方面，我们要向列宁、毛泽东同志学习，向邓小平同志学习，学习他们观察和处理问题的立场、观点、方法，学习他们如何在错综复杂的情况下，正确处理国际国内问题，正确处理国际上各种矛盾、民族矛盾、阶级矛盾和复杂的社会关系。这样，我们就能更好地懂得在新的形势面前，怎样把政治工作和经济工作结合起来，把革命原则的坚定性和策略的灵活性结合起来，始终做一个清醒的马克思主义者。

我们相信，随着各级党政领导干部理论水平、政治水平、领导水平的进一步提高，一定能使我们的经济工作和其他各项工作的水平大大提高一步，推动社会主义现代化建设的进程。

（1991年10月20日）

看准了就大胆地试

北京敞开城门欢迎国内外各界前来投资创办第三产业；石家庄市破内陆"封闭"意识，自办改革开放综合试验区，促内陆经济发展。说明这些地方的领导同志，根据改革开放的新形势，大胆地试，大胆地闯，迈出了新步子。

改革开放，建设有中国特色的社会主义，是一项开创性事业，需要勇于探索、敢为人先的精神。只有勇于探索，才能发现未知，取得真知，增长经验和才干。改革开放13年来，广大干部发扬这种精神，在实践中取得了辉煌成果。现在，中央要求我们抓住当前有利时机，加快改革开放的步伐，集中精力把经济建设搞上去，这就要求各级领导干部拿出更大的魄力来，大胆地试，大胆地闯。深圳和其他特区发展很快，变化很大，一条重要的经验，就是敢闯。改革开放要打开新局面，没有一点闯的精神，没有一点"冒"的精神，就走不出一条好路，就干不出新的事业来。

看准了就大胆地试，大胆地闯，对各级领导干部来说，包含了精神状态、思想作风和领导方法等方面的要求。

改革开放能否取得预期的成果，在很大程度上取决于各级领导干部的精神状态。大胆地试，大胆地闯，是精神状态的新境界。要达到这种境界，需要有一股锐气、一股拼劲，要有雄心壮志。这就需要我们进一步解放思想，发扬为党的事业、为民族的振兴勇于承担风险的精神。当前，我们正处于发展的关键时刻，如果思想不敏锐，决策不果断，行动不得力，就会被错综复杂的矛盾束缚住手脚，就要丧失良机。

在放开胆子闯难关的同时，各级领导干部要注意改进思想作风。既要大胆地试，大胆地闯，又要克服盲目性。坚持实事求是，一切从实际出发，从本地的客观条件出发，在试和闯的实践中探索自己的发展路子。发展经济是扎扎实实的事情，来不得半点虚假。大胆，也要体现在实干上。要力戒形式主义，不要搞花架子，不做表面文章。

　　大胆地试、大胆地闯，还要有好的领导方法。首先要认真分析形势，理清思路，把问题看准、抓准。要分清轻重缓急，找准主攻方向，做到心中有数，为大胆地试和闯提供科学的前提。看准了的，就大胆地试，在试验的过程中，要大胆地闯，突破一点，闯出新路，带动全盘。这样做，就会取得较多的成功，而减少失误。

（1992年4月27日）

重视社会主义市场体系建设

"建一处市场，兴一串产业，活一片经济，富一方群众。"这是许多地方对建设市场的好处的总结。培育市场，建设市场，越来越受到人们的重视。

市场是商品经济的产物，有商品生产，有商品交换，就有市场。社会主义经济也是商品经济，不能没有市场。市场不是资本主义的专利，计划也不是社会主义的特征。计划和市场都是社会配置资源的手段，不是区分社会制度的标志。社会主义商品经济与资本主义商品经济的区别在于所有制基础不同，而不在于是计划多一点还是市场多一点。

市场是商品交换的场所，也是一种经济运行机制。过去，我们实行高度集中的经济体制，排斥市场，统得过多过死，违背价值规律，造成资源配置效率低下，经济失去活力。改革以来，市场机制作用不断加大，市场调节范围不断扩展，给经济带来了明显的活力。

无论是发挥市场活跃流通的作用，还是扩大市场调节的范围，都离不开社会主义市场体系的建设。市场体系不仅包括消费品市场，也包括生产资料市场；不仅包括零售市场，也包括批发市场、期货市场；不仅包括商品市场，也包括要素市场，即资金、人才、信息、技术、劳务、房地产等市场。改革以来，我国的市场建设取得了很大成就。目前，全国已有工业小商品市场3000多个，城市集贸市场发展到7万多个。建立大型生产资料贸易中心400多家，钢材市场200多个。短期资金市场融资最多时达5000亿元，长期资金市场中各种有价证券发行已有2000亿元。其他要素市场也有一定发展。

社会主义市场体系已初步建立起来，但还远远不够。市场建设还滞后于经济的发展，距离建立社会主义有计划商品经济新体制的要求还很远。当前，流通不畅、经济生活中的一些混乱现象，都与市场建设滞后有关。因此，深化改革必须把建设市场、培育市场体系作为一项基本任务来抓。

市场包括市场主体、市场组织和市场规则三个部分。建设市场，培育市场不仅仅是建立有形的市场，建立起各级各类市场组织，也包括培育市场主体、完善市场规则。培育市场是一场全面的改革，包括企业、计划、财政、物价、金融、商业、物资、外贸等多方面的改革，以及市场法规的建立和市场监督管理工作的改革。只有全面进行改革，才能形成全国统一的大市场，才能建立起良好的市场秩序。

李鹏总理在七届人大五次会议的《政府工作报告》中提出："加快流通体制改革，促进货畅其流，是整个经济体制改革的一个重要方面。"不加快市场体系的建设，就会阻碍国民经济的发展，拖延有计划的商品经济新体制的建立。这方面应当引起各有关方面和有关部门重视，要进一步解放思想，全面深化改革。各方齐心协力，在发展大市场、大流通上做文章，统筹规划，逐步推进流通体制改革，培育起与有计划的商品经济新体制协调一致的市场体系。

（1992年5月8日）

大胆吸收和借鉴一切文明成果

今天本报发表了天津立达（集团）公司大胆利用资本主义国家发展商品经济的一些做法，取得很大发展，作出很大贡献的消息。他们的实践，启发我们思考一个重要问题，就是要大胆吸收和借鉴人类社会创造的一切文明成果。

建设有中国特色的社会主义，要不要大胆吸收和借鉴人类社会创造的一切文明成果，特别是资本主义发达国家有用的东西？十多年改革开放的巨大成就已经作出了明确的回答，邓小平同志关于改革开放的一系列论述已有深刻的阐述。对此，我们的思想要更解放，胆子要更大，步伐要更快，真正放下泱泱大国的架子，放眼五洲四海，走出去，请进来，吸收一切文明成果，促进祖国的现代化事业。

昔日的中国，用30年代鲁迅先生的名作《拿来主义》中的话说，是"自己不去，别人也不许来"的"闭关主义"。当年，民族不独立，人民不作主，想去拿来点外国有用的东西，谈何容易！清末的"洋务运动"，曾想学习和借鉴西方的经验，但带来的常是屈辱和灾难，"先生"总是打"学生"。那几页历史终于翻过去了，我国进入了建设有中国特色社会主义的新时期。今天，全党、全国人民的中心任务是经济建设。要加快经济建设，就必须实行改革开放，而实行改革开放的一个重要内容，就是要把国外包括资本主义国家的一切好东西学过来，以人之长，补己之短，洋为中用。尤其像我们中国历史上曾长期处于封建时代，经济相当落后的国家，在建立起社会主义制度以后，更应该努力吸收和借鉴。

在相当长一个时期，我们在认识上存在着片面性，往往只看到社会主义和资本主义两种制度对立和斗争的一面，而很少看到还有学习、借鉴、利用和合作的一面。毫无疑问，社会主义和资本主义是两种性质不同的制度，但我们要摒弃的是它的腐朽政治制度，要结束的是侵略、掠夺、压迫、剥削等罪恶，而对于几百年来在资本主义制度下各国人民特别是西方国家人民所发展的科学技术、所积累的先进经营方式和管理方法，则必须吸收和借鉴。

邓小平同志曾经明确指出："要弄清什么是资本主义。资本主义要比封建主义优越。有些东西并不能说是资本主义的。比如说，技术问题是科学，生产管理是科学，在任何社会，对任何国家都是有用的。我们学习先进技术、先进的科学、先进的管理来为社会主义服务，而这些东西本身并没有阶级性。"可是，我们有些同志，因为害怕资本主义影响，不敢大胆吸收和借鉴。对资本主义影响，也要进行分析。如果西方资本主义国家为改变我们的社会制度、为干涉我国的内政而施加影响，那必须坚决抵制；而西方资本主义国家的一切反映现代社会化生产和商品经济一般规律的有用的东西，能够为我所用，岂能拒之门外？其实，西方资本主义国家为了巩固和发展资本主义制度，对社会主义制度的好东西，包括政治上的好东西，也是大胆学习、借鉴的。我们该拿的为什么不去拿呢？

不敢大胆吸收和借鉴，除了因为害怕资本主义影响，往往还因为妄自尊大。不错，中华民族有5000年的文明史，祖先还有四大发明，等等。这些事实值得自豪，但不是自大的理由。冷眼看西方，我们的经济、科技上确实落后了。人家也有文明史，也有重大发明，还有许多比我们先进或为我们所没有的东西。如果完全靠自己从头做起，重新探索，那又要经过一个漫长的周期。而在这段时间里，外国又大大发展了。这样下去，差距将会越来越大。谁先进，就向谁学习，这不是耻辱，而是明智。大胆吸收、借鉴，同独立自主、自力更生并不矛盾，更谈不上是什么"洋奴哲学"。这完全是两回事。

不要妄自尊大，也不要妄自菲薄。承认落后，虚心学习，并不是说中国一无是处，一切落后，中国的月亮也是圆的。我们要有民族自尊心，要有自信心。在吸收和借鉴中，我们当然不是胡子眉毛一把抓，不是随便拿来，而是要拿那些有利于生产力发展、有利于增强综合国力、有利于提高人民生活水平的东西。至于鲁迅先生所说的那些"鸦片""废枪炮"，我们不会去拿，更不允许外国送来。不过，这么大的国家，这么大的改革开放事业，在吸收和借鉴中，难免也会出点问题，会吃点亏、上点当。那不要紧，随时纠正就是了。但绝不能因噎废食。

社会主义制度是个开放的制度。它排污而不排外，学洋而不媚外。

社会主义制度要充分体现出自己巨大的优越性,最终要取代资本主义制度,就得继承和吸收资本主义的文明成果,而不是排斥它的一切。我们只有把自己的文明成果和人类创造的一切文明成果结合起来,同现代科学技术结合起来,才能加快我国经济建设的发展,建设有中国特色的社会主义。

(1992年8月24日)

坚定不移地走向世界

蒙特卡洛传来消息，国际奥委会第101次会议通过投票表决：澳大利亚的悉尼主办2000年第27届奥运会。

我们尊重国际奥委会的选择，祝贺悉尼申办成功。同时对国际奥委会对中国申办工作的支持，一如既往充满感激之情，对全世界也一如既往充满友好之情。今后中国将更加敞开胸怀，欢迎四海宾客，广交五洲朋友，坚定不移地走向世界。开放的中国盼奥运，开放的中国完全能够办好奥运。办奥运，不论是今天还是以后，都是中国人民的强烈愿望。

翻翻奥运会的史册，许多主办国都是经过多次申办才最后成功的，澳大利亚也经过了三次申办。在奥运会的百年史中，旧中国留下的是"零"的记录，蒙受的是"东亚病夫"的屈辱。改革开放使我们有了申办的勇气和条件，北京在1991年12月，向国际奥委会正式提出申请。北京能够提出申办奥运会，本身就证明了中国改革开放以来，经济繁荣，政治稳定，社会祥和，人民安居乐业，综合国力大大增强。为申办奥运会，我国政府、人民和奥申委作了不懈的努力，海外侨胞、台港澳同胞和外国许多友好人士给予很大的支持。但申办城市有好几座，举办机会独一无二，北京失去了这次机会，原因是多方面的、复杂的，我们既不怨天尤人，也不自暴自弃。今后，中国将一如既往地维护奥林匹克的宗旨和原则，凡是有利于发展奥林匹克运动的活动，中国仍将采取积极支持的态度。

奥运重在参与。申办的过程就是一个参与的过程，是个推动我国社会主义物质文明和精神文明建设，振奋民族精神，增强民族凝聚力的过程。从这个意义上看，无论申办成功与否，都具有重大的意义。我们要深刻地认识到，要想办成一两件大事，要想在世界上被人了解和信任，最重要的是自己要有志气，首先把国内的事情办好。全党和全国各族人民要更加坚定不移地贯彻执行党的"一个中心、两个基本点"的基本路线，努力建设有中国特色社会主义，集中精力把经济搞上去。国力增强了，面貌一新了，无论什么大事也就好办了。

得而不骄，失而不馁，这是中国人民应有的气度和风范。"风物长宜放眼量"，来日方长，后会有期。我们相信，在这个占有世界1/5人口，有960万平方公里国土和5000多年文明史的东方国家，奥运会五环旗高高飘起的日子，不会是很遥远的。同胞们，让我们为迎接这一天的到来继续努力！

（1993年9月24日）

社会主义市场经济体制的纲领

中国共产党十四届三中全会通过的《中共中央关于建立社会主义市场经济体制若干问题的决定》，是全党、全国人民在邓小平同志建设有中国特色社会主义理论的伟大旗帜下，开创具有中国特色社会主义宏图大业的行动纲领。《决定》规划了90年代的改革任务，为建设社会主义市场经济体制勾画了科学、系统的宏伟蓝图，必将对我国的改革开放和社会主义现代化建设产生重大而深远的影响。

党的十四大在邓小平同志建设有中国特色社会主义理论指导下，提出了我国经济体制改革的目标是建立社会主义市场经济体制，并明确要求"必须抓紧制定总体规划，有计划、有步骤地实施"。十五年来，在邓小平同志建设有中国特色社会主义理论指导下，各项改革和对外开放取得了重大进展，市场机制在我国经济中发挥着愈益重要的作用，经济蓬勃发展，各方面工作积累了丰富的经验，具备了实现改革整体推进、重点突破的条件。当前迫切需要进行总体设计，强调体制和政策的规范化。同时也要看到，在经济高速增长中，出现了一些新的矛盾和问题，从根本上讲在于原有体制的弊端没有消除，社会主义市场经济体制尚未形成。解决发展中的问题，必须通过深化改革，更好地发挥计划和市场机制的作用，理顺经济和社会发展的各种关系。因此，加快建立社会主义市场经济体制，不仅是深化改革、建设有中国特色社会主义的历史必然，也是保持国民经济持续、快速、健康发展的现实需要。

《决定》从中国的基本国情出发，把党的十四大决定的经济体制改革的目标和基本原则系统化、具体化，对社会主义市场经济体制若干重大原则、方针和内容作出决定。它从社会主义市场经济体系的微观基础到宏观管理，从城市改革到农村发展，从经济运行机制到科技教育体制，从经济手段运用到法律制度建设，从生产、分配到流通、消费等各个环节和领域，构筑了社会主义市场经济体制基本框架。这个框架虽然还需要在实践中接受检验和继续完善，但有了这个框架，可以增强我们对改革工作指导的预见性，使改革更加富有成效。

　　建立社会主义市场经济体制是一项开创性的伟大事业。社会主义市场经济体制是同社会主义基本制度结合在一起的，就是要使市场在国家宏观调控下对资源配置起基础性作用。为实现这个目标，必须坚持以公有制为主体、多种经济成分共同发展的方针，进一步转换国有企业经营机制，建立适应市场经济要求，产权清晰、权责明确、政企分开、管理科学的现代企业制度；建立全国统一开放的市场体系，实现城乡市场紧密结合，国内市场与国际市场相互衔接，促进资源的优化配置；转变政府管理经济的职能，建立以间接手段为主的完善的宏观调控体系，保证国民经济的健康运行；建立以按劳分配为主体、效率优先、兼顾公平的收入分配制度，鼓励一部分地区、一部分人先富起来，走共同富裕的道路；建立多层次的社会保障制度，为城乡居民提供同我国国情和生产力水平相适应的社会保障，促进经济和社会的稳定。这些主要环节是相互联系和相互制约的有机整体，构成了社会主义市场经济体制框架的基本内容。

　　《决定》是建设社会主义市场经济的纲领。它突出地体现了邓小平同志一贯倡导的解放思想、实事求是的原则。它既按照市场经济的要求，在重大改革方面进一步更新观念，又从我国的基本国情出发，注意做好改革的衔接；既体现市场经济的一般规律，吸收和借鉴国外的成功经验，又体现出社会主义的本质特征，总结我们自己的实践经验；既反映抓住时机、加速建立新体制的紧迫性，实行重点突破，又考虑到建立和完善新体制有一个客观的历史过程，注意到它的渐进性；既具有思想的高度，又能指导实际工作，具有很强的操作性。《决定》的精神实质，就是通过加快建立社会主义市场经济体制，进一步发展社会主义社会生产力。因此，《决定》是邓小平同志建设有中国特色社会主义理论的具体体现，也是我们党改革开放和经济建设经验的宝贵结晶。

　　当前，国内外形势都比较有利，我们确实面临着改革和发展的大好时机。这样的历史机遇并不是很多。我们一定要抓紧有利时机，推动改革开放和现代化建设事业的协调、配套发展。建立社会主义市场经济体制是实现国家繁荣富强、早日达到小康水平的必由之路。我们一定要认真学习、深刻领会、坚决贯彻和落实《决定》，加快建立社会主义市场经济体制，实现国民经济和社会发展第二步战略目标。让我们在以江泽民同志为核心的党中央领导下，更加紧密地团结起来，坚持党的基本路线一百年不动摇，朝着宏伟的目标奋勇前进。

（1993 年 11 月 18 日）

讲学习　讲政治　讲正气

最近，江泽民同志在北京考察时提出，在干部特别是领导干部中，要强调讲学习、讲政治、讲正气。这不仅是对北京市党政干部的希望，也是对全国党政干部的希望，应当认真领会和贯彻。

讲学习，主要是学理论，学知识，学科技。首先是学理论。近年来，江泽民同志一再强调我们面临着新形势、新任务、新情况，不懂得、不熟悉的东西很多，领导干部必须刻苦学习，力求知识更多一些，本领更强一些。在当前，学习邓小平建设有中国特色社会主义理论尤其重要。在发展社会主义市场经济的新形势下，只有牢牢掌握这一当代中国的马克思主义，才能坚持党的基本路线不动摇，克服困难，解决矛盾，把改革开放和社会主义现代化建设不断推向前进。由于党中央和各级党委的重视，这几年全党特别是干部的理论学习的空气比过去浓了，取得了可喜的成绩。但是，也要看到，这一成绩还是初步的，还要再接再厉，深入持久地抓下去，使党的各级干部更好地掌握邓小平同志建设有中国特色社会主义理论的科学体系和精神实质。当前，应当把学习理论同学习和贯彻党的十四届五中全会精神结合起来，加深对科学理论的理解和把握。此外，还应当尽可能挤时间学一些关于社会主义市场经济的知识、现代科技知识、法律知识、历史知识等多方面的知识，以充实自己，开阔眼界，不断提高领导水平。

讲政治，包括政治方向、政治立场、政治观点、政治纪律、政治鉴别力、政治敏锐性。马克思主义认为，政治是经济的集中表现，只有善于从政治上观察问题、分析问题、处理问题，才能保证和促进改革开放和社会主义现代化建设健康、顺利地发展。为了实现跨世纪的宏伟目标，必须保持社会政治的稳定。具有决定意义的是，各级领导干部要保持政治上的清醒和坚定，在思想上、政治上同以江泽民同志为核心的党中央保持高度一致，坚持党的基本理论和基本路线不动摇，坚持"二十字"大局的基本方针和党的各项方针政策不动摇，坚定不移地维护全党的团结和全国各族人民的团结。现在，各条战线、各个部门的领导同志工作都十分繁忙，但是不管多忙，都要切记小平同志的教导："防止埋头经济工作、忽视思想工作的倾向""到什么时候都得讲政治"。

讲正气，就是要继承和发扬我们党在长期革命和建设事业中形成的好传统、好作风，坚持真理、坚持原则，坚持同一切歪风邪气和各种腐败现象作斗争。毛泽东同志倡导的"全心全意为人民服务"，"毫不利己、专门利人""革命第一、工作第一、他人第一"等，是正气；邓小平同志倡导的"有理想、有道德、有文化、有纪律""大公无私、服从大局、艰苦奋斗、廉洁奉公"等，是正气；江泽民同志倡导的64字创业精神，是正气。在新的形势下，为了粉碎敌对势力"西化"和"分化"的图谋，为了抵制拜金主义、享乐主义、极端个人主义等剥削阶级腐朽思想的侵蚀和影响，保证我们党永不变色，保证我们国家长治久安、兴旺发达，很有必要大力倡扬无产阶级的浩然正气。我国古代的民族英雄以及近现代革命史上的革命先辈，为了国家尊严和民族解放，写下了惊天地、泣鬼神的"正气歌"。今天，我们每个共产党员和领导干部不也应当写出无愧于伟大时代的新的"正气歌"吗？孔繁森、张鸣岐、李润五等同志，已经以他们为人民无私奉献的崇高品德和感人事迹，谱写了催人泪下的"正气歌"，为广大党员和干部树立了光辉的榜样，我们应当很好地向他们学习。

讲学习、讲政治、讲正气，讲的是共产党员和领导干部应当具备较高的理论政治素质和思想作风素质，归根到底，讲的是要有正确的世界观、人生观和价值观。这种较高的素质不可能一蹴而就，而是要在长期实践中经过自觉、刻苦的磨炼才能具备；而这种素质又不一定会马上显露出来，化为显赫的工作实绩，因此往往容易被人们所忽视。但是，这种素质却是做好党和人民交给的工作所不可或缺的最重要的主观条件，是每日每时都会发挥作用的；如果缺少这样的素质，又不努力去提高自己的素质，那就难以承担好现有的工作，甚至在复杂的斗争中经不起考验。所以，江泽民同志所提出的要求，言简意赅，语重心长，值得深刻领会。

党的十四届五中全会通过的《建议》，提出了未来15年的奋斗目标，更加艰巨的任务摆在我们面前。更加艰巨的任务，呼唤干部队伍更加优良的素质。为了不辜负伟大时代的重托，同志们，让我们更加自觉地讲学习、讲政治、讲正气！

（1995年11月25日）

了不起的"软着陆"

"中国经济成功地实现了'软着陆'。"——一些中外人士这样评价我国宏观调控的成果。所谓"软着陆",是一个形象的说法,指的是我们既抑制了通货膨胀,又保持了经济的较快增长,避免了经济的大起大落,如同降落的飞机不是从空中一头扎向地面而是平稳地落地。

中国经济确实成功地实现了"软着陆"。其最显著的标志就是"一高一低",即物价水平较低、经济增长速度较高。今年全国零售物价涨幅预计回落到6.5%左右,比上年涨幅降低8个多百分点;国内生产总值预计比上年增长10%左右。经过三年多的宏观调控,基本上达到了预期目标,社会总供给与总需求趋于平衡,宏观经济环境进一步改善,整个经济进入适度快速和相对平稳的发展阶段。

"一高一低",来之不易。回想开始这次宏观调控的1993年,我们当时面临着投资增长过快,金融秩序混乱,货币过量发行,物价涨幅过高等突出问题。当年零售物价涨幅达13%,1994年高达21.7%。仅仅几年时间,这些问题不但得到解决,而且经济仍然保持了较快增长。从世界经济史上看,在不太长的时间里,把物价涨幅大幅度降下来已是不易,更难的是物价既要降,经济又要增。这样成功的先例并不多见。大幅度降低物价,往往带来经济过快下滑、失业大量增加,造成大起大落,有的甚至形成物价下不来、经济上不去的滞胀局面。我们不但降了物价,又保持了较高的经济增长,避免了大起大落,把种种负作用减少到了最低限度。这说明我们的宏观调控是非常成功的,"一高一低"是了不起的成就,人们评价中国经济实现了"软着陆"是恰如其分的。

"软着陆",要有硬功夫。飞机平稳着陆,要靠驾驶员娴熟的驾驶技术,中国经济的"软着陆",得益于党中央、国务院驾驭宏观经济全局的科学决策能力和高超的领导艺术。党中央、国务院面对当年国民经济中的突出矛盾,高瞻远瞩，果断决策，及时出台了一系列以抑制通货膨胀为目标的宏观调控措施，坚持实行适度从紧的财政政策和货币政策。三年来，关键抓了这样三条。一是下大力气控制固定资产投资过快增长。经济过热和通货膨胀，根本原因都在于固定资产投资膨胀，超过了国力，导致多发票子，带动物价上涨。1993年固定资产投资增长61.8%，今年预计增长20%左右。固定资产投资控制住了，货币发行也就控制住了，控制物价就有了可靠的基础。二是加强农业，把粮食生产搞上去。前年和今年两次提高粮食定购价格，大大调动了农民种粮积极性。去年粮食增产400亿斤，今年又增产270多亿斤。粮食价格稳定了，就稳住了占居民消费50%左右的食品价格，对稳定价格总水平起了重要作用。三是实现社会总供给与总需求的基本平衡。在需求得到有效控制的同时，生产不断增长，供给明显改善。目前，农副产品供应充裕，95%以上的工业消费品供求基本平衡或供大于求，市场繁荣兴旺。与以往相比，这次宏观调控有不少新的特点，创造了新的经验。比如，调控手段更加丰富，采用经济、法律和行政等多种手段，以经济手段为主，相互配合。调控力度把握更加得当，调节灵活，坚持适度从紧，紧中有松，稳中求进。坚持改革开放，注重治本，为建立社会主义市场经济体制基本框架，财税、金融、外汇、物价、企业等项重大改革在宏观调控中相继出台。实践充分证明党中央、国务院宏观调控决策正确，措施稳妥。这说明我们党对社会主义市场经济体制和社会主义现代化建设规律的认识逐步在深化，领导和驾驭经济工作的水平提高了。只要全党同志特别是各级领导干部统一思想，认真贯彻中央的决策，就能够克服一切困难，解决各种问题，不断前进。

中央经济工作会议提出：明年总的宏观经济政策应当保持连续性、稳定性和必要的灵活性。总的原则是，稳中求进。这是实事求是的方针。我们既要看到好的形势，也要看到存在的问题。虽然实现了"软着陆"，通货膨胀的压力仍然存在，经济增长的质量还比较差，农业的基础脆弱，国有企业困难，基本建设战线太长，稍不注意，宏观经济环境就会出现新的问题。我们不能盲目乐观，不能急着大干快上，要把握大局，珍惜和巩固宏观调控的成果，继续坚持适度从紧的财政政策和货币政策，继续抑制通货膨胀，控制固定资产投资规模，同时，把宏观调控与微观搞活更好地结合起来，积极促进经济适度快速增长。

（1996年12月6日）

在伟大的实践中开拓前进

——纪念"真理标准讨论"二十周年

二十年前，一场关于真理标准的大讨论席卷神州大地。它像长冬之后的强劲春风，唤醒了山川，催绿了大地，激起了思想解放的大潮。这场大讨论，影响巨大而深远，在我们党的历史上，在共和国发展的历史上，留下了非同寻常的一页。

检验真理的标准是社会实践，还是别的什么？这个讨论不是一般的理论是非问题，而是关系到刚刚从"文化大革命"的灾难中走出来的中国向何处去，是搞"两个凡是"，继续执行"文革"的错误路线，还是彻底纠正"文革"的错误，在拨乱反正中开辟前进的道路。这实际上是一场关系到党和国家前途命运的大讨论。邓小平同志敏锐地洞察到发生在重要历史关头的这场讨论所具有的不同寻常的意义，他以非凡的理论勇气和政治魄力，领导和支持了这场大讨论。他坚定地指出："一个党，一个国家，一个民族，如果一切从本本出发，思想僵化，迷信盛行，那它就不能前进，它的生机就停止了，就要亡党亡国。"

真理标准问题的讨论大大拓宽了人们的视野，开启了人们的心智，展示了一个反思过去、探索未来的正确而清晰的思路。要科学，不要迷信；要解放思想，不要"两个凡是"；要拨乱反正，不要"文革"错误路线，成为全党、全军和全国各族人民的强烈要求。这场大讨论的成果在党的十一届三中全会上得到充分体现：我们党毅然抛弃"以阶级斗争为纲"的错误方针，恢复了马克思主义的实事求是的思想路线，实现了政治上的全面拨乱反正，把全党工作的重点转移到经济建设上来。

真理标准问题讨论的意义还在于，进一步促进了马克思主义基本原理同中国实际和时代特征的结合，孕育了党的第二次思想飞跃，为全面改革开放，推进建设有中国特色社会主义的伟大事业开启了前进的航程。

马克思主义是科学的理论。这一理论只有同实际结合，同亿万人民群众的根本利益及其创建社会主义新生活的历史变革结合，才能充满生机和活力。在新的历史条件和深刻的历史变革中产生的邓小平理论，是马列主义、毛泽东思想的继承和发展,是当代中国的马克思主义,是马克思主义在中国发展的新阶段,是指导我们开拓前进的强大思想武器。在邓小平理论的指引下,今天,我们对于什么是社会主义,怎样建设社会主义,在发展道路、发展阶段、根本任务、发展动力、外部条件、政治保证、战略步骤、党的领导和依靠力量以及祖国统一等一系列基本问题上,都有了更加符合实际的认识。

沧海桑田,山河巨变。近二十年来,在以邓小平同志为核心的党中央第二代领导集体和以江泽民同志为核心的党中央第三代领导集体坚强有力的领导下,我们坚持党的十一届三中全会以来的思想政治路线,锐意改革,开拓前进,国家面貌发生了翻天覆地的变化。二十年的经验有力地表明,党的"一个中心、两个基本点"的基本路线是完全正确的,必须是经济建设一个中心,不能是两个中心;必须是坚持四项基本原则和坚持改革开放两个基本点,而不能是一个基本点。坚持党的基本路线一百年不动摇,我们的事业就能不断取得胜利。二十年的经验也有力地表明,社会进步和发展的过程就是一个不断实践不断突破的过程。"实践是检验真理的唯一标准",仍是我们做好各项工作必须遵循的思想路线;邓小平同志提出的"解放思想,实事求是,团结一致向前看",仍是我们今天乃至今后的重要指导思想,是正确处理改革、发展、稳定三者关系必须遵循的原则。我们要继续保持和发扬那种敢于冲破陈规的勇气、锐意探索创新的胆魄、矢志艰苦奋斗的精神,把解放思想和实事求是结合起来。对于真理的认识,对于规律的把握,总是有先有后,有深有浅,有快有慢,这是正常的。只要我们坚持以马克思主义为指导,坚持实践标准,顺应时代发展,团结一致向前看,我们就能够在探索真理的过程中,在改革开放和社会主义现代化建设的道路上,组织起浩浩荡荡的队伍,向着既定的目标前进。

当前,最重要的,就是高举邓小平理论伟大旗帜,全面、正确贯彻落实党的十五大精神,把全党同志的思想统一到党的十五大精神上来,把全国人民的力量凝聚到实现十五大确定的各项任务上来。要调动一切积极因素,排除各种干扰,积极维护来之不易的大好局面,同心同德,携手前进。我们一定要在以江泽民同志为核心的党中央领导下,高举邓小平理论伟大旗帜,把建设有中国特色社会主义的伟大事业全面推向二十一世纪。任何力量、任何困难,都不能阻挡我们胜利前进。

(1998年5月9日)

崇尚科学　破除迷信

科学的力量越来越有力地改变着世界的面貌。科学技术是第一生产力，科学思想是重要的精神力量，越来越成为人们的共识。

我们党的历史，是崇尚科学破除迷信的历史。从中国共产党诞生到新中国成立，到五十年的社会主义建设历程，是我们党坚持用马克思主义的科学世界观领导全国人民不断破除迷信，解放思想，艰苦奋斗，振兴中华的过程，也是我们的科学力量不断增强，科学文化素质不断提高的过程。但也应该看到，在这个过程中，始终充满着科学与迷信的斗争。近年来，一些地方和单位，愚昧迷信活动抬头，反科学、伪科学的活动频频发生，给我们的工作和事业造成了不同程度的影响。特别值得注意的是，一些党员干部，为了一己私利，相信星占、卜筮、风水、命相，热衷于求神拜佛，成为唯心主义的俘虏。影响所及，一些地方，科学抵不过迷信，唯物主义抵不过唯心主义，无神论抵不过有神论。这是与时代潮流的发展相违背，与我们共产党人所肩负的历史重任不相适应的。

科学和迷信是对立的。崇尚科学，就要破除迷信。科学，包括社会科学和自然科学，包括科学知识和科学技术，是人类对于自然规律和社会发展规律的认识和把握，是推动历史进步的杠杆和基石。迷信，则是一种无知，一种对于自然力量和社会力量的畏惧和屈服。在今天，愚昧迷信则会麻痹我们的思想，瓦解我们的斗志，动摇我们的信念，破坏我们的凝聚力，应该引起高度重视。

科学使人强大，迷信使人渺小。在剧烈的社会变革和复杂多变的国际风云中，科学力量是一种决定性的力量。现在是崇尚科学，破除迷信的最好时机。科学技术的发展从来没有像今天这样迅猛，科学成果的积累从来没有像今天这样丰富，科学力量对于财富的聚增，对于历史进程的推动，从来没有像今天如此强劲。相比之下，愚昧迷信，从来没有像今天这样显得荒唐可笑、渺小卑微。在未来的国际角逐中，我们要想站稳脚跟，战胜一切困难和邪恶势力，必须崇尚科学，破除迷信，必须高扬马克思主义唯物论和无神论的旗帜。

　　崇尚科学，破除迷信，关键是党员干部要起带头作用，关键是要树立科学世界观。马克思主义对于社会发展规律的揭示，使人类从迷茫中第一次睁开眼睛，被称作人类文明发展史上的壮丽日出。《国际歌》所揭示的"从来就没有什么救世主，也不靠神仙皇帝。要创造人类的幸福，全靠我们自己"，充分显示了在科学的马克思主义世界观的指导下人类意识的觉醒，这是一个巨大的历史进步。事实证明，马克思主义的科学世界观，是我们战胜一切敌人和一切艰难险阻的强大思想武器。我们一定要高举辩证唯物主义和历史唯物主义的旗帜，十分警惕和防范唯心主义的侵蚀，坚决破除迷信，紧密联系实际，努力提高广大党员干部特别是高级干部的马克思主义政治水平、科学文化水平，成为坚定的马克思主义者，使我们的党、国家和人民变得更加强大、更有力量。

（1999年6月21日）

党内绝不许腐败分子藏身

原沈阳市市长慕绥新、常务副市长马向东等人严重违法违纪案件受到查处，一批腐败犯罪分子被依法严惩。这再次表明：中国共产党惩治腐败行为和腐败分子决不姑息，决不手软，在党内绝不允许有他们的藏身之地。

慕绥新、马向东等人身为领导干部，却置党纪国法于不顾，违法乱纪，贪污腐化。他们利用手中的权力，收受巨额贿赂，谋取私利；任人唯亲，任人唯利，与黑社会头头称兄道弟，大搞权钱交易；通过配偶子女亲属参与经商办企业，曲线敛财；顶风作案，对抗党和政府的审查，企图逃脱法律的惩罚。他们的所作所为，损害了党和政府的形象，危害了改革开放和现代化建设事业。

从慕绥新一案中可以看出：搞好党风廉政建设，保证党的各级干部为人民掌好权、用好权，关键在领导班子。首先要选好人，用好人。要从深化干部人事制度改革做起，加强对干部选拔任用的监督，从源头上防止和克服用人上的不正之风和违纪行为，建立和完善干部考察公示制度和差额选举制度，发挥群众的监督作用，使德才兼备、深受群众拥护的人才脱颖而出，堵塞"跑官""要官"的邪路；建立干部工作责任追究制度，对用人失察失误造成严重后果的要追究责任，严肃处理。

要强化对领导干部的监督。各级干部都是人民的公仆，必须受到人民和法律的监督。要依靠发展民主、健全法制来预防和治理腐败现象。通过加强党内监督、法律监督、群众监督，针对容易产生腐败现象的具体体制、制度和薄弱环节，通过深化改革和体制创新，建立结构合理、配置科学、程序严密、相互制约的权力运行机制。保证权力沿着制度化和法制化的轨道运行。"善除恶者察其本，善理疾者绝其源。"反腐倡廉，关键在于实行标本兼治，从源头上预防和治理腐败，逐步铲除腐败现象产生的土壤和条件。

广大党员干部，应当吸取慕绥新等人堕落的教训。一定要树立和保持共产党人的高尚情操与革命气节，追求积极向上的生活情趣，养成共产党人的高风亮节。不仅要讲学习、讲政治、讲正气，还必须讲修养、讲道德、讲廉耻，要把人做好。坚持严以律己，防微杜渐。坚持自重、自省、自警、自励，不断增强遵纪守法的自觉性，始终坚持清正廉洁，一身正气，自觉抵制拜金主义、享乐主义、极端个人主义的侵蚀，筑牢拒腐防变的思想长城。党员干部尤其是领导干部要树立正确的权力观、地位观、利益观，牢记全心全意为人民服务的宗旨。先天下之忧而忧，后天下之乐而乐，吃苦在前，享受在后。以身作则，廉洁自律，管好自己，管好配偶、子女和身边的工作人员，管好本地区和本部门的党风廉政建设。经得起改革开放和执政的考验，经得起权力、金钱、美色的考验。

江泽民同志的"七一"重要讲话，为我们提供了按照"三个代表"要求，从严治党，反腐倡廉的根本指导和锐利武器，我们一定要认真学习贯彻。党的十五届六中全会，通过了《中共中央关于加强和改进党的作风建设的决定》，明确提出了当前和今后一个时期，要抓住重点，集中解决党的思想作风、学风、工作作风、领导作风和干部生活作风方面的突出问题。全党同志一定要从党和国家生死存亡、长治久安的高度，认识党风廉政建设与反腐败斗争的重要意义，把反腐倡廉工作贯穿于改革开放和现代化建设的全过程，以党风廉政建设的实际成果取信于民，使我们党永葆生机和活力。

（2001年10月11日）

千方百计扩大再就业

当前,我国的政治、经济形势很好。经济建设保持良好势头,改革开放向纵深推进,各项事业稳步发展。同时也面临着一些亟待解决的问题,其中一个重要问题就是要千方百计创造就业机会,切实做好下岗职工再就业工作。

党中央、国务院高度重视下岗职工再就业,对这项工作提出明确指导思想,制定一系列政策,作出了周密部署。各级党委和政府坚决贯彻落实,社会各方面大力支持,下岗职工再就业工作取得很大成绩。在我国就业压力不断增大的情况下,大部分国有企业下岗职工已实现再就业,一部分职工得到妥善安置。当然,也要看到,我国人口众多,就业压力大,始终是我国现代化进程中的一个突出问题。特别是随着国有企业改革的深入,还将有一些职工下岗分流,甚至失业。社会其他方面就业压力也很大。我们一定要对下岗职工再就业工作的紧迫形势有清醒的认识。应当看到,千方百计开辟就业门路,扩大再就业,是贯彻"三个代表"重要思想的体现,是保持企业和社会稳定的关键,也是扩大国内需求,改善人民生活,为国民经济持续快速发展提供持久动力的保证。我们必须从维护改革发展稳定大局的政治高度,从全面建设小康社会、实现现代化建设战略目标的高度,充分认识扩大再就业工作的重要性,坚持不懈地把这项工作抓紧抓好。

要大力开拓就业领域,积极创造就业岗位。我国扩大就业仍有很大潜力。既要重视发展高新技术产业,改造传统产业,也要大力发展就业容量大、市场有需求的劳动密集型产业。既要增强国有经济的竞争力,同时也要大力发展多种所有制经济,发挥中小企业和非公有制经济在吸纳劳动力就业方面的重要作用。要发展具有广阔就业空间的第三产业特别是社区服务业,积极开发公益性就业岗位。还要发展灵活多样的就业方式。有条件的大中企业,应充分挖掘企业内部潜力,通过开展主辅分离、多种经营等渠道提供新的就业岗位，尽可能多地安置分流人员。

要认真落实下岗职工再就业的各项优惠政策。近几年国家出台了一系列优惠政策，包括工商登记、场地安排、税费减免、资金信贷等。有的地方对这些政策执行得比较好，也确有一些地方的下岗职工没有享受到再就业的优惠政策，还存在办证难、登记难、乱收费、乱罚款等问题。各地要采取切实有力措施，建立各种制度，加大查处力度，确保国家对下岗职工再就业的优惠政策落到实处。同时也要积极引导下岗职工和失业人员更新择业观念，鼓励自谋职业，靠自身努力开辟就业门路。

要加强再就业培训和就业服务，做好对下岗人员的管理。下岗职工就业技能低，是影响再就业的主要原因。加强再就业培训，既可以提高他们的就业能力，也可以缓解城乡就业压力。不少地方在这方面创造了一些经验，国外也有不少成功的经验。各地要结合本地实际，学习和借鉴。对成功的经验要及时加以总结和推广。各地劳动保障部门和企业再就业中心要组织开展有针对性的职业培训，通过职业介绍、职业指导等多种方式，积极帮助下岗职工再就业。要大力发展劳动力市场，规范和整顿劳动力市场秩序，严厉打击以职业介绍和职业招聘名义进行坑蒙拐骗的行为，切实保障下岗职工和失业人员再就业的合法权益。

千方百计开辟就业门路，扩大再就业，是一项长期艰巨的任务，也是一项紧迫细致的工作，有做好工作的有利条件，也有一定的现实困难。关键在于认识要到位、工作要到位，有了这两条，就能扎扎实实地把这项工作推向前进，不断取得新的进展。

（2002年5月13日）

弘扬与时俱进的精神

江泽民同志 5 月 31 日在中央党校省部级干部进修班毕业典礼上的重要讲话中强调指出：坚持解放思想、实事求是的思想路线，弘扬与时俱进的精神，是党在长期执政条件下保持先进性和创造力的决定性因素。我们党能否始终做到这一点，决定着中国的发展前途和命运。这个极其重要的论断，标志着我们党对思想路线的认识更加深刻，态度更加坚定，运用更加自觉，对我们党今后的发展具有重大的意义。

马克思主义发展史和我们党的历史经验表明，解放思想、实事求是，与时俱进、开拓创新，是马克思主义的本质，是引导社会前进的强大力量，是我们适应新形势、认识新事物、完成新任务的根本思想武器。时代在前进，实践在发展，我们的思想认识也应当与时俱进，根据时代和实践的要求勇于和善于不断创新，使我们对客观世界的认识不断深化，对马克思主义基本原理的运用不断进步。

今天，我们越来越清楚地看到，国际局势正在发生深刻的变化，世界多极化和经济全球化的趋势在曲折中发展，科技进步日新月异，综合国力竞争日趋激烈。形势逼人，不进则退。同时，也越来越深刻地感觉到，《共产党宣言》发表一百五十多年来，世界政治、经济、文化、科技等发生了重大变化，我国社会主义建设发生了重大变化，改革开放以来广大党员和人民群众工作、生活条件和社会环境发生了重大变化，这些重大变化对我们党执政提出了严峻挑战和崭新课题。大力弘扬与时俱进的精神，始终保持与时俱进的精神状态，不断开拓马克思主义理论发展的新境界，这对于我们党更好地肩负起历史和时代赋予的庄严使命，对于我们拓展发展的新思路，实现改革的新突破，创造开放的新局面，推动我国经济总量、综合国力和人民生活再上一个新台阶，是至关重要的。

弘扬与时俱进的精神，最重要的是坚持理论上的与时俱进。我们党始终坚持以马克思主义为指导思想，是因为这一理论具有与时俱进的品质，能为我们不断发展、不断前进的事业提供思想武器和行动指南。根据发展变化的实践来丰富和发展这一理论，是马克思主义本质的内在的要求，也是中国共产党人的历史责任。坚持理论上的与时俱进，就一定要坚持马克思主义的科学原理和科学精神，善于把握客观情况的变化，善于总结人民群众在实践中创造的新鲜经验，不断丰富和发展马克思主义，用发展着的马克思主义来指导新的实践。这就要同两种错误倾向划清界限。一种是否认马克思主义的科学性，丢掉老祖宗；一种是教条式地对待马克思主义，用本本框实践。这两种倾向的表现形式不同，但实质一样，都是错误的、有害的。

解放思想、实事求是，与时俱进、开拓创新，是马克思主义的一条认识路线，是一种思想方法，是一个历史过程，也是一种精神状态。只要实践在发展，只要社会在进步，解放思想、实事求是，与时俱进、开拓创新就永无止境。弘扬与时俱进的精神，就是要解放思想、实事求是，在党的基本理论指导下，一切从实际出发，自觉地把思想认识从那些不合时宜的观念、做法和体制中解放出来，从对马克思主义的错误的教条式的理解中解放出来，从主观主义和形而上学的桎梏中解放出来；就是要用马克思主义的宽广眼界观察世界，用当代最新的科学知识丰富自己，站在时代前列，站在实践前沿，全面贯彻"三个代表"重要思想，把建设有中国特色社会主义伟大事业推向前进。

与时俱进的政党，永葆青春；与时俱进的理论，万古长青；与时俱进的精神，生生不息；与时俱进的事业，欣欣向荣。这是辩证唯物主义揭示的事物发展变化的客观规律。弘扬与时俱进的精神，发展着的马克思主义必将永远照耀着我们前进的道路，伟大的中国共产党必将始终保持蓬勃兴旺的活力和生机。让我们紧密团结在以江泽民同志为核心的党中央周围，认真学习贯彻江泽民同志"5·31"重要讲话精神，与时俱进、开拓创新，努力推进改革开放和现代化建设，迎接党的十六大的召开。

（2002年6月26日）

在新形势下坚持做到"两个务必"

在全党全国认真学习贯彻十六大精神，开始全面建设小康社会，开创中国特色社会主义事业新局面的新形势下，中共中央总书记胡锦涛和中央书记处同志来到革命圣地河北省平山县西柏坡学习考察。胡锦涛同志发表重要讲话，强调全党同志要重温毛泽东同志关于"两个务必"的重要论述，重温邓小平同志、江泽民同志关于全党和全国人民要长期艰苦奋斗的一系列重要论述，结合新的实际坚持做到"两个务必"。这对于我们深入贯彻"三个代表"重要思想，全面落实十六大确定的奋斗目标和各项任务，具有重大而深远的意义。

在中国革命处于全国胜利的前夜这个重大历史转折关头，毛泽东同志在党的七届二中全会上，向全党特别是高级干部提出，"务必使同志们继续地保持谦虚、谨慎、不骄、不躁的作风，务必使同志们继续地保持艰苦奋斗的作风"。从此，"两个务必"铭刻在广大党员的心中，化为强大的精神力量，伴随着革命、建设和改革的光辉历程，激励着我们夺取一个又一个的伟大胜利。

"两个务必"，凝结着深刻的历史经验，体现了我们党的根本宗旨，展示出共产党人的政治本色，其中蕴含着具有长远指导意义的两个重要思想。一是，在伟大的成就面前，党内一部分同志可能会骄傲起来，自满的思想可能滋长，不愿意再做艰苦的工作，如果不坚决防范和克服这种情绪，党的事业就不能向前发展，甚至会失败。二是，不论我们党取得什么样的成就，都必须长期艰苦奋斗，始终坚持马克思主义政党的本色和宗旨，不断维护和实现最广大人民的根本利益，这样我们党才能始终保持同人民群众的血肉联系，始终得到广大人民群众的拥护和支持，始终立于不败之地。

应当看到，现在我国已进入全面建设小康社会、加快实现社会主义现代化的新的发展阶段。经过党的十一届三中全会以来特别是十三届四中全会以来13年的艰苦奋斗，我国的改革开放和社会主义现代化建设取得了举世瞩目的伟大成就，我们完全有理由感到自豪，但我们绝不能自满，绝不能懈怠，绝不能停滞。成绩越大，形势越好，越要头脑清醒，居安思危。

还应当看到，现在目标确定，蓝图绘就。

要实现宏伟目标，把蓝图变成现实，需要全党同志团结一致，艰苦奋斗。我们要走的路还很长，肩负的任务还很重，困难和挑战还会很多，艰苦奋斗的思想和作风一刻也不能丢。"忧劳兴国，逸豫亡身。"国家越是发展，生活越是改善，越要艰苦奋斗、勤俭建国。

在新形势下坚持做到"两个务必"，这是以胡锦涛同志为总书记的党中央向全党发出的号召，是贯彻落实十六大精神的必然要求，是全面贯彻"三个代表"重要思想的具体体现，是坚持党的基本理论、基本路线、基本纲领和基本经验的生动实践。在这个问题上，全党同志一定要有深刻的认识和高度的自觉。各级领导干部一定要认真学习贯彻胡锦涛同志在西柏坡的重要讲话，一定要以身作则，率先垂范，带头做到"两个务必"。要自觉抵制安于现状、浮躁浮夸、急功近利的不良思想和作风，自觉抵制贪图享乐、铺张浪费、大手大脚的不良思想和作风。时刻牢记我国的基本国情和党的庄严使命，牢记全心全意为人民服务的宗旨，牢记人民的重托和自己肩负的历史责任。要深入基层，深入群众，倾听群众呼声，关心群众疾苦，时刻把人民群众的安危冷暖挂在心上，做到权为民所用，情为民所系，利为民所谋。要以艰苦奋斗的精神做好各项工作，聚精会神搞建设，一心一意谋发展，在团结和带领人民群众全面建设小康社会的奋斗中，不断为人民建立新的功绩，为党增添新的光彩。

（2003年1月24日）

宣传思想工作要进一步贴近实际贴近群众贴近生活

新世纪、新阶段、新目标、新任务，对宣传思想工作提出了新要求。

如何落实新要求、提高新水平、展现新面貌，关键是要做到"三个贴近"，即贴近实际、贴近群众、贴近生活。

贴近实际，就是始终坚持一切从实际出发，立足于社会主义初级阶段这个最大实际，紧密联系改革开放和现代化建设的实际，联系各地各部门的工作实际，联系广大干部群众的思想实际，从实际出发谋划工作，按实际需要开展工作，以实际效果检验工作。贴近群众，就是始终坚持党的群众路线，牢固树立群众观点，把群众的呼声作为第一信号，带着对人民群众的深厚感情去做工作，老老实实向人民群众学习，诚心诚意为人民群众服务。贴近生活，就是始终坚持深入火热的现实生活中去，及时总结党和人民在实践中创造的新鲜经验和获得的新认识，不断从人民群众的生产和生活实践中汲取营养，使我们的工作不断适应新形势给人们的社会生活带来的新变化。

做到"三个贴近"是实现好学习贯彻十六大精神这一首要政治任务的必然要求。深入学习贯彻十六大精神，就是要在深入人心上下功夫，在开拓创新上下功夫，在力求实效上下功夫。"三个贴近"正是"三个下功夫"的重要切入点。只有贴近实际、贴近群众、贴近生活，才能从客观实际出发，从广大群众关心的、现实生活中遇到的实际问题出发，把十六大提出的重要观点、重要论断、重要政策、重要部署说充分说清楚，在深层次上统一思想，把十六大精神化为全党和全国人民的自觉行动，形成同心同德贯彻十六大精神的巨大合力；才能让十六大精神进社区、进学校、进企业、进工地、进农村、进军营，家喻户晓、人人明白；才能在学习中紧紧把握解放思想、实事求是、与时俱进这一精髓，不断研究新情况、解决新问题、总结新经验，推动理论创新、制度创新、科技创新、文化创新以及其他各方面的创新；才能让广大干部群众深深懂得，把宏伟蓝图变成美好现实，必须脚踏实地，艰苦奋斗，必须用发展的马克思主义不断解决前进中面临的矛盾和问题；才能更好地用十六大精神来指导实践、解决问题、推动工作。

做到"三个贴近"是全面贯彻"三个代表"重要思想的具体体现。只有贴近实际、贴近群众、贴近生活，才能使我们的工作落实到发展先进生产力的要求上来，把发展作为我们党执政兴国的第一要务，紧紧围绕经济建设这个中心，服从服务于党和国家工作大局，为抓住机遇、加快发展提供思想保证、精神动力和舆论支持；才能使我们的工作落实到发展社会主义先进文化的要求上来，不断满足人民群众日益增长的精神文化需求，推动社会全面进步和人的全面发展；才能使我们的工作进一步落实到实现群众根本利益的要求上来，尊重人民群众的愿望，体现人民群众的利益，满足人民群众的要求，多为群众办实事办好事，切实解决群众关心的热点、难点问题，解决困难群众生产生活方面的问题。

我们要充分认识贯彻"三个贴近"要求的极端重要性，做到思想上更加坚定自觉，工作上更加深入扎实，作风上有新改进新气象，把"三个贴近"的要求扎扎实实地落实到各项工作中去。理论武装工作，必须始终坚持解放思想、实事求是、与时俱进，坚持理论联系实际，把运用理论指导实践、解决问题、推动工作作为出发点和落脚点，多开展"理论下基层"等行之有效的活动，多运用深入浅出的说理方式，把重大理论问题和实际问题说充分说清楚，进一步解决干部群众的思想问题。新闻舆论工作，必须始终把坚持正确导向放在第一位，同时，要高度重视反映人民群众的心声，把体现党的意志同反映人民群众的心声统一起来，在宣传大好形势的同时，正确开展舆论监督，改进方法，提高水平，把我们想要说的与群众想要看的、听的结合起来，多运用群众的语言，多联系群众身边的事例，多采取群众喜闻乐见的形式，多报道有实在内容、有新闻价值的事情。思想道德建设，必须始终坚持把继承与创新统一起来，把先进性要求与广泛性要求结合起来，把解决思想问题同解决实际问题结合起来，多用疏导的方法、群众参与的方法、发扬民主的方法，尊重人、理解人、关心人，因地制宜，因人制宜，区分层次，既讲道理又办实事，既以理服人又以情感人，在办实事中贯穿思想教育，通过解决实际问题引导群众提高精神境界。文艺出版工作，必须始终坚持"二为"方向和"双百"方针，把人民满意不满意、喜欢不喜欢作为衡量精神文化产品的标准，深入实际，深入生活，从改革建设火热生活的实际感受中，从人民群众创造历史的奋发精神中，激发创作灵感，写出真情实感。

"三个贴近"是党中央对宣传思想工作提出的要求，是适应新形势、完成新任务的重要保证。我们一定要把"三个贴近"贯穿到各项工作中去，扎实工作，积极进取，不断开创宣传思想工作新局面。

（2003年2月17日）

当前的一项重大任务

党中央、国务院十分关心、高度重视我国一些地区发生的非典型肺炎疫情。中共中央政治局常务委员会近日召开会议,专门听取有关部门关于非典型肺炎防治工作的汇报,并对进一步做好这项工作进行了研究和部署。国务院召开全国非典型肺炎防治工作会议,对非典型肺炎的防治工作提出明确要求。各级党委和政府要迅速行动起来,贯彻落实中央关于防治非典型肺炎的一系列决策和工作部署,切实把防治非典型肺炎工作作为当前一项重大任务抓紧抓好。

要充分认识做好非典型肺炎防治工作的极端重要性。应当看到,在党中央、国务院的高度重视和直接领导下,经过各地区各部门和广大医务工作者的共同努力,非典型肺炎防治工作取得了成绩。但由于非典型肺炎是一场突如其来的重大灾害,这种疫病具有较强的传染性,目前尚没有特别有效的预防治疗方法,一些地区又具有人口流动性大的特点,非典型肺炎疫情仍存在扩散的危险,防治工作面临的形势依然严峻。如果不采取坚决有力的措施,控制住疫情蔓延,彻底消灭疫病,会给我国带来多方面的危害和损失。加强非典型肺炎的预防、治疗和控制工作,关系到广大人民群众的身体健康和生命安全,关系到改革发展稳定的大局,关系到国家利益和我国国际形象。全国上下必须进一步动员起来,坚决打好同非典型肺炎作斗争这场硬仗。

非典型肺炎的防治工作,是对各级党委和政府特别是各级领导干部的一个严峻考验。要坚决按照中央提出的沉着应对、措施果断,依靠科学、有效防治,加强合作、完善机制的总体要求,集中力量抓好各项重点工作。对于非典型肺炎有扩大趋势的地区,当务之急和重中之重,是采取果断措施,控制疫情蔓延。对于新发现疫情地区,要加强对重点人群、重点单位的疾病监测和控制。不但发现的病人要严格隔离治疗,而且疑似病例以及病例的密切接触者也要隔离和检查。对于部分疫情得到控制的地区,要努力巩固防治成果,防止疫情出现反复,并力争尽快消除疫病。对于目前尚未发现疫情的地区,要保持高度警觉,切不可有侥幸心理。必须充分估计可能出现的疫情,研究制定有效的应对预案和防治措施,一经发现疫情,及时加以处置。无论是已经发现疫情的地区还是没有发现疫情的地区,都要切实加强对疫情的预防和监测,做到早发现、早报告、早隔离、早治疗。

在重大任务面前,在严峻考验面前,广大共产党员特别是各级领导干部要站在防治非典型肺炎这场斗争前列。各条战线的共产党员要行动起来,发扬越是困难越向前的革命精神,坚守岗位,努力工作,履行共产党员的光荣职责。各级领导干部,要把保护人民群众身体健康和生命安全放在第一位,尽职尽责,尽心尽力,主动积极地承担起领导责任,绝不允许推诿拖延、玩忽职守。防治非典型肺炎必须动员全社会力量,群防群治。要加强防治非典型肺炎科学知识的宣传,让广大群众知道非典型肺炎可防、可治、可控制,消除恐惧心理。

在人类历史的发展中,总会遇到这样那样的灾害。面对非典型肺炎这个重大灾害,我们既要高度重视,坚定必胜信念,又要沉着冷静,做好一切应对工作。中国人民一向具有不怕困难、不畏挑战的坚强意志和优良传统。让我们紧密团结在以胡锦涛同志为总书记的党中央周围,全面贯彻"三个代表"重要思想,团结一心,坚定信心,扎实工作,齐心协力打好非典型肺炎防治工作的攻坚战,努力夺取防治非典型肺炎工作的胜利。

(2003年4月22日)

一手抓防治"非典" 一手抓经济建设

站在全局的高度,处理好非典型肺炎防治工作和经济工作的关系,一手抓防治非典型肺炎这件大事,全力以赴地做好防治工作,切实保护人民群众的身体健康和生命安全;一手抓经济建设这个中心不动摇,努力保持经济的稳定发展,把损失减少到最低限度。这是党中央、国务院对当前工作的总体要求。我们一定要认真领会,坚决贯彻落实。

当前防治非典型肺炎形势依然严峻,疫情对经济的影响日益显露,经济建设工作任务十分繁重。我们要正视"非典"灾害对经济增长的不利影响。"非典"已对民航、旅游、餐饮、商贸、出租车等行业造成冲击。"非典"疫情也会在一定程度上影响居民消费信心,抑制居民消费需求,使当前需求不足的矛盾更加突出,给经济增长带来困难。但是,我们也要看到,目前受影响比较大的是少数疫情严重的地区,主要又是在第三产业。我国经济增长目前主要是靠第二产业的拉动,今年一季度工业经济对国民经济增长的贡献率就在55%左右。因此,我们既不能掉以轻心,忽视"非典"对经济增长的不利影响;又不能盲目悲观,对保持经济稳定发展缺乏信心。党的十六大提出了全面建设小康社会的奋斗目标,聚精会神搞建设,一心一意谋发展,是全党、全社会的共识。不管出现什么问题,都不能动摇经济建设这个中心。我国是一个发展中的大国,人口众多,市场广阔,需求潜力巨大,经济回旋余地也大。20多年的改革开放打下了雄厚的物质基础。基于这些因素,我们有信心有能力克服困难,在战胜"非典"的同时,保持经济的稳定发展,实现全年经济社会发展预期目标。

发展是硬道理。经济发展是我们战胜各种困难、促进社会全面进步的基础。抓住发展不放松,努力实现今年经济增长目标,不仅对增强综合国力、改善人民生活作用巨大,而且也会为战胜"非典"、稳定社会、稳定市场,提供可靠的物质保证。近来,一些地方及时调配货源,加快生产,保证了预防"非典"商品和其他生活商品的供应，迅速抑制市场波动，就是得益于多年发展打下的经济基础。强大的生产能力，充足的商品储备，灵活有力的宏观调控，使我们经得起风吹浪打。

保证经济的稳定发展，关键是坚决落实中央关于今年经济工作的各项部署，继续坚持扩大内需的方针，实施积极的财政政策和稳健的货币政策，重视经济运行中的新苗头、新问题，密切关注"非典"对经济的影响情况，及时采取适当的调控措施，化解突出矛盾。当前要切实抓好春耕夏收，稳定农业生产；加大投资力度，调整投资结构；培育新的消费热点和经济增长点；努力促进外贸出口和利用外资；对民航、旅游、餐饮、商贸、出租车等受"非典"影响较大的行业，采取减免行政事业性收费和适当财税优惠政策措施给予必要的扶持；大力增收节支，合理调整财政支出结构；进一步做好就业和社会保障工作；维护正常的生产和生活秩序。

万众一心抗"非典"，迎难而上求发展。在以胡锦涛同志为总书记的党中央的坚强领导下，我们一定能够夺取抗击"非典"和发展经济双胜利。

（2003年5月8日）

树立和落实科学发展观

党的十六届三中全会通过的《决定》,提出了完善社会主义市场经济体制要贯彻"五个统筹"的要求,即统筹城乡发展、统筹区域发展、统筹经济和社会发展、统筹人与自然和谐发展、统筹国内发展和对外开放。这里提出了一个极其重要的问题,就是要树立和落实全面发展、协调发展和可持续发展的科学发展观。这对于我们更好地坚持发展才是硬道理的战略思想具有重大意义。

树立和落实科学发展观,这是20多年改革开放实践的经验总结,是战胜"非典"疫情给我们的重要启示,也是推进全面建设小康社会的迫切要求。实现全面建设小康社会的宏伟目标,就是要使经济更加发展、民主更加健全、科教更加进步、文化更加繁荣、社会更加和谐、人民生活更加殷实。要全面实现这个目标,必须促进社会主义物质文明、政治文明和精神文明协调发展,坚持在经济发展的基础上促进社会全面进步和人的全面发展,坚持在开发利用自然中实现人与自然的和谐相处,实现经济社会的可持续发展。

社会发展的客观规律告诉我们,生产力的发展是人类社会发展的最终决定力量。只有坚持以经济建设为中心,不断解放和发展生产力,才能为社会全面进步和人的全面发展奠定坚实的物质基础。同时,经济发展又是同政治发展、文化发展紧密联系的。从根本上说,经济发展决定政治发展和文化发展,但政治发展和文化发展也会反过来对经济发展产生作用,在一定条件下还可以产生决定性作用。树立和落实科学发展观,十分重要的一环就是要正确处理增长的数量和质量、速度和效益的关系。增长是发展的基础,没有经济的数量增长,没有物质财富的积累,就谈不上发展。但增长并不简单地等同于发展,如果单纯扩大数量,单纯追求速度,而不重视质量和效益,不重视经济、政治和文化的协调发展,不重视人与自然的和谐,就会出现增长失调从而最终制约发展的局面。忽视社会主义民主法制建设,忽视社会主义精神文明建设，忽视各项社会事业的发展，忽视资源环境保护，经济建设是难以搞上去的，即使一时搞上去了最终也可能要付出沉重的代价。

按照"五个统筹"的要求提出改革目标，体现了经济、社会和人的全面发展观，体现了改革发展稳定三者紧密结合、相互统一的战略思想，反映了我们党对发展社会主义市场经济规律的认识不断深化。各级领导干部一定要深刻领会、自觉坚持科学发展观。各地区各部门都要把促进全面发展、协调发展和可持续发展摆到更加突出的位置，在改革建设发展实践中真正树立科学发展观，在发展规划上加以体现，在工作部署上加以贯彻，在实际工作中加以落实。我们相信，只要各级党委和政府思想统一，行动自觉，措施有力，我们就能够进一步提高发展质量，实现更快更好的发展，把我们的改革开放和现代化建设不断推向前进。

（2003年11月5日）

大力弘扬载人航天精神

庆祝我国首次载人航天飞行圆满成功大会在北京隆重举行。在这个盛会上，中共中央、国务院、中央军委授予杨利伟同志"航天英雄"荣誉称号，并颁发"航天功勋奖章"。胡锦涛同志发表的重要讲话，高度评价我国几代航天人为实现飞天梦想作出的巨大贡献，全面总结我国航天事业发展取得的重要经验，深刻阐述加快我国科技发展对于推进社会主义现代化建设的重大意义。在这欢庆伟大胜利的时刻，全党全国人民充满自豪和喜悦，决心大力弘扬载人航天精神，乘航天成功的东风，鼓建设发展的干劲，为全面建设小康社会、创造幸福生活和美好未来而奋斗。

十年磨一剑，奋斗铸辉煌。我们不会忘记，新中国成立以来，在党的三代中央领导集体正确决策和指挥下，广大航天工作者艰苦创业，不懈奋斗，为发展我国航天事业建立的丰功伟绩。我们不会忘记，我国载人航天工程实施11年来，参加工程研制、建设和试验的新一代航天人，牢记党和人民的重托，勇敢地肩负起攀登航天科技高峰的神圣使命，以惊人的毅力和勇气，战胜各种难以想象的困难，创造了非凡的人间奇迹。我国载人航天的辉煌业绩，必将载入中华民族的光辉史册。

伟大的事业孕育伟大的精神。新一代航天人在攀登科技高峰的伟大征程中，以特有的崇高境界、顽强意志和杰出智慧，铸就了载人航天精神，这就是特别能吃苦、特别能战斗、特别能攻关、特别能奉献的精神。载人航天精神，是"两弹一星"精神在新时期的发扬光大，是我们伟大民族精神的生动体现，永远值得全党、全军和全国人民学习。

艰苦条件锤炼了中国航天人特别能吃苦的精神。中国航天事业是在极其艰苦和困难的条件下起步的。茫茫戈壁、浩瀚海洋，洒下几代航天工作者辛勤的汗水，留下几代航天工作者奋斗的足迹。广大航天工作者为了早日实现飞天梦想，栉风沐雨，不辞辛劳，克服了无数困难，付出了巨大牺牲。大力弘扬载人航天精神，就是要像他们那样，为了祖国和人民的事业，以苦为荣，以苦为乐，埋头苦干，艰苦创业。

严酷挑战铸造了中国航天人特别能战斗的精神。载人航天是当今世界高新科技最具挑战性的领域之一。科研人员一次次向艰难险阻发起进攻，航天员一次次向生理和心理极限发起冲击，表现了钢铁般的意志和坚韧不拔的毅力。中国航天人正是这样一个能打硬仗的战斗集体。大力弘扬载人航天精神，就是要像他们那样，面对困难和挑战，不畏艰险，知难而进，一往无前，敢于胜利。

崇高使命焕发了中国航天人特别能攻关的精神。载人航天是当今世界高新技术发展水平的集中展示，是衡量一个国家综合国力的重要标志。努力在世界高新技术领域占有一席之地，自立于世界民族之林，这是几代航天人的雄心壮志。我国载人航天工程在一代又一代航天人艰苦创业、奋力攻关的基础上，始终坚持高起点发展，瞄准当今航天科技发展前沿，进行大量卓有成效的自主创新，突破和掌握了一批核心技术，取得了一次又一次重大进展。大力弘扬载人航天精神，就是要像他们那样，在攀登科学高峰的征途上，刻苦钻研，严细慎实，不懈探索，勇于创新。

团结奋斗培育了中国航天人特别能奉献的精神。我国载人航天工程是中国航天史上规模宏大的系统工程。工程涉及众多高新技术领域，汇聚全国数千个单位、几十万科技大军，形成了空前的社会大协作体系。广大航天工作者不论前方后方，不计名利得失，履行职责，坚守岗位，形成了强大合力。大力弘扬载人航天精神，就是要像他们那样，为了一个共同目标，淡泊名利，甘于奉献，团结一心，共创伟业。

在我国革命、建设和改革的壮丽进程中，我们党和人民创造了伟大的井冈山精神、长征精神、延安精神、"两弹一星"精神、九八抗洪精神、抗击"非典"精神等。今天，载人航天精神又为我们伟大的民族精神增添了一笔新的宝贵财富。这笔精神财富荣耀神州，弥足珍贵，是激励中国人民奋发进取的强大精神力量。

探索广袤无垠的太空是航天人永无止境的事业。我国首次载人航天飞行的圆满成功，只是这一旷世伟业的第一步。展望未来，任重道远。让我们紧密地团结在以胡锦涛同志为总书记的党中央周围，高举邓小平理论和"三个代表"重要思想的伟大旗帜，在党的十六大精神指引下，大力弘扬载人航天精神，抓住机遇，加快发展，与时俱进，开拓进取，谱写中国科技事业发展的新篇章，谱写改革开放和社会主义现代化建设的新篇章。

（2003年11月8日）

深刻认识构建和谐社会的重大意义

构建社会主义和谐社会,是我们党从开创中国特色社会主义事业新局面的全局出发提出的一项重大任务。这表明,随着我国经济社会的不断发展,中国特色社会主义事业的总体布局,更加明确地由社会主义经济建设、政治建设、文化建设三位一体发展为社会主义经济建设、政治建设、文化建设、社会建设四位一体。这一战略举措,具有重大的现实意义和深远的历史意义。

构建社会主义和谐社会,是抓住和用好重要战略机遇期、实现全面建设小康社会宏伟目标的必然要求。我国改革发展正处在一个关键时期。在当前和今后相当长一段时间内,我国经济社会发展面临的矛盾和问题可能更复杂、更突出。要抓住和用好重要战略机遇期、实现全面建设小康社会的宏伟目标,就必须正确应对这些矛盾和问题,花更大气力妥善协调各方面利益关系,正确处理各种社会矛盾,大力促进社会和谐。这既是全面建设小康社会的重要内容,也是实现全面建设小康社会宏伟目标的重要前提。

构建社会主义和谐社会,是把握复杂多变的国际形势、有力应对来自国际环境的各种挑战和风险的必然要求。和平与发展仍是当今时代的主题,但国际形势继续处于深刻复杂的变化之中。我国的改革发展面临着难得的机遇和有利条件,同时又必须清醒地看到,当今世界仍很不安宁,各种矛盾错综复杂,影响和平与发展的不稳定不确定因素依然存在。在这样复杂多变的国际形势下,我们要有力应对来自外部的各种挑战和风险,必须把国内的事情办好,始终保持国家统一、民族团结、社会稳定的局面。这是我们集中全党全民族的智慧和力量、全面推进中国特色社会主义事业的重要保障。

构建社会主义和谐社会,是巩固党执政的社会基础,实现党执政的历史任务的必然要求。构建社会主义和谐社会,是我们党坚持立党为公、执政为民的必然要求,是我们党实现好、维护好、发展好最广大人民根本利益的重要体现,也是我们党实现执政的历史任务的重要条件。这要求我们,必须紧紧依靠人民群众，团结一切可以团结的力量，调动一切可以调动的积极因素；必须正确认识及妥善处理人民内部矛盾和其他社会矛盾，协调好各方面的利益关系；必须抓紧解决人民群众生产生活中的突出问题和困难；必须加强社会建设和管理，营造良好的人际环境，保持良好的社会秩序，维护社会稳定。只有把这些工作都更加自觉、更加主动地做好了，我们党才能不断增强执政的社会基础，才能更好地实现时代赋予我们的历史任务。

构建社会主义和谐社会，关系到最广大人民的根本利益，关系到巩固党执政的社会基础、实现党执政的历史任务，关系到全面建设小康社会的全局，关系到党的事业兴旺发达和国家的长治久安。全党同志一定要从战略全局的高度，深刻认识构建社会主义和谐社会的重大意义，自觉承担起和谐社会建设的历史任务，脚踏实地做好构建和谐社会的各项工作。

（2005年5月16日）

站在新的历史起点上

全国人民过了一个好春节,正以好心情步入新春,投入新生活。

今年,是实施"十一五"规划的开局之年,是在新的历史起点上推进全面建设小康社会进程的重要一年。

新的历史起点,将过去、现在、未来连成一线,将改革、发展、稳定融为一体。它以全面完成"十五"计划的成果、20多年改革开放的成就为基石,以实施"十一五"规划的顺利开局为起跑线,凝聚了全国各族人民的智慧和力量,向着全面小康的目标迈进。

站在新的历史起点上,我们领略着昨天的辉煌,掂量着今天的分量,憧憬着明天的灿烂;我们体味着成功的喜悦,破解着发展的难题,规划着美好的蓝图。从中深刻体会到:科学发展观是推进全面建设小康社会的思想武器和行动指南。

在新的历史起点上推进全面建设小康社会的进程,最重要的就是要以邓小平理论和"三个代表"重要思想为指导,认真贯彻党的十六大和十六届三中、四中、五中全会精神,坚持以科学发展观统领经济社会发展全局,保持宏观经济政策的连续性和稳定性,着力加快改革开放,着力增强自主创新能力,着力推进经济结构调整和经济增长方式转变,着力提高经济增长的质量和效益。

科学发展观的形成,是党的十六大以来全面建设小康社会实践的理论升华,是我们党"解放思想、实事求是、与时俱进"的重大理论创新成果。近几年,社会主义现代化建设取得显著成绩,宏观调控不断取得成效,最根本的是我们按照科学发展观的要求,坚持用发展和改革的办法解决前进中的问题,认真落实"五个统筹",进一步转变发展观念、创新发展模式、提高发展质量,不断增强发展的全面性、协调性和可持续性。实践证明,科学发展观是对经济社会发展一般规律认识的深化,是指导发展的世界观和方法论的集中体现，是推进社会主义经济建设、政治建设、文化建设、社会建设全面发展的指导方针，必须贯穿于全面建设小康社会和社会主义现代化建设的全过程。

"物有本末，事有终始"，善始而无后忧。站在新的历史起点上，就要去做起点上的事，就要做好起点上的事。今年是我国扎实推进新农村建设的起步年，是致力于建设节约型社会、创新型国家的重要一年，是我国加入世界贸易组织过渡期的最后一年，是对政府自身改革和建设提出更高要求的一年。起好步，开好局，需要做的事情很多，关键是用科学发展观武装全党特别是各级领导干部的头脑，以统一思想，形成共识。我们要抓紧解决关系发展全局的重大问题，促进国民经济平稳较快发展；坚持走中国特色的政治发展道路，建设社会主义政治文明；加强和改进宣传思想工作，繁荣发展社会主义先进文化；切实解决群众最关心的实际问题，扎实推进社会主义和谐社会建设；全面推进国防和军队现代化建设，提高履行新世纪新阶段我军历史使命的能力；保持香港、澳门繁荣稳定，推进两岸关系发展和祖国统一大业；深入开展全方位外交，努力创造有利于我国和平发展的外部环境；大力加强党的先进性建设，不断提高党的执政能力。

科学发展观作为指导发展的科学世界观和方法论，需要我们在实践中不断加深认识。我们在一个阶段对它做了正确的理解，并不能保证在社会主义现代化建设的全过程都能对它正确理解。但在起点阶段对它的理解，却足以影响全过程对它的理解。我们一定要准确认识国际国内的发展形势，准确认识我国发展的阶段性特征，准确认识我国经济社会发展面临的主要问题，准确认识实现我国经济社会又快又好发展的基本要求。这样，我们才能更好地从科学发展观形成的理论渊源、时代背景、实践需求上，深刻认识其内涵和外延；才能从人类社会发展的规律、从社会主义建设的规律、从我们党执政的规律上，深刻认识其意义和作用；才能坚定自觉地贯彻落实科学发展观，以科学发展观指导全面建设小康社会的进程。

2006年，对中国人民来说，是十分重要的一年。在新的历史起点上，中国人民将书写新的历史。

（2006年2月5日）

节约是全社会的共同责任

在"十一五"规划的开局之年,我们看到一些可喜的现象:一些企业大力发展循环经济,开发和应用节约新技术;一些省市大力推进节约工程,建设节约型城市有了重大进展;许多市民自觉节约点滴资源,节约的意识不断增强。节约,正日渐成为全社会的共同行动。

我国是一个人口众多,资源相对不足,生态先天脆弱的发展中大国。尽管20世纪最后20年,我国每万元GDP能源消费量累计下降66%,远大于同期世界19%左右的平均降幅;我们以能源消费翻一番为支撑,实现了GDP翻两番的目标,但粗放型增长方式并没有从根本上得到转变。目前,钢铁、有色、电力、化工等8个高耗能行业单位产品能耗比世界先进水平平均高40%以上。生产、建设、流通、消费领域浪费资源的现象还相当严重。这说明,建设节约型社会的任务还十分艰巨;也表明,节约资源的潜力很大,我们还有大量的工作要做。

建设节约型社会,从根本上说就是要着力构建节约型的增长方式和消费方式。我们应当深刻认识到,资源节约型社会的建设,贯穿于生产、建设、流通、消费等各个环节,节能、节水、节材、节地和资源综合利用是建设节约型社会的重点,科技进步是建设节约型社会的关键,体制创新是建设节约型社会的保障,全民动员是建设节约型社会的基础。只有综合运用经济、法律、行政、科技和教育等多种手段,采取更加有力的措施全面节约资源,加快经济发展模式转变,建立节约型的生产模式、消费模式和城市建设模式,我们才能真正把科学发展观的要求落到实处,走出一条科技含量高、经济效益好、资源消耗低、环境污染少、人力资源优势得到充分发挥的新型工业化路子。

建设节约型社会,关键是行动。节约,归根到底就是以尽可能少的资源消耗获得最大的经济效益和社会效益。在改革和建设的各项实践中,我们不仅要不断强化节约的意识，更要在社会生产、建设、流通、消费的各个领域，在经济和社会发展的各个方面，贯穿节约的理念，体现节约的要求。针对当前的具体实际，我们要综合运用各种手段特别是价格、税收等经济手段，促进节约使用和合理利用资源。要抓紧制定和完善各行业节能、节水、节地、节材标准，推进节能降耗重点项目建设。要大力推动以节能降耗为重点的设备更新和技术改造，加快淘汰高耗能、高耗水、高耗材的工艺、设备和产品。要大力发展循环经济，完善资源综合利用和再生资源回收的税收优惠政策。要把节能降耗纳入经济社会发展的统计、评价考核体系，在全社会广泛持久地开展资源节约活动，扎实推进节约型社会的建设。

"强本而节用，则天不能贫。"开源与节流并重，把节约放在首位，通过坚持不懈的努力，我们就一定能够为人民群众创造清洁、良好的生活和工作环境，为子孙后代留下蓝天绿地、碧水青山。

今天，本报推出《落实科学发展观·建设节约型社会》专栏，首篇刊发来自西山煤电集团公司的报道。山西得天独厚的煤炭资源，在带来财富的同时，也使山西付出了沉重的资源和环境代价。如何节约和利用资源，变废为宝，实现可持续利用？今天推出的典型——西山煤电集团公司古交发电厂，为此提供了一个成功的样板。古交发电厂把废弃的中煤用来发电，回收利用矿井和生活废水用于生产过程，并依托先进创新技术，把节约理念贯穿在生产的各个环节。西山煤电集团公司的这种"原煤—洗精煤—洗煤副产品发电—发电副产品生产建材"的产业循环式组合，无疑是在资源的可持续利用方面的有益探索，他们的经验，值得借鉴。

（2006年7月4日）

坚决打好抗灾救灾这场硬仗

近期,我国部分地区出现罕见的低温、雨雪冰冻极端天气,给受灾地区生产生活秩序带来严重影响。党中央、国务院对此高度重视,及时作出部署,各有关地区和部门积极采取应对措施,为抗灾救灾付出了辛劳和努力。中共中央政治局昨天召开会议,专门研究当前雨雪冰冻灾情,部署做好保障群众生产生活工作。各地区、各部门要按照中央的部署,紧急行动起来,以对人民群众高度负责的精神,全力开展抗灾救灾,坚决打好抗灾救灾这场硬仗。

这次雨雪冰冻灾情持续时间长,影响范围大,导致交通运输受阻,旅客大量滞留,煤电油运紧张,部分地方供水管道破裂、电力设施受损。未来几天,南方大部分地区仍将有雨雪天气,仍有可能加剧灾区群众生产生活的困难状况。各地区、各部门务必充分认识灾情的严重性,紧紧依靠广大人民群众,把抗灾救灾作为当前最紧迫的任务切实抓紧抓好。

打好抗灾救灾这场硬仗,各地区各部门就要切实加强组织领导,明确工作责任,强化应急机制,特别是要加强对全局性、紧迫性重大问题的组织协调,把协调好解决好人民群众切身利益的问题放在更加突出的位置。当务之急是要千方百计保障交通运输通畅和电力供应。春节前夕正值运输高峰,铁路、公路、航空、水运等任务都相当繁重,加之气候条件恶劣,使本已紧张的运力更加"雪上加霜"。各相关部门要振奋精神,把保证交通运输安全畅通作为头等大事,坚持统筹兼顾,合理配置资源,在确保旅客运输安全平稳有序的基础上,力保煤炭、粮食和鲜活农产品等重点物资运输。要努力克服各种困难,设法增加煤电生产和供给。在确保安全的前提下组织好煤矿生产,合理安排发电供电,强化生产调度,确保成品油和天然气供应不断档、不脱销,确保城市居民生活用气和重点单位用气。

打好抗灾救灾这场硬仗,就要切实把群众的利益放在首位,满腔热情地帮助灾区群众排忧解难。要努力保障生活必需品供给,安排好灾区群众的生产生活，确保人民群众过一个欢乐祥和的春节。当下，要尽快恢复行车秩序，全力解决好火车站、长途汽车站滞留旅客的吃饭、饮水和御寒问题，不让他们挨饿受冻。

　　冰雪还在肆虐，救灾刻不容缓。各级领导干部和广大共产党员要用实际行动贯彻中央要求，到救灾第一线去，到灾情最重的地方去，充分发挥先锋模范作用，真正做到"雪中送炭"。各地区、各部门要发扬一方有难、八方支援的精神，同心同德，团结协作，自觉支援和帮助灾区，真正做到"全国一盘棋"。

　　"大雪压青松，青松挺且直。"我们相信，有党中央的坚强领导，有充足的生产能力和物资储备，有健全的应急机制和应急体系，有能打硬仗的干部群众，我们一定能够打好这场抗灾救灾的硬仗。

（2008年1月30日）

历史期待这一代人的回答
——认真学习贯彻胡锦涛总书记在北京大学的讲话

"时刻心系民族命运、心系国家发展、心系人民福祉,使爱国主义精神在新的时代条件下发扬光大。"

在中国青年的光辉节日到来之前,在北京大学建校110周年之际,胡锦涛总书记来到美丽的燕园。在与北京大学师生亲切座谈中,提出了新时期大力弘扬爱国主义精神的新要求。

胡锦涛总书记的讲话,将爱国主义精神放在历史的坐标上,放在时代的视野里,放在发展的格局中,深刻阐明了爱国主义精神的时代内涵,明确指出了当代青年的责任与使命。这是关于爱国主义的精辟论断,也是对青年一代的殷切期待。

"以天下为己任",是爱国主义千百年来不变的精神内核。从89年前五四运动民主科学的激昂呐喊,到抗战时期"华北之大不能放下一张书桌"的愤激呼声;从20世纪80年代"团结起来振兴中华"的时代强音,到这个春天"加油中国"的爱国浪潮。多少年来,虽然时代在不断变化,爱国主义内涵有所不同,但爱国青年与国家和民族的血脉联系没有变,以"天下为己任"的胸怀担当没有变。今天,我们大力弘扬爱国主义精神,就是要坚持爱国主义与社会主义的高度统一,将自己的命运与国家的命运紧密相连,将个人的追求融入民族的共同理想,在推动改革开放和现代化建设的进程中,不断将爱国主义发扬光大。

一代人有一代人的历史责任。今天的中国站在了新的历史起点上,30年的改革开放,使古老中国的面貌发生了历史性的巨变,也将社会主义中国带入了更加宽阔的国际舞台。面对中国改革发展的良好态势,面对国际形势的风云变幻,更加需要青年一代察古观今、放眼世界。今天,我们大力弘扬爱国主义精神,就是要不断深化对我国历史和国情的认识、对改革开放30年伟大进程的认识,进一步增强民族自尊心、自信心和自豪感,进一步坚定跟党走中国特色社会主义道路、实现中华民族伟大复兴的信念。

爱国热情只有转化为强国行动,才能显示真正的力量。在日益激烈的国际竞争中,在民族复兴的艰辛历程中,要增强我国的综合国力,要实现又好又快发展,要牢牢把握自己命运、不断开辟美好前景,说到底要靠把我们自己的事情做好。今天,大力弘扬爱国主义精神,就是要切实强化社会责任感和历史使命感,把个人的成长进步融入推动国家发展、民族振兴的时代洪流中去,矢志为实现远大理想而不懈奋斗。当前,就是要把爱国热情转化为立足岗位、刻苦学习、发奋工作、支持奥运的实际行动,倍加珍惜我国安定团结的良好局面,自觉维护社会稳定,维护国家利益。

爱国主义曾经激荡了一代又一代人的青春之歌。在爱国主义的旗帜下,青年的理想、奋斗和激情,在中国社会伟大变革的历史篇章中成就了一部绚丽的青春史诗,是中华民族伟大复兴交响乐中一曲雄浑的青春乐章。今天的一代青年,已经站在了时代的舞台上,面对世界的目光,承载着党和人民的重托,历史期待着这一代人的回答!

(2008年5月5日)

奥林匹克光荣属于全世界

胡锦涛主席在日本访问时指出："奥运会时隔20年第三次在亚洲举行，北京奥运会不仅属于中国人民，也属于包括日本人民在内的亚洲人民，属于世界各国人民。"

"同一个世界，同一个梦想。"从国际奥委会将第二十九届奥运会主办权授予北京的那一刻起，世界便期待着中国的精彩回答；当取自希腊奥林匹亚的圣火在北京点燃，中国成为人类传递共同理想的新一站。人们可以将此看作一个五千年文明古国的光荣，看作再圆奥林匹克梦想的亚洲人民的期待，同时更应当看作奥林匹克大家庭吸引力和凝聚力的明证。

奥林匹克运动是全人类共同的财富。世界上没有哪项活动能像奥运会这样，让参与者抛除歧见，为了共同的目标汇聚在同一个跑道上；没有哪个盛事能如奥运会这样，让人们不分性别、国籍、民族、信仰，为了共同的梦想在同一座平台交流对话。对于人类而言，奥林匹克是一种倡导"更快、更高、更强"的竞技精神，更是一种追求"和平、友谊、进步"的共同理想。这就是为什么国际奥委会的成员比联合国成员还多，也是为什么奥运会能如此广泛地点燃世界各国人民的激情。

为人类创造一个寻求和平、友谊的载体，这是奥林匹克运动的光荣所在；为世界搭建一个对话、交流的平台，这是奥运会主办者的职责所在。经过了20年的等待，奥运会再次来到了世界的东方，来到了一个占世界1/4人口的国家。"同一个世界，同一个梦想"，北京奥运会之所以将主题确定为此，正是因为中国深深理解奥林匹克精神的实质，认同人类追求美好未来的崇高价值，渴望在进一步开放中更好地融入世界。"绿色奥运、科技奥运、人文奥运"，7年来，中国为举办北京奥运会所做的一切，都是为了更好地实现这一共同理想，都是为了更好地履行对国际社会的庄严承诺。

举办一届有特色高水平的奥运会，是中国的承诺，更是世界的期盼。北京奥组委不断充实的外籍专家队伍，积极参加服务奥运的外国志愿者，火炬传递中赤脚追随圣火的坦桑尼亚孩子们，踊跃报名来华报道北京奥运会的各国记者……这一切，让人们再次看到奥林匹克理想凝聚人心的力量，看到奥林匹克精神超越一切的魅力，充分说明北京奥运会不仅属于中国人民，更属于世界各国人民。

相信即将到来的北京奥运会，将更充分地展现世界人民的团结和友谊，展示人类卓越的精神和品质，为奥林匹克运动增添更多的荣耀，为人类和平发展书写新的篇章。

（2008年5月11日）

履行对世界的庄严承诺

"中国政府和人民将切实履行对国际社会的承诺,在国际奥运大家庭大力支持下,尽最大努力把北京奥运会办好",日前,胡锦涛主席访问日本时再次重申。

7年前,北京获得了第二十九届奥林匹克运动会的举办权。面对国际社会的期待,中国对世界庄严承诺:"我们有能力、有信心将2008年北京奥运会办成一届令人难忘的盛会。"

7年来,为了这个承诺,中国用"绿色奥运、科技奥运、人文奥运"的理念,展现了一个东方文明古国对奥林匹克精神的理解。13亿中国人民在"同一个世界,同一个梦想"的口号下,诠释着和平友谊进步的丰富内涵。

在奥运会筹备工作进入最后冲刺阶段时,北京交出了这样一份答卷:奥运场馆即将全部竣工,并通过了国际奥委会的严格检验;北京空气质量达标天数不断攀高,提前一年多实现申奥绿化目标……"保证提供最好的体育场馆、最优美的环境、最方便的服务",成功举办一届"有特色、高水平"的奥运会,中国践行着一个负责任大国对世界的庄严承诺。

一流的场馆、一流的环境、一流的设施,这只是中国在"奥运机遇"中创造的物质成就,更重要的是,如同人们所期待的,奥运会也成为推动中国社会文明进步的契机。筹办奥运,参与奥运,奉献奥运,在这个过程中,奥林匹克精神更全面地进入了中国人的生活,锤炼着一个民族宽广开放的气度,展示了一个国家团结奋进的活力。这一切正如《国际奥委会评估报告》所言,北京奥运会"将给中国和世界留下独一无二的宝贵遗产"。

从现代奥林匹克运动史看,奥运精神不仅体现在体育场上,也是一个国家发展过程的内在动力。许多主办过奥运会的国家,都曾在兑现承诺的过程中,加快了自己的现代化进程。1964年东京奥运会和1988年汉城奥运会,不仅促进了日本和韩国经济的迅速发展,更提升了国民素质和社会文明程度，推进了它们向现代化国家的转变。

时隔20年，奥运会又一次来到世界的东方，毫无疑问，它同样会成为中国社会发展的助推器。把握北京奥运会这一历史性机遇，推动全面建设小康社会的历史进程，让我们这个历史悠久的文明古国，成为工业化基本实现、综合国力显著增强、国内市场总体规模位居世界前列的国家，成为人民富裕程度普遍提高、生活质量明显改善、生态环境良好的国家，成为人民享有更加充分民主权利、具有更高文明素质和精神追求的国家，成为各方面制度更加完善、社会更加充满活力而又安定团结的国家，成为对外更加开放、更加具有亲和力、为人类文明做出更大贡献的国家，这是13亿中国人必须做出的应答。

7年前，因为坚信"把奥运会带到一个占世界人口1/4的国家将是一件伟大的事"，国际奥委会委员们把手中神圣的一票，投给了中国北京。

7年后，中国正用自己的实际行动，以更加自信的姿态、更加开放的胸怀，履行庄严的承诺，不负世界的期待。

（2008年5月12日）

在废墟上托起生命的方舟

一场突如其来的灾难，缩短了生与死的距离。抢救，早一秒就多一分生的希望；晚一秒就多一分死的危险。四川汶川大地震的 10 个日日夜夜，在异常艰辛的生死营救中，党和政府始终牵挂地震中受伤的灾区群众。"要全力抢救伤员生命、医治群众病痛。"这是党中央提出的明确要求，也是全体救援人员的坚定信念。

汶川大地震破坏之严重，人员伤亡之多，均为历史罕见。而随着时间的推移，我们没有放弃营救幸存者的努力，同时也展开了前所未有的对伤员的救治。截至 5 月 20 日 18 时，汶川大地震受伤者已达 247645 人。几十万灾区群众正在忍受伤痛的煎熬，流逝的分分秒秒，都是对生命希望的呼唤，是对白衣战士的考验，是对我们救援能力的见证。

生命高于一切。我们看到，十几万大军奋不顾身地从废墟里抢救生命，数万名医务工作者火速开赴抗震救灾一线，参与抢救生命的接力。10 天来，全国医疗卫生战线的救援人员从四面八方源源不断地驰援四川，组成了一支覆盖灾区每个县乡的医疗救援队伍，打响了一场与死神抗争的战斗。

面对灾区群众生命的呼唤，医疗救援人员将生死置之度外，不畏艰险，不顾疲劳，为生命抗争，与死神赛跑。在气壮山河的举国大救援中，在余震不断的灾区大地上，白衣战士以巨大的勇气和无私的奉献，呈现了崇高的精神力量，庄严阐释了"救死扶伤"职业信仰，生动见证了可歌可泣的民族精神。

目前，灾区医疗机构的负荷很重，其中不少受伤群众伤势严重，救治伤员面临更为严峻的形势，医疗救援人员面临更为艰巨的挑战。在这个关键时刻，全力治疗受伤者，挽救更多生命；尽力医治群众病痛，确保灾后无大疫，是当前刻不容缓的重要任务，更是千方百计将地震损失降到最低的必然要求。

繁重的任务和挑战，要求我们加强对医疗救护队伍的组织协调，尽最大努力救治幸存者；要求我们切实保障灾区医疗急救物资供应，尽最大努力满足救治工作需要；要求我们统筹安排，及时将部分能够安全转移的伤员送往外省市条件较好的医疗机构救治；要求我们采取对口支援的办法，充实防疫专业力量，切实做好灾区卫生防疫工作，尤其要重视饮水和食品安全，严防灾区传染病流行。

灾难，考验着中国人民抗震救灾的精神意志，也标注着一个民族的生命境界和人性尺度。我们为顽强的灾区人民祝福，向伟大的白衣战士致敬，愿抗灾军民和白衣战士们在废墟上托起生命的方舟！

（2008年5月22日）

灾难铸就伟大的中国

5月19日至5月21日，长歌当哭，时间见证一个民族的哀伤。

自"5·12"灾难发生的那刻起，汶川时间便以血泪生死来凝记，国人心情亦因大痛大悲而淤积。三天哀悼，让悲痛得以表达，也让坚忍得以持续。雪域高原、边陲海疆，繁华都市、偏僻县乡，汶川成为亿万中国人血脉同搏、泪水涌动之所在。13亿中国人以共同的悲伤共度刻骨铭心的瞬间，让罹难者生命在国家记忆里永存。

这三天里，人们看到的不只是举国同悲的恣肆泪水，更是万众一心的民族精神。"汶川不哭"，"中国加油"，大地震中穿越生死的深情呼唤，哀悼日里高亢悲壮的激昂呐喊，当是我们哀思过后凝聚力量的信心和源泉。而这一切，是进步的中国对生命价值的尊重，是发展的中国在人文精神上的回归，是历经磨难的中国在民族复兴征途上前所未有的凝聚力。

汶川作证，这一刻国家与人民同在。"人民利益高于一切"，"一线希望，百倍努力"，大震之后，党和政府始终如一的坚定信念，支撑着感天动地的举国大救援。第一时间公布信息，争分夺秒抢救生命，开放国际救援队进入灾区，设立哀悼日降半旗祭奠平民……对人民负责、对生命敬畏、对世界开放，反映了我们党执政理念的进步，让世界看到一个坚强自信、开放透明、以人为本的中国。

汶川作证，这一刻爱心与希望同在。日继之夜，生继之死。在这场新世纪以来死伤最为严重的地震灾难中，呈现于世界眼前的，不只是哀伤，更有生死瞬间的人性光辉。即使在死亡阴影笼罩的日子，那些爱与献身的故事仍给人以温暖的慰藉。父母张开双臂把生的机会留给孩子，老师俯身低首支撑生命的港湾……废墟下深沉壮阔的无私大爱，拓展了我们民族的精神疆界。

汶川作证，这一刻公民精神与国民意识同在。当家国受灾，同胞有难，亿万国人的集体道德感和现代公民意识被勃然唤醒。民间抢险突击队日夜兼程驰援灾区,救灾志愿者不避艰险奔赴一线,全国人民上下同心守望相助,10天10夜中华大地纵横千里的爱的足迹,让我们看到公民精神的成长、国民意识的重塑。

5月19日,地震重灾区北川中学师生高唱国歌重新开学。

5月20日,四川九峰村60岁的王有群在被埋废墟下196个小时后获救。这是顽强生命的礼赞,也是不屈中国的象征。

恩格斯说过:"没有哪一次巨大的历史灾难不是以历史的进步为补偿的。"给国家新期待,给民族新精神,给公民新责任,对于历经磨难的中华民族而言,汶川大地震是一个悲壮的过去,更是一个伟大的开始。

希望与中国同在!

(2008年5月22日)

一手抓抗震救灾工作　一手抓经济社会发展

22日召开的中共中央政治局常务委员会会议，研究部署继续全力做好抗震救灾工作。会议强调，在全力做好抗震救灾工作的同时，各地区各部门要按照中央的决策部署，一手抓抗震救灾工作，一手抓经济社会发展，全力以赴支援灾区，努力保持经济平稳较快发展，努力保持社会和谐稳定。这是中央根据抗震救灾工作进展，把握经济社会发展形势，总揽全国大局，作出的重要决策，对夺取抗震救灾斗争胜利、促进经济社会发展具有重要指导意义。

突如其来的汶川特大地震灾害，给人民生命财产造成重大损失。在党中央、国务院的坚强领导下，灾区干部群众和人民解放军、武警官兵、公安民警迅速投入抗震救灾。全国人民万众一心，千方百计支援灾区。当前，抗震救灾形势依然严峻，任务十分艰巨，面临许多困难和问题。继续搜救被困人员，救治伤病群众，妥善安置受灾群众，保障群众基本生活，防止发生疫情和次生灾害，抢修毁损基础设施，都需要付出艰苦努力。灾区生产恢复和灾后重建任务非常繁重。抗震救灾仍处在刻不容缓的紧要关头。

今年我国经济发展面临较多内外不确定因素，汶川大地震对灾区经济造成严重影响，也给整体经济运行增加了一些新的不确定因素，但不会改变经济发展的基本形态，不会改变经济又好又快发展的势头。当前我国经济运行继续保持总体平稳态势，农业生产形势较好，夏季粮油有望获得较好收成，生猪生产继续恢复，工业生产基本平稳，市场消费持续较旺。存在的突出矛盾主要是价格上涨压力仍然存在，部分地区煤电油供应较紧，财政支出压力较大等。进一步加强和改善宏观调控，化解不利因素，防止通货膨胀，努力实现今年经济发展目标，仍需做大量工作，丝毫不能放松。

以科学发展观总揽全局，就要坚持"两手抓"，一手要毫不松懈地抓抗震救灾，要继续把抗震救灾作为当前最重要最紧迫的任务，扎扎实实做好各项抗震救灾工作，全力以赴支援灾区；一手要坚定不移地抓经济社会发展，努力保持经济平稳较快发展,努力保持社会和谐稳定。一手抓抗震救灾,一手抓经济社会发展,两者相辅相成。抓好抗震救灾,把灾害造成的损失减少到最低限度,尽快恢复生产重建家园,既是为了灾区人民,也有利于经济发展、社会和谐。抓好经济社会发展,保持经济平稳较快发展,保持社会和谐稳定,会给抗震救灾和灾后重建提供有力的物资保证和财力支持,创造有利的社会环境。

抗震救灾和经济社会发展,两手都要抓,两手都要抓紧。坚决贯彻党中央、国务院的部署,统筹协调,科学指挥,下更大的力气,付出更艰苦的努力,我们就能战胜种种困难,夺取抗震救灾和经济社会发展的双胜利。

(2008年5月23日)

严厉打击暴力犯罪　坚决维护社会稳定

7月5日晚,乌鲁木齐市发生打砸抢烧严重暴力犯罪事件,造成140人死亡,800多人受伤,财产损失巨大。这是一起境外指挥、境内行动,有预谋、有组织的打砸抢烧事件。这种丧心病狂、令人发指的暴力行为,是决不能容忍的。我们要迅速行动起来,以强有力的措施和手段,严厉打击暴力犯罪,坚决维护社会稳定。

铁的事实证明,"7·5"事件是由境外反动势力一手策划的。其目的就是挑起事端,制造暴力事件,搞分裂干扰我发展。这既不是民族问题,也不是宗教问题,摆在我们面前的是一场捍卫祖国统一、维护民族团结、维护社会稳定的异常激烈的斗争。我国是一个社会主义法治国家,法律的尊严不容践踏。对犯罪分子的容忍,就是对人民群众利益的伤害。对参与打砸抢烧的一小撮犯罪分子,我们一定要依法予以严惩。我国是一个多民族的国家,各民族的团结是促进经济发展、构建和谐社会的根本保证,破坏社会稳定、制造民族分裂,是不得人心的。我们一定要像爱护自己的眼睛一样珍惜民族团结,对任何企图通过制造事端分裂国家的行径,都要予以最严厉的谴责和最坚决的打击。

稳定是福,动乱是祸。经过改革开放30年,新疆经济发展、社会进步、民族团结、人民安居乐业。这是新疆各族人民共同奋斗的结果,是全国各族人民的根本利益所在。我们一定要旗帜鲜明地反对民族分裂主义,倍加珍惜团结稳定的社会局面。我们坚信,"7·5"事件阻挡不了新疆改革、建设、发展的步伐,动摇不了各族干部群众促进发展、维护稳定的坚定决心和坚强信心。这一事件只能使更多的人擦亮眼睛,明辨是非,齐心协力巩固和发展新疆的大好局面。任何敌对势力的破坏,必将以可耻的失败而告终。

(2009年7月7日)

历史坐标下的伟大使命

用什么书写新的历史，拿什么留给未来的人们？

当国庆庆典的绚烂定格为中华民族的共同记忆，新中国站在了新的起点。60年的光荣与辉煌已经载入史册，中国开始新的出发。

盛典过后，世界媒体峰会，"中国声音"传递和平发展合作共赢的国家理念；法兰克福书展，"中国元素"演绎东方古国的文化力量；第十一届全运会，体育健儿展现中华儿女的时代风采……中国在继续思考：什么样的力量可以引领中国走向又一个成功的60年？什么样的奋斗能够建设一个更加富强民主文明和谐的中国？

"中国人民有信心、有能力建设好自己的国家，也有信心、有能力为世界作出自己应有的贡献。"胡锦涛主席在国庆庆典上的重要讲话，勾勒了新中国继往开来的历史坐标，明确了中国人民继续奋进的伟大使命。

从这个历史坐标，我们看到，60年的辉煌只是中华民族伟大复兴历程中的一个章节。这个章节的时间跨度从1840年到2009年，节点在1949年，舞台在东方大国的古老土地上，角色是中国共产党带领的亿万中国人民。我们从中看到具有5000多年文明历史的中华民族，如何进入了发展进步的历史新纪元；看到一个面向现代化、面向世界、面向未来的社会主义中国，如何巍然屹立在世界东方。承续历史的光荣，在新的起点上，我们必须沿着中国特色社会主义伟大道路，书写承前启后的鸿篇巨制。

从这个历史坐标，我们懂得60年的奋斗，仅仅完成了社会主义现代化征程的一个片段。

展望下一个甲子，我们既为已经呈现的昌盛国运骄傲自豪，又要看到中国正处在现代化的进程中，刚刚进入城市化和工业化中期阶段，一半以上的人口还是农村人口。现代社会的全面转型，基本现代化的实现，还要到21世纪中叶。如果将国家发展比作爬坡，中国目前正奋进在中途，加把劲可以乘势而上，松口气就会不进则退。科学发展的时代课题，社会和谐的人民理想，都需要在我们的努力下不断向前推进。

站在新的起点，我们需要自问，当中国走上世界舞台的中央，全世界都在关注一个古老大国的重新崛起，中国人应当以怎样的心态，正确看待自己、清醒审视他人，推动建设持久和平、共同繁荣的世界？回望60年，撬动中国腾飞的伟大支点是改革开放。我们需要自问，历经60年的变革与转折，在全球经济、政治环境日趋复杂的情况下，我们该如何推进改革开放的伟大事业，使这条强国之路更加符合人民的意愿、更加切近时代的要求？

"继续朝着建设富强民主文明和谐的社会主义现代化国家、实现中华民族伟大复兴的宏伟目标奋勇前进，继续以自己的辛勤劳动和不懈奋斗为人类作出新的更大的贡献。"胡锦涛同志的重要讲话，是中国共产党人在共和国华诞之际的铮铮誓言，也是亿万中国人民的共同心声，更是未来中国的伟大使命。

从新的起点出发，13亿中国人民将从历史深处汲取智慧，从伟大创造中获得动力，把爱国热情化为强国行动，以今天的奋斗铸就未来的光荣，让人民共和国走向新的辉煌。

（2009年10月19日）

紧抓机遇，承担应尽的历史使命

一个国家的发展道路是漫长的，但紧要处往往只有几步。

在刚刚结束的省部级主要领导干部深入贯彻落实科学发展观加快经济发展方式转变专题研讨班上，胡锦涛同志发表重要讲话再次强调，加快经济发展方式转变是我国经济领域的一场深刻变革，关系改革开放和社会主义现代化建设全局。全党全国必须增强主动性、紧迫感、责任感，紧紧抓住机遇，承担起历史使命，以扎扎实实的成效，加快经济发展方式的转变，开创社会主义现代化新局面。

在应对国际金融危机冲击的严峻挑战中，在我国改革发展的关键时期，胡锦涛同志的重要讲话，准确把握国际国内经济形势发展变化和我国改革发展稳定大局，深刻阐述加快经济发展方式转变的重要性和紧迫性，系统提出了我国加快经济发展方式转变的总体战略布局。这是对党的十七大加快转变经济发展方式战略思想的丰富和完善，是关于中国经济社会发展思路的理论创新、发展目标的全面部署，充分体现了我们党对现代化发展规律认识的进一步深化。

毫无疑问，中国的现代化建设正处在一个关键阶段。突如其来的国际金融危机以一种极端的方式，凸显了我们经济发展方式之弊端。新中国成立60年，特别是改革开放30年，开创了我国社会主义现代化建设的新时期。这是中华民族发展史上一座伟大丰碑。但我国现代化建设的道路并不平坦，在这个进程中反映出一些深层次矛盾和问题，经济结构和产业结构不合理特别是经济增长过于粗放，长期形成的主要靠物质投入的传统经济发展方式与资源环境的矛盾日益突出，外延型扩张模式难以为继，转变经济发展方式刻不容缓。明确提出加快经济发展方式转变，是我们党对我国现代化发展阶段的敏锐洞察，更是继续推进中国现代化航船破浪前行的关键抉择。

大变革大机遇，大挑战大跨越。金融危机激发了国际社会对现有世界经济秩序的反思,也促使各国对现有发展模式可持续性和合理性进行探究,一场世界范围内的经济增长模式调整正在悄然进行。当此之时,我国发展的外部环境和内部条件都发生了很大变化。如果我们看不到国际金融危机,是传统发展模式之危、科学发展模式之机,不能因时而变,推动经济转型,我们将坐失机遇,痛失后国际金融危机时代国际竞争的主动权。我们一定要用好国际金融危机客观上形成的倒逼机制,乘势而上,加快发展方式转变,突破资源环境的瓶颈制约,顺应未来发展的新要求,满足人民群众的新期待。

从现代化发展历程的时间坐标和世界经济格局的空间坐标两个维度,我们更深刻地认识到胡锦涛同志讲话的重大意义,更自觉地认识到加快转变经济发展方式的紧迫性。只有加快推动我国经济增长由主要依靠投资出口拉动向依靠消费投资出口协调拉动转变,由主要依靠第二产业带动向依靠第一、二、三产业协调带动转变,由主要依靠增加物质资源消耗向主要依靠科技进步、劳动者素质提高、管理创新转变,才能更好地应对可以预见和难以预见的国际风险,不断提高我国经济的国际竞争力;才能更好地发展社会生产力,不断满足人民群众日益增长的物质文化需要;才能加快解决经济发展中不平衡、不协调、不可持续的问题,切实推动科学发展,保持社会和谐稳定。

一代人有一代人的使命。紧紧抓住机遇,是我们的历史责任;引领时代变革,是我们应尽的使命。把加快经济发展方式转变作为深入贯彻落实科学发展观的重要目标和战略举措,取得实效,获得突破,我们不仅将取得应对国际金融危机冲击的全面胜利,保持经济平稳较快发展,还将为后人赢得未来竞争的主动权,不断推进中华民族孜孜以求的现代化伟大进程。

(2010年2月8日)

书写救援生命的伟大奇迹

没有什么，比敲击管道之声更扣人心弦；没有什么，比看到矿工被救更令人激动！截至4月5日18时，经过艰苦卓绝的施救，王家岭井下被困矿工已有115人成功获救。这是让人万分揪心的8天8夜。近200小时里，13亿国人情牵153名骨肉兄弟。救人，救人！

不惧任何困难，不惜一切代价，以百分之百的努力与死神赛跑。100多副担架上那些重见阳光的生命，书写"生命高于一切"的坚定信念，书写矿难救援史上的伟大奇迹。

这是经历生死考验的8天8夜。近200小时里，王家岭井下被困的矿工，坚信党和政府一定会全力施救，亲人和同胞们绝不会放弃。他们以生命的执着苦苦坚持，以顽强的毅力全力支撑，满怀着生的希望。从矿井深处传来的声声敲击，是生命的律动，是意志的乐章。

胡锦涛总书记、温家宝总理在事故发生后立即作出重要指示，要求采取有力措施，调动一切力量和设备，千方百计抢救井下人员，严防次生事故。3天时间内，赶到现场救援的人员超过3000人；7天时间，排除万难，救援现场排水13.2万立方米，迅速打通生命通道，全力寻找被困人员。媒体传递的每一条信息，都牵动着无数人的心；每一篇报道，都凝聚起强大的力量；网友深情的留言，代表所有人的心声……

救援生命的奇迹，来自被困矿工的顽强坚守。绑在钻头上的铁丝，敲击管道的呼救，传递出的是信心——救援必能来到，自己必能获救。井底的黑暗之外，无数人为营救而努力，无数人为生命而祈祷。

救援生命的奇迹，来自及时科学有效的施救。抽水救人、通风救人、科学救人，争分夺秒抢救生命；近14吨重的水泵，肩扛人抬，运到井下；潜水员全副武装，进行"蛙人强攻"；300多袋营养液，通过"希望通道"精准输送。同时传到井下的，还有矿泉水瓶中的信："你们一定要坚定信心，坚持到底！

坚持就是胜利！"准确判断，果断决策，统筹协调，精心施救，这一切为救援工作赢得了时间，赢得了主动。

救援生命的奇迹，来自全社会的协同作战。山西全省紧急动员，各地大型抽水设备驰援王家岭；3000余人的救援队伍，进行救援"总动员"；优秀的医疗人员和救护专家现场待命；书写救援生命的伟大奇迹，再次显示了社会主义制度的巨大优越性，显示了全国人民团结友爱的高贵品质，显示了中华民族百折不挠的英雄气概。

救援还在紧张进行，仍有数十名矿工在生死边缘坚守。积极救援，永不放弃，愿救援生命的奇迹，在王家岭继续。

祝愿获救矿工早日康复，为受困矿工深深祈福，向救援人员致以崇高敬意！

（2010年4月6日）

谋发展必须把安全放在首位

"7·23"甬温线特别重大铁路交通事故，截至目前已造成39人不幸遇难。惨痛的事实再一次警醒我们：人的生命至高无上，安全生产一刻也不能松懈。

安全生产事关人民群众生命财产，事关改革发展稳定大局，事关党和政府的形象和声誉。重视安全生产，怎样强调都不为过。抓好安全生产，任何时候都不能疏忽。

近一段时期，我国一些地方接连发生煤矿和非煤矿山矿难、道路交通事故、建筑物和桥梁垮塌事件，给人民群众生命财产带来严重损失，也暴露出一些地方、部门和单位安全生产意识淡薄，安全责任不落实，防范监管不到位，制度和管理还存在不少漏洞，教训极其深刻。我们要清醒地认识到，搞建设、谋发展的最终目的是让人民过上更好的生活。发展是硬道理，但发展并非不计代价，更不能被少数人曲解为一切为发展让路。在发展的过程中，必须牢固树立科学、安全、可持续的理念，把人的安全放在第一位；必须坚持以人为本，处理好速度质量效益的关系，切不可片面追求速度，"要钱不要命"；必须坚决把"生命高于一切"的理念落实到生产、经营、管理的全过程，守住安全生产这条红线。

当前，我国国民经济增长动力强劲，增长速度较快，能源原材料、交通运输、建筑等市场需求旺盛，各地有许多工程、项目处于集中建设阶段，安全监管难度增加，安全生产任务更加繁重。越是在这个时候，越要绷紧安全生产这根弦，坚持"安全第一、预防为主、综合治理"，深刻总结事故教训，全面加强安全生产，遏止重大安全生产事故再度发生。

实现安全生产，重在防患于未然。近期尤其要对以铁路、公路、桥梁为重点的交通运输，以煤矿为重点的矿山，以危险化学品为重点的工业领域，以在建住房项目为重点的建筑领域，全面排查并消除隐患。只要发现问题，该整改的迅速整改，该停工的立刻停工，该停用的坚决停用，不能姑息任何借口，不能放过任何隐患。

搞好安全生产，关键要抓落实。为加强安全生产工作，近年来中央作出了一系列部署，国家也制定了大量法律法规和政策措施，许多要求已是反复强调、三令五申。至今安全生产事故仍然频发，主要是已确定的许多政策措施没有落实到位。当前必须狠抓制度落实，切实纠正一些地方、部门、企业有法不依、有章不循、纪律松弛、责任不到位的现象，真正做到依法准入、依法生产、依法监管。

中国要发展，但不要带血的GDP。让我们动员全社会力量，坚决打赢安全生产这场攻坚战，努力实现科学发展、安全发展。

（2011年7月28日）

走基层　转作风　改文风

从社会实践的丰厚土壤中获取养料养分，从人民群众的伟大创造中汲取智慧力量，在走向实践的学习中不断增强新闻宣传工作的能力。中宣部等五部门部署"走基层、转作风、改文风"活动，标志着新闻战线加强改进新闻宣传工作进入了一个新阶段。这是新闻界贯彻落实胡锦涛同志"七一"重要讲话精神的重要举措，是推动新闻事业健康发展的基础性工程。

接地气才能有灵气，俯下身才能心贴心。新闻工作是党联系群众的桥梁和纽带，承担着宣传群众、动员群众、服务群众的庄严使命。近年来，从"三项学习教育"活动到大规模多层次的国情调研，从田间地头的采访报道到扎实深入的基层考察，深入实际的新闻实践折射新闻工作者的新状态、新面貌，反映新闻宣传工作的新进展、新水平，更启示我们：深入基层实践、转变作风文风，新闻工作才能不断回应时代的新要求、满足群众的新期待。

基层一线是新闻工作的源头活水。深入基层，才能把握时代脉搏、拓宽视野胸襟，回答好"依靠谁"的问题；转变作风，才能以群众为师、向群众学习，回答好"我是谁"的问题；改进文风，才能让新闻生动鲜活、群众喜闻乐见，回答好"为了谁"的问题。如果只是跑机关、泡会议、编材料，作风漂浮、文风呆板，只会离生活、离实际、离群众越来越远，不仅达不到传播的效果，更得不到群众的喜爱、信任和支持。

走基层，是转作风、改文风的有效载体、根本途径。今年的"新春走基层"活动后，有记者感叹：只有到了一线，才能闻到大地的泥土味、听到百姓的心里话。真正"俯下身"，有了对社会、对群众的深切体认，才能更好地转变作风，以敏锐的眼光升华报道主题，以深厚的积淀丰富报道内涵。也只有真正"弯下腰"，唠嗑中学说家常话，田野里感受百姓情，才能更好地改进文风，因深入而生动，因真切而感人。

当前，党和国家事业发展进入了一个新的阶段，新闻工作服务改革发展稳定大局的任务越来越重。在复杂的舆论环境之下，要明确新闻工作的坐标，宣传党的主张、反映人民意愿，新闻工作者不仅要有博学深思的理论修养，更要有行万里路、访百家人的实践能力。在变化的社会环境中，工作条件大为改善、采访手段更为先进，更不能忘记深入群众"接地气"的传统，不能丢掉走进基层"抓活鱼"的做法。

走基层、转作风、改文风的问题，从根本上说是群众观点、群众立场的问题。把人民群众作为服务的主体，把群众满意不满意作为衡量工作的标尺，新闻宣传就能够"贴近实际、贴近生活、贴近群众"。只有在新闻工作的各个方面全面贯彻群众路线，才能把体现党的主张与反映人民心声统一起来，把坚持正确导向与通达社情民意统一起来，不断增强新闻宣传的亲和力、吸引力和公信力。

火热的实践召唤着我们，伟大的时代期待着我们。以"走基层、转作风、改文风"活动为平台，广大新闻工作者一定能够抓住改革建设的关节点，回应人民群众的关注点，把握服务人民的着力点，以卓有成效的新闻宣传工作，汇聚起推进改革开放和现代化建设的强大力量。

（2011年8月10日）

领导干部要有历史担当

随着地方各级领导班子换届，一大批干部特别是年轻干部陆续走上新的领导岗位，形成新的领导集体。时代有新要求，人民有新期待，新班子如何造就新气象？首要一点，是自觉树立从政道德，也就是胡锦涛总书记强调的"常修为政之德"。

老百姓中流传一段话："有德有才，大胆使用；有德无才，培养使用；有才无德，坚决不用。"群众为何如此看重政德？因为作为政德主体的领导干部，不同程度地掌握着党的领导权和国家权力。一般人无德，影响再大也可想见；主政一方的领导干部失德，则会损害社会进步、危害人民利益、贻害党的事业。

人无德不立，官无德不为。一个领导干部是否有政德，看的是他对党的理论路线方针政策，是真心拥护，还是虚与委蛇；对中央决策部署是认真执行，还是阳奉阴违；在大是大非面前是清醒坚定，还是模糊动摇；对人民群众是满怀真情，还是感情淡漠；在急难险重任务前是挺身而出，还是临阵退缩；在矛盾纠纷问题前是迎难而上，还是明哲保身；对个人名利是淡泊处之，还是热衷追逐；在道德操守上是慎独慎微，还是言行不一。概言之，看他能否正确处理是与非、公与私、真与假、虚与实的关系，把握好"为了谁、依靠谁、我是谁"的问题。说到底，看他是否能有共产党人的历史担当。

今天的中国，正处千年未有的大变革中，面对前所未有的机遇挑战，执政党的领导干部，最大的政德就是历史担当。思想政治领域风云激荡，没有自觉的政治担当，如何能将共产党人的坚定信仰、中国特色社会主义的坚定信念、改革开放的坚定信心，熔铸到执政兴国的政治实践中？转型期中国矛盾不断积累叠加，没有自觉的社会担当，如何能攻坚克难化解社会问题、激流勇进突破发展瓶颈、不畏艰险推动改革大业？精神文化阵地百舸争流，没有自觉的文化担当，如何能凝聚社会共识、重振民族精神、建设文化强国？

"文革"中小平同志曾两陷逆境,但他再度出来工作时,仍决然表示:"我出来工作,可以有两种态度,一个是做官,一个是做点工作。我想,谁叫你当共产党人呢。既然当了,就不能够做官,不能够有私心杂念,不能够有别的选择。"正是一代代共产党人的选择与担当,才会有社会主义中国开天辟地的伟业、改革开放中国激荡人心的篇章、富强民主文明和谐中国举世瞩目的辉煌。权既为民所赋,当为民所用,这是最深刻的为政之德、最根本的党性修养。

一个干部被推选到领导岗位上,意味着个人的机遇,更预示着历史的责任。今年是小平同志南方谈话20周年,面对日益峻迫的"发展以后的问题",面对"四大危险"与"四大考验",我们党所承担的领导责任,比历史上任何时期都更为繁重,这一代领导干部必须有更大的历史担当,考虑的不能只是眼前的平稳发展,更应有党和国家的长治久安。倘若只计个人得失,遇到矛盾绕着走,碰到问题不敢抓,面对风险不敢闯,不敢作为做庸官;倘若热衷表面文章,大张旗鼓弄虚,花团锦簇作秀,不愿作为做昏官;倘若在其位不谋其政,上不能利党,下无以益民,无所作为做懒官;甚至弄公权以谋其私,贪赃枉法,胡乱作为做贪官,则不仅损害党和政府形象,更会让人民丧失信心。

有政德才会有政绩。全国已有14个省区市党委完成换届,今年还将有17个省区市党委要进行换届,地方人大、政府、政协换届也将全面展开。各地选拔新班子时,要将政德作为重要标准;换届后的新班子,更该认真思考:为政之德如何修?

(2012年2月6日)

坚决拥护党中央的正确决定

4月10日,中共中央决定对薄熙来同志严重违纪问题立案调查,公安机关公布了对尼尔·伍德死亡案依法复查结果并将犯罪嫌疑人移送司法机关。这充分体现了重事实、讲法治的精神,完全符合我们党从严治党的根本要求和依法治国的执政理念,表明了我们党保持自身纯洁性的坚定决心,彰显了党和政府坚决维护党纪国法的鲜明态度,彰显了党和政府坚定维护人民群众根本利益的宗旨信念,深得党心、深得民心,一定会得到全党和全国人民的衷心拥护。

从目前公布的事实来看,王立军事件是一起在国内外造成恶劣影响的严重政治事件,尼尔·伍德死亡案件是一起涉及党和国家领导人亲属和身边工作人员的严重刑事案件,薄熙来的行为严重违反了党的纪律,给党和国家的事业带来了损失,对党和国家的形象带来很大损害。

以胡锦涛同志为总书记的党中央果断决策,对相关事件进行深入调查和严肃处理,及时公布情况,这是对党和人民事业的高度负责,是对社会主义法治的坚定维护。事实证明,我们党代表人民利益、接受人民监督,对腐败现象决不姑息、对违法违纪现象必查必究。

我国是社会主义法治国家,法律的尊严和权威不容践踏。不论涉及谁、职位多高,只要触犯党纪国法,都要严肃处理、决不姑息。法律面前没有特殊公民,党内不允许有凌驾法律之上的特殊党员,任何人都不能干扰法律的实施,任何犯了法的人都不能逍遥法外。坚持以事实为依据,以法律为准绳,对王立军事件、尼尔·伍德死亡案件和薄熙来严重违纪问题依法依纪予以彻底查清,人民群众从中看到了我们党维护党纪、依法治国的坚强决心。

我们要自觉把思想统一到中央精神上来,紧密团结在以胡锦涛同志为总书记的党中央周围,高举中国特色社会主义伟大旗帜,以邓小平理论和"三个代表"重要思想为指导,深入贯彻落实科学发展观,坚持稳中求进的工作总基调,聚精会神搞建设,一心一意谋发展,凝心聚力、攻坚克难,努力维护改革发展稳定的良好局面,奋力夺取全面建设小康社会新胜利,加快推进社会主义现代化,以优异成绩迎接党的十八大胜利召开。

(2012年4月11日)

用实干托起"中国梦"

新一届中央领导集体,接过了历史的接力棒。中华民族伟大复兴的新征程将如何接续?国人高度关注,世界也在瞩目。

11月29日,习近平总书记和其他中央领导同志来到国家博物馆,参观大型展览《复兴之路》并发表重要讲话,重温中华民族所经历的苦难与辉煌,回顾中国共产党90多年的奋斗与探索,在历史、现实与未来的交汇点上,传递出中国共产党人将牢记使命、不忘责任,团结带领全国各族人民实现伟大中国梦想的坚定决心和信心。

历史中蕴藏着立足现实、迈向未来的宝贵精神财富。我们不应忘记,为了中华民族的复兴,无数仁人志士前仆后继、流血牺牲,历尽千辛万苦,取得了新民主主义革命的胜利。我们不应忘记,为了中华民族的复兴,我们党艰辛探索,确立了社会主义基本制度。我们不应忘记,为了中华民族的复兴,我们党作出改革开放的历史抉择,开辟了中国特色社会主义道路。一条漫漫复兴路,寄托着几代中国人的美好夙愿,凝结着中华儿女的心血汗水。此刻,我们比任何时候都更加清醒地认识到,使命在肩,责任重大。

实现民族复兴,是中华民族近代以来的伟大梦想。170多年来,中华民族历经了无数苦难。面对列强的凌辱,我们的中国梦没有破灭;面对建国初期的一穷二白,我们的中国梦没有破灭;面对奋斗征程中的坎坷与挫折,我们的中国梦没有破灭;面对人世遭逢的巨大自然灾难,我们的中国梦没有破灭。一代代的中国人,怀揣着梦想,追逐着梦想,挺直了脊梁,憋足了一股劲,胼手胝足,顽强奋斗,走出苦难,走向辉煌。中国已成为世界第二大经济体,经济实力、综合国力、人民生活水平和国际影响力都已今非昔比,距离民族复兴的目标从来没有像今天这样接近。生活在这个时代,是幸运的;为这个梦想奋斗,是光荣的。

把中国梦变成现实,还有很长的路,需要付出长期艰巨的努力。历史告诉我们，中华民族之所以迎来复兴的曙光，靠的就是一代又一代人的艰辛奋斗和埋头苦干。空谈误国，实干兴邦。把一个拥有13亿人口规模的发展中大国带入现代化、实现民族复兴，这在人类发展史上还从来没有过。和平崛起的烦恼，经济社会双转型的压力，发展所面临的矛盾、问题和挑战，迫切要求我们党承前启后、继往开来，迫切要求党员干部求真务实、艰苦奋斗，迫切要求每一个人在各自岗位上付出更多的辛劳。中国人的命运掌握在自己手里，中国人的美好生活要靠自己创造。

祖国富强是我们的梦想，人民幸福是我们的向往。让我们扎扎实实，脚踏实地，用勤劳的双手托起伟大的"中国梦"。

（2012年11月30日）

以作风正党风 以党风赢民心

新一届中央领导集体展现的求真务实的形象，引起社会关注，备受各界赞扬。12月4日中央政治局召开会议，议定"改进工作作风、密切联系群众"八项具体举措，明确提出轻车简从、精简会议、规范出访、改进文风等进一步加强作风建设的新举措。中央领导同志以身作则、率先垂范，发扬党的优良传统作风，展现实事求是的思想品格，顺应人民群众的期待，以实际行动向全党发出了转变作风、改进党风的召唤。

领导干部的言行，关乎党的形象，决定党在群众心中的分量。从"三大作风"到"两个务必"，从"八个坚持"到"四个大兴"，长期以来，我们党始终把作风建设作为党的生命线，作为党的建设的重要组成部分。人民群众正是从党的优良作风中，从领导干部一言一行中，感受全心全意为人民服务的宗旨，汲取团结奋斗的力量，凝聚起无坚不摧的党心和民心。在世情国情党情发生深刻变化的今天，我们更应看到作风建设的极端重要性，以作风正党风、以党风赢民心。

党的十六大以来，我们党在作风建设方面作出了坚持不懈的努力，取得了显著成绩。但党的作风建设是一个长期的任务，回应人民群众的要求、适应时代发展的需要，我们还要做大量的工作，解决好一些突出问题。比如，开会应更加注重质量，讲话应更加简洁明了，公务活动应更加朴素务实，接待工作应力戒铺张，坚决反对官僚主义和形式主义。领导干部应经常想一想，实事求是的思想路线如何践行，艰苦朴素的优良品质如何传承，密切联系群众的作风怎样体现？

领导干部的一言一行，群众都看在眼里、记在心里。作风问题，本质上是一个政治问题，体现了民心所向。中央领导同志提出的改进作风的八项举措，为我们树立了榜样。各地区、各部门特别是各级领导干部，要深刻领会改进作风的重要意义,从我做起,从现在做起,拿出行动,身体力行,把力量凝聚到贯彻十八大精神上来,把心思用到解决改革和发展的重要问题上来,把精力投到维护群众利益、克服民生困难上来,取信于民、凝聚共识,团结带领全国各族人民为全面建成小康社会不懈奋斗。

(2012年12月5日)

党要管党　从严治党

办好中国的事情，关键在党。习近平总书记在十八届中央纪委二次全会上的重要讲话，一言以蔽之，就是坚持党要管党、从严治党，以严明党的政治纪律为重点加强纪律建设，以保持党同人民群众的血肉联系为重点加强作风建设，以完善惩治和预防腐败体系为重点加强反腐倡廉建设，确保党始终成为坚强领导核心，始终保持先进性和纯洁性。

把反腐败斗争提到关系党和国家生死存亡的高度来认识，把严明纪律作为党的凝聚力和执政能力的基础来强调，把改进作风视为夯实执政根基的重要工程来加强，以"把权力关进制度的笼子里"的思路谋划反腐制度建设，习近平同志的这篇重要讲话，体现了对共产党执政规律和反腐倡廉规律的新认识，对新形势下党风廉政建设提出了新要求，向全党发出了建设廉洁政治的动员和部署。

从严治党，政治纪律要有新加强。形势越复杂、任务越艰巨，就越要加强纪律建设，越要维护党的团结统一。严明党的纪律，首在严明政治纪律，最核心的是坚持党的领导，最根本的是同党中央保持高度一致。只有牢固树立大局观念和全局意识，防止和克服地方和部门保护主义、本位主义，不搞"上有政策、下有对策"，杜绝有令不行、有禁不止，才能确保中央政令畅通，各项方针政策落到实处。只有牢固树立党章意识，自觉用党章规范言行，才能做到政治信仰不变、政治立场不移、政治方向不偏。全党同心，其利断金，只要我们党思想统一、步调一致，就能引领中国巨轮攻坚克难、乘风破浪。

从严治党，工作作风要有新气象。改进工作作风，"八项规定"是一个切入口和动员令，最根本的是要坚持和发扬艰苦奋斗精神，坚持勤俭办一切事业，坚决反对讲排场比阔气，坚决抵制享乐主义和奢靡之风。改作风，领导干部要先行，各级干部以身作则、率先垂范，说到做到，兑现承诺，就能树立好导向；人民满意是标准，广泛听取群众意见和建议，从群众不满意的地方改起，自觉接受群众评议和社会监督，就能踏石留印、抓铁有痕，让人民群众不断看到实实在在的成效和变化。

从严治党，反腐倡廉要有新突破。腐败是社会毒瘤，清廉是人民期盼。新形势下，依纪依法严惩腐败，必须着力解决干部腐化、特权现象等群众反映强烈的突出问题。事实证明，坚持标本兼治、惩防并举，才能见实效、显长效。因此，要一手抓惩治，坚持"老虎""苍蝇"一起打，既坚决查处领导干部违纪违法案件，又切实解决发生在群众身边的不正之风和腐败问题；一手抓制度，继续全面加强惩治和预防腐败体系建设，加强反腐败国家立法，深化腐败问题多发领域和环节的改革，加强对权力运行的制约和监督，把权力关进制度的笼子里，形成不敢腐的惩戒机制、不能腐的防范机制、不易腐的保障机制。

打铁还需自身硬，为政清廉才能取信于民，秉公用权才能赢得人心。以更大的决心和力度从严治党，不断提高党的领导水平和执政水平、提高拒腐防变和抵御风险能力，增强自我净化、自我完善、自我革新、自我提高能力，才能确保党和国家永葆生机活力。

（2013年1月24日）

满怀信心走好中国道路

实现中国梦必须走中国道路,必须弘扬中国精神,必须凝聚中国力量。国家主席习近平3月17日发表重要讲话,深入阐释实现中国梦的正确方向,深刻揭示实现民族伟大复兴的必由之路,为全国各族人民满怀信心走好中国道路注入了强大正能量。

实现民族复兴的中国梦,是近代以来中华民族肩负的历史使命。无数中华儿女为之前仆后继、上下求索,却始终没有找到一条光明之路。从登上历史舞台那一刻起,中国共产党就勇敢担当起这一使命,筚路蓝缕开启征程,一路追赶现代化潮流,改变了国家和民族的命运,走出了中国特色社会主义道路,迎来了我们民族伟大复兴的光明前景。

回望历史,找到这条正确道路,极为艰辛、来之不易,它是在改革开放30多年的伟大实践中走出来的,是在中华人民共和国成立60多年的持续探索中走出来的,是在对近代以来170多年中华民族发展历程的深刻总结中走出来的,是在对中华民族5000多年悠久文明的传承中走出来的。这样的深厚历史渊源和广泛现实基础,使中国道路展现出旺盛的生命力,极大地增强了13亿人民的民族自信心和自豪感。

站在过去与未来的梦想交汇点上,亿万人民的理论自信、道路自信、制度自信更加坚定。

正是这条道路,把中国送到世界第二大经济体的位置,连续30多年保持近10%的经济增长,城乡居民收入增长30倍以上;正是这条道路,让我们十年间构筑起一些西方国家近百年才完成的基本社保网,不到20年里就为全球减贫事业作出超过70%的贡献,让我们比历史上任何时候都切近民族复兴的伟大梦想。就连"历史终结论"者也不得不承认,中国经济令人惊异的快速发展体现了中国模式的有效性,人类思想宝库需为中国留有一席之地。

梦想之旅,从来就不是一路坦途、一帆风顺。梦想之路越切近,新情况、新问题就越多。发展起来之后的问题,一点儿也不比不发展的时候少,解决难度更有甚于前。行百里者半九十,尽管我们距离梦想越来越近,但需要付出的努力依然艰辛。越是在这样的时刻,越需要我们满怀信心,振奋精神,凝聚力量,沿着中国道路坚定不移地走下去。

中国梦,是人民的梦。人民是实现中国梦的根本依靠,13亿人民同心共筑中国梦,实现梦想的力量就无比强大。满怀信心走好这条道路,心往一处想,劲往一处使,13亿人的智慧和力量就必定能汇集起不可战胜的磅礴力量,把历经苦难而又生生不息的中华民族送达梦想的彼岸,让每个人在"国家好,民族好,大家才会好"的历史逻辑中梦想成真。

(2013年3月19日)

牢牢抓住党的生命线

人民群众是党的力量之源,群众路线是党的生命线和根本工作路线。这是一部波澜壮阔的党史所给予我们的深刻启示。

在6月18日中央召开的党的群众路线教育实践活动工作会议上,习近平总书记发表了重要讲话。讲话着眼党的奋斗历程和执政使命,着眼"两个100年"目标和中国梦,深入阐述了群众路线对于党和人民事业的极端重要性,深刻阐明了开展这一教育实践活动的重大意义,为保持党同人民群众的血肉联系指明了实践路径,为实现党的十八大确定的奋斗目标和中国梦注入了强大动力。

90多年来,我们党之所以能凝聚起亿万人民的智慧和力量,战胜前进道路上的困难和风险,创造举世瞩目的"中国传奇",最根本的就是把群众路线作为党的生命线予以坚持和贯彻。无论是革命年代"唤起工农千百万",筑起"真正的铜墙铁壁",还是改革时期"尊重人民首创精神",推动当代中国在改革开放中走过万水千山,群众路线始终是我们党牢牢抓住并充分运用的重要法宝,也是我们党能够始终走在时代前列的重要秘诀。

站在21世纪第二个十年的历史节点上,我们既有民族复兴曙光在前的欢欣鼓舞,又有"行百里者半九十"的任重道远;用几十年时间走过西方国家几百年的路,我们取得了巨大成就,也必须化解所积累和叠加的矛盾问题。把握党所处的历史方位,牢记党所肩负的使命任务,我们就懂得了紧紧抓住群众路线这条党的生命线的紧迫性。

得民心者得天下,失民心者失天下。人心向背关系党的生死存亡,没有人民的支持,党将一事无成。这就是为什么中央反复告诫"马克思主义执政党的最大危险是脱离群众",反复强调"必须始终保持党同人民群众的血肉联系"。"开展党的群众路线教育实践活动,是实现党的十八大确定的奋斗目标的必然要求,是保持党的先进性和纯洁性、巩固党的执政基础和执政地位的必然要求，是解决群众反映强烈的突出问题的必然要求"，习近平总书记强调的这"三个必然要求"，其最终的精神指向也正在于此。

  党的先进性和党的执政地位都不是一劳永逸、一成不变的，人民是最根本的影响因子。党要带领人民实现民族复兴中国梦，要始终引领中国发展进步，始终成为中国特色社会主义事业的坚强领导核心，人民是最根本的依靠力量。牢牢抓住群众路线这条党的生命线，把为民务实清廉的价值追求深深植根于全党同志的思想和行动中，以优良作风把人民紧紧凝聚在一起，我们党就必定永葆旺盛的生机和活力，书写无愧于人民的光荣与梦想。

（2013年6月24日）

把宣传思想工作做得更好

弘扬中国精神，凝聚中国力量，在全党全国各族人民全面深化改革、奋力推进中国特色社会主义事业的关键时刻，党中央召开了全国宣传思想工作会议。这是一次全局性重要会议，对于做好新形势下宣传思想工作具有重大的理论和实践意义。

习近平总书记在会上发表的重要讲话，站在党和国家全局的高度，深刻阐述了事关宣传思想工作长远发展的一系列重大理论和现实问题，进一步明确了新形势下宣传思想工作的方向目标、重点任务和基本遵循。讲话统揽全局、思想深刻，蕴含着一系列新思想、新观点、新要求，体现了新一届中央领导集体的执政理念和执政方略，是一篇纲领性文献。当前，摆在我们面前的一项重要任务，就是要深入学习领会、全面贯彻落实习近平总书记重要讲话精神，切实把思想和行动统一到讲话精神上来，努力把宣传思想工作做得更好。

学习贯彻讲话精神，就要充分认识意识形态工作的极端重要性。历史和现实反复证明，能否做好意识形态工作，事关党的前途命运，事关国家长治久安，事关民族凝聚力和向心力。这"三个事关"，指明了意识形态工作引领社会、凝聚人心、推动发展的强大支撑作用，道出了意识形态工作的根本性、战略性、全局性意义。只有从推动事业长远发展、巩固党的群众基础执政基础的高度，认清肩负的责任、面临的挑战，我们才能进一步增强做好意识形态和宣传思想工作的自觉性坚定性。

学习贯彻讲话精神，就要牢牢把握宣传思想工作的根本任务和着力点。在我国社会深刻变革和对外开放不断扩大的条件下，宣传思想工作发生了很大变化，但其根本任务没有变，也不能变。这就是要巩固马克思主义在意识形态领域的指导地位，巩固全党全国人民团结奋斗的共同思想基础。实现这"两个巩固"，关键是要解决好对马克思主义和共产主义的信仰、对中国特色社会主义的信念问题。实现"两个巩固"、坚定信仰信念，宣传思想工作就有了立足点、聚焦点、着力点，就能进一步增强"三个自信"，牢固树立实现中华民族伟大复兴的中国梦这一共同理想。

学习贯彻讲话精神，就要牢牢把握宣传思想工作的基本要求和基本遵循。国际形势风云变幻，国内经济社会转轨转型，现代传播技术迅猛发展，对宣传思想工作提出了新的更高要求。正如习近平总书记指出的，宣传思想工作要把围绕中心、服务大局作为基本职责，胸怀大局、把握大势、着眼大事，找准工作切入点和着力点；坚持团结稳定鼓劲、正面宣传为主，巩固壮大主流思想舆论；坚持来之不易的宝贵经验，抓好理念创新、手段创新、基层工作创新；宣传阐释好中国特色，讲好中国故事，传播好中国声音。这些基本要求，既蕴含着对历史经验的深刻总结，又蕴含着对新形势新任务的科学判断，具有很强的战略指导性和现实针对性。贯彻落实这些基本要求，宣传思想工作就能沿着正确方向发展，做到因势而谋、应势而动、顺势而为。

众人拾柴火焰高。做好宣传思想工作，必须全党动手、全党参与，树立大宣传的工作理念，调动各方面力量，发挥各方面优势，从而形成推进宣传思想工作的强大合力。现在，新形势下宣传思想工作的大政方针已定，方向任务明确，关键是认真抓好落实。让我们紧密团结在以习近平同志为总书记的党中央周围，高举旗帜、团结一心、奋发进取，不断开创宣传思想文化工作新局面，为夺取中国特色社会主义新胜利、实现中华民族伟大复兴的中国梦作出新的更大贡献。

（2013年8月21日）

不要再为 GDP 排位纠结了

最近,北京、上海、广东纷纷调低经济增速目标,主动为转方式、调结构留出更大空间和余地;未来数年,天津、山西、内蒙古、山东等将大幅削减钢铁、水泥、焦炭等产能,以加快大气污染治理。这些行动,无疑会使增长速度慢下来、"账面"不好看,但彰显了转型发展的价值取向。

然而,也有一些地方依然顾虑重重、瞻前顾后。经济总量上不去,GDP 排位不靠前,如何体现地方实力、发展能力?会不会影响政绩、耽误升迁?这样的纠结,导致一些地方在转型发展中做"虚功"。一些干部口头表态"不再唯 GDP 是从",一到本地区,还是爱说"发展不足是最大问题";一些地方提纲挈领时把升级转型放在前面,一到具体工作,还是老想着上项目、抓投资,一副"降速可以,不在我这儿就行"的派头。

把推动经济社会又好又快发展的部署落到实处,这是中央的要求。习近平总书记多次强调,"我们不再简单以国内生产总值增长率论英雄","更不要为生产总值增长率、全国排位等纠结"。中央看一个地方工作做得怎么样,已经不光看生产总值增长率,而是看全面工作,看解决自身发展中突出矛盾和问题的成效。为什么有些同志还仍然对发展速度、经济总量指标看得很重?不抓紧甩掉 GDP 排位的包袱,加快转方式、调结构、促改革、惠民生,还等什么呢?

区域竞争是解读中国经济快速发展的一把钥匙,但也有副作用。比如,很多地方爱算这个账:前面有谁后面有谁?前面那个能不能赶过去?后面那个能不能甩得远一点?这种心态和政绩观要调整,各地要主动拿掉紧箍咒,GDP 排位即使下滑了,但把绿色发展工作搞上去了,在治理大气污染、解决雾霾方面做出贡献了,那也是非常值得称赞的。

很多干部心里应当清楚,30 多年快速发展积累下来的环境问题,已经进入了高强度频发阶段。如果不加快发展转型,即使实现了经济总量的大幅攀升，资源、环境会是一种什么情况？

分析一些地方的 GDP 构成，有的高度依赖煤炭、铁矿等资源，但其资源已经趋于枯竭；有的高度依靠制造业，但钢铁、水泥、平板玻璃等产能大量过剩；有的以劳动密集型产业为主，但附加值低、国际竞争力弱。扪心自问，这样的增长方式还能持续多久？表面光鲜的数据还能让自己笑多久？"黑色 GDP"模式还能让群众忍受多久？

GDP 作为一个国家发展程度的重要标志，不是不重要，而是要辩证看、全面看。靠"高投入、高排放、高污染"得来的高速增长，排在首位也不光彩。注重提质增效，加快转型升级，一时排在末位也不丢人。通过科技进步、制度创新、深化改革等释放了经济潜力与动力，才能带来又好又快的发展。今年上半年以来，我们用主动调控经济增速，换来了发展质量和效益的稳步提升，赢得了经济运行企稳向好的良好势头，这样的 GDP 放慢，不仅不该懊恼，反而更坚定了我们发展的信心。

离年底只有两个多月时间，当此之时，要特别注意防止一些地方"冲刺一下"的 GDP 冲动。不为一时增速所诱，不为表面成绩所惑，强身健体，勤练内功，发展的动力才能更强劲、更持久，经济的航船才更能抗风险、耐冲击，更高层次的发展也才能够如愿实现。

（2013 年 11 月 4 日）

为现代中国锻造坚强领导核心

站在新的历史方位，面对实现"两个百年"目标、实现中国梦的宏伟蓝图，肩负前无古人的壮丽事业，我们党怎样才能更好地担当使命，始终成为现代中国的坚强领导核心？这是时代对共产党人提出的一个重大命题。

治国必先治党，治党务必从严。围绕党要管党、从严治党，习近平总书记从思想建设、组织建设、作风建设、反腐倡廉建设和制度建设等方面作了系统的阐述。这些重要论述，深刻回答了党的建设的重大理论和现实问题，进一步明确了加强党的建设的关键和重点，为推进党的建设新的伟大工程指明了方向，为把我们党锻造为中国特色社会主义的坚强领导核心提供了重要遵循。全党同志深入学习贯彻讲话精神，就是要着力提升自我净化、自我完善、自我革新、自我提高能力，充分发挥表率带头作用和先锋模范作用，确保我们党始终走在时代前列，引领发展进步。

回望 90 多年来的历程，在每一个重大历史关头，我们党都是通过加强自身建设锻造自己，从而始终站在了时代变革的潮头，为我们伟大祖国的奋然前行不断指明正确方向。站在历史与未来的交汇点上，我们所肩负的任务艰巨繁重，改革所面临的矛盾问题、发展所要化解的风险挑战，难度一点都不亚于 30 多年前，我们党所面临的"四大考验"更加严峻、所面对的"四大危险"更加尖锐。要确保十八届三中全会擘画的改革蓝图取得成功，必须加强和改善党的领导，充分发挥好党总揽全局、协调各方的领导核心作用。唯有坚持加强党的自身建设，不断提高党的领导水平和执政水平、提高拒腐防变和抵御风险能力，我们党才能巩固执政地位、实现执政使命。

党要管党，才能管好党；从严治党，才能治好党。对我们这样一个拥有 8500 多万党员、在一个 13 亿人口大国长期执政的党，管党治党一刻不能松懈。全党同志务必深刻认识到，越是面对形形色色的物质诱惑、多元多样的思想观念，越应站稳政治立场、坚定理想信念，补足共产党人精神上的"钙"；

越是担当重大使命、面对艰巨繁重任务，越要做到信念坚定、为民服务、勤政务实、敢于担当、清正廉洁，成为党和人民需要的好干部。各级干部应当深深懂得，不良作风是隔在党和人民群众之间一座无形的墙，务必以优良作风把人民紧紧凝聚在一起，始终依靠人民推动历史前进；腐败是社会的毒瘤，唯有坚持有腐必反、有贪必肃，坚持"老虎""苍蝇"一起打，把权力关进制度的笼子里，才能凝聚民心、赢得人心。

历史雄辩地证明，党坚强有力，党同人民保持血肉联系，国家就繁荣稳定，人们就幸福安康。把习近平总书记系列讲话精神全面贯彻到经济社会发展各个方面，切实提高党要管党、从严治党的能力和水平，始终同人民心连心、同呼吸、共命运，我们党就必定能凝聚起不可战胜的磅礴力量，创造无愧于历史的辉煌业绩。

（2013年12月31日）

铭记历史开创未来

在中华民族的复兴征程上，这是两个具有特殊意义的日子。一个是1945年9月2日日本政府正式签订投降书，9月3日举国同庆，中国人民取得抗日战争的伟大胜利，也标志着世界反法西斯战争的完全胜利。一个是1937年12月13日，侵华日军在中国南京开始实施惨绝人寰的大屠杀，三十多万同胞惨遭日本侵略者杀戮。全国人大常委会近日作出决定，以立法形式将这两个日子分别确定和设立为国家层面的纪念日，集中反映了全体中国人民的共同意愿和心声。

那是一段悲惨屈辱的苦难历史，也是一部觉醒与奋起的悲壮史诗。1931年9月18日，日本侵略者策动"九一八事变"，进而侵占中国东北，并于1937年7月7日，悍然发动全面侵华战争，犯下了屠杀、奸淫、焚烧、掠夺等一系列惨绝人寰的罪行，南京大屠杀是其无数暴行中最集中、最突出、最具有代表性的一起，是人类文明史上灭绝人性的法西斯暴行。在民族危难之际，中国人民在中国共产党倡导建立的抗日民族统一战线的旗帜下，全体中华儿女万众一心、共赴国难，与日本侵略者进行了长达14年的艰苦卓绝的斗争，最终取得了近代以来中国反抗外敌入侵的民族解放战争的第一次完全胜利。

忘记历史就等于背叛，铭记历史才能开创未来。南京大屠杀死难者和在日本帝国主义侵华期间所有惨遭杀戮的死难同胞，值得我们永远悼念。在抗日战争中，所有英勇献身的英烈和为之作出贡献的人，值得我们永远缅怀。中国人民反抗日本帝国主义侵略的不屈不挠斗争，值得我们永远铭记。中国人民抗日战争暨世界反法西斯战争的伟大胜利，值得永远纪念。

通过立法形式确立纪念日和公祭日，并举行纪念和悼念活动，是国际通行做法。让中国人民缅怀先烈，纪念为抗战作出贡献的人们，为的就是牢记历史、不忘过去、珍爱和平、开创未来，表明中国人民坚决维护国家主权、领土完整和世界和平的坚定立场；为的就是牢记侵略战争给中国人民和世界人民造成的深重灾难，表明中国人民反对侵略战争、捍卫人类尊严、维护世界和平的坚定立场。同时，也是为了警醒全世界人民时刻共同避免历史悲剧的重演，更好地维护世界和平。

今天，我们比历史上任何时期都更接近民族复兴的伟大梦想。越是在这样的时候，越是要铭记历史，越不能忘记我们所走过的艰辛曲折的道路，越不能忘记无数英烈先辈所作出的贡献和付出的牺牲。在铭记历史中砥砺民族复兴的坚强信念，弘扬以爱国主义为核心的伟大民族精神，13亿人民就必定能完成几代中国人的夙愿，实现中华民族伟大复兴的中国梦。

（2014年2月28日）

听一听来自群众的呼声

第二批群众路线教育实践活动正在各地深入推进，人们普遍感受到："四风"在查、作风在转、风气在变，对于干部作风的社会信心指数在逐步上升。

然而，从一些群众的来信情况看，也有一些地方仍然存在"用形式主义反对形式主义"的问题，转作风走了形、变了味。

"上级一直强调治理文山会海，可是我们这里没有看到什么效果。领导用会议落实会议，大会小会上高谈阔论，一讲就是几个小时，有用的就那么几句。大领导坐在上面讲，小领导坐在台下听，我们这些基层干部，一壶一壶提水，一杯一杯倒茶。几个月下来，光纸杯就糟蹋了不少。耽误了工作，还浪费了资源。既然提倡开短会、少开会，就该把那些有名无实的会议，该取消的取消、该合并的合并、该缩减的缩减，有事说事，没事散会，不要浪费时间，说一堆的官话套话，领导们讲得累，大家听得烦，这样的会开之何用？"

"服务性窗口单位，到底应该怎样搞教育实践活动？我们这种基层单位有很多事务性、业务性工作，尤其是很多服务窗口，每天都是人满为患，这种情况下却被要求放下工作去学习教育，还要检查活动人数，人数不足就通报批评，于是出现了顶人头，或者暂停工作搞学习的现象，群众意见很大。我们的活动可不能一边反'四风'，一边搞'四风'，如果因为'学习教育'冲击正常的为人民服务，那是舍本求末、有悖初衷。"

"教育实践活动的主体到底是谁？我们学校是领导干部生病、普通群众吃药，开展活动根本不直接涉及领导干部，却让普通教师甚至学生充当主角，征求意见和阶段报告也是形式化地上交，根本没有按照群众意见解决。"

"我们这里的不少干部，对照检查材料是找人代劳，学习笔记总是检查前突击完成，体会是网上下载加个名字，活动变成每个单位由一名干部专门负责编造文件材料，然后给指定的贫困户送点钱，群众讽刺说：'累死一个人、浪费一箱纸、送出一摞钱。'"……

　　看看群众的反映，听听百姓的呼声，不啻当头棒喝。关于教育实践活动的目的，我们曾经写过很多评论，旗帜鲜明地指出就是要解决"四风"问题，不解决问题就是形式主义。如果一边反"四风"，一边搞"四风"，"虚"字当头，"空"字挂帅，领导干部与群众之间的隔阂只会越来越深，无形的墙只会越来越厚。正如群众来信所言，"老百姓要的是踏踏实实提高办实事的效率，解决亟待解决的矛盾和问题，而不是台上的豪言壮语、纸上的天花乱坠、表上的数字飞奔"。这些花拳绣腿、表面功夫，连自己都不信、都觉得烦，怎么能取信于民？

　　"天下事，以实则治，以文则不治。"各级领导干部应该清楚，活动开展得怎么样不是看总结有多长、材料有多厚，而是反"四风"取得了哪些实际成效，解决了多少实际问题。第二批活动越是进入后半程，越应该善始善终、善作善成，绝不能让转作风扭曲变形，绝不能让活动被形式主义异化，绝不能让反"四风"成为呼啸而过的一阵风。

（2014年6月15日）

人民民主是中国共产党始终高举的旗帜

每一个国家的发展,都有值得铭记的历史性时刻。60年前,1200多位各地选举产生的全国人大代表齐聚北京,召开了第一届全国人民代表大会第一次会议,新中国的根本政治制度——人民代表大会制度从此建立,这一人民当家作主的新型政治制度,翻开了我国政治发展史上的划时代一页。

"人民民主是社会主义的生命","人民民主是中国共产党始终高举的旗帜"。习近平总书记在庆祝全国人民代表大会成立60周年大会上的讲话,回顾了人民代表大会制度建立和发展的历程,为我们在新的历史起点上坚持和完善人民代表大会制度、推进社会主义民主政治建设,指明了正确方向。

评价一个国家政治制度是不是民主的、有效的,很重要的方面,就要看全体人民能否依法管理国家事务和社会事务、能否畅通表达利益要求、能否有效参与国家政治生活,国家决策能否实现科学化、民主化。60年来,从宪法的修改完善,到推动基层群众自治,再到实现城乡"同票同权",我们党坚定不移推进人民民主,不断巩固和完善人民代表大会制度,为的就是不断扩大人民有序政治参与,让人民实现内容广泛、层次丰富的当家作主;为的就是建设了解民情、反映民意、集中民智、珍惜民力的决策机制,增强决策透明度和公众参与度,保证决策符合人民利益和愿望。

事实是最有说服力的检验标准。改革开放30多年来,正是在有效保证人民广泛参加国家治理和社会治理的制度安排下,中国经济实现了起飞,综合国力、人民生活水平不断跨上新台阶,社会长期保持和谐稳定。实践充分证明,人民代表大会制度是符合中国国情和实际、体现社会主义国家性质、保证人民当家作主的好制度,中国社会主义民主政治具有强大生命力和显著优越性。

人民当家作主是社会主义民主政治的本质和核心。发展社会主义民主政治,保证国家政治生活既充满活力又安定有序,关键是要坚持党的领导、人民当家作主、依法治国有机统一。在新的奋斗征程上，扩大人民民主，健全民主制度，丰富民主形式，拓宽民主渠道，才能发展更加广泛、更加充分、更加健全的人民民主，让我们的民主更有质量；倾听人民呼声，顺应人民期待，不断解决好人民最关心最直接最现实的利益问题，才能调动人民积极性，让我们的民主更有活力。

60年前，毛泽东同志在第一届全国人民代表大会第一次会议上说："我们正在做我们的前人从来没有做过的极其光荣伟大的事业。"历史接力棒交到了我们这一代人手中，不断发展具有强大生命力的社会主义民主政治，我们就能凝聚起最广大人民的智慧和力量，共同创造更加幸福美好的未来。

（2014年9月6日）

党领导人民政协创造辉煌历史

这是一个载入历史的重要时刻。1949年9月21日，中南海怀仁堂群贤毕至，中国人民政治协商会议第一届全体会议召开，宣告新中国的成立和人民民主制度的建立。

65年来，作为中国人民爱国统一战线的组织、中国共产党领导的多党合作和政治协商的重要机构、我国政治生活中发扬社会主义民主的重要形式，人民政协积极投身建立新中国、建设新中国、探索改革路、实现中国梦的伟大实践，走过了辉煌的历程，建立了历史的功勋。

"人民政协创造了辉煌的历史"，"是实现国家富强、民族振兴、人民幸福的重要力量"，在庆祝中国人民政治协商会议成立65周年大会上，习近平总书记回顾了人民政协建立和发展的历程，高度评价了人民政协的重要作用，为我们在新起点上做好人民政协工作、发展社会主义协商民主，指明了正确方向。

"履不必同，期于适足；治不必同，期于利民。"判断一种制度的优劣，一个重要方面就是看它能不能调动和汇集最广泛的智慧和力量。无论是党的重大决策部署，还是国家经济社会发展规划的制定，无论是关系国计民生的重大工程上马，还是政府各项重要政策的出台、各领域改革的推进……在65年光辉岁月中，我们党准确把握人民政协的性质定位，围绕党和国家中心工作，充分发挥人民政协政治协商、民主监督、参政议政的作用。可以说，人民政协与共和国的脉搏，始终一起跳动。我们国家的经济繁荣、民主发展、社会和谐、人民幸福和祖国统一，人民政协的作用不可替代。事实证明，这一制度有利于广泛凝聚共识、有利于不断增进团结，是适合中国国情、具有鲜明中国特色的制度安排。

人民政协事业要沿着正确方向发展，就必须毫不动摇坚持中国共产党的领导。从提出"长期共存、互相监督、肝胆相照、荣辱与共"的十六字方针，到"中国共产党领导的多党合作和政治协商制度将长期存在和发展"写入宪法，再到强调充分发挥人民政协作为协商民主重要渠道作用，党的领导是人民政协事业发展进步的根本保证。我们党高度重视人民政协工作、不断巩固和完善协商民主，就是为了发扬民主、集思广益，就是为了统一思想、凝聚共识，就是为了科学决策、民主决策。一句话，就是为了实现人民当家作主。

65年前，中国人民政治协商会议第一届全体会议上，毛泽东同志曾说：我们有一个共同的感觉，这就是我们的工作将写在人类的历史上。如今，新一轮改革大潮已经起势，历史接力棒交到了我们这一代人手中。坚持党的领导、人民当家作主、依法治国有机统一，不断健全社会主义协商民主制度，让社会主义民主充满生机活力，人民政协就一定能创造更加辉煌的未来。

（2014年9月22日）

珍惜良好发展局面　维护香港繁荣稳定

香港特别行政区一部分人9月28日凌晨发起所谓"占领中环"非法集会，严重扰乱社会秩序，影响香港经济民生。"占中"贻害香港，祸延民众，如果任其迁延，后果不堪设想。在此非常时期，香港各界应该同心协力，支持特区政府依法处置，支持香港警方果断执法，尽快恢复香港社会秩序，并按照基本法和全国人大常委会决定的规定，推动适合香港实际情况的民主制度顺利发展。

"占中"破坏香港社会根基。法治是香港的根基之一，也是香港的核心价值。但是极少数"占中"人士却为了一己之私，视法律如无物。他们煽动民众，瘫痪交通，妨碍百业，酿成冲突，已经严重干扰了香港民众的正常生活，甚至对香港民众的人身和财产安全造成威胁。他们这种违法行为，理应承担法律责任。因此，一方面，我们坚决支持特区政府依法处置，以维护香港核心价值及香港民众利益；一方面奉劝"占中"发起者、参与者尽早停止一切违法行为，还香港社会安宁和秩序。在香港，言路完全畅通，任何人士如果对全国人大常委会的决定有不同看法，完全可以通过正当的渠道反映诉求、沟通情况，而不应该诉诸"占中"这种极端方式。"占中"不是"沟通"，"占中"就是对抗。如今极少数人士执意对抗法治，挑起事端，终将自食其果。

"占中"损害香港繁荣稳定。发展经济、改善民生，是香港当前最重要的课题，也是广大香港民众的共识。但"占中"却对香港的营商环境、经济发展、民众生活投下巨大阴影，并造成了即时的损害。香港伤不起，连日来，香港恒生指数大幅走跌，有金融机构被迫暂时关闭相关营业网点，多个机构取消原定举行的商业和社会活动。基于交通情况和民众安全，有的幼儿园和中小学也被迫停课，甚至连著名的国庆香港烟花汇演也被迫取消。"占中"让香港蒙尘，如果持续下去，势必损害香港作为国际化商业大都会的声誉，伤害广大港人的切身利益和根本福祉。

"占中"将窒碍香港民主制度顺利发展。全国人大常委会8月31日关于行政长官普选问题的决定,是依据基本法的规定,在充分听取香港社会各界意见的基础上作出的,符合香港实际情况,有利于维护国家主权、安全、发展利益和香港长期繁荣稳定,是香港特别行政区行政长官实行普选的宪制基础,具有不可动摇的法律地位和有效性。"占中"人士的所为,是在毁坏香港民主发展的宪制基础,是在阻碍2017年一人一票普选特首目标的实现。

希望香港社会各界珍惜和维护香港稳定发展的良好局面,按照基本法和全国人大常委会决定的规定,理性务实,凝聚共识,共同推动适合香港实际情况的民主制度顺利发展。

(2014年10月1日)

用法治中国凝聚复兴力量

一个富强民主文明和谐的中国，首先是法治的中国；一个自由平等公正的社会，首先是法治的社会；国家治理体系和治理能力的现代化，首先是制度建设和治理方式的法治化。

金秋十月，正在北京召开的十八届四中全会，把法治中国提升到前所未有的高度。这是我们党首次以依法治国为主题的中央全会，在依法治国基本方略提出18个年头之后，法治中国的建设将展开新的蓝图、迈向更高境界。

"法令行则国治，法令弛则国乱。"党的十八大以来，以习近平同志为总书记的党中央深刻总结历史、着眼未来，提出全面推进依法治国，对法治建设作出重大部署，积极回应了人民群众的关注和期待，表明了党中央加快建设社会主义法治国家的坚定决心和信心。

从提出"法治是治国理政的基本方式，全面推进依法治国"，到明确"坚持依法治国首先要坚持依宪治国，坚持依法执政首先要坚持依宪执政"；从强调"建设法治中国，必须坚持依法治国、依法执政、依法行政共同推进，坚持法治国家、法治政府、法治社会一体建设"，到要求各级领导干部"提高运用法治思维和法治方式深化改革、推动发展、化解矛盾、维护稳定能力"……以习近平同志为总书记的党中央高扬法治精神、发展法治理论、运用法治思维、创新法治方式，为中国特色社会主义法治道路指明了方向，为我们党治国理政提供了根本遵循。

两年多来，正式废止劳动教养制度，表达着推进法治的决心；"让审理者裁判，由裁判者负责"，确立着司法改革的原则；"政府职能转变到哪一步，法治建设就要跟进到哪一步"，展现着依法行政的步伐；首次集中清理党内法规制度，近四成被废止或宣布失效，传递着依法执政的决心；坚持用法治思维和法治方式反腐败，强调"凡属重大改革都要于法有据"，党和国家建设的各层次领域，都在前所未有的广度和深度上，向着制度化、法律化不断推进。法治中国的建设，回应着公平正义的群众诉求，诠释着现代治理的题中之义，激发着改革发展的前进动力。

在新的历史起点上，法治中国的主线日益清晰。"人民对美好生活的向往，就是我们的奋斗目标。"人民群众的利益和愿望体现在哪里？在党团结带领全党和全国各族人民创造幸福的过程中，法治既是必要途径，更是制度保障。唯有依靠法治，依靠宪法和法律体系才能凝聚共识和力量，保证中国社会可持续的发展与稳定。坚持依法治国，就是维护人民群众的根本利益；建设法治中国，就是凝聚民族复兴的力量。全面推进依法治国，就是要以法治巩固人民主体地位、维护人民合法权利，弘扬和践行法治这一价值理念，为法治中国的建设打牢深厚的群众基础。

"法者，天下之准绳也。"在我们这样一个13亿人口的大国，要实现政治清明、社会公平、民心稳定、长治久安，最根本的还是要靠法治。弘扬法治精神，凝聚法治力量，我们就能在创造经济奇迹之后，创造具有中国特色的法治文明，为实现中国梦提供有力法治保障，为人类政治文明作出新的更大贡献。

（2014年10月21日）

引领民族复兴的战略布局

再没有什么使命,比引领一个民族走向复兴更光荣;再没有什么事业,比团结十几亿人民共圆梦想更崇高。

这是一个崭新的起点。2012年11月,以习近平同志为总书记的党中央接过历史的接力棒,在新中国成立以来党和人民接续奋斗的基础上,继续在中国特色社会主义道路上谋划民族复兴的伟大事业,续写这无上的光荣。国家博物馆,《复兴之路》展览中思接千载,追寻中国梦。深圳莲花山,邓小平铜像前再展宏图,激荡改革潮。纪念"八二宪法"颁行,重申依宪治国、依法执政,塑造法治魂。力行八项规定,以上率下言出必果,坚守生命线……履新第一个月,起笔落墨之际,前进航标已然确立。两年多来,从党的十八大强调"全面建成小康社会",到党的十八届三中全会部署"全面深化改革",再到党的十八届四中全会要求"全面依法治国"、党的群众路线教育实践活动总结大会宣示"全面从严治党","四个全面"战略布局清晰展现。

历史,从来都是在直面问题中展开其波澜壮阔的画卷。经济总量领先下的人均落后,先富起来之后的共富挑战,资源环境约束下的转变压力,创新能力与发展需求脱节,国内外安全风险叠加交织,治理现代化目标任重道远……习近平总书记坚持问题导向和科学思维,以当代中国共产党人的全局视野和战略眼光,坚定中国自信、立足中国实际、总结中国经验、针对中国难题,提出"四个全面"战略布局。这"四个全面",是从我国发展现实需要中得出来的,是从人民群众的热切期待中得出来的,是为推动解决我们面临的突出矛盾和问题提出来的,立足治国理政全局,抓住改革发展稳定关键,统领中国发展总纲,确立了新形势下党和国家各项工作的战略方向、重点领域、主攻目标。

第一次将全面建成小康社会,定位为"实现中华民族伟大复兴中国梦的关键一步";第一次将全面深化改革的总目标,确定为"完善和发展中国特色社会主义制度、推进国家治理体系和治理能力现代化";第一次将全面依法治国,论述为全面深化改革的"姊妹篇",形成"鸟之两翼、车之双轮";第一次为全面从严治党标定路径,要求"增强从严治党的系统性、预见性、创造性、实效性",锻造我们事业更加坚强的领导核心。每一个"全面",都是一整套结合实际、继往开来、勇于创新、独具特色的系统思想,闪耀着辩证唯物主义和历史唯物主义的理论光辉。"四个全面"相辅相成、相互促进、相得益彰,是我们党治国理政方略与时俱进的新创造、马克思主义与中国实践相结合的新飞跃。

马克思说:"理论在一个国家实现的程度,总是决定于理论满足这个国家的需要的程度。""四个全面"战略思想和战略布局,正是中国"发展起来以后",更加注重发展和治理系统性、整体性、协同性的必然选择。两年多来,统筹改革发展稳定,各项举措力度空前,经济发展进入新常态;推进依法治国、依法执政、依法行政,社会主义法治体系建设破局开篇,公平正义成为全面小康的重要着眼点;推进治党治国治军,反腐倡廉纯洁队伍,正风肃纪凝聚人心;运筹内政外交国防,中国梦与亚太梦、世界梦同频共振……短短两年多时间,科学统筹、协调推进重大决策部署,让局面为之而变、气象为之而新、民心为之而振。事实充分证明,"四个全面"是坚持和发展中国特色社会主义道路、理论、制度的战略抓手。

"既要注重总体谋划,又要注重牵住'牛鼻子'。"2015年中央政治局第一次集体学习,习近平总书记对辩证唯物主义基本原理和方法论的阐述,也是对"四个全面"战略布局哲学基础的揭示。"四个全面",既有目标又有举措,既有全局又有重点,每一个"全面"都具有重大战略意义。发展是时代的主题和世界各国的共同追求,改革是社会进步的动力和时代潮流,法治是国家治理体系和治理能力现代化的重要保障,从严治党是执政党加强自身建设的必然要求。四者不是简单并列关系,而是有机联系、相互贯通的顶层设计。建成小康社会、焕发改革精神、增强法治观念、落实从严治党,"四个全面"的主线,勾绘出的是社会主义中国的未来图景。很多时候,只有站在历史的峰峦之上,才能更清晰地洞察时代风云,更准确地把握前进方向。90多年来,从领导新民主主义革命、社会主义革命和建设,为当代中国一切发展进步奠定基础;到确定改革开放这一决定当代中国命运的关键一招,开辟中国特色社会主义广阔道路,几代共产党人接力探索的过程,如此艰辛,也如此壮阔。"四个全面"的关键就在于坚持中国道路、增创中国优势。这一战略布局，统一于民族复兴的伟大梦想，统一于中国特色社会主义伟大事业，统一于党的建设新的伟大工程，统一于我们正在进行的具有许多新的历史特点的伟大斗争。它兼顾中国特色和世界潮流，体现中国与世界的深刻互动，深化了对共产党执政规律、社会主义建设规律、人类社会发展规律的认识，是中国和中国人民阔步走向未来的关键抉择。

站在历史与未来的交汇点，更伟大的征程正在我们面前展开。谋小康之业、扬改革之帆、行法治之道、筑执政之基，这是一场艰苦的奋斗，也是一次豪迈的进军。行走在复兴之路上，中国的昨天，雄关漫道真如铁；中国的今天，人间正道是沧桑；中国的明天，直挂云帆济沧海。

（2015 年 2 月 25 日）

以"三严三实"推进全面从严治党

全面从严治党,贵在驰而不息。在中办印发《关于在县处级以上领导干部中开展"三严三实"专题教育方案》的通知后,4月21日中央又批准召开"三严三实"专题教育工作座谈会。这充分表明党中央对这一工作的高度重视,体现了党中央推进全面从严治党的态度和决心。

党的十八大以来,习近平总书记多次强调,党员干部特别是各级领导干部要严以修身、严以用权、严以律己,谋事要实、创业要实、做人要实。这"三严三实",贯穿着马克思主义政党建设的基本原则和内在要求,体现着共产党人的价值追求和政治品格,丰富和发展了党的建设理论,明确了领导干部的修身之本、为政之道、成事之要,为加强新形势下党的思想政治建设和作风建设提供了重要遵循。

在党的群众路线教育实践活动结束后不久,紧接着开展"三严三实"专题教育,这是党的群众路线教育实践活动的延展深化,是持续深入推进党的思想政治建设和作风建设的重要举措,是严肃党内政治生活、严明党的政治纪律和政治规矩的重要抓手。

从深化作风建设来看,转作风改作风正处于一个关键点、节骨眼上,必须乘势而上;从守纪律讲规矩、营造良好政治生态来看,进一步明规矩、严纪律、强约束,还要从严上入手、从实处着力;从锻造过硬队伍、推进事业发展来看,也需要大力弘扬严的精神、实的作风。"三严三实"专项教育有的放矢、指向性强,对于进一步增强党的创造力凝聚力战斗力、推进"四个全面"重大战略布局,具有十分重要的现实意义。

我们党干革命、搞建设、抓改革,从来都是为了解决中国的现实问题。开展"三严三实"专题教育,同样要强化"问题导向":着力解决理想信念动摇、信仰迷茫、精神迷失,宗旨意识淡薄、忽视群众利益、漠视群众疾苦,党性修养缺失、不讲党的原则等问题;着力解决滥用权力、设租寻租,官商勾结、利益输送，得过且过、不负责任、不敢担当等问题；着力解决无视党的政治纪律和政治规矩，对党不忠诚、做人不老实，阳奉阴违、自行其是，心中无党纪、眼里无国法等问题。可以说，教育是为了解决问题，解决问题才是最好的教育。

领导带头，才能促进全党积极响应；以身作则，才能推动全党奋发进取。此次"三严三实"专题教育，中央政治局带头开展。各级领导干部都要深刻把握"以上率下、示范带动"的方法要求，带头学习提高、带头查摆问题，努力当好忠诚、干净、担当的标杆，一级做给一级看，一级带着一级干，让"三严三实"成为各级领导干部修身做人用权律己的基本遵循、干事创业的行为准则。

"心中有党不忘恩、心中有民不忘本、心中有责不懈怠、心中有戒不妄为。"通过开展"三严三实"专题教育，造就"三严三实"的干部队伍，我们就能不断提高党的执政能力、执政水平，为实现"两个一百年"奋斗目标和中华民族伟大复兴的中国梦凝聚起团结奋进、攻坚克难的强大力量。

（2015年4月22日）

任何人都没有超越宪法法律的特权

法理昭彰，有腐必惩。6月11日，周永康受贿、滥用职权、故意泄露国家秘密案一审宣判。对这一案件的依法处理，彰显了全面依法治国的执政理念，昭示了我们党依法惩治腐败的鲜明态度和坚定决心。

党纪国法对全党具有普遍的约束力。周永康作为党和国家原领导人，走上违法犯罪道路，给党和人民事业造成巨大损失，严重损害党的形象，严重损害国家利益，严重损害法律尊严，必须依法予以严惩。综观此案，从立案、侦查、提起公诉到审理、宣判，整个过程都坚持以事实为根据、以法律为准绳，坚持依法按程序办案，贯穿着"以法治思维和法治方式反对腐败"的基本理念。这充分说明，党纪面前没有特殊党员，国法面前没有特殊公民，无论权力大小、职务高低，没人能当"铁帽子王"，只要破坏法纪、践踏法纪，就必然会受到党纪国法的严惩。事实再次告诉我们，任何党的组织和个人都必须尊重宪法法律和党纪权威，都必须在宪法法律和党纪范围内活动，都必须依照宪法法律和党纪行使权力、履行职责，都没有超越宪法法律和党纪的特权。

党的十八大以来，以习近平同志为总书记的党中央从党和国家生死存亡的高度，始终保持反腐败高压态势，坚定不移地依法惩治腐败，提振了全党信心，增强了党的威信，赢得了广大人民群众信任和拥护，为经济社会发展凝聚了强大正能量。事实证明，全面从严治党、全面依法治国，已经成为当今中国的广泛共识；依法严惩腐败、清除害群之马，是我们党有力量的表现，也是全党同志和广大群众的共同愿望。

依法处理这一案件再次说明，我们党敢于直面问题、纠正错误，勇于从严治党、依法治国。坚持在法治的框架下惩治腐败，使反腐败走向规范化、制度化；着力用法律制度约束权力，把反腐倡廉建设与推进国家治理体系和治理能力现代化紧密结合起来，这是我们党反对腐败、建设廉洁政治的根本方向。各级党组织要自觉用法律制度规范和约束权力，确保权力在法治轨道上、制度笼子里运行，确保人民赋予的权力只能用来为人民谋利益，从根本上预防和减少腐败问题的发生。要提高法律制度的执行力，让法律制度成为带电的"高压线"，确保党员干部特别是领导干部心有所畏、言有所戒、行有所止，真正做到为民用权、秉公用权、依法用权、廉洁用权。

只有对党纪国法心存敬畏、手握戒尺，对一切诱惑腐蚀保持高度警惕，才能做到不越界、不越轨。广大党员干部特别是高级干部必须牢固树立宪法法律至上、法律面前人人平等、权由法定、权依法使等基本法治理念，带头信仰法治、坚守法治，自觉做尊法学法守法用法的模范。必须懂得有权必有责、用权受监督、违法必追究的道理，严格按照法定权限和程序行使权力，决不允许超越法定权限、违反法定程序行使权力。必须牢记法纪红线不可逾越、法纪底线不可触碰，决不允许以任何借口任何形式凌驾于党纪国法之上，决不允许干扰宪法法律实施、干涉依法办案。必须进一步增强坚守法纪的定力、厉行法纪的意志，坚决同破坏党纪国法实施、践踏党纪国法尊严的行为作斗争，当好党纪国法的守护者。

党风廉政建设和反腐败斗争永远在路上。有全党上下齐心协力，有人民群众鼎力支持，有法律制度强力支撑，在全面建成小康社会、全面深化改革、全面依法治国、全面从严治党的伟大征程上，我们就一定能打赢这场攻坚战、持久战，管好党、治好国，不负历史使命、不负人民重托。

（2015年6月12日）

两岸关系翻开历史性的一页

历史将铭记这一天。11月7日,一个很特别的日子,台海两岸领导人在66年后首次会面,习近平、马英九的手紧紧握在一起,共同翻开两岸关系历史性的一页。

"两岸同胞是打断骨头连着筋的同胞兄弟,是血浓于水的一家人。"两岸领导人这次历史性会面,以相互尊重和建设性的态度,围绕推进和平发展、致力民族复兴的主题,坦诚深入交换看法。双方回顾了66年来两岸关系的不平凡历程和历史性变化,充分肯定了2008年以来两岸关系走上和平发展道路取得的丰硕成果,总结了两岸关系和平发展的经验和启示,阐述了进一步推动两岸关系发展的政策主张,并就此达成积极共识。正如习近平所言,我们应该以行动向世人表明:两岸中国人完全有能力、有智慧解决好自己的问题,并共同为世界与地区和平稳定、发展繁荣作出更大贡献。

这是两岸关系发展史上具有里程碑意义的大事,踏出了两岸高层政治互动往来的关键性一步,开创了两岸领导人直接对话沟通的先河。

两岸领导人会面,开辟了两岸关系发展新前景。会面就推进两岸关系和平发展交换意见,探讨深化两岸各领域交流合作、增进两岸民众福祉等重大问题,将两岸交流互动提升到新高度。这对巩固"九二共识"政治基础,推动两岸关系和平发展,维护台海和平稳定,实现中华民族伟大复兴具有重大意义。

两岸领导人会面,得益于两岸关系和平发展累积的丰硕成果。7年来,在两岸双方和两岸同胞的共同努力下,台海局势缓和,收获了和平稳定;两岸经贸合作交流,收获了互利共赢;两岸人员往来,收获了亲情福祉。正因为有了这7年的积累,两岸双方才能迈出今天这历史性的一步。

两岸领导人会面,也是两岸双方顺应两岸同胞心愿和时代潮流共同采取的一项重大举措。当前,两岸关系发展面临方向和道路的抉择,两岸同胞期望台海保持和平稳定、两岸关系继续和平发展并结出更多惠民硕果。两岸领导人坐在一起，正是为了让历史悲剧不再重演，让两岸关系和平发展成果不得而复失，让两岸同胞继续开创和平安宁的生活，让我们的子孙后代共享美好的未来。

两岸领导人会面，为的是进一步夯实两岸互信的政治基础。7年来两岸关系能够实现和平发展，关键在于双方确立了坚持"九二共识"、反对"台独"的共同政治基础。没有这个定海神针，和平发展之舟就会遭遇惊涛骇浪，甚至彻底倾覆。继续推动两岸关系向前发展，确保和平发展正确方向，两岸双方需要不断巩固这个共同政治基础，深化对一个中国原则和两岸关系根本性质的认知。对"台独"势力及其分裂活动，两岸同胞要团结一致、坚决反对。

两岸一家亲，家和万事兴。两岸领导人实现历史性会面，充分说明在一个中国原则基础上，两岸双方完全能够在高层级加强沟通、增进互信、管控分歧，共同维护台海和平稳定，共谋两岸关系发展，造福两岸同胞。今天，我们比以往任何时候都更加接近、更有能力实现民族复兴的伟大梦想。站在两岸关系发展的新起点上，两岸双方应该胸怀民族整体利益，紧跟时代前进步伐，携手巩固两岸关系和平发展大格局，共同实现中华民族的伟大复兴。

（2015年11月8日）

从全局出发把握新闻舆论工作

唱响主旋律，传播正能量，在全面建成小康社会进入决胜阶段之际，中央召开党的新闻舆论工作座谈会，充分体现了党中央对新闻舆论工作的高度重视。会上，习近平总书记从党和国家全局的高度，深刻阐述了做好新闻舆论工作的重要意义和必须坚持的正确政治方向、基本工作遵循、队伍建设要求，强调要切实加强和改善党对新闻舆论工作的领导。现在，摆在新闻舆论战线面前的一项重要政治任务，就是要深入学习领会、全面贯彻落实习近平总书记重要讲话精神，努力把新闻舆论工作做得更好。

舆论历来是影响社会发展的重要力量。做好党的新闻舆论工作，事关旗帜和道路，事关贯彻落实党的理论和路线方针政策，事关顺利推进党和国家各项事业，事关全党全国各族人民凝聚力和向心力，事关党和国家前途命运。习近平总书记用五个"事关"来阐明党的新闻舆论工作的极端重要性，强调党的新闻舆论工作是党的一项重要工作，是治国理政、定国安邦的大事，必须从党的工作全局出发把握定位，做到思想上高度重视、工作上精准有力。

从全局出发把握新闻舆论工作，就要坚持"阵地意识"。新闻舆论处在意识形态工作的最前沿，好的舆论可以引领社会、凝聚人心、推动发展，不好的舆论则会撕裂社会、搞乱人心、破坏发展。历史和现实都证明，新闻舆论阵地没有真空，正确的思想舆论不去占领，必然被各种错误的思想舆论占领。党和人民如果不能掌握新闻舆论阵地，就可能犯颠覆性错误。对此，我们必须看得很清楚，必须增强主动性、掌握主动权、打好主动仗，坚决打赢新闻舆论争夺战。

从全局出发把握新闻舆论工作，就要坚持"引领意识"。舆论导向正确，是党和人民之福；舆论导向错误，是党和人民之祸。新形势下，党要带领人民协调推进"五位一体"总体布局和"四个全面"战略布局，带领人民实现"两个一百年"奋斗目标，实现中华民族伟大复兴的中国梦，就必须坚持以正确的舆论引导人，全面营造有利于坚持中国共产党领导和我国社会主义制度、有利于推动改革发展、有利于增进全国各族人民团结、有利于维护社会和谐稳定的舆论环境。这是全国各族人民的根本利益所在，也是最重要最根本的导向。

从全局出发把握新闻舆论工作，就要坚持"创新意识"。这些年，党的新闻舆论工作反映人民伟大实践和精神风貌，有力激发了党和人民团结奋斗的强大力量，取得的成绩必须充分肯定，同时也面临新的挑战。如何适应媒体格局和舆论生态的深刻变化？如何应对新媒体带来的深刻改变？如何在"西强我弱"的国际舆论格局中更好地传播中国声音？找准方位才能把握航向，主动作为才能克难前行。在解决问题中不断改进，在迎接挑战中锐意创新，才能不断巩固壮大主流舆论，画出最大的同心圆。

重视党的新闻舆论工作，是我们党的优良传统和重要法宝。全党都要认真学习贯彻习近平总书记在党的新闻舆论工作座谈会上的重要讲话精神，真正从全局出发把握新闻舆论工作，推动新闻舆论战线适应形势发展，积极改革创新，全面提高工作能力和水平，开创党的新闻舆论工作新局面。

（2016年2月21日）

中国维护南海领土主权和海洋权益的决心坚定不移

2016年7月12日，菲律宾南海仲裁案仲裁庭罔顾基本事实，肆意践踏国际法和国际关系基本准则，公布了严重损害中国领土主权和海洋权益的所谓"裁决"。中国政府和中国人民对此坚决反对，绝不接受和承认。

中国人民世世代代在南海生产生活，早已成为南海诸岛的主人。历代中国政府通过行政设治、军事巡航、生产经营、海难救助等方式，持续对南海诸岛进行管辖，中国早已对南海诸岛及其附近海域确定了无可争辩的主权。近百年来，尽管南海风云变幻，尽管南海诸岛也短暂遭受过侵略者的荼害，但中国维护自身领土主权和海洋权益的决心从未动摇过。为此，英勇的中华儿女前仆后继，付出了巨大牺牲。中国自古倡导"强不执弱，富不侮贫"。不属于我们的土地，我们一寸也不要。但属于我们的领土，我们寸土不让。中国将采取一切必要措施，保护领土主权和海洋权益不受侵犯，一切侵害中国领土主权和海洋权益的企图都只能是妄想。

中华民族是热爱和平的民族，身体中流淌着和平的血液。作为南海最大沿岸国，中国从维护南海地区和平与稳定的大局出发，在南海问题产生后的几十年里始终保持极大克制，从未主动挑起争议，也没有采取任何使争议复杂化、扩大化的行动。中方一贯坚持维护南海的和平稳定，坚持通过谈判协商和平解决争议，坚持通过规则机制管控分歧，坚持维护南海的航行和飞越自由，坚持通过合作实现互利共赢。在各方的共同努力下，南海地区走出冷战阴霾，长期保持着和平稳定，走上繁荣发展的道路，南海的航行和飞越自由也得到了充分保障。

然而在外部势力的直接操纵和鼓动下，菲律宾阿基诺三世政府和仲裁庭罔顾基本事实，背离基本法理，一意孤行，打着规则和法治的旗号，假公器之名，欲逞其私利，企图通过曲解适用《联合国海洋法公约》来达到否定中国在南海领土主权和海洋权益的目的。对于这种彻头彻尾的政治挑衅，中国当然不会接受，这既是捍卫中国领土主权和海洋权益的必要之举，也是维护国际法尊严和地位、践行国际法的正义之举。国际社会中的许多国家和组织以及不少有识之士均对中国的立场表达了支持。国际法学界专业人士也纷纷对强制仲裁程序被滥用表示担忧和关切，认为菲律宾南海仲裁案伤害《联合国海洋法公约》争端解决机制的信誉，破坏《联合国海洋法公约》建立的国际海洋秩序，对现行国际秩序构成威胁。菲律宾阿基诺三世政府为满足一己私欲而破坏国际法治，侵害中国权益，仲裁庭枉法裁判，充当外部势力"提线木偶"，终是竹篮打水一场空的闹剧，将会被历史和时代所唾弃。

无论过去、现在还是将来，任何企图挑战中国底线的行为只能是搬起石头砸自己的脚。中国人民维护领土主权和海洋权益的决心坚定不移。

（2016年7月13日）

壮哉，女排精神！

"女排精神，洪荒之力！""中国女排一直是我心中的神！""如果奇迹有颜色，那么一定是中国红！"……当近10亿中国观众聚焦里约奥运会女排决赛，当全世界华人瞩目这场意义远超体育竞赛的巅峰对决，一份久违的感动像闪电击中亿万观众，一股雄奇的力量穿越重洋，叩响每个中国人的心扉。

中国女排再夺奥运冠军，让人忆起曾经的光辉岁月。35年前的冬日，女排姑娘首次荣获世界冠军。咚咚的"铁榔头"，敲响了"团结起来，振兴中华"的战鼓，提振了中国人的精气神。这支光荣的队伍不仅是竞技舞台上一张亮丽的国家名片，更成为无数中国人的励志榜样。"三连冠""五连冠"，在那个国门刚刚打开、人民呼唤精神力量的时代，中国女排以她们无畏的拼搏精神跨上巅峰，向世界证明了"中国人能行"。在那个改革开放大幕初启、中国奋力追赶世界的时代，女排精神如同一面旗帜，让世人看到中国的集体主义、爱国精神、自强意志，能达到怎样的高度、能创造怎样的奇迹。无私奉献、团结协作、艰苦创业、自强不息的女排精神，是民族精神与时代精神的完美结合，成为一个时代的集体记忆、价值标签。

时光流转，世事沧桑。30多年来，女排姑娘有过成功登顶的荣耀与辉煌，也有过跌入低谷的徘徊和迷茫。但"跌得有多深，反弹就有多强"，正如主教练郎平所言："中国的女排精神与输赢无关，不是说赢了就有女排精神，输了就没有。要看到这些队员努力的过程。"坚守为国争光的梦想，永葆求新求变的精气神，不忘初心，与时俱进，用专业素养提升实力，以开放包容博采众长，靠苦干巧干赢得竞争，这是新时代女排精神的丰富内涵所在、持久魅力所在、深刻启迪所在，也正是新长征路上的中国人不畏艰险、奋力追上时代的底气所在、力量所在。

历史是现在跟过去之间永无止境的问答交流。今天的中国，时代正打开一幅全新的场景，冲顶更需要坚强的意志、精神的伟力。面对决胜全面小康的艰巨挑战，面对困难众多的经济新常态，我们依然要发扬历久弥新的女排精神，去解决众多"发展起来以后的问题"，去化解"为山九仞、功亏一篑"的风险，去应对暮气日长、锐气渐消的挑战，为民族复兴提供凝心聚气的强大精神动力。

"再难的逆境也绝不言弃"，"可以被打败但是绝不会被打倒"，"哪有什么洪荒之力，不过是在咬牙坚持"，中国女排正是凭着这样的执着勇毅去拼搏去奋斗。今天，啃下全面深化改革的硬骨头，涉过经济转型升级的险滩，都需要发扬女排精神，去把困难踩在脚下，把责任扛在肩上，把梦想化作风帆。

壮哉，女排精神！加油，中华儿女！

（2016年8月22日）

勇做世界经济弄潮儿

钱塘江潮起潮落，西子湖春去秋来。在世界经济深度调整的关键时期，在全球治理体制变革的历史关口，二十国集团领导人第十一次峰会在中国杭州拉开帷幕。人们期盼本次会议为世界经济把好脉、开好方，人们也期待主席国提出中国方案、提供中国智慧。

"中国的发展前景一定会越来越好，对世界的贡献一定会越来越大"，"让增长和发展惠及所有国家和人民"，"期待着二十国集团勇做世界经济的弄潮儿"，习近平主席在二十国集团工商峰会开幕式上的主旨演讲，用"四个进程""五个新的起点"向世界介绍中国发展的过去和未来，用"四个建设""三个共同"为全球经济开出综合施治的药方。习近平主席的主旨演讲，彰显了发展中大国的责任和担当，提振了全球经济增长的信心和勇气。

今天，面对世界经济的复杂形势和风险挑战，人们把更多目光投向世界第二大经济体中国。中国经济能否实现持续稳定增长？中国能否把改革开放推进下去？中国能否避免陷入"中等收入陷阱"？习近平主席的主旨演讲，以"五个新的起点"有力地回答了这三个问题。今年上半年，中国经济增长6.7%，并在诸多方面交出漂亮答卷。成绩的背后，是中国创新、协调、绿色、开放、共享的发展理念，是中国坚定不移全面深化改革、开拓更好发展前景的新起点，是中国坚定不移实施创新驱动发展战略、释放更强增长动力的新起点，是中国坚定不移推动绿色发展、谋求更佳质量效益的新起点，是中国坚定不移推进公平共享、增进更多民众福祉的新起点，是中国坚定不移扩大对外开放、实现更广互利共赢的新起点。勇于中流击水、敢为天下先的中国，有信心、有能力保持经济中高速增长，继续在实现自身发展的同时为世界带来更多发展机遇。

"善治病者，必医其受病之处；善救弊者，必塞其起弊之原。"面对世界经济这条大河迟滞有余、灵动不足的现状，如何真正让世界经济之水活起来？建设创新型世界经济，开辟增长源泉；建设开放型世界经济，拓展发展空间；建设联动型世界经济，凝聚互动合力；建设包容型世界经济，夯实共赢基础。习近平主席提出的四个建设目标，是对杭州峰会主题"构建创新、活力、联动、包容的世界经济"的深刻阐释，既直面现实挑战，又富有前瞻性，从源与流、路径和方向等方面，回应了促进世界经济增长的中心任务，提供了治标更治本的长远之策，同时也向国际社会传递了明确的信号：二十国集团不仅属于二十个成员，也属于全世界。

一个行动胜过一打纲领。二十国集团领导人峰会已经举行过10届，发展正处在关键节点。推动二十国集团从短期政策向中长期政策转型，从危机应对向长效治理机制转型，巩固其作为全球经济治理重要平台的地位，关键在于坚定信念、立即行动。习近平主席在主旨演讲中提出，共同维护和平稳定的发展环境，树立共同、综合、合作、可持续的新安全观；共同构建合作共赢的新型国际关系，打造利益共同体和命运共同体；共同完善全球经济治理，构建以开放为导向、以合作为动力、以共享为目标的全球经济治理新格局。这三个共同，必将为世界和平、稳定、发展奠定新的基础，为增进全人类福祉作出新的贡献。

"弄潮儿向涛头立，手把红旗旗不湿。"一千多年前，中国北宋词人以豪迈的气势和劲健的笔触，描绘了钱江潮涌的壮美风光，赞叹了弄潮儿的矫健英姿。未来两天，在钱塘江边、西湖之畔，擘画全球经济增长的新蓝图，推动杭州峰会取得丰硕成果，我们必将激荡起发展、繁荣、进步的大潮，推动世界经济走上强劲、可持续、平衡、包容增长之路。

（2016年9月4日）

增强"四个意识" 维护党中央权威

"事在四方,要在中央。"党面临的形势越复杂,肩负的任务越艰巨,就越要维护党的团结和集中统一。党的十八届六中全会要求全党进一步增强"四个意识",正是要确保全党统一意志、统一行动,充满生机、充满朝气,确保我们党始终成为中国特色社会主义事业的坚强领导力量。

我们党是用马克思主义理论武装起来的先进政党,必须坚定正确政治方向,坚守崇高理想信念。统筹推进"五位一体"总体布局,建设中国特色社会主义伟大事业,面对"四大考验"和"四种危险"的严峻挑战,面对协调推进"四个全面"战略布局的艰巨使命,只有不忘初心、继续前进,不断增强政治意识、大局意识、核心意识、看齐意识,才能筑牢全面从严治党的思想基础,我们党才能担负起团结带领全国各族人民实现中华民族伟大复兴的历史使命。

可以说,增强"四个意识"是维护党的团结和集中统一、推进全面从严治党的关键。"四个意识"是统一整体,为的都是确保全党方向和立场坚定正确,确保局部和整体协调一致,确保团结和集中统一,确保队伍整齐有力。怎样体现"四个意识"?如何检验"四个意识"?首先就要看是否紧密团结在党中央周围,团结在党的核心周围;就要看是否向党中央看齐,向党的核心看齐。只有增强"四个意识"特别是核心意识、看齐意识,才能有力维护党的团结和集中统一,有效应对党面临的重大挑战和危险,不断开创党和国家事业发展新局面。

伟大事业需要坚强领导核心。这次全会正式提出"以习近平同志为核心的党中央",党的十八大以来的实践充分证明,习近平总书记作为党中央的核心、全党的核心,是众望所归、实至名归,是党心所向、民心所向。明确习近平总书记的核心地位,反映了全党的共同意志,反映了全党全军全国各族人民的共同心愿。今天,增强核心意识,就是要更加紧密地团结在以习近平同志为核心的党中央周围，更加坚定地维护以习近平同志为核心的党中央权威，自觉在思想上政治上行动上同以习近平同志为核心的党中央保持高度一致。

"人心齐、泰山移。"全党向中央看齐，保持高度团结和集中统一，是我们党的光荣传统和独特优势。毛泽东同志说过："要知道，一个队伍经常是不大整齐的，所以就要常常喊看齐……看齐是原则，有偏差是实际生活，有了偏差，就喊看齐。"统筹推进"五位一体"总体布局、协调推进"四个全面"战略布局，贯彻落实好新的发展理念，决胜全面建成小康社会，关键在党，在党中央集中统一领导，在全党统一思想、统一行动。今天，增强看齐意识，就是要经常、主动向党中央看齐，向党的理论和路线方针政策看齐，向党中央决策部署看齐，做到党中央提倡的坚决响应、党中央决定的坚决执行、党中央禁止的坚决不做。

"知者行之始，行者知之成。""四个意识"强不强，不是抽象的，体现在一言一行；不只看表态，更要看实际行动。把"四个意识"转化为在党爱党、在党言党、在党忧党、在党为党的切实行动。坚持围绕核心聚力、向党中央看齐，坚持从政治上考量、在大局下行动，我们就能更好抓住机遇、战胜挑战，不断书写全面从严治党新篇章，不断开创中国特色社会主义事业新局面。

（2016年10月30日）

文风改进永远在路上

又到记者节。新闻舆论工作者"要转作风改文风，俯下身、沉下心，察实情、说实话、动真情，努力推出有思想、有温度、有品质的作品"，重温习近平同志在党的新闻舆论工作座谈会上的讲话，把改文风作为转作风的一个支点，持之以恒地推进下去，是新闻舆论工作乃至党的作风建设一项重要的任务。

文风问题不是一件小事。我们党历来认为，文风体现作风、反映党风，必须予以高度重视。党的十八大以来，以习近平同志为核心的党中央把改文风列为作风建设的重要内容，中央八项规定，改进文风就是其中一项。新闻舆论工作者积极响应中央号召，努力"走基层、转作风、改文风"，文风改进有了看得见的成效。

好文风不高深，一眼能看出来。论基本的要求，辞达而已矣；如果要求更高些，短实新尤佳。不过，好文风是有门槛的，不认真对待文字、不勤于学习者，难以入门。这种学习不只是技法上的学习，更要在文章之外下功夫。习近平总书记谈到新闻舆论工作"要有很强的笔力"，强调少一些结论和概念，多一些事实和分析；少一些空泛说教，多一些真情实感；少一些抽象道理，多一些鲜活事例。这些要求，都不是仅靠"写"就能达到的。

文风的背后是作风。它不仅取决于个人修养，也和新闻舆论战线的精神面貌息息相关，反映一个政党的政治气质与执政能力。有人回忆新中国成立前听国民党官员和共产党人讲话的差别：前者官声官气、空洞苍白，后者为民立言、充满希望，让人感慨"一看语言文字，就知道谁战胜谁了"。几十年后重温这段往事，仍然给人深刻的警醒和启示。

保持良好文风，一刻都不能懈怠。从现实情况看，"短实新"难以彻底压倒"长假空"，是由于残存的形式主义和官僚主义仍在，官话套话空话假话还有生存空间。坏文风的背后，精神懈怠、能力不足、脱离群众的问题不容忽视。《关于新形势下党内政治生活的若干准则》指出的作风飘浮、工作不实,文山会海、表面文章,贪图虚名、弄虚作假等形式主义问题,脱离实际、脱离群众,消极应付、推诿扯皮等官僚主义问题,都是滋生坏文风的土壤。改进文风话风,要努力活跃党内生活,创造鼓励讲真话、提倡讲新话的环境,党的新闻舆论工作者要走在改文风的前列,把实践和基层当作最好的课堂,把群众当作最好的老师,敢于并且只能讲真话、讲明白话、讲群众喜闻乐见的话。

　　文风改进永远在路上。只要不忘初心,持之以恒,永远和人民在一起,我们一定能讲好中国故事,讲出中国气派。

(2016年11月8日)

构建权威高效的国家监察体系

近日,中共中央办公厅印发《关于在北京市、山西省、浙江省开展国家监察体制改革试点方案》,部署在3省市设立各级监察委员会,从体制机制、制度建设上先行先试、探索实践,为在全国推开积累经验。国家监察体制改革是以习近平同志为核心的党中央确立的一项事关全局的重大政治改革,是落实党的十八届六中全会精神的重大举措,对于坚持和加强党对反腐败工作的集中统一领导,进一步整合反腐败工作力量,深入推进党风廉洁建设和反腐败斗争,具有重大而深远的意义。

作为一项重大政治改革,国家监察体制改革的重要目标,就是建立党统一领导下的国家反腐败工作机构,实行党的纪律检查委员会、监察委员会合署办公,履行纪检、监察两项职能,从而更好地加强和改进党的领导。加强党的建设、全面从严治党,严肃党内政治生活、强化党内监督是最重要的标本兼治,深化国家监察体制改革,就是要完善党和国家的自我监督,不断增强自我净化、自我完善、自我革新、自我提高能力。通过改革试点,整合行政监察、预防腐败和检察机关查处贪污贿赂、失职渎职以及预防职务犯罪等工作力量,解决监督范围过窄、工作力量分散、定位不清等问题,建立集中统一、权威高效的国家监察体系,有利于充分发挥党的领导核心作用,进一步巩固党的执政基础,提高党的执政能力和水平。

这次改革试点的一个显著特征是实现对所有行使公权力的公职人员监察全覆盖。通过改革试点,使依法治国和依规治党、党的纪律检查和国家监察相互统一,推进"党风廉政建设"向"党风廉洁建设"转变,实现既"用纪律管全党"又"用法律管全体",形成全面覆盖国家机关及其公务员的国家监察体系,使全面深化改革、全面依法治国、全面从严治党协调推进,将进一步完善具有中国特色的国家监督体系,推动国家治理体系和治理能力的现代化。

习近平总书记强调："试点是改革的重要任务，更是改革的重要方法。"试点能否迈开步子、蹚出路子，直接关系改革成效。国家监察体制改革在北京、山西、浙江3省市先行先试，既是积极稳妥推进改革的考量，也充分体现了党中央的信任。信任就是鞭策和考验，考校的是"四个意识"和担当精神。对于这一事关全局的重大政治改革，试点地区要从政治和全局的高度深刻领会改革的精神实质，切实把思想和行动统一到党中央决策部署上来。党委要担负起主体责任，一把手要负总责，纪委要负专责，联系本地区实际，发现问题、解决问题，为改革全面铺开和制定国家监察法提供实践基础。同时，在改革的过程中，要确保思想不乱、工作不断、队伍不散，推动人员融合和工作流程磨合，探索出可复制、可推广的成熟经验，让改革取得人民群众满意的实效。

着眼于反腐败治本的大局，位居全面深化改革、全面依法治国、全面从严治党的"交点"，国家监察体制改革的顺利推进，必将推动党内监督和人民群众监督的两结合，增添依规治党和依法治国的双动力，赢得广大人民群众的衷心拥护，厚植党执政的政治基础。

（2016年12月5日）

世界经济不能从大海退回到湖泊

"让世界经济的大海退回到一个一个孤立的小湖泊、小河流,是不可能的,也是不符合历史潮流的""适应和引导好经济全球化,消解经济全球化的负面影响,让它更好惠及每个国家、每个民族"。当世界充满复杂因素和不确定性,"逆全球化"思潮暗流涌动,习近平主席首赴达沃斯,带去了世界经济怎么看、怎么办、怎么干的中国答案。习近平主席在世界经济论坛2017年年会上的主旨演讲,以开阔的视野、深刻的思想、务实的主张,展现了应时而为、开放包容的大国担当,为复苏乏力的世界经济注入强大的正能量。

面对地区冲突、恐怖主义和难民潮,面对贫困、失业、收入差距拉大,人们不禁要问,世界到底怎么了?经济全球化是阿里巴巴的山洞,还是潘多拉的盒子?习近平主席鲜明地指出,把困扰世界的问题简单归咎于经济全球化,既不符合事实,也无助于问题解决。他用"三大突出矛盾"分析世界经济长期低迷,贫富差距、南北差距问题更加突出的根源,用"四个坚持"提出适应和引导经济全球化的模式,以"四条道路"阐释中国为世界经济注入新动力的发展理念。字里行间,充满一个古老民族拥抱世界的智慧、一个发展中大国合作共赢的坚定主张。

世界上没有十全十美的事物,经济全球化同样是一把"双刃剑"。当世界经济处于下行期,它不可避免会激化增长和分配、资本和劳动、效率和公平的矛盾。但历史地看,经济全球化是社会生产力发展的客观要求和科技进步的必然结果。它为世界经济增长提供了强劲动力,促进了商品和资本流动、科技和文明进步、各国人民交往。直面问题,主动作为、适度管理,让经济全球化的正面效应更多释放出来;顺应大势、结合国情,正确选择融入经济全球化的路径和节奏;讲求效率、注重公平,让不同国家、不同阶层、不同人群共享经济全球化的好处,才是引导好经济全球化走向的正确选择。

善治病者，必医其受病之处。如何治理经济全球化的痼疾，让它更好惠及每个国家、每个民族？只有坚持创新驱动，打造富有活力的增长模式，敢于创新、勇于变革，才能突破世界经济增长和发展的瓶颈。只有坚持协同联动，打造开放共赢的合作模式，在开放中分享机会和利益，才能实现互利共赢。只有坚持与时俱进，打造公正合理的治理模式，使全球治理体系适应国际经济格局新要求，才能为全球经济提供有力保障。只有坚持公平包容，打造平衡普惠的发展模式，提升发展公平性、有效性、协同性，才能让发展成果人人共享。习近平主席提出的四点主张，切中的是世界经济的深层弊病，展现的是充分利用一切机遇、合作应对一切挑战的智慧和胸怀，为引导好经济全球化的走向，提供了一剂标本兼治的药方。

"一遇到风浪就退回到港湾中去，那是永远不能到达彼岸的。"正如习近平主席所强调的，实现经济全球化进程再平衡，引领世界经济走出困境，是各国领导者应有的担当，更是各国人民的期待。人类文明进步的历程从来都不是平坦的大道，牢固树立人类命运共同体意识，携手努力、共同担当，同舟共济、共渡难关，我们就一定能够让世界更美好、让人民更幸福。

（2017年1月18日）

办好建设雄安新区这件大事

清风吹拂,碧波荡漾。春天的白洋淀,到处是生机勃发的景象。燕赵大地上,又一个春天的故事正在拉开帷幕。

日前,中共中央、国务院印发通知,决定设立河北雄安新区。雄安新区是继深圳经济特区和上海浦东新区之后又一具有全国意义的新区,也是继规划建设北京城市副中心后又一京津冀协同发展的历史性战略选择,是千年大计、国家大事。

党的十八大后,以习近平同志为核心的党中央以有序疏解北京非首都功能为基本出发点,加强顶层设计,提出京津冀协同发展战略。经过3年多扎实谋划、积极推进,京津冀协同发展实现良好开局。规划建设雄安新区,是党中央深入推进京津冀协同发展作出的一项重大决策部署,对于探索人口经济密集地区优先开发新模式、调整优化京津冀城市布局和空间结构、培育创新驱动发展新引擎具有重大现实意义和深远历史意义。

规划建设河北雄安新区,是尊重城市建设规律、解决"大城市病"问题的关键一招,是创新区域发展路径、打造新的经济增长极的点睛之笔。从国际经验看,解决"大城市病"问题,许多国家都采用"跳出去"建新城的方法。从我国经验看,改革开放以来,我们通过建设深圳经济特区和浦东新区,有力推动了珠三角、长三角地区发展。设立雄安新区,既贯彻了协同发展、创新发展的时代思考,也吸收借鉴了国内外有益经验,为拓展区域发展新空间铺就一条新路。

雄安新区不同于一般意义上的新区,其定位首先是疏解北京非首都功能集中承载地。作为推进京津冀协同发展的两项战略举措,规划建设北京城市副中心和河北雄安新区,将形成北京新的两翼,拓展京津冀区域发展新空间。雄安新区在起步之初,就要加强同北京、天津、石家庄、保定等城市的协同发展,特别是要同北京中心城区、城市副中心在功能上有所分工,实现错位发展。统筹生产、生活、生态三大布局，努力打造贯彻落实新发展理念的创新示范区，雄安新区将充分发挥京津冀各自比较优势，形成京津冀目标同向、措施一体、优势互补、互利共赢的协同发展新格局。

"九层之台，起于累土；千里之行，始于足下。"建设雄安新区是一项历史性工程，是我们这代人留给子孙后代的历史遗产，尤其需要保持历史耐心，有计划分步骤推动新区建设。我们要按照党中央要求，以新发展理念为引领，高标准高质量组织规划编制，科学规划空间布局、功能定位，规划好再开工建设，不留历史遗憾；以改革开道，发扬改革创新精神，全面提高资源配置效率，建立体制机制新高地；以民生为本，推进基本公共服务均等化，补齐环京津冀周边地区社会事业发展、公共服务水平短板；以实干铺底，坚持功成不必在我的精神境界，一件件事认真办，一茬一茬踏实干，一张蓝图干到底，让雄安新区建设经得起历史检验。

（2017年4月2日）

构建开放共赢的新世界
——祝贺"一带一路"国际合作高峰论坛开幕

志合连山海,有朋远方来。五月的北京鲜花盛开,迎来"一带一路"国际合作高峰论坛。29个国家的国家元首、政府首脑,70多个国际组织的领导人,1500多名来自世界各国各地区的代表齐聚一堂,共襄盛举。这是"一带一路"倡议提出以来召开的最高规格国际性会议。这一开创性历史盛会,必将书写世界各国携手共进的崭新篇章。

比之为交响乐,视之为朋友圈,喻之为百花园,邀请各国搭乘中国发展的"顺风车",寻找解决地区安全问题的"总钥匙"……习近平主席以生动的表达,说明"一带一路"开放包容的特征、互利共赢的追求、共商共建共享的原则。如今,倡议变成共识,理念落地生根。"一带一路"建设从无到有、由点及面,进度和成果超出预期,目前,已经得到100多个国家和国际组织积极响应,中国与40多个国家和国际组织签署了合作协议。这些短时间取得的积极成果,充分证明"一带一路"倡议顺应了世界和平发展的潮流,符合各国发展合作的需求。

"一带一路"是中国的,更是世界的。当前,世界经济仍处于亚健康状态,保护主义上升,"逆全球化"抬头,开放与保守、变革与守旧、经济一体化与碎片化的矛盾凸显。在这样的情况下,"一带一路"建设成为促进贸易发展、推动全球经济治理变革的新引擎。从与沿线国家对接发展战略、建设规划,到设立亚投行、丝路基金等投融资平台,再到建设雅万高铁、瓜达尔港等基础设施,"一带一路"建设各个领域取得的成果,不仅助推了中国全方位开放新格局,也为沿线国家和地区带来发展新机遇,以及实实在在的获得感。参与各方都为此作出了自己的贡献,也从中获益良多。这样的共同行动,正推动世界经济朝着创新、活力、联动、包容的方向发展。

"大家都好,世界才能更美好。"3年多来,逐渐向纵深推进的"一带一路"建设,以扎实的努力践行着"和平合作、开放包容、互学互鉴、互利共赢"的丝路精神。目前,中国企业在沿线国家建立了56个经贸合作区,为东道国增加了近11亿美元的税收和18万个就业岗位。仅去年一年,中国企业对沿线国家的直接投资就达145亿美元。中国正以十足的诚意和坚定的行动,落实着"一带一路"倡议,参与和推动着经济全球化进程。习近平主席指出"丝绸之路是各国人民共同财富。""一带一路"建设的持续推进,不仅有效促进了中国与沿线国家的合作不断深入,也向沿线国家以及全球传递着共建"利益共同体"和"命运共同体"的理念。

3年多来的成就,让"一带一路"成为重要的国际公共产品。如何进一步凝聚共识、明确方向、规划愿景?此次论坛将协商确定下一阶段重点合作领域,制定面向未来的合作规划,在新起点上推进"一带一路"建设。论坛不是"清谈馆",而是要打造高效的国际合作平台,推动互联互通;一支支积极有为的"行动队",将通过更加紧密的对接、更富成效的落地,把共识转化为发展的动力、民生的福祉,让"一带一路"托举起沿线各国人民的希望与梦想。

两千多年前,丝绸之路驼铃声声,海上丝路舟楫相望,各国打破藩篱、友好交往,留下人类和谐互利的佳话;今天,"一带一路"秉持丝路精神,让政策沟通、设施联通、贸易畅通、资金融通、民心相通,再续历史的辉煌篇章。相信随着"一带一路"国际合作高峰论坛的召开,这条以共商共建共享为指向的道路会越走越宽广。携手合作,务实进取,我们将更有力地推动全球经济可持续发展,建设开放共赢的新世界,开创人类更加美好的明天。

(2017年5月14日)

标注中国制造新高度

与风竞速,陆地飞行。6月25日,由我国自主研发、具有完全自主知识产权的中国标准动车组"复兴号"正式命名,并将于26日在京沪线上投入运营。这标志着中国高铁迈出了"从追赶到领跑"的关键一步,我国铁路技术装备制造迎来一个新的时代。

每一位中国人都有理由为高铁产业的发展感到自豪。就在五年前,高铁还被戏称为"运椅子"的奢侈品,而如今,它早已成为百姓出行的必需品。从跨越塞北风区的兰新高铁,到驰骋东北雪海的哈大高铁;从蜿蜒岭南山川的沪昆高铁,到环抱胶东半岛的青荣城际,这五年,轨道交通装备核心技术不断突破,中国高速铁路网越织越大,车次越开越密。随着"四纵四横"高铁主骨架基本建成,越来越多的群众享受到了"高铁红利"。仅去年,动车组累计发送旅客就达14.43亿人次,相当于帮非洲和南美洲的总人口搬了一次家。从无到有,再到里程最长、动车组数量最多、安全运输规模最大,高铁的发展让中国变得更小了,让出行变得更方便了。

高铁不仅"缩小"了中国,也联通了世界。不久前,来自"一带一路"沿线的20国青年评选他们心中的中国"新四大发明",高铁高居榜首,成为他们最想带回国的"中国特产"。事实上,中国高铁从未停止走出去的步伐。土耳其安伊高铁、印尼雅万高铁、俄罗斯莫喀高铁……短短数年,中国高铁合作遍地开花。领先的技术、过硬的品质、优质的服务,高铁成为"中国制造"的一张闪亮名片。

十年磨砺,一朝惊艳。高铁带给我们的,不仅有时空观念的变化、经济版图的重构,更有难能可贵的精神财富。

以高铁为镜,我们砥砺苦练内功的自主创新品格。十几年前,高铁技术还掌握在少数几个发达国家手中。中国冲破技术封锁,弯道超车,后来居上,靠的就是自主创新。从车辆到线路,从制动到通信信号,没有技术,就从国外引进消化吸收；外国不愿提供核心技术，就狠下决心奋力攻关。一步一个台阶，中国高铁企业苦练内功、厚积薄发，实现了国人高铁产业腾飞的梦想。习近平总书记说过，创新是从根本上打开增长之锁的钥匙。当前，中国经济正处于转型升级、提质增效的关键时刻，紧紧抓住创新这个"牛鼻子"，高铁产业的发展为我们增强了信心，提供了启示。

以高铁为镜，我们涵养精益求精的大国工匠精神。毋庸讳言，中国制造面临过这样的尴尬：号称是世界工厂、制造大国，老百姓却舍近求远，去国外抢购保温杯、电饭煲、马桶盖等普通日用品。中国铁路凤凰涅槃的过程，为中国制造突围提供了有益借鉴。以前是"分到分不用争，寸到寸不过问"，而如今检验标准精确到了 0.01 毫米；以前是"能用就行"，而如今为了突破碰撞安全防护系统关键技术，做了 18 种概念模型，历经近百次仿真计算和试验验证，仅仿真计算生成的结果数据就高达 5000G。解码中国高铁成功的深层次密码，以优取胜的品质意识、精益求精的工匠精神，是最重要的关键词。这是中国高铁后来居上的秘诀所在，也是中国制造迈向中高端不可或缺的内在支撑。

举目已觉千山绿，宜趁东风马蹄疾。"复兴号"的启程，将我们带到一个新的关键路口。"推动中国制造向中国创造转变、中国速度向中国质量转变、中国产品向中国品牌转变"，这样的历史机遇，我们不能也不会错过。

（2017 年 6 月 26 日）

相信自己 相信香港 相信国家

"我们既要把实行社会主义制度的内地建设好,也要把实行资本主义制度的香港建设好。我们要有这个信心!"出席庆祝香港回归祖国20周年大会暨香港特别行政区第五届政府就职典礼并视察香港,短短3天行程中,习近平主席反复传递的是坚守方向、踩实步伐,贯彻"一国两制"方针的坚强意志,是团结起来、和衷共济,把香港这个共同家园建设好的坚定信念。相信自己、相信香港、相信国家,是香港回归20年来活力依旧的根本原因,也是香港走向更美好明天的动力源泉。

春耕夏耘,万物生长。回归20年来,香港这颗南海明珠依托祖国,面向世界,益以新创,不断塑造自己的现代化风貌。"一国两制"在香港的实践就像一棵幼苗,在风雨中茁壮成长,结出了累累硕果,取得了举世公认的成功。作为连接内地和国际市场的重要中介,国家"引进来""走出去"的双向服务平台,作为全球最具竞争力经济体、全球最自由经济体,今天的香港生机勃勃、风采依然,这是"三个相信"最坚实的现实基础。

20年来,香港两次与金融风暴正面遭遇,曾经历"非典"、禽流感来势汹汹,也曾有过失业率上升、收入增幅下降。然而,背靠内地、拥抱祖国,勤劳聪慧的香港同胞奋力打拼,每次都能履险如夷。再往前追溯,国家的改革开放,让"香港制造"摆脱瓶颈、迈向广阔市场;而从直接投资内地到输出管理模式,香港在国家发展中的作用同样不可替代。一起紧握机遇、一起拓展商贸、一起携手经历……"一起"成为香港回归20年来最重要的关键词。相信自己、相信香港、相信国家,就是相信我们共同走过的道路、共同书写的历史。

风雨同舟,香港与内地心手相牵、血脉相连。1963年香港水荒,4天才能供水一次。中央政府调集1万多人奋战11个月,让东江倒流83公里,送去源头活水。1991年华东水灾、2008年汶川地震,香港馈之以爱心;为奥运健儿欢呼，为航天成就自豪，香港注之以深情。"情同两手一起开心一起悲伤，彼此分担总不分我或你。"相信自己、相信香港、相信国家，就是相信我们同根同源的血脉、相信我们血浓于水的深情。

今天的中国，正走向国际舞台中央。以"一带一路"建设联通世界，以"人类命运共同体"的构想共筑繁荣，"时和势都在我们这边"。祖国的繁荣昌盛，不仅是香港的底气所在，也是香港的机遇所在。从即将推出的"债券通"，到呼之欲出的粤港澳大湾区，充分利用"一国两制"的制度优势，在经济全球化和区域合作中把握机遇，香港必将书写新的发展传奇。相信自己、相信香港、相信国家，就是相信未来、相信明天。

"自信好要紧，应该放开胸襟，愿望定会一切都变真。"习近平主席用这句歌词激励香港同胞探索发展新路向、寻找发展新动力、开拓发展新空间。毋庸讳言，香港也面临着一些长期积累下来的问题，可能难以在一朝一夕间解决。但我们深信，"群之所为事无不成，众之所举业无不胜"。背靠祖国内地巨大的市场、丰富的机会和经济转型升级的强劲势能，有把小渔村锻造成大都会的拼搏精神，香港同胞不仅完全有能力、有智慧把香港管理好、建设好、发展好，而且能够继续在国家发展乃至世界舞台上大显身手。相信自己、相信香港、相信祖国，让我们一起为圆梦聚力、为复兴加油。

（2017 年 7 月 2 日）

坚实脚步引领复兴之路

这是迈向复兴的新长征。这是踏石留印的实干兴邦之路。

沿着党的十八大以来习近平总书记考察调研的足迹回访，深圳莲花山公园里，五年前总书记挥锹铲土种下的高山榕如今长得挺拔而茂盛；大理古生村旁，"立此存照"后愈益清澈的洱海风景如诗，涛声隽妙；格尔木的长江源村，村民们至今聚在一起还在聊着总书记来家时的情景……各地日新月异的可喜变化、人们昂扬奋发的精神劲头，成为这五年改革发展的生动注脚，勾勒出中国社会转型跨越的壮阔场景，映照着习近平总书记引领民族复兴的奋进足迹。

"我最牵挂的还是困难群众。"十八大以来，从白山黑水到琼海三亚，从田间地头到边关哨所，习近平总书记的脚步踏遍神州大地。为了如期实现脱贫攻坚的目标，他先后前往全国14个集中连片特困地区，到困难群众家中拉家常，问细账，解忧难。王宪军、吕侯生、郭永财、徐学海、申格……这是一张充满温度的走访名单；"建新房多少钱""出山多长时间""粮食够不够吃""灾后重建怎么样""孩子有没有学上"……这是一张无微不至的暖心清单。"为政之道，以顺民心为本，以厚民生为本。"人民对美好生活的向往，在"以人民为中心"的执政理念下一步步变为现实。

足迹中有对人民群众的牵挂，也有对治国理政的思考。五年来，习近平总书记所走过的地方，见证着"从群众中来，到群众中去"的执政风格，也标注着治理现代化的发展新路。从十八大后第一次外出考察首选广东，誓言"改革不停顿，开放不止步"，宣示把改革开放继续推向前进；到在江苏考察调研时首次提出，"全面建成小康社会、全面深化改革、全面推进依法治国、全面从严治党"，展开"四个全面"战略布局；再到规划雄安新区千年大计，做出推进京津冀协同发展的历史性战略选择……在改革发展的主战场、治国理政的第一线，由小见大，以点带面，深入浅出阐述治国理政新理念新思想新战略,亲自谋划推动重大战略、专题部署重大任务。在取得历史性变革的这五年里,以习近平同志为核心的党中央团结带领13亿多中国人民,解决了许多长期想解决而没有解决的难题,办成了许多过去想办而没有办成的大事。

"耳闻之不如目见之,目见之不如足践之。"五年来,总书记的嘱托,转化成砥砺奋进的行动,呈现为振奋人心的变化。四川雅安灾后重建,白墙青瓦浴火重生;江西井冈山不忘初心,脱贫攻坚率先"摘帽";长江黄金经济带横空出世,擎起绿色发展绿色生活新未来;北京城市副中心建设如火如荼,非首都功能有序疏解……"一张蓝图绘到底"的信念,"一分部署九分落实"的担当,正是各地各部门"四个意识"的体现,也让人民群众有了更多实实在在的获得感。不忘初心、继续前进,让我们牢记自己肩负的责任使命,始终同人民想在一起、干在一起,不断创造更加美好的生活,以新的精神状态和奋斗姿态把中国特色社会主义推向前进。

(2017年9月20日)

党的领导更加坚强有力

再过几天,党的十九大就要召开了。回望党的十八大以来的5年,如果要用一句话来概括这5年的发展,那就是习近平总书记在"7·26"重要讲话中说的:"党和国家事业发生历史性变革。"历史性变革的一个重要标志,就是全面加强党的领导,党的凝聚力、战斗力和领导力、号召力大大增强,为党和国家各项事业发展提供了坚强政治保证。

万山磅礴必有主峰,龙衮九章但挈一领。办好中国的事情,关键在党。中国共产党领导,是中国特色社会主义最本质的特征,是中国特色社会主义制度的最大优势。"党的领导,体现在党的科学理论和正确路线方针政策上,体现在党的执政能力和执政水平上,同时也体现在党的严密组织体系和强大组织能力上。"党的十八大以来,以习近平同志为核心的党中央,把对民族的责任、对人民的责任、对党的责任,落实到使党始终成为坚强领导核心上。党政军民学、东西南北中,党是领导一切的。在国家治理体系的大棋局中,党中央是坐镇中军帐的"帅",车马炮各展其长,一盘棋大局分明,治国理政才有方向、有章法、有力量。

党的十八届六中全会明确了习近平总书记在党中央、在全党的核心地位,对维护党中央权威和集中统一领导,对保证党和国家事业兴旺发达、长治久安具有重大深远的意义。2015年起,每年年初,中央政治局常委会都要听取全国人大常委会、国务院、全国政协、最高人民法院、最高人民检察院党组工作汇报,这已经成为一项重要且具有示范意义的制度安排。中央全面深化改革领导小组、中央财经领导小组、中央网络安全和信息化领导小组、中央军委深化国防和军队改革领导小组……习近平总书记亲自挂帅中央多个领导小组,为的就是加强对事关全局的重大工作的指导和协调。

人们不难发现,在中央巡视组公布的巡视反馈情况中,"党的领导弱化"是被巡视单位普遍存在的问题。前些年,在不少地方、部门和单位,党组织不同程度出现作用弱化、地位虚化、功能空化等问题，削弱了党总揽全局、协调各方的领导核心作用。"改革开放任务越繁重，越要加强和改善党的领导，越要确保党始终成为中国特色社会主义事业的坚强领导核心。"5年来，党中央相继出台《中国共产党地方委员会工作条例》《中国共产党党组工作条例（试行）》《关于在深化国有企业改革中坚持党的领导加强党的建设的若干意见》等一系列重要文件，召开全国组织工作会议、全国宣传思想工作会议、中央统战工作会议、中央党的群团工作会议、党的新闻舆论工作座谈会、全国国有企业党的建设工作会议、全国高校思想政治工作会议、全军政治工作会议等重要会议，习近平总书记都出席并发表重要讲话，党对各方面工作的领导得到全面加强。5年来，我们之所以能取得历史性成就，解决了许多长期想解决而没有解决的难题，办成了许多过去想办而没有办成的大事，最根本的就是有以习近平同志为核心的党中央的坚强领导，就是因为有力、有效地纠正了党的领导弱化的问题。

"坚持和完善党的领导，是党和国家的根本所在、命脉所在，是全国各族人民的利益所在、幸福所在。"毫不动摇坚持和完善党的领导，毫不动摇推进党的建设伟大工程，确保党始终成为中国特色社会主义事业的坚强领导核心，我们党就一定能团结带领人民进行伟大斗争、推进伟大事业、实现伟大梦想，不断从胜利走向新的胜利。

（2017年10月9日）

重要时间节点是我们工作的坐标

站在历史新起点，时间再次开始。

党的十九大胜利闭幕，新一届"梦之队"引领圆梦征程，舒展新时代壮美画卷。

"中华民族伟大复兴必将在改革开放的进程中得以实现""中国共产党立志于中华民族千秋伟业，百年恰是风华正茂""历史是人民书写的""大就要有大的样子""不要人夸颜色好，只留清气满乾坤"……新一届中央政治局常委10月25日同中外记者见面时，习近平总书记的讲话，充满睿智、充满情怀、充满信心。铿锵话语，引发强烈共鸣，唤起奋斗激情。

2018年，改革开放40周年；2019年，新中国成立70周年；2020年，全面建成小康社会；2021年，中国共产党成立100周年……习近平总书记强调，这些重要的时间节点，是我们工作的坐标。在"两个一百年"奋斗目标的历史交汇期，这些时间节点承上启下、继往开来，确立了我们在十九大擘画的新征程上前行的节奏、工作的方位。

打开历史视野、抓住时间节点、树立工作坐标，习近平总书记的高瞻远瞩、运筹帷幄、务实进取给我们以深刻启示。以时间节点为坐标，可环环相扣、节节取胜，击鼓催征稳驭舟；以历史方位谋伟业，能洞若观火、势如破竹，不畏浮云遮望眼。站在节点回望过去，从"漏舟之中"的危局站起来，从"一穷二白"的起点富起来，从"开除球籍"的边缘强起来，正可谓"人间正道是沧桑"。站在节点展望未来，全面小康千年愿景成真，现代化百年目标提前实现，社会主义现代化强国召唤在前，更可道"长风破浪会有时"。这些必将写进历史的时间节点，让人心潮澎湃，更让人斗志昂扬。

千秋大业，步步为营。总结40年经验，在深水区激荡改革春潮，我们已让民族复兴在改革开放的进程中展现光明前景；历经70年奋斗，对未来发展作出新的规划，我们将把人民共和国建设得更加繁荣富强；全面小康，一个不能少、一个不掉队，我们定会让中国人民生活一年更比一年好；建党百年，我们这个风华正茂的大党，必将凝聚起推动中国发展进步的磅礴力量，成就中国现代化的千秋伟业。把重要时间节点，作为推进工作的坐标，我们才能积小胜为大成，在谋大势中成大事。

人是时间的驾驭者，是人赋予时间以意义。时间都去哪儿了？过去5年，时间的付出，凝结成当代中国宏大深刻的历史性成就和变革；时间的结晶，构筑起习近平新时代中国特色社会主义思想。这让我们有了干好下一个5年的信心，有了再干一个40年的劲头，有了再走一个70年的豪情。十九大到二十大的这5年也是重要时间节点，第一个百年目标要实现，第二个百年目标要开篇。向阶段性目标冲刺、为下一棒奔跑蓄力，我们将把光荣与梦想写在历史深处。

犹记上世纪20年代鲁迅的感叹：时间的流逝，独与中国无关；犹记上世纪80年代作家的期盼：减去十岁，找回失去的时间。不再默然，不再焦虑，今天的中国，从容自信地面对时间。把握时间节点，一件接着一件做，一年接着一年干，我们就一定能实现伟大梦想，为中国赢得一个更辉煌的未来。

（2017年11月8日）

以造福人民为最大政绩

从2017到2018，时间见证不变的坚守——在共产党人的时间里，人民是念兹在兹的不变初心，更是接续奋斗的永恒坐标。

"我为中国人民迸发出来的创造伟力喝彩""千千万万普通人最伟大""幸福都是奋斗出来的""逢山开路，遇水架桥""将改革进行到底""不驰于空想、不骛于虚声""以造福人民为最大政绩"……习近平主席2018年的新年贺词，激荡光荣与梦想，充满信心与斗志，见证情怀与担当。铿锵有力的话语，点燃了亿万人民在新时代奋发向前的激情。

"以造福人民为最大政绩"，这是坚如磐石的信念，更是坚定有力的行动。一分钟脱贫20多人，多少贫困群众从吃不起肉到用起了互联网、住上了砖瓦房；一天新增4万多家市场主体，多少创业者找到了梦想的落点；五年新增就业人口相当于一个英国，多少人通过奋斗支撑家庭、改变命运……普通人的幸福感、获得感、安全感，留下新时代温暖的印记，昭示"以人民为中心"的发展思想，彰显习近平主席大国领袖的为民情怀，让世界再次看到中国共产党"为中国人民谋幸福，为中华民族谋复兴"的使命和初心。

中国有最好的人民，中国的改革发展被世界称为"勤劳革命"，亿万人民依靠自己的勤劳、勇敢、智慧，开创了自己的美好家园。新的一年，人民还有不少操心事、烦心事，还有年轻人在发愁房价高、物价贵，还有父母在担心孩子的安全和健康，还有打工者希望有更多温暖、更多保障，还有困难群众希望生活得更有尊严、更有奔头。"以造福人民为最大政绩"，要求我们具有民胞物与之心，把老百姓的安危冷暖时刻挂在心上，苦着人民的苦，乐着人民的乐，让人民生活更加幸福美满，让人生出彩的舞台更宽广、实现梦想的道路更通畅。

发展的最终目的，是造福人民；造福人民，是我们一切工作的出发点和落脚点。把全国人民"一个都不能少"地带入全面小康，将是中华民族几千年历史上首次整体消除绝对贫困现象。打赢脱贫攻坚战只有3年时间了,时间紧任务重。"千千万万普通人最伟大",人民的力量一旦被激发出来,就成为改天换地的伟力。只要我们坚守"以人民为中心"这个根本思想,把握"人民的美好生活"这个首要目标,尽锐出战,精准施策,就一定能带领全国人民一起完成这个对中华民族、对整个人类都具有重大意义的伟业。

走过再长的路,走到再远的未来,"人民"都永远是我们的关键词。最伟大的力量源于人,最深刻的变化在于人,最实在的成果惠于人,我们这个"代表中国最广大人民的根本利益"的政党,必将把充满民生温度的"中国故事",刻进新的年轮。

（2018年1月1日）

我国现行宪法是一部好宪法

宪法是国家的根本法，是治国安邦的总章程，是党和人民意志的集中体现。

刚刚闭幕的党的十九届二中全会，从党和国家事业发展全局出发，高度肯定了我国现行宪法在改革开放和社会主义现代化建设实践中发挥的重要作用，高度评价了以习近平同志为核心的党中央全面依法治国取得的重大成就，明确指出了我国宪法发展的特点和规律，确立了这次宪法修改的总体要求和原则，审议通过了《中共中央关于修改宪法部分内容的建议》。这对于更好发挥宪法对新时代坚持和发展中国特色社会主义的重大作用，为实现"两个一百年"奋斗目标和中华民族伟大复兴的中国梦提供有力宪法保障，具有重大现实意义和深远历史意义。

"法者，天下之程式也，万事之仪表也。"我国现行宪法是1982年审议通过的，以国家根本法的形式，确立了一系列制度、原则和规则，制定了一系列大政方针，反映了我国各族人民共同意志和根本利益。30多年来的实践充分表明，我国宪法有力坚持了中国共产党领导，有力保障了人民当家作主，有力促进了改革开放和社会主义现代化建设，有力推动了社会主义法治国家建设进程，有力维护了国家统一、民族团结、社会稳定。

党的十八大以来，以习近平同志为核心的党中央以前所未有的力度推进全面依法治国进程，坚持依法治国、依法执政、依法行政共同推进，坚持法治国家、法治政府、法治社会一体建设，坚持依法治国和以德治国相结合，坚持依法治国和依规治党有机统一，社会主义法治国家建设取得了历史性成就。这5年多来，我们党高度重视宪法在治国理政中的重要地位和作用，明确坚持依法治国首先要坚持依宪治国，坚持依法执政首先要坚持依宪执政，把实施宪法摆在全面依法治国的突出位置，采取一系列有力措施加强宪法实施和监督工作，为保证宪法实施提供了强有力的政治和制度保障。

实践充分证明，我国现行宪法是一部好宪法，好就好在符合国情、符合实际、符合时代发展要求，好就好在充分体现人民共同意志、充分保障人民民主权利、充分维护人民根本利益，好就好在推动国家发展进步、保证人民创造幸福生活、保障中华民族实现伟大复兴，好就好在为我们国家和人民经受住各种困难和风险考验、始终沿着中国特色社会主义道路前进提供了根本法治保障。实践充分证明，我国现行宪法具有显著优势、坚实基础、强大生命力，必须坚决维护、长期坚持、全面贯彻。修改宪法部分内容，把党和人民在实践中取得的重大理论创新、实践创新、制度创新成果上升为宪法规定，由宪法及时确认党和人民创造的伟大成就和宝贵经验，是为了更好发挥宪法的规范、引领、推动、保障作用，是实践发展的必然要求。

依法治国是党领导人民治理国家的基本方略，法治是治国理政的基本方式。宪法具有最高的法律地位、法律权威、法律效力，具有根本性、全局性、稳定性、长期性。维护宪法尊严和权威，是维护国家法制统一、尊严、权威的前提，也是维护最广大人民根本利益、确保国家长治久安的重要保障。全党同志要更加紧密地团结在以习近平同志为核心的党中央周围，坚持以习近平新时代中国特色社会主义思想为指导，牢固树立"四个意识"，坚定不移走中国特色社会主义法治道路，自觉维护宪法权威、保证宪法实施，为新时代推进全面依法治国、建设社会主义法治国家而努力奋斗。

（2018年1月21日）

奋斗是幸福的

在波澜壮阔的时代画卷中,唯有奋斗能留下深深的印记,唯有奋斗者能永葆青春的朝气。

"新时代是奋斗者的时代""奋斗本身就是一种幸福。只有奋斗的人生才称得上幸福的人生"。习近平总书记在2018年春节团拜会上的讲话中,重申了"奋斗"这一时代主题词,饱满的激情、昂扬的话语,激励着那些以不懈奋斗投身伟大事业、以无私奉献照亮伟大征程的人们。

时间是最客观的见证者。过去的一年,中国特色社会主义各项事业取得的巨大进步,见证了奋斗者的足印,也标注着未来接续奋斗的征程。从科技创新到脱贫攻坚,从军队建设到依法治国,千千万万的奋斗者用自己的智慧和汗水,浇灌着一个民族的成就感和获得感。那些面对困难和危险,冲锋在前不计利害的人们;那些在酷暑寒天急风骤雨中,守护万家灯火的人们;那些在奔驰的列车上,迎送无数归家游子的人们……正是他们的奋斗和奉献,点滴创造着我们的幸福生活,也定义着自身的价值和成就。

"伟大的事业之所以伟大,不仅因为这种事业是正义的、宏大的,而且因为这种事业不是一帆风顺的。"在中华民族伟大复兴的词典里,从来没有"容易"一词。正因如此,习近平总书记指出,奋斗是幸福的,奋斗也是艰辛的、长期的、曲折的,没有艰辛就不是真正的奋斗。而奋斗精神之所以可贵,就在于越是面对困难和矛盾,越能激发出非凡的力量。肩负新使命、踏上新征程,我们面对发展质量和效益不够高、创新能力不够强、民生领域存在短板等诸多薄弱环节,需要像十九大报告所强调的那样,"保持艰苦奋斗、戒骄戒躁的作风","以时不我待、只争朝夕的精神"更好担负起时代赋予的使命。

这是一个伟大的时代,涓滴努力都在向着大海涌流。对社会而言,奋斗是推动时代前进的动力;对个人而言,奋斗是实现自身成长的阶梯。马克思曾说，"历史承认那些为共同目标劳动因而自己变得高尚的人是伟大人物；经验赞美那些为大多数人带来幸福的人是最幸福的人"。在新的一年里，坚持把人民对美好生活的向往作为我们的奋斗目标，始终为人民奋斗、同人民一起奋斗，竞相奋斗、团结奋斗，就能把我们的工作写在自己生命的历程里、把我们的事业写在祖国辽阔的土地上，把我们的梦想写在国家、民族灿烂的未来中。

在新时代的伟大征程上，奋斗是奋斗者永远的座右铭。只有奋斗才能成就更美好的明天，只有奋斗才能实现更好的自己。已经启程的2018年，让我们一起奋斗、感受幸福、成就梦想。

（2018年2月15日）

推进国家治理现代化的一场深刻变革

机构改革是一场自我革命,是一场国家治理的深刻变革。

党的十九届三中全会审议通过了《中共中央关于深化党和国家机构改革的决定》和《深化党和国家机构改革方案》,这是以习近平同志为核心的党中央站在党和国家事业发展全局,适应新时代中国特色社会主义发展要求作出的重大决策部署,是着眼实现全面深化改革总目标的重大制度安排,是推进国家治理体系和治理能力现代化的一场深刻变革,对于提高党的执政能力和领导水平,广泛调动各方面积极性、主动性、创造性,有效治理国家和社会,推动党和国家事业发展,都具有重大意义,也必将发挥重要作用。

党和国家机构职能体系是中国特色社会主义制度的重要组成部分,是我们党治国理政的重要保障。党的十八大以来,我们党紧紧围绕完善和发展中国特色社会主义制度、推进国家治理体系和治理能力现代化这个总目标全面深化改革。加强党的领导,坚持问题导向,突出重点领域,5年多来,我们党致力深化党和国家机构改革,在一些重要领域和关键环节取得重大进展,为党和国家事业取得历史性成就、发生历史性变革提供了有力保障。

但也必须看到,面对新时代新任务提出的新要求,党和国家机构设置和职能配置同统筹推进"五位一体"总体布局、协调推进"四个全面"战略布局的要求还不完全适应,同实现国家治理体系和治理能力现代化的要求还不完全适应。比如,一些领域党的机构设置和职能配置还不够健全有力,保障党的全面领导、推进全面从严治党的体制机制有待完善;一些政府机构设置和职责划分不够科学,职责缺位和效能不高问题凸显,政府职能转变还不到位;一些领域权力运行制约和监督机制不够完善,滥用职权、以权谋私等问题仍然存在,等等。这些问题若不抓紧解决,将会影响到党的十九大确立的宏伟目标的实现,影响到党和国家事业的顺利发展。

"明者因时而变,知者随事而制。"在新时代,我们党要统揽伟大斗争、伟大工程、伟大事业、伟大梦想，就必须加快推进国家治理体系和治理能力现代化，努力形成更加成熟、更加定型的中国特色社会主义制度。这是摆在我们党面前的一项重大任务。我国发展新的历史方位，我国社会主要矛盾的变化，党的十九大描绘的新时代宏伟蓝图，迫切要求我们通过科学设置机构、合理配置职能、统筹使用编制、完善体制机制，使市场在资源配置中起决定性作用、更好发挥政府作用，更好推进党和国家各项事业发展，更好满足人民日益增长的美好生活需要，更好推动人的全面发展、社会全面进步、人民共同富裕。在这个意义上，深化党和国家机构改革这场推进国家治理现代化的深刻变革，必将推动我国经济社会发展发生深刻变化。

今年是改革开放40周年。纪念改革的最好方式，就是以逢山开路、遇水架桥的精神，不断在改革开放上有新作为，将改革进行到底。深化党和国家机构改革，是新时代坚持和发展中国特色社会主义的必然要求，是加强党的长期执政能力建设的必然要求，是社会主义制度自我完善和发展的必然要求，是实现"两个一百年"奋斗目标、建设社会主义现代化国家、实现中华民族伟大复兴的必然要求。让我们紧密团结在以习近平同志为核心的党中央周围，认真学习贯彻党的十九届三中全会精神，统一思想、坚定信心、抓住机遇、锐意改革，下决心解决党和国家机构职能体系中存在的障碍和弊端，不断构建系统完备、科学规范、运行高效的党和国家机构职能体系，为决胜全面建成小康社会、开启全面建设社会主义现代化国家新征程、实现中华民族伟大复兴的中国梦提供有力制度保障。

（2018年3月1日）

尊崇宪法的庄严宣示

"我宣誓：忠于中华人民共和国宪法，维护宪法权威，履行法定职责，忠于祖国、忠于人民，恪尽职守、廉洁奉公，接受人民监督，为建设富强民主文明和谐美丽的社会主义现代化强国努力奋斗！"

铿锵的声音，庄严的气氛，这神圣的一刻，定格成人民共和国的历史，融注到亿万人民的心头。3月17日上午，宪法宣誓制度实行以来首次在全国人民代表大会上举行宪法宣誓仪式。当选中华人民共和国主席、中华人民共和国中央军事委员会主席的习近平总书记，抚按宪法、紧握右拳，庄严宣誓。这是人民共和国历史上国家主席首次进行的宪法宣誓，充分体现了习近平同志作为党、国家、军队最高领导人尊崇宪法、维护宪法、恪守宪法的高度政治自觉，充分彰显了习近平总书记作为全党拥护、人民爱戴的领袖身体力行、率先垂范的政治品格和领袖风范，深刻体现了以习近平同志为核心的党中央坚持依宪治国、依宪执政、维护宪法权威的坚定意志和坚强决心。

宪法是国家的根本法，是治国安邦的总章程，具有最高的法律地位、法律权威、法律效力。以宪法为根本活动准则，树立宪法意识，恪守宪法原则，弘扬宪法精神，履行宪法使命，是对国家工作人员的基本要求。向宪法宣誓，不仅是一个庄严的仪式，也是彰显宪法权威的重要方式，有利于增强国家工作人员的宪法观念，促进国家工作人员忠于宪法、遵守宪法、维护宪法，有利于在全社会增强宪法意识、捍卫宪法尊严。习近平主席就职时依法进行宪法宣誓，对全党全国各族人民是最好的激励和教育，必将极大增强广大国家工作人员履行职务的使命感和责任感，极大鼓舞社会公众进一步弘扬宪法精神、培育宪法信仰。

历史和实践告诉我们，维护宪法权威，就是维护党和人民共同意志的权威；捍卫宪法尊严，就是捍卫党和人民共同意志的尊严；保证宪法实施，就是保证人民根本利益的实现。从党的十八届四中全会提出建立宪法宣誓制度，到十三届全国人大一次会议审议通过的宪法修正案增加"国家工作人员就职时应当依照法律规定公开进行宪法宣誓"的规定，宪法宣誓制度的建立及其法律地位的不断提高，充分表明以习近平同志为核心的党中央在治国理政的进程中，坚决维护宪法权威、捍卫宪法尊严、保证宪法实施的决心，和以依法治国为治理国家基本方式、把人民对美好生活的向往作为奋斗目标的信念。

"法令既行，纪律自正，则无不治之国，无不化之民。"紧密团结在以习近平同志为核心的党中央周围，强化"四个意识"、坚定"四个自信"，筑牢宪法根基，释放宪法伟力，我们就一定能凝聚亿万人民的磅礴之力，夺取新时代中国特色社会主义伟大胜利，抵达中华民族伟大复兴的光辉彼岸。

（2018年3月18日）

改革开放深刻改变中国深刻影响世界

历史，总是在一些特殊年份给人们以汲取智慧、继续前行的力量。

中国改革开放40周年，海南建省办经济特区30周年，2018年正以这样一个特殊年份，让中国重温历史，给世界昭示未来。

百花烂漫的仲春时节，椰风海韵的南海之滨，来自各国的2000多位各界嘉宾汇聚博鳌亚洲论坛，共同求解亚洲和世界面临的时代之问，共商创造亚洲和世界美好未来的合作共赢大计。在论坛开幕式上，习近平主席发表主旨演讲，深情回顾了中国开启改革开放的历史征程，深刻总结了40年来坚定不移推进改革开放取得的巨大成就和积累的宝贵经验，深入分析了和平合作发展潮流滚滚向前的世界大势，深刻提出了共创和平、安宁、繁荣、开放、美丽的亚洲和世界的中国主张，郑重宣示了新时代开启中国同世界交融发展新画卷的坚定信念和扩大开放的重大举措，赢得与会嘉宾强烈共鸣，引起国际社会广泛关注。

40年前，中国开启了改革开放这场伟大革命，从此中国的面貌焕然一新，世界的面貌也为之一变。世界第二大经济体、第一大工业国、第一大货物贸易国、第一大外汇储备国，世界经济增长的主要稳定器和动力源，书写了世界上"最成功的脱贫故事"……40年来，从农村到城市，从试点到推广，从经济体制改革到全面深化改革，中国人民用双手书写了国家和民族发展的壮丽史诗，推动了中国和世界的共同发展进步。

历史昭示我们，改革开放这场中国的第二次革命，不仅深刻改变了中国，也深刻影响了世界。40年来，中国人民极大解放和发展的中国社会生产力，开辟的中国特色社会主义道路，充分显示的中国力量，为世界积极作出的中国贡献，深刻印证改革开放是中国和世界共同发展进步的伟大历程；40年来，中国人民始终艰苦奋斗、顽强拼搏，始终上下求索、锐意进取，始终与时俱进、一往无前，始终敞开胸襟、拥抱世界，深刻彰显改革开放是中国人民的精气神，是历史前进的大逻辑。正如习近平主席高度概括的："中国进行改革开放，顺应了中国人民要发展、要创新、要美好生活的历史要求，契合了世界各国人民要发展、要合作、要和平生活的时代潮流。"

历史昭示我们，一个国家、一个民族要实现振兴，就必须在历史前进的逻辑中前进、在时代发展的潮流中发展。面对复杂变化的世界，人类社会向何处去？亚洲前途在哪里？求解这一时代之问，最根本的就在于把握历史规律，认清世界大势。当今世界，和平合作、开放融通、变革创新的潮流滚滚向前。只有坚持和平发展、携手合作，才能真正实现共赢、多赢；只有推进互联互通、加快融合发展，才能促进各国共同繁荣发展；只有坚持变革、不断创新，才能始终站在时代潮头。中国40年改革开放之所以必然成功，也一定能成功，根本原因就在于中国人民顺应了历史前进的大逻辑，始终挺立在了时代发展的潮头。

"天行有常"，"应之以治则吉"。回首往昔，中国以40年改革开放深刻改变中国、深刻影响世界，书写了一个古老民族的现代化传奇。面向未来，在以习近平同志为核心的党中央坚强领导下，乘着新时代的浩荡东风，坚定不移推进改革开放，我们就一定能实现亿万人民的伟大梦想，为亚洲和世界繁荣发展作出新的更大贡献，推动谱写人类命运共同体的精彩华章。

（2018年4月11日）

坚定不移走改革开放之路

改革开放是决定当代中国命运的关键一招，是坚持和发展中国特色社会主义的必由之路。

"在决胜全面建成小康社会、夺取新时代中国特色社会主义伟大胜利的征程上，经济特区不仅要继续办下去，而且要办得更好、办出水平。"在庆祝海南建省办经济特区30周年大会上，习近平总书记发表重要讲话，充分肯定经济特区建设的历史功绩，深刻总结经济特区建设的宝贵经验，对办好经济特区提出明确要求，对海南全面深化改革开放作出重大部署，充分体现了在新时代新起点上继续把全面深化改革推向前进、形成更高层次改革开放新格局的坚定决心，为新时代改革开放再出发指明了前进方向。

历史，总是在一些特殊年份给人们以汲取智慧、继续前行的力量。今年是我国改革开放40周年，也是海南建省办经济特区30周年。30年来，海南主要经济指标实现数十倍甚至百倍增长，从一个边陲海岛发展成为我国改革开放的重要窗口。海南经济特区取得的成就是改革开放以来我国实现历史性变革、取得历史性成就的一个生动缩影。40年来，从农村到城市，从试点到推广，从经济体制改革到全面深化改革，我们党带领人民在开启改革开放的历史征程中，开辟了中国道路，释放了中国活力，凝聚了中国力量，实现了从"赶上时代"到"引领时代"的伟大跨越，书写了国家和民族发展的壮丽史诗。

海南等经济特区的成功实践，改革开放40年来的伟大征程，充分证明中国特色社会主义道路是实现社会主义现代化、创造人民美好生活的必由之路；充分证明无论改什么、改到哪一步，都要坚持党的领导；充分证明改革开放是当代中国发展进步的活力之源，是党和人民事业大踏步赶上时代的重要法宝；充分证明党中央关于兴办经济特区的战略决策是完全正确的；充分证明人民是改革的主体，是推动改革开放的强大力量。

没有改革开放,就没有中国的今天,也就没有中国的明天。这是一条正确之路,正是改革开放这场新的伟大革命,让我们成功开辟出中国特色社会主义道路,不断推动了社会主义制度的自我完善和发展,让社会主义中国巍然屹立在世界东方。这是一条强国之路,正是改革开放极大解放和发展了社会生产力,使我们稳居世界第二大经济体位置,迎来了从站起来、富起来到强起来的伟大飞跃,迎来了实现中华民族伟大复兴的光明前景。这是一条富民之路,正是改革开放让7亿多贫困人口成功脱贫,形成了世界上最大规模的中等收入群体,人民生活从短缺走向充裕、从贫困走向小康。

历史从不眷顾因循守旧、满足现状者,机遇属于勇于创新、永不自满者。在庆祝大会上,习近平总书记宣布党中央决定支持海南全岛建设自由贸易试验区,支持海南逐步探索、稳步推进中国特色自由贸易港建设,分步骤、分阶段建立自由贸易港政策和制度体系。这是我国扩大对外开放、积极推动经济全球化的重大举措。按照习近平总书记提出的要求,发扬敢闯敢试、敢为人先、埋头苦干的特区精神,以昂扬的精神状态推动改革不停顿、开放不止步,中国人民一定会在中国特色社会主义道路上越走越自信、越走越自豪。

(2018年4月14日)

后　记

十年如一瞬。2008年人民日报社庆60周年时出版《人民日报60年优秀言论选》的情形还在眼前，社庆70周年马上就要到了。

这次选编《人民日报70年要论选》，有同志提出，"言论"是一个很广的范畴，事实上，《人民日报60年优秀言论选》中选录的，都是人民日报社论和评论员文章，这属于通常所说的"要论"。经过仔细斟酌，我们将书名改为《人民日报70年要论选》，而选录的范围，也继续限定在社论和评论员文章之内。

根据人民日报社编委会领导同志的要求，这次选编，原则上对10年前收录的篇目不作大的变动，只在此基础上增录近10年来新的优秀要论作品。同时，社庆60周年收录的那些篇目也仍按上次选编的原则，保持作品原貌。

10年来，人民日报要论数量有了较大幅度增长。从近2000篇要论中精选出一定数量的佳作，是很不容易的一件事情。在人民日报社编委会的领导下，评论部杨健、曹鹏程、白龙、何鼎鼎、盛玉雷、张凡、石羚等同志精挑细选，做了大量细致的工作。人民日报社副总编辑卢新宁、张首映同志认真审读了篇目全文。卢新宁副总编辑还为本书撰写了前言。对此，向这些同志表示衷心感谢。

正如卢新宁副总编辑在前言中所说的，"翻阅这本要论集，虽然没有署名，却能看见它们背后一张张生动的面孔"。70年来，"大量评论业务高手默默无闻地无私奉献，成就了这张报纸名闻中外的要论声誉"。我们编辑出版这本优秀要论选，也是向这些"胸怀伟大理想，砥砺担当精神，保持奋斗姿态"的前辈和同行致敬。愿下一个十年，我们能看到更多优秀的党中央机关报要论问世。

本书编辑组
2018年5月